U0541371

教育部人文社会科学研究规划基金一般项目"百年中国教师教育制度变迁及当代观照研究"（21YJA880052）

东北师范大学教师教育"揭榜领题"重点项目"我国教师教育制度的百年变迁及当代价值研究"

中国百年师范教育史论

曲铁华 等著

中国社会科学出版社

图书在版编目（CIP）数据

中国百年师范教育史论／曲铁华等著．－－北京：中国社会科学出版社，2024.11

ISBN 978-7-5227-3571-9

Ⅰ.①中⋯ Ⅱ.①曲⋯ Ⅲ.①师范教育—教育史—中国 Ⅳ.①G659.29

中国国家版本馆 CIP 数据核字（2024）第 100060 号

出 版 人	赵剑英
责任编辑	赵　丽
责任校对	刘　念
责任印制	郝美娜

出　　版	中国社会科学出版社
社　　址	北京鼓楼西大街甲 158 号
邮　　编	100720
网　　址	http://www.csspw.cn
发 行 部	010-84083685
门 市 部	010-84029450
经　　销	新华书店及其他书店
印　　刷	北京明恒达印务有限公司
装　　订	廊坊市广阳区广增装订厂
版　　次	2024 年 11 月第 1 版
印　　次	2024 年 11 月第 1 次印刷
开　　本	710×1000　1/16
印　　张	45.75
字　　数	727 千字
定　　价	268.00 元

凡购买中国社会科学出版社图书，如有质量问题请与本社营销中心联系调换
电话：010-84083683
版权所有　侵权必究

前　言

中国师范教育事业嵌入国家现代化进程之中，它伴随着教育现代化帷幕的拉开而登场。作为中国教育现代化的产物，师范教育事业在不同时期政治、经济改革以及社会转型的影响下跌宕前进，它既能够印证百年中国教育现代化发展的历史缩影，又是教育现代化发展过程中不可忽视的推动力量。

中国历来有尊师的传统，如《荀子·大略》云："国将兴，必贵师而重傅"。但在传统科举制的窠臼之下，教师不过是"官僚体系的附属品和科举制度的副产品"[①]。直至近代，在国运衰微、民生日蹙的困境中，觉醒的先驱们才开始意识到学习西方、培养新式人才的重要性，西方和日本先进的教育制度"乘势而入"，中国的师范教育实践，肇始于1897年盛宣怀于南洋公学创办的师范院。同时，清政府为维护其脆弱的统治地位，被迫实行"新政"，延续了上千年的科举制度被废除，教育逐渐成为国家的公共事业。1902年，《钦定学堂章程》颁布，作为"舶来品"的师范教育，开始在学制中占据一席之地，师范教育建章立制的进程从此开启。民国时期，随着学制改革的不断推进，逐渐建立起了涵盖幼儿师范、中等师范、高等师范在内的师范教育体系，积累了一些关于师范生培养、教师培训和任用等的有益经验。

中华人民共和国成立后，中国师范教育开始转向师法苏俄。但机械照搬"苏联模式"，产生了消极后果，师范教育事业遂开始本土化的探索。1949年以来，党和国家始终高度重视师范教育工作，先后颁布了

[①] 丛小平：《师范学校与中国的现代化　民族国家的形成与社会转型 1897—1937》，商务印书馆2014年版，第3页。

前　言

大量促进师范教育发展的重要政策文件，多次修订师范院校课程大纲，编订教科书等。1993年，《中华人民共和国教师法》的颁布，标志着中国师范教育体系走上了法制化的轨道。迄今为止，中国已确立了纵向涵盖幼儿师范、中等师范、高等师范，横向包括教师职前培养、在职培训、资格准入、聘任管理等在内的完备的教师教育制度，实现了师范教育由"三级师范"向"二级师范"、"师范教育"向"教师教育"的重大转变，师范教育逐渐由单一封闭走向多元开放，并实现了职前职后的一体化，教师队伍的数量和素质获得了极大提高，中国教师教育事业取得了举世瞩目的成就。

进入新时期，随着新一轮科技和工业革命的迅猛发展，再加上中国人口红利的逐渐减少[①]，人口受教育程度提高和劳动力综合素质的提升，越发成为助推经济增长的因素。[②] 此外，人们对教育公平诉求的加强，也无疑对教师教育提出了更高的要求。

2018年1月，《中共中央 国务院关于全面深化新时代教师队伍建设改革的意见》提出"实施教师教育振兴行动计划"。2月，教育部等五部门随即印发了《教师教育振兴行动计划（2018—2022年）》，提出建设"基本形成以国家教师教育基地为引领、师范院校为主体、高水平综合大学参与、教师发展机构为纽带、优质中小学为实践基地的开放、协同、联动的现代教师教育体系"。

为建立现代教师教育体系，必须直面中国教师教育存在的诸多问题，如教师教育体系的不断削弱、教师队伍整体素质不齐、中小学教师职业吸引力不高、教师城乡及学科分布不合理、教师管理机制不顺等。对其中许多历史遗留问题，必须"察之古"而"视之往"。因此，对师范教育百年发展历程的梳理以及经验启示的总结，就显得尤为重要。

由曲铁华教授等撰写的《中国百年师范教育史论》，以百年来中国师范教育制度和教育思想为研究对象，旨在厘清师范教育制度和思想发展的线索，展现师范教育制度和思想变化的图景，为进一步理解和完善

---

① 李竞博、原新：《如何再度激活人口红利——从劳动参与率到劳动生产率：人口红利转型的实现路径》，《探索与争鸣》2020年第2期。

② 郭晗、任保平：《人口红利变化与中国经济发展方式转变》，《当代财经》2014年第3期。

前　言

当下教师教育制度提供有益的历史镜鉴。

全书分为上、下两卷，共13章。

上卷为中国百年师范教育制度沿革史，共九章：

第一—六章分期回顾了清末时期的师范教育制度、民国时期的师范教育制度、革命根据地的师范教育制度和中华人民共和国成立以来的师范教育制度的演化历程，内容涉及师范教育的培养目标、师范教育体系、办学体制、管理体制、课程制度、招生就业制度、教师资格认证制度、教师聘任制度以及师范教育模式等。第七章梳理了百年来中国师范教育发展过程中，围绕"独立性"与"开放性"、"师范性"与"学术性"、"国际化"与"本土化"、"定向型"与"非定向型"等焦点而进行的四次较大规模的论争过程，概括了论争的总体特点及历史启示。第八章归纳了百年来影响中国师范教育制度发展的内外因素以及制度变迁的总体特征。第九章凝练了百年来中国师范教育制度变迁所揭示的历史经验及当代启示。

下卷为中国百年师范教育思想演变史，共四章：

第十一—十三章以个人专题的形式，分时期对清末以来影响师范教育发展的主要人物的师范教育思想进行了呈现。其中既包括我们耳熟能详的教育家如陶行知、陈鹤琴等，也有至今鲜为研究的教育家如黄质夫、金海观等。研究涉及18人，分别为盛宣怀、张謇、梁启超、陈宝泉、范源廉、经亨颐、余家菊、陶行知、郭秉文、陈嘉庚、黄质夫、雷沛鸿、金海观、廖世承、郑晓沧、陈鹤琴、徐特立和成仿吾。

在撰写过程中，本书始终贯彻以下几个基本原则：第一，以历史唯物主义和辩证唯物主义为指导，理论联系实际，既肯定取得的历史成就，也不忘总结历史教训，力求还原师范教育发展的原本历史轨迹。第二，不孤立地看待师范教育，而是将其放到教育现代化的进程中予以考察。第三，论从史出，史论结合。坚持采用一手史料，科学、客观地审视材料，确保史料的真实性和准确性，在史实的基础上进行分析和论定。

本书是曲铁华教授等多年来关于中国师范教育研究的结晶，是教育部人文社会科学研究规划基金一般项目——"百年中国教师教育制度变迁及当代观照研究"及东北师范大学教师教育"揭榜领题"重点项目的研究成果。《中国百年师范教育史论》由曲铁华统稿及定稿。参加各章执笔的作者，按章顺序为：

导论：曲铁华、龚旭凌

第一章：曲铁华、杨洋

第二章：曲铁华、王洪晶

第三章：曲铁华、龚旭凌

第四章：曲铁华、姜涛、刘盈楠、吴彤

第五、六章：曲铁华、汪益

第七章：曲铁华、姜涛

第八、九章：曲铁华、于萍

第十章：曲铁华、杨洋

第十一章：曲铁华、龚旭凌、刘盈楠、于鹤

第十二章：曲铁华、龚旭凌、吴彤、龙奕帆

第十三章：曲铁华、于萍、王洪晶、龙奕帆、于鹤

本书在著述过程中，认真研读和参考了国内教育史学界的相关研究成果，在此对其撰述者表示衷心感谢！特别感谢中国社会科学出版社的赵丽编辑为本书的编辑与出版所付出的教育智慧和辛勤劳动！深致谢忱！

最后，由于时间和精力有限，有些问题还有待进一步深入探讨，书中难免有疏谬之处，敬请各位专家不吝指教。

曲铁华

2023年8月于田家炳教育书院617室

目 录

导 论 …………………………………………………………（1）

上卷 中国百年师范教育制度的变迁

第一章 清末师范教育制度的变革（1897—1911 年）…………（23）
 第一节 清末师范教育制度兴起的历史动因 …………………（23）
  一 洋务教育发展的需求 ………………………………（23）
  二 维新教育开启民智的需求 …………………………（25）
  三 清末"新政"的启动对新型教师的需求 ……………（26）
 第二节 清末师范教育制度的嬗变历程 ………………………（28）
  一 清末师范教育制度的肇端（1897—1903 年）………（28）
  二 清末师范教育制度的确立（1904—1911 年）………（33）
  三 影响及意义 …………………………………………（39）
 第三节 清末师范教育培养体系的建立 ………………………（43）
  一 "德才兼备"的清末师范教育培养目标 ……………（43）
  二 "定向型"清末师范教育培养模式的创建 …………（44）
  三 "仿西尊古"的清末师范教育课程体系确立 ………（47）
 第四节 "拓荒立新"的清末师范教育管理体制 ………………（54）
  一 上下衔接的师范教育行政体制 ……………………（55）
  二 分工明晰的师范学校管理体制 ……………………（57）
 第五节 清末教师的资格聘任及奖励义务制度 ………………（59）
  一 清末学堂教员任用标准的规范化 …………………（60）
  二 清末学堂教员资格选聘标准的肇始 ………………（62）

目 录

    三　清末教员奖励义务制度 …………………………………………（65）
    四　清末师范教育资格选聘与奖励义务制度的基本特征 ……（67）

第二章　民国时期师范教育制度的变迁（1912—1949年）………（70）
  第一节　民国时期师范教育制度变迁的概况 …………………………（71）
    一　移植与本土化师范教育制度滥觞 …………………………（71）
    二　开放与独立型师范教育制度的变革 ………………………（73）
    三　在停滞与复苏中师范教育制度的调整 ……………………（74）
  第二节　民国时期师范教育目的流变 …………………………………（75）
    一　"五育并举"的教育方针（1912—1921年）………………（75）
    二　"七项标准"的目标导向（1922—1926年）………………（80）
    三　"三民主义"的教育宗旨（1927—1949年）………………（83）
    四　民国时期师范教育目的评析 ………………………………（87）
  第三节　民国时期师范教育模式的变迁 ………………………………（89）
    一　"独立封闭"型教育体制的式微（1912—1921年）………（89）
    二　"开放灵活"型教育体制的确立（1922—1931年）………（97）
    三　"独立封闭"型教育体制的重构（1932—1949年）……（101）
  第四节　民国时期师范教育课程制度的变迁…………………………（109）
    一　政府本位的"单一型"课程体系（1912—1921年）……（109）
    二　政府与社会并重的"复合型"课程体系（1922—
        1936年）………………………………………………………（113）
    三　教育存在本位的"多样型"课程体系
        （1937—1949年）……………………………………………（121）
    四　民国时期师范教育课程制度评析…………………………（128）
  第五节　民国时期教师资格检定与培训制度的变迁…………………（130）
    一　教师资格检定制度的演变…………………………………（130）
    二　教师培训制度的时代变革…………………………………（139）
    三　民国时期教师资格与培训制度评析………………………（143）

第三章　革命根据地师范教育制度的演进………………………………（146）
  第一节　苏区的师范教育制度…………………………………………（147）

一　拟定苏区师范教育方针和政策 ……………………………… (147)
　　二　积极探索苏区师范教育发展道路 …………………………… (150)
　　三　初步确立苏区师范教育制度 ………………………………… (154)
　第二节　抗日民主根据地的师范教育 ………………………………… (157)
　　一　陕甘宁边区的师范教育制度 ………………………………… (158)
　　二　其他抗日民主根据地的师范教育制度 ……………………… (163)
　第三节　解放区的师范教育 …………………………………………… (169)
　　一　解放区的师范教育方针政策 ………………………………… (170)
　　二　解放区师范教育的发展历程 ………………………………… (174)

第四章　中华人民共和国成立至改革开放前师范教育制度的发展（1949—1977年） ……………………………… (180)
　第一节　恢复与改造时期的师范教育制度（1949—1956年）………………………………………………………… (180)
　　一　明确师范教育办学方针，初步建立中华人民共和国的师范教育体制 ……………………………………………… (181)
　　二　以俄为师，全面学习苏联教育经验 ………………………… (191)
　　三　整顿改进中等师范教育，大力发展高等师范教育 ………… (201)
　　四　初步形成教师进修制度，努力提升教师专业化水平 ……… (204)
　第二节　稳定与发展时期的师范教育（1956—1965年）……… (212)
　　一　仪型他国，师范教育在继承中缓慢前行 …………………… (213)
　　二　突破局限，师范教育在反思中曲折探索 …………………… (216)
　　三　变革调适，师范教育在革新中稳步发展 …………………… (222)
　第三节　曲折与重创时期的师范教育（1966—1977年）……… (230)
　　一　师范教育体系与培养目标 …………………………………… (230)
　　二　师范教育办学体制 …………………………………………… (232)
　　三　师范教育管理体制 …………………………………………… (232)
　　四　师范教育法制建设 …………………………………………… (233)

第五章　改革开放后师范教育制度的推进（1978—2000年）…… (235)
　第一节　恢复重建时期的师范教育制度（1978—1984年）…… (235)

目 录

  一　重建师范教育体系 ……………………………………（235）
  二　逐步实行"两级办学"与"统一领导、
    分级管理"的制度 ………………………………（237）
  三　重新确立封闭独立的师范生培养制度 ………………（239）
  四　广泛开展以教材教法培训为重心的职后教师培训 …（251）
  五　改善教师待遇，尝试建立教师编制与职务制度 ……（253）
 第二节　全面探索时期的师范教育制度（1985—1995年）……（257）
  一　扩大师资培养渠道，完善三级师范教育体系 ………（259）
  二　简政放权，下放师范教育办学与管理权限 …………（260）
  三　为基础教育服务，增强师范生培养的专业性与
    地方化 ……………………………………………（261）
  四　教师学历补偿培训向教师继续教育的逐渐转变 ……（267）
  五　教师管理进入法制化轨道，教师资格与聘任制度
    得以确立 …………………………………………（268）
 第三节　改革转型时期的师范教育制度（1996—2000年）……（276）
  一　师范教育体系向教师教育体系转换的初步尝试 ……（277）
  二　允许社会力量参与办学，继续推进教师教育管理
    体制改革 …………………………………………（279）
  三　破除体制障碍，改革师范生课程教育与招生
    就业制度 …………………………………………（281）
  四　确立中小学教师继续教育制度 ………………………（284）
  五　全面实施教师资格与聘任制度，大力解决
    民办教师问题 ……………………………………（287）

第六章　新世纪以来教师教育制度的完善（2001—2020年）……（293）
 第一节　改革深化时期的教师教育制度（2001—2010年）……（293）
  一　现代教师教育体系的逐步确立 ………………………（294）
  二　提高培养质量，探索与实践多元的师范生
    培养模式 …………………………………………（296）
  三　政府主导的教师培训制度的逐步确立 ………………（299）
  四　各项教师管理制度的持续完善 ………………………（301）

第二节　规制创新时期的教师教育制度（2011—2020年）………（304）
　　一　建立具有中国特色的教师教育体系…………………………（304）
　　二　提升教师教育的规格层次，创新师资培养新机制 ………（305）
　　三　完善师资培训管理制度，创新师资培训的
　　　　模式与方法 ……………………………………………………（308）
　　四　坚持立德树人，深化教师管理制度改革…………………（309）

第七章　中国百年师范教育之论争 ……………………………（316）
第一节　要不要建立师范教育体系之论争 ………………………（316）
　　一　论争的背景 …………………………………………………（317）
　　二　论争的过程 …………………………………………………（318）
　　三　论争的结果及评价 …………………………………………（325）
第二节　师范教育是否独立设置之论争 …………………………（327）
　　一　论争的背景 …………………………………………………（327）
　　二　论争的过程 …………………………………………………（329）
　　三　论争的结果及评价 …………………………………………（332）
第三节　20世纪五六十年代关于如何办好师范教育之论争 …（333）
　　一　论争的背景 …………………………………………………（333）
　　二　论争的过程 …………………………………………………（335）
　　三　论争的结果及评价 …………………………………………（340）
第四节　师范教育的转型与教师教育的创生之论争 ……………（341）
　　一　论争的背景 …………………………………………………（341）
　　二　论争的过程 …………………………………………………（342）
　　三　论争的结果及评价 …………………………………………（345）
第五节　中国百年师范教育论争的总体特点与历史启示 ………（346）
　　一　中国百年师范教育论争的总体特点 ………………………（346）
　　二　中国百年师范教育论争的历史启示 ………………………（350）

第八章　中国百年师范教育制度变迁的影响因素与总体特征 …（353）
第一节　百年师范教育制度变迁的影响因素………………………（353）
　　一　外部因素的影响 ……………………………………………（354）

目 录

　　二　内部因素的影响 …………………………………………（360）
　第二节　百年师范教育制度变迁的总体特征…………………（372）
　　一　动力机制：外部因素和内在逻辑的共同作用 ……………（372）
　　二　变迁路径：从移植模仿到本土化探索……………………（374）
　　三　价值取向：工具本位向教师本位过渡……………………（375）
　　四　外在表现：师范教育课程体系的衍变轨迹………………（376）

第九章　中国百年师范教育制度变迁的历史经验与当代启示 …（378）
　第一节　中国百年师范教育制度的历史经验…………………（378）
　　一　移植与本土：师范教育制度的本土化探索………………（379）
　　二　独立与开放：师范教育办学体制从独立到开放 …………（390）
　　三　守本与开新：师范教育课程须突出师范特质 ……………（400）
　　四　应然与实然：教师资格制度应与时俱进…………………（410）
　　五　分离与归并：教师培养、培训从分离到统一 ……………（414）
　第二节　百年师范教育制度变迁的当代启示…………………（418）
　　一　优化教师教育管理，重视教师教育制度顶层设计 ………（418）
　　二　探索教师教育培养模式，建设灵活开放的
　　　　教师教育体系………………………………………………（421）
　　三　优化教师资源配置，完善教师教育质量保障体系 ………（424）
　　四　利用互联网和人工智能，带动教师教育信息化 …………（425）

下卷　中国百年师范教育思想的变迁

第十章　师范教育思想的发端 ………………………………（431）
　第一节　盛宣怀的师范教育思想………………………………（432）
　　一　兴办师范教育的动因………………………………………（432）
　　二　"中体西用"的办学宗旨 …………………………………（436）
　　三　"锐意求新"的师范教育教学与管理 ……………………（437）
　　四　师范教育思想的历史价值…………………………………（445）
　第二节　张謇的师范教育思想…………………………………（447）
　　一　创办师范教育的动因………………………………………（447）

6

二　"学为人师"的师范教育培养目标 …………………… (450)
　　三　"精益求精"的招生选拔和师资任用制度 …………… (455)
　　四　突破传统的教学方法革新…………………………… (459)
　　五　筚路蓝缕的师范教育实践开拓……………………… (463)
　　六　师范教育思想的历史价值…………………………… (465)
　第三节　梁启超的师范教育思想 ……………………………… (467)
　　一　倡导师范教育的动因………………………………… (468)
　　二　"群学之基"的师范育民之说……………………… (470)
　　三　兼顾中西的师范教育学制体系……………………… (471)
　　四　教师应遵循的"讲学之道"………………………… (473)
　　五　内外兼修的师德素养………………………………… (475)
　　六　师范教育思想的历史价值…………………………… (479)

第十一章　师范教育思想的推进 …………………………………… (481)
　第一节　陈宝泉的师范教育思想 ……………………………… (482)
　　一　教育胚胎——师范教育地位和作用………………… (482)
　　二　全面发展——师范教育培养目标…………………… (484)
　　三　广聘名师——师范教育的教师观…………………… (487)
　　四　严格要求——学生管理观…………………………… (488)
　　五　师范教育思想评析…………………………………… (490)
　第二节　范源廉的师范教育思想 ……………………………… (491)
　　一　重视师范教育，明确教师责任……………………… (492)
　　二　改革行政制度，推行民主治校……………………… (493)
　　三　严格学生管理，培育完备人才……………………… (496)
　　四　引进名师讲学，营造师生情谊……………………… (498)
　　五　师范教育思想评析…………………………………… (499)
　第三节　经亨颐的师范教育思想 ……………………………… (500)
　　一　以人格教育为核心的师范教育理念………………… (501)
　　二　"纯正教育"的师范教育地位……………………… (504)
　　三　"教育者"的师范教育培养观……………………… (505)
　　四　"与时俱进"的师范教育办学方针………………… (507)

目 录

　　五　师范教育思想评析 …………………………………………（509）

第四节　余家菊的师范教育思想 ……………………………………（510）
　　一　师范教育思想的形成 ……………………………………（511）
　　二　师范教育体系的主要内容 ………………………………（512）
　　三　师范教育思想的影响及现实意义 ………………………（527）

第五节　陶行知的师范教育思想 ……………………………………（533）
　　一　师范教育思想的形成 ……………………………………（534）
　　二　师范教育思想的主要内容 ………………………………（536）
　　三　师范教育思想的影响及现代价值 ………………………（551）

第六节　郭秉文的师范教育思想 ……………………………………（556）
　　一　"寓师范于大学"的师范教育体制观 ……………………（556）
　　二　人才兴校的教师观 ………………………………………（558）
　　三　"三育并举"的学生观 ……………………………………（561）
　　四　以民主为中心的治校原则 ………………………………（564）
　　五　师范教育思想评析 ………………………………………（566）

第十二章　师范教育思想的发展 ………………………………（570）

第一节　陈嘉庚的师范教育思想 ……………………………………（571）
　　一　"兴学首要"的师范教育地位观 …………………………（571）
　　二　全面发展的师范生培养目标 ……………………………（573）
　　三　系统科学的师范教育内容观 ……………………………（577）
　　四　"第一要切"的教师观 ……………………………………（580）
　　五　师范教育思想评析 ………………………………………（582）

第二节　黄质夫的师范教育思想 ……………………………………（583）
　　一　师范教育思想的理论渊源 ………………………………（583）
　　二　师范教育思想的主要内容 ………………………………（584）
　　三　师范教育思想的启示 ……………………………………（593）

第三节　雷沛鸿的师范教育思想 ……………………………………（595）
　　一　师范教育思想的理论渊源 ………………………………（596）
　　二　师范教育思想的主要内容 ………………………………（596）
　　三　师范教育思想的历史价值 ………………………………（602）

第四节　金海观的师范教育思想 (606)
一　"直面乡村"的师范教育办学方向 (607)
二　师范生的培养观 (610)
三　师范学校的师资 (614)
四　师范教育思想的启示 (615)

第十三章　师范教育思想的革新 (618)
第一节　廖世承的师范教育思想 (619)
一　师范教育思想的形成 (620)
二　师范教育思想的主要内容 (621)
三　师范教育思想的影响及现代价值 (638)

第二节　郑晓沧的师范教育思想 (645)
一　师范教育思想的形成 (647)
二　师范教育思想的主要内容 (648)
三　师范教育思想的影响及现代价值 (659)

第三节　陈鹤琴的师范教育思想 (664)
一　师范教育思想的形成 (664)
二　师范教育思想的主要内容 (666)
三　师范教育思想的特征及启示 (674)

第四节　徐特立的师范教育思想 (677)
一　师范教育的地位与作用 (678)
二　师范教育的目标与任务 (681)
三　师范教育的教学原则与方法 (684)
四　师范教育思想的特点 (687)

第五节　成仿吾的师范教育思想 (691)
一　师范教育思想的历史渊源 (692)
二　师范教育思想的要旨阐释 (694)
三　立足于现实的师范教育实践 (701)
四　师范教育思想的基本特征 (705)
五　师范教育思想的历史贡献 (707)

参考文献 (710)

导　　论

一　问题的提出

（一）当今教师教育研究备受世界各国的重视

传授青年经验和知识并进行教育，是人类能够实现代际传递和发展的重要条件，施教者扮演着主要担当主体的角色，其重要性不言而喻。早在先秦时期，荀子便提出"国将兴，必贵师而重傅；贵师而重傅，则法度存"的观点，到了近代，捷克大教育家夸美纽斯则提出"教师是太阳底下最光辉的职业"的思想，在对教师重要地位的认知上，中西方达成了相当程度的一致。自古至今，对教师重要性的认识，随着对其地位、作用的审视而不断加深，成为教育研究领域历久弥新的课题。可以说，有关教师的论述汗牛充栋，教师教育构成了世界教育发展历程中一个极为重要的研究领域。

尤其是新世纪以来，伴随着现代教育技术的革新、终身教育思潮的广泛传播、人本主义教育理念的回归等变革，世界各国都在积极推进传统师范教育向现代教师教育转轨。这不仅意味着打造一支更高质量的师资队伍已成为各国竞相发展教育的重要目标，也生动地反映着世界各国对教师教育研究的持续不断的普遍追求，而且，教师教育研究已在一定程度上打破了国界的限制，在世界各国的普遍重视下，通过开展跨国合作、区域合作、国际合作等多种方式，不断突破已有的研究。因此，教师教育理论的更新，需要回溯教师教育发展历史，为中国现阶段教师教育改革和发展，寻找历史借鉴，已然成为应时之需。

导 论

(二) 中国教师教育的发展需要向纵深推进

师范教育在中国的产生,是中国社会进入近代之后的事。"群学之基"可谓是对师范教育地位的最准确描述。作为各级各类教育事业的"工作母机",师范教育在培养所需人才和师资等关键问题上,发挥着重要的作用。因此,各级各类教育事业的发展,始终都离不开师范教育的支持。发展中国的教师教育,使其适应社会主义现代化建设的需要,很重要的一点,就是必须系统考察中国师范教育产生和发展的历史。

中国近代师范教育自清末创立以来,距今已有百余年历史,历经了合并的师范教育体系、独立的师范教育体系等不同样态,经历了"高师改大""中师取消"等多次师范教育运动,产生了诸如梁启超、陶行知、徐特立、成仿吾等一批具有原创性师范教育思想的教育家,在借鉴域外经验与探索本土模式的百余年进程中,凝结着丰富而又宝贵的历史经验。

20世纪末期,中国的师范教育由传统的三级系统,向更高水平的二级系统转变,"师范教育"概念也在世纪之交逐渐转变为更具开放性的"教师教育",中国的教师教育改革不断向深水区推进,深化内涵发展成为改革的根本指向。回顾历史是为了更好地观照现实、指引未来。在当前新发展格局的时代背景下,中国教师教育改革面临着新机遇与新挑战,呼唤着新发展。回眸中国师范教育百余年发展征程,不仅可以系统总结出丰富的经验和深刻的教训,而且对于推进当前中国的教师教育改革,科学规划未来教师教育的发展路径及模式,有着至关重要的价值。

(三) 丰富教师教育学研究的需要

教育史是教育科学研究的基础和前提,是教育科学学科能够持续发展的动力源泉。中国师范教育历经百年沧桑,在曲折中奋力前行,积淀了宝贵的经验和教训。开展对中国师范教育发展史的全面梳理,尤其是对百余年来师范教育的成就进行重点探究、对百余年来师范教育的模式进行系统考察、对百余年来师范教育的局限进行深刻反思、对百余年来师范教育的本土特色进行深入挖掘,将其尽可能完整地、真实地还原出来,能够更好地丰富和指导教师教育学的研究。

导　论

2001年5月，国务院颁布《关于基础教育改革与发展的决定》，明确提出"完善以现有师范院校为主体、其他高等学校共同参与、培养培训相衔接的开放的教师教育体系"，这是中国在官方文件中首次以"教师教育"取代"师范教育"。2006年12月，中央教育科学研究所与南京师范大学召开"全国教师教育学科建设研讨会"，专门探讨教师教育学科建设的理论与实践问题。

新世纪以来，教师教育学茁壮成长，正在构建形成独立而又完整的学科体系。作为其学科体系中的重要分支和研究方向之一，教师教育史具有举足轻重的地位。从清末师范教育的肇兴，到民国师范教育的变革、中华人民共和国成立初期师范教育的规整、改革开放后师范教育的创新，以及新时代以来教师教育的高质量发展，中国百余年师范教育发展历程为教师教育学科培育了丰厚的历史土壤。因此，对中国百余年师范教育史进行深入研究与探讨，不仅对于教师教育学研究存在合理性和必要性，而且对于教师教育学学科建设具有至关重要的作用。与此同时，回溯中国师范教育百余年来的发展历程，深入探索其中的经验与问题，也能够为当下我们如何更好地定位、实施、评价教师教育带来重要的本土思路和历史滋养。

二　研究意义

（一）理论意义

本书以百年中国师范教育为研究对象，由点到面、全方位地梳理中国近代以来师范教育变迁历程。一方面，发现问题、探寻启示，不仅扩充了研究内容，也对整体构建师范教育研究进行了有效的尝试。另一方面，教师教育改革不能仅限于局部的成功，而忽视整体结构的和谐与均衡。本书对师范教育进行宏观整体把握，分析师范教育各个组成部分，以史实为依据，客观、全面地展现师范教育发展变迁的全过程，为解决中国师范教育的问题提供历史镜鉴与现实启迪，以期进一步完善教师教育体系。

（二）实践意义

历史活动本身具有不可割裂性。中国师范教育在百余年变迁过程中

导 论

积累了丰富的经验，也留下了失败的教训。当前，中国教师教育改革正在如火如荼地进行中，经验和教训都不断积累着。因此，描述中国百余年师范教育变迁历程"是什么"，讲明中国师范教育"为什么"以及"怎么样"，对贯穿其变迁中的基本问题进行分析，展示出中国师范教育的发展线索、概貌以及发展规律，不仅具有历史价值，而且有极大的现实意义。

在中国教师教育改革的关键节点上，如何在确保教师教育稳步发展的同时取得突破性成效，是现如今需要思索的问题，勇于突破和寻求经验是实现这一目标的不二法门，对摆脱从问题到问题的传统分析逻辑，从客观、全面的大背景出发，寻找问题的根源大有裨益。本书基于对中国师范教育百余年历史发展进程的回顾，从宏观的历史背景出发，展现师范教育改革实践，以推动中国教师教育改革走向纵深化发展的轨道。

三 相关研究现状

（一）关于近代以来师范教育制度的研究

1. 关于师范教育演进的研究

近代以来，对师范教育制度的整体研究成果层出不穷。其中具有代表性的研究成果，在中华人民共和国成立以前，主要有张达善的《师范教育的理论与实际》[①]、李之鸥的《各国师范教育概观》[②]，罗廷光的《师范教育》（师范学院教科书）[③]、李超英的《中国师范教育论》[④]、曹中权的《非常时期之师范教育》[⑤]、常道直的《师范教育论》[⑥]、郭鸣鹤的《师范教育》[⑦]、王炽昌的《新师范教科书 教育史》[⑧]，等等，这些著作介绍了中国师范教育的沿革历史、学制变迁以及西方国家的师范教

---

① 张达善：《师范教育的理论与实际》，上海商务印书馆1947年版。
② 李之鸥编：《各国师范教育概观》，上海商务印书馆1927年版。
③ 罗廷光编著：《师范教育》，正中书局1940年版。
④ 李超英：《中国师范教育论》，上海商务印书馆1939年版。
⑤ 曹中权：《非常时期之师范教育》，《江苏教育》1936年第7期。
⑥ 常道直：《师范教育论》，北京立达书局1933年版。
⑦ 郭鸣鹤：《师范教育》，百城书局1932年版。
⑧ 常熟、王炽昌编：《新师范教科书 教育史》，上海中华书局1923年版。

育发展概况、师范教育组织、师范学校课程、师范学校教师、师范生实习、师范生待遇与服务、师范学校训练和实习等内容，由于篇幅所限，大多止步于简单介绍层面。

在中华人民共和国成立后，主要有1974年林本的《世界各国师范教育制度——我国师范教育制度之研究》[①]，1984年刘问岫的《中国师范教育简史》[②]，1990年吴定初的《中国师范教育简论》[③]，1998年宋嗣廉、韩力学的《中国师范教育通览》[④]，2002年刘捷、谢维和的《栅栏内外：中国高等师范教育百年省思》[⑤]，2003年马啸风的《中国师范教育史1897—2000》[⑥]，2006年崔运武的《中国师范教育史》[⑦]，2019年朱旭东、胡艳的《中国教育改革开放40年 教师教育卷》[⑧]，等等，这些著作大多对中国师范教育发展的历程进行了较为系统的研究，是师范教育史研究的重要著作和参考史料。

在论文方面，2005年李宝峰的《中国教师教育的百年沧桑》，2007年王娟的《清末民国早期（1897—1927）师范教育研究》，2008年徐建华的《从封闭走向开放——历史视野下的中国教师教育改革研究（1978—2008）》，2008年陆道坤的《我国师范教育的历史省思——20世纪前半叶中国师范教育发展研究》，2009年张斌贤、李子江的《改革开放30年来我国教师教育体制改革的进展》，2009年管培俊的《我国教师教育改革开放三十年的历程、成就与基本经验》，2013年荀渊的《1949年以来我国教师教育的制度变迁》，2015年李拉的《我国师范教育制度发展的历史与研究现状》，2018年曲铁华、于萍的《改革开放40年教师教育改革与未来展望》，2019年周彬的《教师教育变革40

[①] 林本：《世界各国师范教育制度——我国师范教育制度之研究》，开明书局1974年版。
[②] 刘问岫编：《中国师范教育简史》，人民教育出版社1984年版。
[③] 吴定初、潘后杰、王典奎等著：《中国师范教育简论》，四川教育出版社1990年版。
[④] 宋嗣廉、韩力学主编：《中国师范教育通览（上、中、下）》，东北师范大学出版社1998年版。
[⑤] 刘捷、谢维和：《栅栏内外：中国高等师范教育百年省思》，北京师范大学出版社2002年版。
[⑥] 马啸风主编：《中国师范教育史1897—2000》，首都师范大学出版社2003年版。
[⑦] 崔运武：《中国师范教育史》，山西教育出版社2006年版。
[⑧] 朱旭东、胡艳等：《中国教育改革开放40年 教师教育卷》，北京师范大学出版社2019年版。

❖ 导 论

年：历程、经验与挑战》，伍远岳的《迈向多元化的教师教育研究——改革开放 40 年的回顾与展望》等，均是以时间为线索，对师范教育制度进行了整体把握，涉及师范教育史料梳理、特点探析、规律总结以及展望启示等。

总之，这些著作及论文都是从时间断代的角度出发，将师范教育发展放置在社会大历史背景下，梳理了师范教育制度演变的历史过程。通过对资料的整理可以看出，大多数作者大致将师范教育的发展划分为四个阶段：清末师范教育的发轫阶段、民国时期师范教育的发展阶段、中华人民共和国成立初期的师范教育以及改革开放后的师范教育制度。通过对各个阶段师范教育的主要特点及重大影响事件的分析、归纳，概括出师范教育发展过程中的规律、存在的问题，并探寻问题解决的基本观点和主要方法等，为后人编撰、出版各种中国师范教育史资料汇编提供了历史资料与分析思路。

2. 关于师范教育政策的研究

师范教育政策体现了执政党和国家对一定时期内师范教育发展的基本认识和要求，对培育优秀师资具有重要的导向作用。因此，学界对师范教育政策演进历程的研究成果，也较为丰富。张旸的《中国百年教师教育政策的演变及特点》[①]将中国百年师范教育政策的演变概括为四个阶段，即 1897—1921 年的日本师范教育体系模式，1922—1948 年以美国师范教育体系为仿鉴对象的开放型师范教育模式，1949—1995 年以苏联师范教育模式为模板的独立封闭的师范教育体系，以及 1996 年以来最终确立的中国特色的教师教育体系。葛军、陈剑昆通过对百余年教师教育政策的变迁历程进行分析、解读，考察了教师教育政策的影响因素，同时归纳得出政策发展的历史特征。他们研究认为，中国的教师教育政策伴随着中国社会的发展走出了一条从无到有、从附属到独立、从不完备到逐步完善的曲折发展道路。[②]

李廷洲、吴晶和王秋华的《改革开放 40 年我国教师政策的变迁历

---

① 张旸：《中国百年教师教育政策的演变及特点》，《河北师范大学学报》（教育科学版）2011 年第 4 期。
② 葛军、陈剑昆：《我国教师教育政策的历史透视》，《黑龙江高教研究》2005 年第 7 期。

程、主要特征与发展前瞻——基于政策工具理论视角的文本计量研究》[1]认为，改革开放以来，国家层面出台了351件教师政策，初步形成促进教师队伍建设的政策体系。从政策工具理论的分析视角出发，采用文本计量的研究方法，发现改革开放40年的教师政策变迁经历了五个阶段，即1978—1985年的恢复调整阶段，政策供给主题是建章立制；1986—1992年的厚植基础阶段，主题是确保教师胜任；1993—2011年的内涵建设阶段，主题是质量提升；2012—2017年的全面提升阶段，主题是体系构建；2018年以后，教师政策发展进入新时代。在政策变迁的过程中，政策体系趋于完备，初步形成促进教师队伍建设的制度基础设施；发文主体层级和政策的权威性不断增强；发文主体日趋多元，政策协同性不断增强；教师质量成为愈发重要的政策议题；命令性政策工具的使用存在溢出的倾向。

卢德生、饶丽的《新中国成立70年教师教育政策发展回顾与反思》[2]认为，中华人民共和国成立70年来，中国教师教育政策发展可以分为三个阶段，分别是曲折萌芽阶段（1949—1977年）、重建扩张阶段（1978—1998年）、协调发展阶段（1999年至今）。回顾中华人民共和国成立以来教师教育政策法规70年的演进历程，可以看出，教师教育地位得到巩固，教师教育体系日臻完善，教师教育政策推陈出新。

3. 关于师范教育模式的研究

师范教育模式指师范教育构成要素及其相互影响和运行的方式。关于师范教育模式的演进研究，也是学界长期以来重点关注的问题。靳希斌的《教师教育模式研究》[3]指出，百余年来，中国的师范教育模式历经变迁，如今的教师教育正走在十字路口上，对教师教育模式的选择却一直存在争议。因此，唯有通过比较，理性认识每种模式的价值，才能走出光明之路。因此，该著作从四大方面围绕百余年来中国师范院校的教师教育模式、综合性大学教师教育模式、教师继续教育模式和国外教

---

[1] 李廷洲、吴晶、王秋华：《改革开放40年我国教师政策的变迁历程、主要特征与发展前瞻——基于政策工具理论视角的文本计量研究》，《清华大学教育研究》2019年第1期。
[2] 卢德生、饶丽：《新中国成立70年教师教育政策发展回顾与反思》，《教育理论与实践》2020年第13期。
[3] 靳希斌主编：《教师教育模式研究》，北京师范大学出版社2009年版。

◈ 导　论

师教育模式进行系统研究和比较，以求找到指导未来教师教育改革之路。

李军等的《教师教育的中国模式——引领全球改革的经验与启示》①，以批判性的眼光审视中国教师教育的历史发展轨迹和教师教育在全球化背景下所面对的主要挑战，从历史和比较的视角，纵向把握中国教师教育发展的初创、制度化、再制度化和专业化四个历程；以教师教育的人和社会并重的人文主义路向、中庸的实践性、系统的开放和多元、知与行的统一四个核心特征来横向定位中国模式，进而为全球教师教育的改革和发展提供新方向。

沈有禄的《试论我国教师教育模式变革的路径与政策》②，分析了教师教育模式的基本构成要素，指出教师教育模式是由国家、实施机构、受众群体与目标和教育中介物四个要素构成的六种关系，每一个要素的客体及各要素间关系的变化，都会引起教师教育模式的变化。并在此基础上分析了中国教师教育模式的现状，并指出其变革的路径与政策选择。刘德敏的《我国高师院校教师教育模式创新研究》③指出，自20世纪90年代以来，"综合大学＋专业化教师教育""大学＋教育学院"的教师教育模式涌现出来，高师院校为应对这一挑战，广泛开展了教师教育培养模式理论和实践上的探索和研究。近十余年来，"X＋X"的本科分段培养模式和学士后的培养模式，逐渐成为高师院校教育改革的主要趋势。

4. 关于师范教育课程的研究

自清末创办师范学堂到向师范学校转变，师范学校的课程逐渐完善。对这一时期教师教育课程的研究，多散见于对民国时期师范教育整体发展研究过程之中。李华兴在《民国教育史》④一书中阐述了关于清末至民国时期教科书的编写与审定的内容。他指出，这一时期的教科

---

① 李军等：《教师教育的中国模式——引领全球改革的经验与启示》，《复旦教育论坛》2017年第2期。
② 沈有禄：《试论我国教师教育模式变革的路径与政策》，《黑龙江高教研究》2007年第1期。
③ 刘德敏：《我国高师院校教师教育模式创新研究》，硕士学位论文，四川师范大学，2012年。
④ 李华兴主编：《民国教育史》，上海教育出版社1997年版。

书，是按照国家规定的课程设置、教学大纲（或课程标准）和不同级别学生的认识特征而编写的供教学之用的学生用书。

马啸风对师范教育课程体系的变迁进行了分析整理。他在其著作《中国师范教育史1897—2000》[①]中指出，在清末初创时期，幼儿师范教育课程的鲜明特色是宗教类课程的比重过大，后期，清政府独立创办的幼儿师范教育课程，则师范性不足，仅有教育类课程涉及幼教，成为此时课程体系的重要特点，这一特点直至民国后期才得到有效缓解，并出现了多位著名的幼儿师范教育家。

魏莹的论文《民国时期乡村师范教育研究》[②]，把研究重点放在民国乡村师范教育课程上，主要介绍了三年制简易师范学校的课程设置、四年制简易乡村师范学校的课程设置、乡村示范学校的课程设置，以及乡村师范特科的课程设置。阚敏在其论文《我国教师教育课程的历史变迁与改革研究》[③]中，清晰地展现了从清末至中华人民共和国课程改革后的教师教育课程发展脉络。其研究认为，从清末的发端、民国初期的确立、国民政府时期的改良，到中华人民共和国成立后的重建，教师教育课程体系展现出鲜明的特色与曲折的发展历程。其研究还通过对新世纪教师教育课程改革现状以及个案的分析，从观念变革、制度变革、技术变革三个角度，对中国教师教育课程改革提出了有益对策。

（二）关于近代以来师范教育思想的研究

1. 关于师范教育思想演进的研究

师范教育思想史是对师范教育发展历程的回顾、反思、检讨和前瞻。相较于师范教育制度史的研究，学界对于中国近代以来师范教育思想史的研究显得较为薄弱。其中，林李楠的《师思与反思：近代民族国家进程中的师范教育思想流变》[④]，对中国近代师范教育思想的整体

[①] 马啸风主编：《中国师范教育史1897—2000》，首都师范大学出版社2003年版。
[②] 魏莹：《民国时期乡村师范教育研究》，硕士学位论文，东北师范大学，2013年。
[③] 阚敏：《我国教师教育课程的历史变迁与改革研究》，硕士学位论文，福建师范大学，2007年。
[④] 林李楠：《师思与反思：近代民族国家进程中的师范教育思想流变》，科学出版社2015年版。

◆ 导　论

演进历程作了较为系统的研究。其研究认为，近代师范教育的发展历程，可划分为三个阶段：维新与新政时期是萌芽与准备期，北洋政府时期是奠基与初步发展期，南京政府时期是终结和裂变期。师范教育思想的转向与历史进程中的大事件密切相关。因此，该著作基于历史上关键性、全局性大事件中的思想转向加以论说和阐释，呈现出近代师范教育思想进程鲜明的阶段性特征。

欧治华的《近现代广东师范教育思想的历史回溯与现实观照》[①]，将近现代广东师范教育思想的历史演进分为晚清的形成期、五四前后的活跃期和国民政府时期的发展期三个时期，认为这百余年的广东师范教育在办学理念、教育目标、课程设置和实施方法等方面，都呈现出显著的特征。回溯广东近现代师范教育思想，以此观照现实，提出师范教育改革要以育人为本，师范当先，加强课程整合，注重实践，更好地促进教师专业化的发展。

2. 对师范教育先驱的教育思想的专门研究

近年来，随着教育史学科的壮大，在人物史研究领域出现了一大批值得重视的研究成果。例如，吴紫彦、吴重光的《徐特立师范教育思想》[②] 指出，师范教育思想是徐特立教育理论学说和教育思想的重要组成部分，徐特立不仅是一位经验丰富的师范教育实践家，而且是一位系统的师范教育理论家，他的理论学说有着较完整的师范教育思想体系，从师范教育的地位、任务、作用、内容、过程到师范教育的办学形式，对教师、师范生的职业要求，以及对师范教育的科学研究，都有深刻的论述。徐特立对师范教育的见解和主张，无论在当时还是现在，都不失真知灼见。

吴洪成的《近代教育家梁启超的师范教育思想探析》[③]，对梁启超的师范教育思想进行了考察，发现梁启超作为近代著名思想家和教育家，倡导师范教育，针砭传统教师的缺失，主张培养新式教师，并根据新教育制度目标任务、知识课程的规定及对学生发展特点的认识，具体

---

① 欧治华：《近现代广东师范教育思想的历史回溯与现实观照》，《高教探索》2013 年第 2 期。
② 吴紫彦、吴重光主编：《徐特立师范教育思想》，广东教育出版社 1994 年版。
③ 吴洪成：《近代教育家梁启超的师范教育思想探析》，《教师教育研究》2010 年第 2 期。

提出教师组织教学、选择教学内容、采用教学方法的能力及素质。这些关于教师思想的深刻见解，不仅具有教育学术价值，而且有裨于当代教师教育的发展。

贾春平、张胤的《郭秉文的师范教育思想及启示》[①]认为，郭秉文是近代中国著名教育家，受赴美留学经历以及杜威等教育家的影响，其师范教育思想逐渐形成。该文从三个方面论述郭秉文的师范教育思想及其启示：第一，师范教育思想的产生，主要受留美教育经历以及杜威等教育家的影响。第二，师范教育思想的内容："寓师范于大学"，将南京高等师范学校改为综合性大学——东南大学；实行多科并举，学术并重，培养"通专结合"的人才；师资力量来源多样，培养严格。第三，对师范教育改革与发展的启示：高校要相应地开设多元学科和多样课程；在人才培养目标方面，高校要培养既学识渊博又精通某一领域或专业的人才；高校要重视师资来源的多样化，师资培养的专业化。

"陶行知系列研究"江苏课题组所编写的《陶行知师范教育思想实践》[②]，对陶行知的师范教育思想作了全面系统的把握。对陶行知关于师范教育的地位与作用、培养目标、课程方法、试验和研究、领导和管理、教师的师德修养等方面进行了翔实的阐述，并讨论了陶行知师范教育思想对现实的指导意义。

曲铁华、王洪晶的《成仿吾师范教育思想：要旨阐释、基本特征与历史贡献》[③]认为，成仿吾毕生致力于无产阶级教育事业，在长期的教育理论探索与实践经验积累中，形成了富有特色的师范教育思想。成仿吾怀抱教育救国之心，优先发展师范教育；审时度势，厘定师范教育办学方针；教研结合，优化师范教育体系；通专并重，强化师资队伍建设。其师范教育思想兼具创新性与可行性、求真性与务实性、反思性与前瞻性。成仿吾的师范教育思想，奠定了师范为教育发展之基础；明确

---

① 贾春平、张胤：《郭秉文的师范教育思想及启示》，《东南大学学报》（哲学社会科学版）2019年第S1期。
② 《陶行知系列研究》江苏课题组：《陶行知师范教育思想实践》，江苏教育出版社1991年版。
③ 曲铁华、王洪晶：《成仿吾师范教育思想：要旨阐释、基本特征与历史贡献》，《河北师范大学学报》（教育科学版）2021年第3期。

◈ 导　论

了师范人才培养之要素；创新了师范教育教学管理之体制，为中华人民共和国的师范教育发展做出了重要贡献。

买雪燕的《李蒸高等师范教育思想与实践研究》[①] 一文，讨论了西北师范学院院长李蒸如何在特殊时期从师生地域情感、师范学科建设、普通民众教育等层面，将高等教育的普适性职能和高等师范教育的特殊意义相结合，实现西北文化建设和教育振兴西北的目的。王慧的《师范教育改革的一个成功范例——雷沛鸿师范教育思想及实践》[②]，指出作为教育改革家的雷沛鸿，在长期的教育实践中，始终把师资问题置于教育改革的重要位置。他对师范教育进行了一系列改革，改造旧的师范教育体制，构建新的师范教育体系，加强师范教育立法，提高教师待遇和素质，这些对现今教师教育的建设和改革都具有重要的借鉴和启示意义。

瞿卫星的《论张謇的师范教育思想》[③]，指出中国师范教育已经走完了整整一个世纪的历程。在这艰难、曲折的路程中，张謇无疑是一位重要的开拓者。他重视师范、师资，严格教学管理和勤俭治校、多渠道筹措教育经费等师范教育思想，对研究其教育思想，以致研究中国近代师范教育发展史，都颇具价值，对创造中国师范教育新世纪的辉煌也有所借鉴。张振助的《廖世承高等师范教育思想初探》[④] 一文，追溯了著名教育家和心理学家廖世承的高等师范教育实践的历程，指出其自1938年创立中国第一所独立师范学院起，就长期致力于中国的高等师范教育事业，形成了许多关于高等师范教育的真知灼见和颇有见地的高等师范教育思想。

总之，对一百多年来师范教育的相关研究成果的整理、爬梳与总结，为本书从宏观和微观上把握教师教育制度的研究现状，提供了理论依据和现实指导。不过，现有研究存在以下两个方面的问题：

第一，一些著作和期刊论文为研究方便或使行文条理清晰，多采用条块形式对师范教育史料进行裁剪和割舍，虽不至于完全割裂师范教育

---

① 买雪燕：《李蒸高等师范教育思想与实践研究》，《当代教育与文化》2017年第4期。
② 王慧：《师范教育改革的一个成功范例——雷沛鸿师范教育思想及实践》，《河北大学学报》（哲学社会科学版）2004年第3期。
③ 瞿卫星：《论张謇的师范教育思想》，《南京师大学报》（社会科学版）1998年第1期。
④ 张振助：《廖世承高等师范教育思想初探》，《高等师范教育研究》1996年第2期。

导 论

历史发展脉络,但从一定程度上可以说未能展现其发展全貌。

第二,对师范教育的影响因素进行了一定程度的探讨,甚至不乏提出有效的解决对策,但很多文章讨论问题的维度较为单一,从理念、制度、实践、督导等方面展开立体化研究,还需继续加强。尽管如此,前人的研究成果是本书得以继续研究的基础,为本书从宏观和微观上把握师范教育制度的变迁和师范教育思想的演进,提供了理论依据和现实指导。

四 相关概念的界定

(一) 师范教育

"师范"一词,在中国古籍中是指"可以师法的模范"之意。[1] 西汉扬雄在《法言·学行》中说:"务学不如务求师。师者,人之模范也。"第一次把"师"与"模范"联系起来,申明了对教师的应有要求。据学者考证,中国最早将"师"与"范"作为一个独立的词连用,始于后汉时代的赵壹。赵壹在《报皇甫规书》中云:"君学成师范,缙绅归慕。仰高希骥,历年滋多。"在这里,"师范"一词,是学习的模范之义,后引申为效法。在清末之前,大凡古籍中的"师范"一词,都是做"学习的模范"或"效法"之义使用的。

"师范"一词具有师范教育的含义,最早见于清朝末年的一些文章、上谕、奏折、章程中。如梁启超《论师范》(1896)中有"欲革旧习,兴智学,必以立师范学堂为第一义"[2]。孙家鼐在《议覆开办京师大学堂折》(1896)中提出:"泰西各国,有所谓师范学堂者,专学为师,大学堂学生,如不能应举为官者,考验后,仿泰西例奖给牌凭,任为教习。"[3] 1902年,清政府管学大臣张百熙呈奏《钦定高等学堂章程》提出:"高等学堂应附设师范学堂一所,以造就各处中学堂教员,

---

[1] 教育大辞典编纂委员会编:《教育大辞典》(第二卷),上海教育出版社1990年版,第3页。
[2] 梁启超:《饮冰室合集》(第一册),中华书局1989年版,第37页。
[3] 转引自陈学恂主编《中国近代教育史教学参考资料》(上册),人民教育出版社1986年版,第432页。

❖ 导　论

即照《京师大学堂师范馆章程》办理。"① 至此，"师范"一词开始有了新的意义。

在西方，"师范"一词的英文为"normal"，源于拉丁文"norma"，意为木工的"矩规""标尺""模型"，含"规范"之义，蕴含伦理学色彩，它更多地与教师称谓及其职业特点相关联。可见，无论是中文"师范"的原义，还是拉丁文"norma"的原义，均有"模范""典范"之义，与"学高为人师，身正为人范"的教师职业特征有着密切的内在联系。正因为"师范"一词的原义和衍生义之间的这种密切联系，顾明远在其主编的《教育大辞典》中，把"师范"界定为"可以师法的模范，对教师职业特征的概括"。

"师范教育"一词自19世纪末传入中国，初意为教师教育。对师范教育概念的理解，随着师范教育的完善和发展而渐趋一致，目前主要观点认为，师范教育是培养新师资的专业教育（包括职前教育和职后教育）。

（二）教师教育

"教师教育"一词是由师范教育演变而来的。20世纪30年代以后，发达国家"师范教育"一词逐渐被"教师教育"取代，并成为世界通用的概念。颁布于2001年的《国务院关于基础教育改革与发展的决定》，首次使用"教师教育"的说法，取代了沿革至久的"师范教育"。以此为契机，中国的教师培养从仅关注职前教育向职前、职后一体化方向转变，自此，教师教育进入了教师培养的新阶段。

关于"教师教育"的概念，查阅具有权威性的部分工具书发现，其对"教师教育"的界定，更具有全局性和连贯性，相较于以往对"师范教育"的解释仅停留在单纯以培养教师为主的职前教育形式上，"教师教育"的内涵则扩展到职前教育、入职教育和教师发展三个连续发展的过程阶段。黄葳、陈永明、靳希斌等学者的观点与之契合。黄葳指出："教师教育是职前培养和在职进修的统一，是正规教育和非正规

---

① 转引自舒新城编《中国近代教育史资料》（中册），人民教育出版社1985年版，第534页。

导　论

教育的结合，是多层次、全方位立体式的教师终身'大'教育。"① 陈永明认为："当今世界的'教师教育'（Teacher Education），包括教师的养成、聘用和研修三个阶段的优化教育。"② 靳希斌强调："所谓的'教师教育'，是对教师培养和培训的统称，是师范教育与教师继续教育相互联系、相互促进、统一组织的现代体制，是实现教师终身学习、终身发展的历史要求，即教师教育是对教师职前培养、入职辅导和职后培训的统称。它是师范教育与教师继续教育相互联系、相互促进、统一组织的现代体制。"③

综合以上观点，本书认为：教师教育是对教师培养和培训的统称，是指在终身教育思想指导下，按照教师专业发展的不同阶段，对教师实施职前培养、入职培训和职后培训等可持续发展的、一体化的教育过程。需要说明的是，本书在行文过程中，会依据时间和史实交替使用"师范教育"和"教师教育"两个概念，进而展现师范教育的嬗变轨迹。

五　主要内容

本书按照制度史和思想史两大主线，遵循历史唯物主义的观点方法，阐述了中国师范教育自清末产生以来，不同阶段和不同时期师范教育制度和师范教育思想产生、发展和演变的过程。全书分为上、下两卷。其中，上卷为中国百年师范教育制度的变迁，将百余年来的师范教育制度变迁史，置于社会的政治、经济、文化的宏观背景下，力求全面而准确地描述师范教育发展的基本线索和主要内容。下卷为中国百年师范教育思想的变迁，系统研究了各个时期立于时代前沿的教育家们的师范教育思想，并总结其教育理论的相关经验。

上卷，中国百年师范教育制度的变迁。其中，第一章，清末师范教育制度的变革（1897—1911年）。洋务教育的西用、维新教育的启智，

---

① 黄崴：《教师教育体制——国际比较研究》，广东高等教育出版社2003年版，第9页。
② 陈永明等：《教师教育学》，北京大学出版社2012年版，第26页。
③ 靳希斌主编：《教师教育模式研究》，北京师范大学出版社2009年版，第3页。

❖ 导　　论

以及清末新政对师资力量的需要，共同助推清末师范教育的兴起，建立起包括初级师范学堂、优级师范学堂、实业教员讲习所和女子师范学堂在内的较为完备的师范教育体系，并且在师范教育培养模式、师范教育课程体系、教师聘任及奖励等方面，均有初步探索。

第二章，民国时期师范教育制度的变迁（1912—1949年）。这一时期，师范教育制度在移植与本土化融合中持续变革，在开放与独立型教育模式间发生变化，在纵向上建立了幼儿师范教育、中等师范教育、高等师范教育三个阶段的制度体系，在横向上涉及了乡村师范教育、民族师范教育及特殊师范教育等领域。同时，在教育对象上涵盖了女子师范教育，已经形成了基本完备的体系。

第三章，革命根据地师范教育制度的演进。具体分为苏区的师范教育制度、抗日民主根据地的师范教育制度以及解放区的师范教育制度三个历史阶段。制定了师范教育的政策等，其师范教育政策具有将服务根据地建设作为首要目标、将思想政治教育作为生命线、坚持师范教育与生产劳动相结合、坚持中央主导与地方调适的统一等特点。在不同的阶段，通过建立师范学校、多渠道培养师资、重视在职教师培训等途径开展师范教育。革命根据地的师范教育制度，为中华人民共和国师范教育体系的形成，奠定了坚实的基础。

第四章，中华人民共和国成立至改革开放前师范教育制度的发展（1949—1977年）。中华人民共和国成立初期的师范教育，在由新民主主义革命胜利向社会主义改造胜利过渡的历史背景中起步。通过明确师范教育办学方针、形成师范教育的体制、全面学习苏联经验、进行教学改革、探索教师进修制度等系列措施，已初步建立起了较为系统的体系和体制。在中华人民共和国进入全面建设社会主义阶段之后，因受指导思想、政治局势变动的影响，师范教育的改革出现了一些违背教育规律的做法，经历了较为曲折的发展过程。

第五章，改革开放后师范教育制度的推进（1978—2000年）。改革开放之后，重建师范教育体系，逐步实行"两级办学"与"统一领导、分级管理"的制度，重新确立起封闭独立的师范生培养制度，广泛开展以教材教法培训为重心的职后教师培训，改善教师待遇、尝试建立教师编制与职务制度等措施，师范教育走向复苏和重塑。在党中央做出全面改革教育体制的伟大决策之后，师范教育改革随之进入全面探索阶段。在完善三级师范教育体系、下放师范教育办学管理权限、增强师范生培养的专业性与地方化、推进教师继续教育以及教师管理的法制化建设等方面均有较大突破。进入 20 世纪 90 年代后期，师范教育体系开始呈现出向教师教育转型的趋势，主要表现为调整师范学校的布局、提高师范教育的层次、提高师资培养培训的质量。

第六章，新世纪以来教师教育制度的完善（2001—2020 年）。这一时期师范教育的发展可分为两个阶段。2001 年至 2010 年，"教师教育"正式取代"师范教育"，完善教师教育体系和布局，有序衔接教师职前职后教育，健全教师管理制度并提高教师教育质量，成为这十年教师教育事业发展的重点；2010 年至 2020 年，在构建中国特色的教师教育，提升教师教育的规格层次、完善师资培训管理制度、深化教师管理制度改革等方面不断改革，从而为打造一支师德高、业务精且层级合理的高素质教师队伍、为教育事业的改革发展提供有力支撑。

第七章，中国百年师范教育之论争。在中国百年师范教育的历史沿革中，曾在不同的时期，围绕不同的主题，进行了激烈程度不等的论争。本章认真梳理和研究了中国百年师范教育演进历程中的四大论争，即"要不要建立师范教育体系""师范教育是否需要独立设置""20 世纪五六十年代如何办好师范教育""师范教育的转型与教师教育的创生"。这四次论证体现出"师范性"与"学术性"的博弈贯穿始终、"推动力"与"阻滞力"的矛盾一直共存、"国际化"与"本土化"的张力持续激荡和"调和论"主导中国百年师范教育演进的四大特点。

第八章，中国百年师范教育制度变迁的影响因素与总体特征。本章采用制度演进分析方法，对百年师范教育制度的演进历程进行简要总结。认为影响师范教育制度变迁的因素可分为内、外两个部分，其中外部因素包括经济、政治、社会、意识形态、国际化、技术变革等内容。制度本身按照自身发展规律做出调整和变革，成为师范教育制度变迁的内驱力，而路径依赖成为影响师范教育制度变迁的内部阻碍。本章对百年师范教育制度的总体特征做了进一步总结，认为师范教育制度变迁的动力是外部因素和内在逻辑的共同作用，变迁路径从移植模仿到本土化探索，价值取向呈现出从工具本位向教师本位过渡的趋势，师范教育课

◈ 导 论

程体系是师范教育制度变迁的最直接表现形式。

第九章,中国百年师范教育制度变迁的历史经验与当代启示。中国师范教育制度在百年变迁过程中积累了丰富的经验,即师范教育制度一直坚持本土化的探索,师范教育办学体制从独立走向开放,师范教育课程一直坚持突出师范特质,教师资格制度与时俱进,实现了师资培养、培训从分离到统一的进阶。师范教育未来的发展应当明确责任主体,重视教师教育制度顶层设计;改革师范招生制度,提高师范生源质量;弘扬高尚师德,增强师德教育实效性;构建教师教育学科,健全学科专业体系;探索教师教育培养新模式,继续完善教师教育体系;规范教师资格制度,加强教师教育质量保障体系;改善教师资源供给,促进教育公平发展;利用"互联网+",推进教师教育信息化。

下卷,中国百年师范教育思想的变迁,主要对百年来师范教育思想的脉络进行总结,将百年师范教育思想史分为四个主要阶段。

第十章,师范教育思想的发端。清朝末期,熟悉世界各国局势和西方文教事务的一批先进中国人,开始对新式教育的师资问题进行讨论,这些早期的师范教育见解引导了师范教育的发展走向。其中,盛宣怀提出师范为"先务之先务",要求实行"中体西用"的师范教育办学宗旨。在师范教育教学和管理中锐意求新,对培养目标、教学内容、组织管理、入学选拔、教学考核等方面均有探究。张謇作为中国近代著名的实业家、政治家和教育家,对师范教育的认识十分深刻。他指出,"师范为教育之母",提出"学为人师"的师范教育培养目标,以及"精益求精"的招生选拔和师资任用制度,并在筹备创办师范教育学校的过程中,革新传统教学方法,培育了一大批优秀师资。梁启超率先提出建立师范教育的重要性和紧迫性,将师范教育视为"群学之基"。不仅提出较完整的师范教育学制的构想,而且以丰富的理论阐述了教师在教学过程中应遵循的教学原则。

第十一章,师范教育思想的推进。中华民国成立之后,师范教育进入了新的发展阶段。政局的动荡、国家控制的张弛、西方各种思想流派的交融汇合,成为师范教育思想发育的养料。其中,陈宝泉提出全面发展的师范教育培养目标、广聘名师的师范教育教师观、严格要求的师范学生管理观;范源廉则在北京师范大学进行行政制度、严格学生管理、

导 论

引进名师讲学等系列改革,探索高等师范教育发展之路;经亨颐创造性地提出了以人格教育为核心的师范教育观,提出师范教育应独立发展,追求"纯正教育",要求师范学校培育出的师资能够成为真正的"教育者";余家菊提出了系统的师范教育发展观,主要包括培育优秀的师范生的目的观、独立设置师范学校的管理观、"圆周教法式"的课程体系,以及发挥师范学校在教育舆情、教育顾问等方面的社会功能;陶行知提出建立四级制师范教育制度,主张师范教育贯彻"教学做合一"的方针;郭秉文在南京高等师范学校和东南大学进行了师范教育的探索,提出"寓师范于大学"的师范教育体制观、人才兴校的教师观、"三育并举"的学生观和以民主为中心的治校原则,开创了在综合大学中开展师范教育的先河。

第十二章,师范教育思想的发展。1927年,大革命时代的结束、南京国民政府地位的逐步确立等社会进程的转变,对师范教育家的思想变化产生了关键性的影响。陈嘉庚把创办师范学校放在发展教育事业的首要位置,并在实践过程中形成了系统的师范教育思想,即全面发展的师范生培养目标、系统科学的师范教育内容体系、"第一要切"的教师聘任观念等;黄质夫作为中国乡村师范教育事业的开拓者和奠基人之一,提出准情酌理的师范教育目的观、学用相长的师范生培养体系、"择一流人才"的师资选拔标准和蜕故孳新的师范学校行政管理体系;雷沛鸿提出应建立周全兼顾的师范教育体制,实行分级分类的师范教育管理模式,注重师范生培养的实效性;金海观坚持师范教育应立足乡村的办学方向,旨在培育的师资能够具备解决生活、教书、教人、做事和改造社会的能力。

第十三章,师范教育思想的革新。从现代到当代的历史转折中,一批教育家不断探索从旧型师范教育到新民主主义师范教育的转轨之路。廖世承形成了系统的师范教育理论体系,主要包括师范教育应承担流向使命,师范学校应当独立建制,师范院校应当培育具有五种能力的师资,师范生应当肩负建国之责任,等等;郑晓沧提出应坚持民族本位的师范教育目的论、人格与学问修养兼而有之的培养目标论、高度强化学问基础的课程论等师范教育理论;陈鹤琴作为"中国幼儿教育之父",他的幼儿师范教育理论,指导了中国幼儿师范教育的发展,他将活教育

◈ 导　论

思想融入师范教育实践中，主张培育出"手脑并用，文武合一""多才多艺"、为社会谋幸福且富于创造精神的新型师资；徐特立在几十年的师范教育经历中，扎根中国的教育实际，借鉴西方教育所长，形成了"适乎时代之潮流，合乎人群之需要"的师范教育思想；成仿吾主张建立"又红又专"的新型教师队伍，他首创高等师范大学共同政治课教研室，结合时代前沿厘定教学计划与编译教材，倡导"启发式"教学与创设"函授式"教育，以革命的意识构建师范教育体系，代表了务实的现代性师范教育发展方向。

上　卷
中国百年师范教育制度的变迁

第一章　清末师范教育制度的变革
（1897—1911 年）

近代中国社会的新教育，并非在封建社会承上启下的过渡中形成的，而是在一次次痛彻心扉的失败和传统历史惰性的阻碍中艰难地蹒跚而行。伴随着鸦片战争的炮响，西方资本主义的政治、经济、文化如潮水般涌入中土，一系列不平等条约的签订及中日甲午战争的战败，更是加深了民族危机。面对西方列强的步步紧逼和专制统治的衰朽，一些觉醒的先驱们认识到，变革传统教育是国家转危为安的良策。从19世纪60年代洋务派发奋图强，效仿西方兴办各类学校，到维新派救亡图存，提出具有先进意义的西方近代资产阶级民主政治学说，再到清政府开启"新政"掀起的近代化改革运动，进一步推动了中国教育近代化的发展进程。

在新教育的产生和发展过程中，师范教育肩负着培养新式人才的历史重任，成为革故鼎新、兴学育才的重要基础，也是民族蜕变和国势稳定的源泉和动力，它为各级各类的新式学堂输送了大批的合格教师，起到了"正本清源"的重要作用。在西学与传统的碰撞、交织中不断探索和尝试，最终形成了符合近代中国国情的师范教育体系。

第一节　清末师范教育制度兴起的历史动因

一　洋务教育发展的需求

近代欧洲新兴的工业革命，使得资本主义的势力迅速膨胀，列强也将贪婪的目光投向了中国这片古老而肥沃的土壤。鸦片战争的失利，将中国卷入了具有殖民化色彩的近代社会之中。衰败不堪的清王朝失去了自我更新的能力，被迫打破传统社会的格局。曾以经义诗赋、文章帖括为定论选拔的科举人才，已经无法满足时局的变故，欲维持摇摇欲坠的清朝统治，必须寻求新的改变与突破。中国传统教育的变革就这样徐徐拉开了帷幕。

19世纪60年代，经历两次鸦片战争重击的清王朝，难以重现往日的辉煌，面对这"数千年未有之变局"，以维系清朝统治为最终目的的洋务派，提出了"自强""求富"的口号，正式开启了晚清"师夷长技以制夷"的西学之路，意图改变以往闭关自守的政策，对曾经不屑一顾的西方奇技淫巧的态度也有所改观。为挽救清王朝摇摇欲坠的统治，洋务派主张学习西方制造船舰武器的技术，而要真正摆脱简单的模仿，转而学习各项技术的原理，"非兴学不足以图强"[1]，同时，中国与其他国家的交流日益频繁，培养翻译人才也是势在必行。

清政府在1862年开办了京师同文馆，其目的就是培养精通西国文化，掌握各国语言文字的翻译人才，以防止受外人欺蒙。继而，随着军事、外交、政治等各方面对新式人才的需求，洋务派又扩展了教育事业的发展范围，从军事技术到电报医学，各类新式学堂迅速崛起，积极培养各类新式人才。与此同时，挑选天资聪颖、勤勉好学的幼童，送赴欧美各国主攻军政、船政、兵器制造等各类先进军事技术，以期回国后将所学技术用于抵御外侮，这些被送往欧美各国的幼童，在学习过程中必须心无旁骛，"务求学术精到"，为保证学生不被"西化"，政府派送中国教习，教授中国文义。另有参译西方书籍，各学堂聘西方教习学习西方先进科学技术等，洋务运动在"西学"的热潮中，如火如荼地开展起来。

在洋务运动兴起初期，创办的新式学堂有30多所，各学堂多聘请德才兼备的中国籍教师，负责教学生汉文、算学等课程，而外语、格致、医学等西学课程，以聘请外籍教师为主。以京师同文馆为例。据统计，同文馆有中国籍教师32人，而外籍教师有54人，且同文馆的总教习如丁韪良、欧礼斐均为外籍人士。[2] 可见，当时新式学堂的教师，多

---

[1] 陈学恂主编：《中国近代教育史教学参考资料》（上册），人民教育出版社1986年版，第23页。

[2] 朱有瓛主编：《中国近代学制史料》（第一辑 上册），华东师范大学出版社1983年版，第37—41页。

以聘请外籍人员为主。新式学堂的数量极为有限，培养的也多为专门的技术型人才。同时，这种精英式的办学并未触及平民社会，所选择的受教育对象主要以八旗子弟的贵族为主。这样做的目的，一是出身贵族的学生在入学时，可以节省部分费用；二是巩固统治阶级的政权，避免权力外溢。因学生人数较少，所以并未产生专门的师范学校。

但随着近代中国政治、经济的急剧变化，救亡图存成为中国人亟须解决的问题，以教育的手段提高全民素质成为中国近代化发展的必然选择，而传统的师资培养方式与学校对新型教师需求之间的矛盾也日益突出。高价聘请外籍教师虽能解决一时的燃眉之急，但对于大规模推广普通教育而言，是不经济且不现实的。因此，新式教育的推广和新型师资的缺乏，成为师范教育产生和发展的巨大诱因。

二 维新教育开启民智的需求

如果说洋务教育掀起的西学之风，是打开传统教育囿于成法、文化专制的封闭之门，那么，维新派所提出的对国体制度的革新更使中国教育迈向新的阶段。早期的维新派主张改革书院，延聘西士，皆因"外患迭起，创巨痛深，固宜有穷变通久之方，以因时而立政，但能不悖于正道，无妨兼取乎新法"[1]。要求各地书院在讲授研究经义的同时，兼学算学、天文、地舆、兵事、农务等格致之学，避免学术的空疏无用，务期明体达用。同时，各级各类的新式学堂也在摸索和尝试中渐次兴办，进而以西法为宗，延聘外籍教习，出新法、著新书，注重西方文化科技的实学教育，开阔学生的视野，并开创了中国近代学制的新模式。

然而，在办学的过程中，天津中西学堂面临的最大困难是缺乏教习。1898年，盛宣怀以"师道立则善人多，故西国学堂必探源于师范"[2]为目的，于南洋公学附设师范学堂一所，延订华洋教习，并仿照日本师范学校附设小学堂，供师范生实习之用。南洋公学师范学堂的创建，不仅首开中国师范教育的先河，而且为日后师范教育制度的建立提供了参考和借鉴。

---

[1] 舒新城编：《中国近代教育史资料》（上册），人民教育出版社1981年版，第70页。
[2] 舒新城编：《中国近代教育史资料》（上册），人民教育出版社1981年版，第151页。

在国运衰蹇、民生日蹙的近代社会，洋务派开启了师夷西方的大门，然而，其"变器不变道"的做法，并不能真正解决科技落后、社会衰败的根本问题。郑观应曾尖锐地指出，洋务的西学只是"剽窃皮毛""皆浅尝辄止，有名无实"①。至于新式学堂花高价聘请洋教习，也只是缓兵之计。面对严峻的历史态势，资产阶级维新派将西学的触角延伸至"西政"，即西方近代的资产阶级民主政治学说，并在人才培养上改变传统的带教模式，以创办师范学堂，培养专门的教师，作为兴学培养人才的新路径，从根本上解决近代中国缺乏人才的问题，起到"正本清源"的作用。

同时，维新派主张的新式教育的教育对象，是面向普通国民的，而不是仅限于少数贵族的精英式教育，即"教有及于士，有逮于民，有明其理，有广其智"②，开民智的真正目的，是广设学校，"人人皆得入学"。改革科举制度，仿照西方设置高、中、低三级学校，培养师范类的专门人才，补充师资力量，从整体上强化国民素质，以此作为"兴学养才"强国富民的根本要义。这一时期，在兴办师范学校的同时，具备了两级的学制雏形，为清末学制的形成和建立提供了必要的准备。

三 清末"新政"的启动对新型教师的需求

昙花一现的维新运动，虽然并未从根本上撼动清王朝的政治格局，但面对内忧外患的动荡时局，清政府又不得不重新拾起曾经被镇压的变法思想，开启了清末"新政"的教育改革之路。而改革的第一步就是引进西方的教育模式，在坚持"中学为体，西学为用"原则的基础上，对原有教育制度进行调整，以符合当前发展利益。由于甲午战争的失败及明治维新后日益强大的日本，国人放慢了西学的脚步，将眼光投向邻国日本。张之洞指出，学习日本的好处，在于路途相较于西国而言距离较近，便于调查研究。同时，中国和日本文化相近，日本在采纳西学的过程中，已经对不适合本国国情之处进行删减修改，故学习时更加省时省力，少走弯路。

一方面，在介绍日本学制时，就有人关注到了日本的寻常师范学校和高等师范学校，罗振玉曾提出教育的"普及主义"，建议每省设立高

---

① 舒新城编：《中国近代教育史资料》（下册），人民教育出版社1981年版，第897页。
② 舒新城编：《中国近代教育史资料》（下册），人民教育出版社1981年版，第909页。

第一章　清末师范教育制度的变革（1897—1911年）

等师范学校一所，更于各府厅州县每一处设立师范学校一所。同时，寻常师范学校课程中增入教育一科，教员的培养分为师范本科、速成科和讲习科三类，以缓解教师缺乏的现状，满足不同层次教师的需求，并建立正规的师范教育制度。① 可以说，这一建议已经大致勾勒出师范教育学制的雏形。参酌日本建立本国师范教育学制，启动正规化、制度化的师范教育，已成为必然趋势。

另一方面，近代教会在中国创办的各类学校也愈形发达，逐步完善。虽然入华传教士办学主要是以传教为目的的，但不可否认的是，教会学校也成为国人大开眼界、了解西方的途径之一。除了参酌日本学制，产生兴办师范学校的构想外，教会学校的办学模式，也成为国人可资借鉴的模板和样例。最初，教会在华所设学校并无组织，相互之间也无密切联络。但随着教会学校规模和数量的不断扩大，俨然成为一股不容小觑的教育力量。从1877年和1890年两次教会大会记录来看，1889年教会学校学生人数比1876年增加了10861人。②

可见，教会学校学生人数的增长速度，相较其自身发展而言还是很迅速的。尤其是1890年成立的中华基督教教育会的任务范围，从最初编译学校教科书扩展为讨论中国一般的教育问题，成立了统筹全局的组织机关，拟订教育的改进计划，全方位指导教会教育的发展。另外，教会学校储备的近代新式人才，既是西学传播的媒介，也是新式教育改革的重要力量，他们为近代中国师范教育学制的创建，提供了新的启迪和思考。

从洋务运动开展伊始，师资不敷的问题就滞缓了整个洋务教育的发展进程。延聘西人、借才异国成为当时解决师资匮乏问题的惯用之法，也是无奈之举。清末"新政"启动之时，想要全方位改革教育制度和大规模的兴学，也必然会面临新型师资缺乏的问题。梁启超曾指出，西人教学的弊端有三点：一是西人不懂中文，每次讲学转述为中文时，必然会失去其本真的含义，即便是能对中文略知一二，也不能对中国的文化有深入的理解和领悟。二是中西教法不同，西人的思维方式、语言文

---

① 朱有瓛主编：《中国近代学制史料》（第二辑 上册），华东师范大学出版社1987年版，第13—14页。
② 陈学恂主编：《中国近代教育史教学参考资料》（下册），人民教育出版社1987年版，第380页。

化与国人相差甚远，二者沟通交流有时必然会引起很大歧义，影响教学效果。三是西人专在西学，如果学堂以聘请外国教习为主，会出现舍本逐末的情况。且在聘请的西人当中，半数为"不学之教士"，难以承担教学的重任。且随着维新运动的开展，新式学堂的建立和教育的普及，师资短缺问题日益突出。

1903年，由张百熙等人拟定的《学务纲要》提出，应尽快兴办师范学堂，以解决师资紧缺问题，加之继1897年南洋公学率先创办师范院之后，各省也陆续仿照开办新式师范学校，急需统一的学制，规范并扩展师范学校的范围，以便渐次推广。1904年，清政府正式出台了《奏定初级师范学堂章程》和《奏定优级师范学堂章程》，用以统一规范国内的师范学堂，学制的内容既包括对日本师范教育学制体系的参酌，又以在华教会学校作为模板范例，同时，也考虑到中国当时急需新型教师的现状。以国家的力量兴办师范教育在一定程度上解决了聘请国外教师耗费巨大和师资质量难以保证的棘手问题，从根本上解决了新式教育的发展障碍，开启了正规化、制度化的教师培养和培训的新征程，为中国近代教育走向新阶段迈出了坚实的一步。

第二节 清末师范教育制度的嬗变历程

一 清末师范教育制度的肇端（1897—1903年）

（一）创办师范学校的理论准备

早在1892年，郑观应就揭露了洋务运动时期教育的弊端，新式学堂对于西方科学技术总是一知半解且存在偏见，导致所谓的西学总是点到为止，不能深入理解其精髓，而学生成绩每况愈下的主要原因在于不求甚解，加之教师本身学艺不精，往往对学生造成误导，自然学生也无法获得真才实学。曾有时人评价中国的教师不够专业，而要成为合格的教师，"必令学为教弟子之法，而后可以为师"[①]。可见，师资培养需要专门系统的学习，才能让学生有所收获。

---

① 璩鑫圭、童富勇、张守智编：《中国近代教育史资料汇编：实业教育 师范教育》，上海教育出版社2007年版，第630页。

第一章 清末师范教育制度的变革（1897—1911 年）

1896 年，梁启超曾在《论师范》中指出，兴办师范学堂具有除旧布新的重要意义，"欲革旧习兴智学，必以立师范学堂为第一义"。变法的根本不是先从大学堂办起，而是在京师以及各省府州县创办小学堂，同时，设立师范学堂为其提供师资，二者相辅相成，共同推进。师范学堂与小学堂属于配套的教学设施，二者是互为助益的，以师范学堂的生徒充当小学之教习，并以小学堂生徒的学习情况检验师范学堂生徒的教学水平。可以说，这是师范学堂创办之初的设想。他以师范教育作为"开民智"和广兴学校的基础和前提，由此将会收到"十年之间，奇才异能，遍行省矣"①的效果。

既然已经意识到在全国范围内兴学，师资是关键，接下来的问题就是如何解决短期内急需大量师资的现状，以及建立正规师范教育体系的矛盾。罗振玉通过对西洋各国师范学堂的考察，认为师范生的培养周期较长，需三年之久，倘若创办师范学堂之初即按照正规的师范教育体制办理，将会出现"待师范生卒业，而后令开小学校，抑令不必受师范学者而充教习乎，既必待师范生卒业，则三年内将不得立小学堂，使不受师范者充教习，则又不能胜任"②的情况，面对这一问题，他认为，应效法日本，先开办师范速成科，以应急需，且"此学堂乃暂时设立，俟将来正当之师范学校设立时，即行裁去"③。

刘坤一和张之洞则主张，在正规的师范人才未养成之前，暂以派遣学生出洋留学，到其他国家的师范学堂专习师范，学成后回国充任中小学教员。④此外，张之洞也认为，国内先办师范速成科是极为必要的，为了广施教育计，学堂内应开设传习所，并招收旁听生，"三十以上至五十以下之举贡生员，不能入学堂者，可入师范学堂之速成科"⑤。这

---

① 梁启超：《饮冰室合集》（文集 1—9），中华书局 1989 年版，第 37 页。
② 朱有瓛主编：《中国近代学制史料》（第一辑 下册），华东师范大学出版社 1986 年版，第 983 页。
③ 朱有瓛主编：《中国近代学制史料》（第一辑 下册），华东师范大学出版社 1986 年版，第 984—985 页。
④ 朱有瓛主编：《中国近代学制史料》（第一辑 下册），华东师范大学出版社 1986 年版，第 983 页。
⑤ 朱有瓛主编：《中国近代学制史料》（第二辑 上册），华东师范大学出版社 1987 年版，第 77 页。

一建议不仅指出开办速成科的必要性，而且将旧式人才的转型培养，也一并考虑在内，对于中国师范教育制度尚未确立这一时期而言，无疑是较好的选择，也符合清政府的利益，但此法只适合于师范教育向正规化发展的过渡期，师范教育建立正规学制仍势在必行。

另有人提出，利用师范科解决科举改革后的举贡生员，速成科和完全科同时设立。如湖广总督张之洞和直隶总督袁世凯在开办武昌师范学堂和直隶保定师范学堂时，都采用此法，如直隶保定师范学堂分设四斋，分别为半年、一年、二年、三年毕业，毕业者被先行派往各地充任小学堂教习一年，再由各斋毕业生依次轮往。虽然在建立正规师范教育体制之前，各学者提出的方法不同，但最终的目的都是解决师资短缺的问题和提高教师的质量。不过，清末时期国家财政较为困难，教育经费需要充分有效利用。所以，既要考虑旧式科举人才的转型安置问题，又要调解当前师资短缺、急需培养速成教师与正规师范教育体制建立的长远利益的冲突。显然，在师范教育办学初期，速成与正规并行举办的师范教育提议更有利。

（二）创办师范学校的实践

真正将师范教育付诸实践的是洋务派的核心人物盛宣怀，因长期操办洋务经济活动，深知科技人才对于国富民强的重要意义，故非常重视实用专才的培养。早在1895年设立天津中西学堂时，就面临"教者既苦乏才，学者亦难精择，窃喟然于事半功倍之故"[①]的困难，学校没有优秀的教习，自然难以培养出合格的人才。鉴于师资缺乏的困境，盛宣怀遂决定于1897年在上海南洋公学成立师范院，时聘上海城内梅溪书院主讲张焕纶为总教习，主要学习中西结合的师范教育管理之法，"课以中西各学，要于明体达用，勤学善诲为指归"[②]。学堂对于师范生的能力有严格的要求，"来学者皆一时俊彦"[③]，要具备扎实深厚的国学根底。因此，国学不作为学生的正课学习，仅供院生以其兴趣爱好及天赋秉性任选经史子集自行研究，可以相互切磋，也可与教习交流探讨。但

[①] 舒新城编：《中国近代教育史资料》（上册），人民教育出版社1981年版，第151页。
[②] 舒新城编：《中国近代教育史资料》（上册），人民教育出版社1981年版，第151页。
[③] 朱有瓛主编：《中国近代学制史料》（第一辑 下册），华东师范大学出版社1986年版，第526页。

第一章 清末师范教育制度的变革（1897—1911 年）

这并不代表国学课程不重要，而是表明学生已经对国学有深入的理解和想法，学堂将学习的重点放在了学生相对陌生的数学、物理、化学、科学教育、动植物等课程上，中西合璧，务求明体达用。

学堂的外院、中院和上院的教师，皆出自师范学堂，并依次递升，阅八年而卒业。师范学堂的学生按照班次等级分格五层进行培养，每一层都有各自的培养目标，要求学生先有远大的志向和可造就的天赋，继而在学习过程中不断提升，在拥有渊博学识的同时，又能保持不骄不躁的初心，成为为人师表的榜样。第一层学生天资聪慧，质朴敦厚，无不良嗜好且有远大的志向；第二层学生勤勉好学，恭顺严谨，学友间相互切磋，有团队合作意识；第三层学生经过两年的学习后，能够养成心思缜密，分析问题条理清晰，遇事灵活应变；第四层学生主要注重性格的养成，即不骄不躁，敬爱师长，友爱同学；第五层，也就是最高层级的学生，不仅要学识广博，也要性情温和，虚心气静，遇事沉着，此为培养师范人才的最高境界。

师范生入院后要经过试业两个月的考核，并按照其资质发给不同颜色的凭据，依次递进升级。关于考试，每三个月由总理和总教习以面试的方式，对学生进行周期性的考核，每年定期由招商和电报两局的官员对学生进行测试。且师范院和上中两院的高等学生，可以有参加学堂以外考试的特权。此外，师范生享有优厚的待遇，不仅在校的食宿由学堂提供，还能依照等级按月补发津贴，说明师范教育从创办之初就备受重视。

南洋公学作为近代中国师范教育的发端，不仅具有较明显的师范学校特色，还形成了学研结合，师生共同切磋的良好风气。不但解决了南洋公学师资紧缺的燃眉之急，也为各省创办师范学堂提供了可资借鉴的样板，勾勒出近代师范教育的雏形，也为中国师范教育制度化发展做出了有益的尝试。

以南洋公学师范院为肇端，一批独具师范特色的师范学堂相继成立。其中，京师大学堂附设的师范馆作为中国高等师范教育的发轫，主要为中学堂培养教习。早在 1896 年，管理官书局大臣孙家鼐上奏请朝廷复开京师大学堂，要求学堂的中西教习不仅学识渊博，品行纯正，而且要精通教学管理之法，了解中西文化和天下大势，对于教习的聘请，一律按照优中择优的原则。1898年，梁启超仿照西方和日本的学制，强调西国重视师范，应别立一师范斋，养成教习，为新学储才，旋因"戊戌政变"，京师大学堂师范斋筹办未果。1902年，颁布了《钦定京师大学堂章程》，要求兴学育才应以师范学堂的创办为首要任务。并拟派数十人赴欧美及日本学习教育之法，以备学成后充当各地学堂教习。京师大学堂附设的速成科，分为仕学馆和师范馆，其中师范馆的学生在入学时，由严格的程序进行筛选，以"一律从优"为原则，由学堂自主招考，各省以大学堂的格式考取后，咨送进京复试，合格后才批准进堂肄业。师范馆修业4年，课程以伦理、经学、教育学为主，其他科目与中学堂课程相仿。京师大学堂师范生卒业后，按照原来的等级递升，依次准做贡生、举人、进士。至此，师范教育形成中等、高等两级教育体系，为近代师范教育体制的完善奠定了基础。

此外，各省的师范学堂也如雨后春笋般相继创办，这些学堂创办多因各地学堂教习无人，虽名为设学，但课程未定，办学极不正规。且为"速收实效"，各省师范学堂在办学初期，以初级简易科和优级选科为主，先培养一批师范生充当小学教习和中学堂教习，应对各地教习不敷的现状，待各地教习敷用，再设置整齐划一的修业年限。这一时期，各地也陆续出现民办的师范学堂，如1903年张謇创办的通州师范学校，主要以培养通州本地小学教习为目的，与公办师范学堂主要的不同点体现在民办师范学校的经费来源上，其经费来源由筹办人集资和捐助，通州师范学堂的经费以张謇创办的大生纺纱厂的余利，作为学堂建筑费用，且学生入堂需要缴纳膳宿费。同时，民办师范学堂同样要接受政府的监督审核，需"转饬地方官立案"。这说明地方政府对于民办学校也有一套严格的监管措施。

这一阶段创办的师范学堂主要有直隶师范学堂、江苏师范学堂、通州师范学堂、两江师范学堂等，各校宗旨明确，主要是应对各地学堂急需师资而推行的，个别师范学校为尽快补缺教师空位，采取轮流制，如直隶师范学堂分为四斋，先由一斋毕业的师范生快速就职，继而由各斋毕业生依次前往，充任教习一年。其他学堂也多以速成科为主，数量较少，且师范学堂多附设于各中、高等学堂，基本按照各地方所需教习的数量来安排师范生定额。

值得注意的是，优级师范学堂均由官办设置，对师范学堂的章程有严格的规定，经费上也有所保障，但相对而言地方的管理权限明显胜于中央政府的掌控，一方面是由于国势衰微，中央政府的控制力减弱；另一方面，与这一时期推行地方自治有关。各地方自主权的扩大有利于师范学堂的办学模式突显地方特色，不过，这些学堂并未形成正规的学制体系，互不相关，独立设置，但不可否认的是，师范学堂的建立仍造就了中国近代第一批真正意义上的师资，标志着中国师范教育开始走向制度化的发展之路。

二 清末师范教育制度的确立（1904—1911年）

清末师范教育的制度化肇始于1902年的《钦定学堂章程》（"壬寅学制"）规定大学院在专门科、预备科以外，附设一师范馆，《钦定京师大学堂章程》以立法的形式，详细规定了师范馆的培养目标、逐年分级课程、学生入学资格及出身、修业年限等一系列内容。除专门设立速成科外，还拟派学员赴欧美及日本专门学习教育法，肄业后归国充任各地学堂教习。但此时的师范学堂并未确立独立地位，仍依附于普通学堂内，且《钦定学堂章程》未施行便因各种原因而废止。

1903年张百熙、荣庆、张之洞起草的《学务纲要》提出，以"造就通才"为宗旨，提出实行各州县的普及教育，来应急筹办师范学堂。初级师范学堂和优级师范学堂分别以培养小学堂教员和中学堂教员为主。由于省城具备较好的经济资源，可以适当提高教员的选聘要求，以外国人或曾留学国外的师范毕业生充任教员，各府厅州县的学堂以聘请中国举办的师范学堂毕业生为主。各省根据实际情况，延聘师范教员以迅速举办初级师范学堂、优级师范学堂、简易师范科和师范传习所，通过迅速推广筹建师范学堂来达到造就人才的目的。同年，清政府制定了《奏定实业教员讲习所章程》，目的是促进商业、农业、工业等实业的发展，主要包括农业教员讲习所、商业教员讲习所和工业教员讲习所，以培养实业学堂教员为主要目的。

1904年1月13日，清政府正式颁布《奏定学堂章程》（"癸卯学制"），以"中学为体，西学为用"作为兴办师范学堂的指导思想。在以"吾道为体"的同时，参照"彼法"从而达到兼修"政""艺"的目的。①"癸卯学制"关于师范教育的规定，主要是取法于日本的师范教育制度，分为初级师范学堂和优级师范学堂章程，其内容涵盖了两级师范学堂的培养目标、课程设置、修业年限、毕业效力义务等各项内容。为全力注重师范教育，推广师范名额，1906年，又颁布了《优级师范选科简章》，以应初级师范学堂和中学堂的教员之需。迫于教会开办女学的压力，加之京外官商士民也渐次在各地开办女学堂，为将女学列入职掌，1907年，学部颁定了《女子师范学堂章程》，详细规定了女子师范学堂的宗旨、课程内容。相较于男子师范学堂而言，女子师范学堂有严格的学校管理制度，实行封闭式教学，且校规严谨，管理人员办公与学堂分设。

与"壬寅学制"相比，"癸卯学制"的内容更为详密丰富，完全遵循"忠孝为本""经史为基"的指导原则，它的颁布也标志着中国近代师范教育制度的正式确立，不仅形成上下衔接的初级和优级师范教育，还包括横向的女子师范教育和实业师范教育，按实际需求配有简易科、师范传习所、小学师范讲习科等临时性非正规的师范教育作为补充，形成了较为完备的师范教育体系。

（一）初级师范学堂

初级师范学堂以培养初小、高小教员为主，为体现师范教育的专门性质，学习科目在普通中学基础上添加教授管理之法。因初期创办时各方面办学条件有限，暂定省城设一所师范院校，至各省优级师范学堂有毕业生时，渐次在各州县添设。

为应对急需，各省在学堂的设置上分为完全科和简易科。而师范传习所作为暂时性的应急机构，要求派选省城初级师范学堂简易科成绩优异者，分往传习。为补充学力不足又愿入初级师范学堂学习者，额外添设预备科及小学师范讲习所，直到1909年，学部鉴于各地师范学堂学制体系渐入正轨，通饬停办速成师范学堂并改为本科。1910年，除个别边远地区风气初开以外，其他各省简易科均停止招考，改办初级完全科。1911年，各省又多设小学教员养成所培养单级教员，附设于初级

---

① 朱有瓛主编：《中国近代学制史料》（第一辑 下册），华东师范大学出版社1986年版，第628页。

师范学堂、中学堂及劝学所中，以达到"广裕师资"的目的。省城招收初级师范生以300人为足额，各州县以150人为足额，也可根据实际情况，渐为补充。

关于选录学生，初级师范学堂有严格的要求，入堂学生不仅需文理优通，品行上也要求质朴纯良，且身体强健。学生入学完全科年龄需在18—25岁，简易科学生年龄可适当放宽至25—30岁。完全科师范生修业年限为5年，简易科师范生1年学成。为弥补学生能力水平的参差不齐，初级师范学堂还添设了预备科和小学师范讲习科，帮助学力不足或小学堂教员者接受系统的专业训练。

初级师范学堂的办学经费，主要由地方筹措，学生的待遇较为优厚，公费生无须缴纳学费，私费生可按学堂的实际容量酌定。学生在享有优厚待遇的同时，也必须按照规定年限履行效力义务。官费本科毕业生服务年限为6年，私费和简易科毕业生服务年限均为三年。由本省督抚负责派往本省各地，教员可依据服务年限及服务水平获得相应的奖励，或由学部派往云贵、广西等边远地区，以及新疆、蒙藏各处，或海外华侨学堂充当教员。三年届满可获得优厚的劳绩奖励，以兴边陲学务。

此外，关于课程教学、用具设备、师资管理等方面，《奏定初级师范学堂章程》都有详细的规定。目的就是确立师范教育的独立地位，并为初小、高小学堂储备德才兼备、学有专长的合格师资。根据中国当时的实际情况，还设置了临时小学教员养成所和单级教员养成所，其中单级教员养成所具有进修性质，培养已毕业的初级师范生及小学教员掌握数科教授法及实地练习。教员掌握数门课程教法的培养方式，不仅可以提高效率，缓解师资短缺的压力，也可在此基础上酌减简易科，设立完备学制，保证新型师资的质量，完成"兴学育才"和教育普及的重任。

（二）优级师范学堂

优级师范学堂主要培养初级师范学堂及中学堂教员和管理员。优级师范学堂主要设于京师及各省城，但各省城也可根据本省经济情况将初级、优级师范合设一处，待以后办学环境逐渐改善，师资逐渐充裕，再升格为优级师范学堂。初设时学堂的学额暂定为240人，以后渐次扩充。

在学堂的设置上，优级师范学堂主要包含三类，即完全科、选科和专修科。完全科分为公共科（相当于预科）、分类科和加习科、公共科主要学习师范生必须掌握的各类课程，修业年限为1年。分类科主要包括四类："第一类系以中国文学、外国语为主；第二类系以地理、历史为主；第三类系以算学、物理学、化学为主；第四类系以植物、动物、矿物、生理学为主。"① 分类科修业年限为3年。加习科主要为学力不足和有意愿学习教授法管理法的学生继续学习而开设，主要教授教育精深的理法，供学生自愿学习，修业年限为1年。由于各地中学堂出现某些专门学科教员缺乏的现象，规定师范学堂可设置某些特定学科，供学生专修。选科主要为选习分类科中的一科或数科科目的师范生提供，以补充中学堂教员的缺乏。

1906年，学部订定优级师范选科分为预科和本科，预科1年毕业，本科2年毕业。因设置选科和初级师范学堂的简易科只属一时的权宜之计，从1910年开始，停招优级选科并一律改办为优级完全科。同年，学部规定："各省优级师范学堂均准附设补习班，考选二年以上之初级师范简易科毕业生，入班补习。"② 按照规定期限成绩合格者，准升入优级师范学堂公共科肄业。除此之外，学堂设置中学、小学两种附属学堂供师范生实事练习，其中小学堂分为多级编制法和单级编制法两类。

关于优级师范学堂的选录条件，主要以获得初级师范学堂和官立中学堂毕业凭照者为主，私立中学堂毕业者必须经过本省学务处审核通过方可入学，为尽快帮助旧式科举人才转型适应社会需要，初设时可招收本省有学识根底的举贡生。其中第三类学生需将公共科延长为3年，增设某些学科，补足其学力之欠缺。另外，公共科学生要通过师范学堂的入学考试，才有资格入堂肄业。加习科的学生，也可不直接由分类科毕业，但其学力应为本国或外国高等学堂毕业凭证，或多年从事教学有丰富经验者经过学堂监督特批才准入堂。

在学费方面，优级师范学堂公共科和分类科学生的学费，由官费提

---

① 舒新城编：《中国近代教育史资料》（中册），人民教育出版社1981年版，第684页。

② 璩鑫圭、童富勇、张守智编：《中国近代教育史资料汇编：实业教育 师范教育》，上海教育出版社2007年版，第612页。

供,但在享受优厚待遇的同时,必须与学堂签订毕业从事教职,为国家效力的履约书。服务年满的毕业生,可以获得官职,但若不能按时完成效力义务将撤销奖励。加习科的学生,如本来由本学堂分科毕业生选取者无须缴纳学费,而经学堂监督特批的学生需缴纳学费。优级师范生、优级选科师范生效力国家教育事业的义务被定为5年,部分派往边远省区的师范生可缩短为3年。

此外,章程对课程设置、教学方法、教员管理都有详密的规定,学堂内设施配备也较为齐全,附设教育博物馆,搜罗中外学堂的建筑模型、教学用具、教育图书和学生成绩展览,供本堂学生参阅和外人参观。优级师范学堂的开设在注重师范性特质的同时,保证了其学术研究性,学堂根据学生的实际情况进行设置,具有一定的伸缩性。优级选科的设置又达到了教育普及的目的,刚柔并进的奖罚制度,在一定程度上吸引了大批优秀学员,确保师资队伍的稳定。

(三) 实业教员讲习所

实业教员讲习所的设置,主要以培养各类实业学堂的教员为宗旨,招生面向中学堂及初级师范学堂的毕业生。分为农业、商业、工业三类教员讲习所。这一时期,实业教员讲习主要是附设于农工商大学或高等农工商学堂内。讲习所学生的数额由各省学务处依照本省的实际情况酌定。

农业教员讲习所和商业教员讲习所的修业年限均为2年,而工业教育讲习所分为完全科和简易科两种,完全科的修业年限为3年,简易科的修业年限为1年。讲习所附设实业补习学堂,供学生实地演练使用。

在学员的选择方面,学堂主要招收17岁以上,有一定实业技术基础,正规学堂的毕业者。而在学堂初设时,可适当放宽要求,选择17—25岁文理明通的青年,先在预科学习一年普通学科,补其学力之不足,期满再入正科学习。工业教员讲习所的简易科,以收取艺徒学堂及高小毕业生为主,也可招收20—30岁明通文理书算的青年入堂学习。

实业讲习所的师范生同样享有官方供给学费的待遇,但也须听从学务大臣及本省督抚的指派,毕业从事实业教育,其义务以6年为限。

(四) 女子师范学堂

伴随着清末"西学"热潮及国内教会女子教育的兴起,一些先知先觉的仁人志士意识到发展女子师范教育和幼儿师范教育的紧迫性和重要性。一方面缘于女子道德修养对于实施家庭教育至关重要,另一方面由外人设立女学来教育中国国民实有不妥,一切的学科设备均自由施设,不受政府的监督管理,也不考虑中国社会的实际需要,对中国自身教育体系的发展产生严重的阻碍。

早期的教会女学是以传教为目的的,主要借助教育来消除异质文化的阻力,故在创设之初便注重女学的师范性,以便争取更多的中国人了解并皈依教会。继后,国人受西方文化的影响,也开始意识到女子师范教育的重要性,"倘使女教不立,妇德不修,则是有妻而不能相夫,有母而不能训子,家庭之教不讲,蒙养之本不端,教育所关,实非浅鲜,此先圣先王化民成俗所由,必以学为先务也"①。遂国内兴起创办女子师范学堂的热潮,使更多妇女博学能文,读书明理,振兴女学也成为教育普及的重要任务之一。

较著名的女子师范学堂有 1905 年张謇设立的南通女子师范学校,1906 年袁世凯创办的北洋女子师范学堂,以及 1908 年京师女子师范学堂,等等。迫于教会及京外官商士民创立女学堂日益增多,政府不得不确立规范女学的章程,以便于统一管理。遂于 1907 年出台了《女子师范学堂章程》,首开风气,打破女子家庭式的传统教育模式,对清末女学的发展起到重要作用。

女子师范学堂以培养女子小学堂教习为目的,同时辅以保育幼儿的方法,裨补家计。原则上每州县设一所女子师范学堂,初办时,可由官筹暂设于省城一所,各省如一时不能开办女子师范学堂,可暂以家庭教育,以资补助,已有的女学堂应严格遵照章程规定执行。另外,民间设立女子师范学堂必须得到官方的查明审批,方可开办。

受传统观念的束缚,女子师范教育的封建色彩更为浓厚,重视女德培养,如要求女子师范学堂教育必须恪守贤良淑德,不得违背中国传统的纲常礼教和各地风俗。女子对于父母及夫婿必须尽职尽责,以服从为主。但同时也有风气开化的一面,如认为女子缠足属于残害肢体的陋习,劝令逐渐解除迫害妇女的弊俗。课程包括女学规程和幼儿师范教育,如教育原理、家庭教育法、蒙养院保育法、小学堂教授管理训练

---

① 舒新城编:《中国近代教育史资料》(下册),人民教育出版社 1981 年版,第 802 页。

法、附属女子小学堂及蒙养院实习法等。

在学生选录方面,女子师范学堂可酌设预备科,程度相当于高等小学第三、四年的程度,主要招收高等小学堂第二年以及年龄在13岁以上者,补习一年后,升入女子师范科。本科学堂主要以年龄15岁左右的高小毕业生为主,修业年限为4年。且入学女子,必须满足身家清白、品行端淑等各项要求。女子师范学堂同样附设女子小学堂及蒙养院一所,供师范生实习演练。

在待遇方面,学费由官方支给,但毕业有充当女子小学堂教习或蒙养院保姆之义务。如若毕业生不能按期履行教职义务,当追缴在学时的费用。

清政府对女子师范学堂的办学宗旨、课程体系、编制设备、监督管理都有详细的规定,且与男子师范学堂有很大的不同,在办学宗旨上,注重女子的品行道德,要求学生在掌握基本文化知识的同时,接受传统礼仪修身法则的训练;在课程上有家事、裁缝、手艺等内容,适合于锻炼女子的生活技能,以便日后补助家庭生计;在设备上为师范生提供各类专门讲堂和实用器具,学堂生活设施齐全,教具模型完备,学习环境相对舒适;在生活上实施严格的管理,有专人负责学生的生活起居。

可以说,清末女子师范学堂的创办,是对传统封建思想的挑战,也是突破女学禁区、解放妇女的重要举措。然而,在形式上虽然有所突破,在实际办学中却仍不免受传统纲常伦理的束缚,如要求学生端正守礼,遵行传统修身法则,等等,但至少打破了封建清王朝的传统思维定势,使近代中国师范教育体系更加完备、充实。

三 影响及意义

从总体上看,"癸卯学制"相较于"壬寅学制"关于师范教育办学模式、培养目标、课程设置、学生选录及师范生待遇方面,增加了更为详密、丰富的内容。在社会阶级属性上,始终围绕着"中学为体,西学为用"的办学思想,具有较为浓厚的封建色彩。同时,又顺应时代的潮流和发展趋势,将师范教育从普通教育中剥离,师范教育体系正式从附属地位转为独立设置,以确保其师范性,在立法政策上的规定,也为师范教育制度化的发展提供了可靠保证。清末师范教育制度的确立,对中国师范教育的发展产生了深远的影响。

（一）重视师范教育，师范办学体系初建

师范教育创办的最初动机在于国业不振，人才不兴，兴学育才的首要任务就是栽培师资以备培养人才之用。鉴于各省筹办新式学堂，而教习无人，兴办师范教育迫在眉睫，使得国家和有识之士将师范教育提上日程。在清末新政时期，以日本师范教育制度作为蓝本，结合中国政治、经济、文化的实际情况制定的"壬寅学制"，主要以解决中、小学堂师资严重不足的问题而确立的。

到了"癸卯学制"，除了解决师资短缺的问题外，还将师范教育从依附于普通教育的从属地位转为独立设置，并对其学制体系、管理制度等各项内容进行详细规定，形成了上下衔接、横纵向互为补充的比较完备的近代师范教育体系，而《奏定师范奖励义务章程》《学部奏变通边境及海外华侨学堂教员奖励并师范生义务年限》《学部奏酌拟出洋学习完全师范毕业奖励》等一系列政策以奖励、补充边远地区师资及出洋学习等方式加速了师范教育向纵深发展，使师范教育的制度化体系得到进一步完善。同时，师范教育制度化的发展也代表着新式教育的崛起和旧式人才培养模式的逐渐瓦解。

虽然各级各类师范教育的培养目标，在设定上仍具有较浓厚的封建色彩，始终没有摆脱"中体西用"的窠臼，课程内容的师范性特色不够鲜明，办学多附设于高小、高等、实业等各类学堂，师范教育的地位没有得到足够的重视。但值得肯定的是，师范教育所发挥的经世致用、造就人才的重要作用日益凸显，从1896年南洋公学师范院创办之初，至1911年清王朝结束统治的15年间，师范教育从草创到学制体系建立，在一步步地探索和尝试过程中积累了丰富的办学经验，对中国近代师范教育的制度化发展起到重要的奠基作用。师范教育不仅是新式教育的产物，而且是近代教育破旧立新、顺应时代发展潮流的缩影。

（二）建立奖励机制，保证师资队伍稳定

自"癸卯学制"建立以后，中国近代师范教育进入了正规化的发展阶段，师范学堂的数量逐年增加。据统计，1907年，师范学堂总数为541所，学生总人数为36091人；1908年，师范学堂总数为581所，学生总人数为33072人；1909年，师范学堂总数为415所，学生总人

数为28572人（1909年，虽学生总人数减少，但优级和初级师范完全科学生人数较1907年、1908年两年增加幅度较大，说明更加注重教师质量的提高。详情见表1-1）。从统计数据来看，清末时期的师范学堂和师范生数量已颇具规模。

表1-1　　　　1907、1908、1909年师范学堂总数及学生人数

年份	师范学堂总数（所）	学生总人数（人）
1907	541	36091
1908	581	33072
1909	415	28572

资料来源：璩鑫圭、童富勇、张守智编《中国近代教育史资料汇编：实业教育，师范教育》，上海教育出版社2007年版，第640—649页。

之所以取得这样的成绩，是因为"癸卯学制"建立的奖励机制保证了师资队伍的稳定。清政府在物力艰绌的情况下，仍坚持师范生无须缴费的规定，对于师范学堂毕业生效力义务等各项奖励，丝毫没有怠慢，奏定章程规定各级各类学堂的师范生，享有在学期间准免学费和毕业奖励的优厚待遇，可见，师范教育仍然受到政府的极大关注。这种免费制不仅承袭了古代官学的"廪膳"和"膏火"制度①，而且是吸引优秀人才从教，免除其后顾之忧的有效手段。在奖励的同时，权责相维，订有师范生毕业效力的义务。同时，为尽量扩大教师队伍，还设立简易科、优级选科及添备预备科，为旧式蒙馆塾师和学力不足的寒门子弟，提供就学机会，并适当给予奖励，也成为当时缓解师资紧缺状况的有效途径。

（三）女子师范教育初兴，完善师范教育体系

在传统封建社会里，女子社会地位低下，更毋庸说受教育了。传统的女子教育最多只能归入家庭教育，所授的内容多为传统的"德言容

---

① 喻本伐：《中国师范教育免费传统的历史考察》，《湖北大学学报》（哲学社会科学版）2007年第3期。

工",成为束缚女性思想的枷锁。在清末时期,风气渐开,西学热潮的掀起在带来先进科学技术知识的同时,西方资产阶级民主政治思想也潜移默化地撼动了几千年墨守成规的封建意识。女子师范教育虽由教会兴起,但其真正形成制度化,并纳入国家正规教育体系中,却源于国人对女子师范教育的日益重视。正是国人思想的开化,女子学堂才真正冲破女禁的牢笼,破茧而出。

在女子师范学堂初兴时,虽然带有浓厚的封建色彩,其初衷也更多地以封建道德的信条束缚女性,如在"男女授受不亲"封建观束缚下男女分校;学习《女诫》《女训》《家范》等封建思想浓厚的修身课本,重视女德修养,以维风化,且以不违背中国传统礼教为原则等内容,仍未脱离封建礼数对女子的禁锢。但女子师范学堂的开办本身,也体现出近代社会在一定程度上提高了女子的社会地位,女子同样可以为师,并享有受教育的权利,有力地促进了教育普及和社会观念的进步。其课程设置重视家事、裁缝、女红、蒙养院保育等家庭教育之法,突出了女子师范教育的特色,不仅有利于女子道德修养的提高,而且有益于提高师范教育的整体水平,完善师范教育体系,对教育普及和全民文化素质的提高也有重大作用。

但是,在看到中国师范教育取得初步进展的同时,也应看到其暴露的弊端。曾有时人评价当时的师范教育说:"有以知彼之所陶冶者,皆非真师范生,而其所维系者,多为良教员。"[①] 认为师范学堂培养的毕业生只能充塞教员,还不能算作真正意义上的师范生。另外,"壬寅、癸卯"学制多以日本师范教育制度为蓝本,而当时中国的政治、经济、文化等各方面,又与日本的社会条件相差甚远,有明显的"水土不服"现象,缺乏创新和实际操作性,效仿的很多条例标准,不能实现,也不能紧密切合中国的实际情况,发挥其效用,但师范教育体系的初步建立,是突破传统封建教育的重要尝试,也是中国近代教育体系发展进步的里程碑。

---

① 璩鑫圭、童富勇、张守智编:《中国近代教育史资料汇编:实业教育 师范教育》,上海教育出版社2007年版,第635页。

第三节 清末师范教育培养体系的建立

一 "德才兼备"的清末师范教育培养目标

1903年，张百熙、荣庆、张之洞起草的《重订学堂章程折》指出："无论何等学堂，均以忠孝为本，以中国经史之学为基。俾学生心术壹归于纯正，而后以西学瀹其智识，练其艺能，务期他日成材，各适其用，以仰副国家造就通才，慎防流弊之意。"① 要求学生在学识渊博的同时，不忘初心，保持品性纯良。要求各地急办师范学堂，其中，初级师范学堂的目的，主要是普及教育，为开通国民智识而储备师资。要求师范教育的办学思想符合传统儒家思想的君臣伦理纲常，以忠孝大义作为劝勉学生的座右铭，优级师范学堂则依据中国社会需要应接续速办。实业讲习所主要以教授简易技能为宗旨，目的是培养实业人才。

基于学部提出的教育宗旨，各个师范学堂也提出本校的培养目标。如江苏师范学堂的培养目标为"以忠孝为敷教之本，以礼法为训俗之方，以练习艺能为致用治生之具"②。要求师范生在平日学习中锻炼气质，修养德行，养成心思缜密的习惯，对于学术研究一丝不苟，他日才能以身作则，为人师表。张謇的通州师范学校以培养"性淑行端，文理素优者"③为办学宗旨，注重人格的培养，无论是以公德修身，还是以礼法约束个人行为，都是为了塑造谦恭谨慎的品格，也只有这样的教师，才能获得众人的尊重与信任。直隶师范学堂规定培养的学生不仅要通晓经史大义，而且要有爱国志气，品行端方，精通教学方法。女子师范类学校偏重于女德的培养，有较强的封建性，如北洋女子师范学堂重在陶冶心性，成为后生仪范，但同时也反对激进的新学说和时论，一切教学以人伦道德为要旨。

可以看出，师范学堂的培养目标注重内外兼修，在加强师范生文化教育的同时，更注重其内在气质的培养。首先，"师德"被作为教师培养的首

---

① 舒新城编:《中国近代教育史资料》（上册），人民教育出版社1981年版，第195页。
② 璩鑫圭、童富勇、张守智编:《中国近代教育史资料汇编：实业教育 师范教育》，上海教育出版社2007年版，第672页。
③ 璩鑫圭、童富勇、张守智编:《中国近代教育史资料汇编：实业教育 师范教育》，上海教育出版社2007年版，第772页。

要目标，以修己治人为本，培养趣向端正，心性纯良，能够以身作则，日后成为学生榜样的师范生。将传统文化的核心理念融入师范生的人生观和价值观，将克己奉公、笃实宽厚等传统美德作为教师品行的内在规定。其次，拥有强健的体质，才能更好地为教育事业服务，通过言传身教，激励引导等各种方法激发学生的爱国志气和奉献精神。在具备以上两项基本素养后，加强对师范生教学能力和个人素质的培养，不仅教授普通学堂课程知识，丰富其智识，而且注重教育原理及学校管理法的学习，使学生德才兼备。这些教师应具备的素质和能力，对于保证教学质量有积极的意义。

二 "定向型"清末师范教育培养模式的创建

（一）清末师范教育的职前培养模式

清末时期的师范教育模式属于独立、封闭的"定向型"培养模式，即根据实际需要，精择有合格学力程度且志愿于从事教育事业的青年，在进行教育培训后，规定义务效力年限到指定的地区，分配教学任务。清末师范教育的培养层次较为清晰（详见表1-2）。

表1-2　　　　　　　　清末师范教育培养模式

学校名称		年限	招收对象	培养目标
初级师范学堂	完全科	5	高等小学堂毕业	小学教员
	简易科	1	高小四年毕业生	初小教员
师范传习所		10个月	初级师范简易科优等生	小学副教员
优级师范学堂		5	普通中学初级师范学堂	中学或初级师范教员
实业教员讲习所	农业教员讲习所	2	普通中学初级师范学堂或同等之实习学堂毕业生	实习学校，艺徒学堂教员
	商业教员讲习所	2	同上	同上
	工业教员讲习所 完全科	3	同上	同上
	工业教员讲习所 简易科	1	同上	同上
预备科		无定期	入初级学堂学力不足者	补习性质
小学教员讲习所		无定期	小学教员进修	小学教员职后培训

资料来源：根据《奏定学堂章程》规定内容改编，详见舒新城编《中国近代教育史资料》（中册），人民教育出版社1981年版，第665—696页。

第一章 清末师范教育制度的变革（1897—1911 年）

其中，初级师范学堂的完全科（修业年限 5 年）、简易科（修业年限 1 年），主要招收高等小学毕业生，以及社会上粗通文理的青年，进行四个月的试学考验期，合格后方可入院学习。部分学堂还举办入学考试，如北洋师范学堂，要求优级完全科学生须由学堂汇考入学，考验合格后，以试业期两个月为限，再甄别去留。为补充紧缺师资，各州县挑选优等初级师范学堂简易科毕业生，将其分往各地，充当师范传习所的教员，缓解师资紧缺的现状，并限定 10 个月为期限。

此外，添设预备科，为欲入初级师范学堂而学力不足者进行补习。优级师范学堂的完全科实行"1+3+1"的培养模式，即公共科 1 年，分类科 3 年，加习科 1 年（选学制）。优级选科实行"1+2"的培养模式，预科 1 年为补足普通课程的学习，本科两年学习公共课和专业课。女子师范学堂实行 4 年制培养模式，招收女子高小 4 年级毕业的学生，若为高小 2 年级毕业生则须进入预科补习 1 年。实业讲习所分为三类，其中，农业和商业教员讲习 2 年毕业，工业教员讲习所完全科 3 年毕业，简易科 1 年毕业。

清末师范教育的培养模式基本上属于封闭定向型模式，该模式借鉴日本师范教育的构架，定向培养各级各类师资。完全科虽作为初级和优级师范学堂的正规办学模式，但定向的师资培养模式，培养周期长，获益缓慢，不能在短期内弥补师资短缺的空位，故以简易科、优级师范选科、师范传习所等速成科紧急培养教师，尽可能满足各级各类新式学堂对教师的需要。

另外，学生来源渠道较为复杂，大都是旧式的科举人才，他们无法在短期内迅速切换个人观念、思维方式、行为习惯以及知识体系。因此，预备科为学力不足者提供思维缓冲和适应新学的契机，帮助旧式人才快速转型，适应社会需要。工业教员讲习所分为完全科和简易科，其主要目的也是迎合近代社会资本主义经济成分比例增加，对于工业技术人才的需求与日俱增，简易科自然能够提高效率，与工业人才培养迅速接轨。虽然清末师范教育的培养模式能够考虑新式学堂的需要，因而有一定的弹性，但流水线式的培养缺乏灵活性，培养出的教师的数量极为有限，培养周期长，且速成班虽能暂时缓解师资短缺的现状，但培养质量不高，不利于提高教师的整体水平。

（二）清末师范教育职后培训的萌芽

清朝末年，针对新型师资缺乏的问题，一些有识之士提出创办小学师范讲习所，这也产生了中国最早的教师培训机构，小学师范讲习所主要招收师范传习所毕业的小学教员，想继续深造进入初级师范学堂学习的学生，以补其学力不足。或为未受过专业训练的旧式蒙馆塾师，补习普通科和教法。同时，讲习所请师范毕业生轮流到会所与私塾教员切磋交流教育原理及教授诸法，同时，补习算术、历史等基本学科知识。此外，1911年，学部奏订成立了单级教员养成所，多设小学教员养成所，以应急需。单级教员养成所主要是培养"以一教员而任全校之教科"的全面发展型小学教员。除正规师范学堂毕业生外，现任小学教员及改良私塾塾师者均可入学深造，学习初等小学之单级班教授法，以期广裕师资。

也有的学堂虽未建立专门的培训机构，但要求在校教师继续深造，如张之洞创建的两江师范学堂，聘请日本教习和中国教习，先令其在开办第一年学习彼国的文化，令东洋教习学习中国语文和中国经学，同时，令中国教习熟悉日语，略通图画学、理化学等诸科内容，华教习也可借此学习机会，被派往日本考察学校的规章制度，及一切教育的相关事宜。东教习与华教习之间相互切磋，互为师友。小学师范讲习所和单级教员养成所的建立，在一定程度上提高了在职教师的整体知识水平，满足社会对师范教育发展的新需要，能够开阔视野，丰富知识面。但作为在职教师培训的萌芽时期，清政府设置的这类培训机构数量少、规模小，能够参加培训的教师极少，但它的设立为日后在职教师的培训提供了可供参考的经验。

清末师范教育的培养模式，多为赴日考察其建造规模和教育情形后回国仿照建立，以1897年南洋公学为起点，与日本的寻常师范学校和高等师范学校相仿，"癸卯学制"分为中、高两级，设置上下衔接且独立的师范教育系统。其存在的弊端是适应于资本主义经济社会的日本学制与中国社会的政治、经济条件格格不入，既无法满足师范教育稳步发展的充足经费之需，又不得不因社会实际情况而添设其他类型的师资培养模式，在学制上规定的很多条例，因不符合实际而成为空文，未能实施。

三 "仿西尊古"的清末师范教育课程体系确立

(一) 与国际接轨的清末师范教育课程体系

各级各类的师范学堂课程设置,主要以日本师范学堂作为参照蓝本。初级师范学堂的学力相当于中学堂学生。因此,课程设置与中学堂相仿,其中完全科科目分为十二科:修身、读经讲经、中国文学、教育学、历史、地理、算学、博物、物理及化学、习字、图画、体操。各地方也可视实际情况添加外国语、农业、商业、手工之一或数科供学生根据个人兴趣选修。① 按照年级授课,程度由浅入深,由约而博。与普通中学堂不同的是,师范学堂注重教育学和习字。教育学主要包括教育史、教育原理以及教授管理法之类的科目。同时,令师范生于学堂附属的小学练习教育幼童之教授法则,并由堂长及教员监督品评师范生的教学效果。

此外,初级师范学堂也迎合西式小学堂的需要,开设音乐课程,不同的是主要学习古诗词歌赋,浅显的诗句对仗工整,通俗易懂。简易科课程相对精简,教育类课程偏重于管理法,更注重实践演练。

优级师范学堂的课程主要分为三部分,其中公共课为必修课,是师范生在选择各类专业之前统一学习的基础文化课程。公共课主要包括人伦道德、群经源流、中国文学、东语、英语、辨学(即论理学)、算学、体操。② 基础课程以人伦道德和思辨力的培养为主,辅以外语的学习,为后续的分类科学习打下基础。分类科主要分为四类:第一类是以中国文学和外国语为主的课程,如人伦道德、经学大义、周秦诸子学等课程,旨在修身养性,培养学生独到见解;第二类课程是文史类学科,以地理、历史为主,包括世界和中国历史、地理;第三类课程是理化类学科,以算学、物理学、化学为主;第四类以格致学为主,主要学习植物、动物、矿物、生物学等课程。③

分类各科要学习教育史、各科教授法、心理卫生及教育法令,有较

---

① 舒新城编:《中国近代教育史资料》(中册),人民教育出版社1981年版,第667页。
② 舒新城编:《中国近代教育史资料》(中册),人民教育出版社1981年版,第683页。
③ 舒新城编:《中国近代教育史资料》(中册),人民教育出版社1981年版,第684—691页。

强的师范性。加习科属于自愿学习的课程，学生可根据个人兴趣爱好修习一年教育类课程，课程多为教育制度、教育行政管理、实验心理学，以及专科教育等高级类课程。从中可以看出，加习科更注重师范教育的研习，偏向于培养学校行政管理类人才，更深入地学习教育及心理卫生课程。

1906年，学部颁定了《优级师范选科简章》，学生在毕业后同样有充当中学教员的资格，但因学员程度参差不齐，优级选科设置了预科班作为过渡。其中，预科班主要是夯实学生的基础文化知识，故与普通高等学堂课程相仿，并未增设师范类课程。本科的通习科目以伦理、教育、心理为主，重视英文和日文的学习。本科阶段主要分为以下四类：一是历史地理类，同时学习法制理财，了解法制史及理财学的大意；二是理化类，以数学、物理、化学为主，并配备实验学习；第三类是博物类，主要学习动物、植物、地质矿物、生理卫生等课程，了解基础的动植物解剖学和生理卫生知识；第四类是数学科，主要学习数学、理化、天文知识，并兼修图画、簿记作为应用工具。[1] 其中，理化和博物是学堂十分重视的两门学科，如若各科生员不能匀配，以这两科当前最为缺乏的学术人才培养为主。

女子师范学堂的课程兼备女学和师范两大特质，重视女德，力求培养学生贤良淑德、知守礼法，遵循中国传统的纲常名教，以此补助家庭教育。因此，女子师范学堂更重视家庭教育，主要学习科目有修身、教育、国文、历史、地理、算学、格致、图画、家事、裁缝、手艺、音乐、体育。[2] 其中，修身课程注重涵养女子的德性，教员既要示范道德之要领，又要躬身实践，以言容动作为学生展示诸礼仪，并授以修己治家的次序法则。教育学不仅包括教育史、教育原理、各科教授法、教育管理等基本内容，还包括家庭教育法、蒙养院保育法及幼儿的管理训练法等内容。因此，女子师范学堂兼具女子小学堂教育和蒙养院保育员教员培养的双重功能。与男子师范学堂不同的是，女子师范学堂注重家

---

[1] 璩鑫圭、童富勇、张守智：《中国近代教育史资料汇编：实业教育 师范教育》，上海教育出版社2007年版，第592—594页。

[2] 璩鑫圭、童富勇、张守智编：《中国近代教育史资料汇编：实业教育 师范教育》，上海教育出版社2007年版，第601页。

第一章 清末师范教育制度的变革（1897—1911 年）

事、裁缝等手艺的学习，养成勤俭持家、心思缜密等品德，以补助家庭生计。

因寻常教员只能担任一科或数科的教学要求，而不能应对学科日益增多和程度不齐的多级学生的教学，为养成单级教员，即"以一教员而任全校之教科"，1911 年，学部成立临时小学教员养成所以培养单级教员，单级教员养成所分为甲乙两种，主要学习单级教授法和二部教授法，甲乙两种养成所各科的授课钟点有所差异。此外，乙种养成所视学生缺乏某教科之学力，而从修身、国文、历史、地理、算术、格致、图画选择课程进行学习。

实业教员讲习所分为农业、商业、工业三种，人伦道德作为三科的通识课程，农业教员讲习所主要学习气象学和农业园艺类的专业知识及教育教授法；商业教员讲习所学习商业理财实践类的专业课程及教授法；工业教员讲习所分为完全科和简易科，其中完全科分为金工科、木工科、染织科、窑业科、应用化学科和工业图样科，除学习各科的专业知识外，实业师范生要参与实习，观摩农田种植、进行工厂制作等。简易科主要学习各实业科目的制造大意及工具使用方法。实业讲习所多附设于实业学堂中，学堂的器械用具和学堂生员为讲习所的师范生提供了便利。

清末各级各类的师范学堂课程内容，试图与国际接轨，在社会变革的大环境下，在巩固已有文明成果的同时，应时代发展和国际交流的需要，增添很多新的内容。传统文化课程有中国文学、修身、经学大义等，旨在德知同修，陶冶情操，将中国传统文化的精华融入师者自身道德体系建设中，同时添加物理、化学、生物等体现近代科技文化进步的课程，尤其是英文、日文、心理学等课程是前所未有的，体现了政府对于师范教育接轨国际化的期望和积极进取、把握时势的心态，而音乐、美术、体操类课程，也是仿照国外课程体系添设的，丰富了学生智识，增强了课程的娱乐性和实用性。

当然，最重要的教育类课程则是师范教育的重头戏，按照年级授课的方式，由浅入深依次学习教育史、教育原理、教育法、学校管理等课程，以培养师范专业人才为目的，循序渐进地学习教育类课程。尽管对中国传统类课程进行了去粗取精的处理，但仍未摆脱"中体西用"固化思想的束缚，师范教育的课程体系缺乏一定的原创性。人伦道德、讲经读经占据着相当大的比重，尤其是在女子师范学堂的课程内容里，封建顽固思想更是根深蒂固。

另外，教育类课程是在普通类课程基础上额外添设的，没有形成一套完整体系，削弱了师范课程的效力。但从整体上看，清末师范教育的课程内容开始与社会生产、国计民生保持密切的联系，并融入国际化的发展潮流，努力迎合时代的发展需要。

(二)"循礼守法"的清末师范教育分科教法

首先，各级各类师范学堂的分科教法各有侧重，必须按照学部规定的官方教科书进行教授。初级师范学堂重视培养学生的自我修养和循礼守法操守，一切按照法礼规则办事。因此，注重修身一科，教科书摘选陈宏谋的《五种遗规》中的部分章节，除了按照普通中学堂所要求的"入此学堂者年已渐长，教法宜稍恢广；所讲修身之要义，一在坚其敦尚伦常之心，一在鼓其奋发有为之气，尤当示以一身与家族朋类国家世界之关系"[①]。还要求身为师范者，应以身作则，实践躬行，严格遵行修身的次序法则。

其次，初级师范学堂注重国学素养的提升，以《春秋左传》《周礼》等书籍为主，意在涵养心性，同时切于实用，与当下社会的实际情形相契合，难易程度依学生的能力而定，先明章指，次释文义，对于深奥经义，只略通大义即可。中国文学的学习应符合教幼童的深浅程度而定，遵循循序渐进的原则，先讲文义，再学文法，次习作文，要求"文气连贯、划分段落、反正分明"[②]。行文层次清晰，语句通顺，忌用空言及僻怪字。教育类课程先讲教育史，厘清中外教育之源流；次讲教育学原理及心理学知识，了解中国教育宗旨及教授法大要；再次讲教育法及学校管理法；最后以实际应用为主，要求师范生到附属小学堂实践所学的理论知识，并由小学堂之堂长进行监督品评其教学效果。

在教学方法上，初级师范学堂以精讲为主，并辅以学习者自行研究。首先，教员应体认各学科的性质，并结合社会时事进行讲解。其

---

① 舒新城编：《中国近代教育史资料》(中册)，人民教育出版社1981年版，第668页。
② 舒新城编：《中国近代教育史资料》(中册)，人民教育出版社1981年版，第670页。

第一章 清末师范教育制度的变革（1897—1911年）

次，在授课过程中注重精详，讲求实在，且注重所学知识的温习，如直隶师范学堂，规定次日由学生作答所学内容，并令学生记载讲义，引申新理，达到温故而知新的目的。且相对于书本知识而言，各学堂更注重讲义，以讲解为主，教科书为辅。最后，师范教育注重培养师范生的言语表达能力，教习在讲授过程中言语要明了正确，并要求学生演述所学知识。

另外，师范教育不单要学习各门学科知识内容，更要勉励学生有勤学研究的探索精神，只有对教义进行深入的思考，才能获得真知灼见。从课时所占比例来看，读经讲经课钟点数约占每星期钟点总数的25%，教育类课程钟点数比重逐年增加，从第一年占钟点总数的10%左右，到第五年的40%左右[①]，这说明初级师范课程注重读经讲经课，且较大比重的师范类课程，也是与普通中学堂课程的最大区别。

优级师范学堂的公共科保留了大量普通高等学堂的课程，人伦道德课的教科书为《学记》《大戴礼·保傅篇》及《荀子·劝学篇》等名著，群经源流课选择《钦定四库全书提要》数篇作为主讲，中国文学课讲历代文章的源流义法。分类科依据本学科的主要内容而定，以文学和经学大义为主，侧重于古典文学的研习；地理、历史科以中、外地理、历史概况为主，并添加法制理财类课程；算学、理化类及格致学两科，都注重理科学习的实践应用和各科教授法的学习。各科都要学习教育学，主要包括教育理论及教育史、各科教授法、学校卫生、教育法令及教育实习等课程，以此区别于普通高等学堂的课程。

从课时所占比例来看，分类科课程中经学大义课程钟点数在第一学年、第二学年、第三学年分别约占每星期钟点总数的16.7%、13.8%、11%；教育类课程钟点数在第二学年、第三学年分别约占每星期钟点总数的11%、22%（第一学年未开设教育类课程）。[②] 数据显示，人伦道德和教育类课程占据着一定的课时比例，说明优级师范学堂对这两类课程较为重视。优级师范选科的课程除分科理论知识外，各科都通习教育学、心理学知识。

---

① 舒新城编：《中国近代教育史资料》（中册），人民教育出版社1981年版，第675—677页。
② 舒新城编：《中国近代教育史资料》（中册），人民教育出版社1981年版，第685—691页。

女子师范学堂课程与男子师范学堂课程有很大不同，其中修身课注重涵养女子德性，主要教科书有《列女传》《女诫》《女训》《女孝经》《家范》《闺范》《温氏母训》《女教经传通纂》《教女遗规》《女学》《妇学》等书籍，首先征引嘉言懿行来向学生解释基本的女子素养，引导学生产生具体的认识；其次是教育女子要有修己治国的责任感，承担对家庭应尽的义务，保持爱国的精神和忠实家庭、恪守礼数的传统思想。教育一科旨在培养女子小学堂教员和蒙养院保育员，除教授教育原理及心理学之外，还要学习家庭教育及蒙养院保育之法。家事课程主要讲授整理家事的要领，涉及衣食住处、看病育儿、家计簿记等家庭教育常识，同时，要掌握适切女子学习的知识技能，培养女子端庄淑良、勤俭持家诸美德。

从清末师范教育教法的整体来看，教科书的选择具有浓厚的官方色彩，各级各类的师范学校必须遵循官方认可的教科书，可见，中央政府对于民众思想和意识形态的控制是较为严格的，尤其是女子师范学堂的教科书大多是注重涵养女子德性的书籍，封建气息较为浓厚。教科书的选择缺乏一定的灵活性，各地不能选择适合地方特色的教科书进行教授，教科书种类过于单一。在教学方法上，师范学堂以精讲和自行研究相结合的方式，帮助学生通过交流切磋理解所学内容，有利于学生进行深入思考而获得真知灼见。同时，以演述的方式培养学生完整的思维表达能力和叙述概括能力。在课时比例上，除了师范学堂必修的教育类课程外，经学大义和人伦道德等课时数仍占据相当大的比例。

事实上，清末师范教育的课程体系一直陷入国际性与传统性的博弈中，一方面要仿照欧美及日本的办学模式，迎合世界教育发展潮流，加强外语和科学文化知识的学习，尽可能将西方的师范教育体系与中国的社会实践相结合。但另一方面，统治者又担心西学的输入会危及其统治。因此，要在课程中体现封建传统文化不可替代的优越性和主导作用，从而培养维护清王朝统治所需要的师范类人才。

（三）清末师范教育培养体系的基本特征

1. 任务明确，分工明晰

从学部颁布的师范学堂章程来看，各级各类的师范教育课程，内容丰富，且分工明确。课程的突出特点在于人伦道德、读经讲经在课时数

第一章 清末师范教育制度的变革（1897—1911年）

量上占有很大的比重，清末师范教育依然延续着传统教育的纲常名教，封建色彩较为浓厚。但各类师范学堂都十分注重教育学类课程的学习，初级师范学堂主讲教育史和教育学原理注重"基础"；优级师范学堂在完成公共科学习的基础上，进一步分类主教各类学科的讲授法，注重"专而精"的教育理论学习；女子师范学堂侧重于家庭教育和礼仪规范的养成；实业讲习所则注重各类实业理论技能的教授。各学科有详密的课时规定，进一步加强了法律法规的实际操作。

为满足师资的急需，同时，添设简易科、优级选科、师范传习所等机构，满足当时社会的需要。更是出现了小学师范讲习科和临时小学教员养成所这类机构，成为师范教育在职培训的萌芽。各种师范章程的颁布形成上下衔接、横纵向补充的完整课程体系，培养目标明确的"定向型"师范生，有效补充了近代新型师资队伍，加快了各类学堂的迅速发展。

2. 中西合璧，突破传统

纵观师范教育的课程体系，其课程内容不仅顺应时代需要增添了外国语、自然科学、社会科学、图画、体操、音乐等内容，打破了科举考试八股帖括、儒学至上的单一格局，各级各类的师范学堂课程内容，有了不同程度突破传统的革新与进步。初级师范教育作为基础教育的动力源泉，首重修身、经义，传统教育内容比重较大，但仍包含一定比重的自然、社会科学知识，并仿照外国学堂添设诗歌一科陶冶心性；优级师范学堂课程加大自然、社会科学知识的比重，了解西方的政治、经济、文化，课程内容更为灵活开放；实业讲习所务求实用，其课程内容最大程度地体现了实用性科学知识对社会进步的重要作用。

相较而言，女子师范教育封建性较强，封建礼数仍是女子教育最大的束缚，但不可否认的是，女子师范教育中仍渗透着"西学"的色彩，而女子师范教育的开办也具有一定的前瞻意义。可以说，清末师范教育课程体系是在参酌国外学制、吸取经验的同时，在不违背"中体西用"的原则下进行变通和本土化融合而建构的，与最初强烈的封建思想束缚下的科举应试内容相比，近代师范教育的课程体系建构具有一定的进步意义，加速了封建旧教育制度的瓦解，同时，更切合社会生产实践之需，关心国计民生，推动了新教育体系的创新与转型。

3. 理论突出，注重实践

自清末师范教育开展伊始，就仿照日本学制在师范学堂中附设小学堂供师范生实习所用。教育实习成为清末颁布的师范章程中课程设置的重要组成部分，初级师范学堂附设小学堂供师范生实地授业；优级师范学堂在附设中小学堂的同时，还开设了教育博物馆，向学生展示国外先进的学习用品和教学设备，学生通过参观，引发对新鲜事物的浓厚兴趣，开拓视野；实业讲习所附设于实业补习普通学堂，为师范生提供实地授业的机会；女子师范学堂附设女子小学堂及蒙养院供学生实习使用。

各级各类师范学堂在教授学生理论知识的同时，自始至终都坚持为师范生提供实习基地，通过实际演练巩固管理训练等法。同时，师范学堂中的自然科学教授也添设了实验类课程，供师范生实际操作演练，巩固理论知识。这一举措充分体现了清末师范教育课程设置的前瞻性，吸收了日本学制中的有益成分，并根据中国的实际国情进行参酌变通，有效提高了师范教育的整体发展水平。

尽管清末师范教育的课程设置内容丰富，体系较为完备，基本可以满足当时社会对新型教师的需要。但是，在整个课程结构及内容的设置上仍存在很大的弊端，如整体办学思想仍未脱离"中体西用"的窠臼；读经讲经课的比重过大，且封建色彩浓厚，虽然也在"西学"的影响下添设社会科学、自然科学等具有近代意义的课程，但仍只是"剽窃皮毛"，不能深入挖掘西学的实质，过度地抄袭仿效，缺乏原创性和适切性，不能完全与中国社会的现实条件相适应。另外，教育类课程与学科专业课程相脱节，教育类课程不能与所学专业知识充分结合起来，未能突显师范教育的明显优势。

第四节 "拓荒立新"的清末师范教育管理体制

教育管理机构体系与教育管理规范体系共同构成了教育管理体制。教育行政机构的建立与学校规章制度体系的制定与实施，确保教育法规政策的实效性和教育机构的正常运转。师范教育制度的形成与建立，离不开法律政策的规范指导。因此，教育管理体系的完善，为师范教育制

第一章 清末师范教育制度的变革（1897—1911年）

度化的建立提供了可靠保证。清末科举制度从改革变通到最终废止，对师范教育的行政管理产生了重要的影响，尤其是 1905 年学部的设立，加速了师范教育的制度化发展，彻底厘清了管理师范教育行政部门的职责和任务，有效提高了师范教育专门管理机关的办事效率，对中国近代师范教育的发展起到了重要的保障作用。

一　上下衔接的师范教育行政体制

清代国家的文教事务主要由礼部和国子监共同负责，地方科举及学校由提督学政负责。清末时期，鉴于全国新式学堂日益增多，学务愈益繁杂，需要全国统一学制来掌管。再者，变更伊始，各处的学务也需有一总汇之处，统一办理学务。京师同文馆在初设时期，充当掌管全国教育事务的角色，"各省近多设立学堂，然其章程功课，皆未尽善，且体例不能划一，声气不能相通。今京师既设立大学堂，则各省学堂，皆当归大学堂统辖，一气呵成；一切章程功课皆当遵依此次规定，务使脉络贯注，纲举目张。"[①] 京师同文馆初归总理各国事务衙门统管，后归外务部掌管，但京师同文馆仅是教育机构，其充当管理机构，只能作为一种过渡形态的管理制度。

1903 年，《学务纲要》提出，在京师大学堂中设总理学务大臣，统辖全国事务，整饬各省学堂，编订学制，审定教科书等教育事务，统归学务大臣掌管，大学堂则另派专员管理。至此，中央层级正式成立了统管各省新式学堂的行政机关。1905 年，科举制度正式废除，彻底扫清新式教育发展的障碍，政务处上奏仿照日本文部，单独设立总理教育事务的总汇之处，同时，礼部和国子监两衙门的公事也应从简，归并学部，节省经费。在学部设立后，正式将国子监归并统一管理，教育行政机关独立并走上了教育行政制度化的道路。

自 1897 年南洋公学建立伊始，各地师范学堂犹如雨后春笋般相继建立起来，同年，京师大学堂内附设的师范斋，更是首开高等师范教育的先河，当时较为著名的师范学堂有直隶师范学堂、江苏师范学堂、通

[①] 陈学恂主编：《中国近代教育史教学参考资料》（上册），人民教育出版社 1986 年版，第 607 页。

州师范学堂等，但这些师范学堂独立设置，各自为政，并未形成统一的办学体系。1902年颁布的《钦定京师大学堂章程》肯定了师范教育的独立地位，为日后师范教育的制度化建设奠定了基础。1903年颁布的各级各类师范学堂章程确立了师范教育上下衔接、独立设置的办学体系，师范教育制度正式确立。

1906年，学部拟定分设五司十二科，其中普通司设郎中一员，总理司务，普通司下设的师范教育科设立员外郎一员，主事二员，办理科务，负责掌管的事务主要有各级各类学堂的教科规程、器械设备，管理人员与教员的聘请和任用，以及办学经费与地方财政预算相关的一切事务。实业司下设实业教务科，负责实业教员讲习所的教学监督和人员管理等事务。

对各省的教育行政机关，《学务纲要》规定，宜于省城设立学务处作为总汇之处管辖全省的学务，但只有个别省按章实施。1906年，学部上奏要求提学使司下设的管理人员，要"厘定职司"，各科工作分工明确，且注意地方行政机关不得过多干预教育行政机关的工作。地方学务处与中央的学部是配套的行政机构，要求各省设立提学使司，统管全省学务，隶属于各省督抚和学部。提学使司当按照督抚筹定的章程，督饬地方切实举办事务。

各省的学务公所分为六科，其中普通科掌管本省的初级、优级和女子师范学堂的教课规程、设备规则等一切事务，实业科掌管实业教员讲习所。各府厅州县特设公所一处，称劝学所，负责推广地方学务，开设教育讲习科，研究学校管理法、教育学、管理通则等内容，限两个月毕业，以期教育之普及。从中央到地方教育行政管理体系的建立，也使各级各类的师范学堂有章可循，有法可依，为建立次第井然、秩序完备的师范教育体系，提供了可靠保证，推动了中国师范教育的近代化。

科举制的废除也为师范教育制度的形成与确立提供了契机，由中央设立的学部和地方设立的学务处，负责承担教育事务的管理，体现了政府决心重整教育、规范教育体制的鲜明态度，标志着中国近代教育管理体系的独立与规范化，体现了政府对教育重要功能的觉悟意识的提高。

其中，师范教育的管理具有举足轻重的地位，国家发挥主导作用，加强师范教育事业的建设和师范学堂各项事务的正规化管理。以专门的师范教育行政管理机构,进行强效的干预和控制,利用地方经济预算作为杠杆统筹规划师范教育的发展。包括师范学堂的课程设置、设备规则的制定以及教务及管理人员的聘任,都采取自上而下的集中化管理,加强政府主导师范教育发展的掌控力度,对近代中国师范教育的发展起到了保障的作用。

同时,将实业司与普通司一同并入教育行政管理体系,具有一定的时代进步意义,实业教员讲习所的各项管理事务,统归实业司掌管,体现了国家为振兴实业而做出的统筹规划,加强实业教员人才的培养,努力发展实业,具有鲜明的资本主义性质。

然而,管理经验的不足和内忧外患的国际形势,是清末师范教育行政管理体系有效运行的最大障碍,中央和地方教育行政机构的建立,具有一定的滞后性,因各地师范学堂及其他各类学堂次第兴办,政府鉴于原有行政管理体系已经无法满足新式学堂迅速崛起的管理需要,而被迫参酌国外的管理方法和经验设立了学部和学务处,显然,中央和地方的教育行政管理机构没能跟得上新式学堂设立的步伐,管理经验的缺失,不免造成办事效率低下。科层化结构和过度的集权管理,导致地方师范教育管理体制的整齐划一,缺乏根据地方实际情况的变通和管理的灵活性。

二 分工明晰的师范学校管理体制

清末师范学堂的教员管理体制,相对精简,在《奏定初级师范学堂章程》未颁布之前,初级师范学堂主要设总办一人,总理学堂一切事务,监督一员,随同总办管理学堂事务,总教习一人,负责学堂的课程教学事务。在该章程颁布后,学堂的各项教员管理员包括监督、教员、副教员、附属小学办事官、小学教员、庶务员。其中,监督统管全学事务,包括教育方针的实施,学堂秩序的维持和人事处理等各项职责;教员和副教员共同负责学校的教学工作,其中副教员做辅助工作;附属小学办事官仍归监督管辖,由教员兼充,负责附属小学的各项事务;小学教员除负责附属小学的教学工作外,还要指导师范生实习;庶务员主要负责学校的经费收支及一切庶务。

优级师范学堂教员管理员相对较复杂,不仅包括初级师范学堂的人员设置,还包括教务长、文案官、会计官、杂务官、监学官、检察官，以及附属中学堂的办事官及教员。教务长主要负责稽核教员的教学质量和学生的学业成绩，教员教法及学生的学业；优级师范学堂的教员听命于教务长，以分科教学为主，副教员除负责助教工作外，还负责管理学堂的图书仪器等项；其他事项各由专人负责，文案官掌管文报公牍，会计官专司财务。杂物管理人员负责堂室的器具设备。斋务长负责学校学生的行为规范。监学官考查学生的出勤及饮食起居。所有的管理及教务人员，分工明确，各司其职，有效提高了师范学堂的办事效率。

受"男女授受不亲"封建思想的影响，女子师范学堂的教习管理员的监督章程更为严格。在学堂的教习上，中国女教习暂时缺乏，需聘外国女教习充之，但须具有女子高等学堂师范毕业资格，且研习中国教法；学堂的仆役皆为端正守礼之妇女充当；总理书记庶务员可由50岁以上笃行端品的男性充当，但须于学堂旁另建公务室，与学堂分开办公。此外，因女子师范学堂主要是培养女子小学教员及蒙养院的教习保姆，所以，学堂另设女子小学堂堂长及蒙养院院长，由教习兼管并负责师范生的实习工作。

另外，各学堂本着"造士必以品行为先"[①]的原则，为养成师范生为人师表的德行和端重谨厚的习惯，而设立了严格的学堂条规和礼仪规条，意在通过学堂的规制，戒除学生的不良习气，造就德才兼备的优良师资。学堂很多戒条带有浓厚的封建色彩，但不乏修己治人的师德培养。以直隶师范学堂为例。该学堂规定每月的朔望由中教习率学生恭祀先师孔子；每遇皇帝太后寿辰，由总办率学生行礼。在学堂管理方面要求学生严格遵守学校的作息时间；学生在入学后不得无故请假请退；学生在见到本堂的监督、教习、斋长等时均应行礼，以示尊敬；教习授课也要注重言行，肃静静听，讲堂秩序井然，师生恪守学校的规章制度。此外，直隶师范学堂同时授以军事教育，要求学生严格服从军纪，并延伸至讲堂，教习上下课一律按照军礼要求学生的行为举止。

除此之外，还有些师范学堂实行积分制，于各学科之外另设品行一

---

① 璩鑫圭、童富勇、张守智编：《中国近代教育史资料汇编：实业教育 师范教育》，上海教育出版社2007年版，第677页。

门，"其考核之法，分言语、容止、行礼、作事、交际、出游"① 六项，规范学生的行为习惯养成，同时，教员、管理员也要各司其职，以身作则，成为学生的表率，以养成淬厉智德、端正纯良的学风校风。在班级管理上，设置班长。副班长负责管理班级事务，由班长转呈管理室至监督，层级递进，确保学堂秩序井然，提高办事效率。

学校管理方法的成功与否，直接关系着学校的发展和培养人才的质量，清末师范学堂的教员和管理人员都有明确的分工，各司其职，教员按照教学大纲的规定完成教学任务，学校职员依据章程参与管理并监督学校各项工作的运行。相较于过去书院山长一人处理全院事务而言，明确分工的管理体制能够更好地提高办事效率，且划定具体的权限职责，能够有效避免责任"亏空"。

另外，清末师范学堂的管理体制相对精简，避免机构庞大冗杂，利于节省经费开支。为提高师范学校的办学质量，培养学生良好的道德品质和行为习惯，维持学校的秩序，从学堂行政及教务人员配备到师生日常行为规范、言行举止、礼仪容貌等各个方面，学堂都制定了严格的规定，要求师生必须严格执行，其中教师及管理人员更要以身作则，起到辐射引领作用。

虽然，很多规范礼仪仍是灌输服从于统治阶级的封建思想，且个别要求过于严格，但其尊重师长、自律重德和以身作则的美好品质，奠定了近代师范教育修己治人、以德服人的基本格调。完整的师范教育管理体系和严格的章程规范，有力地保障了清末师范教育的近代化发展，也为近代师范学校的管理积累了丰富的经验。

第五节　清末教师的资格聘任及奖励义务制度

清末各级各类的学堂面临的最大的困难，就是新型师资的严重缺乏。一方面，旧式儒学培养的科举人才和书院子弟难以担起新式教育的重任；另一方面，新式人才培养周期较长，初期师范学堂主要以聘请外

---

① 璩鑫圭、童富勇、张守智编：《中国近代教育史资料汇编：实业教育 师范教育》，上海教育出版社2007年版，第677页。

籍教员为主。再者,派遣学生出洋留学,归国后充任各学堂教员,也成为清末各学堂的师资来源之一。然而,同样面临问题的是出洋留学耗费大,人数少,周期长,远不能满足各地学堂对教师的需求。一些高等学府在国内尚无合适教师人选时,不得不暂时聘请外国洋教习担任学堂的教学工作,然而,高薪聘请洋教习的薪金,又给各学堂的经费支出造成很大负担,且大学堂、高等学堂以及省城的普通学堂,尚可聘请外籍教员,但各府厅州县及边远地区的中小学堂并不完全具备聘请外籍教师的经济能力。要达到开通国民智识,实现教育普及的目的,只能以聘请中国学有所成的师范生为主,而厘定各级各类学堂聘任教师的制度,也成为师范学校办学规程中的重要任务之一。

一 清末学堂教员任用标准的规范化

1903年,《学务纲要》规定,京外各学堂教习授予官职并接受学堂监督堂长的考核,检验其教学水平。一方面,学堂教员实行聘任制,之所以将学堂教员列为官职,是因为要加强统一管理,更有利于统治阶级思想的灌输。另一方面,规定外国教员平日须受学堂的监督,不得以授课为由传播宗教。同年,颁布了《奏定任用教员章程》,规定各级各类学堂依据教员毕业文凭的等级来判定充任何种学堂的教员。《奏定初级师范学堂章程》和《奏定优级师范学堂章程》对师范生入学时的学历水平、准入资格,都有明确的规定,且毕业生分别充任小学堂教员及中学堂教员(包括初级师范学堂)。1907年,《女子师范学堂章程》规定,女子师范毕业生充任女校教习或蒙养院保姆(详情见表1-3)。

表1-3 清末师范教育资格任用

教师资历 学堂分类	正教员	副教员
大学堂	通儒院、游学外洋大学毕业	大学堂分科毕业优等
普通中学堂	优级师范学堂毕业最优等及优等	优级师范毕业优等及中等
高等小学堂	初级师范毕业最优等及优等	初级师范毕业中等

第一章　清末师范教育制度的变革（1897—1911年）

续表

教师资历 学堂分类	正教员	副教员
初等小学堂	初级师范毕业中等	初级师范获修业文凭
优级师范学堂	大学堂分科毕业优等及中等	大学选科毕业中等
初级师范学堂	优级师范毕业最优等及优等	优级师范毕业中等
高等实业学堂	大学分科毕业优等及中等	大学选科毕业优等及中等
中等实业学堂	大学堂实科及高等实业学堂优等毕业	高等实业学堂毕业中等
初等实业学堂	实业教员讲习所及中等实业学堂毕业	实业教员讲习所及中等实业修业文凭

资料来源：舒新城《中国近代教育史资料》（上册），人民教育出版社1981年版，第341—343页。

从表1-3中可以看出，清政府已经开始将正规师范学校的毕业生作为各级各类学校教员选聘的首选，重新整顿过去教师队伍庞杂混乱的局面。依据师范生的学历水平、成绩等级，将其划分为某类学堂的正教员和副教员。其中，对于学历水平要求较高的学堂如大学堂、高等学堂及高等实业学堂的教员选聘，曾有留学经历者具备绝对的优势，这也从侧面反映出政府比较重视出国留学人才。

事实上，出国留学也是不少国内旧学之士想要转型获得出路的选择之一，在每年各省官费和自费留洋的学生中，这些人占据着很大比例。以1906年为例。福建留日官费生为71人，其中举、贡、生、监为49人，约占总人数的69%。在贵州97人中，旧式科举人才高达95人。[①] 出国留学对于政府和旧式人才而言，属于双向互赢之举，一时间国内掀起了留学热潮。不过，留学人才毕竟属于少数，国内正规大学堂及师范学堂的毕业生，仍是各地学堂教员选聘的中坚力量。要求学堂的正教员必须为成绩优异者，副教员次之，但最低要求也要获得修业文凭。这些要求仅作为各学堂选聘师资的基本参照，而对于教师能力水平的检测，清政府在后续的章程中有更加严格的规定。

[①] 张东霞：《清末学堂师资研究》，硕士学位论文，天津师范大学，2007年，第14页。

虽然，由于清末时期受各种因素的制约，政府对各级各类学校教师的选聘不能完全达到规定的要求。以 1907 年为例。在各省中等学堂里，师范学堂毕业的教员仅占中学师资总数的 20%，高等小学师范类教员占总数的 34%，初等小学师范类教员占总数的 40%。[①] 可见，师范学堂培养的师资远不能满足新式学堂的需求，但对教师选聘标准的规定，有利于教师队伍的正规化发展，提高整体教学水平，从根本上解决了办学成效低的问题。

二　清末学堂教员资格选聘标准的肇始

清末时期，师范教育亟待扩充，各省初级、优级师范学堂的师范生陆续毕业，但学部鉴于未立统一的教员选聘标准，无法判定教员是否符合教学要求。所以，学部分别于 1909 年和 1911 年颁布了《检定小学教员章程》和《检定初级师范学堂中学堂教员及优待教员章程》，对教员的资格选聘的标准和奖励优待的条件做出详密的规划。

（一）清末小学堂教员的检定

首先，《检定小学教员章程》确立了小学教员检定的实施机构，由京师督学及稽各省提学使司办理，为提高教员检定结果的准确度，先由督学局和提学使司组建检定团队，遴选优秀的学务专员，充当小学教员的检定委员，秉公考核。对检定委员的资格也有严格的要求，必须精通教育理法，或是高等学堂及初级师范完全科毕业成绩优异者，且有 3 年的教学经验。小学教员的检定分为两种：一种是毋庸检定，这类获得免检的教员以正规初级师范完全科和优级师范完全科、选科的毕业生为主，简易科及师范传习所毕业者仍需接受正规的检定。另一种是需要检定的小学教员，分为试验检定和无试验检定两类。

试验检定的教员资格，主要包括官立、民立及在国外学习师范简易科及师范传习所的毕业生，由于这类学生修业年限较短，多数为各地为扩充师资而举办的临时"应急"机构的毕业生，因此，对于其教学能力水平和文化素养，必须进行严格的检定。另外，旧式人才如举贡生监也须受试验检定成为教员的机会。无试验检定的教员资格，包括非师范

---

① 张东霞：《清末学堂师资研究》，硕士学位论文，天津师范大学，2007 年，第 16 页。

第一章 清末师范教育制度的变革（1897—1911 年）

类中学堂、专修科及外国师范学堂毕业者，这类教员虽已经具备基本的文化素养，但教授方法、学校管理类知识相对欠缺，需要进行不定期检定。此外，对这类教员的师德师风也必须经过严格的考评，确保教师队伍的学历资质和师德素养都符合相应的规定。

在检定内容上，每年由督学局暨各省提学使司举行教员试验科目。初等、高等小学教员的检定科目，除了修身、算学、经义博物、理化等基本学科内容的考核外，还包括教育学的考核，主要有教育学及教授法、管理法。专科教员注重以简易手工及农业商业等实业大要为主要考核内容。具体试验按照学科以论述和实地演习为主，并加试语言问答，以验证讲说之优劣。通过分科评定分数并计算平均分的测评标准，来决定教员是否有资格获得检定文凭。

检定结果不仅要由检定委员对教员进行详细登记，还要送呈督学局或各省提学使司复查审核，给发文凭。即便是检定合格的教员文凭也并非一劳永逸，教员必须按照学堂的章程规定进行教学，如学堂或视学官发现教员未能履行学校章程，相关部门依据情节轻重，对该教员资格进行重新检定。另外，学堂教员仍应继续研读书籍，学习教育理法，并定期接受督学局和各省提学使司的检定。

从清末小学教员的检定流程中可以看出，教师资格认证制度已经初具雏形，除了正规师范学堂毕业生毋庸检定外，非师范类及民办师范毕业的学生都要接受政府定期或随时的检定审查，确保教师队伍的质量达到基本的要求。但由于清末时期师资极度缺乏，教员以简易科和非师范类专业毕业生为主，可以推知，师范教员检定的推行效果并不十分理想，但这也是教师资格认证的开始，具有拓荒创新的重要意义，在一定程度上，加速了清末师资队伍的正规化发展。

（二）初级师范及中学堂教员的检定

受制于优级师范毕业生不敷分布的现实情况，中学师范学堂和初级师范学堂的教员检定标准会适度放宽。"势不得不通融聘用，以应急需。"[①] 首先，检定初级师范学堂和中学堂教员的各项事宜直接由京师

[①] 璩鑫圭、童富勇、张守智编：《中国近代教育史资料汇编：实业教育 师范教育》，上海教育出版社 2007 年版，第 614 页。

的学部和各省提学使司办理，相较于小学堂教员的检定，机构级别更高。由学部或各省提学使遴选深通教育理法的专业人员，作为教员检定的学务职员及富有教学经验者担任鉴定委员。相较于小学堂教员的检定，对中学堂及初级师范学堂检定的实施人员，其学历程度及教学能力水平有更高的要求。

在检定方式上，初级师范学堂及中学堂教员的检定仍分为两种：一种是无试验检定者，另一种是应受试验检定者。无试验检定者必须按照师范生学业水平分任正教员和副教员，正教员必须是优级师范学堂的中上等毕业生或是选科的优秀学员，而次者仅能担任副教员职务。为进一步拓宽中等学堂及初级师范学堂的教师聘任渠道，应受试验检定者既包括优级师范选科毕业生，也包括高等专门学堂的毕业生。无试验检定者可以是非师范类大学预科和高等专门学堂的毕业生，均有机会充任中学堂及初级师范学堂的教员。值得注意的是，现任初级师范学堂或中学堂的教员必须经过试验检定，而年满三年以上的教员，才有资格接受无试验检定，即便是经过审核评定的教师，也要按照规定接受临时或定期复查。曾任小学教员服务期满或任教五年以上者不但获得奖励，也有机会获得初级师范及中学堂的教授文凭。

在评定内容上，每年由学部暨各省提学使确定检定日期及试验科目，考察初级师范学堂及中学堂教员。应试科目分为主科及补助科目两类，除了对受试教员修身、读经讲经、理化、博物等基本学科的考核外，农业、商业、法制理财等实业类课程也在试验的范围内。并辅以补助科目。试验包括按照学科进行论说条对及实地演习，并加试问答，验证教员优劣。考核分数以主要应试科目及补试科目的平均分为标准，60分为及格，并由学部暨提学使给予检定文凭。另外，副教员教授年限满五年且合格者，学部暨提学使可酌情准其充当正教员。

女子师范学堂因处于创办初期，各项教育事务仍处于探索阶段，且国内女子受教育程度相对较低，故办学经验和教员质量都不能达到理想的标准。因此，女子师范学堂允许聘请外国女教员，但要求必须选聘女子高等师范毕业者，且研习中国教学方法，其他聘任标准均无严格的规定，处于草创阶段。

这一时期，由于优级师范的毕业生仍极为紧缺，故在检定标准和选聘要求上做出适当调整,但清政府并未因此对初级师范及中学堂教员的选定有所松懈,对于教员的准入资格、试验期限、考核内容仍有详细的规定,唯在选拔非师范毕业生充任教员的标准上适度放宽,鼓励更多优秀的非师范类人才加入教师队伍。且通过一定的参评考核,允许服务期满的小学教员和任教期满的副教员,有评选更高层次教员的资格,不仅扩增初级师范及中学堂教师的队伍,也在政策上鼓励教员积极服务教育事业,将教员资格评定与级别晋升相结合,充分调动教员的积极性。但也应看到,清末师范教育的教员检定仍处于草创阶段,且女子师范学堂仍主要以聘请外籍教员为主,对教员能力水平的考核标准过于单一。从整体上看,清末教员检定的标准在"质"与"量"的抉择中,更注重增加师资队伍的数量,在质量把关上仍有很大的欠缺。

三 清末教员奖励义务制度

清末时期,在政府的严格监督下,各省都十分注重师范教育的发展,不仅尽力推广师范名额,从多种渠道增加师范生的数量,而且为鼓励大批优秀青年从事师范教育,必定在设立奖励机制上体现出师范教育相较于其他专业的优越性。清末的师范学校不仅对公费生实行完全免费制,部分学校还依据学生等级发放津贴。如南洋公学早在"癸卯学制"未颁布前,就已经延续中国古代官学的"膏火"制度,将师范生分为五级,"一层格每月津贴膏火银六两,进一层加银一两,加到十两为止"①。

1903年,《奏定初级师范学堂章程》规定,官费生无须纳费,私费生虽需自备资斧,但放宽学生范围,一些乡间老生寒儒也可入堂旁听,帮助这些旧学之士寻求新的出路和学习的机会。1904年,《优级师范学堂章程》规定,公共科及分类科由官府支付学费及膳宿费,唯加习科属于进修性质,未经分类科选取者需缴纳学费。同样,1907年,《女子师范学堂章程》规定,女师范生无须缴费。

清末时期之所以对师范生实施免费教育,部分学校补发津贴,是因为政府对师范教育的重视,为免除学生的后顾之忧,从政策和制度上保障师

---

① 《交通大学校史》编写组:《交通大学校史 1896—1949年》,上海教育出版社1986版,第24页。

范教育的顺利实施,吸引更多优秀青年和旧学之士,转型加入教师队伍。

不仅在上学期间实施免费教育,在学生毕业后,按照规定,义务服务期满可获得毕业奖励和服务奖励。初级、优级师范学堂的毕业生,均分为最优等、优等、中等和下等四个等级,其中,优等毕业生可充任相应等级学堂的教员,同时,获得相应的官品奖励。能够按时履行教授义务者,政府会及时给予奖励,目的就是"教成一人,能得一人之用,教育乃能振兴"[①]。如义务期限满后,仍愿继续充任教员的,政府还会继续从优嘉奖。此外,对于更有能力的师范人才,政府也会鼓励其继续学习,如优级师范生在履行效力义务后,可自愿升入大学堂继续肄习。

另外,政府鉴于专门学科教师的缺乏,选择能够按照规定履行义务的优级师范生,且"性行端谨,外国文根底较优者"[②],由国家出资送往欧美各国学习专门学科的教学法。可见,清末师范教育的奖励制度是十分优厚的,将师范生学业水平与官职相挂钩,以及优秀者可获得升学和出国深造奖励,极大地调动了学生的积极性。与此同时,学生在入学前,应向学堂保证毕业从事教职,报效国家。且师范学校设定了担保制度,如优级师范学堂在学生入学前,实行"正副保任"的"连名保结",并对其进行备案,毕业生如毕业后不能尽教育义务,必须追缴学时的学费以示惩罚,这种担保制度实际上也具有一定的敦促作用。

一般而言,不同层次、不同类别的师范生的服务年限是不同的。通常来讲,官费毕业的师范生要比私费毕业的师范生服务年限长,完全科师范生比简易科和选科的师范生服务年限要久,师范生可以根据个人的实际情况,选择相应种类和级别的师范学堂,且在服务年限上具有一定的灵活性,可根据实际情况进行调整,如优级师范生"实有不得已事故,请缓义务年期,考查属实,仍以二年为限"[③]。但立法严密,必须严格遵照执行。师范生在义务年限内应尽职尽责,履行义务,不得规避

---

① 璩鑫圭、童富勇、张守智编:《中国近代教育史资料汇编:实业教育 师范教育》,上海教育出版社2007年版,第605页。

② 朱有瓛主编:《中国近代学制史料》(第二辑 下册),华东师范大学出版社1989年版,第271—272页。

③ 朱有瓛主编:《中国近代学制史料》(第二辑 下册),华东师范大学出版社1989年版,第272页。

教育事务,在义务年限满后,政府准予服官,并给予相应的嘉奖。另外,教育义务期满的优级师范生,由国家出资留学者,归国要额外充任专门教员五年,以尽义务。为补充边远地区师资缺乏的状况,由学部选派师范生到边远地区或海外华侨学堂充当教员,相应地也会减少义务服务年限,以三年期满,并给予和五年届满的同等嘉奖。

综观清末师范教育的奖励义务制度,可以看出新式学堂的发展激励了师范教育制度的不断完善,政府通过设立公费生免费制、毕业奖励、服务奖励,以及升学奖励吸引优秀青年从教,努力培养社会所需的优秀人才。同时,运用权责相维、赏罚分明的义务效力制度,要求毕业生按照规定年限完成教学任务,并灵活地调整服务年限,鼓励毕业生去偏远地区服务,在一定程度上充实了边远地区的教师队伍。虽然奖励与义务相结合的政策性引导取得了一定的成果,但起步阶段的实施效果仍有待提高,且师范生毕业准予服务官职的规定,不免受封建科举残余意识的影响。但清末师范教育的奖励义务制度,已经初步设定了免费师范生教育制度的基本轮廓,为近代师范教育的发展积累了经验,完善了整体布局。

四 清末师范教育资格选聘与奖励义务制度的基本特征

(一)严控教员任用标准,提高教员培养质量

从清末各类学堂教员的任用标准和资格选聘的标准来看,各级各类师范学堂的培养,任务分工明确,标准详密,严格划定各类学堂的教员由具有何种资历的人员充当。除了由师范学堂正规培养培训的教员外,其他如简易科、师范讲习所、优级选科以及有意愿成为学堂教员的社会人士,须经学部暨提学使司的考核,才准充当教员。这一考核标准及检定内容的设立,严格把关各级各类学校教员的层次水平,在一定程度上改变了旧式私塾书院教员鱼龙混杂、学浅才疏的弊端。以毕业生学业成绩划分等级的方式,确立了较高的培养标准,清末师范学堂不仅为新式教育培养了一批适应社会需要、经世致用的优秀师资,而且加速了旧式教育的瓦解,从根源上提高了教育的整体水平,促进了中国近代教育的近代化进程。

（二）变通检定标准，扩充师资队伍

清末时期，各级各类学堂培养的师范生远远不能满足实际需求，面对师资缺乏的现状，各省除尽力增加师范名额外，还注重教员检定标准的变通。各类学堂在招收师范学堂毕业生的同时，也为普通中、高等学堂毕业生及学识丰富，有意愿成为学堂教员的社会人士敞开了大门，他们可以通过官方检定认可获得教师资格。考试内容的设定及实地演习，已具备当代教师资格考试的雏形。不仅满足当时急需新型师资的教育要求，广储人才，扩充教师队伍，还可以充分调动知识分子的积极性，认识到新教育的重要作用，积极投身于师范教育，促进新教育的发展。

（三）奖励义务并举，吸引人才从教

清末统治者充分认识到师范为各学堂教育之本，为鼓励大批优秀人才从事教育事业，免除师范生在学期间的学费，并奖励毕业服务期满的教员，成绩优异者，还给予官职，优厚的待遇，这些举措吸引了大批人才进入师范学堂学习，尤其是贫寒人士，在学期间的免费制度为他们免除了后顾之忧，使他们能够全身心投入学习，为国家效力，在一定程度上促进了教育的普及。另外，要求师范生毕业效力，积极投身教育事业，以服务奖励的方式，保证了教师数量，有效避免了人才"外流"现象。优秀学员有继续升学的机会，可以继续进入大学堂或由国家出资留学进修，优厚的奖励制度和严格的效力义务，构成清末师范生免费教育的重要内容，也是新型师资数量稳定的保证，奠定了日后新式教育的发展基础，有效促进了近代新式教育的蓬勃发展。

清末师范教育制度的形成与建立，是伴随着新式学堂的发展应运而生的，从最初各地学堂不断零星地尝试和探索，再到由政府驱动，建立政策性的引导，师范教育逐渐形成上下衔接、横纵交错的完整体系，以正规化的培养模式为全国各地输送师范类人才。尽管在办学初期，不免有抄袭欧美及日本师范学制的痕迹，原创性不够突出，但师范教育也逐渐开始与社会实际相联系，并保留了自身传统文化的优势，积极迎合世界师范教育发展的整体趋势，做出创新性的调整。

在培养目标上，清末师范教育注重德智双修、师德优先的行为习惯养成；在培养模式上，面对新型师资缺乏的现状做出积极的应对，设立简易科、优级选科、师范传习所等临时培养机构，尽可能地扩充教师队伍的数量，这在政策选择上也不失为一种灵活应变的处理方式，而没有完全抄袭日本的师范教育学制。且清末时期已经出现教师职后培训的萌芽，虽不够完善，但至少为在职教师提供了继续深造的机会。在课程内容上，将传统与世界潮流发展的趋势相结合，意图通过中西合璧的方式，推动师范教育课程体系的革新，且自始至终师范教育都注重实践的重要作用。从管理体制上看，已经初步形成了上下衔接的专门管理教育的行政体系，制定了分工明确的师范学校管理体系。在此基础上又进一步确立教师的选聘和奖励义务制度。可以说，清末师范教育的制度建立具有重要的奠基作用。

然而，也应看到清末师范教育制度仍存在着在建立过程中过度抄袭日本师范教育学制体系，从而导致政策实施效力削弱，以及封建色彩浓厚，仍未彻底摆脱科举残余的束缚等一系列问题，使清末师范教育制度的成效有限，但正是在这种困顿和茫然中，中国的师范教育不断总结经验，真正进入了近代化的发展进程。

第二章　民国时期师范教育制度的变迁（1912—1949年）

　　1911年辛亥革命的爆发具有划时代意义，不仅推翻了两千多年的封建帝制，还开启了中华民国这一历史新篇章，中国的师范教育事业也由此揭开了新的一页。在中华民国这一段重要的社会历史时期，社会的变革使得执政政府发生更迭，教育作为培养统治者所需人才的重要途径，教育制度不可避免要发生变革，师范教育亦是如此。近代至清末以来的教育改革，深受日本影响，尤其是清末"新政"确立的学制，正是移植日本的产物。

　　1912年初，随着清廷的覆灭，封建社会走向灭亡，具有资产阶级性质的中华民国成立，国体发生了变更，为巩固资产阶级领导势力与综合实力，统治者必然要改变旧有教育宗旨及培养模式。在北洋政府统治时期，南京临时政府大总统孙中山发布了一系列师范教育改革法令，不久，袁世凯在窃取革命成果后，随即发布教育改革规程，企图恢复封建帝制，这一背离历史发展的妄想必然成为泡影。至北伐胜利后，南京国民政府完全占据领导地位，教育宗旨也随即发生变革，由"党化主义"向"三民主义"过渡，在"黄金十年"间，师范教育得以迅速发展。然而，在1937年抗战全面爆发后，全国的教育事业在战火中艰难前行，师范教育制度也在这一非常时期进行了调适和重构，直至中华人民共和国成立。

　　纵观民国时期师范教育的制度化发展历程，不仅在纵向上构建了幼儿、中等乃至高等师范教育制度体系，在横向上也涵盖民族及乡村师范教育等领域。与此同时，在教育对象上涵盖了女子师范教育，足见民国时期的师范教育制度已形成了基本完备的体系。

第二章 民国时期师范教育制度的变迁（1912—1949 年）

第一节 民国时期师范教育制度变迁的概况

1912—1926 年，中华民国的教育制度在清末移植日本学制基础之上，积极探索适宜中国教育发展之路，并逐渐学习欧美等国的先进教育文化和教育理念，这一时期的师范教育制度呈现出由照抄"东洋"到取法"西洋"的动态变化过程，在移植与本土化道路上摸索前进。同时，模仿对象的变化影响着学制系统的变化，师范教育制度也由 1912 年"壬子癸丑学制"规定下的独立设置，向 1922 年新学制的合并开放化转变。但同时师范教育的开放化制度，亦削弱了师范教育的地位，进而影响到师范教育发展的规模和速度。至 1927 年，随着南京国民政府的成立，确立了形式上的统一，结束了此前由于军阀混战而无暇顾及教育发展之局面，有力地推进了师范教育的发展。1928 年，国民政府颁布"戊辰学制"，确立了师范教育独立与开放两种并存的教育制度。乡村师范教育于 1928 年被列入教育制度体系，1930 年后，师范教育制度的封闭独立型办学和培养模式再次被确立下来。同时，少数民族教育被正式纳入国民教育计划之内。1937—1948 年，师范教育在战时教育方针和战后重建思想的指导下，始终不断地发展，培养了一大批人才。

一 移植与本土化师范教育制度滥觞

1912 年元旦，中华民国临时政府正式成立。1912 年 1 月 3 日，孙中山任命蔡元培为第一任教育总长，并于 9 日成立中华民国教育部。为进一步扫清封建主义的流毒，加强资产阶级思想的传播，增强中华民国之实力，教育部在成立不久就颁布了《普通教育暂行办法》《普通教育暂行课程标准》等通令，以改造旧的封建教育。然而，在学制系统方面，自近代以来形成的学习日本的热潮一直持续不断，尤其是清末颁布的"壬寅癸卯学制"，完全是照搬日本学制的产物。蔡元培等有识之士对近代以来全盘照抄日本教育制度的做法提出质疑，指出"日本国体与我不同，不可不兼采欧美相宜之法，即使日本及欧美各国尚未实行，而教育家正在鼓吹者，我等亦可采而行之"①，并提出日本的教育多取自西洋各国，譬如，德国教育家赫尔巴特的教育思想、德国幼儿教育家福禄贝尔的教育主张，等等，倡导取法于"西洋"国家，同时，强调中华民国的教育制度应重视本土化发展。

在资产阶级民主主义的思想指导下，蔡元培指出，教育的宗旨在于养成健全之人格，同时，借鉴德国和美国重视科技和实业教育的经验，结合法国大革命倡导的自由、平等与博爱理念，提出了"五育并举"的教育指导方针，作为中华民国教育的发展方向，极大地促进了封建主义教育观念向资本主义教育观念的飞跃，也为近代师范教育的发展指明了方向。1912—1913年，南京临时政府教育部以清末学制为基础，制定了"壬子癸丑学制"，实际上依然带有明显的学习日本的痕迹。师范教育作为教育系统的"工作母机"，孙中山对此十分重视，提出"欲四万万皆得受教育，必倚重师范"②的论断。

民国初年，在师范教育领域发布了《师范教育令》《师范学校课程标准》《高等师范学校规程》以及《高等师范学校课程标准》等一系列法令，作为师范教育改革的纲领性指导文件，民国初年的师范教育制度正式确立。然而，袁世凯窃取了革命果实，并实施独裁专政，企图在教育领域掀起复辟逆流，并于1916年公布《修正师范学校规程》，要求各师范学校增设读经科，在教育宗旨上要求"法孔孟"，并将读经科列入学校课程之内，师范教育也难逃厄运。袁世凯违背历史发展潮流的倒行逆施行为，必然会走向失败，至1916年6月袁世凯逝世后，北洋军阀内部的分裂割据态势更加严重，教育文化领域也备受摧残。有识之士更加重视学习西方先进思想和文化，来改造中国社会和教育。

新文化运动在思想领域掀起了科学与民主的热潮，再次革新了教育宗旨。新文化运动中越来越多的有识之士主张中国教育需学习西洋，美国教育家杜威、孟禄等人来华讲学，更加推动了学习美国教育制度的热潮。同时，在第一次世界大战的影响下，世界各国开始进行教育改革，

---

① 《临时教育会议日记》，《教育杂志》1912年第6期。
② 《孙中山全集》（第二卷），中华书局1981年版，第358页。

中国在1922年颁布了以美国学制为模板的"壬戌学制",然而,却降低了中高等师范教育的地位。民国前期师范教育制度的模仿对象发生了变化,在移植与本土化道路上摸索前行。

二 开放与独立型师范教育制度的变革

在政治、经济、文化等各方面的影响下,1919年,五四运动爆发,主张民主与科学的进步主义在中华大地生根发芽,文化教育开始全面学习美国,极大地促进了幼儿师范教育和乡村师范教育的萌发。与此同时,教育界展开了对于师范教育应独立设置,抑或合并中师与高师的激烈论争,以蔡元培、陈独秀为代表的合并派认为,此前的独立师范教育体系,并不能培养出社会需要的合格教师。之后,以美国"六三三"分段学制为蓝本的"壬戌学制"于1922年正式颁布。虽明确了幼儿师范在学制中的地位,但却未制定师范教育规程,也未对师范生的资格、待遇及服务等方面提出明确要求,模糊了师范教育与普通教育间的界限,尤其是随之兴起的"高师改大"与"中师合并"运动,致使民国在一二十年间的师范教育处于艰难之中。

至1927年,六所师范大学及女子高师全部被合并或改为综合大学。开放型的师资培养模式将师范教育归于普通教育体系之内,且中高等层次的学校教育亦可培养师范生。这一时期的师范教育制度由封闭独立向合并型发展。尽管这一举措拓宽了师范教育渠道,但也不可避免地存在忽视师范教育之特性,且师范生很难接受专业培养与培训的弊端。至1928年,国民政府进行学制调整后颁布了"戊辰学制",在师范教育制度方面的特色之处是,在允许师范学校独立的同时,要求中学设师范科,出现封闭独立与开放合并两种师范教育制度并存的状态。

随后,1932—1935年,教育部先后公布《师范学校法》《师范学校规程》《师范学校课程标准》等法令,有效地改变了师范教育制度的混乱状况,师范教育制度的独立体制得以重新恢复。同时,乡村师范教育与民族师范教育亦受到教育部的关注,并被纳入国民教育体系之列,拓宽了师范教育的发展路径。

总的来说,自1927年起,在南京国民政府统治的"黄金十年"间,师范教育制度经历了由开放型到开放与独立并行,再到独立型办学体制的转变。然而，从1938年至抗战结束，师范教育制度再次呈现出两种体制并行模式。

三 在停滞与复苏中师范教育制度的调整

1937年7月"卢沟桥事变"后，中日战争全面爆发，全国各级各类教育深受影响，诸多学校被迫停办，"师荒"便成为亟待解决的问题之一。这一时期，统一全国人民的抗战精神，培养青少年的爱国情意和抗战意志尤为重要，而发展师范教育正是破解困局之路径。

在抗日战争全面爆发后，各级各类教育深受影响，师范教育亦不例外。师范教育作为各级各类教育实施的基础部分，在战时教育政策中占据着重要地位。教育部非常重视教育发展，并依据战时特点和抗战需要，在1937年8月公布了《总动员时督导教育工作办法纲领》作为教育指导方略，随后还进一步提出"战时须作平时看"的教育方针，以保存教育实力。可见，国民政府及教育部既考虑到战时教育的重要作用，也兼顾了战争的长期性，同时还为战后全国的教育重建奠定了基础。

1938年4月，国民党临时全国代表大会通过了《战时各级教育实施方案纲要》，强调"对师资之训练，应特别重视，而亟谋实施，各级学校教师之资格审查与学术进修之办法，应从速规定，为养成中等学校德智体三育所需之师资，并应参酌从前高等师范之旧制而急谋设置"①。可见，国民政府不仅强调此前发展缓慢的中等师范教育，还指出要改革传统的师范教育制度。因而，同年7月，教育部便颁布《师范学院规程》，提出师范学院独立设置或设于大学之内。然而，国民政府教育部又在1946年末公布《改进师范学院办法》，明确规定此前大学附设的师范学院，仅保留教育与体育两系，无异于战前师范教育制度。

此外，为解决培养抗战人才和解决师资匮乏状况，教育部于1940年发布了《各省市国民教育师资训练办法大纲》《初级中学三年级增设师资训练科目办法》《特别师范科及简易师范科暂行办法》等。随后，教育部又于1941年12月发布《师范学校（科）学生实习办法》，对师

---

① 《战时各级教育实施方案纲要》，《教育通讯周刊》1938年第4期。

范生的待遇、实习、毕业服务等提出要求。同年，教育部根据国民党五届八中会议精神，规定从1942年后的3月29日至4月4日，为师范教育运动周，届时举行有关师范教育的学术会议及相关活动，此举对战时师范教育的发展具有重要的作用。

1945年，日本宣布无条件投降后，收复区、华侨以及各级教育系统，开始全面恢复和发展师范教育。如教育部在1946—1947年先后颁行《战后各省市五年师范教育实施方案》《改进师范学院办法》《修正师范学校规程》等。除此之外，东北解放区政委于1946年发布《关于改造学校教育与开展冬季运动的指示》，强调发展师范教育占第一位，随后于1948年，又在《关于教育工作的指示》中强调要重视师范教育的长期发展。因而，自抗战全面爆发以来，中国的师范教育制度走向停滞，并在战后恢复阶段走向缓慢复苏。

第二节　民国时期师范教育目的流变

一　"五育并举"的教育方针（1912—1921年）

（一）幼儿师范教育目的的初步探索

辛亥革命的爆发，结束了两千余年的封建帝制，同时也标志着新式社会制度与教育制度的建立，而师范教育作为国民教育之母体，幼儿教育作为国民教育之初级阶段，其重要性不言而喻。

1912年元旦，资产阶级革命派建立了中华民国临时政府，随即进行了一系列的教育改革。首先，南京临时政府教育部在7月就公布了新的教育方针，即"注重道德教育，以实利主义、军国民教育辅之，更以美感教育完成其道德"[1]。新的教育方针为幼儿师范教育的办学宗旨指明了方向和提供了依据。1912年9月至1913年，教育部发布了一系列教育改革法令，史称"壬子癸丑学制"，其中，明确将清末学制中的蒙养院改为蒙养园，建立了蒙养园制度。

同时，根据"壬子癸丑学制"，女子师范学校除附设小学校外，还应附设蒙养园；女子高等师范教育除附设小学校外，还应附设女子中学

---

[1]《教育宗旨令》，《教育杂志》1912年第4期。

和蒙养园,这一法令的颁布极大地冲击了封建思想中"女子无才便是德"以及"三从四德"的女子从属于男子的传统思想。1912年9月29日,教育部发布《师范教育令》,完全取消了此前的封建规定,提出将师范学堂改为师范学校,确立了女子师范学校在国民学制体系中的重要地位,指出"专教女子之师范学校称女子师范学校,以造就小学校教员及蒙养园保姆为目的"①。

随后,教育部又发布《师范学校规程》,进一步明确了师范教育的办学宗旨和培养目标,明确提出要重点培养学生的博爱精神、高尚的品格以及良好的实际能力。《师范教育令》与《师范学校规程》的颁布,确立了幼儿师范教育宗旨和培养目标,促进了幼儿师范教育的发展。至1915年,教育部发布《国民学校令》与《国民学校令施行细则》,将初等小学校改称国民学校,同时要求国民学校附设蒙养园,次年又予以修正公布,指出蒙养园的教育宗旨是为3周岁至入国民小学前的幼儿提供保育服务,具体目标是"保育幼儿,务令其身心健全发达,得良善之习惯,以辅助家庭教育"以及"幼儿之心情容止,宜常注意使之端正,并示以善良之事例,令其则效"②等,蒙养园的教育目的正是幼儿师范教育的核心要义。

可见,民国初年的新学制,在清末学制的基础上,更加明确了女子师范学校存在的合理性和必要性,并要求女子师范学校应为学前教育输入保教人员,虽然幼儿师范教育尚未取得独立地位,但也有效地保障了学前教育的发展。

(二) 中等师范教育宗旨的首次确立

中华民国成立后,便将清末的学部改为教育部。为进一步推翻封建体制对教育系统的压迫,亟须确立新的教育目的。1912年9月,教育部发布《师范教育令》,规定了师范教育体系分中等、高等两级来培养师范生,并提出中等师范教育目的,即"师范学校以造就小学校教员为目的"③。可见,中华民国成立后,师范教育开始步入了制度化

---

① 《师范教育令》,《政府公报》1912年第152期。
② 中国第二历史档案馆编:《中华民国史档案资料汇编》(第3辑 教育),江苏古籍出版社1991年版,第487页。
③ 《师范教育令》,《政府公报》1912年第152期。

第二章 民国时期师范教育制度的变迁（1912—1949年）

的发展阶段，而"师范传习所这一机构得以延续，只是与清末相比，在内容和方法上均有所进步，但依然存在训练时间短、设备比较简陋、毕业生质量较差的问题，虽然并没有限定毕业生必须服务于乡村，但实际上他们也只能去乡村小学任教"[1]。这成为乡村师范教育的雏形。

1913年，中华民国教育部颁发《师范学校规程》，其首章便要求师范学校需按师范教育令之规定教养学生，具体内容为：

> 一健全之精神宿于健全之身体，故宜使学生谨于摄生动于体育；二陶冶情性锻炼意志为充任教员者之要务，故宜使学生富于美感勇于德行；三爱国家尊法宪为充任教员者之要务，故宜使学生明建国之本原，践国民之职分；四独立博爱为充任教员者之要务，故宜使学生尊品格而重自治，爱人道而尚大公；五世界观与人生观为精神教育之本，故宜使学生究心哲理而具高尚之志趣；六教授时常宜注意于教授法务使学生于受业之际悟施教之方；七教授上一切资料务切于学生将来之实用，以克副小学校令及其施行规则之旨趣；八为学之道不宜专恃教授，务使学生锐意研究养成自动之能力。

这一规定明确了中等师范教育的培养目标。然而，不久后，袁世凯企图复辟帝制，并于1915年初先后发布《大总统颁定教育要旨》和《大总统特定教育纲要》，对民初的教育宗旨明确加以否定，主张恢复读经尊孔以及儒学的正统地位。其中，《大总统颁定教育要旨》明确了新的教育宗旨，为爱国、崇实、尚武、重自治、法孔孟、戒躁进、戒贪争。这一教育宗旨的厘定分明就是清末"中学为体，西学为用"的另一种表述方式。此外，《大总统特定教育纲要》在总纲部分再次申明了教育宗旨："注重道德、实利、尚武，并运之以实用。"随后，在教育要言部分要求"各学校均应崇奉古圣贤以为师法，宜尊孔

---

[1] 曲铁华、苏刚：《民国时期乡村师范教育制度变迁的内在逻辑与当代启示》，《教育科学》2015年第6期。

尚孟，以端其基，而致其用"①。这股复古主义的教育宗旨也必然影响到中等师范教育的目的。但随着新文化运动的兴起，"科学"与"民主"的思想，有力地冲击了复古主义逆流，"五育并举"的教育方针再次占据正统地位。

1915年8月，教育部召开全国师范校长会议，探讨国民品行与生活教育之重要及其方法，胡晋接在《关于整顿全国师范教育之意见书》的提案中指出，此前全国的师范教育偏重于教学，而忽视了学生的道德品质和生活能力的训练，强调师范教育要"养成师范学生徒之守信、耐劳、功德、责任、爱国、遵法、尚武之各原质，俾足以资第二代国民之模范者，要必有其地焉"②。该议案于1916年被教育部采录，并发布通告提出"国民人格教育与生活教育最为重要，师范教育即所以陶铸国民，宜以此二者为中心，不得有所偏倚"③。在新文化运动发起后，平民教育思潮逐渐形成，极大地推动了乡村教育的发展，而乡村师范是发展乡村教育的源头活水，乡村师范教育制度得以确立并逐步发展。

（三）高等师范教育目的的规范要求

1912年2月10日，教育总长蔡元培发表《对于新教育之意见》④，指出旧制教育宗旨所强调的忠君、尊孔、尚公、尚武、尚实应予以修订，又在《对于教育方针之意见》一文中，提出"五育并举"的教育方针，即军国民主义教育、实利主义教育、公民道德教育、世界观教育以及美感教育，以期培养共和国民。⑤ 而高等师范教育也必然在这一方针的指导下进行。随后，教育部又在1912年9月下发《师范教育令》，要求将高等师范学校设为国立，师范学校则为省立，并明确指出，高等师范学校以培养中学与师范学校教师为宗旨，而"女子高等师范学校

---

① 《大总统特定教育纲要》，《中华教育界》1915年第4期。
② 胡晋接：《关于整顿全国师范教育之意见书》，《安徽省立第二师范杂志》1915年第2期。
③ 《教育部全国师范学校校长会议议事日程》，《政府公报》1915年第1176期。
④ 蔡元培：《对于新教育之意见》，《东方杂志》1912年第10期。
⑤ 蔡元培：《对于教育方针之意见》，载高平叔编《蔡元培教育文选》，人民教育出版社1980年版，第1—7页。

第二章 民国时期师范教育制度的变迁（1912—1949 年）

以造就女子中学校、女子师范学校教员为目的"①。在民国初年，就明确了高等师范教育的办学宗旨及人才培养目标。

至 1913 年 2 月，教育部又下发《高等师范学校规程》作为高等教育的改革依据，规定高等师范学校分为预科、本科、研究科，此外还可根据实际需求，设立专修科与选科，其中，专修科应当在师范学校或中学校某一科教员紧缺时设立，教学科目及修业年限由师范学校校长提交教育总长后决定，其目的是解决教师不足之问题。而选科则是"为愿充师范学校及中学校教员设之，其科目得选习本科及专修科中之一科目或数科目，但伦理及教育均须兼习"②。这一方案的提出使得高等师范学校能够在特殊情况之下培养一批急需的中学教师。

为使高等师范教育进一步贯彻民国初年"五育并举"的教育方针，教育总长蔡元培于 1914 年 3 月奏呈《拟暂设高等师范六校为统一教育办法》，指出高等教育作为培养中学及师范学校教师的重要部门，应当"以真正之精神，贯注其间，然后学生真能受其感化，斯教育非无宗旨之教育"③，且清末的高等师范教育多为省立，难以实行统一管理，因而应当将高等师范学校改为由中央直接管辖的国立教育机构，且"悉以国家之精神为精神，以国家之主义为主义，以收统一之效"④，这才能实现统一的高等师范学校的教育目的。

同时，为高师毕业生履行中学及师范学校服务之责，教育部还专门发布多条规定，明确要求高师毕业生严格履行师范生应履行的责任，如 1918 年至 1921 年先后发布的《各省区嗣后各师校学生毕业前三月应先将各生履历报由本省区长官分令各属派充服务》《各省教育厅师范生毕业后限令服务办法》《女子高等师范学校规程》，以及《各省区嗣后省区各校管教员应就高师及师范生尽先任用》等，有效保障了高等师范学校为中等及师范学校培养教师的宗旨与目标的实现。

---

① 《师范教育令》，《教育杂志》1912 年第 8 期。
② 《高等师范学校规程》，《中华教育界》1913 年第 8 期。
③ 孙宝琦、周自齐、蔡儒楷：《拟暂设高等师范六校为统一教育办法》，《政府公报》1914 年第 669 期。
④ 孙宝琦、周自齐、蔡儒楷：《拟暂设高等师范六校为统一教育办法》，《政府公报》1914 年第 669 期。

二 "七项标准"的目标导向（1922—1926年）

（一）幼儿师范教育目的的基本规范

随着"新文化运动"与"五四运动"的发展，近代中国社会开始形成开放多元的文化，这也是新民主主义确立的关键时期。20世纪20年代，科学与民主的思想逐渐传播开来，社会主义与国家主义精神逐渐在国人心中萌芽，这也冲击了民国初年主要依附于教会办学的幼儿师范教育体系。

1922年11月，教育部公布《学校系统改革案》（又称"壬戌学制"），这一学制以美国学制为蓝本，强调"儿童中心"，并没有明确的幼儿师范教育宗旨，只是规定了"七项标准"，即"适应社会进化之需要；发挥平民教育精神；谋个性之发展；注意国民经济力；注意生活教育；使教育易于普及；多留各地方伸缩余地"[①]，可见，这一学制虽未提出明确的教育宗旨，但却给各级各类教育办学以更宽泛的空间。此外，还明确将民初学制规定的"蒙养园"改为"幼稚园"，并且确立了学前教育作为国民教育的第一阶段，还提出幼稚师范学校可单设的主张，幼儿师范教育制度随之独立发展起来。

20世纪二三十年代是中国教育迅速发展的一个时期，各种教育思潮逐渐传入中国，教育救国与科学民主思想深入人心，中国的幼儿教育事业也随之发展。同时，国人关于家国和社会的意识得到进一步强化。一方面，幼儿师范教育开始逐渐脱离教会学校进行独立的探索；另一方面，幼儿师范教育也开始从此前的幼儿教育、小学教育，抑或女子学校中脱离出来，并获得独立并合乎法规的专业地位。

（二）中等师范教育的灵活化培养原则

在"七项标准"教育目的的导向下，"壬戌学制"将师范学校单设后二年或三年，并将中等教育分为初级、高级两个阶段，且师范科设在高级中学里，取消了此前独立形式的中等师范教育制度，还规定设一定年限的师范学校或师范讲习科来培养小学教员。这一做法在当时颇具意义，因为在第一次世界大战后，中国的经济水平获得了较大

[①] 《颁布施行之学校系统改革案》，《新教育》1922年第5期。

的提高，广大民众开始对教育提出要求，希望子女接受基础教育，但当时的中学教师主要依靠单独设置的省立师范学校与高等师范学校培养，其数量远不足以满足适龄入学儿童的受教育需求，而"壬戌学制"提出的在高级中学内设置师范科的做法，有效解决了中学师资不足的问题。

如广东省于1923年率先将师范科列入高级中学，开了师范与高中联合培养中学教师的先河。随后，湖北、福建两省于1926年也进行了"师中合并"。这就导致中学数量激增，而师范学校数量急剧减少，数据表明，1922—1928年，师范学校数量减少了38.7%，师范生人数减少了32.8%；而同时期的中学数量则增加了74%，中学生人数增加了59%[1]，由专门的师范院校培养的中学教师人数，也必然因此而减少，因而造成了中等师范教育的衰落。可见，将培养中学教师的数量而不是中学教师的质量视为最终目标，并不是"七项标准"要实现的教育目的，致使师范教育与普通教育之间的界限模糊。

此外，这一时期的乡村师范教育初露端倪，在"教育救国""改造社会"的呼声中，余家菊率先提出改造中国的重要方向，便是进行乡村师范教育建设，通过改造乡村来改造社会。江苏第二师范学校于1922年设立了黄渡镇乡村师范分校，1923—1926年，江苏第一师范学校、第三师范学校、第四师范学校，以及第五师范学校分别在吴江、无锡洛社、南京栖霞以及高邮界首镇设立了乡村师范学校作为分校，来培养乡村教师。随后，陶行知在南京创办的晓庄师范学校，作为乡村师范学校的重要代表，将其丰富的乡村师范教育理论付诸实践，乡村师范教育也得到了进一步发展。此后，乡村师范学校犹如雨后春笋般蔓延开来，而几乎所有乡村师范学校的办学宗旨均为培养乡村中小学教师，指导乡村教育，以及养成促进乡村社会发展的人才。

（三）高等师范教育的"无目的"培养

1922年11月1日新学制的颁布，势必要否定此前的教育宗旨，但在当时的社会背景下，中国学制主要以美国为蓝本并进行了本土化改

---

[1] 张钟元：《中国师范教育的总检讨》，《教育杂志》1935年第7期。

造，因而该学制的重要特点是没有明确的教育宗旨，但是，1922年新学制设置的依据是"七项标准"，这七项标准同时也是高等师范教育的发展方向和目标导向，对高等师范教育影响颇深。

教育目的是教育在培养人才的规格和倾向性方面的要求，在社会不同的阶层、不同的社会历史时期，以及不同的学校类型等级方面存在着不同。因而可以说，高等师范学校的教育目的，是培养高等师范生的重要导向，然而，1922年新学制并未规定专门的师范学校规程，更有甚者，还提出了"师中合并"和"高师改大"等措施，致使师范教育失去了独立的培养体系。

没有统一的高等师范教育目的，也就造成了各高校自行拟定培养目标的局面，这虽然达到了"七项标准"对于灵活性教育模式的要求，但势必导致人才培养规格的不均衡，最终导致人才培养质量的不平衡。如1923年7月，作为中国教育史上的第一所师范大学，即拥有本科办学层次的北京师范大学正式成立，并于当年9月28日开学，其教育宗旨便是培养师范学校教员、中等学校教员、教育行政人员，亦培养学术研究人员。由于该校当时仅招收男性高级中学毕业生，因而该校名为男师大。

1924年，北京女子高等师范学校更名为北京女子师范大学，至此中国第一所女子师范大学正式成立，其教育宗旨是培养中等师范学校教员、教育行政人员，抑或养成学术研究人员，发展女性之优长品质。女子师范大学校风非常严谨，要求女师范生一年四季均须穿着校服，女师大的建立，对于打破封建传统观念，发展女性自主权利与意识，推进男女平等思想，具有重要的推动作用。相反，江苏省因无力供给教育经费，于1924年暑期，通令全省各校暂缓开学；1926年，直隶地区也因经费紧缺，且军队驻扎校舍，而致使学校停课将近一整年。

可见，在"七项标准"教育宗旨的指导下，高等师范教育处在过于灵活的"无目的"状态之下，致使民初设立的七所优良的高等师范学校几乎全部消失殆尽，所培养的师范生的质量也严重下滑，整个高等师范教育处于衰败之中。

三 "三民主义"的教育宗旨（1927—1949年）

（一）幼儿师范教育目的的具象规定

"壬戌学制"颁布后，幼稚园在学制系统中的地位正式确立，幼儿师范教育也亟待发展。1927年，厦门集美幼稚师范学校正式成立，这是由国人自己创办的第一所具有独立性质的幼儿师范学校，其教育宗旨是培养幼稚园教师、小学低年级教师，以及顺应时代需要的社会女性，为幼儿师范教育制度的发展储备了重要的实践经验。此外，乡村幼儿师范教育也获得了发展。

1928年，国民政府大学院举行第一次全国教育会议，陶行知在会上指出了乡村幼儿师范教育的重要性，并提出《推广乡村幼稚园案》《各省开办试验幼稚师范案》等。会后，大学院发布《注重幼稚教育案》，随后，诸多师范学校相继开设幼稚师范科，极大地推动了幼儿师范教育的发展。1932年末，国民政府教育部颁布《师范学校法》，要求在师范学校内附设幼稚师范科来培养幼儿教师，第一次以法案的形式确立了独立的幼儿师范在国民教育体系中的地位。此外，还提出"各省市应酌量地方情形，于可能范围内，将多数师范学校，移设在乡村地方"[1]，进一步推动了乡村师范教育制度的发展。

1933年，教育部又发布《师范学校规程》，再次明确师范学校内需设幼稚师范科之要求，以培养急需之师资，同时，也对乡村中等师范教育予以规定："以养成乡村小学师资为主旨之师范学校得称乡村师范学校"，并要求"各省教育应得依各该省情形，将全省分划为若干师范区，每一师范区内得设师范学校及女子师范学校各一所"，以培养幼稚园教师。此外还在训育方面提出："师范学校训育应遵照中华民国教育宗旨及其实施方针所规定。'以最适宜之科学教育及最严格之身心训练养成一般国民道德上，学术上最健全之师资'。"[2] 这一要求贯彻了"三民主义"的教育宗旨。1940年，国民政府要求重庆师范学校增设幼稚

---

[1] 《教育部训令：中小学师范学校职业学校法及规程》，《教育部公报》1933年第15—16期。

[2] 《师范学校规程》，《教育部公报》1933年第15—16期。

师范科，以补充当时紧缺的幼儿师资，并指出，幼稚师范科的教育目的是培养托儿所教师、幼稚园教师、小学低年级教师、儿童福利部门职员，并于1942年通令各省增设幼稚师范科来培养幼儿师资，有力地推动了幼儿师范教育的发展。

（二）中等师范教育宗旨在动荡中守恒

1927年，南京国民政府成立后，设立"大学院"管理全国教育事务，蔡元培任院长。次年3月，国民政府大学院发布《中学暂行条例》，规定"高级中学分设普通、师范、农业、工业、商业、家事各科，但得依地方情形，单设一科或兼设数科"①。这为中等师范教育独立化体制做了铺垫。1928年5月，大学院组织召开全国教育会议，在"壬戌学制"基础上颁定《中华民国学校系统》（"戊辰学制"），此次会议讨论了"师范学校应单独设立案"，指出"高级中学仍设师范科，但为推行义务教育起见，设独立之师范学校"②。

同时，1928年新学制首次在学制系统中提及乡村师范教育，强调为弥补乡村小学教育的不足，应增设乡村师范学校，并对乡村师范学校的招生对象、修业年限做出具体规定，明确了乡村师范教育的地位。同时也指出乡村师范教育的目的便是培养农村小学教员。同年10月，总管全国教育事宜的大学院改称教育部，急需通令全国教育事务。

1929年4月，教育部正式发布《中华民国教育宗旨及其实施方针》作为国民教育的总方针，规定"中华民国之教育，根据三民主义以充实人民生活，扶植社会生存，发展国民生计，延续民族生命为目的，务期民族独立，民权普遍，民生发展，以促进世界大同"③，为中等师范教育目的的制定提供了依据。同时，也对乡村师范教育提出了要求，即各省在可能范围内设置独立的师范教育体制，进而发展乡村师范教育。

随后，在国民党于1930年召开的三中全会上，通过了陈立夫等提出的《实施三民主义的乡村教育案》，明确要求各省必须开办乡村学校，而首要任务就是培养乡村教师，提出乡村师范教育应以三民主义为

---

① 《中学暂行条例》，《大学院公报》1928年第4期。
② 《中华民国学校系统案》，《教育杂志》1928年第6期。
③ 《中华民国教育宗旨及其实施方针》，《教育部公报》1929年第5期。

第二章 民国时期师范教育制度的变迁（1912—1949年）

原则，目的是通过扎根民间，培养知识分子来促进国家建设。①

1931年9月，国民党三中全会第十七次会议通过了《三民主义教育实施原则》，指出师范教育的目的是"应根据三民主义的精神，并参照社会生活之需要，施以最新式的科学教育及健全的身心训练，以培养实施三民主义教育师资"，同时，也提出了乡村师范教育的目的，强调"乡村师范教育应注重改善农村生活并适应其需要，以养成切实从事乡村教育或社会教育的人才"②。到1932年末，教育部颁布《师范学校法》，要求"师范学校应遵照中华民国教育宗旨及其实施方针，以严格之身心训练养成小学之健全师资"③。这一法案明确了中等师范教育独立存在的必要性，同时，也为独立化中等师范教育制度的重构奠定了基础。

1933年3月，教育部又颁布《师范学校规程》，再次明确师范教育的宗旨为："锻炼强健身体；陶融道德品格；培育民族文化；充实科学知能；养成勤劳习惯；启发研究儿童教育之兴趣；培养终身服务教育之精神。"④ 该宗旨涵盖了身心发展诸方面，为师范教育的发展和师范生的培养目标指明了方向。1937年全面抗战爆发后，各级各类学校受战争影响而迁校，教育部于1938年公布《国立中学暂行规程》，要求将内迁的中学师范科或师范部统一为独立设置的国立师范学校，其办学宗旨是为国民党后方培养优良的小学师资，国立师范学校的创办促进了这一时期中等师范教育制度的完善。在抗战时期，各级各类教育的宗旨是保存教育实力，师范教育作为教育工作的母机更是如此，但在战争时期，师范教育也不可避免地受到了极大的摧残。

到了1946年，教育部发布了《战后各省市五年师范教育实施方案》，明确提出师范教育的宗旨，便是满足各类初等教育机构对小学教师的需求，同时，要求扩充女子师范学校人数，有力地促进了战后中等师范教育体制的重建。

---

① 《实施三民主义的乡村教育案》，《中央周报》1930年第92期。
② 《三民主义教育实施原则》，《教育部公报》1931年第38期。
③ 《师范学校法》，《教育部公报》1932年第51—52期。
④ 《师范学校规程》，《教育部公报》1933年第15—16期。

(三) 高等师范教育的政治化培养目标

南京国民政府成立后，以"党化教育"与"三民主义"作为师范教育的办学原则。如1931年9月，国民党发布《三民主义教育实施原则》，明确提出高等师范教育"应根据三民主义的精神，并参照社会生活之需要，施以最新式的科学教育及健全的身心训练，以培养实施三民主义教育师资"，并提出"学校应与社会沟通，并造成教学做三者合一的环境，使学生对于教育事业有改进能力及终身服务的精神"[①]。此外，这一时期的南京国民政府还在教育领域实行大学区制，主张取消师范大学的独立地位，但在广大师生以及社会人士的强烈要求下，并未取消高等师范教育的独立地位，而是在1932年发布《确定教育目标与改革教育制度案》，要求师范大学应加以整改，以有别于普通大学，其教育宗旨是为中等教育培养优良的师资，在形式上确立了高等师范教育的独立地位。

1938年4月，国民党召开临时全国代表大会，通过了《战时各级教育实施方案纲要》，提出了战时的教育方针，并指出高等师范教育在培养中等师范教员方面应根据全国各省市地区的需求，将其划分为一定数额的区域，在每一个区域内设师范学院来培养中学师资，旨在培养德育、智育、体育全面发展的中等学校教员。此外，还提出要对战前的高等师范教育进行改革，通过设立独立的师范学院，并建立高等师范教育地区来培养中等师资。

为进一步强化高等师范教育培养人才的规格，国民政府教育部于1938年7月下发《师范学院规程》，强调"师范学院以遵照中华民国教育宗旨及其实施方针，养成中等学校之健全师资为目的"[②]。同年，民国政府在湖南安化创办了中国首个国立师范学院，自此以后，具有独立性质的国立师范学院如雨后春笋般涌现出来，如女子高等师范学院。同时，还有一些大学将教育系改为教育学院。至1944年末，全国的师范学院共有6所，附设在大学之内的师范学院有5所（如表2-1所示）。

---

① 《三民主义教育实施原则》，《教育部公报》1931年第38期。
② 《师范学院规程》，《教育部公报》1938年第8期。

表 2-1　　　　国立师范学院的名称、创办时间与校址所在地

师范学院名称	创办时间（年）	校　址
国立师范学院	1938	湖南蓝田
国立女子师范学院	1940	四川白沙
国立贵阳师范学院	1941	贵州贵阳
国立湖北师范学院	1944	湖北恩施
国立桂林师范学院	1943	广西桂林
国立西北师范学院	1938	由陕西固城迁至甘肃兰州
国立中央大学师范学院	1938	重庆沙坪坝
国立四川大学师范学院	1941	四川成都
国立浙江大学师范学院	1938	贵州遵义（浙江龙泉分校）
国立中山大学师范学院	1938	广东坪石
国立西南联合大学师范学院	1938	云南昆明

资料来源：中国第二历史档案馆编：《中华民国史档案资料汇编》第5辑《教育（一）》，凤凰出版社2010年版，第807—808页。

在抗战全面爆发后，各个师范学院坚持"战时须作平时看"的教育方针，虽几经辗转迁校及合并，但始终坚持高等师范教育的宗旨，为各地区输入了大批急需的人才，对国家教育系统的建设和完善作出了巨大的贡献。抗战结束后，教育部于1946年末发布了《改进师范学院办法》《修正师范学院规程》等，在明确了师范大学以培养中等教育阶段师资的同时，也肯定了大学附设教育科以培养中等教师的资格。此外，1948年颁布的《大学法》，再次明确了独立的高等师范学院与大学教育科的教育目的，即均为培养合格且优良的中等教师。

四　民国时期师范教育目的评析

清末师范教育制度的封建性，体现在其"中体西用"的办学宗旨和指导思想上，但随着社会的转型和发展，中华民国这一新的政体结束了统治中国两千余年的封建专制，因而批判旧的封建教育，并制定新的

教育方针和教育宗旨以培养新式人才成为首要任务。而人才的培养要依靠师范教育，因而明确师范教育目的成为教育改革的首要任务。在整个民国时期，师范教育目的的演变历经"五育并举"的教育方针、"七项标准"的目标导向，以及"三民主义"教育宗旨，具有其独特之处，但同时也存在一些不足。

首先，民国时期师范教育目的的急剧变革，主要缘于社会历史的不断发展。在中华民国成立之初，新的师范教育培养目标亟待确定，因而蔡元培等先进的资产阶级知识分子，在充分吸取了中华民族优秀教育文化传统的同时，也结合近代西方资产阶级所强调的民主与科学的教育理念，并提出了"五育并举"的教育方针，为民国初年的各级各类师范教育的发展开辟了新道路。第一次世界大战结束后，工业发展影响到了教育领域。此外，随着五四运动与新文化运动的迅速发展，先进思想传入中国，加之美国教育家杜威、孟禄等人的来华讲学，实用主义教育与进步主义教育思想遂盛行于全国，因而在1922年11月1日颁布了新的学制系统，废除了此前"五育并举"的教育方针，代之以"七项标准"作为各级各类师范教育的基本原则，促进了师范教育的灵活性发展。到1927年4月蒋介石发动政变，致使国共两党走向分裂，师范教育作为输出人才的重要途径，其教育目的也必然随之发生改变，因而结束了此前无教育目的的状态，以"党化主义"与"三民主义"作为师范教育宗旨。

其次，相比清末时期，民国初年的女子师范教育受到关注并迅速发展。据统计，至1918年，中国有148所中等师范学校，其中女子师范学校就有45所，占比达30%[①]，女子师范学校以培养小学教员与蒙养园保姆为教育目的，推动了幼儿教育的发展。同时，也为此后幼儿师范教育制度的确立奠定了坚实基础。此外，这一时期还创办了北京女子高等师范学校，这是中国第一所女子高等师范学校，女子受教育的程度不断提升，也体现了民初人们思想观念的一大进步，进一步推动了整个民国时期女子师范教育制度的完备。

[①] 璩鑫圭、童富勇、张守智编：《中国近代教育史资料汇编：实业教育 师范教育》，上海教育出版社2007年版，第931—936页。

最后，在 20 世纪 20 年代民主化与多元文化思想的推动下，在"七项标准"灵活方针的指导下，乡村师范教育制度正式确立。通过培养各级各类乡村教师促进教育普及，解决中国最大的乡村教育问题。至民国后期，乡村师范教育制度已基本完备，促进了师范教育向纵深化发展。

然而，民国时期各级各类师范教育的目的，虽历经时代更迭而不断发展和完善，但也不可避免地存在一些不足。

首先，民国初年的师范教育制度多流于形式，并未真正得以贯彻执行，如陶行知与范源廉等资产阶级教育家们提出的男女平等接受教育、废除奖励科举出身的师范毕业生的主张等，在民初特殊的社会背景下并未得到真正实施，不利于师范教育目的的实现。

其次，1922 年新学制并未提出明确的教育宗旨，"七项标准"仅仅作为一种教育原则，致使各级各类师范教育的培养目标较为模糊，失去了师范教育的特殊性，同时，也造成了师资水平的参差不齐。

最后，为解决教师不足问题，国民政府教育部专门发布相关法令，敦促发展简易师范学校与简易乡村师范学校作为实习培养的速成班。据统计，1931—1936 年，中国的简易师范学校与简易乡村师范学校总数由 283 所增至 616 所，然而，同期的师范学校与乡村师范学校总数则由 1931 年的 584 所降至 1936 年的 198 所，学校总数减少了 66%。[①] 可见，具有速成性质的简易类的师范学校，成为培养师资的主流，但师资质量却实在令人担忧。

第三节　民国时期师范教育模式的变迁

一　"独立封闭"型教育体制的式微（1912—1921 年）

（一）蒙养园制度的确立

1912 年中华民国成立后，便着手制定新的学制体系，1912 年至 1913 年颁布了一系列教育法案，这一新的学制将清末学制中的蒙养院改称蒙养园，幼儿教育机构名称的变化也体现出人们思想观念的变化。

[①] 曾煜编著：《中国教师教育史》，商务印书馆 2016 年版，第 156 页。

在幼儿师范教育方面，中华民国教育部于1912年9月颁布了《师范教育令》，提出女子师范教育负有培养蒙养园保姆的责任，规定女子师范学校"得附设保姆讲习科"①，来传授女子师范生幼儿保育知识，且女子师范学校应设附属蒙养园供女子师范生进行保育实习。

为进一步推进女子师范教育实施，教育部又于1912年12月发布《师范学校规程》，将女子师范学校分为本科和预科，又将本科分为本科第一部与本科第二部，要求所有本科师范生在毕业后，有义务服务于本省教育事业，情况特殊且经教育行政长官同意者，也可服务于他省或华侨居住区的学校教育。对于毕业后想继续学习者，经教育行政长官许可后，即可进入女子高等师范学校。此外，还对师范生的服务年限予以规划：女子师范学校本科第一部的公费师范生服务5年，半费生服务4年，自费生服务3年，本科第二部则须服务2年，对于有特殊情况的师范生可酌情减免。

在师范生应承担的义务方面还规定，除师范生存在特殊情况无法履行规定服务外，对于师范生未按要求服务者，当酌情令其归还所享受的全部费用。1915年，教育部发布《国民学校令》，明确要求国民学校须附设蒙养园，以及国民学校之类的各种学校，确立了蒙养园在国民教育体制中的地位。此外，教育部还在1919年3月发布了《女子高等师范学校规程》，不仅规定女子拥有高等教育权，而且将女子高等师范教育纳入师范教育体制之中，同时，女子高等师范教育体制的确立，也促进了幼儿师范教育质量的提高，以及幼儿师范教育体系的完善。

这一时期，中国首个幼儿教师的培养机构是由教会办的，并逐步发展起来。教会兴办的幼儿师范学校，也为教会幼儿学校输入了大批教师。如英国长老会于1912年创办的厦门怀德幼稚师范学校、美国长老会于1914年创办的福州协和幼稚师范学校、美国公理会于1916年创办的杭州弘道女学幼稚师范科，等等。教会所办的幼儿师范学校，主要以传教为目的，在培养模式上，重视学生综合知识与实践能力的培养，同时，非常重视学生的外语水平。

总的来说，在20世纪的前20年里，中国的幼儿师范教育几乎都被

---

① 《师范教育令》，《教育杂志》1912年第8期。

教会垄断了，当然，教会学校是近代以来西方企图进行文化殖民的产物，但不可否认的是，教会所办的幼儿师范学校，在中国幼儿师范教育制度确立之前，确实为幼儿教育输入了大批教师，促进了幼儿教育的发展，同时，也为幼儿师范教育制度的建立与发展，提供了一定的可资参考的启示。

（二）仪型他国的中等师范培养模式的确立

教育部于1912年9月发布《师范教育令》，在学校设置方面提出师范学校由各省设立，师范生可免缴学费，并规定"师范学校得附设小学校教员讲习科"①，以加强中等师范生的专业基础知识，且师范学校、女子师范学校与高等师范学校均应设附属小学校以便师范生实习。随后又于12月发布《师范学校规程》，规定师范学校分本科和预科两个阶段，其中本科分为第一部和第二部，且第二部可酌地方情形决定是否设立，本科第一、二部的修业年限分别为四年、一年；而预科则是为学生提供进入本科第一部之前所需的教育，修业年限为一年。

在师范生的入学资格方面，规定除身体健康、品行端正外，入预科者须在高等小学毕业或14岁以上具备同等学力者；入本科第一部者须已从预科毕业或15岁以上同等学力者；入本科第二部者须已在中学毕业或17岁以上同等学力者。在培养师范生的学年编制、授课时数方面规定师范生人数须控制在400名以内，其中一年级学生人数在40名以内，且每学年的授课日数必须超过220日，本科生修习完四年课程合格后，可获得毕业证书。

在师范生管理方面，规定身体羸弱、成绩极差、品行不良三种学生会被退学。在学费方面，将师范生分为公费生、半费生和自费生三种，所有师范生均免缴学费，但公费师范生无须缴纳学校的膳宿费与杂费；半费师范生则须缴一半膳宿费；而自费师范生的膳宿费全部自理。在师范生服务方面，规定师范学校及女子师范学校本科生获得毕业证书后，有义务为本省初等学校服务，情况特殊且经教育行政长官同意者，也可服务他省或华侨居住区的学校教育，对于想继续深造的师范生，经教育行政长官准许后，即可进入高等师范学校修业。

---

① 《师范教育令》，《教育杂志》1912年第8期。

同时，不同师范学校及不同类型学生的服务年限有所差异：师范学校本科第一部的公费师范生须服务7年，半费生服务5年，自费生服务3年，而本科第二部的师范生则须服务2年；女子师范学校本科第一部的公费师范生须服务5年，半费生服务4年，自费生服务3年，而本科第二部的师范生则须服务2年，对于有特殊情况的师范生服务年限可酌情减免。在师范生应承担的义务方面，规定除师范生存在特殊情况无法服务本省外，对于师范生未按要求服务本省小学教育者，当酌情令公费生偿还在学期间所有费用，自费生应偿还学费。

此外，为强化师范生职前的教育实践水平，教育部于1913年发布《师范教育注重实习训令》，明确提出师范教育应重视理论与实践结合，师范生修完理论课毕业后，若不经实践练习，日后难以成为合格教员，因而师范学校必须设立附属学校作为师范生实习场所。且中华民国成立之初，急需大力发展教育事业，师范教育普通教育之根本更为重要，继而提出师范学校的校长及教员必须监督指导最后一学年师范生的教育实习，以便使师范生逐渐掌握教育之理法，并能够运用自如[①]，最终提高基础教育质量。

在师范生毕业服务方面，教育部公布了多条规程，旨在规范师范生应履行的责任和义务。如在1917年2月3日发布的《各省区凡师范生在服务期内不得改就他项职业 各地师范中学暨小学等校管教员应就高师范及师范学校毕业者尽先分别任用》，专门对师范生毕业后应履行的服务予以强调，明确要求在服务期限之内的师范毕业生，应按时履行小学校的教育服务，不得改就其他职业。这一文件的下发，使得各地方小学教员缺乏时，优先选派并任用师范学校毕业生，有效加强了师范学校毕业生履行服务的意识。同年2月14日，《各部院局凡在服务期限以内之师范生应请无庸录用俾得安心服务》则要求各部院局勿要录用尚在教育服务期限内的师范毕业生，以免产生不必要的问题，并为此提供身份核查的服务，即各部院局招聘时如遇师范生，可将师范生的个人履历，递交至教育部，经教育部审核确认已履行服务后再行录用，进一步约束了师范生规避服务的行为。

[①]《师范教育注重实习训令》，《教育杂志》1913年第3期。

至 1918 年 2 月 6 日，教育部咨《各省区嗣后各师校学生毕业前三月应先将各生履历报由本省区长官分令各属派充服务》，规定每届师范毕业生均应提前三个月提交个人履历，以便在师范生毕业后，安排其充任国民高等小学校教员，以履行师范生服务之责，在薪水方面应酌地方情形设置，基本标准是使教员生活程度适宜。此外，对于借故规避履行服务的师范毕业生，应严格命其补缴在学期间各项费用。

随后教育部又于 2 月 7 日发布《各省教育厅师范生毕业后限令服务办法》，明确提出师范学校作为培养小学教员之场所，学生毕业后就应任小学校教员。然而，视学报告表明，多数师范学校毕业生因小学教员薪资问题未能履行为小学教育服务之责，而是从事其他职业或无业可做，长此以往，基础教育质量也必然受其影响。于是，教育部通令各省教育厅严格执行师范学校毕业生实习事宜，对于故意规避的学生，应遵章令其补缴费用。

（三）独立性高等师范培养模式的具体规划

中华民国在建立之初便十分重视教育，在改革高等师范教育举措中提出，高等师范学校改为国立，各省优级师范学校遂相继改为高等师范学校。1912 年 9 月，中华民国教育部颁布《师范教育令》，提出"高等师范学校学生免纳学费，并由本学校酌给校内必要费用。依前项规定外，得收自费学生。""师范学校应设附属小学校，高等师范学校应设附属小学校、中学校"等①，以供高等师范生实习之用。此外，还要求高等师范学校与女子高等师范学校附设专修科、选科以及研究科，以满足师范生的多种兴趣需要，同时，促进师范生多方面发展。

次年 2 月，教育部在《高等师范学校规程》中提出，高等师范学校分为预科、本科及研究科三类，还可依据实际需要设置专修科与选科。同时，还颁行多种规定来培养师范生。

首先，在师范生的学生数额、入学资格等管理方面规定，预科与本科师范生的总数应在 600 名以内，且预科与专修科的入学条件均为身体健全、品行端正，毕业于师范学校、中学校或具有同等学力者，经由该

---

① 《师范教育令》，《教育杂志》1912 年第 8 期。

省行政长官保送，且有踏实之保证人及保证书，送至校长审验录取，考察科目程度以师范学校或中学校毕业为基本要求，并须加口试测验。预科每年固定招生一次，学生以公费生为主，酌情招收自费生，而专修科则临时招生，时间由校长决定并提前广而告之。本科生招收预科毕业生，研究科公费生则由校长从本科及专修科毕业生中遴选，自费生招收在国内外专门学校毕业及有相关学识与实际经验，且经校长认可者。对于身体羸弱、成绩极差、品质不良以及违背校规者，应当予以儆戒或勒令退学之惩罚。

其次，在学费方面，规定所有公费师范生免缴学费、伙食费及其他杂费；自费生数额及学费由校长酌定经由教育总长同意后决定，专修科学生与选科学生均为自费生，但专修科学生可酌情给予公费待遇，并规定所有师范生无故退学者，应令其偿还在读期间所享受的全部费用。此外，在师范生毕业后服务方面，规定本科公费生在取得毕业证书后，须为本省教育服务6年，而经教育总长指派服务边远地区的师范生则可以减至3年；专修科公费生获得毕业证书后，须为本省服务4年，对于经教育总长指派服务边远地区的师范生则减至3年；本科及专修科自费生的服务年限为公费生的半数，对于确有情况无法履行服务者，可酌情暂缓或免除服务要求，还规定本科与专修科毕业生在服务期内未按要求执行者，公费生需偿还学费及各项费用，自费生须偿还学费，但应酌情免除一部或全部。[①]

除此之外，这一时期的女子高等教育取得了空前进步。1917年，第三届全国教育会联合会举行，此次会议决议案包含推广女子教育的议案，提出各省区未设女子师范学校者，应尽快设立，对于已经毕业于女子中等学校，有意愿担任教员者，应设立师范学校第二部，以供女子中学毕业者接受深造，以培养师资。这一提案受到教育部关注，并于1919年3月公布了《女子高等师范学校规程》，要求在女子高等师范学校内，分别设置预科、本科、专修科、选科及研究科。

在女子高等师范生的学额方面，规定预科学生人数须在600名以内，而专修科、选科及研究科学生人数由校长订定；在修业期方面，规

---

① 《高等师范学校规程》，《中华教育界》1913年第6期。

第二章 民国时期师范教育制度的变迁（1912—1949年）

定预科须修满1年，本科则须修满3年，专修科与选科的修业期为2—3年，研究科则为1—2年；在实习方面，规定本科生第3年须在附属学校与蒙养园经历实践练习，专修科生与选科生在最后一年也按此要求实习；在入学条件及招收时间方面，规定预科、专修科入学者须身体健全、品行端正，毕业于女子师范学校或中学校，由教育行政长官保送并经测试合格者，特殊情况的可酌情修订测试标准，预科每年招收一次，专修科则为临时招生；本科招收预科毕业生；选科入学资格由校长决定；研究科入学条件为本科毕业生，或具有同等学力及经实践经验且测试合格者。

在学费方面，规定公费生免缴学费、膳食费及其他杂费，自费生费用由校长酌定并提交教育总长审定，且预科、本科及研究科学生均为公费生，但可酌情招收自费生，而专修科、选科学生均为自费生，但也应酌情予以公费补助。在学生惩戒管理方面，规定所有入学新生须经历4个月的考察期，合格者方可继续修业，对于考察不合格者、身体素质与道德品质低下者、一年中旷课百日以上者、有特殊情况无法继续学习者均予以退学处置，且校长可视情况直接处理。

在师范生的毕业服务方面，规定本科公费生获得毕业证后须服务4年，经教育总长指派赴边远地区者可减少至3年；专修科公费生获得毕业证后须服务3年，但对于经教育总长指派赴边远地区服务的师范生则可减少至2年；本科与专修科的自费生毕业后，服务年限均为2年，但经教育总长特许后可减少为1年。同时也提出，对于确有特殊情况无法按期履行服务要求的学生，经教育总长许可后方能暂缓或免除服务安排，且升入研究科学习期间不得算作服务期。除此之外，对于不按时履行服务之责者，公费生须偿还学费等相关费用，自费生则须偿还学费，但可酌情减免部分或全部费用。[①]

随后，1919年4月，即《女子高等师范学校规程》公布后一个月，民初的北京女子师范学校改称北京女子高等师范学校，成为中华民国首个女子高等学府。同时，随着大学女禁的放开，北京大学和南京高等师范学校也开始允许女生入学，男女可以同校学习，破除了中

---

① 《女子高等师范学校规程》，《教育公报》1919年第4期。

国数千年来"男尊女卑"和"女子无才便是德"的封建思想,广大女性得以脱离家庭的束缚与社会的偏见之风,能够与男子一样,并与之共同接受高等教育,同样有担任教员的资格。此举对于男女平等、教育公平观念的传播、国民整体素质的提高,以及国民教育的发展具有重要意义。

1918年2月6日,教育部发布《通咨各省区嗣后各师校学生毕业前三月应先将各生履历报由本省区长官分令各属派充服务》,规定每届高等师范学校毕业生,均应提前三个月提交个人履历,以便在师范生毕业后,安排其为中等教育服务,以履行师范生服务之责,在薪水方面,应酌地方情形设置,基本标准是使教员生活程度适宜。此外,对于借故规避履行服务的师范毕业生,应严格命其补缴在学期间各项费用。随后,教育部又公布《各省教育厅师范生毕业后限令服务办法》,要求各省教育厅严格执行高等师范学校毕业生实习事宜,对于故意规避的师范毕业学生,应遵章令其补缴在学期间享受的各项费用。

至1918年6月,时任教育总长的范源廉提出高等师范教育实施师范区制,随后,将全国规划为六个师范区,要求每区设一所高等师范学校,校长有责任协助办好本区的中等教育。这六大师范区为:直隶高等师范区(含直隶、山东、山西等省)、东三省高等师范区(含奉天、吉林、黑龙江等省)、湖北高等师范区(含湖北、湖南、江西等省)、四川高等师范区(含四川、陕西、云南等省)、广东高等师范区(含广东、广西、福建等省)、江苏高等师范区(含浙江、江苏、安徽等省)。相应设立的六所国立高等师范学校分别为:北京高等师范学校(今北京师范大学)、广东高等师范学校(今中山大学)、武昌高等师范学校(今武汉大学)、成都高等师范学校(今四川大学)、南京高等师范学校(今东南大学)、沈阳高等师范学校(后在此基础上兴办东北大学)。因而,至1918年,亦即高等师范学区实行当年,全国共有以上六所高等师范大学,其当年的发展情况如表2-2所示。

可见,民国初期大学区制的实施,提高了人们对教育的重视程度,也增加了高等师范学校的数量,继而推动了高等师范教育的发展,对中等及师范学校教师的发展,也起到了积极的促进作用。但后来随着1922年"壬戌学制"的颁布及施行,师范区制度随之宣告结束。

表2-2　　　　　　　1918年全国高等师范学校发展概况

学校名称	教员数（人）	在校生数（人）	经费概数（元）
北京高等师范学校	92	681	412056
南京高等师范学校	36	279	119000
武昌高等师范学校	34	262	110400
成都高等师范学校	40	388	100000
沈阳高等师范学校	25	253	82000
广东高等师范学校	46	248	65562
合　计	273	2111	889018

资料来源：曾煜编著：《中国教师教育史》，商务印书馆2016年版，第65页。

二　"开放灵活"型教育体制的确立（1922—1931年）

（一）蒙养园制度的进一步改革

20世纪20年代以后，在"科学与民主""实用主义"等国际思想潮流的推动下，中国教育理念与教育模式开始发生变化。学制体系开始由民国初年的模仿日本，到以美国的"六三三"制为蓝本。1922年颁布的"壬戌学制"在多元文化冲击的背景下形成，在实用主义教育家杜威、克伯屈等人的指引下确立，否定了民国初年确立的教育宗旨，开创了多样灵活的教育模式。这一学制的颁布不仅确立了幼稚园制度，同时，也推动了幼儿教育的广泛发展，如规定女子师范学校务必设幼稚园，其余师范学校与国民学校也可设置幼稚园。

此外，"壬戌学制"也确立了多种幼儿师范教育模式：将此前培养保育人员的"保姆讲习科"，改为"幼稚师范科"，规定可单独设幼稚师范学校培养幼儿教师，也可在综合中学内附设幼稚师范科，并将师范科分为二年制和三年制，以培养幼儿教师，这一做法摆脱了因师范学校不足而致使幼儿教师紧缺的困境，同时，也推动了幼儿师范教育的专业化发展。幼儿师范教育制度的发展推动了幼儿教育事业的发展。1922年，江西省立第一女子师范学校设立了附设幼稚园；次年，中国著名的幼儿教育家陈鹤琴创办了南京鼓楼幼稚园，这是中国第一所实验幼稚园。据统计，至 1930 年，中国幼稚园总数为 630 所，在园幼儿有 26675 人，教职员达 1376 人[①]，足见这一时期幼儿师范教育发展对于幼儿教育事业的重要推动作用。

1927 年南京国民政府成立后，便着手对教育进行改革，并将大学院作为全国最高教育领导机关。为进一步推动教育的发展，大学院在 1928 年 5 月召开第一次全国教育会议，此次会议议决并通过陶行知与陈鹤琴提出的《注重幼稚教育案》，要求各地根据实际需要设立幼稚师范学校，并在既有师范学校内设立幼稚师范科，以及在乡村师范学校附设幼稚师范科，旨在培养各地急需之幼儿教师。同年 8 月，国民政府大学院拟定了《训政时期施政大纲》，要求在"各省师范学校内，酌设幼稚师范科""于全国实验小学或师范附设立幼稚园"[②] 以供幼稚师范科学生实习。

此外，随着这一时期乡村师范教育的发展，乡村幼稚师范教育也开始受到关注，1927 年，陶行知创办了燕子矶幼稚园，这是中国第一所乡村幼稚园。1928 年的第一次全国教育会议，通过了陶行知提出的关于发展乡村幼稚师范教育的提议，并由大学院颁布了《注重幼稚教育案》。此后，诸多地方开办了乡村幼稚师范学校。如 1929 年创办了晓庄幼稚师范学校，该校实行陶行知提出的"艺友制"教育模式，通过一种师徒传授的方式进行教学，极大地节省了人力、物力及财力，同时，也缓解了乡村幼儿教师不足的问题。乡村幼儿师范教育作为幼儿师范教育制度的重要组成部分，它的规范化与制度化发展，也进一步推进了中国幼儿师范教育制度的发展。

总的来说，这一时期的幼儿师范教育从此前的移植外国的教育模式，到开始逐步学习和探索适合本国需要的幼儿师范教育制度，是中国幼儿师范教育规范化与制度化发展的重要阶段。

（二）模仿与改造的中等师范培养模式的发展

1922 年颁布的"壬戌学制"对中等教育最大的改革，便是将此前

[①] 中国学前教育史编写组编：《中国学前教育史资料选》，人民教育出版社 1989 年版，第 360 页。

[②] 《训政时期施政大纲》，《大学院公报》1928 年第 8 期。

第二章　民国时期师范教育制度的变迁（1912—1949 年）

一贯制的中等教育阶段分为初级中学与高级中学两个部分，其中，高级中学阶段可设师范科。此外，师范学校修业期为 6 年，招收初等教育阶段学生，同时，还单独设后 2 年或后 3 年，以招收初级中学毕业生。并要求各地方酌情设立当年期的师范学校或师范讲习科，以缓解当年小学教员之不足问题。

1927 年南京国民政府成立后，专门设立"大学院"掌管全国教育事务，是国民政府的最高教育行政部门，由蔡元培担任大学院院长。次年 3 月，国民政府通过大学院发布《中学暂行条例》，提出应酌各地方之实际情况在高级中学内单独设立师范科，修业年限为 3 年，独立的中等师范教育体制有了再次出现的苗头。此外，1928 年 5 月召开的全国第一次教育会议的主题为探讨新学制改革议案，此次会议决议在 1922 年"壬戌学制"的基础上，重新规划制定《中华民国学校系统》，因该年是戊辰年，因而又称"戊辰学制"。

这一新学制包括原则与组织系统两项内容。第一项内容包括七项原则，即依酌本国之国情、适应民主之需要、提高教育之效率、提高学科之标准、谋个性之发展、使教育易于普及，以及多留地方伸缩之余地，这也是中等师范教育发展的根本原则；第二项内容为学校体系，即规定初等教育阶段修业 6 年（其中初小 4 年，高小 2 年），中等教育修业 6 年（可酌情设为初级中学 3 年，高级中学 3 年；亦可设为初级中学 4 年，高级中学 2 年），并规定师范科须单独设为高级职业中学，须修业 3 年。

1928 年"戊辰学制"的实质是确立了师范教育在中等教育阶段中的独立地位。为弥补乡村小学师资之不足，新学制要求各地区应增加乡村师范学校数量，还对乡村师范学校的招生对象、修业年限做出了明确的规定，乡村师范教育首次在学制系统中被提及，明确了乡村师范教育在学制中的地位，同时也促进了乡村师范教育的发展。"戊辰学制"取消了旧制提出的设立师范讲习所，以及在师范学校或高级中学内附设师范专修科的要求，规定在大学教育学院内设立师范专修科，修业年限为 2 年，高级中学及师范学校毕业生可升入，有效地促进了中等师范教育的发展。

由此可以看出，这一时期中等教育师资的培养模式与 1922 年"壬戌学制"基本一致,即由师范大学、大学内附设的教育学院或教育系,以及大学附设的师范专修科来培养中等学校教员。这一时期的特殊师范教育也有了一定的发展,如江苏、四川、湖北、广西等省均成立了教育学院来培养中等特殊教育教员,其中,由乡村教育家高阳主办的江苏省立教育学院(又称江苏无锡教育学院)颇为有名,该院于1930年设立,教育学院内设有民众教育和农事教育两个系及专修科,主要目的是培养乡村教育、民众教育、农业教育教员,以及从事以上教育行业的教育行政人员。此外,江苏省立教育学院不仅为江苏省,还为国内其他省份培养了相关教育人才,而且是中国教育史上第一所培养从事民众教育类专业人员的高等院校。

(三)大学区制度下高等师范培养模式的变革

教育部于1922年11月1日正式公布的"壬戌学制",要求设立师范大学,师范大学生修业年限为4年。对于依据旧学制设立的高等师范学校,应当尽快提高至师范大学之教育程度,以招收高级中学的毕业生,修业4年,同样称之为师范大学。此外,为弥补中学教员人数的不足,还要求在大学教育科内及师范大学内附设师范专修科,修业年限为2年,专门招收师范学校毕业生或高级中学毕业生。这一"新学制"作为学习美国学制系统的一大尝试,虽有一定的进步性,但同时也致使"高等师范教育被削弱。几经周折,北京师范大学成为'仅存的硕果'"[1],因而高等师范教育的培养模式开始由封闭走向开放。

1927年6月,国民政府主张实行大学区制,即将全国划分为一定数量的大学区,在每个大学区内设一所大学,由校长总管学区内的教育事务,各地纷纷据此要求进行高等教育改革。1928年6月,北平开始试行大学区制度,北京9所国立高等学校被统一合并为北平大学。因而,北京师范大学被更改为北平大学第一师范学院,北京女子师范大学被更改为北平大学第二师范学院。至1928年5月,大学院作为国民政府的最高教育行政机关,组织召开了全国第一次教育会议,探讨了

---

[1] 曲铁华、常艳芳:《中国近现代师范教育发展嬗变及启示》,《纪念〈教育史研究〉创刊二十周年论文集(6)——中国教师教育史、职业教育与成人教育史研究》,2009年,第1204—1211页。

《中华民国学校系统》，并决定以1922年"壬戌学制"为基础进行一定的修改，虽然确立了中等师范教育独立体制，但却并未谈及设立独立高等师范教育体制，致使高等师范仍旧附设于大学组织系统之中。

随后，1929年6月，国民政府要求停止实行大学区制度。北平大学第一师范学院与第二师范学院相继独立设置，分别称为北平师范大学与北平女子师范学院，1931年7月，北平师范大学与北平女子师范学院合并为国立北平师范大学。但值得注意的是，国民政府始终没有明确颁布要求高等师范学校独立设置的法令，其间不同学者持有不同的主张，继而形成了两大论争流派，旨在探讨师范大学是否应该独立设置之主张。

三 "独立封闭"型教育体制的重构（1932—1949年）

（一）幼儿师范培养模式的法制化发展

完整的幼儿师范教育体制的确立是在1932年，国民政府教育部通过颁布《师范学校法》，要求师范学校须附设幼稚师范科，幼稚师范科下还应设附属幼稚园，以供幼儿师范生实习，并规定"幼稚师范科修业年限二年或三年"①，第一次从法律上确立了幼儿师范教育的独立地位。此外，教育部还专门公布了《幼稚园课程标准》，为幼儿师范教育的培养指明了方向。这一时期的幼儿师范教育开始步入独立的制度化发展阶段。随后，国民政府教育部又于1933年公布了《师范学校规程》，要求"幼稚师范科入学资格为初级中学毕业"，须经试验合格者，且师范生均免收学费，此外还要求"幼稚师范科毕业生得充任幼稚园及初级小学教员"②，指明了幼儿师范教育的培养方式和培养目标，幼儿师范教育的培养模式有了可依靠的标准。

随着中小学毕业生会考制度的确立，国民政府教育部对师范毕业生也提出要求，于1934年颁布并试行了《师范学校学生毕业会考暂行规程》，又于次年正式颁布《师范学校学生毕业会考规程》，对会考的时间、科目、步骤、分数核算法等做出具体规定。在幼儿师范教育方面，

---

① 《师范学校法》，《教育部公报》1932年第51—52期。
② 《师范学校规程》，《教育部公报》1933年第15—16期。

要求三年制与两年制幼稚师范科的考试科目包括：幼稚园教材与教学法、保育法、儿童心理、教育概论、公民、国文、算学、物理、化学、生物、历史、地理，学生需通过以上各科目，获得及格分数后，方可毕业。这一制度的确立提高了培养幼儿师范生的专业化水平，同时，也推进了幼儿师范教育培养模式的进一步完善。

至抗战全面爆发前，中国的幼儿师范学校均为私立性质，直至1940年，陈鹤琴在江西泰和创办了三年制的江西省立实验幼稚师范学校，成为中国第一所公立的幼儿师范学校。该校的教育理念为"活教育"，以"做中教，做中学，做中求进步"为培养的基本模式。到了1943年，时任教育部长陈立夫将江西省立实验幼稚师范学校改为国立幼稚师范学校，这是国立幼稚师范学校的开端，推动了幼儿师范教育制度的进一步完善。

(二) 本土化探索的中等师范培养模式的革新

"师中合并"的培养模式致使培养的初等教育阶段的师资水平参差不齐，且大部分初等教师并未受过专门的师范教育，使得再次确立中等师范教育的独立地位迫在眉睫。因而，1932年教育部发布了训令，明确了中等师范学校应单独设立的主张，并提出"各省市县如或限于经费，不能一时单独设立，得于公立初级中学及高级中学内分别附设简易师范科及特别师范科"[1]，中等师范教育的独立化制度开始恢复。

此外，还颁行《师范学校法》，规定师范学校学生"入学资格须曾在公立或已立案之私立初级中学毕业"[2]。师范生修业年限为三年，并要求师范学校应当设立附属小学以供中等师范生实习之用。同时，还要求师范学校附设修业一年的特别师范科，规定学生入学条件是"曾在公立或已立案之私立高级中学或高级职业学校毕业"[3]，并通过入学考试者，修业年限为一年，期满实习合格后由师范学校授予毕业证书，并规定所有师范生在学期间免收学费。

---

[1]《中小学师范学校职业学校法及规程》，《教育周刊》1933年第158期。
[2]《师范学校法》，《教育部公报》1932年第51—52期。
[3]《师范学校法》，《教育部公报》1932年第51—52期。

第二章 民国时期师范教育制度的变迁（1912—1949年）

1933年，教育部又颁布《师范学校规程》，提出师范教育要分性别进行教育，明确规定："师范学校学生，以男女分校或分班为原则。"① 此外，还对中等师范生的入学年龄提出要求："师范学校之入学年龄，为十五足岁至二十二足岁。"② 还提出，各地方"得设简易师范学校或于师范学校及公立初级中学内附设简易师范科"③，以解决急需的义务教师之困难，多样化的中等师范教育培养模式开始形成，中等师范教育的独立体制开始重建。在抗战全面爆发后，各级各类教育深受影响，师范教育也不例外。

至1940年2月，教育部发布《特别师范科及简易师范科暂行办法》，要求特别师范科应当附设在师范学校之内，简易师范科应附设在公立中学与公立高中之内，特别师范科与简易师范科修业年限均为1年。其中，特别师范科的入学条件为高中毕业或同等学校毕业生，抑或具有同等学力者，且均须通过入学考试；而简易师范科的入学条件为初中毕业或同等学校毕业生，抑或具有同等学力者，且均须通过入学考试，并规定录取同等学力人数应小于录取总数的20%。④ 并规定试验科目包括国文、公民、算学、史地、自然、理化、生物、口试以及体检。此外，在抗战特殊时期，特别师范科与简易师范科均应缩短休假时间，学生实习不仅要在附属小学，还应在指定的中心学校或国民学校进行，还规定特别师范科学生毕业后，即可担任中心学校或国民学校的教员。

1941年，第五届中央执行委员会第八次全体会议通过了《对于教育报告之决议案》，教育部强调师范教育是国民教育之母，高等师范教育有其独立体系，因而中等师范教育也应尽快恢复其独立体系，以培养和建立优秀的师资队伍，满足国民教育发展的需求。据此决议案，教育部通令各省市教育行政部门应于1941年6月进行中等师范教育改革：首先，加快推进各省市将师范学校附设于县立中学，或将师范班级附设

---

① 《师范学校规程》，《教育部公报》1933年第15—16期。
② 《师范学校规程》，《教育部公报》1933年第15—16期。
③ 《师范学校规程》，《教育部公报》1933年第15—16期。
④ 中国第二历史档案馆编：《中华民国史档案资料汇编》第五辑《教育（一）》，江苏古籍出版社1997年版，第637页。

于中学；其次，各省依1938年《师范教育设施方案》划定师范学区后，已设师范学校1所或2所者，应尽快增设女子师范学校，或于师范学校内先设女子师范部，逐渐使其独立设置，并督促各省各区在师范学校内逐年增加班级，充实内容；然后，按照确定师范教育方案中师范学区内，各县应单独或联合数县设立简易师范学校。对于已经设立的师范学校，但仍无法满足国民教育需求之省份，应再规划增设师范学校，逐年拟定发展规划并保送至教育部审定；最后，各师范学校或简易师范学校应注意扩招简易师范科学生及特别师范科学生[①]，明确了中等师范教育的改革方向。

在抗战胜利后，为保障中等师范教育的发展，教育部于1946年公布《战后各省市五年师范教育实施方案》，明确要求师范学校应当独立设置，并要设附属简易师范部或简易师范科。对于在中学附设师范科者，应当限期改为独立师范学校，还要重视发展女子师范教育。同时规定，师范学校的设立与否应取决于国民教育师资的需求，师范学校与简易师范学校应尽量选用资格检定合格的教员任教，学生的入学考试与保送办法也应严格执行，且师范教育应重视对师范生道德精神的培养。此外，还提出简易师范学校学生的入学年龄要求应提高至15岁，修业年限为3年，并逐渐取缔短期训练班。并规定这一方案于当年8月实行，实施期为5年[②]，确立了战后中等师范教育的发展模式。

（三）独立化高等师范培养模式的修正与改进

1932年末，基于取消师范大学的做法并不符合中国国情，因而国民党四届三中全会提出高等师范教育改革意见：首先，应尽量整改现有师范大学，使师范大学的课程、训育、组织等各项事务符合培养中等学校教员的目的，师范大学应与普通大学在办学宗旨及教育模式方面存在不同，要加强与普通大学间的联络。其次，大学内应当设立师资训练班，愿意充任教师的大学毕业生，应进入该班并需加修教育功课，修业

[①] 教育部教育年鉴编纂委员会编：《第二次中国教育年鉴》，商务印书馆1948年版，第931页。
[②] 《战后各省市五年师范教育实施方案》，《国民政府公报》1946年第2545期。

第二章 民国时期师范教育制度的变迁（1912—1949年）

1年，使其具有担任中等学校教师的资格并能够参与选拔。此外，师范大学应免收学费，保障所有师范生免费入学；最后，师范生修业完成后，应履行教育服务之责，集体服务地点由教育部指定，服务期满后便发毕业证，此后便可以自由决定升学或就业。

此外还提出，对于故意规避服务或不尽力服务者，应取消其师范毕业资格，并追缴其在学期间享受的各项费用。可见，这一决议对论争双方所争论的问题都有涉及，虽然仍是在维持已有的高等师范教育体制，但实际上有效保证了已有的师范大学（北平师范大学、北平女子师范学院等）的存在，为高等教育的发展提供了新的契机。

同时，乡村高等师范教育也受到政府的关注。1930年，国民党第三届中央执行委员会第三次全体会议通过了《实施三民主义的乡村教育案》，明确要求各省必须开办乡村学校，而首要任务就是培养乡村教师，并指出具体的实施方式是："在中央政治学校增设乡村教育系，以考试方法，征集身心健全及曾在高级中学以上学校毕业之党员，入校训练，其期限为一年，俟大多数之省份，皆已开办乡村学校时，其期限得延长为二年。"①

1937年6月，教育部公布《训练中学师资暂行办法》，要求高等学校除乡村教育系、民众教育系、农事教育系外的教育学院或教育学系的学生，必须"选择其他学院之某一学系或同学院，或同学院不属教育性质之其他学系为辅系"，需修得50学分以上的专门学科，还提出"大学教育学院以外之各学院学生志愿毕业后为中等学校教员者，须修习教育原理、教育心理学、普通教学法、专门学科教学法（如国文教学法、英语教学法等等，包括教学观察及实习，但因事实上困难，此类课目得酌量免设）等教育学科十二学分以上"②，学分也可采用课时数计量，对于遵循此规则接受师资培训的学生，可获得毕业证与中等学校某一学科教员的资格证明，进一步拓宽了中等师资来源。

1938年8月，教育部在《师范学院规程》中规定学生的入学条件为："曾在公立或已立案之私立高级中学或同等学校毕业，经入学试验

---

① 《实施三民主义的乡村教育案》，《中央周报》1930年第92期。
② 《训练中学师资暂行办法》，《中华教育界》1937年第2期。

合格者"，并要求"师范学院须附设中小学借供学生参观与实习"，规定"师范学院修业年限五年期满考试及格，并经教育部复核无异者，由院校授予学士学位，并由教育部给予中等学校某某科教员资格证明书；师范学院各专修科修业年限三年，期满考试及格"，并经教育部"复核无异者由院校授予毕业证书，并由教育部给予中等学校某某科教员资格证明书"①。

1946年12月，教育部发布了《修正师范学院规程》《修正改进师范学院办法》等，要求师范学院二部应当招收大学其他院系同类课程的毕业生，修业年限为1年，期满经试验合格者由院校颁发毕业证书，同时，还规定师范学院应设职业师资科与专修专科，其中，职业师资科招收专科学校毕业生，修业年限为1年，期满经考试合格者，由院校颁发毕业证书；而专修专科招高中或同等学力毕业生，修业年限为3年，期满考试合格并经教育部审核通过后，由院校颁发毕业证书。

此外，还提出"学生在校修业年限为四年，但离校后须担任实习教师一年，于修毕全部规定科目，经考试合格，并于实习一年期满，经证实教学成功者，给予学士学位，在实习教学期内支中等教员初级薪俸"②，并提出在国立大学师范学院内，附设教育系与体育系，另可酌情设第二部以及教育研究所，还将原来的公民训育系改为教育系的一门课程，将音乐、体育等专修科归入艺术专科学校或体育专修科等。对于未设师范学院的国立大学，须在文学院内附设教育学系，由该系主任管理师范生的一切事宜。此外，还要求在国立大学及师范学院内附设管训部来辅助院长管理师范生的一切事务。

至1948年，教育部在《大学法》中明确提出，师范大学应由国家单独设立，再次明确了高等师范教育的独立地位。可见，这一时期高等师范教育的独立型培养模式得以重新建构，师范教育制度也进一步完备。

（四）民国时期师范教育模式评析

中华民国成立后便对清末的师范教育制度进行了改革，教育部专门

---

① 《师范学院规程》，《教育部公报》1938年第8期。
② 《修正师范学院规程》，《教育部公报》1947年第1期。

第二章 民国时期师范教育制度的变迁（1912—1949 年）

颁布了《师范教育令》等法规，确立了师范学校与高等师范学校的等级制度与培养模式，同时，也确立了女子师范学校与女子高等师范学校的培养模式，初步确立了师范教育的独立体制。随后，在五四新文化运动的推动下，尤其是引入美国的"六三三"分段学制后，教育部通过颁布"壬戌学制"，确立了师范教育与农工商科并列的教育体制，遂出现了"师中合并"与"高师改大"运动，独立型的师范教育制度开始瓦解，表现为开放灵活化。

至1932年，教育部通过发布《师范学校法》等相关规定，以法令的形式再次确立了各级师范教育的独立体制。因而，在整个民国时期，师范教育的培养模式历经"封闭式"与"开放式"，最终重新确立了师范教育的独立化培养模式，师范教育的专业性和特殊性受到了重视。在这一动态的变化过程中，呈现出突出的特点。

首先，师范教育模式变迁历经移植、模仿与本土化的发展历程。民国初年，为清除封建学制的毒瘤，教育部专门颁布"壬子癸丑学制"，其中对师范教育做出了明确规定，而这一学制的原型正是日本于1872年颁布的《学制令》。此后，随着国际领域教育思潮的冲击与国内教育运动的推动，经过几年酝酿后，教育部决定改革学制，并于1922年正式颁布了以美国"六三三制"为蓝本的"壬戌学制"，基本奠定了中国的学制系统。至1927年南京国民政府成立后，师范教育历经战火摧残，并在国共两党的本土化探索中逐渐发展，制度体系也逐渐完善。

其次，师范教育分区制度经历了确立、取消以及恢复三个阶段。民国初年，蔡元培便提出实行大学区制，次年，范源廉接替蔡元培任教育总长后，提出将全国高等师范教育划分为六个师范区。随后，教育部又于1917年通令各省实行师范区制，师范学校成为教育行政中心，但1922年新学制颁布后，"高师改大"与"师中合并"运动极大地影响了师范区制，同时，也促进了师范教育与普通教育的融合。至1935年，教育部颁布《修正师范学校规程》后，恢复了中等师范区制，促进了初等教育的发展。在抗战全面爆发后，教育部又通令划分师范区，至此，师范教育分区制度得以全面恢复，师范教育与普通教育相互促进发展。

最后，师范生的公费待遇与服务年限历经灵活设置、全部取消以及统一规划的动态发展过程。1912年末，教育部发布《师范学校规程》，确立了师范生的公费、半费与自费三种待遇，这种灵活的公费待遇，不仅能够吸引优秀学生，又有利于扩大生源，还有助于减轻国家负担。但1922年"壬戌学制"颁行后，打破了师范教育与普通教育的界限，因而取消了师范生的公费待遇与服务要求，但也为此后统一师范生待遇与服务奠定了基础。1932年，教育部颁布《师范学校法》，再次确立了师范生免缴学费的待遇，随后，又颁布法令统一了师范学校学生的服务年限。至1946年末，教育部颁布了《改进师范学院办法》，提出给予师范学院学生免缴学费的待遇，同时，也明确了师范生的实习年限及其待遇，促进了师范生培养制度的完善。

民国时期的师范教育模式虽历经社会变迁而不断演进和完备，但也不可避免地存在着一定的不足。

首先，民国时期的师范区分布不够合理，在一定程度上制约着各地兴办师范学校的积极性。此外，还曾中断数年，致使师范生的培养模式较为混乱。民国初年，在经济压力与人为操作的共同影响下，设立了东三省、直隶、江苏、四川、湖北、广东六大师范学区，而将原有的高师学校并入，或降格为中等师范学校。但这一高等师范区制未在西北地区设立高等师范学校，因而，师范区地理分布不均，制约了师范教育的全面发展。同时，只在全国六所师范区内设高等师范学校的做法，不仅打消了各地的兴学热情，同时，也致使山东等地的多所高师降格，进而抑制了师范教育的发展。至1922年新学制颁布，在"高师改大"与"师中合并"运动兴起后，六所师范区的高等师范学校全部消亡，中等师范学区行政体制也开始瓦解，致使整个师范教育处于"颠沛流离"之中。

其次，"壬戌学制"的颁布致使师范教育的独立体制瓦解，师范教育失去其专业性、独立性以及特殊性，致使各地培养的师范生水平极不均衡，严重制约了师范教育人才培养的数目、规模以及质量。

最后，在战争的特殊时期，各级各类师范学校及师范生受战争及经费条件的影响而屡屡迁校，严重制约了师范教育的发展。因此，也并未完全实现各级各类师范教育的目的。

第四节　民国时期师范教育课程制度的变迁

一　政府本位的"单一型"课程体系（1912—1921年）

（一）以《师范学校规程》为中心的课程

1912年12月，教育部公布《师范学校规程》，提出将培养蒙养园保姆的女子师范学校分为预科和本科，本科又分为第一部和第二部。女子师范学校作为培养蒙养园保姆的重要机构，女子师范生的修习科目设置便尤为必要了（如表2-3所示）。同时，还对每门课程的教学要旨及教学方法进行了详细说明。可见，民国初年幼儿师范教育的基本课程有教育类课程、教学法课程、教学技能课程，以及基本的文化课程。

表2-3　　　　　　　女子师范学校预科及本科课程

预　科		国文、习字、数学、修身、缝纫、体操、图画、乐歌、英语
本科	第一部	国文、教育、习字、数学、修身、博物、缝纫、手工、家事园艺、历史、地理、物理、化学、法制经济、体操、图画、乐歌
	第二部	国文、教育、数学、修身、博物、缝纫、手工、物理、化学、体操、图画、乐歌

资料来源：《师范学校规程》，《教育杂志》1913年第12期。

此外，教会学校作为近代殖民的产物，也创办了诸多幼稚师范学校，其课程设置涵盖了宗教类课程、教育类课程、语言类课程，以及自然科学类新式课程，等等，具有鲜明的综合性特征，同时，也非常重视师范生的教育实践。教会幼儿师范学校开设的主要课程有宗教学、圣道教法、教育学、心理学、儿童保育、幼稚园教材教法、儿童游戏、国文、英文、理化、家政、工艺、历史、地理、社会问题、体育、卫生、音乐、美术、实习等。[①] 幼稚师范生主要在附设的幼稚园等幼儿教育机构进行见习和实习，这对于师范生教育实践水平的提升起到了重要的作用。

---

① 易慧清：《中国近现代学前教育史》，东北师范大学出版社1983年版，第284页。

可见，民国初年新的学校教育制度确立后，幼儿教育与女子师范教育得到极大发展，课程设置中增加了缝纫、手工、乐歌、图画等具有现代意义的实用性课程，有力地冲击了传统封建思想对于女性身心的束缚。这一时期，幼儿师范教育虽然尚未取得独立地位，但女子师范学校的课程设置，极大地促进了女子师范课程制度的确立，同时，也为独立幼儿师范课程制度的确立奠定了一定的基础。

（二）以《师范学校课程标准》为准则的课程

教育部先后于1912年12月与1913年3月公布《师范学校规程》与《师范学校课程标准》，作为师范教育改革的依据。其中，《师范学校规程》在对课程予以规定外，还规定师范学校教科书须由各省的图书审查会来选定。但同时，当时的人们普遍认为，那时的中等师范教育以日本为效仿对象，因而有学者提出师范教育存在的问题，在课程方面呈现出"博而不精，语而不详，毋宁反约之为愈"的状态。具体表现为：中等师范教育的课程应增加历史课程与地理课程的课时数，减少国文课程与数学课程的课时数；本科第一年应当增加物理课程与化学课程的课时数，减少英语课程、修身课程与数学课程的课时数[1]等。

可见，民国初年颁布的《师范学校规程》对中等师范教育的课程设置、教学方法以及教学内容都予以了规范，且已经剔除了清末"读经、尊孔"等封建性的课程内容，极大地促进了民国初年中等师范课程制度的建立。

1913年3月19日，教育部又专门公布《师范学校课程标准》，对预科和本科第一部与第二部四个学年的具体课程及其每周的课时数，予以明确而细致规定（如表2-4所示），再次明确了民国初年的课程设置，与清末的"尊孔""读经"的封建性课程有着清晰的界限，然而，它们在"1916年的《修正师范学校规程》中又死灰复燃"[2]，阻碍了师范教育近现代化发展的步伐。但由于袁世凯复辟的时间较短，且制定的法令从颁布到贯彻执行还需一定的时间，因而并未产生太大的影响，大多仅停留于文字之上。

---

[1] 贾丰臻：《今之师范教育问题》，《教育杂志》1916年第1期。
[2] 曾煜编著：《中国教师教育史》，商务印书馆2016年版，第72页。

表 2 - 4　　　　　　　　师范学校预科及本科课程

预　科		国文、习字、数学、修身、体操、图画、乐歌、英语
本科	第一部	国文、教育、习字、数学、修身、博物、英语、手工、历史、地理、物理化学、农业或商业、法制经济、体操、图画、乐歌
	第二部	国文、教育、习字、数学、修身、博物、英语、缝纫、家事、手工、园艺、历史、地理、物理化学、法制经济、体操、图画、乐歌

资料来源：《师范学校课程标准》，《中华教育界》1913 年第 4 期。

总的来说，随着《师范学校规程》与《师范学校课程标准》的颁布，中等师范教育制度逐步建立起来，中等师范教育得到迅速发展。数据显示，1915 年，中国省立师范学校共计 143 所，毕业的师范生人数达 3462 人，其中女生有 292 人，在读师范生有 21137 人。① 至 1918 年，全国的师范学校总数为 148 所，毕业的师范生有 4786 人，其中女生有 764 人，仍在读的师范生达 23212 人。② 可见，师范学校与师范生人数逐渐增加，尤其是女子师范教育发展迅速，也体现了人们观念的进步，为此后中等师范学校与女子师范学校的发展奠定了坚实的基础。

（三）以《高等师范学校规程》为要旨的课程

1913 年 2 月，教育部公布《高等师范学校规程》，将高等师范学校分为预科、本科以及研究科，并对每科的课程设置予以规划（如表 2 - 5 所示）。同时，师范学校本科六部可增设世界语、德语、乐歌作为选修课程，英语部也可增设法语课程。除此之外，在研究科方面，则规定研究生的课程可以从本科各部所设课程中选择二、三门进行研究和学习。

随后，教育部又于 1913 年 3 月发布《高等师范学校课程标准》，对三个学期内预科和本科需设的具体科目予以明确规定，其中，为预科师范生规划了每个学期内国文、英语、数学、伦理学、体操、图画、乐歌的具体教学内容及每周授课时数，且部分课程随着学期的发展，教学内

---

① 《全国师范学校事项》，《福建省教育行政月刊》1917 年第 2 期。
② 朱有瓛主编：《中国近代学制史料》（第三辑 下册），华东师范大学出版社 1992 年版，第 565—574 页。

容的范围及难易程度也逐渐加深,如第一学期内数学科的教学内容为算式和几何,而第二学期则为代数、几何、三角法。同时也规划了三个学年内本科师范生的学习科目,并对三个学期中每学期的国文部、英语部、历史地理部、数学物理部、物理化学部、博物部六部的具体课程及每周的授课时数予以明确规定。①

表 2-5　　　　　　　　师范学校预科及本科课程

科部类型		专修课	共同课
预　科		国文、数学、伦理学、体操、乐歌、图画、英语	伦理学、英语、教育学、心理学、体操
本科	国文部	言语学、国文、国文学、美学、历史、哲学	
	英语部	言语学、英语、国文、英文学、国文学、美学、历史、哲学	
	历史地理部	国文、历史、人类学、考古学、地理、法制经济	
	数学物理部	物理、数学、化学、图画及手工、气象学、天文学	
	物理化学部	物理学、数学、化学、图画及手工气象学、天文学	
	博物部	农学、植物学、矿物地质学、化学、动物学、生理卫生学、图画	

资料来源:《高等师范学校规程》,《中华教育界》1913 年第 6 期。

为培养优质中学国语教员,教育部于 1918 年 6 月 1 日发布《高等师范学校附设国语讲习科议决案》,通令各高等师范学校组织成立国语讲习科,即将原高等师范学校本科更名为国语讲习科,专门教授字母与国语,具体科目包括注音字母、国文读本、声音学、文法、会话、成语、演讲、国语练习、翻译,以及研究国语课的教授,旨在提高中等学校国语教员的专业水平。

1919 年 3 月,教育部公布《女子高等师范学校规程》,在女子高等师范学校内,分别设置预科、本科、专修科、选科及研究科。其中,预科修业 1 年,毕业后方可进入本科学习;本科修业 3 年,又分为文科、

---

① 朱启钤:《高等师范学校课程标准》,《政府公报》1913 年第 330 期。

理科、家事三科，其课程安排如表 2-6 所示。可见，女子高等师范学校的课程是考虑到女子之特性开设的。

表 2-6　　　　　　　　　女子高等师范学校本科课程

文科	国文、教育、家事、伦理、历史、地理、外国语、体操、乐歌
理科	国文、教育、伦理、数学、家事、化学、物理、生理卫生、矿物地质、植物、动物、外国语、体操、乐歌、图画
家事科	国文、教育、缝纫、手工、伦理、手艺、家事、外国语、应用理科、体操、乐歌、图画、园艺

资料来源：《女子高等师范学校规程》，《教育公报》1919 年第 4 期。

此外，女子高等师范学校各科的课程及课时数，经校长及教育总长同意后可酌情增减，且文理科应分为数部修习。专修科的课程由校长或教育总长决定，而选科生的课程，包括教育、伦理在内，由学生从本科或专修科课程中任选一门或数门，研究科的课程可从本科各部中任选一门或数门供学生学习。

二　政府与社会并重的"复合型"课程体系（1922—1936 年）

（一）乡村幼稚师范教育的初步发展

随着 1922 年"新学制"的颁布，幼稚园制度正式确立，规定国民学校、师范学校等均应增设附属幼稚园，同时也允许私人创办幼稚园，招收 6 岁以下儿童，确立了学前教育在学制体系中的重要地位，也推动了幼儿师范教育的发展。如 1923 年，陈鹤琴在南京创办了鼓楼幼稚园，这是中国第一所幼稚园。到了 1927 年南京国民政府成立后，学前教育得以进一步发展。这一年，陶行知创办了燕子矶幼稚园，这是中国第一所乡村幼稚园，幼儿师资的培养也逐渐被纳入制度体系之内。

1931 年 3 月，国民政府教育部发布《三民主义教育实施原则》，要求"女子师范课程应兼重育婴知识及家政实习"[①]，以培养崇尚三民主义的幼

[①] 《三民主义教育实施原则》，《教育部公报》1931 年第 38 期。

儿师资。为保障幼儿师范教育机构培养的幼儿师范毕业生的质量，1932年，教育部通令各省市幼儿师范生必须参加会考，具体内容为：

> 会考三科以上不及格，应令留级；一科或两科不及格，不予毕业证书，但准其暂行工作，允许参加下两届该科会考两次，及格后才能毕业，方可取得正式工作的资格。幼稚师范生无论两年或三年毕业的，统一会考的科目有：公民、国文、算学、历史、地理、生物、物理、化学、教育概论、儿童心理、幼稚园教材及教学法、保育法。①

在很大程度上，会考提高了幼稚师范毕业生的专业水平，促进了幼儿师范教育的制度化发展。

1932年，教育部颁布了《师范学校法》，随后，教育部又于1933年3月颁布了《师范学校规程》，明确提出师范学校要设附属的特别师范科与幼稚师范科，并对幼稚园教师的课程设置及实习安排提出了明确要求，其中，三年制幼稚师范科与二年制幼稚师范科的课程设置如表2-7所示。

表2-7　　　　　　师范学校幼稚师范科课程

三年制幼稚师范科	国文、保育法、儿童心理、教育概论、幼稚园教材及教学法、公民、教育测验及统计、劳作、伦理学、历史、地理、物理、生物、化学、军事看护、卫生、算学、美术、音乐、体育及游戏、幼稚园行政及实习
二年制幼稚师范科	国文、保育法、儿童心理、教育概论、幼稚园教材及教学法、公民、劳作、历史、地理、理化、生理、卫生、算学、美术、音乐、体育及游戏、幼稚园行政以及实习

资料来源：《师范学校规程》，《教育部公报》1933年第15—16期。

此外，《师范学校规程》还对幼儿师范生实习科目及课时数予以明确规定，即幼儿师范生的实习内容为参观、试习与试教三项，并规定在每项实习前后，都须经过预备、报告与讨论三个步骤，实习每三小时大约占半天时间。还规定幼儿师范生每天上课、自习以及课外运动的总时

---

① 何晓夏主编：《简明中国学前教育史》，北京师范大学出版社1990年版，第121页。

数为10小时,每个星期为60小时。① 这有效促进了幼稚师范科学生理论与实践的结合,同时也推动了幼儿师范课程与教学制度的发展。

(二) 多科中等师范课程制度的确立

1922年"新学制"颁布后,教育部便着手制定与之相应的新的课程标准。同年,第八届全国教育会联合会组织并成立了"新学制课程标准起草委员会",经过8个月的时间,最终拟订了《新学制课程标准纲要》,直接影响了20年代兴起的各项课程改革,其中便包含《师范学校课程标准》,对中等师范教育的课程进行了细致的规划和设定。

根据1922年"新学制"的规定,中等师范教育有两种形式:一是从初级中学开始进行,招收高等小学毕业生的师范学校,其修业年限为6年;二是招收初中毕业生的后期师范学校或附设于高中的师范科,其修业年限为2年至3年。后期师范学校与高中师范科所设的课程相同,具体包括四种类型:公共必修课程、师范必修课程、师范选修课程以及教育选修课程。同时,公共必修课程有8门,共计68学分,师范必修课程有9门,共计48学分(如表2-8所示)。

表2-8　　　　　　中等师范必修课程及学分设置

程及其学分	公共必修课	国语	外国语	人生哲学	社会问题	世界文化史	科学概论	体育	音乐	
		16	16	4	6	6	6	10	4	
程及其学分	师范必修课	心理学入门	教育心理学	普通教学法	各科教学法	小学各科教材研究	教育测验与统计	小学校行政	教育原理	实习
		2	3	2	6	6	3	3	3	20

资料来源:全国教育会联合会新学制课程标准起草委员会编:《新学制课程标准纲要》,商务印书馆1925年版,第77—80页。

师范选修课程因其特殊性质而被分为三组(如表2-9所示)。第一组选修课程较为注重文学及社会科学,有8门选修课,共计37学分,要求

---

① 中国学前教育史编写组编:《中国学前教育史资料选》,人民教育出版社1989年版,第245—246页。

学生至少选修30学分。第二组较为注重数学及自然科学，有10门选修课，共计55学分，学生至少要从中选修20学分。第三组更为关注艺术及体育，有5门选修课，共计38学分，学生至少要从中选修20学分。

此外，教育选修课程及其相应学分如下：教育史（4学分）、乡村教育（3学分）、职业教育概论（3学分）、图书馆管理法（3学分）、现代教育思潮（3学分）、儿童心理学（4学分）、教育行政（3学分）、幼稚教育（6学分）、保育学（3学分），共有9门教育选修课程，共计32学分，要求学生至少从中选修8学分。[1] 可见，相较于旧学制的课程设置，新学制具有明显的变化：一方面，对所有课程进行了较为细致的分类或分组，同时还设立了诸多的选修课程；另一方面，增加了许多教育学的基础课程，并给予明确的分量。

表2-9　　　　　　　　　中等师范选修课程及学分设置

第一组	国语	外国语	本国史	西洋近代史	地学通论	政治概论	经济概论	乡村社会学	
	8	6	6	4	4	3	3	3	
第二组	算数（包括珠算）	代数	几何	三角	物理学	化学	生物学	矿物地质学	园艺学	农业大意
	8	6	6	3	6	6	6	4	4	6
第三组	手工	图画	音乐	体育	家事					
	8	8	8	6	8					

资料来源：陈青之《中国教育史》，上海书店出版社1989年版，第724—725页。

1931年9月，国民党召开会议，通过了《三民主义教育实施原则》，在师范教育方面，提出了设置课程时应遵循的基本原则：

①编制课程宜顺应师资养成之年限及地方的需要；②各科教学

---

[1] 陈青之：《中国教育史》，上海书店出版社1989年版，第725—726页。

第二章 民国时期师范教育制度的变迁（1912—1949 年）

应注重教材的运用和实习，以养成学生自编教材的能力和兴趣；③师范学校应酌加有关实施社会教育的课程，俾可兼备社会教育知识之师资；④乡村师范课程应注重农业生产及农村改良教材；⑤女子师范课程应兼重育婴知识及家政实习。①

它为师范教育课程设置提供了可以参考的依据，对于这一时期师范课程体系的发展起到了重要的推动作用。

随后，1933 年，教育部发布《师范学校规程》，指明师范学校的教学科目为"公民，国文，历史，地理，算学，物理，化学，生物，体育，卫生，军事训练（女生习军事看护），劳作，美术，音乐，论理学，教育概论，教育心理，教育测验及统计，小学教材及教学法，小学行政实习等。乡村师范学校应增设关于乡村及农业科目"，同时，还对师范教学方法提出要求："师范学校各学科，除体育及军事训练得采用其他分组方法教学外，均不得合班教学。"②

此外，乡村师范教育获得进一步发展。1932 年 4 月，教育部公布《简易师范学校简易乡村师范学校课程标准》，对每一学年、每一学期教学科目、教学时数以及每门课程的教学目标予以明确规定。同年 9 月，教育部又在修订的《师范学校规程》中，规定了乡村师范学校、幼稚师范科、特别师范科以及简易师范科的课程。其中，简易师范学校开设 24 门课程，简易师范科开设 21 门课程（如表 2 - 10 所示）。

表 2 - 10　　　　　简易师范学校与简易师范科课程

法令名称	课程设置
简易师范学校简易乡村师范学校课程标准	公民、体育、卫生、国文、算学、地理、历史、植物、动物、化学、物理、劳作（工艺）、美术、音乐、农业及实习、水利概要、农村经济及合作、教育概论、教育心理、小学教材及教学法、教育测验及统计、乡村教育、小学行政、实习

① 《三民主义教育实施原则》，《教育部公报》1931 年第 38 期。
② 《师范学校规程》，《教育部公报》1933 年第 15—16 期。

续表

法令名称	课程设置
师范学校规程	公民、国文、算学、地理、历史、物理、体育、卫生、植物、动物、化学、劳作、美术、音乐、教育概论、教育心理、乡村教育及民众教育、教育测验及统计、小学教材及教学法、小学行政以及实习

资料来源:《简易师范学校简易乡村师范学校课程标准》《师范学校规程》,《教育部公报》1933年第15—16期。

(三) 师范大学的创办及课程规划

1922年"新学制"颁布后,虽未专门颁布师范教育的相关法规,但其在高等师范教育方面提出的在大学内附设二年制师范科,或通过在师范学校或高级中学内附设师范科的要求,标志着独立的高等师范教育体制开始走向开放化。此外,在"七项标准"这一灵活的教育原则导向下,国民政府将更多的办学自主权交由学校自身,在高等教育方面提出各大学可酌情设置课程,在交由教育部审核后即可实行,高等师范教育的课程制度由此发生了变革。可见,高等师范教育的课程体系开始由国家与社会共同决定。

随着1922年"新学制"的颁布,中国的高等师范学校开始发展起来。1923年7月,中国第一所师范大学——北京师范大学正式成立,并于当年9月28日开学,由范源廉任校长。经过一年的实践探索,北京师范大学制订了《国立北京师范大学校组织大纲》,提出设本科、研究院、专修科等不同培养层次,其中,本科包括教育学、心理学、社会学等12个院系。此外,还对入学资格、修业年限、课程设置等方面提出了明确要求,其中,北京师范大学的课程如表2-11所示。

同年,北京女子高等师范学校正式更名为北京女子师范大学,这是中国第一所女子师范大学。该校分预科与本科两个阶段,课程种类丰富多样,既包含了基本的教育学课程、专业课程与基础文化课,还专门设置了一些适合女生修习的家事类课程。具体来讲,其课程包括教育、心理、国文、英文、数学、物理园艺、缝纫等,不仅在意识层面提高了人们对女性地位的认识,同时也促进了师范教育制度的进一步发展。

第二章 民国时期师范教育制度的变迁（1912—1949年）

表2-11　　　　　　　北京师范大学课程设置（1924年）

科目设置	课程内容	及格学分（分）
公共必修科	教育学科	20
主科	学生从各院系中选定一科	52—76
副科	除主科外，学生按兴趣选一科	22
选修科	学生依据各系学科自由选择	26—50
合　计		144

资料来源：刘问岫编：《中国师范教育简史》，人民教育出版社1984年版，第56—57页。

1929年8月，国民政府教育部先后发布《大学组织法》与《大学规程》。自此以后，全国的公立与私立大学开始广泛设立教育学院与教育系来培养高等师范生，且由于教育部并未明确规定高等师范课程标准，因而各高校课程自行拟定。如当时以教育学闻名的大夏大学，曾被誉为东方的哥伦比亚大学，开设的主要课程包括教育原理、中国教育史、西洋教育史、教育心理学、教材研究及教学法、教育实习等。这种开放灵活的课程设置使得各个大学的教育学院或教育系有着其自身的特色。

至1930年3月，国民党三中全会第三次会议通过了《实施三民主义的乡村教育案》，对乡村师范学校的课程设置进行了概括和要求：

甲锻炼类：（一）军事教育，（二）耕作常识。乙技能类：（一）国语，（二）乡村教育实验，（三）乡村公共卫生，（四）兽医常识，（五）农村副业，（六）各科教学法：自然科学（生物、天文、算数），社会科学（历史、地理、国文），艺术科学（音乐、体操、图画、手工），（七）乡村幼稚教育，（八）农村调查，（九）演说学。丙知识类：（一）常识及孙文学说，（二）党义，（三）中国外交史，（四）中外条约研究，（五）中国现行法令，（六）中国史地，（七）乡村教育原理，（八）农村经济学，（九）教育浅说，（十）中国教育思想史，（十一）西洋教育思想史，（十二）美国乡村教育，（十三）丹麦农业教育，（十四）教育心理学，（十五）山歌土白手势之心理及哲学。①

同时，《实施三民主义的乡村教育案》还对每日的晨会、午会及洒扫清洁活动进行具体安排（如表 2-12 所示）。

表 2-12　　　　　　　乡村师范学校日课表草案

时间 日课 星期	一　二　三　四　五　六　日
5：00	起床
5：15—5：45	晨会及早操
5：45—6：00	清洁整理
6：00—6：30	清洁检查
6：30—7：00	早餐
7：05—9：55	纪念周功课（第一节）
8：00—8：50	功课（第二节）
9：00—9：50	名人演讲与集会或演说练习
10：00—10：50	功课（第三节）
11：00—11：50	功课（第四节）
12：00—12：45	午餐
12：45—1：45	休息
1：45—3：00	午会
2：00—2：50	功课（第五节）
3：00—3：50	功课（第六节）
4：00—5：50	各项体育

---

① 《实施三民主义的乡村教育案》，《中央周报》1930 年第 92 期。

第二章 民国时期师范教育制度的变迁（1912—1949年）

续表

时间 日课 星期	一 二 三 四 五 六 日
5：50—6：04	盥洗
6：05—6：40	晚餐
6：45—8：45	自修
9：00—9：55	就寝
10：00	熄灯

资料来源：《实施三民主义的乡村教育案》，《中央周报》1930年第92期。

可见，乡村师范生的课程设置种类丰富多样，同时兼具国内外知识内容，表明乡村师范教育的发展逐渐规范化与系统化，进一步推动了乡村教育的发展。

三 教育存在本位的"多样型"课程体系（1937—1949年）

（一）多科幼儿师范教育机构的课程规划

抗日战争全面爆发后，各类师范教育的科目设置和教学内容也随抗战建国的需要而进行改革。1939年4月，教育部主持召开第三次全国教育会议，并于6月邀请专家及有关人员对各类师范学校的课程进行商讨和修订。到了1940年3月，经过反复修订后，教育部公布《修正师范学校简易师范学校教学科目及各学期每周各科教学时数表》。

此外，还拟定了师范学校及简易师范学校课程标准以及八条原则：一是师范学校课程须适于抗战建国之需要；二是师范学校课程须适于国民教育之意义与目标，培养师范生的知能；三是师范学校课程须遵循"管教养合一"之宗旨，以教育发展推进社会各业之建设；四是师范学校课程须具师范性，且适于学生职业发展；五是师范学校课程须使师范生兼具教育儿童与成人的能力；六是师范学校的教材须遵循教育理论联系实践原则，并适于各类国民学校使用；七是师范学校的教材须注意科目之间的关联，并避免重复；八是师范学校的教材可采取多种方法完善。教育部将以上原则分送至有关教育部门以及国立师范学校，共同商定师范学校与简易师范学校各科课程标准草案。

1940年2月，教育部发布了《特别师范科及简易师范科暂行办法》，对中等师范教育阶段的特别师范科与简易师范科的课程设置予以明确规定。首先，特别师范科的教学科目为三民主义、伦理、体育、军事训练、军事救护（女生）、卫生国语、注音符号、应用文、农工艺及实习、家事及实习（女生）、音乐、教学原理及方法、学校行政、童军教育、中华民国政府、国势概要、地方自治、农村经济及合作实习。其次，简易师范科的教学科目为三民主义、公民、体育、军事训练、军事救护（女生）、音乐、教学原理及方法、学校行政、童军教学、地方自治、农村经济及合作以及实习。① 这些规定有效保障了抗战特殊时期中等师范教育的发展，同时，也为基础教育提供了保障。

1940年10月，教育部将各方送回的草案进行了整理，又分送至相关课程专家、各个师范学院、各所优良师范学校，集思广益，共同商讨师范学校与简易师范学校的课程设置。至1941年2月，通过对各方收集到的意见进行整理和分析后，将中等师范学校各科课程标准划分为文史、自然、教育、地方自治和技术学科五种类别，并于该年7月正式公布《师范学校教学科目及各学期每周各科教学时数表》②，对战时中等师范教育的发展起到了重要的推动作用，同时，也为抗日战争这一特殊历史时期培养了所需人才。在抗战胜利后，国家立即重新规划中等师范教育发展。

1946年6月，教育部发布《战后各省市五年师范教育实施方案》，要求各省市应尽快拟定师范生培训方案，其主要内容为：

①精神训练注意坚定其对三民主义之信仰，发扬其爱护国家民族之精神，并注重为公服务及自觉自动自律之良好品性及国民道德之培养；②学科训练注重各科均衡发展，充实其内容，以提高学生程度；③生活训练应以新生活教条为根据，养成各种优良生活习

---

① 《特别师范科及简易师范科暂行办法》，《进修》1940年第7期。
② 教育部教育年鉴编纂委员会编：《第二次中国教育年鉴》，商务印书馆1948年版，第919—920页。

惯；④专业训练特重教学技术之培养，并使对教育事业发生强烈之信念。①

该实施方案旨在加强师范生的精神训练、学科训练、生活训练以及专业训练，保障并促进战后中等师范教育质量的提高。

（二）多种专业中等师范科的课程要求

面对中等教育阶段师资数量与质量不足的现状，教育部于1937年6月公布了《训练中学师资暂行办法》，明确提出"大学教育学院以外之各院学生，志愿毕业后为中等学校教员者，须修习教育原理、教育心理学、普通教学法、专门学科教学法等教育学科十二学分以上；凡依本办法受师资训练之大学毕业生，除发给毕业证书外，由学校发给得充任中等学校某科教员之证明书"②。这一规定使得中等学校及师范学校教师的培养走向开放化，形成了多渠道的中等学校教师培养模式，同时，中等师范学校的课程也相应地开启了多样化发展模式。抗战全面爆发后，中国实行"战时须作平时看"的教育方针，各地各校当以保留教育实力，并尽量保障教育发展为核心，因而也给予了各地各师范学校课程设置方面的自主权。

1940年，教育部制订了《初级中学三年级增设师资训练科目办法》，提出对于师资匮乏之地，可申请在初级中学三年级附设师范科，课程设置等由各校酌情拟定后，呈教育部审核即可，保证各地中等师范课程设置的灵活性与多样性。为进一步解决战时存在的"师荒"问题，尽可能地保障教育存在并稳步发展，同年2月，教育部又公布了《特别师范科及简易师范科暂行办法》，规定特别师范科招收高中毕业生或同等学力者，简易师范科则招收初中毕业生或同等学力者，学生的待遇及服务要求均与师范学校生相同，然而，二者的课程设置却有所不同（如表2-13），但无论是特别师范科还是简易师范科均考虑到学生的身心特点，专门为女子师范生开设军事救护课、家事与实习课，具有鲜明的灵活性与多样性。

---

① 《战后各省市五年师范教育实施方案》，《国民政府公报》1946年第2545期。
② 刘问岫编：《中国师范教育简史》，人民教育出版社1984年版，第88页。

表2-13　　　　　　　特别师范科与简易师范科课程设置

师范科类型	课程设置
特别师范科	三民主义、伦理、体育、军事训练、卫生、国语及注音符号、应用文、农工艺及实习、音乐、教学原理及方法、学校行政、童军教育、中华民国政府国势概要、地方自治、农村经济及合作、实习、军事救护（女生）、家事及实习（女生）
简易师范科	三民主义、公民、体育、军事训练、卫生、国语及注音符号、应用文、历史、地理、农工艺及实习、音乐、教学原理及方法、学校行政、童军教育、地方自治、农村经济及合作、实习、军事救护（女生）、家事及实习（女生）

资料来源：中国第二历史档案馆编：《中华民国史档案资料汇编》第五辑《教育（一）》，凤凰教育出版社2010年版，第637—638页。

教育部又于1940年3月修正发布了《师范学校教学科目及各学期每周各科教学时数表》，对三个学年内师范学校、女子师范学校以及乡村师范学校的必修课程予以明确规定。与此同时，还规定在第二年为师范生开设选修科目，并将其分为甲乙丙三组，均须修业1学年。各类师范学校必修及选修课程设置如表2-14所示。除此之外，还提出各校可酌情设置选修科目，给各师范学校的课程安排留有伸缩之余地。

表2-14　师范学校、女子师范学校以及乡村师范学校的课程设置

必修科 （第1—3学年）		国文、算学、公民、教育概论、课程教材及教学法、教育心理、教育行政、博物、物理、地理、历史、化学、农工艺及实习、美术、音乐、农村经济及合作、军事救护、卫生、军事训练、童子军教育、实习、地方自治、体育、家事及实习
选修科 （第2学年）	甲组	教育辅导、地方建设、地方行政、社会教育
	乙组	美术、劳作
	丙组	音乐、体育

资料来源：《师范学校教学科目及各学期每周各科教学时数表》，《湖南教育》1940年第5期。

为适应战时需要，教育部又对中等师范学校的课程安排予以重新规划。1941年7月，教育部发布了《简易师范学校教学科目及各学期每周各科教学时数表》，对四个学年内的课程设置及教学时数做出修订，简易乡村师范学校的课程制度亦是如此。简易师范学校各学年的课程如表2-15所示。

表2-15　　　　　　　　简易师范学校的课程设置

必修科 （第1—4学年）		国文、数学、公民、教育通论、教材及教学法、教育心理、教育行政、博物、地理、历史、化学、物理、童子军、军事训练、生理卫生、军事救护、家事及实习、测验及统计、地方自治、体育、实习、农村经济及合作、农工艺及实习、美术、音乐
选修科 （第2学年）	甲组	教育辅导、地方建设、地方行政、社会教育
	乙组	美术、劳作
	丙组	音乐、体育

资料来源：《简易师范学校教学科目及各学期每周各科教学时数表》，《广东教育战时通讯》1942年第52—53期。

此外，还提出各年级除必修课与选修课外，每周须有3小时的课外活动课、2小时的战时后方服务训练课，以及每天至少2小时的自习课。且提出各简易师范学校及简易乡村师范学校可酌情选定选修课，使得各校的课程设置及教学时数灵活而有弹性。

随后，中等师范学校的课程安排在几经商榷后，教育部又于1944年4月发布了《三年制简易师范学校教学科目及各学期每周各科教学时数表草案》，规定三个学年内简易师范学校的课程包括国文、公民、数学、教育通论、教育心理、博物、地理、物理、化学、历史、体育、生理卫生、童子军、农村经济及合作、教育行政、地方自治、实用技艺（甲）、实用技艺（乙）、美术、音乐、教学及实习，此外，还规定了选修科目，并保证各校课程设置的灵活性原则。[1]

---

[1] 《三年制简易师范学校教学科目及各学期每周各科教学时数表草案》，《广西省政府公报》1946年第2024期。

至 1946 年，教育部又发布了多种专业师范科的课程要求，基本上都以专业类课程、教育类课程、基础的文化课为主。如音乐师范科的主要课程为国文、音乐概论、教育概论、音乐教材及教学法、教育心理、和声学、历史、劳作等。此外，针对男女生教育对象的不同，还专门为男师范生开设军事训练课，为女师范生开设看护与军事救护、实习等课程；体育师范科的主要课程有体育原理、体育教材及教学法、田径运动、球类运动、武术、教育概论、教育心理、国文、理化、解剖生理、卫生、实习等，同时，也专门为男师范生开设军事训练课，为女师范生则开设家事课等；社会教育师范科的主要课程包括社会心理、社会教育原理与实施、国文、数学、教育心理、（乡村）卫生、军事训练、教育通论、社会教育教材及教法、劳作，等等。

此外，还增设了美术师范科、劳作师范科以及童子军师范科等，中等师范生的培养模式趋于多元化，培养的专业更加定向和对口，相应的中等师范教育的课程体系也更加多样。至此，各类中等师范学校的课程基本上走向标准化与制度化。

（三）高等师范学院分系进行课程安排

抗战全面爆发后，高等师范教育作为教育制度的顶层设计，教育质量的核心在这一时期尤其受到国家的重视，并强调在战时应以保存高等教育实力，努力促进高等教育发展为核心。1938 年，教育部发布了《师范学院规程》，对高等师范的课程设置提出了明确要求："师范学院分国文、外国语、史、地、公民、训育、数学、理、化博物教育各系，及体育、音乐、图画、劳作、家政、社会、教育各专修科"[①]，并指出师范专修科可酌情改为师范系。

此后，经过多方商榷和讨论，教育部又于 1942 年 8 月颁布了《修正师范学院规程》，将师范学院的课程分为普通基本科目、教育基本科目、分系专门科目以及专业训练科目，其中，普通基本科与教育基本科为共同必修科，师范生在第四年需进行实习，因而须在前三个学年内修完规定的科目，课程设置如表 2-16 所示。其中，社会科学类课程可从政治学、经济学、社会学、法学通论四门课程中任选 2 门修习，自然科

---

① 《师范学院规程》，《教育部公报》1938 年第 8 期。

第二章 民国时期师范教育制度的变迁（1912—1949年）

学类课程则从物理、化学、生物学、人类学四门课程中任选2门修习，并获得相应学分。此外，还提出公共必修科包括音乐、体育、军训，不计学分。此时，各师范学院的课程体系更加规范化和标准化。

表2-16　　　　　　　　师范学院共同必修科目

科目类别	课程设置
普通基本科目	党义、国文、外国文、哲学概论、本国文化史、西洋文化史、社会科学（政治学、经济学、社会学、法学通论）、自然科学（物理、化学、生物学、人类学）
教育基本科目	教育概论、教育心理、中等教育、普通教育法

资料来源：阮华国编：《教育法规》，大东书局1947年版，第162—168页。

随后，教育部于1939年9月发布《师范学院分系必修及选修科目表施行要点》，这是中国师范教育史上首次对选修课统一规划的法规，极大地推动了高等师范课程制度的完善。随后，1944年12月，教育部公布《师范学院学生教学实习办法》，要求师范学院专业训练的教学实习科必须按此办法进行。

首先，在实施方法上规定学生的教学实习分为见习、试教以及任实习教师三个方面，而充任实习教师这项内容是以往的实习安排中所没有的。其中，见习在第三学年的分科教材及教法科目内进行；试教在第四学年的教学实习科目下进行；而担任实习教师应在第五学年内进行，步骤是在第四学年结束前的3个月内，由各省市教育厅局整理师范生个人信息，并向教育部呈请，继而为中等教育阶段各校分派实习教师。

其次，在师范生教学实习的待遇方面，指出在国立中学或师范学校的实习生待遇，应按国立中等学校师资待遇支付高中专任教员薪资的最低标准；在国立职业学校、各省市中等学校的实习生待遇，应与一般教员一致。

再次，实习教师每周的教学时数应当与专任教员课时标准一致，实习教师应编订所教科目的教学计划表，且依据教学程序编写教案及填写教学进度表，在学期结束时汇总并呈交所实习院校核定实习教师的实习成绩。

最后，实习教师应当遵守中央及实习省市学校的各项教育法规，并详细记录自己的生活情况、服务情况及自己的体悟，以供评定师范生的实习成绩。此外，师范生在服务一年后，由院校审核各项证明合格者，即可授予毕业证书与教师资格证明书①，再次为师范生实习确立了制度化的管理体系。

1946年12月，国民政府教育部修正发布了《改进师范学院办法》，要求国立大学师范学院内附设教育系与体育系，将此前规定的国文、历史、地理、数学、化学、博物各系一并纳入文理学院，还将原来公民训育系取消，改为教育系中的一门课程。要求取消艺术科、音乐科与童子军等专修科，并将专修科的学生归入音乐学院艺术专科学校、体育专修科或体育系进行教学和培养。至此，高等师范教育的课程制度已基本完善。

四　民国时期师范教育课程制度评析

在辛亥革命推翻了清王朝的封建统治后，中华民国正式成立，教育改革的方向和举措均由政府决定，师范教育的课程设置体现了资产阶级的教育宗旨，因而民国初年的师范教育课程制度具有明显的政府包办特性，呈现出政府本位的"单一型"特征。随着五四新文化运动的爆发，科学与民主国际教育思潮的推动，以及美国实用主义与进步主义教育思想的传播，新的课程制度伴随着新学制的诞生开始逐步确立，师范教育课程制度开始由国家本位向社会市场本位转变，呈现出"复合化"特征。

抗战全面爆发后，保存各级各类教育实力成为首要任务，而师范教育作为教育存在的前提，更是受到极大的关注。国民政府设立了多种类型与不同层次的师范学校与高等师范学校，其师范课程设置也与当时社会发展情况相联系，以保存教育实力为根本目标，师范教育的课程安排更注重政教合一，因而各级师范学校的课程设置也更为多样。师范教育课程制度在演进历程中呈现出其独有的特色，但同时也存在一定的不足。

---

① 《师范学院学生教学实习办法》，《教育部公报》1944年第12期。

第二章 民国时期师范教育制度的变迁（1912—1949 年）

首先，民国时期师范教育的课程内容不断丰富，课程体系也逐步完善。民国初年设置的课程主要以取缔清末的封建性内容为主，同时也增加了实用性与新式课程，不仅有利于减轻师范生负担，还促进了师范教育课程内容的现代化发展进程。如师范学校增设了英语、手工、农业等课程，高等师范学校增设了语言学、美学课，总课时有所减少，给师范生以更大的自主发展的空间。同时，教育部还专门颁布章程对师范教育的教材审定做出规定："师范学校教科书由民间自行编辑，但须遵照各项法令，并向教育部呈送样本供审定"①，等等。

1922 年颁布的"新学制"，提出各级师范学校的课程自行拟定，促进了师范教育课程设置的多样化，选修科目急剧增加，师范教育的课程内容大为丰富。至南京国民政府成立后，师范教育的课程内容，更加重视与社会的密切联系，乡村师范教育也逐渐发展起来，因而在课程设置方面，又增加了民众教育、农村工作等课程。到抗战结束后，师范教育的课程在政教合一体制的引领下，又获得了进一步的发展，各地区的师范教育课程适时而定，促进了师范教育课程内容及体系的丰富。

其次，民国时期的师范教育课程逐渐灵活而富有弹性，适应了教育对象的多样化需求。1912 年至 1913 年，教育部先后颁布《师范教育令》《师范学校规程》以及《高等师范学校规程》，确立了各级师范教育的课程设置，并统一了师范生的实习安排。但随着 1922 年"新学制"的确立，师范生的培养模式趋于多元，选修科目逐渐增多，且教育部并未规定课程标准，因而师范教育的课程设置更加灵活多样。此后，随着乡村各级师范教育的发展，以及战后因地制宜开展的师范教育，师范教育的课程设置更为丰富而有弹性。

最后，民国时期师范课程的价值取向历经社会变迁，但始终以师范教育发展为本位，促进了师范教育课程内涵的深化。民国时期是中国推翻封建统治，由封建社会向现代社会转型的极为关键的过渡时期，虽然经历了社会政治、经济与文化等领域的巨大变革，但师范教育课程始终以培养各级优秀教师为基本任务，为各级各类学校输入了急需的师资，极大地促进了民国教育事业的发展。

---

① 曲铁华主编：《新编中国教育史》，东北师范大学出版社 2011 年版，第 91 页。

当然，在师范教育课程制度的演变过程中，也存在一定的不足之处。

首先，民初师范教育课程设置博而不精，且均为必修课，致使师范生学业压力过重。此外，还缺少教学法讲授相关的课程，不利于理论与实践的结合，最终导致师范生难以胜任日后的实习与教学工作。

其次，1922年"新学制"改革的重点就在于中等教育阶段，但是，将师范教育置于高级中学之内，与农、工、商及军事科并列，且将高等师范学校升格为大学，不仅使师范教育失去其独立地位，还削弱了各级各类学校师资培养的质量。

最后，在南京国民政府成立后，中等师范学校的课程安排过于庞杂，学生很难在短时间内迅速掌握所安排的知识。譬如，依据教育部发布的课程标准——师范学校设有21门课；乡村师范学校设有25门课；三年制幼稚师范科设有22门课；两年制幼稚师范科设有18门课；简易乡村师范学校设有24门课[①]——致使师范生几乎没有课余时间。同时，也不利于师范生了解社会实际情况，难以学以致用，因而无法实现通过教育改造社会的目标。

第五节　民国时期教师资格检定与培训制度的变迁

一　教师资格检定制度的演变

（一）幼儿教师培养机构的制度化要求

1912年12月，教育部发布《师范学校规程》，规定女子师范学校须附设蒙养园供师范生实习，还提出了师范生毕业后的继续教育主张，要求设立"蒙养园保姆讲习科，为欲任保姆者设之"[②]。该规程明确了女子师范学校教育应当为蒙养园培养保姆，即授予学生蒙养园保姆的任职资格。随后，1916年，教育部又公布《国民学校令施行细则》，对清末学制中由乳媪与节妇担任幼儿保姆的做法予以否定，首次明确了幼儿教师的任职资格："保姆须女子有国民学校正教员之资格，或经检定合

---

① 曾煜编著：《中国教师教育史》，商务印书馆2016年版，第155页。
② 《师范学校规程》，《教育杂志》1913年第12期。

格者充之"①，这一规定不仅提高了保姆的水平，同时，也强化了幼儿师资队伍的专业性，促进了幼儿师资管理制度的规范化。

在法令颁布后，各地相继开办幼儿师资培养机构，既有公立也有民办的幼儿师资培养机构，有效推动了蒙养园师资队伍的发展。如培养幼儿师资的公立教育机构有北京高等女子师范学校、江苏省立第一女子师范学校；培养幼儿师资的私立教育机构有1912年建立的厦门怀德幼稚师范学校，这是由教会创办的第一所单独设立的幼稚师范学校。

1922年"壬戌学制"颁布后，虽未单独对师资培训与管理做出明确指示，但这一学制的"七项标准"明确给予教育事业以伸缩之余地，学前教育事业依然如此，因而也获致较大发展。随后，在各方的共同努力下，中国人自己创办的福建厦门集美幼稚师范学校，于1927年9月1日正式开学，这是国人创办的第一所幼稚师范学校。随后，中国幼儿教育家张雪门与爱国人士陈嘉庚分别创办了北平幼稚师范学校与江西省立实验幼稚师范学校来培养幼儿师资。

1932年，教育部在《师范学校法》中要求师范学校附设幼稚师范科，并提出"师范学校教员由校长聘任之，应为专任，但有特别情形者，得聘请兼任教员，其人数不得超过教员总数四分之一"②，明确了师范学校的师资管理要求。到了1940年，江苏省立实验幼稚师范学校正式成立，这是中国第一所独立的公办幼儿师资培养学校。至1942年8月，教育部又通令各省市教育厅拟定逐年增设幼稚师范学校或附设幼稚师范科的详细计划，并呈报教育部进行审核，有力地推动了幼儿师资的培养与管理。次年，教育部定江西省立实验幼稚师范学校为国立幼稚师范学校，成为当时的10所国立师范学校之一。此外，还有成都协和女子师范学校等校，纷纷增设幼稚师范科来培养幼儿师资，有效推动了师资管理的规范化。

（二）小学教师资格检定制度的确立及发展

纵观整个中华民国时期，小学是最早践行教师资格检定相关法规的

---

① 中国学前教育史编写组编：《中国学前教育史资料选》，人民教育出版社1989年版，第225页。

② 《师范学校法》，《教育部公报》1932年第51—52期。

阶段，小学教师资格鉴定制度确立的时间较早，实施范围与执行力度相对更加完备，有效地保障了初等教育的质量。

1912年12月，教育部发布《师范学校规程》，对师范学校附属小学教员的任职资格提出明确要求："附属小学校教员须有正教员之许可状。"① 小学教师的任职资格开始受到关注。次年8月，教育部又通令《各县设立小学教员讲习所》，指出各省推广建设师范学校的数额并不能够满足小学教员之需，继而要求各省教育行政长官除酌情尽量设立师范学校外，还可在一县之内或联合数县，共同设立小学教员讲习科，并在临近毕业之际安排学员就近实地进行讲习，并强调要注意单级教授以提高教学质量。小学教员讲习科的实质即为小学教员速成班，旨在缓解小学教员紧张的状况，在当时起到了较大作用。

但到了1915年11月3日，教育部发布《通咨各省各区域改小学教员讲习所为师范讲习所》，指出小学教员养成所就是要培养小学教员，而《国民学校令》已将初等小学校改为国民学校，继而指出"小学教员讲习所之名称，已不足统括，应一律改为师范讲习所。其师范学校所设之小学教员讲习科，应即删去小学教员四字，径称讲习科，以符名实"②。这不仅扩大了小学教师的培养数量，同时也推动了初等师资管理制度的进一步发展。

随后，1916年修正的《国民学校令》，将国民学校教员分为正教员、助教员与专科教员，其中，正教员指教授国民学校全部科目者，助教员是辅助正教员授课者，而专科教员则指教授图画、唱歌、手工、缝纫、体操中的一科或多科者，对所有国民学校教师的任职资格提出明确要求："国民学校教员须在师范学校或教育总长指定之学校毕业，或经国民学校教员检定委员会检定合格而受有许可状者。"③ 如遇特殊情况，符合由教育总长规定的相关要求者，则可由无教师许可证者担任助教员。此外，还对国民学校教员的处分予以规定，提出拥有国民学校教员许可证者，若被判刑未获自由权利，或者存在财务征信问题且尚未洗清

---

① 《师范学校规程》，《教育杂志》1913年第12期。
② 《通咨各省各区域改小学教员讲习所为师范讲习所》，《中华教育界》1915年第11期。
③ 《国民学校令》，《教育公报》1915年第4期。

第二章 民国时期师范教育制度的变迁（1912—1949 年）

罪名者，其国民学校教员许可证将被判为无效。可见，对教员的任职资格及管理更加严格与规范。

1916 年 4 月，教育部颁布《检定小学教员规程》，并于 1917 年 1 月正式实行，要求所有国民小学教员必须经过资格审查，才能任教，并将检定类型分为试验检定与无试验检定两种。其中，试验检定包括审查受检定者的毕业证书、个人品行、身体情况，以及进行一定的考核，而无试验检定则不需要进行考核，小学教员接受哪种检验方式取决于受检验者自身的情况。

具体而言，有以下条件之一者，须接受资格试验检定：第一，曾在师范学校、中学校，抑或其他中等学校学习 2 年以上者；第二，曾担任或正担任国民学校或高小教员不少于 1 年者；第三，毕业于师范简易科不超过 6 个月者；第四，曾专门研究某一学科，懂得教育原理，且著有论文之人。而无试验检定应符合的条件及相应职业资格包括：首先，须毕业于中学校，且有一年以上的小学教员经验者；第二，须毕业于甲种实业学校，且有一定研究者；第三，须毕业于专门学校，且正好适合教授某一学科者；第四，须有三年以上小学教员经验，且经地方最高级行政长官认可者。同时规定，符合上述第一项条件者，可任国民学校或高小本科正教员；符合第二、第三项者，即可任国民学校、高小专科教员；符合第四项者，可充任国民学校、高小正教员助教。[①] 然而，民国初年的这一初等师资管理制度，由于多种原因并未得到实施，致使小学教员资格检定仍然处于非制度化的阶段。

1928 年 2 月，国民党第二届四中全会提出"普及教育"主张，小学教员人数及质量要求也必然随之提高，因而检定小学教员资格成为重要事务。大学院于 1928 年 6 月颁布了《训政时期施政大纲》，明确提出要检定小学教师资格，并规定具体的实施步骤："一是厘定检定小学教师条例逐渐加以改善；二是试验新订检定小学教师条例，逐渐加以改善；三是实施检定小学教师条例；四是继续实施检定小学教师条例。"[②]

随后，1928 年 7 月 3 日，由中央训练部制定、大学院颁发的《促

---

① 罗廷光编著：《师范教育》，正中书局 1940 年版，第 32—33 页。
② 大学院：《训政时期施政大纲》，《大学院公报》1928 年第 8 期。

令各地设立中小学校教员暑期讲习会办法》提出，各地应设立中小学教员暑期训练班，以提高中小学在职教师的专业知识和专业技能，"凡未设中小学教员暑期讲习会各地，应由各该地之学校联合办理，或由各该地之教育行政机关办理之"，对于"学校不甚发达之县，得由该地之教育行政机关或学校联合二县以上共同办理之"。

同时，大学院还颁发了《各地中小学校教员讲习会增加党义课程办法》，对中小学在职教员应修习的相关党义课程进行了规划，中小学党义教员应习课程包括"三民主义；建国大纲；建国方略（包括孙文学说、实业计划、民权初步三部）；中国国民党之沿革及其组织；中国国民党之历次重要宣言及其议决案"，其他的中小学教员应修习课程包括"三民主义；民权初步；本党政纲"①，并明确提出，各级党部具有指导与监督职责，明确了中小学教员在职培训的内容及相关管理部门权责，促进了中小学教师在职培训制度体系的发展。

1934年5月，教育部发布《小学教员检定暂行规程》，并于7月1日开始执行。该项规程要求小学教员须毕业于师范学校、高级中学师范科、特别师范科、专科师范，或旧制高师，抑或师范大学、大学教育学院教育科系。此外，则由各地区教育行政机关及组织小学教员检定委员会进行任职资格检定。检定方法与民国初年相同，在试验时间方面，规定无试验检定在新学期开学后方可举行，有试验检定则需要至少每3年举行一次。其中，无试验检定的具体条件为：其一，至少具有旧制中学或高中学历，且具有1年以上小学教员经验，或2年以上地方行政工作经验，抑或在暑期学习学校教课超过2个假期者；其二，毕业于师范讲习科或简易师范学校、简易师范科，且修业2年以上者，且具有2年以上小学教员经验，或在暑期学习学校教课超过3个假期者；其三，具有3年以上小学教员经验，或在暑期学习学校教课超过4个假期者；其四，具有3年以上小学教员经验，且有发表的教育著作，并经教育行政机关认可者。

而有试验检定的具体条件包括：其一，毕业于旧制中学或高中；其二，曾在师范学校或高中修业1年以上，并有1年以上小学教员经验

---

① 《促令各地设立中小学校教员暑期讲习会办法》，《大学院公报》1928年第8期。

者；其三，毕业于师范讲习科、简易师范学校，抑或简易师范科者；其四，具有3年以上小学教员经验者；其五，对某学科有专门研究，并有1年以上小学教员经验者。还规定资格试验检定包括笔试、口试或实习，其中，笔试分数占十分之八。试验检定的科目为公民（包括党义）、国语、自然、算术、卫生、历史、地理、教育概论、小学教学法等。专科教员的试验科目，除试验所申请检定的专科科目外，还要试验教育概论以及试验科目教学法。

此外，还提出检定合格的有效期为四年，对于检定有效期内教学成绩突出者，可再次获得下一个四年的合格证书，且在连续获得两次合格证书后，即可获长期教师资格合格证书。可见，教育部对小学教员知识储备、学历水平以及教育实践能力的重视，对于基础教育质量的提升具有推动作用，同时，也促进了小学教师资格审查制度的进一步完善。

（三）中学及师范学校教师资格检定制度的确立与持续推进

在民国建立后，中学及师范学校师资培养的规模与数量较为不足，因而难以依照国际上通用的中等学校教师资格审定标准予以明确规范。至1922年"壬戌学制"颁布后，随着中等教育、高等教育以及师范教育的发展，中学教师的任职资格开始受到关注，加之这一时期中学与师范学校教师培养的多渠道性，致使培养出来的教师能力和水平的差距甚大，因而建立中学及师范学校教师资格审定制度成为当务之急。

1933年，国民政府教育部公布《师范学校规程》，提出"师范学校各学科均应聘请专任教员"，且"教员之初聘任期以各学年为原则，以后续聘任期为二学年"①。该规程对师范学校教师的任职资格及聘期提出明确要求。同年8月，第四届中央执行委员会第86次常务会议通过了《审查中等学校公民教员资格条例》，要求全国所有中等学校的在任公民课程教员或志愿做中学公民课程教员者，均须进行资格审查，审查方式是中学公民教员本人请求审查，接受资格审查的部门包括训育主任公民教员资格委员会、各级中等学校、各级教育行政机关，抑或各级党部。对于审查合格者，由审查训育主任公民教员资格委员会授予中学公

---

① 《师范学校规程》，《教育部公报》1933年第15—16期。

民教员资格合格证书。① 中学教师资格证书制度的规范化促进了中学教师资格审定制度的确立。

随后，教育部于 1934 年 5 月发布《中学及师范学校教员检定暂行规程》，并于 7 月 1 日开始实行。该规程要求各省市教育行政机关成立中等学校与师范学校教员检定委员会，对全国的中学教员及师范学校教员进行资格审查，并将检定方式分为无试验检定与试验检定两种，其中，无试验检定只需要在学期开始之前经过各项相关证明的审查即可，而试验检定不仅要经过各项相关证明，还要经过专门的试验决定，并规定检定期至少应每 3 年一次。由于这一时期中等教育形式的多样性，教员资格审查的对象包括高级中学教员、初级中学教员、师范学校教员以及简易师范学校教员，检定方式均分为无试验检定与试验检定。

一方面，在无试验资格审查方面，分为高级中学教员、初级中学教员、师范学校教员、简易师范学校教员四个层次，每个层次的教员至少应符合如下条目之一，才能接受无试验检定（见表 2-17）。

另一方面，在试验资格审查方面，中学及师范学校教员符合以下各项之一者，则须对其进行试验检定。首先，高级中学教员的条件符合以下各项之一，则进行资格试验：一是任教于高级中学；二是国内大学本科毕业；三是初级中学教员经资格审查合格；四是具备 2 年以上高级中学教员经验；五是兼具图画和音乐科教员所必备的专门艺术技能。

其次，初级中学教员进行试验检定的条件包括：一是毕业于国内专科学校或专门学校本科；二是具有高级中学毕业生同等学力，且具 1 年以上教学经验；三是具有高级中学毕业生同等学力，且发表过专门著述；四是具备 2 年以上初级中学教员经验；五是兼具图画和音乐科教员所需的各项专门艺术技能者。

再次，师范学校教员进行试验检定的条件有：一是在国内大学本科毕业；二是在国内专科学校或专门学校本科毕业，兼具 1 年以上教学经验；三是具备 2 年以上师范学校教员经验；四是兼具图画和音乐科教员所需掌握的各项专门艺术技能。

---

① 《审查中等学校公民教员资格条例》，《教育部公报》1933 年第 39—40 期。

第二章　民国时期师范教育制度的变迁（1912—1949年）

表2-17　　　　　中学及师范学校教员无试验资格审查条件

高级中学教员的无试验检定条件	①获得教育部认可的国外大学本科毕业证者
	②获得国内大学本科毕业证，并有超过1年的教学经验者
	③毕业于国内外专科学校或专门学校本科，并至少有2年以上教学经验者
	④曾在高级中学任教不少于5年，且经鉴定教学成果优良者
	⑤曾发表有价值的专门著述者
初级中学教员的无试验检定条件	①具有高级中学教员须符合的一项无试验资格检定条件者
	②毕业于国内外大学本科、高等师范学校本科或专修科者
	③毕业于国内外专科学校或专门学校本科，且有1年以上教学经验者
	④具有高级中学毕业生同等学力，有3年以上教学经验且教学成绩优良者
	⑤具有5年以上初中教员经验，且经认定教学成绩优良者
	⑥具有劳作科教员所需的专门技术者
师范学校教员的无试验检定条件	①具有教育部认可的国外大学毕业证书者
	②毕业于国内师范大学本科或高等师范学校，且有1年以上教学经验者
	③毕业于国内外专科学校或专门学校本科，且有2年以上教学经验者
	④具有5年以上师范学校教员经验，经鉴定教学成绩优良者
	⑤曾发表有价值的专门著述者
	⑥具有劳作科教员所需的专门技术者
简易师范学校教员的无试验检定条件	①符合师范学校无试验检定条件之一者
	②毕业于国内外专科学校或学校本科，有1年以上教学经验者
	③具有高级中学毕业生同等学力，有3年以上教学经验且经审定教学成绩优良者

资料来源：《中学及师范学校教员检定暂行规程》，《教育部公报》1934年第21—22期。

最后，简易师范学校教员进行试验检定的条件有：一是在国内大学本科、专科学校或专门学校本科毕业；二是具备高级中学毕业生同等学力，以及1年以上教学经验者；三是具备高级中学毕业生同等学力，并发表过专门著述；四是具备2年以上简易师范学校教员经验；五是兼具图画和音乐科教员所需的专门艺术技能者。

对于需要进行教员资格检定者，经教育部检定合格后，各省将为其颁发教员合格证书，在6年内有效，超期后只能重新检定。对于鉴定不合格者，达到60分者，可颁发合格科目的证书，作为下次检定时该科目的免考证明。同时，《中学及师范学校教员检定暂行规程》还对中学及师范学校教员的检定内容、方式、合格分数等方面进行了详细规定，并指出初中与简易师范学校教员的试验，应酌量少于高中及师范学校教员的试验内容。[①] 可见，中等学校及师范学校教员资格检定规程的颁布及实行，标志着制度化的教师检定的发端，虽然这一制度在现实中并未彻底执行，但是，通过检定教员资格来提高师资整体素质的方式，对中国师范教育甚至是整个普通教育的发展具有重要意义。

1935年，教育部又发布《修正师范学校规程》，要求"师范学校校长及全体教员均负训育责任，须以身作则，采用团体训练及个别训练，指导学生一切课内课外之活动"，且"校长及专任教员均以住宿校内为原则，与学生共同生活"[②]。可见，对师范学校教师的管理极为细致严格。在抗战全面爆发后，在"战时须作平时看"教育方针的指导下，明确和完善中学及师范学校教师的任职资格，进而推动初等教育质量的提高尤为重要，因而进一步完善中学及师范学校教师的资格审定制度依然占据着重要地位。

1940年5月，教育部公布《各省市国民教育师资训练办法大纲》，强调中心学校教员应当由师范学校或特别师范科培养，而国民学校师资应由简易师范学校或简易师范科培养；并要求小学教员应按要求进行资格检定，对于检定不合格，但学历符合任教资格者，应参加国民教育师资进修班学习，修业时间为3—6个月。还指出，对于师资数量缺乏的省市，应当开办国民教育师资短期训练班来培训国民学校的代课教员。

此外，还提出各省市可采用《训练实习间期制》，一方面，要求师范学校学生在校修业2年，实习1年或2年后，再回校接受1年的专业训练；另一方面，规定简易师范学校在校修业3年，实习1年或2年后，再回学校接受1年的专业训练。[③] 这一规定有效促进了当年颁布并实行的国民教育制度的发展，也为小学教员的培养提供了多种途径。

---

① 《中学及师范学校教员检定暂行规程》，《教育部公报》1934年第21—22期。
② 《修正师范学校规程》，《教育部公报》1935年第29—30期。
③ 《各省市国民教育师资训练办法大纲》，《教育与民众》1940年第1期。

第二章　民国时期师范教育制度的变迁（1912—1949 年）

至 1946 年 8 月，教育部通令各省市教育部门及各所国立师范学校，指出最初简易师范学校是为推进国民教育之发展而临时设立的，其目的是养成国民学校教员，因而应当"招收曾在小学毕业年满十五足岁之青年，予以三年或四年之训练后，分发各保国民学校服务，在年龄方面应于事前加以限制，如该校感觉招生困难，可招收初中毕业生，办理一年制度简易师范科"①，为师资培养与管理提供了灵活的方式。

可见，无论在平时、战时抑或是战后，明确中学及师范学校教师的任职资格，完善教师资格审定制度，一直受到政府的高度重视，这是符合教育发展与国家发展要求的重要制度，也是促进初等教育规范化发展的重要保障，同时推进了师资管理制度的完善。

二　教师培训制度的时代变革

(一) 小学教师培训的制度化发展进程

中华民国成立后，教育部非常重视教师的培训工作，并在 1912 年 12 月发布《师范学校规程》，提出要为已经取得小学教员资格证书仍想继续修习讲习者设立小学教员讲习科，并将其分为正教员讲习科与副教员讲习科两种，并规定了正副教员讲习科的入学条件，要求"副教员讲习科入学之资格，须身体健全、品行端正，在高等小学校毕业或具有同等学力者，讲习期一年以上"②"正教员讲习科入学之资格，须身体健全，品行端正，有初等小学校副教员许可状或具有同等学力者，讲习期二年以上"③。该规程明确了小学教师培训的基本要求和准则，奠定了民国初年小学教师培训步入规范化和制度化的基础。

1913 年 8 月，教育部通令各县设立小学教员讲习所，培训人数为 60 人，为其开设包括国文、算数、教育等科目的课程，并且提出免收培训期间小学教师的学费与伙食费，对于小学教员专业知识与技能的提高有很大的促进作用。同时，民初以来，各省教育会也在积极进行教师培训工作，早在 1912 年，北京教育会便提出成立小学研究会，其研究

---

① 《令各省市教育厅局处、国立各师范学校查简易师范学校》，《国民政府教育公报》1946 年第 2597 期。
② 《师范学校规程》，《教育杂志》1913 年第 12 期。
③ 《师范学校规程》，《教育杂志》1913 年第 12 期。

139

目的是实现改良与进步，研究内容为小学教学及其管理事务。次年，北京教育会又提出成立小学教员讲习会，主要讲解教育学、教育史等教育基本课程，同样实行免费培训制度。

1915年《国民学校令》颁布后，小学教员讲习所更名为师范讲习所。小学教师培训部门名称的变化，也体现着小学教师培训制度的进一步发展。1915年7月，江苏教育会成立了小学教授法讲习会，指导教师由江苏省立师范学校教员担任，参加培训的小学教师达到238人，足见培训数量与规模的扩大，同时，也可见出小学教育培训制度的快速发展。

1916年，教育部通过了全国师范学校校长会议中所提交的《师范学校开办讲习会研究会办法》议案，要求师范学校应在暑期、年假期间开办中小学各个科目教员讲习会，由师范学校教员或师范学校校外专家对中小学教员进行集中培训。这实际上是一种对中小学教员的职后培训，旨在提高中小学教员的专业水平，继而提高基础教育质量。江苏教育会按此要求举办了暑期讲习会，专门为中小学教员培训教育、国文、算数三门课程，与会者达370人，这一议案受到中小学教员的认可，有效推动了小学教师专业知识与教学技能的提高。

但总体来看，小学教师整体质量一直处于偏低状态，严重影响到基础教育质量。因而，1927年，南京国民政府成立后，便高度重视小学教师的在职工作。并于1928年5月颁布了《促令各地设立中小学校教员暑期讲习会办法》，强化了各地举办小学教师暑期讲习会的执行力度，进而促进了小学教师培训的制度化发展。可见，无论何时，作为初等教育质量重要保障的小学教师的培训工作，备受国家关注，初等教师培训制度也得以进一步发展，对于此后教师培训制度的完善，具有重要的奠基性意义。

（二）中学及师范学校教师培训制度的确立及发展

教育部于1918年6月1日公布《高等师范学校附设国语讲习科议决案》，通令各高等师范学校将原高等师范学校本科更名为国语讲习科，并尽快组织设立，国语讲习科的授课对象为中等学校国语教员，具体选送区域由教育部规定。其授课内容为字母与国语，国语讲习科在暑期举行，为期约2个月，教员参加国语讲习科之费用均由教员所在中学承担，实际上是对中学师资的在职培训，旨在培养优质中学国语教员。

随后，教育部又于6月18日发布了《高等师范学校附设国语讲习科选送学员区域表》，规定选送区域为北京高师、武昌高师、沈阳高师、南京高师、广东高师、成都高师、陕西高师七个区域，并对每所高等师范学校所覆盖的省区进行了明确规划，为高师国语科的设立提供了具体的实施依据，推进了高等师范管理的制度化建设。随后，南京高等师范专科学校响应这一要求，在暑期开办了国语科，对江苏、浙江及安徽三省的师范学校的国语教员进行培训。

1923年10月，全国教育会联合会提出，师范学校应当开设进行教育研究的暑期学校，由教育专家专门讲授教育学、国文、算数等课程，以提高在职教师的专业技能。同时，各区还可成立小学教育研究会，定期开展谈论会议，互相观摩、学习及互评。随后，各地的暑期教师培训班竞相成立：中华教育改进社联合了清华学校与洛氏驻华医社，于1924年成立了中学科学教师暑期研究会，研究内容为物理、化学及生物科，与会者达80余人，在当时受到了极大认可。这一做法也引起了陶行知等人的关注，进一步推动了中国科学教育的深入发展。

到了1935年，教育部又颁布《暑期中等学校教员讲习班章程》，要求全国各省教育厅每年举行一次暑期讲习讨论会，由各省选送接受培训的中等学校教师。在这一规定的指导下，各省于1935年开始相继举办中学教师暑期讲习会，但到了1938年，第四届暑期中学教师讲习会受战争影响，仅有部分省份得以举办。对于未通过中学教师资格审定，但教学水平较为突出的中学教师，可依据《国立师范学院办理中学教员进修办法》，通过参加教师进修进行进一步的培训，以提高自身的专业知识及教学技能。

为继续提高在职教师的专业水平和教学技能，教育部于1936年发布了《提高各级学校师资办法》，明确指出加强教师的在职培训，是教育改革的重要方面。过去的教师培训多以暑期为主，不足以满足所有在职教师的需求，因而提出要分期举办教师培训讲习会。在中学教师培训方面，提出应当由"各省市教育总局，会同教育部指定之各地优良大学，办理中等学校师资进修班，计分算学、理科、历史、地理、英语等科，由各省市总局拟定全省市中等学校各科教员分年轮流进修办法，以期于三年内使中等学校全体各科教员，至少有一次参加之机会"①。当时的北平师范大学，作为教育部指定的优良大学，次年便举办了"华北各省师范学校体育教员暑假训练班"和"中等学校教员暑期讲习班"，有效提高了参与培训的中等学校及师范学校各科教师的专业水平，同时，也推进了中等教师培训的制度化发展。

即使在抗战的特殊时期，中学及师范学校教师的在职培训，依然受到国家的高度重视。1938年，教育部发布了《战时各级教育实施方案纲要》，提出在全国划分若干学区，并由师范学院负责本地区中学教师的培训工作，明确了中学教师的培训机构和组合。随后，教育部于1940年公布了《师范学院辅导中等教育办法》《各师范学院区中等教育辅导委员会组织通则》等，为师范学院培训中学教师提供了明确的组织安排及具体规定，从制度上规范了中等学校及师范学校教师的在职培训工作。

抗战胜利后，教育部依然高度重视教师的在职培训，并于1946年公布了《中等学校各科教学研究会组织通则》，要求中学成立各科教学研究会，组织中学各科教师进行教学法的研究和讨论。此外，还明确提出中学教师须参加暑期教师培训讲习会。各省便迅速依此规定成立中学教师研究会。

可见，各省不仅重视中学教员专业知识与教学能力的培训，同时，也非常重视其科研能力的培养，旨在提升教员的业务能力与教学技能，而中学教员能力和水平的提升，必然会提升中学教育质量水平，从而促进中等教育的发展。

（三）高等学校教师培训制度的初步探索与尝试

1918年5月，《教育部通令各高等师范学校选派地理科教员赴日本夏期地理讲习会听讲》提出，高等师范学校旨在为中学校培养教员，然而，"吾国各中等学校所授地理，大半偏于人文的沿革方面，凡关于自然地理之要旨及实施方法，又多缺而不讲"②，于是要求高等师范学

---

① 中央日报：《教部改进各级学校师资》，《教育杂志》1936年第8期。
② 《令各高等师范学校选派地理科教员一人赴日本广岛高等师范学校听讲》，《教育公报》1918年第9期。

校选派地理科教员利用假期前往日本参会,并需关注会上讲习事项,认真考察学习他国自然、地理及其实施方法,以补中国高等师范地理科教学之不足。这一主张实际上是高等师范学校教师的在职培训,旨在拓宽教师的专业知识,并提高教师的专业技能。

20世纪20年代,新式高等教育飞速发展,有效制约了教会大学的发展。而且,这一时期兴起了一场声势浩大的"收回教育权运动"。教会学校一方面严格按照教育部发布的章程进行整改;另一方面,也不断完善自身教育体系,提升教育质量。为提高高等教师的专业水平与教学技能,各地区的教会大学通过设立暑期课程研讨班、举办教师平时读书会以及教师教学经验交流会等举措,有效促进了高校教师的专业发展,同时,也推动了教会大学教师培训的制度化发展。

除在全国各地举办教育研究会或经验交流会,以加强高等院校在职教师业务水平和教学技能外,还曾公费选派高校教员出国留学或考察。如在1921年1月27日举办的全国高等师范学校第二次联合会议上,成都高师和沈阳高师均提议派教员出国考察学习,以储备优质师资,会后,将二者提案合并为《高师各校派员出洋研究考察案》,具体方案为:由高等师范学校视情况决定派遣教员出国留学抑或考察学习,留学年限为3年,考察年限为1年,资格选拔由校长决定,其间费用按年列入财政预算或由校方拨款,并规定无论留学还是考察者,回国后有责任服务于本校。[①] 但直到1927年,国民政府才制定大学教员的任职资格条例,因而,总体来看,大学教员的资格认定及培训,尚处在探索的初级阶段。

三 民国时期教师资格与培训制度评析

进行教师资格检定与培训的目的,均是提高教师的专业知识与教学技能,民国初年的教师资格检定与教师培训制度的确立,为整个民国时期师资队伍建设及师资水平的提高奠定了坚实的制度基础。此后,教育部相继发布政策作为制度引领,提出完善教师的准入制度来强化师范教育的质量,同时,也有效促进了教师的在职培训,促进了教师队伍的优

---

① 《全国高等师范学校第二次联合会议议案》,《教育公报》1921年第3期。

化发展,最终提高了教育质量。

首先,教师资格检定的标准逐渐提高,促进了教师队伍水平的优化。教育部于1916年颁布的《检定小学教员规程》,初步确立了民国初期的教师资格审定制度。须接受检定的教师,对其学业情况、个人品德以及身体状况均必须进行审查。而1934年颁行的《小学教员检定暂行规程》则在此基础上进一步提高了教师资格检定的标准,并规范了检定时间。要求教师资格检定的时间为3年一次,检定的内容包括笔试、口试或实习,且笔试分数占总分数的80%,足见十分重视专业基础知识。此外,还对试验检定的科目予以明确规定,进一步提高了教师的准入门槛,继而提高教师队伍水平。

其次,教师资格检定适应学校类型的多样性,检定对象要求分层进行,满足了不同类型学校对教师的要求。1934年颁布的《中学及师范学校教员检定暂行规程》,确立了中学及师范学校的教师资格检定制度,规定检定期为3年一次,且同样分为试验检定与无试验检定两种。其特殊之处便是基于这一时期中等学校形式的多样性,分层对教师资格进行审定,如分别对初高中教师、师范与简易师范学校教师进行资格审定。

再次,教师培训规模逐渐扩大,种类多样且逐步规范,促进了在职教师质量的不断优化。在整个民国时期,教育部为提高在职教师的业务水平,先后设立诸多教师培训机构,如专门为小学教师设立小学教员讲习所、师范讲习所、教育研究会等,为中学及师范学校教师设立暑期学校、教师培训讲习会、各科教学研究会等,并专门颁行相关法规促进教师培训的进行,在高等教育方面,还提出教师经过选拔可派遣出国接受培训等,促进了教师在职培训质量的提高。

最后,教师培训的相关法规逐渐增多,且内容逐渐细化,即使在战争时期依然颁布《战时各级教育实施方案纲要》《师范学院辅导中等教育办法》等多项法规,体现了政府对师资质量的重视,同时,也促进了师资队伍质量的优化。

当然,在教师资格审定与培训制度发展历程中,也存在一定的不足之处。

首先,民国初年教师资格检定的条件过低,且颁布后在社会大变革的特殊背景下，并未真正得到实施，致使教师资格的审定仅仅流于形式。

其次，缺乏统一规范的各级各类教师资格检定标准与培训制度，不利于建构完善的师资管理制度。一方面，民国时期的教师资格审定要求不断提高，但总体来看，并未专门颁布幼儿教师资格的检定标准，也未在同一时期明确大中小学教师资格检定要求，仅仅是在一定时期里关注某一阶段的教师资格，致使各级各类教师的准入资格大为不同。另一方面，民国时期师资培训机构的种类众多，培养模式多元，但不同水平的师资培训机构，导致培训出来的师资队伍水平存在较大差距，且大多为短期的"速成班"，接受培训的教师水平参差不齐，继而影响教师队伍的统一与规范化发展。

总的来说，教师资格检定与教师培训制度的确立和发展，有效地优化了教师队伍的结构，提高了教师队伍质量，并促进了师范教育制度的进一步发展，对推动整个教育系统的优化具有极其重要的意义。

第三章　革命根据地师范教育制度的演进

1927年，蒋介石领导下的国民党发动政变，轰轰烈烈的大革命以失败而告终。随后，国民政府定都南京。为了挽救中国革命，以毛泽东、周恩来、朱德为代表的共产党人多次掀起武装起义，在偏远农村地区建立了一批革命根据地，成功开创了"工农武装割据"的历史新局面，开始了以中国国民党的南京国民政府和以中国共产党为核心的苏维埃工农民主政府并存的局面。抗日战争全面爆发之后，国共进行第二次合作，中国共产党领导和团结一切革命力量，领导广大劳动人民开辟敌后抗日根据地，展开长达八年的艰苦斗争。抗战胜利后不久，蒋介石撕毁"双十协定"，第三次国内革命战争开始，中国共产党以广大的解放区为基础，建立了各级民主政权，粉碎了国民党发动的内战，最终取得了新民主主义革命的胜利，建立了中华人民共和国。

中国共产党领导的革命根据地最重要的任务就是，在中国共产党拟定的方针政策引领下，将殖民地、半殖民地和半封建的旧社会转变成为新民主主义社会。因此，革命根据地的工农民主政权，在土地革命战争时期、抗日战争时期和解放战争时期，积极进行文化教育的改革和建设，逐步探索并建立了新的工农革命教育体系。师范教育作为这一新的工农革命教育体系的一个重要组成部分，为革命根据地各个时期培育了大量师资和人才，同时，也奠定了中华人民共和国师范教育体系的坚实基础。

虽然与国民党南京国民政府统治区的师范教育同时并存，但革命根据地的师范教育，从社会属性上看，与国民党南京政府统治区的师范教育在本质上截然不同。本章将对革命根据地师范教育的发展历程进行全面系统的梳理，展示代表中国近现代师范教育根本发展方向的新型的师范教育的基本内容。

第一节　苏区的师范教育制度

1927年，国共第一次合作破裂，以毛泽东等人为代表的中国共产党人提出了创建革命军队、开展革命战争、建立革命根据地的主张，不久掀起了以南昌起义、秋收起义等为代表的一系列武装起义，并于1928年成功建立了井冈山革命根据地，成立湘赣边界苏维埃政府。之后，红军在中国共产党的领导下，陆续在南方各地区建立多块根据地，并组建根据地苏维埃政府。

为了实现长足发展，在和以蒋介石领导下的国民党进行残酷的军事斗争的同时，中国共产党也领导广大群众在革命根据地积极展开政治、经济的建设。为了保证军事斗争的胜利和政治经济建设的顺利开展，还制定了苏区教育发展的方针和政策，大力进行文化教育的建设。在苏区制定的文化教育方针政策，以及在实际的文化教育建设中，师范教育无疑占有重要地位，并最终以中央苏区为代表形成了苏区新型的师范教育制度。

一　拟定苏区师范教育方针和政策

动员广大人民投身革命战争，巩固、建设和发展新生的革命政权，成为苏维埃革命根据地建设的首要目标。要动员人民、取得革命战争的胜利，关键一点就是通过革命教育的方式，整体地、全面地提高红军队伍和广大群众的素质，即对革命根据地的红军和广大群众进行马列主义教育，使革命根据地的军事斗争、政治、经济与文化教育事业的建设，均在马列主义指导下进行。

然而，自革命根据地建立以后，国民党不仅屡次对其发动军事上的"围剿"，而且一直通过抢夺学生、散发反动传单等手段，对革命根据地进行文化教育上的"围剿"，企图瓦解根据地人民的革命斗志，毁灭革命根据地的文化建设事业。为了粉碎国民党的计划，亟须进行文化教育上的反"围剿"，以保存和壮大革命力量。

但实际情况是，在半殖民地半封建的旧中国，广大劳苦群众被剥夺了受教育的权利，中国人口绝大多数是文盲。据统计，全国范围内妇女识字率估计为2%—10%，男性识字率估计为30%—45%。那些被列为识字的人中，有相当一部分也仅仅是认识几百个汉字。① 加之，革命根据地基本上都建立在偏远的农村和山区中，群众的文化教育条件更为落后。革命根据地原有学校多是私塾，新式学校几乎没有。

而在这些传统的私塾教学中仍旧提倡尊孔读经，鼓吹"三纲五常"，现代化的教学内容几乎是空白。这些封建迷信、落后的思想观念深深扎根在广大群众的思想意识深处。而且，就教育对象而言，革命根据地的教育对象既包括红军干部，又包括红军普通士兵；既有成人，又有儿童。因此，开展革命根据地的教育事业，可以说是十分艰巨的任务。干部教育、社会教育和普通教育同时进行，成为中国共产党开展文化教育事业的必然选择。

1927年11月，《江西省苏维埃临时政纲》颁布，提出教育发展的任务，就是"实行普及义务教育及职业教育""注意工农成年补习教育及职业教育""发展农村教育，提高乡村文化""发展社会教育，提高普通文化程度"②。总体来看，发展革命根据地的教育事业，就是在闭塞落后的、几乎毫无近代文化的条件下，发起一次大面积、全方位的以普及教育为主要形式的革命教育。而造就一批合格的教师，承担起普及教育的重任成为当务之急。发展师范教育，通过一切可能的方式培养教师，也就成为苏区文化教育事业的基石。

对此，各根据地的苏维埃政府都有明确的认识，在确定文化教育的总任务是文化教育为工农大众服务、为革命战争服务、为建立和巩固新的红色政权服务的前提下，在确定社会教育和普通教育计划的基础上，对发展师范教育和培养合格的新型教师做出了明确的规定。1930年7月，闽西苏维埃政府文化教育计划委员会第二次会议召开，指出当前文化教育内容主要包括：（1）培养能够在革命环境中承担革命工作的干

---

① ［美］R. 麦克法夸尔、费正清编：《剑桥中华人民共和国史：革命的中国的兴起（1949—1965）》，中国社会科学出版社1990年版，第194页。
② 中央档案馆、江西省档案馆编：《江西革命历史文件汇集 一九二七年——九二八年》，1986年，第84页。

部人才;(2)普遍而深入地提高广大群众的阶级觉悟、政治水平、文化程度;(3)强迫要求6—11岁的儿童接受小学教育。基于以上几项任务,闽西苏维埃政府决定通过举办教员训练班、开办列宁师范学校等,实现有计划的师资培养,从而建设一支红色教师队伍,支持当前的文化教育工作。

1931年9月,湘鄂赣工农兵苏维埃第一次代表大会通过《文化问题决议案》,明确提出当前应尽快制定出师范教育方案,并发展师范教育,大力培养新型师资,从而推动整个教育发展的主张。次年5月,湘赣组织会议召开,决定在湘赣地区普遍建立列宁学校,即每乡设立一所列宁初小,中心县和大的县份设立列宁高小和女子职业学校。师资缺乏的问题将通过两种方式解决,即一方面建立师资培训机构,培养大批工农出身的新教师;另一方面,对原有教师进行政治思想改造和文化知识提高,使之胜任苏区新的教学安排。8月,湘赣苏维埃召开第二次代表大会,就如何发展师范教育的问题制定了更为具体的细则,主要包括提拔与培养大批新的文化教育工作干部,继续开办短期干部训练班和师范班培养优秀师资,优待小学教员,改善小学教员的生活等几点。

1931年11月,中华苏维埃政府第一次全国代表大会召开,宣告中华苏维埃共和国临时政府正式成立。长期以来,各根据地要求文化教育建设服务于革命战争、服务于巩固和发展革命根据地的方针和政策,得到了第一次全国工农兵代表大会和中华苏维埃共和国教育人民委员部的支持,文化教育工作所取得的丰硕成果也得到肯定。师范教育作为支撑革命根据地文化教育工作的基石,得到临时政府的重点关注。次年,为了提高广大群众的政治觉悟和文化水平,第一次全国工农兵代表大会再次强调:"工农劳苦群众,不论男子和女子,在社会、经济、政治和教育上,完全享有同等的权利和义务……一切工农劳苦群众及其子弟,有享受国家免费教育之权。"[①] 教育事业的发展使得教师数量的需要越来越大。

1934年1月,第二次全苏区工农兵代表大会召开,毛泽东同志作工作报告,他指出,苏维埃文化教育的总方针在于"以共产主义的精

---

① 陈元晖主编:《老解放区教育简史》,教育科学出版社1981年版,第5页。

神来教育广大的劳苦民众，在于使文化教育为革命战争与阶级斗争服务，在于使教育与劳动联系起来，在于使广大中国民众都成为享受文明幸福的人"。而苏维埃文化建设的中心任务，是"厉行全部的义务教育，是发展广泛的社会教育，是努力扫除文盲，是创造大批领导斗争的高级干部"①。毛泽东的阐释深刻把握和总结了苏区文化建设的核心要旨，与苏区长期以来的教育实践的基本精神一致。

二 积极探索苏区师范教育发展道路

1928年，井冈山革命根据地建立。至1937年抗日战争全面爆发前，中国共产党人陆续建立了中央苏区（包括赣南和闽西苏区）、湘赣苏区、湘鄂赣苏区、闽浙赣苏区、左右江革命根据地、鄂豫皖苏区、川陕苏区、湘鄂西苏区、湘鄂川黔苏区、广东革命根据地、陕甘宁苏区等数十个革命根据地。各根据地无一例外都高度重视师范教育的发展和师资培养工作的开展，在遵循苏区拟定的文化教育方针与政策的基础上，结合各地区客观条件，因地制宜地培养新型师资。

（一）建立师范学校

欲求师范教育发展，须得建立师范学校。然而，革命根据地原有文化基础十分薄弱，鲜少设置师范学校。因此，创办一批师范学校，成为共产党人建设红色教师队伍最重要的举措。

为了有计划地培养新型教师队伍，苏区在兴办师范学校方面可谓不遗余力，在抗日战争全面爆发之前，先后创办了中央闽西苏区师范学校（1930年）、湘鄂西苏区简易师范学校（1930年）、湘赣苏区师范学校（1930年）、闽浙赣苏区的赣东北省列宁师范学校（1931年）和闽北列宁师范学校（1933年）、鄂豫皖苏区师范学校（1931年）、广东苏区琼东教师速成学校、中央苏区的中央列宁师范学校（1932年）和中央教育干部学校、中央赣南苏区的江西省立第一短期师范学校（1934年）和江西省立第二短期师范学校（1934年）、鲁迅师范学校（1937年）等。除此之外，各革命根据地还开办了一批师资培养机构，包括"师

---

① 转引自陈元晖、璩鑫圭、邹光威编《老解放区教育资料（一）：土地革命战争时期》，教育科学出版社1981年版，第20页。

范讲习所""赤色教师讲习所""小学教员研究所""赤色师范学校""短期教育干部训练班"等。这些师范教育机构是苏区不断探索培养、培训师资的成果。

中央列宁师范学校是当时苏区最为著名的师范学校。该校于1932年由徐特立创建,以培养苏区迫切需要的初级及短期师范学校教员、训练班教员及社会教育与普通教育的高级干部为办学目标。徐特立提出,中央列宁师范学校应运用马克思主义唯物辩证的教育方法,培养中小学教员,进而奠定苏维埃教育事业的基础。同时,要加强和确保师范生实习,尽可能利用附属学校和成人补习学校,作为师范生实习场所,锻炼和提高师范生的实践能力,培养符合教育实际需求的师资。

在招生对象方面,中央列宁师范学校要求,以招收能够阅读普通文件的工农劳动群众为原则,但劳动妇女不限定识字与否,在接受预科教育之后可以接受培养。虽然招生门槛较低,但符合苏区实际。在教学计划方面,规定师范生的修业期限为1年。可依据战时环境需要进行适当伸缩,但前后不得少于6个月。师范学校的科目分为教育学、教育行政、社会政治科学、自然科学及国文文法若干课程。由于革命根据地社会环境和教学情况较为复杂,规定"教学时间的比例按修业的年限和环境需要来决定。但政治工作、教育实习和科学实验在任何条件之下都不可放松"[1]。可以见出,对师范生政治思想教育和基本教学技能的要求比较关注。

中央列宁师范学校开办第一期,就成功招收了400多位学员。根据文化程度,分为12个班进行授课。徐特立既担任校长,同时也担任师范生的教员,为学生讲授了包括政治、国文、算术、历史、地理、自然科学常识等在内的多门课程。除此之外,他还亲自编写了《自然常识》教材,供日常教学使用。学校学员在到附近的中小学实习讲课时,徐特立常常会前往听课,加入"实习批评会",对课堂教学进行回顾分析,帮助学员总结授课经验教训,促进学员教学能力的提升。中央列宁师范学校也得到了苏区领导人的大力支持,林伯渠、瞿秋白等也常到学校讲课或作政治报告。

---

[1] 转引自陈元晖、璩鑫圭、邹光威编《老解放区教育资料(一):土地革命战争时期》,教育科学出版社1981年版,第240页。

为了树立每位学员的革命意识,该校除了将革命精神融入教学内容之外,还特别注意将教学环节与革命战争的需要相结合。例如,经常性地开展宣传红军队伍、慰问红军家属等活动,紧密团结在党组织周围;为了培养艰苦奋斗的革命精神,师生常常在学校附近开荒种地,自给自足;学校实行军事化管理,要求师范生加入赤卫军,完成例行军事训练。在这样的要求下,中央列宁师范学校培养出来的师资,不仅身体素质优良,而且革命意志坚定,并且具备相当的教学能力,得到革命根据地和广大群众的认可,该校也就成为苏区一所颇具示范意义的师范学校。

(二) 多渠道筹集师资

为了尽快培养和造就一支合格的师资队伍,满足革命根据地文化教育事业的急切需要,苏区在"教育工作人员应革命化"精神的指导下,充分利用现有条件,尽可能调动一切积极因素来建设和发展师资队伍。

在中国共产党领导下的红军队伍中,拥有一批革命的知识分子。在各个根据地内部,还存在原有私塾的教员和旧的知识分子群体。在苏区之外,还有大批具备革命精神的文化教育工作者。这些人员都成为苏区发展师范教育事业、推行教育发展的潜在师资力量。因此,革命根据地在充分利用现有资源的情况下,通过以下手段筹集师资:

1. 适当抽调红军干部、战士和地方干部,大力招收识字的共青团员。这些人员在经过苏维埃政府严格的政治审查之后,接受师资培训,达到合格标准之后,可以担任列宁小学的教员。川陕苏区即以此种措施培训了大批普通教育教员。

2. 招收愿意为苏维埃政权服务的旧小学教员、私塾塾师及旧知识分子。这些知识分子具备一定的学识基础,但往往缺乏革命意识和现代化的新式教学方法。苏区在招收这批知识分子之后,通过师范训练班的短期培训,使其担任列宁小学的教师,这是所有苏区都使用的方法。

3. 广泛吸纳非苏区的革命文化教育工作者前来苏区创办学校和出任教员。中国共产党自诞生之日起,就成为吸引和汇聚中国最先进分子的组织。革命根据地也成为中国进步青年聚集所在。数以万计的学者和知识青年奔赴革命根据地,推动文化教育事业前行。在党的方针政策指引下，各个根据地也积极延揽优秀人才，支持创办师范学校，鼓励承担教学工作。

4. 聘请革命根据地各级苏维埃政府的党政干部担任学校的兼职教员。苏维埃政府的各级领导干部多为知识分子，其中，还有拥有海外留学经历的高级知识分子。他们不仅掌握着丰富的文化知识，还具备先进的教育理念。兼职教员的工作不仅缓解了师资短缺的问题，也使得革命战争与教育事业发展密切联系起来。

（三）重视培训在职教师

除了数量上的匮乏，苏区在师范师资培育上，还需要达到革命化、知识化和专业化的标准。因此，革命根据地除了通过师范学校和师资培训机构严格培养新教师之外，还通过多种方式加强对在职教师的培训，力求不断提高在职教师的政治素质和业务水平。主要措施有以下几项：

1. 抽调在职教师进行培训。革命根据地定期组织教师参加各类培训，邀请专家和学者开展讲座，旨在提高教师业务能力。如1932年3月，徐特立在中国共产党的支持下主持创办瑞金天后宫师范学校。该校以培训在职小学教师作为主要任务之一。曾经调训小学教师200余人，设置1学年为期限，开设了政治、理化、算术、常识、体操、劳作和游戏等多种课程，在职教师通过上大课的方式接受培训。学员毕业后，被分派到革命根据地的各县去创办列宁小学，有力地推动了普通教育的发展。

2. 利用寒暑假举办训练班进行培训。这是苏区普遍采用的培训办法。在某些地区已经形成了较为严格的制度规定，寒暑假培训已经成为在职教师必须履行的一项义务。如湘鄂赣苏区的万载县通过《万载县苏执委扩大会议》，要求在寒假期间开办赤色教员训练班，凡现任职的各级学校教职员必须入班学习。

3. 成立研究组织，开展教研活动。革命根据地倡导在职教师借助教研小组构建教研共同体，教师集体性地听课、评课，期望通过共同学习、交流共享的方式，增强在职教师的个体教学能力。如湘鄂赣苏区的阳新县苏维埃政府成立了"教育研究会"，经常召集小学教师和负责教学的干部开展教研活动，增加合作交流的机会。

4. 树立教学榜样，形成示范效应。各个革命根据地注意将优秀教师的师范技能作为有效的刺激，推动其他教师进行模仿，学习并掌握必要的教学技能，促进整个教师队伍能力的提升。如徐特立于1932年9月，在瑞金创办了一所列宁小学，并使其发展成为当地的优秀示范学校。他积极组织邻近乡村地区的小学教员，分期分批前往该校参观学习，进行观摩教学和教学评比等活动。另外，在湘鄂赣苏区，规定列宁小学教师在乡文化委员会的组织领导下，实施"巡回教授制"，即在邻近相连的三个村或五个村中，以一个政治思想端正、教学经验丰富的教师作为"巡回教授"。附近地区的教师以这位"巡回教授"作为榜样，发挥教学工作的示范作用。

从1928年苏区成立以来，苏区的师范教育从无到有、蓬勃发展，已经形成了一定的规模，并建立了初步的体系。尽管条件艰苦、资源匮乏，但是，在中国共产党的领导下，还是推动了师资培养的大发展，促进了教育的普及。这一时期，苏区的师范教育体系具有如下鲜明的特点。

首先，考虑到现实需要，苏区的师范教育虽然已经达到高等师范教育程度，但总体而言，还是以培养小学教员作为最主要的任务，满足普及教育的需求。因此，苏区的师范教育从性质上而言，基本上属于中等师范教育。其次，由于社会环境复杂，且处于战争时期，因而各个根据地的师范教育的学制普遍较短，多在1年之内，且根据需要常做调整。最后，革命根据地情况多样，各地区常常因地制宜，逐渐探索出培养教师的多种方式方法，而且不断突破创新。因此，苏区的师范教育实践可谓花样繁多。

总而言之，苏区的师范教育符合苏区实际，在一定程度上满足了苏区推行文化教育事业的需要，标志着中国近现代教育发展中一种新型师范教育的产生。

三 初步确立苏区师范教育制度

为了进一步促进师范教育的发展，苏区各教育部门开始对各级各类师范学校的相关事项做出明确规定，以期建立苏区独特的师范教育制度。1934年，中央教育人民委员部制定并颁布了《高级师范学校简章》

和《初级师范学校简章》等政策文件,这些政策文件基于长期以来革命根据地积极探索发展师范教育的实践经验,将苏区的师范学校划分为高级师范学校、初级师范学校、短期师范学校和小学教员训练班四类,并就各级各类师范学校的办学目标、招生对象、教学计划、课程设置等做出较为明确的规定,初步确立了苏区师范教育制度,推动了苏区教育制度体系的完善。

(一) 高级师范学校

经过长期以来的实践探索,苏区高级师范学校主要应承担三大任务:(1) 培养目前急需的初级短期师范学校教员、训练班教员及进行社会教育与普通教育的高级干部;(2) 运用马克思主义唯物辩证法的教育方法批评传统的教育理论与实际,进而培养出政治思想端正、教育理论先进的中小学教员,以建立苏维埃教育的真实基础;(3) 充分利用附属小学和成人补习学校,将其作为师范学校实习训练的场所,促进苏维埃新的教育方法的更新和推广。

高级师范学校开设的课程主要包括教育学、社会政治科学、教育行政、自然科学以及国文文法等。但由于苏区处于战时特殊条件下,各个科目的教学时间、课时比例可以因时制宜、因地制宜,按修业的年限和战争环境的需要进行调整。特别需要注意的是,政治思想教育、教育实习和科学实验在任何条件之下都不得放松,应当得到每所师范学校和每位师范学生的高度重视。高级师范学校的修业年限一般为一年,考虑到各地区条件不同,可按战争的需要进行伸缩,但最低限度不得少于6个月。如此,才可以尽可能地确保师范生完成教学计划,保障师资队伍的质量。

(二) 初级师范学校

初级师范学校应主要承担培养能运用新方法进行实际的儿童教育及进行社会教育的干部的任务。修业年限一般为6个月,根据战争的需要,可以伸缩调整修业年限,但总体而言不能少于3个月。

初级师范学校开设的主要课程包括小学五年课程的教授法、社会教育问题、政治、小学组织与设备、自然常识等。而且要求教学环节密切结合革命根据地的基础教育实际问题,并且特别注重对实际问题的研究。强调加强教育实习,"以百分之三十的时间从事于实际问题的讨论、教学实习和社会工作"①，确保师范生具备较强的教学能力。在条件允许的情况下，初级师范学校还可以适当教授一般基础理论，增强教育理论素养。

（三）短期师范学校

短期师范学校以迅速培养教育干部及小学教员为主要任务。在招生对象方面，要求具备了解小学前三年的全部教科书的能力，并且在政治上表现积极的学员，相较于高等师范学校和初级师范学校，其招生标准大大降低。另外，劳动妇女可以不受文化程度限制，给予特殊待遇（在入学后予以补习）。

师范学员的修业年限要求达到3个月，可按战争情况伸缩，但总体不得少于2个月。课程以小学五年课程的教授为原则，主要科目有小学管理法、社会教育问题等，同时，还可开设教育行政略论、政治常识及科学常识，并进行教学实习和社会工作等。

（四）小学教员训练班

小学教员训练班与以上各类师范学校开办时间不同，以在寒暑假开班设课为原则，专门招收现任或将任列宁小学教员之人为学生，利用寒暑假的时间让其接受培训，旨在提高现任教师的教学能力，更新知识储备。

革命根据地的四类师范学校存在一定的共性：首先，各级师范学校在招收学生时，在入学资格方面均将具备一定知识文化的工农分子作为重点。劳动妇女入学则可以不受文化程度的限制，但须在入学后接受预科教育，达到相应的标准；其次，各级师范学校的全体工作人员及学生，都必须参加赤卫队，完成经常性的军事训练任务，这在战时特殊环境下十分必要；最后，各级师范学校都组织成立"学生公社"，主张通过学生自治，管理学生的日常生活，开展社会工作。

苏区的师范教育制度建立在各个革命根据地长期探索总结的师范教育经验基础上，符合革命战争环境下文化教育事业建设的需要，最为集中地体现在所规定的各级师范学校的学习年限均有很大的灵活性方面，

---

① 陈元晖、璩鑫圭、邹光威编：《老解放区教育资料（一）：土地革命战争时期》，教育科学出版社1981年版，第241页。

各级师范学校的学习年限都在一年以内,有的甚至更短。速成的师资培养方式表现出苏区基础教育对教师的急需,也可见出革命根据地师资培养的薄弱现实。同时,各级师范学校都重视用马克思主义唯物辩证法来研究教育科学,特别注意教育实习和科学实验,注重理论学习与现实的结合,这是苏区探索师资培养的良好开端。

苏区的师范教育制度在此前苏区师范教育形成和发展的基础上,向制度化的师范教育迈进了一大步。以师范教育制度的基本形式和特质为基础,充分体现了苏区文化教育为革命战争服务、为苏区的文化建设服务和为劳动人民服务的本质,充分适应了在苏区特殊的战争环境中发展教育的要求,标志着中国近现代教育发展中新型的师范教育从实践经验到制度规定的巨大发展。但令人遗憾的是,由于第五次反"围剿"的失败,红军队伍被迫撤离革命根据地,开始了漫漫长征之路,导致这些基于实践经验而来的师范教育制度,没有得到很好的落实,最终未能发挥出应有的效能。

第二节 抗日民主根据地的师范教育

1937年7月,抗日战争全面爆发。中国社会的主要矛盾由阶级矛盾转变为日本帝国主义同中华民族的矛盾。反对日本帝国主义侵略、挽救中国危亡成为整个中华民族的历史重任。在中国共产党和社会各界进步力量的努力下,抗日民族统一战线最终形成。面对新的革命斗争形势,毛泽东在延安党代会上作的《中国共产党在抗日时期的任务》报告中指出:"政治上、军事上、经济上、教育上的国防准备,都是救亡抗战的必需条件,都是不可一刻延缓的。"[1]

中共中央从"一切为着前线,一切为着打倒日本侵略者和解放中国人民"的总方针出发,制定了抗日战争时期的教育方针和政策,要求一切以适应抗战需要为原则,对旧的、不适应战时需要的教育制度进行改革,而且,进一步要求创设并扩大、增强各级干部学校,培养大批抗日干部,广泛发展民众教育,办理义务的小学教育,以民族精神教育新

---

[1] 转引自陈元晖主编《老解放区教育简史》,教育科学出版社1981年版,第52页。

后代，等等，① 这些均对革命根据地的师资力量提出了更高的要求。因此，在抗日战争时期的教育方针与政策下，各抗日民主根据地对发展师范教育的重要性都具有明确的认识。根据各地区的实际情况，探索制定了推动和规范师范教育发展的政策，即使在血与火的艰难情势下，仍极大地推动了革命根据地师范教育的发展。

一　陕甘宁边区的师范教育制度

抗日战争时期，陕甘宁边区处于大后方，是当时的中共中央所在地。和其他的革命根据地一样，陕甘宁边区从战时特殊时代背景出发，要求师范教育在内的文化教育事业的建设与发展，服务于中华民族夺取抗日战争胜利的历史使命。区别于其他的革命根据地的是，陕甘宁边区除了服务于抗战的大局外，由于身处大后方，相对稳定的社会环境要求必须继续加强民主建设、经济建设和教育建设，直接使得师范教育形成了不同于其他革命根据地的特点。

1937年11月，中共陕甘宁特区委员会通过《特区政府施政纲领》，提出了陕甘宁边区"实行国防教育，实施普及的、义务的、免费的教育，提高人民民族觉悟的程度；实行学生的武装训练，普遍的设立日校、夜校及补习学校，进行消灭文盲运动，改善教员、职员的待遇"②。1939年，陕甘宁边区政府又颁布《陕甘宁边区抗战时期施政纲领》，对教育政策进行了更全面和更具体的阐述："实行普及免费的儿童教育，以民族精神与生活知识教育儿童，造就中华民族的优秀后代……消灭文盲，提高边区成年人民之民族意识与政治文化水平……实行干部教育，培养抗战人才……保育儿童，禁止对儿童的虐待。"③ 在这些教育政策的指导下，发展师范教育得到了高度重视。

陕甘宁边区原有师范教育基础十分薄弱。在师范学校数量奇缺的条

---

① 陕西师范大学教育研究所编辑：《陕甘宁边区教育资料（教育方针部分）》（上册），教育科学出版社1981年版，第60页。
② 参见中央档案馆、陕西省档案馆编《中共陕甘宁边区党委文件汇集1937年—1939年》，1993年，第71页。
③ 陕西师范大学教育研究所编辑：《陕甘宁边区教育资料（教育方针部分）》（上册），教育科学出版社1981年版，第60页。

件下，师资培育难以进行。1937年2月，经中央苏维埃政府批准，鲁迅师范学校在延安正式创立，陕甘宁边区建立的第一所中等师范学校成为中等师范教育发展的起点。此后，陕甘宁边区陆续建立了边区师范学校（1939年7月建立，简称边区师范，也称边区第一师范）、关中师范学校（1939年10月建立，也称边区第二师范）、三边区师范学校（1940年2月建立，也称边区第三师范）、绥德师范学校（原为创立于1923年的陕西省立第四师范学校，1940年2月绥德事件后，边区政府开始接管，1941年2月正式接办）、县师范（1941年9月创办，是二年制简易师范学校）、延安师范。同时，为了满足普通教育对教师数量的急需，陕甘宁边区规定中学兼有培养师资的任务。边区中学的在校生，在接受短期训练（半年）之后，可以担任小学师资和中级文化干部。除此之外，陇东中学还设立了学制一年的师范班，培育小学教师。

普通教育的推广一直是革命根据地长期以来的重点。因此，小学教师的培养是最紧要的任务，而高等师范教育受制于革命根据地艰苦的条件，发展较为缓慢。直至1941年，延安大学在设置教育学院之后，苏区制定而未能实施的高等教育计划终于可以落实。延安大学教育学院下设中等教育和国民教育行政两个班，中等教育班主要培养中学师资，分设国文、政治、史地、数学四组，以高中毕业生或具有同等学力者为招生对象；国民教育行政班以培养县级教育行政人员为主要目的，以初中专门毕业生或具有同等学力者为招生对象。这样，陕甘宁边区的师范教育终于实现了由中等师范教育到高等师范教育的延伸发展，取得了重大突破。

（一）鲁迅师范学校

鲁迅师范学校是党中央进驻延安后创办的第一所师范学校。为了纪念鲁迅和满足抗日民族统一战线的需要，徐特立提议，在延安创办一所师范学校，得到毛泽东的大力支持。1937年2月2日，延安鲁迅师范学校成立，并于同年4月迁至延长县城。

鲁迅师范学校从建校之日起，就以培养学生在集体的工作与学习环境中养成严肃而活泼的艰苦革命精神、争取成为国防教育的模范作为教育方针。学校的主要任务是培养边区小学教员和训练初等教育行政工作干部。开设的课程主要分为四类：（1）政治课，包括政治常识和社会科学；(2) 教育学，包括教学法、管理法；(3) 文化课，包括史地、新文字、自然常识、国文、算术等；(4) 抗日的群众工作和军事课。这些课程均为培养一个政治思想正确、专业基础扎实、教学技能丰富的战时小学教师打下了坚实的基础。

另外，鲁迅师范学校的教学活动很有特点，主张将课程教学和集体研究、专业教育和政治思想教育、校内教育和校外教育打成一片。学校专门成立了地方工作委员会，经常性地组织师生面向革命根据地的群众，进行抗日宣传互动，而且积极为革命根据地政府，为地方组织自卫军、夜校、识字班、合作社等提供服务，加强了课内课外、校内校外的沟通，密切了师范教育与边区实际的联系，对边区的文化建设工作和边区政府其他活动的开展作出了一定的贡献。

鲁迅师范学校虽然先后一共只开办了两年多时间，但是，积累了战时举办师范教育的成功经验，为革命根据地的建设培养了近千名干部。1939年7月，由于革命形势发展的需要，鲁迅师范学校接到教育厅指令迁至延安，教学工作暂告一个段落。

(二) 边区师范学校

1939年6月，边区政府决定将边区中学与鲁迅师范学校合并，改称边区师范。边区教育厅长周扬兼职校长，董纯才任副校长。在学校成立之初，规定将师范班分为两组，分别为中学班和预备班，基本学制为1年。1940年8月之后，边区师范学校发展势头较好，准备设置两个师范队和两个预备队，扩大招生人数，并将学制增至2年。同时，组编学制1年的简易师范队，以30人为限，招收年龄在16岁以上，具备小学毕业程度的学生。

边区师范学校长期以来一直将建立新的师范教育，培养新的地方师资，成为边区推行普及教育的中心堡垒，作为办学宗旨。在教育教学过程中，始终将培养正确的政治方向、形成艰苦奋斗的工作作风、充实基本的生活知识和给予从事教育工作的知识技能，作为塑造未来师资的标准。根据形势发展，边区师范学校对原鲁迅师范学校的教学内容进行了充实调整，将师范教育课程分为政治教育、文化教育、科学教育、师范教育、劳动教育、军事与健康教育六个部分。

政治教育主要包括边区历史和边区民主建设，统一战线，国家、政党、三民主义教育，共产主义、党员、党的组织原则，以及社会发展史等内容，以提高学生的民族意识和政治素养为目标；文化教育主要开设国文、数学、历史、自然、地理等学科课程，要求学生掌握一定的文化知识与技能，为未来成为一名教师做准备；科学教育主要包括自然科学和社会科学等内容，以培养学生拥护真理的态度和科学的工作方法为目标；师范教育主要开设国防教育、教学法、小学教育、教育行政、教育心理、课程与教材研究、教育统计与测验及教育实习等课程，要求学生具备教育学基本理论知识，拥有一定的教育学专业基础；劳动教育常常表现为组织学生集体参与革命根据地的生产劳动活动，要求学生了解并掌握基本的生产技术，锻造出艰苦朴素的品质；军事与健康教育主要包括体育、出早操、军事训练、音乐、图画等，旨在强健学生体格、开发艺术鉴赏能力，实现人的全面发展。

同时，边区师范学校由鲁迅师范学校发展而来，因此也吸纳了注重课内课外、校内校外相结合的优良传统。一方面，边区师范学校不断追求办学质量的提升，另一方面，还尽力服务于革命根据地的政权建设、民主氛围的创建和文化教育事业的推广。

抗日战争时期，陕甘宁边区政府也在不断追求师范教育制度建设的突破。1942年8月，《陕甘宁边区暂行师范学校规程（草案）》颁布，这是边区最高行政当局广集各方意见而厘定的师范学校办学标准，要求构建二年制高级师范教育体系和三年制初级师范教育体系，并对学校管理、课程编制和经费薪给等做出统一规定。[①] 可见，在苏区教育宗旨的基础上，并未做出较大改变。

在学制上，受制于战时特殊环境，各级师范学校的学制一般较短，以半年或者一年居多。1940年，边区政府规定师范学校为"二二制"，师范学校分初师和后师，各为两年。1942年，又将师范学校改为"三二制"，其中，初师学制三年，后师学制两年。由于各地实际办学条件差距较大，有些地方初级师范学校还实行过四年制。由此可见，战争时期的陕甘宁边区，在师范教育的教学过程中，保持着高度的灵活性。有

[①] 陕西师范大学教育研究所编辑：《陕甘宁边区教育资料（中等教育部分）》（中册），教育科学出版社1981年版，第32—48页。

的学校还设立了师范速成科，甚至有就读两个月就毕业担任教师的。

师范学校主要设置四类课程，分别是政治课、专业课、教育课和综合课程。政治课主要开设公民、哲学、时事等，每周上课时间为2学时，占每周总学时的6%；专业课包括国语、数学、史地、自然等，每周15学时，占每周总学时的55%；教育课包括儿童心理学、教育概论、教学法等，每周6学时左右，占每周总学时的26%；综合课包括体育、美术、音乐等，每周3—4学时，占每周总学时的19%。[1] 由此可见，陕甘宁边区的师范教育非常重视师范生学科专业能力和教师教学技能的培养。

至1944年，陕甘宁边区的敌我斗争形势发生了很大变化，师范教育事业也取得了较好的成效。为了配合当时的中等学校课程改革，中共中央西北局、陕甘宁边区政府教育厅要求改革师范教育课程。三年制师范学校的教学科目包括边区建设、政治常识、国文、数学、史地、自然、生产知识、医药知识等；师范学校初级部的教学科目主要包括公民常识、国文、数学、社会科学概论、自然科学概论、新教育原理、儿童心理、医药卫生、小学教育概论、社会教育概论、教学法、美术、音乐、体育、参观实习等。新的师范教育课程以"精简"为主要特点，甚至删除了不少课程。

师范教育制度建设建立在长期探索实践的经验基础上，同时它也引导和规范着师范教育的创办和发展，两者可谓是相辅相成、相互促进。师范教育为整个边区文化教育事业培育出大量人才，大大助力和支援了边区的建设。1936年以前，整个陕甘宁边区只有小学120多所，学生2000多人，没有一所师范学校，师资奇缺。自从鲁迅师范学校落成之后，全边区小学增加到733所，学生增至15300多人。1939年至1941年，在边区第一师范、第二师范、第三师范相继开办且接管绥德师范学校后，小学校的数量发展到1341所，学生达到43600多人。[2] 可以说，师范教育的发展，为整个陕甘宁基础教育事业的飞跃奠定了最为坚实的基础。

---

[1] 崔运武：《中国师范教育史》，山西教育出版社2006年版，第194页。
[2] 马啸风主编：《中国师范教育史（1897—2000）》，首都师范大学出版社2003年版，第33—34页。

总而言之，在抗日战争时期，陕甘宁边区的师范教育事业从无到有地建立起来，甚至从中等师范教育发展至高等师范教育，可谓是成果颇丰，在师范教育制度建设上，也在总结苏区革命经验的基础上，迈上继续探索的道路。

陕甘宁边区师范教育根据处于抗战大后方的相对稳定的位置优势，在坚持为抗战服务、为边区的政权建设、为民主政治建设和经济建设服务的同时，不断尝试新的课程设置方式、新的教学方式方法，十分重视师范教育自身的制度建设，探索制定出了一种适合边区实际的师范教育制度。因此，相较于其他各抗日民主根据地，陕甘宁边区正式公布实施的这一师范教育制度的规范化程度是比较高的。

二 其他抗日民主根据地的师范教育制度

在抗日战争时期，除了中共中央所在的陕甘宁边区外，中国共产党还领导着包括晋察冀边区、晋冀鲁豫边区、晋绥边区、山东抗日根据地、淮南淮北皖中抗日根据地、苏南苏中苏北抗日根据地、浙东抗日根据地、鄂豫边区、华南抗日根据地、东北抗日游击根据地等广大区域在内的数十个革命根据地。虽然这些根据地大多靠近甚至直接处于日军的炮火范围之内，但是，在中国共产党的领导下，仍旧尽一切可能、竭尽全力发展文化教育事业。特别是师范教育，为民族抗战和根据地发展建设贡献了力量。

各抗日根据地建立后，中共中央关于抗日战争时期文化教育建设的基本方针和政策，都十分重视文化教育在抗战和根据地建设中的重要作用，制定了根据地文化教育建设的有关政策和计划。1938年，晋察冀边区通过《文化教育决议案》，提出开展抗战教育、增强民族意识，首先就要开展军政干部教育，然后，逐步开展其他方面的教育。

1940年4月，中共中央北方分局发布了《关于国民教育的指示》，提出了开展学校教育和社会教育的实施方案，要求尽快恢复与建立各地小学校，每个行政村至少设置一个初级小学，每个区至少设置一个两级小学，由此建立起广泛的小学网络，满足各地对于基础教育的需求。并且，大批量地招收进步青年知识分子，以及担任过小学教员的旧时教师，进入革命根据地小学教员的队伍中来，通过各种小学教师训练班或讲习所，提供必要的训练，培养男女小学教员，增强师资队伍力量。同年8月，《晋察冀边区目前施政纲领》，即《双十纲领》公布，再次重申和强调师范教育的重要地位。这样，晋察冀边区和其他抗日根据地都从推行教育普及和推动教育事业发展的角度，将师资培养培训工作提上了日程，并且规定了发展的基本原则和方法。

这些抗日民主根据地师范教育的创办和发展，是在各根据地制定的教育方针和政策基础上展开的。这些抗日民主根据地与陕甘宁边区不同，既被敌人所包围，在各个根据地之间，又包围了敌人，可以说，在日伪的重重包围下进行着武装斗争。这就意味着各抗日根据地在除了以争取抗战胜利为总方针的同时，还必须根据对敌斗争的不同环境，更多地强调对敌斗争。因此，各革命根据地的教育因为斗争的复杂性和环境的艰巨性，必须不断转变办学形式和办学方法，才能实现发展。

这些抗日根据地作为对敌斗争的第一线，在师资培养上坚决不能放松，这是对敌斗争的客观需要，也是抗日根据地发展壮大的现实需求。恶劣的战时环境和对敌斗争的需要，决定了师范教育必须以短期为主，单纯追求正规化是不可能完成师资培养任务的，适时适地、多渠道、多方式培养师资，是中国共产党长期以来探索总结出的成功经验。

这一时期，在如何发展教育事业这一问题上出现了不同的声音。1940年，在晋冀鲁豫边区，中共中央北方局和边区党政的几位领导提出抗日根据地教育正规化的课题。同年6月，《新华日报》（华北版）发表了《创立正规化的教育制度》的社论，指出抗战建国的革命形势与土地革命战争时期的革命形势不同，更加需要大批量的人才，必须源源不断地产出人才。在土地革命时期，革命根据地多开办短期学校，不属于正规的教育。边区应须立即在各村建立初级小学、在各区建立完全小学、在各专员区建立中学或师范学校，逐渐形成网络化的学校教育体系；应该尝试探索创建六年制的小学教育和四年制中学教育的教育制度；同时，创建高等学校，开始专门人才的培养工作。这些意见符合党领导下的革命根据地教育的长远发展趋势，但过高地估计了革命根据地的现实条件，在实践过程中，出现了单纯追求正规化的错误。因此，效果并不显著。

从1942年起，边区开始对"正规化的教育趋势"做出调整，注意教育的发展不能脱离社会、战争和农村的背景，纠正在推行教育中出现的脱离实际的倾向。有关边区领导指出，经过长期以来的革命实践，认定学校是社会的一部分，不能脱离社会、战争和农村环境，不能因为正规化导致偏重文化而使政治落了空。文化和政治要有适当的比重。因此，要巩固、充实简政之后的学校教育，提高战斗性，充实正规化内容，但要缩小正规化的形式，使教育制度的建设适合战争环境，适应革命根据地的农村人民生产及儿童家庭的经济状况。包括师范教育在内的整个教育体系，重新回到了以适应战时需求为首要任务目标的正确轨道上。

在此基础上，各个抗日根据地在正确的教育方针和政策的指导下，继续推动师范教育制度建设和人才培养工作的展开。

（一）多方式多渠道培养师资

在充分认识到师资培养对边区文化教育事业发展和整个根据地发展建设的重要性基础之上，各个抗日根据地均充分调动积极性，尽可能利用一切力量，尝试所有方式，要求迅速扩大师资培养培训的规模。在办学方针上强调依靠现有条件，多方式、多渠道地培养师资。

1. 改造原有师范学校，使其转变为培养人民教师的师资培养机构

在抗日根据地，有些地区原来的文化基础相对较好，已经设有师范学校。如晋察冀边区的晋中区，不少的县原本就开设了师范学校。革命根据地边区政府成立之后，在党的领导下，边区政府对这些师范学校进行改造，并使其主要为边区的师资建设服务。

改造工作主要包括两个方面。首先是对师范学校的教学内容进行改造，彻底改革政治课，要求培养师范生端正的政治态度，养成红色革命精神。其次是对师范学校的教师队伍和工作人员进行改造，主要采取团结的态度，要求其提高政治觉悟，并成为新的合格的师范学校教师。

2. 建立新师范学校和新的师资培训班来培养师资

在抗战时期，各个抗日根据地都有一些尚未参加革命工作的在乡知识分子，包括大学生、师范生、中学生，以及旧教师、塾师等，他们都是潜在的基础教育师资力量。结合党的团结改造旧知识分子的政策，边区政府直接领导或者以县、专区为单位开办了规模庞大的师资训练班，加大宣传、积极动员，鼓励这些在乡知识分子参与师资培训工作。在接

受训练之后，一批又一批的知识分子被按照计划分配到中小学充实教师队伍。如1938年，冀中地区就通过这种短期师资训练班，成功培训了6000多名小学教师，壮大了师资队伍的力量。

在党的正确领导下，原有的抗日根据地不断巩固和扩大，新的根据地不断开辟。其中，不少地区以县、专区或行署为单位建立起新的师范学校，进一步扩大师资培养的规模和提高师资培养的质量。《双十纲领》公布之后，晋冀鲁豫边区的冀鲁豫区建立了冠县师范学校、运西师范学校和武训师范学校三所中等师范学校。在晋绥边区也新建立了一批师范学校，其中，晋西北师范学校最为著名。

3. 在中学、公学内附设师范班，在大学内设置教育学院或教育系

在抗日根据地，几乎所有的中学、公学都设有师范班，或同时承担着培养小学教员的任务。实际上，在现有的中等学校或高等学校中附设师范班，是各个根据地利用现有条件培训师资普遍采用的办法，也是最为有效的办法。另外，许多高等学校内设有教育学院，如华北联合大学在晋察冀边区开设教育学院；淮南淮中抗日根据地的江淮大学设有教育系；晋冀鲁豫边区的抗战学院设有师范部，太行抗战建国学院先后办了师范班、特别师范班，还设立了附属边区师范学校，等等。

4. 采取"带徒弟"的方法

无论是师范学校还是短期师范训练班，在培养师资方面均需要一定的时间，不能以最快的速度将潜在的师资置于工作岗位上。而抗日根据地对于人才的需求非常迫切，师范学校和短期师范训练班培养出来的人才，很多都流向其他岗位。因此，师资力量供不应求。在这种情况下，各抗日根据地探索出"带徒弟"的方法。所谓"带徒弟"，就是招收高小学生和具有初小程度粗通文字的青年，将他们分配给教学知识丰富、教学技能娴熟的正式教师，成为"学徒"，让他们一面正式观摩和学习正式教师的授课，一面给低年级学生教课，实现"教中学、学中教"。这种方式使得这些未来的教师往往进步飞速，在较短的时间里就能上岗。

（二）适应战时要求，灵活多变

由于长期处于对敌斗争的第一线，各个根据地在师范教育的学制或修业年限上基本采取短期的方式，而且常做调整。师范学校的学习时间

多在1—2年，一般不超过2年。师资培训班一般是3个月到半年。而且，各根据地的师范学校和师资训练班开设的课程在教学内容上，除了要求具有鲜明的革命性之外，受客观条件的限制，开设的具体科目并不完全一致，但基本上包括如下内容。

1. 政治教育

随着抗战形势的发展和抗日根据地形势的改变，政治教育的课程设置和教学内容也常常做出调整。在抗战初期，开设的课程内容着重在抗战基本常识、统一战线、马克思主义基本常识、社会发展史、青年修养、群众工作以及党的组织原则、民主集中制等方面；在抗战中期，国民党开始执行消极抗战、积极反共的政策，师范教育与根据地的政治教育保持一致，着重在抗战必胜、敌人必败、反对投降、坚持抗日等内容上。

2. 文化教育

这些专业课程仍旧与基础教育需要相匹配，依旧开设国文、数学、自然、历史、地理等课程，但在课程具体内容上做出了部分改动。

3. 科学教育

科学教育的主要目的是在学生掌握基本的文化科学知识的基础之上，要求学生进一步理解自然科学与社会科学的原理，并最终形成科学的精神和工作方法，主要开设了自然科学、社会科学等课程。

4. 师范教育课程

这是师范生的特色课程，强调对师范生进行专业训练，提高这些未来师资人员的专业理论素养，掌握必需的专业知识和教学方法。主要开设国防教育、教学法、教育心理、课程与教材研究、小学教育、教育行政、教育统计与教育测验、教育实习等，在不同的历史阶段，师范教育课程占整个教学计划的比重有所变化。

（三）联系生活实际

抗日根据地的师范教育对学生实际教育教学能力的要求非常高，要求毕业生能够尽快熟悉和适应教师工作。因此，在教学方法上更多地强调注重联系社会、联系生活。除了课堂讲授外，还通过集体学习、集体讨论、组织各种课外活动等方式，力图使学校教育与政治生活打成一片，校内教育与校外教育打成一片，使这些学生拥有较强的实践能力。

(四) 重视在职教育

因地制宜,通过一切可能的方式提高在职教师的教学水平,这是根据地增强师资力量的又一重要途径。

1. 以示范的方式推动教师的日常学习。各个根据地常常选拔政治水平和业务水平均优的教师出任各个根据地中心小学的教师。然后,定期组织中心小学所在学区的其他小学校的教师前往观摩、探讨学习,共同解决教学过程中的问题,进而改进教学方法,实现共同进步,提高教学水平和教学质量。

2. 在寒暑假开办短训班,组织小学教师集体学习。这是一种大规模的"集训",一般将小学教师召集到县或专区进行教学培训,培训重点包括政治时事教育、示范教学、典型报告和经验交流等内容。

3. 出版教育刊物,分享教育经验。为了提高农村教师的政治、业务和文化水平,抗日根据地先后办有《教育阵地》《冀中教育》《冀东教育》《冀南教育》等刊物。这些刊物除了对先进教育教学理论加以介绍之外,还有相当大的部分是一线教师所总结的教学经验。这些刊物将教育理论研究和根据地的教育实际做了密切的结合,为基层教师解决教学问题提供了可供参考借鉴的新思路。

此外,各抗日根据地还注意提高教师政治待遇和生活待遇,尽可能保证师资队伍的稳定。对模范教师进行精神和物质的奖励,通过村公所、青救会、儿童团等组织,发动学生及其家长慰问教师等,都是经常采用的办法。而且,根据地政府还要求改善一线教师的生活待遇,其中,在不少根据地都规定高小校长、教员享受政府科长、科员待遇,初小教员按适当比例提高工资,等等,这些举措提高了教师的社会地位和经济地位,有效保障了教师的基本生活条件。

在抗日战争时期,抗日根据地紧紧围绕着抗战建国这一目标,致力于教育服务于战争这一中心,根据中共中央有关抗战时期文化教育的方针政策,结合各根据地的具体情况,纷纷探索确立了各级师范教育的学制、课程和教学内容,在师范教育事业发展上可谓是竭尽全力。

整体而言,革命根据地在与日伪进行艰苦的武装斗争的同时,继承并发展了长期以来苏区发展师范教育的成功经验。师范教育的规模不断壮大,师资培养的质量也有很大程度地提高。到 1944 年,仅苏南根据地就建有中学和师范学校 39 所、苏中根据地中学和师范学校 54 所、苏北根据地中学和师范学校 19 所，共计 112 所。[①] 而且，师范教育培养的人才层次也得到提高，开始创办高等师范教育，如淮南淮北根据地的江淮大学、鄂豫边区的洪山公学等，都设有教育系，培养中学和师范学校的教员和教育行政干部。可以说，抗日根据地师范教育的发展，为抗日战争的胜利和根据地力量的壮大打下了基础。

第三节 解放区的师范教育

1945 年 9 月 2 日，日本代表签署投降书。至此，中国长达 14 年的抗日战争结束。为了争取全国人民渴望的和平民主，避免内战，中国共产党和国民政府进行谈判，共产党一再让步、积极争取，达成"双十协定"。但是，蒋介石领导下的国民政府凭借其军事力量的绝对优势，最终单方面撕毁协定，向解放区发起猛烈进攻。中国共产党提出了"打倒蒋介石，解放全中国"的号召，各革命根据地在党中央和毛泽东的领导下，开始了艰苦的自卫战争。原本的和平建设进程被破坏，解放战争爆发。在全国范围内，中国人民将蒋介石集团所发动的内战，变成了推翻其统治的人民解放战争。

在解放战争时期，中国共产党领导下的抗日根据地发展为解放区。主要包括华北解放区、东北解放区、陕甘宁解放区、晋绥解放区、山东解放区、苏皖解放区、中原解放区等。其中，东北解放区是中国共产党在抗战胜利之后，派遣大批干部和八路军于东北地区新建的解放区。其他的解放区，均是以抗日根据地为基础扩大发展起来的。

在革命根据地发展的历史中，相较于土地革命战争时期和抗日战争时期，解放战争耗时最短，但变化也是最为迅速的。这是同蒋介石领导下的国民政府做大决战的历史阶段。为了赢得最后的胜利，各解放区根据中国革命发展的需要和中共中央的有关方针和指示，相应地制定了新的教育发展的方针和政策，促进了包括师范教育在内的整个解放区教育的发展，为中华人民共和国教育的建立和发展，打下了坚实的基础。

---

① 崔运武：《中国师范教育史》，山西教育出版社 2006 年版，第 200 页。

一 解放区的师范教育方针政策

在解放战争时期,党领导下的革命根据地以彻底推翻帝国主义、封建主义和官僚资本主义三座大山,摧毁国民党在中国的统治为目标。在战争初期,解放区的教育事业担负着从思想上武装广大劳动人民及其他进步人士,从行动上动员并组织解放区人民参加、支持党的解放全中国的任务。后来,伴随着解放战争中人民解放军的节节胜利,中国共产党领导下的革命根据地,面积不断扩大,新的解放区陆续成立。中国共产党领导下的革命开始从农村转向城市,从战争走向建设。因此,在解放战争后期,革命根据地的教育还肩负着接收和改造旧时知识分子、培育新的和平建设的人才的重任。

纵观整个解放战争时期,革命根据地的教育工作所承担的任务和面临的问题主要有:(1)实现满足战争的需要与培养和平建设所需的人才相统一;(2)平衡学校教育的正规化与非正规建设工作;(3)实现老革命根据地学校教育与新革命根据地学校教育的密切配合;(4)大范围、大幅度完成革命根据地的干部、群众和学生的思想转变和教育普及提高的工作。实际上,在解放战争时期,中共中央和各解放区的党政领导机关对解放区的教育发展高度重视,他们在深刻地认识到中国革命转变的基础上,适时地制定了相应的教育方针和政策,主要包括以下几个方面的内容。

(一)教育为解放战争和社会解放服务

争取解放战争的胜利,推翻国民党的统治,是解放战争时期中国共产党的主要任务,也必然是解放区教育事业的目标。为此,各解放区对如何服务战时需要,助力革命战争提出了明确的政策支持。1946年12月,陕甘宁解放区人民政府发布《战时教育方案》,指出:"各级学校及一切社教组织亦应立即动员起来,发挥教育上的有生力量,直接或间接地为自卫战争服务。一切教育工作者都应成为保卫边区的宣传员与组织者。目前教育工作的中心任务是配合军事、政治、经济、群运等工作,争取人民自卫战争的胜利。"[①]

[①] 陕西师范大学教育研究所编辑:《陕甘宁边区教育资料(教育方针政策部分)》(下册),教育科学出版社1981年版,第531页。

另外，中国共产党在长期领导革命战争和探索革命根据地建设中，深刻认识到群众发动的深度和广度直接决定着战争的胜负。对解放区尤其是新的解放区来说，能否广泛而深入地进行土地改革运动，决定着能否调动广大群众参与解放战争的积极性和主动性。因此，教育服务于解放战争的目标，也就决定着教育必须为新、老解放区的土地改革提供服务。

1947年2月，陕甘宁解放区人民政府教育厅，发布《关于教育工作配合土地改革运动的指示》，指出土地改革是今年一切工作的中心，教育事业的发展应密切配合土地改革工作的展开，要求：（1）各级学校应向学生进行深入的思想教育，向学生讲授土改的相关材料，积极组织学生参加相关集会活动，宣传土改的思想；（2）教育工作配合土地改革运动的目的，使学生在土地改革运动中了解中国革命的基本问题，进行政治思想教育；（3）各学校及社教组织，应大力配合土地改革运动，开展广泛的、深入的社会宣传，减少土地改革的阻力，推动土地改革的顺利进行。[①]

（二）教育与生产劳动相结合

教育与生产劳动相结合，这是马克思主义教育的一个基本原则，也是革命根据地创立以来中国共产党领导下的教育事业发展的优良传统。教育与生产劳动的结合，规避了长期以来传统的教育与现实情况脱节、理论与实践脱离的弊端。因此，继续加强解放区的各级学校教育与生产劳动的结合，成为既定方针。而且，尤其是随着革命根据地的不断扩大，各级学校的数量和规模不断增加，但仍旧处于战时物质条件匮乏的历史阶段，为了缓解经济困难的现实情况，解决学校与学生的物质困难，继续恢复与发展教育，也必须坚持教育与生产劳动相结合的方针。

1947年4月，晋察冀行署和群众团体联合发出通知，要求在目前自卫战争的紧急情况下，各地要进一步发挥教育为生产服务的功能，为长期自卫战争做好准备。教育和战斗、生产、土地改革等工作应该密切结合，教学方式、教学时间的安排应当主动适应当地战斗、生产的情

[①] 陕西师范大学教育研究所编辑：《陕甘宁边区教育资料（教育方针政策部分）》（下册），教育科学出版社1981年版，第537—538页。

况。随着解放战争中革命根据地规模的不断扩大,还提出了以工养学的教育方针,促进了教育事业的发展。

(三) 接管和改造旧式学校

随着解放军在整个战争态势中愈来愈处于有利地位,许多中小城市相继解放,成为共产党领导下的区域,解放区的面积不断扩大,数量不断增多。接管并改造旧的学校成为解放区教育工作的重要内容。为了推进这项工作的顺利开展,在中共中央的领导下,各解放区做出指示,要求在接管与改造旧学校的过程中,应当引导旧的学校沿着新民主主义教育方向前进。

1945年9月,中共浙东区党委在《关于新解放区宣传工作的指示》中明确指出:"对于中小学教师,一般应使他们担任原职。"[①] 党和政府采取稳扎稳打的策略,对新解放区的学校和教员实行先维持、后改良的方式,不断扩大师资规模。1948年7月,中共中央宣传部对东北局宣传部发出指示,要求在处理新收复区大学、中学教育方针的问题上,在维持原校的发展方针的基础上,酌加改良,使其符合新民主主义教育的总体方向。

各解放区还确定了改造旧学校的基本原则和方法。在处理旧学校时,要求取消原有的训导处和国民党三青团组织,废除一切反动的管理措施;加强政治理论的学习,学习马克思主义的基本常识;改造原有文化课的内容,删除落后的、反动的内容,融入新知识。使旧的学校成为具有新民主主义色彩的新学校。

(四) 争取、团结和教育知识分子

随着解放战争的进行,大量知识分子加入中国共产党的革命队伍,前往解放区参加革命工作。同时,随着解放区的扩大,为了合理配置资源,大批知识分子需要重新分配和安排工作。因此,以什么样的态度对待知识分子,成为革命根据地文化教育工作的一个重要问题。

1948年1月,毛泽东为中共中央起草了《关于目前党的政策中的几个重要问题》的党内文件,指出:

---

① 皇甫束玉、宋荐戈、龚守静编著:《中国革命根据地教育纪事 1927.8—1949.9》,教育科学出版社1989年版,第299页。

第三章 革命根据地师范教育制度的演进

> 中国学生运动和革命斗争的经验证明，学生、教员、教授、科学工作者、艺术工作者和一般知识分子的绝大多数，是可以参加革命或者保持中立的，坚决的反革命分子只占极少数。因此，我党对于学生、教员、教授、科学工作者、艺术工作者和一般知识分子，必须采取慎重态度。必须分别情况，加以团结、教育和任用，只对其中极少数坚决的反革命分子，才经过群众路线予以适当的处置。①

这一指示成为解放战争时期革命根据地在文化教育建设中处理知识分子相关问题的总纲领。各解放区积极团结和教育知识分子，壮大了革命队伍，其中不少人还参与旧学校的改造工作。

党中央和各区政府制定的教育方针政策，是解放区师范教育发展中的根本指针。除此之外，各解放区还根据师范教育自身的发展需求，对师范教育事业的总体发展做出了政策引导。在文化教育发展的总体规划中，各解放区都将师范教育的发展放到极为重要的位置上，要求努力扩大师范教育的规模，使得师范教育能够坚持为干部教育和普通教育培养出数量和质量均达标的师资。而实际上，在长期的对敌斗争环境下，尽管革命根据地的师范教育源源不断地培育出大量优质人才，但由于各方面对人才的需求十分急切，不断从学校抽调教师从事其他工作，导致教育队伍人才流失严重。

因此，基础教育师资力量一直未能满足实际需求，教师的实际数量与现实需求差距很大。尤其是随着解放区数量的增加和规模的扩大，中小学可以说是师资匮乏。因此，各解放区要求努力扩大师范教育的规模，并制定了相应的政策和措施。

1945年9月，山东解放区公布了《中等学校暂行规程》，提出要努力发展师范教育，并对师范学校的办学方针、学制、课程等做出了规定；1948年，华北解放区召开了中等教育会议，通过了华北区《师范学校暂行实施办法(草案)》，要求发展师范教育，培养与提高小学师资

---

① 《毛泽东选集》(第4卷)，人民出版社1991年版，第1269—1270页。

及初等教育行政干部;① 晋察冀解放区冀中行署公布了《整顿各县师范教育的指示》,要求"各县在可能的条件下尽快建立与恢复师范学校,已有的师范学校应按照华北人民政府颁布的《师范学校暂行实施办法(草案)》加以整顿,使之走向正规"②。

在中共中央和各解放区人民政府的积极引导下,按照师范教育发展的总体规划,在解放战争时期,解放区的师范教育不断发展,为解放战争的胜利作出了应有的贡献。

二 解放区师范教育的发展历程

在解放战争时期,师范教育在党中央和人民政府的正确领导下,颁布并落实有关的方针政策,取得了长足的发展。更为重要的是,成功实现了从农村转向城市,从非正规化走向新型正规化,实现了革命的新民主主义师范教育的大发展。

在解放战争时期,师范教育的发展与以往革命根据地的师范教育的发展相比,具有明显的阶段性特点,主要是在执行教育为解放战争和社会解放服务等方针的同时,在不同的地区和不同的发展阶段,承担着不完全相同的任务。解放区师范教育的发展大致可以分为两个阶段。

(一) 解放战争前期的师范教育

从1945年抗日战争全面胜利到1946年上半年国共内战全面爆发期间,是解放区师范教育发展的第一个阶段。这一阶段的解放区主要由抗战根据地发展而成,以老解放区为主。各解放区师范教育的主要任务,就是在巩固和建设解放区的基础上扩大办学规模,提高师资培养的质量,稳定基础教育教师队伍,改造新接收的日伪师范学校。

虽然,抗日战争时期各抗日根据地的师范教育已经取得了很大程度的发展,但是,实际教师数量与根据地基础教育发展的需要仍有很大的差距。同时,在土地改革运动推行的过程中,也存在着将阶级划分的做法,生搬硬套地运用到学校教育中的不恰当情况,削弱了已有教师队伍

---

① 皇甫束玉、宋荐戈、龚守静编著:《中国革命根据地教育纪事 1927.8—1949.9》,教育科学出版社1989年版,第368页。
② 皇甫束玉、宋荐戈、龚守静编著:《中国革命根据地教育纪事 1927.8—1949.9》,教育科学出版社1989年版,第389页。

的力量，导致师资队伍并不稳定。有些解放区的部分地区在经过土改之后，农民阶级的教师数量增加，但这些教师虽然政治觉悟和工作积极性很高，但文化知识的学习有待加强，教学经验也有待丰富。因此，师资培养培训仍旧是老解放区教育工作的重点。

1. 进一步广设师范学校

各解放区以现有师范教育机构设置为基础，结合各地区的实际需求，进一步广设师范学校、短期师范学校或乡村师范学校、中学附设师范班等，促进各级各类师范教育机构的发展。同时，针对现有师资队伍，要求加强在职教师的政治和业务学习。

2. 制定教师服务规程

为了有效解决师资队伍不稳定的问题，一方面，各解放区努力扩大师范教育的规模，提高教师培育质量。另一方面，还制定出台了小学教师服务规程等法规，对师范毕业生的使用做出了系列规定。

例如，山东解放区规定初小教员以专署为单位进行培养，由行署统一调配使用；高小教员由行署自行培养，由省统一调剂。而且要求现职教师不能轻易进行岗位调动，尽量保证教师工作的稳定性，能够在所在学校实现职业的长期发展。不经专署批准，不得令学校停课或者抽调在职教师从事其他工作，但必要的社会服务除外。

3. 改革师范教育课程

由于革命形势的转变，这一阶段，师范教育的内容主要围绕教育为解放区的自卫斗争和解放区的土地改革而设计。

1945年10月，山东解放区的渤海行署决定，各专区的中等学校课程可划分为必修课和选修课，必修课为政治思想教育课，教材以《新民主主义论》《论解放区战场》《论联合政府》和《中国史话》等为主。同时，考虑到解放区环境相对较为安定，因此做出延长师范学校学制的安排，既办一年制的短期师范班，又办二年制甚至三年制的师范班，增加了文化课和师范专业课的课程学习时间。另外，在接收敌伪统治下的师范学校之后，在对这些接管的师范学校的改造中，一方面通过政治学习去除奴化思想。另一方面对原来的学校管理体制、课程内容等进行改革。

(二) 解放战争后期的师范教育

内战全面爆发直至 1949 年毛泽东领导下的中国共产党建立起中华人民共和国，是解放区师范教育发展的第二阶段。在这一历史进程中，中国共产党领导下的中国革命开始由农村走向城市，恢复经济、发展生产已提上了日程。革命根据地的师范教育也必须尽快适应这种改变，开始探索从非正规化走向正规化的道路，这不仅要求革命根据地的师范教育在数量上持续发展，而且要求提高办学质量，建立并完善师范教育制度。从中长期规划出发，国家未来的建设需要大批思想进步又有文化科学知识的专门技术人才。因此，将教育的目前需要与长远发展相结合，逐步实现师范教育自身的正规化，是师范教育发展的又一项任务。

解放区教育的新型正规化是随着解放区的不断扩大，各解放区教育发展中面临的一个极为重要而迫切的问题。教育的新型正规化就是建立起统一的、规范化的教育制度，教育的内容、形式和实质与旧的正规化区别很大，是在新民主主义思想指导下的正规化，是制度化的、革命的教育。

由于老解放区和新解放区的情况不完全一致。因此，老解放区和新解放区的师范教育，在推行新型正规化的过程中各有侧重。老解放区的师范教育受制于战时条件，师范学校的学制普遍较短且常做伸缩。而且，基于服务战时需求的中心任务，在师范教育课程结构中，政治思想教育所占比重较大。因此，在老解放区师范教育的正规化中，在保持其办学方向和目标的基础上，改革的重点在于力争实现师范教育制度化、规范化，并且加大文化科学知识和师范教育专业课程在整个教学计划中的比重；而新解放区的师范教育的改革重点是，在接管了旧的师范学校之后，改造其旧式的、正规化的思想方法及制度。并且，结合根据地长期总结出来的经验，从根本上转变其办学方向和目标，迅速建立起新的、革命的师范教育体系。

这一阶段，各解放区围绕着教育新型正规化的任务，通过制定师范教育的具体政策，确立了师范教育制度，推动师范教育新型正规化的改革。各解放区的师范教育制度建设主要有如下内容。

1. 学校设置。关于在革命根据地如何设置师范学校，各个解放区都做出了明确的规定。例如，东北解放区要求，每个专署设置培养初小教师的普通师范学校，每个行署要设置培养高小教师的简易师范学校。

山东解放区要求，各行署设立师范学校1所，各地区中学设立师范班。

2. 修业年限。在解放战争后期，师范教育在修业年限上明显延长。例如，东北解放区规定，普通师范学校学制四年，以培育高小教师为主要目标；简易师范学校学制二年，以培育初小教师为主要目标。华北解放区规定，师范教育的学制以三年为主，一年制为辅。

除此之外，各解放区还普遍将原有的普通中学改为联合中学，并设置师范班，进一步扩大师范教育的规模。例如，晋绥解放区的中学均开设师范班。师范班分为高小师范和初小师范两级，学制均为二年。此外，有的还有短期师训班和在职教师轮训班。

3. 培养目标。这一时期，革命根据地的师范教育在办学方向和培养目标上做出调整。总的办学方向是建成新的革命的师范教育，培养目标被调整为培养人民教师和教育行政干部。

4. 课程设置。课程改革是解放战争后期师范教育改革的重点，主要是对课程科目设置和教学内容比重进行调整。由于多种因素的限制，长期以来，革命根据地的师范教育课程存在对文化知识教育和师范专业教育不重视的情况。因此，这一时期，各解放区都以加强文化科学和师范专业的学习为基本出发点，对师范学校的课程进行了调整，重新确定政治课、文化课和教育类课程在整个教学计划中的比重。例如，东北解放区规定，师范学校中政治课占10%、文化课占70%—75%、教育类课程占15%—20%。[1]"加重文化课，并不等于忽视政治教育思想教育。我们应善于把政治思想教育渗透到文化课里面，取得潜移默化之功效。……使文化课换上新的内容，渗透着辩证唯物主义和历史唯物主义的立场、观点与方法。"[2]

在对新解放区包括师范学校等在内的中等学校，以及包括师范学院在内的高等学校的改造过程中，各个解放区以中央制定的方针作为指导，先结合本地实际情况，制定出具体接管的办法。之后，中央再集中总结提炼出各地的经验，进而制定全国性的接管学校的方针政策。最

---

[1] 董纯才：《前进一步——东北解放区第三次教育会议的总结》，载东北教育社主编：《东北四年来教育文件汇编》，东北新华书店1949年版，第82页。

[2] 东北教育社主编：《东北四年来教育文件汇编》，东北新华书店1949年版，第64—65页。

后，各地根据这些方针政策的精神，结合本地学校的具体情况实施。在这个过程中，首先做到了迅速复校和复课，初步稳定了人心，团结了学校的学生和教师。然后，对学校领导者与一般教师的政治思想进行划分，对学校开设的课程进行了解，对学校制度建设进行把握。在此基础上，一方面，通过加强政治学习，改造落后的、反动的教师，去除反动的课程如国民党的三民主义、训育课等，去除训导制度等，并成立学生会实行民主管理；另一方面，按照新的师范教育体制的规定，对学校进行全面改造。

经过以上两个阶段的发展，在解放战争时期，师范教育在中国共产党的领导下取得了明显的进展。师范学校的数量经过老解放区的恢复、整顿和新创与新解放区的接管改造大大增加，达到了革命根据地创建以来的最高水平。据1948年统计，华北各解放区有中等学校144所，其中行署与市、县立中学43所（中学基本上都设有师范班），行署与市立师范学校5所，县立师范学校90所，其他职业学校6所，学生24962人。①

而且，高等师范教育也获得了较大的发展，在各解放区新创建的大学中，不少都设立了中等教育师资培养机构。包括东北解放区的东北大学的教育学院和哈尔滨大学的教育系、华北解放区的冀中五一学院的教育队和冀鲁豫建国学院的师范部、陕甘宁解放区延安大学的教育班、山东解放区的山东大学文教系和华东大学的教育研究班、苏皖解放区的华中建设大学教育系、中原解放区的中原大学教育学院。北平（北京）和平解放之后，中国共产党接管了北京师范大学等一批师范学院、教育学院、师范专科学校和大学（其中一些设有教育系）。这样一来，高等师范教育就具备了相当的规模。

总之，在解放战争时期，师范教育承担并很好地完成了党和文化教育事业所赋予的重任，为解放区文化教育建设和中国共产党的最终胜利打下了坚实的基础。从中国共产党领导下的师范教育自身发展而言，解放区的师范教育逐步完成了新型正规化的历史任务，建立了新民主主义的师范教育体系，使中国近现代师范教育的发展进入了一个崭新的阶段。

---

① 皇甫束玉、宋荐戈、龚守静编著：《中国革命根据地教育纪事1927.8—1949.9》，教育科学出版社1989年版，第372页。

第三章 革命根据地师范教育制度的演进

革命根据地的师范教育与南京国民政府的师范教育，虽然几乎产生于同一历史时期，但是，从根本性质上看，南京国民政府的师范教育在帝国主义、封建主义和官僚资本主义的夹缝中不断扩张，而革命根据地的师范教育根植于中国共产党和根据地群众长期以来的实践经验，属于一种民族的、大众的和科学的师范教育。尽管受制于战时需要和革命根据地艰苦的条件，革命根据地的师范教育从规模上、制度建设上看，不及南京国民政府的师范教育，但是，不可否认的是，革命根据地的师范教育是一种充满生命力，代表着中国近现代师范教育发展前途的新教育。

可以说，革命根据地的师范教育代表着中国近现代师范教育的全新的发展路向。革命根据地的师范教育历经土地革命战争时期、抗日战争时期和解放战争时期，在22年的风雨中，坚持以中国共产党颁布的方针政策作为指引，凝聚着各个革命根据地广大干部、教育工作者和群众艰苦不懈的努力，在血与汗中日益发展壮大。

随着解放战争的节节胜利，南京国民政府垮台，国民党结束了在大陆的统治，中华人民共和国终于成立。革命根据地的师范教育在总结长期以来发展经验的基础上，开始迈向正规化发展的新里程。新民主主义的师范教育，团结教育了南京国民政府师范教育体系中广大的知识分子，吸收了符合师范教育规律的内容，充分利用了南京国民政府师范院校的设备等，逐步奠定了中华人民共和国师范教育的基础，近代师范教育完成了一次具有社会本质意义的根本变革和飞跃，踏入中国师范教育发展的一个新历程。

第四章 中华人民共和国成立至改革开放前师范教育制度的发展（1949—1977年）

1949年10月1日中华人民共和国成立，自此，中华民族进入了历史新纪元。在中华人民共和国成立初期，国内各项事业百废待兴，作为改造人民思想、提高人口素质、增强国家实力的教育事业，更是亟须恢复与整顿。1949年9月颁布的《中国人民政治协商会议共同纲领》，对于中华人民共和国的文化教育的要求是"新民主主义的，即民族的、科学的、大众的文化教育"，其主要任务是"提高人民文化水平，培养国家建设人才，肃清封建的、买办的、法西斯主义的思想，发展为人民服务的思想"[1]。

中华人民共和国成立以来的师范教育，就是在这种由新民主主义革命向社会主义改造过渡的历史背景中，和整个人民的文化教育事业同步恢复、改造和发展的，并以培养各级各类中小学师资直接为普通教育服务，间接为人民的高等教育服务，从而为国家社会主义改造和建设事业做出其贡献。在27年间，人民的师范教育取得了巨大的成就，积累了许多有益经验。师范教育也由此作为国家教育事业的一个重要组成部分，承担着为整个国家培养培训师资的重任。

第一节 恢复与改造时期的师范教育制度（1949—1956年）

从中华人民共和国成立到社会主义改造基本完成，这是一个过

---

[1] 全国人大常委会办公厅、中共中央文献研究室编：《人民代表大会制度重要文献选编》（一），中国民主法制出版社2015年版，第83页。

第四章　中华人民共和国成立至改革开放前师范教育制度的发展（1949—1977年）

渡时期。这一时期的总路线和总任务，是在中国共产党的领导下，在一个相当长的时期内，基本上实现国家工业化和对农业、手工业、资本主义工商业的社会主义改造。1949—1956年的师范教育制度变革，是现代中国师范教育史的开端，变革的结果是其制度至今仍发挥着重要的作用。

一　明确师范教育办学方针，初步建立中华人民共和国的师范教育体制

1949年12月23—31日，教育部组织的第一次全国教育工作会议于北京顺利召开。此次会议取得的主要成就有：初步了解了全国教育工作的基本情况；统一与明确了今后教育工作的方针是处理好普及与提高之间的关系，将二者正确结合起来，即在提高的基础上推动普及，在普及的基础上做到提高，并且在今后的一个较长时期内要以普及为主、提高为辅；商议北京师范大学改革方案，明确为教育事业培养中等学校教师是该校最主要的任务，根据这个要求，本着理论与实际相一致的原则，取消北京师范大学原有院制，分设本科与专修科（本科三至四年毕业，专修科半年至二年毕业），适当合并各科系，精简课程；讨论了如何改进各地师范学校，加强在职人员轮训。此次会议不仅确立了中华人民共和国成立最初几年的全国教育工作的基调与总体方针，而且对师范教育从全局上做出了指导，推动了中国师范教育的发展。

（一）以《北京师范大学暂行规程》为帆，引航全国师范教育改革之潮

1950年5月，教育部根据第一次全国教育工作会议关于"改进北京师范大学和各地区大学中的师范学院或教育学院的任务"的指示，制定了《北京师范大学暂行规程》[1]，该规程主要包含总纲、教学原则、学生、教学组织、行政组织、附则共计六章三十一条。其主要内容如下。

---

[1] 何东昌主编：《中华人民共和国重要教育文献1949—1975》，海南出版社1998年版，第14页。

首先，北京师范大学由中央人民政府教育部直接领导，其办学的主要任务是承担为教育事业培养合格的中等学校师资（即普通中学、工农速成中学、师范学校的教员、中等技术学校的政治、文化教员）；其次，培养和训练教育行政与社会教育干部。这些由北京师范大学培养出来的师资和干部，必须具备为人民教育服务的专业精神和思想觉悟，在思想上坚持马克思列宁主义、毛泽东思想，在专业能力上，掌握并熟练使用教育科学、教育技术等相关的知识，真正做到理论联系实际。

北京师范大学以理论与实际相一致为教学原则，教学实施必须制定各系科教学计划及教学大纲。本科各系的公共课为政治课，其课时约占整体课程的15%，科目安排主要包括辩证唯物论与历史唯物论（包括社会发展简史）、新民主主义论（包括近代中国革命史）、政治经济学、文教政策与法令。除政治课外，还规定体育、教育心理学、教育学、逻辑学及中等学校教材教法亦为本科各系共同必修课，但总计不得超过总体课时的15%。此外，本科各系还需要安排实习、参观等教学形式，约占总时数的15%。各系科除基本必修学程外，还得设若干选修课程。本科各系学生除修习本系学程外，还须兼修其他系学程。除共同必修科外，每个学生每学期的学习科目通常不应超过四门，每天所学的学科不能超过三门。

北京师范大学主要开设本科及专修科，本科修业年限为三至四年，专修科修业年限为半年到二年。本科主要开设教育、政治、中国语文、外国语（主要是俄语）、历史、地理（包括地质）、数学、物理、化学、生理、保育、体育卫生、美术工艺、音乐戏剧等课程。[①] 学校采用教师讲授与教师指导学生自学、实验、参观、实习及讨论等教学方式，并设立各种教学研究组，由一种学科或性质相近的几种学科的全体教授、副教授、讲师、助教等组成。教学时间每年为40周，每周为六个学习日，每日学习不能少于8小时（包括实习参观及固定的自修时间）、超过10小时。[②]

[①] 何东昌主编：《中华人民共和国重要教育文献1949—1975》，海南出版社1998年版，第15页。

[②] 何东昌主编：《中华人民共和国重要教育文献1949—1975》，海南出版社1998年版，第15页。

第四章　中华人民共和国成立至改革开放前师范教育制度的发展（1949—1977年）

除此之外，还规定北京师范大学实行校长负责制，设校长1人及副校长，由教育部呈政务院提请中央人民政府委员会任命。同时，分别设立教务长、副教务长、行政处长、系科主任和图书馆馆长，由校长就教授提请中央人民政府教育部批准任命。在校长领导下设置校务委员会，主要由正副校长、正副教务长、各系科主任、行政处处长、图书馆馆长、工会代表4人及学生代表2人组成，由校长担任校务委员会主席。为教学上理论与实际相联系，规定要设附属中学、师范学校及小学。

《北京师范大学暂行规程》是中华人民共和国成立后第一个关于师范教育的规定，构建了中华人民共和国成立后高等师范教育的基本模式，对全国师范学校的恢复与改造发挥了引领性的指导作用。

（二）召开首次全国师范教育会议，讨论师范教育问题

1951年，全国共有中等师范学校744所[①]，学生219787人[②]，高等师范学校30所[③]，学生18225人[④]，整体情况较为落后。当时，中国师范教育存在的主要问题有：

1. 高等师范学校数量较少。在29所院校中，真正独立的高等师范学校仅有17所，其余12所皆附设于普通大学的教育学院或师范学院抑或大学文学院中，远不能成规模。由于缺乏高师课程建设的相关经验，在课程安排设置上比较紊乱，存在许多不合理之处，从实际效果来看，距离满足中等学校师资需求的目标还有很大的差距。

2. 在中等师范学校设置数量上，虽较之高等师范学校多而又多，但总体而言，依旧难以满足国家的需求；中等师范学校在解放区之间分布不均，老解放区多、新解放区少；在师范学校的层级分布方面，初级师范学校占比例较大。

3. 各级学校师资普遍缺乏，初等教育师资最为缺乏，中等师范学

[①] 《中国教育年鉴》编辑部编：《中国教育年鉴1949—1981》，中国大百科全书出版社1984年版，第981页。

[②] 《中国教育年鉴》编辑部编：《中国教育年鉴1949—1981》，中国大百科全书出版社1984年版，第986页。

[③] 《中国教育年鉴》编辑部编：《中国教育年鉴1949—1981》，中国大百科全书出版社1984年版，第965页。

[④] 《中国教育年鉴》编辑部编：《中国教育年鉴1949—1981》，中国大百科全书出版社1984年版，第966页。

校也远不能完成培植师资的任务；且部分在职教师的专业水平较低，须通过训练以提高质量。

4. 各级师范学校还没有一套适用的教材，特别是业务课更缺乏新教材，因而进行教学有极大的困难。

5. 教师与各级师范学校学生的待遇较低，难免挫伤教师与学生的积极性，在一定程度上影响了师范教育局面的稳定和巩固。

概括来说，中华人民共和国成立初期，师范教育最大的问题就在于全国师范教育的发展与教育建设的实际需要极不适应，具体而言，又体现在学校和师资的数量与质量、教学、薪资待遇等多个方面。总体来看，高等与中等师范教育根基薄弱、很不平衡，发展较为缓慢。因此，为解决这些问题，1951年8月教育部召开了第一次全国师范教育会议（此次会议与第一次全国初等教育会议合并召开），在会议上明确规定要为培养百万人民教师而努力奋斗的目标。

首先，此次会议就师范教育的工作方针进行了充分的讨论。经过全面的论证，对于工作方针内容达成共识。此次会议明确指出，当前师范教育的工作方针是：正规师范教育与短期培训相结合。内容包括办好正规的师范教育，主要是调整、整顿和发展各级师范学校；短期训练师资的方式应多种多样；现任教师要加强在职学习，提高质量；用马列主义和毛泽东思想来培养师资，最终逐步实现将全国的教师都培养成为坚定的马克思主义者。

其次，此次会议还规定了中、高两级师范学校调整和设置的原则。其内容主要包括每一大行政区至少建立健全一所由该行政区教育部直接领导的师范学校，其主要任务是培养高级中等学校所需师资。每一个省份和大城市都要建立健全一所由省、市教育厅、局直接领导的师范专科学校或师范学院，学校主要培养初级中等学校的师资。除新建立学校之外，对已有师范学校主要秉持巩固和调整原则。重视文理学院及科系的设立，针对没有文理科系的师范学校、师范学院及教育学院，要逐步增设并补充其配套设备。根据实际条件和当地教育事业的需求，也可以将个别综合性大学的文理学院合并改组成为独立的师范学院。这些师范学院的主要任务相较于师范大学有所不同，其教育系主要承担培养师范学校内教育学、心理学等基础科目的教师。将大学文学院中的教育系合并

第四章　中华人民共和国成立至改革开放前师范教育制度的发展（1949—1977年）

入师范学院之中。对于语文、社会等专门教育系，应明确规范其具体内容并加以调整合并。将有条件的学校改设为一所至两所幼儿师范专科学校。

此次会议指出，中等师范学校调整的基本规则为：在条件允许的情况下，专署区及省辖市应设立师范学校一所；在条件不够时，则设立初级师范学校。较大的县可充分利用现有资源，争取设立一所初级师范学校，较小的县可联合二、三县共同设立一所初级师范学校或师范学校。各省现阶段的主要任务是"增设"初级师范学校。如条件允许，可将初级师范学校有计划地升格为高级师范学校。争取在师范学校或初级师范学校内附设幼儿师范班。针对招生困难的问题，各地可以于师范学校中附设带有预备性质的初中班用以扩大生源。

（三）颁布师范教育系列章程，中华人民共和国的师范教育体系初具规模

根据中华人民共和国成立初期所确定的教育方针和原则，第一次全国师范教育会议讨论通过了《关于高等师范学校的规定（草案）》[1]（1952年7月）、《师范学校暂行规程（草案）》[2]（1952年7月）、《关于大量短期培养初等及中等教育师资的决定》[3]（1952年7月）、《关于解决1952年暑假后中等学校师资问题的决定》[4]（1952年11月）等文件。

《关于高等师范学校的规定（草案）》共计21条，主要包括高等师范学校的种类、任务、学生资格与修业年限、系科设置、行政管理等内容。[5]

---

[1]　《当代中国》丛书教育卷编辑室编：《当代中国高等师范教育资料选》（上册），华东师范大学出版社1986年版，第21页。

[2]　《中国教育年鉴》编辑部编：《中国教育年鉴1949—1981》，中国大百科全书出版社1984年版，第750页。

[3]　何东昌主编：《中华人民共和国重要教育文献1949—1975》，海南出版社1998年版，第162页。

[4]　何东昌主编：《中华人民共和国重要教育文献1949—1975》，海南出版社1998年版，第182页。

[5]　《当代中国》丛书教育卷编辑室编：《当代中国高等师范教育资料选》（上册），华东师范大学出版社1986年版，第21—23页。

该规定首先明确了师范学院和师范专科学校均属于高等师范学校。其次指出高等师范学校所承担的任务，是根据新民主主义教育方针，以理论与实际相一致的方法，培养具有马克思列宁主义和马克思列宁主义与中国革命实际相结合的毛泽东思想的基础、高级文化与科学水平和教育的专门知识与技能、全心全意为人民教育事业服务的中等学校师资。师范学院培养高级中学及同等程度的中等学校师资，师范专科学校培养初级中学及同等程度的中等学校师资。师范学院修业年限为四年，师范专科学校修业年限为二年。

在课程方面，该规定创设性地指出，参观与实习在师范学院、师范专科学校各系科教学计划中扮演着重要的角色，主要可以分为平时参观、见习与定期集中参观、实习。为了方便学生观摩实习，师范学院应附设中学，并附设师范学校、小学及幼儿园；师范专科学校应附设初级中学，并附设小学及幼儿园。

对于师范学校的设置与管理，该规定提出由中央人民政府教育部统筹决定。大行政区设立的师范学院由大行政区教育部（文化部）直接领导，省（市）设立的师范学院及师范专科学校，由省（市）教育厅（局）直接领导。

《师范学校暂行规程（草案）》共有13章62条，对师范学校的任务、学制、设置领导、教学计划、教导原则、学生待遇服务、组织编制等做出了详细的规定。[①]

该规程首先明确规定师范学校的基本任务为：根据新民主主义教育方针，以理论与实际相一致的方法，培养具有马克思列宁主义和马克思列宁主义与中国革命实际相结合的毛泽东思想的初步基础，中等文化水平和教育专业的知识、技能，全心全意为人民教育事业服务的初等教育和幼儿教育的师资。

其次，规定师范学校修业年限为三年，招收初级中学毕业生或具有同等学力的学生，入学年龄暂定为15岁至30岁。培养幼儿园师资的师范学校称幼儿师范学校。师范学校得附设幼儿师范科。师范学校得附设

[①] 《中国教育年鉴》编辑部编：《中国教育年鉴1949—1981》，中国大百科全书出版社1984年版，第750—755页。

第四章　中华人民共和国成立至改革开放前师范教育制度的发展（1949—1977年）

师范速成班，招收初中毕业生或具有同等学力者，修业年限为一年。师范学校还得附设短期师资训练班。

为满足在职小学教师的需要，师范学校经行政部门批准得设函授部，用函授的方式将其学历程度提高为师范学校毕业。师范学校应设附属小学或幼儿园，或由所在地教育行政机关划定附近小学、幼儿园为实习场所，为师范生观摩实习提高教学能力提供方便。

师范学校除师范学院附设者外，均由省、市、县人民政府设立。私人或私人团体不得设立师范学校或任何师资训练机关。省、市师范学校的设立、变更与停办，由省、市人民政府决定，报经大行政区教育部批准，转报中央教育部备案。省属市和县师范学校的设立、变更与停办，由市、县人民政府报请省人民政府决定，层转中央教育部备案。省、市、县设师范学校由省、市教育厅、局统一领导，但省属市和县设师范学校的日常行政，由市、县人民政府领导，省设师范学校的日常行政，亦得由省教育厅委托所在地专员公署或市、县人民政府领导。师范学院附设师范学校的设立、变更与停办，由师范学院商得所在省、市人民政府同意后，报请其主管教育行政部门批准，径报或转报中央教育部备案。师范学院附设师范学校，除受师范学院领导外，并受所在省、市教育厅、局指导。

在教学计划与课时方面，规定师范学校学生每学期在校时间为20周，实际上课时间（包括参观实习）为18周。学生每日学习时间（包括上课和课外作业）不得超过9小时。教学时间每节上课45分钟，休息10分钟，每日第二节课后延长休息时间至30分钟。数学等需要练习较多的学科，每节课以30分钟讲授、15分钟指导练习为原则。师范学校教材统一采用中央教育部审定或指定的教科书。[①] 师范学校除上课外，应注重参观、实习，使学生在实践中提高其专业知识和技能。师范学校应特别重视体育、卫生、音乐以及其他文娱活动，以培养学生健康的身体，活泼奋发的精神，爱运动、讲卫生等习惯及艺术的兴趣和技能。学校应定期举行学生体格检查，及时进行治疗和矫正。

[①]《中国教育年鉴》编辑部编：《中国教育年鉴1949—1981》，中国大百科全书出版社1984年版，第752页。

此外，规定师范学校教导工作采用教师责任制，教师应对学生课内学习、课外活动全面负责，并通过各科教学和各项活动培养学生科学的世界观、革命的人生观及为人民教师的专业思想。师范学校以上课为教学基本方式。教师应充分掌握教材内容，注意教学方法，同时，通过示范作用使学生领会各科教学方法的特点。师范学校教学应着重启发学生学习的自觉性与积极性，以培养其独立思考和工作的能力。

在师范学校就读的学生均享受人民助学金待遇。师范学校毕业生分别由相关省、市或市、县教育行政机关负责为其分配工作，至少从事教育工作3年（师范速成班毕业生服务年限为2年）。在服务期限之内不得升学或担任其他职务，要求师范生在享受权利的同时要承担相应的义务。师范学校毕业生各项成绩均属优异者，得由学校报请省、市教育厅、局保送师范学院或师范专科学校继续深造（师范速成班毕业生不保送），其名额不超过每届毕业生人数的5%。

师范学校采用校长负责制，设校长一人，负责领导全校工作，在必要时得设副校长。师范学校设教导处、总务处二处，各学科均设教学研究组，建立校务会议、各科教学会议等会议制度。

初级师范学校修业年限为三至四年，生源为25岁以下的小学毕业生或具有同等学力的毕业生。如出现幼儿教师极度缺乏的情况，可在初级师范学校附设幼儿师范科，主要招收年龄较长的高小毕业生或具有同等学力者。同时也应在初级师范学校开设师范速成班及短期师资训练班。初级师范学校学生每日学习时间（包括上课和课外作业）不得超过8小时。

小学毕业生成绩优良者，得由原校保送免试升入初级师范学校，但每届人数应有一定限制。初级师范学校毕业生服务期满，得由主管教育行政部门调入师范学校相当年级继续修业，以达到师范学校毕业程度（师范学校或初级师范学校所附设的师范速成班毕业生也采取同样措施）。

《关于大量短期培养初等及中等教育师资的决定》[①] 共有九条，主

[①] 何东昌主编：《中华人民共和国重要教育文献1949—1975》，海南出版社1998年版，第162页。

第四章　中华人民共和国成立至改革开放前师范教育制度的发展（1949—1977 年）

要讨论在短期内如何进行大规模师资培养的问题：

指明为适应全国初等教育和中等教育快速发展的态势与需求，中央与地方应对师范学校进行改造，包括师范学院、师范专科学校、师范初等学校。各级各类学校主要采取短期培训的方式，以在今后五年至十年里培养一定数量的初等、中等师资。训练班的承办主体为各级师范学校，通过举办短期培训班，灵活调整修业年限以培养优秀学生；训练班学生的主要来源不局限于现任的各级学校的教师群体，如有可能，应调动和吸收城乡失业分子及有一定知识基础的家庭妇女；训练班的课程要遵循因材施教、短小精简的原则进行编写，在内容上，注重马列主义及毛泽东思想的政治思想教育，要有一定课时的教育实践课程。

同时对教育经费进行了讨论。在短期师资训练班相关人员的薪酬方面，指出学生一律享受助学金、兼课教师酌情增加工资、在职教师工资也得到保证；在学校设施方面，提出质量为第一标准，尽力改善办学的物质困境。从短期师资训练班毕业的学生，按照各级教育行政部门有关初等教育和中等教育的规划统筹进行分配。

《关于解决 1952 年暑假后中等学校师资问题的决定》[1] 将发展中等教育作为当时教育建设的关键任务，指出为了完成从 1952 年暑期数量急速增长的中等学校在校学生人数的教学问题，切实解决师资问题是决定因素。内容包括将同年级招生不满额的班级加以合并，为节省师资，增加在职教师授课时间。指明部分优秀小学教师具备胜任初级中学教师的能力，提出通过抽调之后的统一分配，以及在部分小学直接增设初中班以增加优秀小学教师；同理，提拔优秀的初级中学教师成为高级中学教师，调整具备一定教学能力的中等学校职员作为教师。

该决定同时提出，应统筹分配 1952 年暑期高等学校的毕业生，将 3071 名即将担任中等学校教师的学生按地区分配给华东区 1061 人、东北区 584 人、华北区 455 人、西北区 300 人、中南区 286 人、西南区 225 人、内蒙古自治区 30 人、中央直属学校 150 人，并敦促各行政区

---

[1] 何东昌主编：《中华人民共和国重要教育文献 1949—1975》，海南出版社 1998 年版，第 182 页。

按照因地制宜的原则进行具体省、市的名额再分配。[①] 并且提出，在中央调配计划的统一指导下，各地区对由于学生数量增加所需的新教师进行自行解决，各地区之间可通过失业知识分子的调配与供给，弥补所缺新教师的供给。

（四）颁布《关于改革学制的决定》，搭建中国师范教育学制框架

1951年10月，中央人民政府政务院颁布《关于改革学制的决定》。其中，关于师范教育的学制规定为：师范学校修业年限为三年，招收初级中学毕业生或具有同等学力者，入学年龄不作统一规定；初级师范学校，修业年限为三年至四年，招收小学毕业生或具有同等学力者，入学年龄不作统一规定。师范学校和初级师范学校均得附设师范速成班，修业一年，招收初级中学毕业生或具有同等学力者；并得附设小学教师进修班吸收在职小学教师加以训练。师范大学和师范学院修业年限为四年，招收高级中学及同等学校毕业生或具有同等学力者，师范专科学校修业年限为二年至三年，招收高级中学及同等学校毕业生或具有同等学力者。入学年龄均不作统一规定。[②]

幼儿师范学校的修业年限和招生条件相当于师范学校。师范学校和初级师范学校均应附设幼儿师范科；初级师范学校、师范学校和幼儿师范学校的毕业生，应在小学或幼儿园服务；在服务期满后，可以通过考试，分别升入师范学校、高级中学、师范学院或其他高等学校。

1951年，政务院颁布《关于改革学制的决定》，这是中华人民共和国成立后正式颁布实施的第一个学制规定，标志着中华人民共和国教育有了独立的、全新的学制体系，师范学制的确立，推动着师范学校的正常建设与师范教育的正规发展。自此，师范教育的建设有了统一的规范。[③]

总之，这一时期，于1949年12月在北京召开第一次全国教育工作

[①] 何东昌主编：《中华人民共和国重要教育文献1949—1975》，海南出版社1998年版，第182页。

[②] 关保英主编：《教育行政法典汇编（1949—1965）》，山东人民出版社2016年版，第66页。

[③] 关保英主编：《教育行政法典汇编（1949—1965）》，山东人民出版社2016年版，第64页。

会议。此次会议通过了以北京师范大学为代表的各地区大学中师范学院或教育学院所应承担的任务和改进方案,加强了教员轮训和在职学习的要求。到1951年,中央人民政府政务院决定改革学制,并于同年召开第一次全国初等教育与师范教育会议,此次会议讨论并制定各级师范学校调整设置的基本原则。随后于1952年,教育部陆续颁布了关于各级师范学校的暂行规程草案,在此基础之上,中华人民共和国的师范教育制度体系最终得以确立。在党的坚强领导和各级师范学校的积极实践下,各级师范教育不断得到恢复、整顿和发展。

二 以俄为师,全面学习苏联教育经验

中华人民共和国成立以后,政治上和苏联建立了友好关系,教育体制也全面学习苏联。最鲜明的表现就是苏联派遣大量专家来华"援助",教育学界学习凯洛夫教育学体系成为热潮。当时的中国教育界对于苏联教育的认识,就是"苏联整个教育体系,从思想体系到教育制度、教学内容、教学方法、教学组织都是世界上最优越的""我们要系统地学、全面地学、整体地学"[1]。

以老解放区新教育经验为基础吸收旧教育的有用经验,借助苏联经验,建设新民主主义教育,这是1949年第一次全国教育工作会议确定的方针。此次会议提出:"我们的学校进行教学改革,应坚持学习苏联先进经验与中国实际相结合的方针,稳步前进。"[2] 由于老解放区新教育缺乏办新型、正规的高等师范教育的经验,而"旧教育有用经验"尚来不及系统整理,因而扬弃其中糟粕、"借助苏联经验"在中华人民共和国成立的最初几年里实属必要。

1952年下半年,全国高校开始进行大调整。依照"每大区至少设一所师范学院,设在大学内的教育学院、师范学院均独立设置为师范学院;大学教育系科停止招生,归并于师范学院。调整的几种形式有:原有学校建制撤销,这类学校多为原私立大学,其院系分别并入其他校;

---

[1] 柳湜:《关于高等师范学校教学改革的报告提纲》,《新华月报》1954年第2期,第26页。
[2] 何东昌主编:《中华人民共和国重要教育文献1949—1975》,海南出版社1998年版,第299页。

另行建立新校；根据将大学内的师范学院或教育系加以调整后改建为独立设置的师范学院或师范专科学校"① 的原则，高等师范学校亦进行改革。在高等师范学校方面做出的规定就是参考苏联师范院校改革经验的结果。

中央文委的十六字方针，"整顿巩固、重点发展、提高质量、稳步前进"在提出后，即成为各高等师范院校积极贯彻的方针。一方面，高等师范院校对于之前不够正规、与中华人民共和国的国情尚未良好接轨的师范教育进行了规整，将成功的经验进行整理与总结，并巩固与融入当前的师范教育发展中。同时，根据国情需要与所能提供的资源，大力发展高等师范教育，着力在稳健的步调下使教育质量不断提升。在总体基调确定之后，又明确了师范教育改革的重心，将教学作为改革的主要目标。

教学作为由教师的教和学生的学所组成的一种人类特有的人才培养活动，在整个教育布局中显得尤为重要。如果说政策起到了宏观上的指导作用，那么，最终的教育效果则是在具体的有目的、有计划的教学活动中，在促进学生知识更新、素质提升中达成的。因此，在高等师范院校中对教学方面进行改革，着力提高教学质量就成为当时的重点。

1953年9月27日至10月17日，在北京召开了第一次全国高等师范教育会议，此次会议报告指出："苏联着手改革旧的资本主义的高等教育（包括高等师范教育）到完成根本改造，从1918年到1938年，大约经过20年时间，即令从1928年第一个五年计划算起，也经过十年时间。"② 由此建立的教育体系已积累了30余年的经验，是建立在马克思主义科学基础上，"吸收了历史上人类文化科学遗产，批判了资产阶级的观点、方法所达到的高度文化科学，高度思想、政治的产物"③。极力肯定苏联师范教育体系在世界上的卓越地位，强调苏联师范教育体系是中国学习的典范。

---

① 张燕镜主编：《师范教育学》，福建教育出版社2013年版，第70页。
② 《当代中国》丛书教育卷编辑室编：《当代中国高等师范教育资料选》（上册），华东师范大学出版社1986年版，第44页。
③ 《当代中国》丛书教育卷编辑室编：《当代中国高等师范教育资料选》（上册），华东师范大学出版社1986年版，第46页。

第四章 中华人民共和国成立至改革开放前师范教育制度的发展（1949—1977年）

此次会议创造性地提出：

> 高等师范学校教学改革整个过程和最终目的，是要使半殖民地、半封建性质的，深受欧美日本资产阶级反动思想毒害的、脱离中等教育实际的、完全不能适应中华人民共和国教育建设需要的旧的高等师范教育，彻底转变为由工人阶级思想领导的、完全适合正在逐步过渡到社会主义社会的国家建设需要的新型高等师范教育。①

在教育大局中要以马克思主义的立场、观点和方法，把旧的教学内容、旧的教学组织和旧的教学方法改革为新的教学内容、新的教学组织和新的教学方法，以提高教学质量，这是高等师范教育大力发展的迫切任务，所有的改革也将以此为基本的指导方针，绝不容许有所差池。

1953年11月，政务院第195次政务会议通过《关于改进和发展高等师范教育的指示》②，提出国家已经步入计划经济的发展和建设阶段，在此基础之上要求根据过渡时期国家建设的总路线、总任务和第一个五年建设计划的基本任务，确定教育事业的基本任务，即大力培养建设人才和逐步提高人民文化水平。在继续确认教育事业的基本任务后，该指示肯定了高等师范教育的重要作用，指出高等师范教育直接与中等教育、间接与高等教育，以及从更长远来看，与中华人民共和国青年一代的培养，有着密不可分的关系。中华人民共和国成立之初，首先需要的就是大批量的干部与人才，高等教育又直接给国家的干部队伍和建设人才提供基础。因此，高等师范教育的建设是重中之重。其次，该指示提出了高等师范教育改革中的一系列建议与举措。

首先，该指示提出，在现行高等师范教育学制中，除继续办理四年制本科、二年制专修科和二年制师范专科学校外，在保证现有办学质量的前提之下，可以采取多种临时过渡的方式补充师资队伍。如采用本科

---

① 《当代中国》丛书教育卷编辑室编：《当代中国高等师范教育资料选》（上册），华东师范大学出版社1986年版，第43页。

② 《当代中国》丛书教育卷编辑室编：《当代中国高等师范教育资料选》（上册），华东师范大学出版社1986年版，第84—87页。

生提前一年毕业，选拔专修科毕业生担任高中教师，对一定数量的中小学教师进行培训，提升其教学能力，使其成为高中和初中教师等。

其次，在培养中等学校师资任务方面，提出综合大学有培养一部分中等学校师资的任务，体育学院和艺术学院承担着为中学培养体育、美术和音乐教师的重任。此外，中央和地方的相关部门在精简过程中，中央或地方各级人事部门将其中可以承担教学工作的人员调到中小学担任教师。

再次，在高师师资选拔和培养方面，要求各高等师范学校必须严格落实团结和改造知识分子的政策，并加强高校教师政治理论学习，以提升现有教师的政治水平和素质。提出新老教师应彼此尊重、互相学习，以应对部分学校中存在的新老教师不团结的现象；并指出，为了扩充高等师范学校师资队伍，要求凡有条件的高等师范学校，都应有计划地大力培养新师资。

最后，在高等师范学校管理方面，根据统一领导、分层管理的基本原则，高等师范学校应由中央统一领导、地方直接管理，以充分发挥地方办学的积极性；并指明中央的统一领导方面主要包含掌管方针、政策、计划、教育业务指导和解决教材问题，地方对于高等师范学校管理则更具灵活性，可以根据各大区不同的情况做出有针对性的管理；并指出今后各地要在国家统一计划下，充分发挥地方灵活性，大力发展高等师范教育，最终实现本区内中等学校师资自给自足。

该指示重点提出，要认真学习苏联的经验，进行教学改革。该指示指出："为了提高高等师范教育的质量，各高等师范学校……尤应抓紧教学改革这一中心环节，以马克思主义的立场、观点和方法，逐步地将旧的教学内容、教学组织和教学方法改革为新的教学内容、教学组织和教学方法，以适应国家建设的要求。"[①] 具体而言，是指在中国教学改革的过程中，应充分学习和吸收相关的苏联先进教育理论和经验，并将其同中国本土需求相结合，使其满足中国中等师范学校和高等师范学校的实际需求。尤其需要注意的是，该指示并未申明要机械地形式地照搬

---

① 《当代中国》丛书教育卷编辑室编：《当代中国高等师范教育资料选》（上册），华东师范大学出版社1986年版，第86页。

第四章　中华人民共和国成立至改革开放前师范教育制度的发展（1949—1977年）

苏联的经验，而是提出要认真把握苏联教育理论与经验的实质，根据中国教育发展的具体实际来总结并用以指导教育；在态度上总结为"既要反对要求过高过急的急躁情绪，又要反对安于现状、拖延不改的保守思想"[①]。

在教学改革的实际落实过程中，从哪些方面加以落实，该指示提出，教学改革的主要矛盾在于教学内容的改革，即解决教学计划、教学大纲和教科书的问题。为此，首先，教育部应组织各高校教师在五年内有目的、有计划地编订教学大纲、教科书与讲义。其次，也要改革教学组织和教学方法，并建立教学研究指导组以发挥集体的力量，以最大效率迎接挑战，提高教学的质量、教师的水平。

总而言之，在中华人民共和国成立后的最初几年里，中国对于苏联教育的学习涉及多个方面，但最为主要的也是落实得最为彻底的，即是进行教学改革，这其中又包括教学内容、与教学内容息息相关的教学方式、教学组织形式三个方面。教学内容改革的顺序，首先是明确专业的培养目标，并以此为依据拟订（或修订）教学计划；然后，以教学计划中各课程的地位与作用为依据，拟订（或修订）教学大纲；最后，以教学大纲为根据编写教材。无论是制订教学计划，还是编订教学大纲或编写教学计划内各科的课本、讲义，处处都要体现出结合中国实际，就高等师范教育来说，即为结合中等教育的实际来进行人才的培养。

（一）制订教学计划，明确教学目标

1952年11月，《师范学院教学计划（草案）》[②] 在苏联专家的直接指导下，由中央教育部委托北京师范大学印发，该计划充分参考了1951年苏联高等教育部颁布的苏联师范学院的教学计划，针对中华人民共和国成立初期中国师范学院所存在的一些显著问题，例如，师范教育大局缺乏规划性、教学方案缺少监督、教学缺少目标、教学无计划性等，做出了纠正。由于参考了苏联已有的教学计划，因此，该教学计划具备了一定的借鉴意义，具有科学指导性以及较为系统的理论框架。

---

① 《当代中国》丛书教育卷编辑室编：《当代中国高等师范教育资料选》（上册），华东师范大学出版社1986年版，第86页。
② 《当代中国》丛书教育卷编辑室编：《当代中国高等师范教育资料选》（上册），华东师范大学出版社1986年版，第286—371页。

195

《师范学院教学计划（草案）》指出，中国师范学院改革应具备明确的方向指引，在具体的培养目标、教学目标上，应更用心地进行钻研，只有这样，才可以纠正教育乱象，寻找到中华人民共和国初期教育的基调，并为后期师范学院的发展肃清风气、找到正源。但同时，由于大部分是对苏联教学计划的参考与借用，该教学计划没有足够考虑中国经济、政治、文化和教育的实际情况，因此，将师范院校的教育教学变革的目标定得偏高，在短期内较难以实现，也从侧面造成了当时部分学校的教育教学工作，在急于求成的状态下出现忙乱无序的状况。

在此背景下，兼之"整顿巩固、重点发展、提高质量、稳步前进"十六字方针的确定，教育部于1953年决定对该计划进行修订。同年3月，在接受苏联的援助以及广泛吸取国内各界专家意见的基础上，北京师范大学教师最终承担了教学计划修订工作的委托，形成了教学计划修改稿的初步构想。为了使教学计划更加符合国情，同时也得到各界的认可，教学计划又在全国高等师范教育会议上经过了细致的讨论与交锋，使得最终所得以呈现的教学计划，既建立在中国国情之上，又有效并适度地借鉴了苏联经验，较1952年的教学计划有很大的提升。

修订后的教学计划依旧将重心放在明确师范学校的培养目标上，鲜明地提出高等师范学校的培养目标在于培养符合国家过渡时期总路线总任务所要求的、适合于国家建设所需要的中等学校师资。在国家过渡时期的背景下，该计划提出中等学校师资除了应具备过硬的专业技能外，更为重要的是，教师必须严守国家过渡时期总路线的精神，在理论与实践两方面同时提升，既具有共产主义的道德品质、马克思列宁主义的基本知识与观点、高度的文化知识水平，同时，又能够具备较为雄厚的专业知识与技能，能够全心全意为人民的教育事业服务。这样的培养目标绝不再是对苏联高师教育经验的照搬与借用，而是充分考虑到中国的历史、背景条件与当前国家建设的任务，是在观照中国中等学校和高等师范学校的实际发展现状的基础上提出的。在明确了师范学校的培养目标之后，相应的教学计划、课程教学大纲、教学研究组等方面的内容也被讨论及敲定了。

首先是教学计划。修订后的教学计划提出，师范院校各系科的教学计划包含四个部分，分别是政治理论科目、教育科目、专业科目以及教育实习。

第四章　中华人民共和国成立至改革开放前师范教育制度的发展（1949—1977年）

政治理论科目包括中国革命史、马克思列宁主义基础、政治经济学及辩证唯物主义与历史唯物主义。设置政治理论科的目的，在于使学生能够掌握马克思列宁主义的基本知识与观点，在此基础上建立共产主义的人生观与科学的世界观，在科学、系统的人生观、世界观的指导下形成正确的价值观，以此逐步具备一名人民教师所应具有的政治和道德品质，并为今后的学习和教学提供科学的方法论。

教育科目包括教育学、教育史、心理学、学校卫生以及各科教学法。政治理论科目可以说是作为教师必须进行的科目学习，先奠定良好的政治素质以及人格品质，才可以进行接下来的知识学习。因此，教学计划的第二部分就是其主体，也就是教育科目，教育学及其相关科目的设定，就在于让学生掌握马克思列宁主义教育科学的基本原理、教育方法和教学技能，并在此过程中，随着专业知识的积累，专业素质的提高，配合所进行的政治理论科目的学习，培养学生全心全意为人民教育事业奉献和服务的精神。

专业科目包括各系专业科目以及与之相关联的科目。作为教师，仅仅掌握所教授科目的知识是远远不够的，作为教师，其知识体系必须立体且多元，能够掌握交叉学科的知识，从而在讲授知识时不拘泥于书本，带给学生丰富、美妙的知识学习体验。设置专业科目并且着重强调与专业科目相关联的科目的学习，就是为了使学生充分掌握中等学校各科教师所必须具备的专业文化与科学知识、教师技能与技巧。

教育实习主要包括教育见习和实习。教育见习是一个教学知识和教学实践相互渗透的过程；在停课的情况下，教育实习则集中进行。理论学习是必需的，但也是远远不够的，中华人民共和国成立初期，中国教育急需的是可以站在讲台进行授课的实际人才，而不是满腹书本知识的学习者。因此，教学计划尤其看重教育实习部分，其目的便是通过教育见习和实习，使学生把所学习到的也就是教学计划中所提及的政治理论科目、教育科目及专业科目所获得的知识，融入日常的教学实践过程中，做到理论和实际相结合，具备应对并且处理教学实际中出现的问题的能力。通过教育实习，学生也可随时检查并自省自身对于教育知识、教学技能的掌握与应用，不断进步。

经过不断的讨论与修订，1952年7月发布的《师范学院教学计划

(草案)》① 于 1954 年 4 月被中央教育部颁发的《师范学院暂行教学计划》② 所取代。《师范学院暂行教学计划》③ 在师范学院的任务、教学计划等部分的论述，与之前并无显著差异，其后增添了关于中国语文、俄语、历史、地理、数学、物理、化学、生物、教育（学校教育专业）九个系的教学指示。1954 年 8 月 14 日颁发《函寄师范专科学校暂行教学计划暨中等学校师资短训班教学计划草案》④；同年 9 月颁布《师范专科学校暂行教学计划》⑤；1956 年 2 月 20 日，教育部颁发《师范学院教育系幼儿教育专业暂行教学计划》。⑥ 这些教学计划或多或少都是在借鉴苏联教育经验，以及结合中国实际的情况下制定的。因此，较为符合师范教育当时的需求与状况，同时，紧扣国外的先进经验，以使我们的改革少走弯路。到 1956 年，几经变革的师范院校教学计划体系基本形成。

（二）制定课程大纲，规定教学基本要求

教学大纲是根据教学计划，以纲要形式规定一门课程教学内容的文件。它不仅规定着某一课程学习的范围，也规定着这一课程教学的深度，根据课程教学大纲进行授课，是为了让教师能够根据统一教学计划对于课程的时数要求、讲授范围要求，明晰各课程间的相互关系，在教学中能够合理进行课程内容的配比与挖掘，让学生将已学过的、正在学习的、将要学习的知识进行良好的串联，最终达到教学质量稳步、有序提升的目标。

到 1956 年，教育部已颁发了包含初等、中等教育各科在内的 94 门

---

① 《当代中国》丛书教育卷编辑室编：《当代中国高等师范教育资料选》（上册），华东师范大学出版社 1986 年版，第 286 页。
② 《当代中国》丛书教育卷编辑室编：《当代中国高等师范教育资料选》（上册），华东师范大学出版社 1986 年版，第 400 页。
③ 《当代中国》丛书教育卷编辑室编：《当代中国高等师范教育资料选》（上册），华东师范大学出版社 1986 年版，第 400—444 页。
④ 《当代中国》丛书教育卷编辑室编：《当代中国高等师范教育资料选》（上册），华东师范大学出版社 1986 年版，第 503 页。
⑤ 《当代中国》丛书教育卷编辑室编：《当代中国高等师范教育资料选》（上册），华东师范大学出版社 1986 年版，第 564 页。
⑥ 《当代中国》丛书教育卷编辑室编：《当代中国高等师范教育资料选》（上册），华东师范大学出版社 1986 年版，第 656 页。

课程统一的教学大纲，这些教学大纲都是结合中国当前教学实际，参考苏联教学中的先进经验及其已有教学大纲的模式，根据师范院校暂行教学计划制定的，具有一定的科学性与参考性。中华人民共和国成立初期制定的一系列课程大纲，在一定程度上考虑到了中国教师与学生的整体知识水平，结合了短期内想要达到的教学目标，可以说，为中国后期的课程大纲奠定了基本的框架。

（三）借鉴苏联教材框架，翻译编写科目教材

教材作为教学的主要载体，不仅是教师和学生进行授课与学习的材料，而且是安排教学进度的主要参考。教学计划作为基础，教学大纲作为索引，在这两项都确定之后，则应进行教材的编写，也就是进入了与具体的教学更为贴近的阶段。1953年，第一次全国高等师范教育会议，鉴于中国教材编写问题的急迫性，提出教材问题的解决，必须发动广大教师群策群力地进行，要在中央精神的统一领导下，各层级分工负责，并且在具体的编写教材中，要相互交流经验与问题，争取快速、高效地完成中国教材的编写及其体系的构建。由于中华人民共和国成立之后的教材框架尚属空白，因此，在整体的编写原则上指出，应结合中国的实际，学习苏联教材的编写经验。在有关外国史及相关理科的教材编写上，可直接借用苏联教材的框架及内容要旨，其后进行准确的翻译；对于有关中国自身历史、文化、教育等方面的科目，则应在参考苏联相应科目教材的精神实质的基础上，由中国教师自己编写。

此外，马克思列宁主义理论、教育科学、文学理论、世界历史等科目的教材，则可采用或适当采用翻译苏联教材，或将其作为主要参考书目。以上情况皆应该具体考虑中国的国情及教育的实际，进行细节以及各方面的修改、精简或补充。到1956年，中国高等师范院校的交流教材已达913种，从一定程度上讲这也是对于教学大纲的落实，以及教学内容的改革，提高了中国师范院校的教学质量。

（四）成立教学研究组，提升教学改革科学化程度

教学研究组一般隶属于系，亦有直属学校者。它是包括高师在内的高等学校学习苏联、进行教学改革的重要组织形式，其中，按照专业与课程设置，将有关教师与工作人员分为基本的教学与科研单位，在中央统一精神的指导下，教学研究组严格执行教学计划、修订教学大纲、编译组织教

材，并进行教学活动方方面面的研究。教学研究组的主要任务就是对教育教学进行科学研究，并通过研究不断突破理论框架、丰富理论积累，并在实践中组织具体的学术活动、进行实验室等工作室的升级与建设。

中央教育部高度重视教学研究组的工作，提出教学改革、师资培养与提高、科学研究等活动均要通过教学研究组来完成。教学研究组是集体主义精神在教学组织上的具体体现，同时，也是发挥教学中的集体主义精神，提高教师教学水平的重要工具，将教学研究组作为指导教学工作，尤其是从理论角度提升教学进程科学化的领头羊。

（五）改进教学方法，提升教学质量

中华人民共和国成立后，在教育部所出台的各项规章制度中，关于师范学院教学工作的基本形式的概括，几乎都由"讲授""课堂讨论""辅导""学生独立作业""实习作业"和"教育实习"组成。

第一个形式便是"讲授"。"讲授"是各种教学形式中的基本环节，是教学的最基本形式。其任务在于使学生充分理解教材的内容，获得系统的与实际相联系的科学知识。教师通过讲授启发学生学习的积极性和主动性。

第二个形式是"课堂讨论"。只依靠教师一环来完成教学是远远不够的，因而"课堂讨论"常常用以调动学生的思考与参与，锻炼学生思维。因此，为了达到良好的讲授效果，教师通常要在充分备课、良好讲授的基础上，在课堂上运用纯熟的教师技能，将知识进行传达与交流，也就是通过让学生就某一个问题或者专题性知识进行研究和讨论来更深层次地挖掘问题、领悟知识。

第三个形式是"辅导"。在课程内容结束后，为了防止学生对于部分知识理解得不够扎实抑或有相关疑难，教师通常要对学生进行知识的巩固与再次讲解，这个即为辅导，通过辅导，弥补学生学习的缺漏，以更好地进行下一阶段的学习。

第四个形式是"学生独立作业"。其内容主要包括整理个人的听讲笔记、阅读教师指定的参考资料、准备课堂讨论，以及完成教师布置的课外作业。教师不仅在布置独立作业的环节中要考虑学生的个体情况，还要负责学生完成作业之后的批改与指导。通过作业，学生可以随时检查自己的学习情况，以做好学习进度的调整与跟进。

第四章　中华人民共和国成立至改革开放前师范教育制度的发展（1949—1977年）

第五个形式是"教育实习"。师范院校的"教育实习"，既是其教学计划中的一个构成部分，又是其教学方法中的一种基本形式。1953年，北京师范大学在苏联专家的指导下进行了全校规模的教学实习。苏联专家普希金与北师大高年级实习师生一起，深入北京市7所学校的课堂，观摩了语文、历史、地理三门学科的教学。通过教育实习，可以直接深入教育实践，并且通过校际甚至国内外专家的交流，可以为学校的教学发展建言献策。

第六个形式是"实习作业"。其目的在于使学生更为深刻地领会和进一步巩固通过课堂讲授所获得的知识，并掌握必要的技能和熟练技巧，以应对未来的教学实践。实习作业其实是依托在教育实习之上的，同时，又可以作为教育实习之后的检查与回顾。

不可否认，在中华人民共和国成立后的最初几年里，借鉴、参考苏联教育经验改革所形成的师范教育体制，曾对中国的教育起过积极的作用，但是，脱离中国实际，对国外教育体制的几乎全盘照抄，也有其明显的弊端。随着中国教育结构、规模的调整，并且当中国的综合大学实力增强到有能力培养本国师资的时候，这种教育模式逐渐落后，已经不能满足中国的教育需求了，片面学习苏联教育模式尤其是师范教育改革经验已不再可取。

三　整顿改进中等师范教育，大力发展高等师范教育

1950年5月，政务院颁布《各大行政区高等学校管理暂行办法》，规定除华北区高等师范由教育部直属管理之外，"各大行政区高等学校暂由各大行政区教育部或文教部代表中央教育部领导"①。根据第一次全国教育工作会议关于"改进各地师范教育"和1951年第一次全国初等教育和师范教育会议关于"各大行政区首先应努力建设一所健全的师范学院"的精神，除了北京师范大学以外，各大行政区也逐步建立本区所领导的师范学院，形成了中等师资自给自足的局面，完成了培养本区所需中等师资的任务。在此号召下，东北大学改制为东北师范大学

---

①《中国教育年鉴》编辑部编：《中国教育年鉴1949—1981》，中国大百科全书出版社1984年版，第776页。

(1950年3月)、西南师范学院成立（1950年10月）、华东师范大学成立（1951年10月）、西安师范学院独立设置（1952年8月）、华中师范学院成立（1953年），这五所师范院校和北京师范大学一起，成为日后中央教育部直接管理的六所师范大学。

1951年8月召开的全国师范教育会议确定了师范学院独立设置的原则，指出："各省和大城市原则上设立健全的师范专科学校一所，由省、市教育厅、局直接领导，以培养初级中等学校师资为任务；如有条件，亦得设立师范学院。"① 因而，各省纷纷成立一所师范专科学校或师范学院，以满足本地培养师资的需要。1953年底，除西藏以外的全国各省、市、自治区各自都设立了1所健全的师范专科学校或师范学院。②

1952年，中央人民政府教育部根据"以培养工业建设人才和师资为重点，发展专门学院，整顿和加强综合性大学"③的方针，在全国范围内进行了高等学校的院系调整工作。至1952年底止，全国高等学校已有3/4进行了院系调整和设置专业的工作。1953年，根据国家"文教工作总方针"要求，继续院系调整工作，提出要改进和发展高等师范教育。高等师范学校的调整和设置原则被规定为：

每个大行政区至少建立一所以培养中学师资为主要任务的健全师范学院，并由该行政区教育部或文教部直接领导。各省及大城市原则上应该建立健全一所以培养初级中学教师为主要任务的师范专科学校，并由该省或市的教育厅、局直接领导；如条件允许也可设立师范学院。现有师范学院应加以整顿和巩固；缺乏文理科系的师范学院应逐步开设，并充实其设备；附设于大学中的师范学院（或教育学院）应逐渐独立设置，并增设文理方面的科系；如有需求或条件允许，可将个别大学的文理学院作为基础，将其建设成独立的师范学院；将有条件的学校，改设一所至两所幼儿师范专科学校。

---

① 何东昌主编：《中华人民共和国重要教育文献1949—1975》，海南出版社1998年版，第128页。
② 金长泽、张贵新主编：《师范教育史》，海南出版社2002年版，第22页。
③ 何东昌主编：《中华人民共和国重要教育文献1949—1975》，海南出版社1998年版，第210页。

第四章　中华人民共和国成立至改革开放前师范教育制度的发展（1949—1977年）

除此之外，还明确规定师范学院教育系承担培养师范学校的教育学、心理学与逻辑学等课目的教师。附设于综合类大学文学院中的教育系，应逐渐独立并归入教育学院之中。对于现有各种专门教育系应明确规定其具体任务，加以调整或归并。

中华人民共和国成立初期的中等教育虽各方面都在逐渐起步，但其在教学上依旧存在无序、忙乱的现象。当时教育课程的课时超过师范学院总课时量的1/4，达到27%，但由于教师的整体素质，以及专业修养的欠缺，教育课程并不能发挥其本身应有的效用，而是徒有教学方法的填充，丧失了教学的丰富与充实。这就引发了人们对于高等师范学校学生人格素质及专业修养的思考。

对于这种现象，1952年11月出台的《师范学院教学计划（草案）》除借鉴苏联经验，给出了教学计划的整体框架外，对于高等师范教育的教学也给出了重要指示。《师范学院教学计划（草案）》提出："政治思想教育科目和教育科学科目是师范学院各系的基本课程……教育实习在师范教育中占有重要的地位，应有计划、有步骤地进行。"[①] 该计划（草案）认为首要进行的就是师范教育中的思想政治教育，不仅包括更新已有理论知识与文化认识，而且有相应的实习课时，以锻炼其实践能力。通过思想政治教育，让师范生分清革命与反革命，建立起为人民服务的观点，通过不断地自我教育和自我改造，把之前错误的阶级立场还有政治观点彻底摒除，以为之后的为人师表打下思想基础，也保证教学过程的纯净无瑕。

1954年《师范学院暂行教学计划》[②] 出台。该计划从总体上指出师范学校的教学内容，包括四个方面：理论科目即中国革命史、马克思列宁主义基础、政治经济学及辩证唯物主义与历史唯物主义；教育科目即心理学、教育学、教育史、学校卫生学以及各科教学法；专业科目即各系专业科目以及与之相关联的科目；教育实习包括实习和见习。各科共同必修科目有政治理论科目、心理学、教育学、教育史、学校卫生、体

[①] 《当代中国》丛书教育卷编辑室编：《当代中国高等师范教育资料选》（上册），华东师范大学出版社1986年版，第286页。

[②] 《当代中国》丛书教育卷编辑室编：《当代中国高等师范教育资料选》（上册），华东师范大学出版社1986年版，第400页。

育、俄语。该教学计划可以说是中华人民共和国成立五年以来，中国对于教学内容、教学方法、教学目标等方面的一个总括，也进一步指导了接下来的中国师范教育事业的发展和完善。

中华人民共和国成立初期，高等师范教育改革的重心依旧集中于课程之上。综观这一时期的政策法规，高等师范教育有关课程改革的主要特点是：注重思想品德教育、社会主义精神文明建设，坚定社会主义方向；俄语的课时量明显增加，代替英语成为外语的主要科目；理论与实际相脱节，教育实习时间短，且集中在一个学期来进行；形式单一，只有见习和实习，缺少参观访问、调查研究等；必修课较多，选修课较少甚至没有，不利于学生个性的发展。

四 初步形成教师进修制度，努力提升教师专业化水平

在1949年至1952年的三年间，社会上实际已存在着一些业余学习的形式。这些是后期（即1953年）开始逐步走向正规的教师进修制度的雏形及基础。在中华人民共和国成立的头三年里，面对现有教师中部分教师在立场、观点等方面存在的问题，各级人民政府重视对他们的思想改造，积极进行政治教育，通过改造以及教育促进教师群体在教学、研究、业务以及知识更新上的进步。由此，基于不管是教师自身还是社会的需求，抑或是教育发展较为紧迫的现状，在中华人民共和国成立初期，各地即已经存在一部分由群众自发构想、创立、组织的业余学习形式，以提供给教师学习。虽不够正规，但从出发点及其所反映的需求上讲，都是值得肯定的，是有助于教师专业成长的教育形式。

（一）中华人民共和国成立初期民间自发创立的教师进修组织

最具规模且成立较早的成人高校，是1950年天津市教育局组织的教师业余学院，其后于1952年被命名为"天津教师学院"，在学院中组织小学教师进行正规的业余进修。天津教师学院明确规定了学校的任务，包括速成培训初中新师资、轮训在职教师、正规组织在职教师业余进修以及总结、交流学院内外教师的教学经验。1954年，天津市中小学教师马列主义业余学院创建；1956年，天津教育行政学院创建。

除天津市创办的教师业余学院之外，中国教育工会全国委员会联合中华职业教育社，创办了北京业余函授师范学校，向北京、蔚县、修

武、林县、内黄、汲县招收函授学员，并且于广东、福建、吉林、内蒙古等省区，通过工会及行政机构试设函授学习小组，在专业上设置了"语文教学"以培养阅读及写作能力、"算术教学"以增强逻辑与运算技巧、"常识教学"以丰富日常知识及"小学行政与生活指导"四科，比较全面地涵盖了主要学科的教师所需要的教学知识与技能培养。学院随时跟进学校工作，不定期派遣工作组到学员比较集中的地区，实地了解学员的学习情况和效果。

此外，河北沙河县文教科联合县总工会，创办了小学教师业余补习学校，并组成校务委员会，统一领导全县小学教师业余进修工作。除以上几所较为主要的业余学校或学院外，哈尔滨教师业余学校，河南省创办的星期学校，华北许多农村创办的、以中心小学为核心或以学区为单位的学习互助组织，以及函授学校等，都在中华人民共和国成立初期陆续出现。但是，地方上的这些教师进修组织还是各自为政的，还存在许多问题不能单独得到解决。从发展趋向来讲，业余学院或学校更多地应建立一般性的、经常的学习制度以及管理规则，并且需要政府加以有力的领导和指导。

（二）中小学教育业余进修制度的持续探索与发展

中华人民共和国中小学教师的业余进修，是一个不断探索与深入的过程。中华人民共和国成立之初，已有教师业余学校和学院为教师提供业余进修，但并不能满足现实需求。社会亟须建立系统的、规范的教师进修制度。由此，相关会议与政策的出台，给予教师业余进修制度以更为细致、深入的指导。

1952年8月，中央教育部召开了"中小学教育行政会议"，根据各地区的实践经验及典型报告着重讨论了中小学教师业余进修问题，并在会议结论中对于教师的业余学习制度，以及在制度指导下所建立的学校和创办的刊物等提出了指示，并要求各地领导注意总结地方教师业余进修方面的实践经验，以改造现有教师在职学习模式，不断使之正规化、制度化。并且提出在教师业余进修这种学习形式制度化后，教育机关应将其与一般学校一视同仁，发给学员毕业证书，使之取得同等学力，便于之后的职业晋升，取得社会认同。1952年9月《人民教育》杂志发表社论《为建立系统的教师进修制度而奋斗》，其中特别指出："各省、市、县教育领导机关，必须用最大的力量与决心建立教师的业余学习制度。"① 这充分体现了国家对教师业余进修制度的日益重视。

（三）中小学教师进修制度走向正规化、制度化

从1953年开始，中国的教师进修制度从各地设立、各行其是转而进入正规化、制度化的轨道。培训在职中小学教师也成为各级师范学校的任务，并且得到了各级教育行政部门的支持与领导。

1. 规整自发的、零散的进修形式，建立系统的教师进修制度

不论是中央文委"16字方针"（1953年）出台后的政策指导，还是国家对于师资的需求，都深刻地反映出建立系统的教师进修制度，从较大覆盖面上提升教师水平与层次的必要性。1953年，在全国150余万小学教师中，大约有53万人未达到师范学校的毕业水平，67万人不足初级师范学校的毕业水平，合起来占比达80%左右，已经占据小学教师的主体。再看全国中等学校在职教师，不够师专毕业程度的估计约有6万人，也是不小的比例②，并且中等学校与日后学生的高等教育息息相关。因此，解决中国中小学教师的专业化程度显得刻不容缓。

针对这种情况，1953年11月26日，政务院在《关于整顿和改进小学教育的指示》中特别指出："提高小学教师质量，是办好小学教育的决定因素，今后必须有领导地、有计划地组织在职教师进行学习，以提高他们的政治、文化与业务水平。"③ 其后，政务院又在《关于改进和发展中学教育的指示》中特别强调："加强教师政治、文化与业务学习，对改进教学工作，提高中学教育质量是有决定作用的。今后各级教育行政领导机关应把在职教师的学习切实领导起来，列为工作任务之一；应根据当地情况，制定本地中学教师在职学习计划，并建立检查制度。"④ 由此，在实践的基础上建立系统的中小学教师进修体系，获得了由上而下的动力，且不断正规化、制度化。

---

① 《为建立系统的教师进修制度而奋斗》，《人民教育》1952年第9期。
② 金长泽、张贵新主编：《师范教育史》，海南出版社2002年版，第61页。
③ 中共中央文献研究室编：《建国以来重要文献选编（第四册）》，中央文献出版社2011年版，第505页。
④ 《中国教育年鉴》编辑部编：《中国教育年鉴1949—1981》，中国大百科全书出版社1984年版，第734页。

第四章 中华人民共和国成立至改革开放前师范教育制度的发展（1949—1977年）

自《关于整顿和改进小学教育的指示》[①]《关于改进和发展中学教育的指示》[②] 从国家意志角度出发提出进行中小学教师进修制度的正式化与规范化进程以来，中国各地区便在统一领导下进行教师进修制度的探索与制度下教师进修学院的建设。

从1952年秋季开学后，各大行政区即开始选择行政区内的一个城市，作为开办教师进修学院的基地，一般筹办1所。教师进修学院下有教师业余学校，业余学校从正式程度以及规模上都有所减少，一般在省内选择符合条件的若干县进行筹办。以上是行政区内教师进修学院以及教师业余学校的建设规定。除此之外，师范学院、师范学校也是可以为教师进修提供充足资源及理论指导的地方。因此，省市教育厅、省市教育局一般可选择委托师范学校、师范学院来举办函授学校1所。经过一年多的筹办，据不完全统计，全国共有进修学院24所，约有5900名中等学校教师参加了学习；小学教师参加业余进修学校及进修班学习的有20多万人。[③]

此外，成人高等教育的发展也开始被关注。函授是成人高等教育的一种学习形式，属于高等教育层次的一种学习，主要按各专业教学计划利用寒、暑假或国定假日派教师到各地函授站组织面授和考试。成人高等教育另外几种学习形式是业余学习（夜大）和脱产学习（全日制）。除东北师范大学设有函授部之外，北京市和河北、江苏、浙江、安徽、福建、湖南等省都举办了函授师范学校或在师范学校内附设了函授部，通过这些学校以及函授部的设立，鼓励、组织教师参加函授学习。

中央教育部自1953年开始，还将各省市的中等学校教师进修学院数量、学生数量、人员编制及开支标准等项目列入预算，在经费层面也推动了中小学教师进修体系的完整化与制度化。政策的不断出台，教育部及各行政区教育相关部门的推动，教师进修学院及教师业余学校的不断修建，都促使中华人民共和国中小学教师进修体系逐步形成。

---

① 何东昌主编：《中华人民共和国重要教育文献 1949—1975》，海南出版社1998年版，第263页。

② 何东昌主编：《中华人民共和国重要教育文献 1949—1975》，海南出版社1998年版，第305页。

③ 金长泽、张贵新主编：《师范教育史》，海南出版社2002年版，第61页。

2. 中等学校在职教师业余进修的制度化

中华人民共和国成立后至 1953 年，中国中小学教师的进修体系逐步形成，从 1954 年开始，教育部着重关注中等学校在职教师的业余进修现状及问题，致力于推动中学在职教师业余进修制度的不断建立与健全。1954 年 9 月，教育部颁布《关于改进中学教师进修学院工作的几点意见的通知》[①]，从整体上对于中学在职教师进修学院给出指导；同年 11 月颁布《关于视察东北师范大学函授教育报告的通报》[②]，以典型学校代表东北师范大学为例，考察其函授教育的组织、建设状况，以积累经验；1955 年 5 月颁布《关于在北京师范大学办理高等师范函授部的指示》[③]，再度以个别学校为典型，总结经验，加强理论积累；1955 年 11 月颁布《关于加强中等学校在职教师业余进修的指示》[④]，再度进行统一规划，使中等学校在职教师业余进修逐步制度化。总体而言，这一时期，关于中国中等学校在职教师业余进修指示的主要规定有：

教师业余进修的主要任务是将不够师专毕业程度的中等学校在职教师提高为师专毕业程度；教师业余进修的主要形式为教师进修学院和函授教育两种。这两种主要形式的进修时间，皆以每周 10—12 小时为原则；教师进修学院既可单独设立，即由省、市教育厅、局领导，当地高等师范学校提供必要的师资支援，更好地保持其独立性；也可附设在高等师范学校内，由高等师范学校进行直接领导，省、市教育厅、局予以协助和支持，在多方支援下实现快速发展。

教师进修学院专修班的教学计划应根据师范专科学校暂行教学计划加以修改和制定；教师进修学院专修班的教学形式采取课堂讲授和学员独立自学相结合的形式；教师进修学院专修班的修业年限暂定为三年，在学员修完规定课程、修业期满并考试合格后，可颁发毕业证书。

[①] 曾煜编著：《中国教师教育史》，商务印书馆 2016 年版，第 281 页。
[②] 何东昌主编：《中华人民共和国重要教育文献 1949—1975》，海南出版社 1998 年版，第 394 页。
[③] 《当代中国》丛书教育卷编辑室编：《当代中国高等师范教育资料选》（上册），华东师范大学出版社 1986 年版，第 111 页。
[④] 何东昌主编：《中华人民共和国重要教育文献 1949—1975》，海南出版社 1998 年版，第 537 页。

中等学校教师函授教育主要由高等师范学校办理,培养目标与教师进修学院相同,招生对象应以中、小城镇及农村中等学校教师为主。高等师范函授的教学计划应根据师范专科学校(或师范学院)暂行教学计划加以修改和制定;函授的教学形式以函授生自学为主,辅以重点讲授和辅导;分科设置各种专修班,修业年限暂定为三年(本科函授班修业年限暂定五年);函授生修完规定课程、修业期满并考试合格者,可颁发毕业证书;各省、市的教师进修学院与函授教育担负着提高在职中学师资水平及培养新师资的双重任务。

对于未能参加教师进修学院或高等师范函授学习的教师,教育厅与各级教育局应鼓励并组织其成立进修小组,在业余时间进行个人学习或集体学习,在讨论中获得进步。进修小组的学习材料一般采用高等师范的函授教材。

3. 小学教师业余进修的制度化

1953年之后,除却推动中学在职教师业余进修的制度化以外,教育部同样关注到小学教师进修的制度化进程。1953年7月,中央教育部、财政部发出《关于1953年中等学校及小学教师在职业余学习的几件事项的通知》[①];1954年6月颁发《关于举办小学教师轮训班的指示》[②];1955年7月发布《关于加强小学在职教师业余文化补习的指示》。[③] 这些文件的颁布与执行,使小学教师各种形式的进修逐步实现了制度化。

《关于加强小学在职教师业余文化补习的指示》指出,小学教师的进修形式一共有三类,分别是离职进修、在职进修以及自学课程并取得毕业证。

第一类是离职进修。离职进修是指暂时离开工作岗位进行专职的进修,又分为两种形式:一种是抽取有高小毕业程度的教师,进入初级师范

---

① 何东昌主编:《中华人民共和国重要教育文献 1949—1975》,海南出版社 1998 年版,第 226 页。
② 何东昌主编:《中华人民共和国重要教育文献 1949—1975》,海南出版社 1998 年版,第 345 页。
③ 何东昌主编:《中华人民共和国重要教育文献 1949—1975》,海南出版社 1998 年版,第 486 页。

学校学习；另一种是建立师资轮训班，用一到两年的时间，培训小学教师中那些毕业程度达到初级中学一、二年级水平的教师。第二类是在职进修。在职进修允许教师一边正常工作一边接受培训。在职进修通过建立教师业余进修学校，以及设立师范学校函授部或者函授师范学校，来组织教师学习。第三类是通过业余时间学习师范学校或函授师范学校的课程，来实现自我提升，而后申请参加考试并通过，取得结业证书的形式。

首先，小学教师离职进修的方式是将那些实际受教育程度不到高小毕业水平的教师，分批次纳入小学教师轮训班学习。小学教师轮训班的主要任务是通过一定的训练，将实际文化程度在高小毕业以上但又不足初级师范毕业程度的小学教师，在主要学科教学上能够达到初级师范毕业的水平。在小学教师轮训班的修业年限方面，规定具有高小毕业及初师一年肄业文化的教师修业二年，具有初级师范一年以上文化的教师修业一年。

其次，小学教师在职业余进修的方式有小学教师业余进修学校、函授师范学校、业余文化自学小组三种形式。其一是小学教师业余进修学校。小学教师业余进修学校主要设在小学较多的城市，教育对象为城市小学教师，分为初级部与高级部；教学方式以课堂教学为主；由市、县教育行政部门直接领导；设校长主持全校工作。其二是函授师范学校。函授师范学校可独立设置，也可由师范学校附设（称函授部），教育对象为农村和小城镇的小学教师；独立设置的函授师范学校由省教育厅直接领导，设校长主持全校工作；函授部由师范学校校长统一领导，设主任，主持该部的工作，分为初级部或高级部；教学方式采用书面传授、定期布置学习或辅导学习的方式。其三是文化自学小组。对于未参加小学教师业余进修学校或函授师范学校学习的小学教师，鼓励其根据自愿原则，组成自学小组；由主管教育行政部门和学校行政领导给予指导和帮助。

此外，函授师范学校（师范学校函授部）、小学教师业余进修学校负有艰巨的任务，即提高某些小学教师（包括幼儿园教养员、工农业余小学教师）的文化科学基础知识水平，使具有高小毕业或初师、初中肄业程度的小学教师，在基础的文化科学知识方面提高到相当于初级师范学校毕业水平；使具有初师、初中毕业但不及师范毕业程度的在职小学教师，在基础的文化科学知识方面提高到相当于师范学校毕业水

第四章　中华人民共和国成立至改革开放前师范教育制度的发展（1949—1977年）

平，从而提高他们教学工作的能力。

最后，非学员的小学教师经过自修可以申请参加函授师范学校（师范学校函授部）、业余师范学校各学科的结业考试，成绩及格将由学校颁发学科结业证明书、结业证书或毕业证书。

至此，中华人民共和国成立后的中小学教师进修体系终于初步形成。除却各级各类进修学校的不断规范化与制度化外，各级教育行政领导部门对教师在职进修事业的职责进行了明确分工，主要包括中华人民共和国教育部负责确定小学在职教师业余文化补习的方针、政策，制订小学教师业余进修学校、函授师范学校的教学计划，并逐步组织编审各科的学习材料；教育厅（局）负责掌握贯彻业余文化补习的方针、政策，主管小学教师业余进修学校、函授师范学校的经费管理、工作计划审核等；县教育行政部门负责对小学教师业余进修学校、函授师范学校进行直接的监督检查，对自学小组予以鼓励、抽查，并从行政上保证小学教师业余补习的时间。

从1953年开始，全国文化教育事业贯彻执行了"整顿巩固、重点发展、提高质量、稳步前进"的工作方针，既巩固了中华人民共和国成立初期文教事业所取得的成果，又将全国文化教育事业纳入了国家建设计划轨道，进一步发展了普通教育和师范教育，取得了新的成就。

文化教育建设必须为经济建设服务，必须从实际出发，才能制订出比较切合实际的计划，才能逐步使文化教育事业的指标与经济建设的需要维持正确的比例。师范教育执行文教总方针，在大力发展高等师范教育、整顿巩固中等师范教育、建立正规化的中小学教师进修制度等几个方面，都取得了较大的成就。首先，中国教育事业的规模扩大，培养了大批新教师；其次，中国教学改革也取得了很大成绩，不仅颁布了数量可观的结合中国实际、学习苏联经验的教学计划、教学大纲以及教材，而且在其指导下进行了卓有成效的教学改革；最后，科学研究工作也不断广泛深入开展，已在各院校积累了一定的经验，取得了一定的成果。

中华人民共和国成立以来的师范教育在1953年至1957年，也就是国民经济的第一个五年计划期间，在"整顿巩固、重点发展、提高质量、稳步前进"文教总方针的指引下，得到了稳步发展。高等师范教育、中等师范教育还有中小学进修制度都取得了显著的成果。以高等师范教育为例。在1956年3月23日至4月3日于北京召开的第二次全国高等师范教育会议上，高等师范教育的十二年规划被详细讨论。此次会议肯定了中等学校教师的枢纽地位，明确了高等师范教育的重要性，提出要把现有的高等师范学校办好，发挥现有学校的潜力，采取中学师资短训班等多种多样的过渡性办法，培养中等学校师资，以满足今后对于师资的强烈需要。对于师资建设，此次会议对教学中修订教学计划、编订教学大纲、编写教科书等几项工作作了具体部署，还关注到了高等师范学校的科研发展，提出依靠科研发展提升师资的理论水平与研究能力。此次会议还吸取了之前片面借用苏联模式办教育的经验，提出在中学师资的培养上各地要依据当代的具体情况来拟定需求与计划，保证自给自足、稳步发展。

1953—1956年，中国积极贯彻执行了师范教育各项方针的规定，师范教育事业取得了巨大的进步与发展，教育质量显著提高。至1956年，中华人民共和国成立以来一个新的师范教育体系已基本建立，同时，为后期的师范教育乃至教育的全局发展奠定了良好的思想与物质基础。

第二节　稳定与发展时期的师范教育（1956—1965年）

1956年，社会主义改造的任务已经基本完成了，国内主要矛盾逐渐从工人阶级和资产阶级之间的阶级矛盾，发展为人民对于经济文化迅速发展的需要，同当前经济文化尚且不能满足人民需要之间的矛盾。集中国家主要力量专注发展社会生产力，并逐渐实现国家工业化发展，成为中国社会主义建设的主要任务。此后的中华人民共和国随即进入了全面建设社会主义的新阶段。在1956—1965年这十年中，师范教育和整个教育事业一样，为适应中国社会主义建设的需要，也进行了一系列改革，取得了一定的发展。

1956年9月召开的中国共产党第八次全国代表大会提出在中国全面开展社会主义建设的任务，1958年5月，在党的八大二次会议上，通过了毛泽东对接下来国家建设总路线——"鼓足干劲，力争上游，多快好省地建设社会主义"的倡议。在这一"总路线"精神的指导下，师范教育也同样进入了新一轮的探索阶段，但在这十年的探索当中，因受指导思想、政治局势摇摆的影响，师范教育的改革也出现了一些违背教育规律的做法，经历了较为曲折的发展过程。

一 仪型他国，师范教育在继承中缓慢前行

在完成了由新民主主义向社会主义初级阶段过渡之后，党中央领导全国人民探索适合中国国情的社会主义建设道路。师范教育在经历了中华人民共和国成立初期的改造，以及按苏联教育模式全面调整之后，至本阶段初期，已初步建立起了较为系统的体系和体制。师范教育体系独立设置，中等师范学校和普通中学明确分设，高等师范学校与综合大学分设，少数的几所综合大学中仍保留着教育系。师范教育体系由职前教育培养和职后教育培训两部分构成。

（一）明晰培养目标，夯实政策根基

1956年9月，党的八大召开，确立了社会主义建设的方针路线。1957年1月，毛泽东在省、直辖市、自治区党委书记会议的讲话中论及社会主义社会的两类矛盾问题，强调指出，主要是人民内部矛盾。

在上述政治路线、方针的指导下，师范教育领域的《师范学校规程》于1956年颁布，该规程对此前《暂行规程》关于中等师范学校的办学目标和主要任务作了修改，规定"师范学校的任务是培养具有社会主义政治觉悟、辩证唯物主义的世界观、共产主义的道德，中等文化水平与教育专业知识技能、身体健康、全心全意为社会主义教育事业服务的初等教育和幼儿教育师资"[1]。"初级师范学校的任务是培养初等学校一至四年级的师资。"[2] 1957年3月，教育部《关于修改中等师范学校教学计划的意见》提出对师范学校毕业生的要求："师范学校毕业生基本上能担任小学各科教学工作，对于语文、算术二科的教学尤其要能

---

[1] 何东昌主编：《中华人民共和国重要教育文献1949—1975》，海南出版社1998年版，第589页。

[2] 何东昌主编：《中华人民共和国重要教育文献1949—1975》，海南出版社1998年版，第593页。

胜任愉快。"① 师范教育的培养目标基于新时期政治路线与教育方针进行了明晰、调整与丰富，使得师范教育得以继续稳步发展。

（二）设定师范层级，稳步扩大规模

1956年，教育部在总结经验的基础上，加强了对师范学校的管理。4月28日公布《师范学校教育实习办法》。5月19日公布了《师范学校教学计划》和《幼儿师范学校教学计划》。5月29日公布《师范学校规程》，废止《师范学校暂行规程（草案）》。还编写出版了师范学校各科教材，学习苏联先进教学经验，积极改进教学，提高教学质量。

这一阶段初期的发展与建设为师范教育以后几十年的发展奠定了基础。中华人民共和国师范教育的体系初具规模，各级各类师范学校任务明确，层次分明。到1957年，全国共有中等师范学校592所，其中幼儿师范学校20所，在校生295784人；高师院校58所，在校生114795人。② 由此可见，与中华人民共和国成立前相比，这一时期师范学校的数量、办学规模等都有了一定的发展，特别是高等师范教育得到了加强，符合当时社会政治经济发展的要求，为培养大量的基础教育师资准备了条件。

（三）沿袭不忘探索，革新实习制度

以教育实习为中心的教育实践活动是师范教育的重要组成部分。这一时期的教育实习走的是一条改革之路，由借鉴到探索，教育实习获得了一定的发展。

1956年公布了《师范学校教育实习办法》。1957年颁行了《高等师范学校本科和专科教育实习暂行大纲》，对教育实习做出具体的规定：教育实习包括教学工作实习和班主任工作。经过努力，体现社会主义教育本质特征的教育实习制度终于建立，这对培养中华人民共和国教育事业所需要的新型教师起到了积极的作用。这次教育实习的改革重建学习和借鉴了苏联的先进经验，教学实习计划也是在苏联专家的直接指导下开展的。如1952年、1954年的师范院校教学计划就是在苏联专家

---

① 刘英杰主编：《中国教育大事典 1949—1990》（上），浙江教育出版社1993年版，第975页。

② 《中国教育年鉴》编辑部编：《中国教育年鉴（1949—1981）》，中国大百科全书出版社1984年版，第981、965—966、1000页。

的直接帮助下,参照苏联 1951 年颁布的师范学院教学计划而制订的。又如北京师范大学在 1952 年到 1954 年连续定期举行了六次大规模的集中教育实习,苏联专家普希金、谢孔、崔可夫等亲临现场,全程指导,经由《光明日报》《人民教育》等的传播,在全国师范院校产生了积极的影响。

(四) 革新进修模式,凸显专业发展

1. 普通话推广热潮的掀起

1956 年 1 月,国务院成立了中央推广普通话工作委员会,统一领导全国推广普通话的工作。2 月 6 日,国务院发布《关于推广普通话的指示》。从当年春季到 1959 年春季,教育部、语言研究所共同举办了七期中央普通话语音进修班,一共为各省、市、自治区、各师范学校,以及中央相关部门培养了推广普通话的骨干 1115 人,到 1960 年上半年,教育部、文改会、语言研究所又开办了 2 期,培养了 551 人。[①]

从 1956 年秋季起,除少数民族地区外,全国中小学语文课一律开始用普通话教学,高校语文教学中也增加了普通话的内容。1957 年 8 月,教育部在《关于继续推广普通话的通知》中肯定了全国教育系统出现的推广普通话的热潮,全国已经有 60 多万中小学语文教师通过训练,约占语文教师总数的三分之一;大多数小学、部分师范学校和中学的语文课已经开始用普通话教学;中央和多数省、市的广播电台举办了普通话语言教学广播讲座,收听人数估计在 200 万人以上;出版普通话教材和参考书约 450 万册,灌制的普通话留声片约有 138 万张,大多数省、市都进行了方言调查。[②]

2. 教师培训制度的规范

为了进一步对中学教学研究组相关工作进行规范和要求,1957 年 1 月,《中学教学研究组工作条例(草案)》经由教育部公布,对研究组的工作任务和内容从文件方面进行了明确。研究组的主要工作内容有:对相关文件、政策、方针进行学习;对与教学相关的工作(包括但不限于

[①] 王维新、陈金林、戴建国:《中国百年师范教育图志》,上海辞书出版社 2009 年版,第 162—163 页。

[②] 王维新、陈金林、戴建国:《中国百年师范教育图志》,上海辞书出版社 2009 年版,第 163 页。

教学大纲、教材和教法）进行研究；对相关教育理论与专业知识进行钻研；对相关教育教学经验进行总结与交流。自该工作条例出台后，各地中学严格按照其要求开展相关工作，发挥其在教育教学中的重要作用。

同年10月，《关于函授师范学校（师范学校函授部）、业余师范学校若干问题的规定（草案）》等文件出台。这些文件对当时中小学教师存在的问题进行了总结反思，将进一步提高教师素质作为重点任务。这些文件还对函授师范学校和业余师范学校的工作任务做了明确部署。

首先是培训任务。规定使具有高小毕业或初师、初中肄业但不及师范毕业程度的在职小学教师，在基础的文化科学知识方面提高到师范学校毕业生水平。其次是修业年限。规定初级师范班三年至四年，师范班四年至五年。最后是课程设置。规定初级师范班设语文、算术、自然常识（动物、植物、生理卫生）各科及数学（代数、几何）、史地（本国历史、地理）两组学科。语文、算术、自然常识等为必修课，数学、史地两组学科选学一组。另设教育学基本知识原理、理化为机动学科，师范班设语文（文学、汉语）和数学（算术、代数、几何）、自然（物理、化学）、史地（本国史、世界史、自然地理、本国地理、外国地理）三组学科，学员修毕语文科后，可在数学、自然、史地组学科中选学两组，另设教育学为机动学科。①

这一规定的实施促进了函授师范学校的发展，到1957年底，全国共有函授师范学校720所，函授师范学校数量的扩大适应并满足了广大在职教师提高学历的需求，对优化在职教师队伍素质，提升教育质量产生了重要的影响。

二 突破局限，师范教育在反思中曲折探索

随着中苏关系的变化，中国试图摆脱苏联教育体制对中国教育的影响，创立适合中国国情的社会主义教育制度。与此同时，1958年至1960年，教育领域产生了一场革命，而"教育革命"中的师范教育，虽然伴随着这种"革命"的潮流，加深认识了存在的一些问题，也从

---

① 何东昌主编：《中华人民共和国重要教育文献1949—1975》，海南出版社1998年版，第785—786页。

侧面推动了师范教育的改革与发展，取得了一定的成绩。但是，受到"左"的思想的影响，其在稳步发展的道路上遇到一定的挫折。

（一）盲求跃进，师范教育发展遇阻

1958年至1960年，中国师范教育开始进入了新一阶段的改革与发展时期，在此期间，师范教育状况不甚稳定。反映在体系和规模上的问题是师范学校数量的大起大落，对师范教育体系产生了一定的影响。当时，各地未考虑到实际办学条件，一味追求增加数量，导致在短短的一年时间内，学校数目迅速膨胀。中等师范学校的数量比1957年增长了3.3倍，学生数增长了2.8倍。在1957年已减至100所的初级师范学校，到1960年又增至675所[①]，创了历史新高，打乱了中等师范教育正常发展的步伐。高等师范学校的数量在一年时间内几乎增长了3倍，从1957年的58所增至1958年的171所，到1960年已发展到227所，在校生数达204498人。[②] 在这种数量上的迅速增长中，学校分布缺乏合理性、平衡性，学校规模较小，办学条件没有保障，直接影响了师范院校的教育质量。

这一阶段的师范教育打乱了师范教育体系中已经形成的相对合理的学校布局，在学校数量成倍增长的同时，在校生并未同步增加。以高师为例。1957年，在校生为114795人，到1960年，在校生为204498人，增长不到2倍，而此时的学校数量却由58所增至227所。[③]

由此可见，当时师范学校的发展没有充分考虑社会经济发展水平，而是一味地盲目求数量，这便不可避免地陷入了盲目发展的误区。当时新建校的办学条件、办学规模都没有达到基本要求，办学效益较低，对师范教育的稳定发展产生了一定的影响。

（二）创新制度模式，实现"两条腿走路"

1958年5月30日，中共中央政治局扩大会议提出，应该有两种主要的教育制度和劳动制度：一种是现在的全日制的学校教育制度和八小

[①] 刘英杰主编:《中国教育大事典1949—1990》（上），浙江教育出版社1993年版，第968页。

[②] 《中国教育年鉴》编辑部编:《中国教育年鉴（1949—1981）》，中国大百科全书出版社1984年版，第965—966页。

[③] 《中国教育年鉴》编辑部编:《中国教育年鉴（1949—1981）》，中国大百科全书出版社1984年版，第965—966页。

时工作的劳动制度，这是主要的；另一种是半工半读的学校教育制度和半工半读的工厂劳动制度，即"两条腿走路"。

为探索办学的多种形式，1958年12月1日，《光明日报》报道吉林师范大学（东北师范大学1958年改为吉林师范大学）建立教育试验区的工作经验现场会，1959年2月23日，《光明日报》报道华南师范学院建立试验区，指出师范院校应协助地方大办教育事业，将教育与生产劳动相结合[①]，实行两条腿走路的办学方针。

1964年，根据关于试行两种教育制度的指示，试办了一批教育与生产劳动高度结合的新型学校，即半工（农）半读学校，如1964年11月1日上海半工半读师范学校成立，为上海半工半读中等技术学校培养新型教师。1965年3月，教育部召开全国农村半农半读会议。此次会议总结交流了各地试办半农半读学校的经验，提出今后农村教育革命的任务是：实行全日制和耕读小学两条腿走路，普及小学教育，扩大试办农业中学，积极试办半农半读中等技术学校。在1965年10月召开的全国半工半读会议期间，中央政治局召开扩大会议，指出目前正在全国各地试办的城市半工半读学校，已经在促进教育和生产劳动相结合、培养有社会主义觉悟的有文化的劳动者、逐步缩小脑力劳动和体力劳动的差别等方面显示出它的优越性，今后必须坚持"五年试验，十年推广"的方针，以便把握规律，进行教育战线上的这一场革命。

在探索"两条腿走路"的过程中，中国试办了一批教育与生产劳动高度结合的新型学校，即半工（农）半读学校，加快培养了大批新型教师，并积累了初步的经验。1958年至1960年，中等师范学校数量猛增，新增学校规模小，条件差，分布不合理，自编教材，更改原有教材，教学质量明显下降。1960年，中等师范学校数量猛增到1964所，当时抽调学生培养师资。1961年2月教育部发出《关于保证中小学师资质量问题的两项通知》。

（三）理论"去基础"，教学"现场化"的教学变革

1958年至1960年，各级师范院校进行了"教育革命"。在此期间，各

[①] 王维新、陈金林、戴建国：《中国百年师范教育图志》，上海辞书出版社2009年版，第146—147页。

级师范院校在教学工作中大砍大并基础课程，削弱了基础理论教学；大搞现场教学，忽视了课堂教学；师生过多地参加生产劳动、科学研究和社会活动，学习和教学时间偏少，打乱了教学秩序。有的学校甚至提出既是学校又是工厂，既是学生又是工人，既是学习又是劳动，把教学现场化的主张。

1958年3月19日，教育部颁发1958学年度中等师范学校、幼儿师范学校、四年制初级师范学校和师范速成班的教学计划。并且在颁发的通知中强调指出，在新形势面前，教育部原来有关中等师范教育的办法已不能完全适应需要，各地对原有教学计划可以因地制宜做适当变动。但语文、社会主义教育、教育学、生产劳动等科不宜减少。师范生参加劳动时间由各地自定，全年不宜少于三周。对各类师范学校的校历，教育部不做统一规定，但应保证一定的上课时间。关于师范学校的教育实习，各地不必局限于教育部以前确定的教育实习办法和大纲的规定上，鼓励学校大胆创造。

可是，随着"教育革命"的发展，各校都对原教学计划进行了所谓"革命性的大变革"，基本上各行其是。而且，各地一般都停止使用原有的师范学校教材，有的自编了一些教材，有的则对原有教材大裁大减。这些做法不仅使中等师范学校的教学处于无序状态，而且使教学质量严重下降。

高等师范院校提出了教学、生产劳动、科学研究三结合的方针，即学校、研究机关和工厂相结合，学生、研究人员和工人相结合，教育工作、研究工作和生产实际相结合的方针。在当时的形势下出现师生下厂下乡进行"现场教学""以任务带教学"，或"按生产过程组织各门课程的综合教学"。这些"左"的做法使学校的教学工作基本处于停顿状态，破坏了正常的教学活动，使师范院校教学现场化，或者说以现场教学代替了课堂教学。

在此情况下，教育部党组于1958年12月发出了《关于教育问题的几个建议》，指出自贯彻党的教育方针以来，产生了某些劳动时间过长、忽视教学质量的现象，要求各学校既要继续克服只重视教学而忽视生产劳动的倾向，又要防止只注意生产劳动而忽视教学的现象。实际上，这个建议没有解决根本问题。学校不能把教学和生产放到恰当的位置，导致教学"现场化"，打乱了教学秩序，使教学质量下降，在师范教育界造成思想混乱，产生了较大的不良影响。

（四）落实进修制度，提升教学水平

1. "学万荣，赶万荣"

1959年、1960年、1964年全国普通话教学成绩观摩会先后举行。1958年2月11日公布的《汉语拼音方案》，对推广普通话、扫除文盲有很大的作用。3月，《关于在中小学和各级师范学校教学拼音字母的通知》出台。暑期，各地普遍举办教师拼音字母学习班，然后在中小学和各级师范学校推行。中央人民广播电台和文改会多次举办讲座。而在业余教育中则采取"注音识字"扫盲。1960年4月，中共中央发布《关于推广注音识字的指示》，在全国推广山西省万荣县注音识字的经验，后来，全国出现了"学万荣，赶万荣"的热潮。

2. "政治挂帅，思想先行"

1958年后，教育事业盲目大发展，中小学校突击补充教师，造成学历不合格教师的比例上升，教学质量下降，且教师参加劳动和社会活动过多，学习时间不能保证，从而使大多数地区的教师培训工作陷入停顿。据统计，在全国高中教师中，中等学校毕业及以下程度者所占比例由1957年的12.6%上升到1959年的14.9%。在初中教师中，中等学校毕业及以下程度者所占比例由1957年的48.8%上升到1959年的58.7%。在小学教师中，中师、高中毕业及以上程度者所占比例由1957年的14.4%下降到1959年的10.9%；初师、初中毕业及中师、高中肄业程度者所占比例由1957年的51.4%下降到43.7%；初师、初中肄业及以下程度者所占比例由1957年的34.2%上升到45.4%。[①]

针对这一情况，1960年4月，教育部在河南新乡召开全国师范教育改革座谈会，对如何提高在职教师的水平问题进行讨论，确定在职中小学教师的培训目标是，贯彻执行党的社会主义建设总路线和一整套"两条腿走路"方针的积极性和自觉性。在政治上，要求每一个教师能以毛主席思想武装起来，通过系统的理论学习和社会实践、劳动锻炼相结合的办法自觉

[①] 中华人民共和国教育部计划财务司编：《中国教育成就统计资料1949—1983》，人民教育出版社1984年版，第195、222页。

第四章　中华人民共和国成立至改革开放前师范教育制度的发展（1949—1977年）

地进行思想改造，在教学改革中做促进派，并逐步确立共产主义世界观，成为工人阶级的又红又专的人民教师。在文化和业务上，要求具有小学、初师、中师毕业水平的小学教师，除能胜任自己的教学工作外，8年内还应在几门主要学科上分别达到将来的高中、大学专科、本科毕业的水平；现在具有中师、师专、师院毕业水平的中学教师，除能胜任自己的教学工作外，三五年内还应在几门主要学科上，分别达到将来的大学专科、本科和研究生的水平，并继续提高自己的文化科学水平和业务能力。

为达到以上在职中小学教师培训目标，此次会议提出了几项措施：

第一，必须坚持政治挂帅，思想先行，教学改革是一场大破大立的思想改造运动，在教师群众中不能不引起强烈的反应。因此，组织教师进修学习，必须自始至终抓好思想工作。

第二，必须采取群众路线的方法，大搞群众运动，在充分发动和大力提高思想认识的基础上，使全体教师不仅都能自觉地积极地参加教育改革工作，迅速掀起一个为迎接教学改革而进修的高潮，而且要随着自己的政治、文化、业务水平的提高，敢于在教学实践中不断创造经验。

第三，大抓教师进修规划，加强组织工作，强调教师进修规划必须落实到公社和学校，扎根到人，使每一个教师都有明确的努力目标。

第四，学习方式要灵活多样，提高在职教师水平必须掌握统一性与多样性相结合的原则，采取长期培养和短期训练并举，在职进修与离职学习并举，培养骨干教师与普遍提高并举，函授与面授并举，校内校外并举，政治学习与文化业务学习并举。

第五，务必保证学习时间，妥善安排教师工作、劳动和休息。

第六，要健全和充实教师进修机构，从省、专区、市县、公社和学校，层层都必须建立和健全教师进修机构或组织，做到块块统一领导，督促检查，条条进行业务辅导，层层有人负责，样样有人管理。

第七，为提高教师的政治、文化、业务水平所举办的假期讲习、短训班、轮训班、函授等教育工作都要遵循多快好省的精神，彻底改变函授进修工作中少慢差费的现象，取消学年制，采取多科并设，单科独进，分科结业的办法，并试行自学考试免修的制度。

第八，强调共产主义协作，即以协作区为单位，召开专门会议研究分工编写函授进修教材等可以协作的事宜，各地区间、学校间、教师间都应提倡共产主义协作精神。

第九，为了适应教学改革的需要，要充分利用寒假、暑假的时间，大规模举办在职教师短期训练班，特别是在各地大量试验新学制前，在暑假期间大办在职教师短训班。

第十，为了搞好在职教师培训和提高工作，各地党委加强了对这一工作的领导，进行统一安排，经常进行督促检查。

可以说，全国师范教育改革座谈会对于教师培训的讨论是全面且具体的，也正是由于此次会议后各地、各师范院校认清了形势，明确了目标，采取了措施，在全国开展切实有效的多种形式、多种规格、多种渠道的师资培训工作，全国小学教师进修学校的在籍学生数从1957年的55.8万人增加到1965年的109.6万人，增加了近一倍。毕业生数从1957年的3800人增加到1965年的91000人，增加近23倍。[①] 开展小学教师培训工作，对当时小学教育的发展起到了重要的作用。

三 变革调适，师范教育在革新中稳步发展

（一）直面核心，重建师范教育体系

1. 把握宏观方向，调整培养规格

1961年10月全国师范教育会议召开，对高等师范院校和中等师范院校师范生培养规格分别做出了明确的要求。

一是关于高等师范教育培养目标和对毕业生规格的要求。

首先，在政治态度和世界观方面和其他高等学校要求一致，但在道德品质方面，要求则更高一些，要能够以身作则，成为学生的表率。所谓道德品质实际上还是一个政治觉悟问题。

其次，在专业知识方面，强调首要的是打好基础，同时必须提高水平，还要注意师范特点。并且对高师院校本科学生与专科学生的要求也有所不同。在本科方面，指出学生应当对基本概念与基础理论学得透彻，掌握得牢固确切，这样，在中学教学中才不致发生错误，这也是对一个合格的中学教师的起码要求。而对于专科学生规格的要求，各地意

---

① 中华人民共和国教育部计划财务司编：《中国教育成就统计资料1949—1983》，人民教育出版社1984年版，第47—48页。

见比较一致，认为主要是扎实地学好最主要的基础课，受到最必要的基本训练；理论基础可以比本科学生浅薄一些，将来到工作岗位上再通过业余学习加以系统提高；不必提"具备科学研究能力"，但须具有独立钻研的能力。关于外国语，由于年限短，再设外国语则学生负担过重，而且会影响专业课的学习。因此，不必普遍要求学会一门外国语。在教育业务方面，要有一定的训练。当然，各地提法不完全一致，比如关于党的教育方针政策，有的提出不仅要理解，而且要拥护，要宣传和执行，有的提出要"热爱人民教师工作""热爱儿童"，等等。

再次，在教学技能方面，此次会议指出，高师院校培养出来的学生，应当能运用专业知识和教学理论来分析中学教材，会写教案，会组织课堂教学，并接受板书、制作教具等基本训练。具体来说，即具备四方面的知识：如何进行思想教育工作；懂得青少年的心理特征；如何对不同类型的学生进行教育；如何教育特殊儿童。另外，在文化素养方面，要求高师学生具有广博知识。因为青少年正处于长知识的时期，提出的问题很多，教师要有一定的解决问题的能力。

最后，对学生的体质健康方面的要求，与其他高等学校要求一致，即要有健康的体魄。

二是关于中等师范学校教育培养目标和对毕业生规格的要求。

首先，对师范生培养的首要一点依旧是他们的政治思想和世界观。此次会议指出，中等师范学院培养的毕业生，大多成为小学教师，而对于小学教师来说，必须要求他们有鲜明的政治立场，拥护共产党的领导，拥护社会主义，还要特别加强共产主义道德品质的教育。要教育他们爱教育事业，爱儿童。古今中外当教师的都需要有"教育爱"，离开政治，离开阶级立场就是空的。我们的"爱"，是以爱祖国、爱共产党、爱社会主义为基础的。因此，此次会议强调中师毕业生应当具有爱国主义和国际主义思想，拥护共产党的领导，拥护社会主义，愿为社会主义事业服务。

其次，强调毕业生务必具有相当于高级中学的文化教学基础知识水平，并且具有教育学科基础知识和从事小学教育的工作能力。

最后，身体健康仍然是不可忽视的重要方面。此次会议强调，中师办学要加强对学生良好生活习惯的培养，这不仅指身体健康，而且包含了以身作则的方面。

2. 明确师资需求，设定培养目标

首先，《全日制中学暂行工作条例（草案）》（简称"中学五十条"）颁布，明确了对高师培养目标的要求。

"中学五十条"对全日制中学教育管理制度的各个方面都作了明确而具体的规定，适用于全年有9个月教学时间的全日制中学。其中，对教师的基本要求是：教好功课；爱护学生；以身作则；努力学习；刻苦钻研业务。[①] 由此，便也对高等师范教育的培养目标做出了要求，即培养出能完成中学教育任务的人才，要全面贯彻党的教育方针，要培养忠诚党的教育事业、又红又专的人民教师。在中学任教时，要教好功课，爱护学生，以身作则，努力学习，关心政治，刻苦钻研业务。

对中学教师提出的根本任务和基本要求实际上是对高等师范教育的改革与发展提出的任务和要求，高等师范教育要按照中学教师所承担的任务和基本要求来确定培养目标和规格，这样才能形成一种良性循环状态，对高等师范教育的调整、巩固、充实和提高起着重要的指导和促进作用，重新强调必须坚持师范院校这个培养师资的主要阵地，并重新确立了各级师范院校的培养目标，从而为师范教育的改革与发展奠定了基础。

其次，《全日制小学暂行工作条例（草案）》（简称"小学四十条"）明确了对中师培养目标的要求。

"小学四十条"对全日制小学教育管理制度的各个方面都作了明确而具体的规定，适用于全年有9个月教学时间的全日制小学。

"小学四十条"明确规定小学教师的根本任务是热爱教育事业，教好学生，努力完成教育教学任务。对教师的基本要求是：教好功课；爱护学生；严格要求自己；以身作则；努力学习。[②] 通过该条例对小学教师工作标准的明确，迈出了提高教师教学水平的重要步伐。此后，中等师范学校也纷纷与此同步，明确培养目标，培养合乎工作条例要求的准教师。

---

① 《中国教育年鉴》编辑部编：《中国教育年鉴（1949—1981）》，中国大百科全书出版社1984年版，第704页。

② 《中国教育年鉴》编辑部编：《中国教育年鉴（1949—1981）》，中国大百科全书出版社1984年版，第700页。

（二）厘清思路，整顿师范教育体制

1. 探寻师范教育办学体制新方向

1961年，全国师范教育会议正式召开。此次会议认真、系统地对中华人民共和国成立以来师范教育发展的经验与教训进行了回顾与反思，也更加明确了各级师范学校的培养目标，讨论了制订教学计划的原则和计划草案。会后，开始调整学校，提高质量，这是第三次大调整。到1965年，中等师范学校调整为394所，学生15万人，初级师范学校只占8%，学生只占2%，中等师范学校质量提高，恢复到1958年前的水平。[1]

同时，经过讨论，与会者认为当前有关高等师范教育的办学难题不在于办不办，而在于如何将师范教育办好。在这一观点下，与会代表就高等师范教育应当培养什么样的人交换了意见。此次会议指出，关于高师、师专、中师各培养哪一级师资的问题，几年来也有争论，"这个问题与前一个问题有联系"。此次会议指出，1958年以来，教育事业大发展，就需要大量的师资。然而，过去各级师范学校的师资不多，跟不上去。经过讨论，各地对师范院校任务的意见总的来讲是一致的：高师本科着重对口培养高中师资，高师专科着重对口培养初中师资，小学教师则由中师着重对口培养。

2. 以地方分权为主向分级管理过渡的师范教育行政体制

1956年以前，师范教育行政体制基本与当时高度集中的计划经济体制相适应，各级师范学校均由中央集中统一领导，强调行政管理的集中性与统一性。1958年8月，中共中央、国务院在其发布的《关于教育事业管理权力下放问题的规定》中，将各级学校的办学、设置与发展权下放地方自行决定。

同年，中共中央颁发的《关于高等学校和中等技术学校下放问题的意见》指出："除少数综合大学、某些专业学院……以外，其他的高等学校和中等技术学校，都可以下放，归各省、市、自治区领导""地方性较大的学校（例如农学院、医学院、师范学院等），可以比统一性较大的学校（例如综合大学、工业学院等）更多地下放。"[2]

---

[1] 刘英杰主编：《中国教育大事典1949—1990》（上），浙江教育出版社1993年版，第969页。
[2] 《中华人民共和国国史全鉴》编委会编：《中华人民共和国国史全》（第二卷）（1954—1959），团结出版社1996年版，第2252页。

这一时期所进行的权力下放，对此前过分集中的师范教育管理权限，地方办学积极性不高等问题做出了较大改变。但是，也受到当时对教育管理缺乏经验，国家对教育缺乏宏观控制的影响，出现了一些盲目发展教育的问题，这一点在高等教育包括高师教育方面显得尤其突出。

高等教育部与教育部曾在1958年合并为教育部，1963年，国务院第137次会议又一次决定分设两部。1964年3月，此前属于教育部的高教部分同教育部正式独立开来。自此，在中国学校教育管理层面，形成了基础教育与高等教育分块、独立管理的局面。与此同时，地方的各级教育机构，尤其是省一级的教育行政机构，也开始经历一系列的变革与调整，逐渐由此前省教育厅统管省内全部教育事业改为由高教厅管理省内高等教育事务、省教育厅管理省内基础教育事务。

其间，中国通过总结教育管理的经验教训，确立并实行了统一领导、分级管理的教育行政体制。在中等教育方面，1963年，中共中央转发《全日制中学暂行工作条例（草案）》，规定："全日制初级中学一般由县、市、自治区教育厅、局管理，也可以委托所在专区（市）或县（市）教育行政部门管理。全日制高级中学和完全中学一般由省、市、自治区教育厅、局管理，也可以委托所在专区（市）或县（市）教育行政部门管理。"[①] 同年，在高等教育方面，基于此前的经验教训，中共中央、国务院颁布了《关于加强高等学校统一领导、分级管理的决定（试行草案）》。该文件规定："对高等学校实行统一领导，中央和省、直辖市自治区两级管理的制度"[②]。

经过上述几项文件政策对于师范教育行政体制的调整与规范，中国师范教育中央—地方分别办学、分级管理的体系和格局基本构建完成。

3. 权责明晰，校长负责的师范教育领导体制

1958年9月，中共中央、国务院发布了《关于教育工作的指示》，指出："一长制容易脱离党委领导，所以是不妥的""一切中等学校和

[①] 《中国教育年鉴》编辑部编：《中国教育年鉴（1949—1981）》，中国大百科全书出版社1984年版，第705页。

[②] 国家教育委员会政策研究室编：《教育体制改革文献选编》，教育科学出版社1985年版，第87页。

第四章　中华人民共和国成立至改革开放前师范教育制度的发展（1949—1977年）

初等学校也应放在党委领导之下"①。因此，各地中等师范学校都要在领导模式上实行党委领导下的校长负责制。在此要求下，在学校办学中，党委几乎包揽了学校工作，即学校事务基本由书记说了算。

在高师方面，同样也在《关于教育工作的指示》中做了规定："在一切高等学校中，应当实行党委领导下的校务委员会负责制。"②这一领导体制的确立，毫无疑问，在极大程度上加强了学校的政治思想干预。不过，由于当时存在党政职责不清的不足，出现了党政不分、以党代政的问题，使得学校的行政机构及其负责人没有充分发挥其应有的作用，削弱了对教学工作的正向领导，降低了教学质量。

为了改善师范教育领导体制初期出现的党政不分问题，教育部总结了中华人民共和国成立以来的经验教训，于1961年9月发布了《教育部直属高等学校暂行工作条例（草案）》，其中指出，高等学校的领导体制是"党委领导下的以校长为首的校务委员会负责制……高等学校设立校务委员会，作为学校行政工作的集体领导组织。学校工作中出重大问题，由校长提交校务委员会讨论，做出决定，由校长负责组织执行"③。

在中等师范学校方面，1963年3月，《全日制中学暂行工作条例（草案）》出台，其中明确"校长是学校行政负责人，在当地党委和主管的教育行政部门领导下，负责领导全校的工作"④。在实行这一体制后，学校党政有了分工，党委包办过多的做法有所改变，重新明确了校长的作用，在党委的统一领导下，保证了学校政治思想工作，还学校行政班子以应有的学校管理权，加强了教育、教学工作领导，取得了较好的学校管理效果。

至于师范院校内部组织机构的设置，在这一时期，几乎沿用了

---

① 中共中央文献研究室编：《建国以来重要文献选编（第十一册）》，中央文献出版社2011年版，第427页。

② 中共中央文献研究室编：《建国以来重要文献选编（第十一册）》，中央文献出版社2011年版，第429页。

③ 《中国教育年鉴》编辑部编：《中国教育年鉴（1949—1981）》，中国大百科全书出版社1984年版，第697页。

④ 《中国教育年鉴》编辑部编：《中国教育年鉴（1949—1981）》，中国大百科全书出版社1984年版，第704—705页。

1952 年颁布的《师范学校暂行规程（草案）》对师范院校组织机构的规定，未作大幅调整。

（三）调整巩固，完善教师培训制度

1. 教师培训制度重新起步

教育部于 1961 年 7 月上旬召开了全国高等学校及中等学校调整工作会议，并在 8 月印发了《全国高等学校及中等学校调整工作会议纪要》。该纪要显示，此次工作会议重点讨论了如何在控制中等学校发展的同时，提高学校办学质量，并重点提出了要将制订教师培训计划，提高教师队伍素质列入议事日程。[1] 10 月，第二次全国师范教育会议召开，此次会议提出，为进一步提高教师队伍水平，各地区都要抓紧、切实摸底现有教师队伍情况，并根据实际情况制订相应计划，特别是要注意培养骨干教师，要提高各教师进修组织的工作能力，完善教师进修的相关制度，切实保障教师进修条件。

会后，全国各地对教师培训都采取了有力措施，切实有效地开展了中小学教师培训工作，取得了教师培训工作的较大发展，也进一步完善了教师培训体制机制。如辽宁省教育厅于 1962 年 12 月发出《关于加强中小学教师函授学习的意见》，明确提出高师函授由省级函授学院举办，负责业务指导、教育研究、编选教材和经验交流等。正是在辽宁省教育厅的重视下，该省的师资培训工作得到了发展。到 1965 年，全省建有县区级教师进修学校（含师范学校函授部）80 所，专职教师 1033 人，在籍学员 4867 人，占小学教师总数的 38%。[2]

黑龙江省教育学院于 1962 年独立创办中文函授专科，当年招收学员 1179 人；次年 2 月，数学函授专科也开始招生，当年招收学员 686 人，加上中文专业招生 923 人，共招收学员 1609 人；1964 年，共招收函授专科学员 1738 人，其中，中文专业 995 人，数学专业 743 人。三年累计招收函授专科学员 4526 人，为黑龙江省的中小学教师培训工作做出一定贡献。[3] 东北师范大学的函授教育自 1953 年成立至 1963 年的

---

[1] 《中国教育年鉴》编辑部编：《中国教育年鉴（1949—1981）》，中国大百科全书出版社 1984 年版，第 692—693 页。

[2] 参见曾煜编著《中国教师教育史》，商务印书馆 2016 年版，第 321 页。

[3] 曾煜编著：《中国教师教育史》，商务印书馆 2016 年版，第 321 页。

第四章　中华人民共和国成立至改革开放前师范教育制度的发展（1949—1977年）

十年间，共培训本科生224人，专科生806人，编写讲义132种，参考资料129种，学习指导书97种，发行600余万册，被140所兄弟院校采用，成为东北地区教师培训的中心。①

2. 教师培训制度再度深化

1963年3月，教育部出台《全日制中学暂行工作条例（草案）》，指出："教育行政部门和学校必须加强对教师学习的领导。……教师的文化、业务学习，应该根据不同的对象来具体安排……要求他们注意钻研所任课程的教材和教学方法，使他们能够胜任教学工作。"② 这些要求与举措对加强教师政治文化与业务学习，改进教学工作，提高教育质量起到了积极作用。此后，各级教师进修学校纷纷举办短训班，组织编写教材、参考资料，加强对在职教师教材教法的培训。仅北京在此期间就举办教材教法培训班300多期，参加培训的教师累计5万多人次，教师培训工作得到了进一步的发展。

3. 教师培训制度长足发展

1965年11月，全国高等函授教育会议在南京召开，高等教育部部长蒋南翔指出，函授教育是中国整个教育事业的重要组成部分，具有强大的生命力和发展前景。根据中央关于实行"两种劳动制度，两种教育制度"的方针，在高等教育工作中，不仅要办好全日制学校，而且要大力发展半工（农）半读和业余、函授教育。截至1965年底，全国共有函授院校171所，在籍学生19万人，其中，师范教育函授生68694人，占37%。③ 这些师范函授生在中小学校中发挥了骨干作用，促进了基础教育的改革与发展，教师培训工作得到了长足、有效的发展。

综观1956—1965年这十年间师范教育的发展，前五年由于受极"左"思想的影响，出现了不少失误，特别是1958年的教育大革命，违反了教育规律，给师范教育事业的整体发展带来很大损失。在后五年，以党的"调整、巩固、充实、提高"八字方针为指导，师范教育的质量得以恢复。经历了改建、发展、调整、重建和革新的过程，为各

---

① 曾煜编著：《中国教师教育史》，商务印书馆2016年版，第321页。
② 何东昌主编：《中华人民共和国重要教育文献1949—1975》，海南出版社1998年版，第1158页。
③ 曾煜编著：《中国教师教育史》，商务印书馆2016年版，第322页。

级各类学校培养培训大批师资，基本建立起符合中国国情的师范教育体系，为中华人民共和国的教育事业作出了重大的贡献。

第三节　曲折与重创时期的师范教育（1966—1977年）

到1966年，中国的社会主义经济建设已在探索中取得了较为圆满的成果，国民经济调整基本完成，国家即将步入第三个五年计划。但就在此时，出于防止资本主义复辟、维护党的纯洁性以寻求中国建设社会主义道路的原因，意识形态领域的思想批判运动快速演变为一场指向党的领导层的政治运动。中共中央于1966年5月召开的政治局扩大会议和8月召开的八届十一中全会，使"左"的方针占据了主导地位。"教育"成为重灾区，而占据教育重要枢纽地位的师范教育成为"重中之重"，在这十年中遭受重创。

一　师范教育体系与培养目标
（一）体系与办学规模

在1966年至1977年这十年中，整个师范教育体系都处于混沌之中。培养层次不清、结构不明，办学规模极度萎缩。1966年至1971年，各级各类师范学校几乎全部停止招生，整个师范教育毫无生机可言。中等师范学校与高等师范学校较前期不仅没有发展，反而在规模上大大缩减。

1966年到1970年，中等师范学校大部分被裁办或者合并，中等师范学校数量一直维持在400所左右；由于停止招生，中等师范学校学生数量也呈骤减之势，1971年，在恢复办学与招生后，学校与学生数量逐年增加。1971年，恢复到636所[1]；至1976年，学校数量逼近1000所大关，达到982所[2]，是这十年期间学校数量最少时的将近3倍，学

---

[1]《中国教育年鉴》编辑部编：《中国教育年鉴（1949—1981）》，中国大百科全书出版社1984年版，第981页。

[2]《中国教育年鉴》编辑部编：《中国教育年鉴（1949—1981）》，中国大百科全书出版社1984年版，第981页。

第四章　中华人民共和国成立至改革开放前师范教育制度的发展（1949—1977年）

生数量是学生数量最少时的19倍。

高等师范学校情形也不容乐观。绝大多数高等师范学校被迫停办、撤销、合并或搬迁，在1966年停止招生后，高等师范学校的数量一度无人统计，至今没有官方数据，足见受到的关注之少。从仅有的数据来看，1969年，高等师范学校在校生仅有2516人①，至1971年恢复招生，学校也仅有44所②，学生16840人。③ 此后，直至1976年，高等师范学校的数量，以及在校生虽然都有所恢复与增长，但总体而言，变化不大。

（二）培养目标

1967年3月，中央"文化大革命"小组组长在北京大学师生座谈会上说："我们的教育制度是从清朝末年演变来的，后来又接受苏修一套东西，教育制度、教学内容、教学方法基本上是资本主义的……我们一定要大破大立。"④ 5月4日，他在北京师范大学又说："师范学校是资本主义制度下产生的，师范大学要不要办，可以讨论。"⑤ 在这种形势下，大量师范院校被迫关闭、停办与合并，师范学校存在的意义被彻底否定，自此，这一时期的师范教育失去了良好的发展机会。

在此背景下，"四人帮"篡改了师范教育的培养目标，妄图把青少年引入歧途，使其成为"没有文化的劳动者"，让青少年沦为他们篡党夺权的工具。幼儿师范学校几乎全部停止招生，幼教师资的培养中断了十余年。高等师范院校的学前教育专业从1961年起就停止了招生，直到1976年，中国有15年时间没有培养学前教育专业的高层次人才，中国幼儿教育的发展停止了。

同时，高等学校的入学资格被大幅度降低，开始招收只相当于初中文化程度的工农兵学员上大学，将师范院校本科学制从4年缩短为2—

---

① 《中国教育年鉴》编辑部编：《中国教育年鉴（1949—1981）》，中国大百科全书出版社1984年版，第966页。
② 《中国教育年鉴》编辑部编：《中国教育年鉴（1949—1981）》，中国大百科全书出版社1984年版，第965页。
③ 《中国教育年鉴》编辑部编：《中国教育年鉴（1949—1981）》，中国大百科全书出版社1984年版，第966页。
④ 何东昌主编：《中华人民共和国教育史》（上），海南出版社2007年版，第411页。
⑤ 李友芝、李春年、柳传欣等编：《中国近现代师范教育史资料》（第4册），北京师范学院内部交流资料，1983年，第1699—1700页。

3 年，中等师范学校由 3—4 年缩短为 2 年。在学生的具体培养上，将战斗任务与典型工程贯穿文、理科的日常教学，号召学生将相当比例的时间用于外出劳作，致使学生不能系统掌握科学知识，培养目标与中华人民共和国成立以来的一贯思路大相径庭。

二 师范教育办学体制

（一）师范院校的独立与非独立设置

1965 年，中国有高等师范院校 59 所[1]，中等师范院校 394 所。[2] 1966 年至 1970 年，全国师范院校停止招生，直至 1970 年才开始恢复招生。取消了师范院校的独立设置，停止招生，丧失了师范教育发展的培养皿，合格教师的培养也就无从谈起。

（二）师范院校的公立与私立

公立教育指的是由国家或地方政府出资兴办的教育事业，私立教育指的是由个人或社会团体兴办的教育事业。自 1952 年《师范学校暂行规程（草案）》[3] 规定私人或私人团体不得设立师范学校或任何师资训练机关以来，私立师范教育在中国即没有了存在的法律依据。因此，长期以来，中国没有私立的师范教育机构，1966 年至 1976 年更是如此。

（三）师范教育职前培养与职后培训机构的分立

1966 年至 1977 年，受整个教育局势剧烈动荡的影响，中国师范教育职前培养与职后培训两个部分几乎不复存在。在这十年间，新增教师大部分为民办教师，学历较低，难以承担起中国基础教育阶段的教学重任，极大地影响了初、中等教育阶段的教育质量与发展。

三 师范教育管理体制

师范教育管理体制指的是师范教育管理机构体系与一定的规范体系

---

[1] 《中国教育年鉴》编辑部编：《中国教育年鉴（1949—1981）》，中国大百科全书出版社 1984 年版，第 965 页。
[2] 《中国教育年鉴》编辑部编：《中国教育年鉴（1949—1981）》，中国大百科全书出版社 1984 年版，第 981 页。
[3] 《中国教育年鉴》编辑部编：《中国教育年鉴（1949—1981）》，中国大百科全书出版社 1984 年版，第 750 页。

相结合组成的完整统一体。它主要涵盖了师范教育行政体制（包括各级各类教育行政机构、相关规章制度）以及学校内部的管理体系。

（一）师范教育行政体制

1966年7月，中共中央同意宣传部的建议，将教育部与高等教育部再次合并为教育部。1970年6月，教育部被撤销，取而代之的是由国务院科教组主要负责全国教育行政工作。在地方上，由各级革命委员会的"文教组"等组织，代替此前地方教育行政机构进行工作。这些"文教组"由工农兵讲师等人员构成，主张"改革旧的教育制度，改革旧的教学方针和方法"[①]，在"以阶级斗争为纲"的口号下，对教育的指导几无科学性、法制性可言，使得"文化大革命"期间中国的师范教育管理体制无章可循。

（二）师范院校领导体制

这一时期成立了以几派群众组织联合执政的"革命委员会"作为中国中等师范学校的领导体制。在高等师范院校中实行一元化的"革命委员会"制度，建立了党政合一的三结合的各级革命委员会。这种做法不仅否定了党的领导，同时也否定了学校中校长存在并且进行教育教学领导的必要性。此时，中国师范院校的领导体制逐步走向不合理与一元化，使得中华人民共和国成立以来的高等、中等师范院校遭到空前浩劫。

四　师范教育法制建设

1971年1月，国家计划委员会、国务院科教组向国务院提出《关于高等院校调整问题的报告》[②]，该报告提出，师范院校多数应予以保留。据此，中国师范教育才开始逐步恢复，一些师范院校逐渐复校并开始招生。同年，在"四人帮"的操纵下，《全国教育工作会议纪要》[③]出台，抛出了"两个估计"，称新中国成立17年来"毛主席的无产阶级教育路线基本上没有得到贯彻执行"，甚至出现了"资产阶级专了无

---

① 罗正楷主编：《中国共产党大典》，红旗出版社1996年版，第1010页。
② 《中华人民共和国国史全鉴》编委会编：《中华人民共和国国史全》（第四卷）（1967—1976），团结出版社1996年版，第4180页。
③ 何东昌主编：《中华人民共和国重要教育文献1949—1975》，海南出版社1998年版，第1478页。

产阶级的政"的混乱局面。大批教师和学生的世界观出了问题,"世界观基本上是资产阶级的",完全颠倒了是非。在这种形势下,师范学校的任务和培养目标便带有了浓重的极"左"色彩。由此,师范教育的教学秩序混乱,教学质量严重下降,教师队伍遭到严重摧残。

1972年,周恩来针对全国教学秩序混乱等问题发表讲话。同年,《充分发挥教师在教育革命中的作用》[①] 的文章发表于《人民日报》,学校一度出现了重视学习科学知识的局面。

---

① 何东昌主编:《中华人民共和国重要教育文献1949—1975》,海南出版社1998年版,第1484页。

第五章　改革开放后师范教育制度的推进（1978—2000年）

改革开放后，基于发展四个现代化对人才的迫切需要，亟须恢复和发展师范教育，而恢复和发展师范教育的重心，则是提高教师地位，明确各级师范教育的任务，重塑师范教育体系。

第一节　恢复重建时期的师范教育制度（1978—1984年）

1978年，教育领域启动了拨乱反正工作。首先推翻了"两个估计"的错误路线，重新确立了解放思想、实事求是的思想路线，并提出尊重知识、尊重人才的口号。是年10月，教育部在《关于加强和发展师范教育的意见》中提出："大力发展和办好师范教育，建设一支又红又专的教师队伍，是发展教育事业、提高教育质量的基本建设，百年大计。"[①] 其中关于师范教育重要性、目前形势和当前任务的阐述，标志着师范教育的复苏和重塑。

一　重建师范教育体系

1966年至1977年，中华人民共和国成立17年形成的师范教育体系被打乱。高等院校招生被中断，原由高等师范学校培养中学教师的任务不合时宜地落到了中等师范学校的头上，中等师范学校的办学方向，

---

① 何东昌主编：《中华人民共和国重要教育文献1976—1990》，海南出版社1998年版，第1648页。

由培养小学师资拔高为培养中学师资,产生了"中学毕业教中学"的现象。此外,这种"揠苗助长"式的硬性拔高,也未能填补中学师资的缺口。中等师范培养中学教师,以及抽调小学公办教师到中学任教,连带导致了小学师资的匮乏(见表5-1),同时,又伴随着质量的下降。面对师资培养这种混乱、匮乏和低质的局面,恢复和重建中华人民共和国成立17年形成的三级师范教育体系,培养大量合格教师的任务迫在眉睫。

表5-1　　　　　　　1977年中小学教师数量缺口情况　　　　　　(万人)

学段	学生净增（与1965年相比）	教师应增	教师实际新增		教师缺口
			高师毕业生	中师毕业生	
中学阶段	6000	300	14.7	45	240
小学阶段	3000	100	中师毕业生 40		60

说明：高师毕业生中有30%左右被分配到其他战线工作,没有从事教师职业。

资料来源：何东昌主编：《中华人民共和国重要教育文献1976—1990》,海南出版社1998年版,第1649页。

1980年6月,第四次全国师范教育工作会议经教育部组织在北京召开。此次会议的主要目标是办好师范教育,内容主要是总结了中华人民共和国成立30年以来师范教育工作方面的历史经验,并基于当时所面临的严峻形势,讨论了师范教育发展的方针和任务,为后来相当长时间内师范教育的发展指明了方向。

根据此次会议的讨论结果,教育部印发了《关于师范教育的几个问题的请示报告》《关于大力办好高等师范专科学校的意见》《关于办好中等师范教育的意见》等文件,在肯定师范教育基础地位的同时,确定"师范教育的基本任务是培养师资。高等师范院校本科主要是培养中等学校师资;师范专科学校培养初级中等学校师资;

中等师范学校和幼儿师范学校培养小学师资和幼儿园师资"①。自此，中国三级师范教育体系和各级各类师范学校的办学方向得以重新确立。

二　逐步实行"两级办学"与"统一领导、分级管理"的制度

在办学体制上，自20世纪50年代起，中国的师范教育一直实行由政府包办的体制。1980年6月，教育部副部长高沂在全国师范教育工作会议上的报告中提出："教育部应当办好直属的师范大学和师范学院。各省、市、自治区应当根据需要和可能条件，统筹规划本省各级师范院校的设置。每个省、市、自治区都应有一所或几所高等师范院校。在经济发达的地方，一个专区应有一所师范专科学校，几所中等师范学校（包括幼儿师范学校或幼师班）。"② 由此可见，在改革开放初期，师范教育采取统一领导、分级管理的体制，师范学校主要由中央和省、市、自治区两级办学。

首先，在高等师范学校的管理上实行由中央统一领导，中央和省、市、自治区两级管理的制度。教育部1978年在对1961年制定的"高教六十条"加以修订的基础上，试行了《全国重点高等学校暂行工作条例（试行草案）》，并下发高师院校各专业教学计划。该工作条例规定："国务院各部委所属重点高等学校，行政上受各部委领导，党的工作受省、市、自治区党委领导。省、市、自治区所属重点高等学校，行政和党的工作均受省、市、自治区党委领导。"③

1979年8月修订的《中共中央、国务院关于加强高等学校统一领导、分级管理的决定（试行草案）》强调："为了加强对高等学校的领导和管理，中共中央和国务院决定对高等学校实行中央统一领导，中央和省、市、自治区两级管理的制度。""中共中央和国务院的领导下，

---

① 王维新、陈金林、戴建国：《中国百年师范教育图志》，上海辞书出版社2009年版，第170页。
② 苏林、张贵新主编：《中国师范教育十五年》，东北师范大学出版社1996年版，第248页。
③ 何东昌主编：《中华人民共和国重要教育文献1976—1990》，海南出版社1998年版，第1641页。

中华人民共和国教育部,国务院其他各部委和省、市、自治区人民委员会,对高等学校的管理工作进行适当的分工合作,共同办好高等学校。"① 在高等师范学校内部,则实行"党委领导下的校长分工负责制。"②

其次,在高等师范专科学校的管理上实行中央统一领导,省、专区两级管理的制度。1980年10月,《关于大力办好高等师范专科学校的意见》明确指出:

> 目前师专的管理体制,基本上是两种形式:一种是省、专区双重领导,以省为主;一种是省、专区双重领导,以专区为主。究竟以哪一种领导为主对工作有利,请各省、市、自治区根据实际情况自行决定。③

> 在当前的情况下,一般地说,省、市、自治区对师专的规模和布局、学校领导干部的配备和管理、招生和毕业分配、师资的补充和培养、专业设置、经费、基建、仪器供应问题,都要全面规划,统筹安排,切实管起来。师专所在地区应对学校的政治思想工作、人事调配、物质供应、教育实习的组织和安排和基建力量安排等问题,加强领导,给予关心和支持。④

师范专科学校内部同样实行党委领导下的校长负责制度。

最后,在中等师范学校的管理上实行中央统一领导,省、地两级管理的制度。1980年8月出台的《中等师范学校规程(试行草案)》规定:"中等师范学校由省、市、自治区教育局(厅)根据国家的教育方针、政策、规章、制度,实行统一领导,省、地两级教育行政部门分级

---

① 何东昌主编:《中华人民共和国重要教育文献 1976—1990》,海南出版社 1998 年版,第 1725 页。
② 何东昌主编:《中华人民共和国重要教育文献 1976—1990》,海南出版社 1998 年版,第 1646 页。
③ 国家教育委员会师范教育司编:《师范教育文件选编(1980—1987 年)》,东北师范大学出版社 1989 年版,第 101 页。
④ 国家教育委员会师范教育司编:《师范教育文件选编(1980—1987 年)》,东北师范大学出版社 1989 年版,第 101 页。

管理。省、市、自治区直属师范学校由省级教育行政部门管理，其余师范学校由地（州、盟）、市教育行政部门管理。"① 与高等师范学校和师范专科学校相同，中等师范学校自此也开始实行"校长负责制"。

三 重新确立封闭独立的师范生培养制度

（一）师范教育基本任务与培养目标的重新厘定

改革开放初期，在三级师范教育体系重建的过程中，各级各类师范学校办学的基本任务逐渐明确。教育部于1978年10月发布《关于加强和发展师范教育的意见》，明确规定各级各类师范学校的任务，即师范学院（师范大学）培养高中、中师教师，学制为四年；教育部主管的六所高等师范院校（北京师大、上海师大、吉林师大、华中师院、西南师院、陕西师大）要为各地师院、师专、中师和重点中学培养师资；师范专科学校负责培养三年制的初中教师；中等师范学校担负着培养小学教师的任务，学制分为两年制和三年制，其中两年制招收高中应届毕业生和具备高中毕业文化程度的小学民办（代课）教师，三年制招收初中应届毕业生和具备初中毕业文化程度的小学民办（代课）教师。幼儿师范学校为幼儿教育培养骨干教师。

1980年发布的《教育部关于师范教育的几个问题的请示报告》进一步强调："师范教育的基本任务是培养师资。"各级师范院校除了培养相应层次的新师资以外，还应和教师进修学院共同承担培训在职中小学教师的任务。但进入80年代，高等师范专科学校和中等师范学校的学制规定都发生了变化，师专的学制由三年制变为两年制、三年制并存，各地可根据办学条件的不同，予以挑选采用；中师的学制由二、三年制变为三、四年制，统一"招收初中毕业生及具有同等学力的社会青年"，不再招收高中毕业生及同等学力的小学民办（代课）教师。

在具体的培养规格要求上，高等师范学校需培养具备良好政治思想与品德作风的学生。同时，学生应拥有牢固的专业思想和教育理想，掌握比较扎实的科学文化知识和教育工作能力。高师本科院校的学生还需

---

① 国家教育委员会师范教育司编：《师范教育文件选编（1980—1987年）》，东北师范大学出版社1989年版，第369页。

具备初步的科研能力；中等师范学校的具体培养目标则是"具有社会主义觉悟、辩证唯物主义世界观、共产主义道德品质，从事小学或幼儿教育工作必备的文化与专业知识、技能，热爱儿童，全心全意为社会主义教育事业服务，身体健康的小学或幼儿园师资"①。

这一时期，国家还设立了职业技术师范学院，以培养职教所需师资。国家劳动总局、教育部在1979年2月联合发布《关于增设四所技工师范学院的通知》，该通知指出，为技工学校培养师资，将在天津、山东、河南、吉林成立四所四年制的技工师范学院。次年，天津技工师范学院、吉林技工师范学院相继成立，这是中国首次成立高等职业技术师范学校。次年10月，《教育部、国家劳动总局关于中等教育结构改革的报告》指出"省、市、自治区应积极筹办职业技术师范学院"，为职业技术教育的发展储备师资力量。②

（二）师范教育专业种类的适时新增

由于中等师范学校和幼儿师范学校统一学习国家规定的各科课程，因而两者在专业设置方面并没有明显的区分。因此，这里的专业设置主要针对高等师范教育领域。

"文化大革命"结束后，高等师范学校的专业种类逐渐增多。除了设置与中学教学计划相适应的常见专业外，在教育部直属高师院校和一些基础较好的高师院校，还会根据经济社会发展需要新增一些专业，例如：计算机学、图书馆学、生物化学和无线电电子学等；在师范专科学校的专业设置方面，"应以初级中学的教学计划中所设主要课程门类为依据，由省、市、自治区根据当地的实际情况进行统筹安排"③。职业技术师范学校的专业设置则比较灵活，可以根据有关业务部门对职教师资的需要设置专业；一些规模较小的师范院校，还将学科性质相似的专业进行合并设置。在"文化大革命"前，根据1963年《高等学校通用专业目录》的规定，普通高等师范院校设置的专业有17种，而到了1981年，高等师范学校的专业种类则达到了37种（见表5-2）。

---

① 苏林、张贵新主编：《中国师范教育十五年》，东北师范大学出版社1996年版，第82页。
② 刘英杰主编：《中国教育大事典1949—1990》，浙江教育出版社1993年版，第817页。
③ 国家教育委员会师范教育司编：《师范教育文件选编（1980—1987年）》，东北师范大学出版社1989年版，第102页。

表 5-2　　　　1981 年高等师范学校专业设置基本情况

序号	专业名称	专业点 合计	本科	专科	序号	专业名称	专业点 合计	本科	专科
1	汉语言文学	181	65	116	20	法语	1	1	
2	中国少数民族语言文学	11	9	2	21	哲学	2	2	
3	英语	161	54	107	22	政治经济学	2	2	
4	俄语	17	17		23	教育学	14	14	
5	日语	9	8	1	24	图书馆学	3	3	
6	历史学	67	36	31	25	天文学	1	1	
7	政治教育	87	48	39	26	无线电电子学	2	2	
8	学校教育	5	5		27	生物化学	1	1	
9	学前教育	5	5		28	计算机科学	1	1	
10	心理学	2	2		29	地貌	1	1	
11	数学	183	65	118	30	电化教育技术	1	1	
12	物理学	179	62	117	31	机械制造	2	2	
13	化学	176	60	116	32	工业自动化	2	2	
14	生物学	67	37	30	33	政史	18	7	11
15	地理学	49	31	18	34	史地	2		2
16	体育	100	46	54	35	理化	1		1
17	音乐	38	25	13	36	艺术	9	1	8
18	美术	41	24	17	37	艺体	1		1
19	德语	1	1			总计	1443	641	802

说明：前 18 项专业为高等师范学校的通用专业。

资料来源：刘英杰主编：《中国教育大事典 1949—1990》，浙江教育出版社 1993 年版，第 831 页。

(三) 师范教育课程教学的探索试行

1978 年，在高等师范本科院校的课程与教学方面开始了第三次全国性的针对高师本科教学计划的制订和修订工作。1978 年 8 月，教育部印发《高等师范院校教育系学校教育专业学时制教学方案（修订草案）》。1979 年 4 月，教育部颁发《高等师范院校英语专业四年制教学计划（试行草案）》。5 月，又制定了《高等师范院校日语专业四年制教学计划（试行草案）》，同年 10 月印发试行。

1980 年 3 月，教育部印发了《高等师范院校四年制本科音乐专业教学计划（试行草案）》和《高等师范院校四年制本科美术专业教学计划（试行草案）》；1981 年 4 月，《关于试行高等师范院校文科三个专业教学计划的通知》发布，且附发了高师四年制本科汉语言文学、政治教育和历史三个专业的教学计划试行草案；5 月，教育部印发《关于试行高等师范学校理科五个专业教学计划的通知》，高师院校数学、物理、化学、生物和地理五个专业的教学计划作为附件印发试行，同时，国家体委颁发了《体育学院体育系教学计划》。

1978—1984 年，教育部先后印发了高等师范院校 14 个专业（学校教育、英语、日语、数学、物理、化学、生物、地理、音乐、美术、体育、汉语言文学、政治教育、历史）的教学计划，在培养目标、时间安排、课程设置与教学时间分配四个方面对各专业作了要求和规定。

在时间安排上，与"文化大革命"前高师本科院校的教学计划相比，科学研究的时长有所上升，生产劳动的时长有所下降，一般规定：四年共上课 134 周，复习考试 12 周，教育实习 6 周，科学研究初步训练 6 周，生产劳动和军事训练 8 周，机动 6 周，寒暑假 36 周，合计 208 周。为使学生了解与所学专业相关的研究新进展，并获得学术方面的训练，教学计划中还根据各校的条件和需要开设了选修课，并开设了相关的学术讲座。此外，值得一提的是，所有教学计划试行草案都被明确定位，作为参考性文件提供给各高校试用，也就是说，各高校可以依据本校的特点和实际，制订适合本校的教学计划，较之前更具灵活性。

随着高等师范学校教学计划的修订完成，与教学计划相配套的教学大纲和教材的编写工作也随之展开。从 1979 年起，教育部开始组

第五章　改革开放后师范教育制度的推进（1978—2000 年）

织编写高师院校理科、文科、艺术各专业的教学大纲。由教育部制订编写计划，委托有关高校负责起草初稿，然后，广泛征求各校意见，最后，由教育部召开教学大纲审定会，审定完毕后颁发试行。1980 年，教育部颁发了高等师范学校四年制本科数学专业、物理专业、化学专业、生物专业和地理专业的教学大纲共 75 种；1981 年，颁发了高等师范学校四年制本科音乐专业和美术专业的教学大纲共 37 种；1982 年，颁发了高等师范学校四年制本科汉语言文学专业、历史专业和政治教育专业大纲 26 种。另外，为解决教材问题，教育部在 1980 年召开的全国师范教育工作会议上提出，高师文科各专业应使用已出版和正在选编中的高等学校文科教材，艺术类各专业应另外选编 11 种教材；同年 11 月，又制定了高等师范院校理科专业教材的选编规划。

在高等师范专科学校的课程与教学方面，国家也数次修订师专的教学计划。1981 年 11 月，教育部召开师范专科学校教学工作座谈会。次年 3 月，教育部印发了《师范专科学校教学工作座谈会纪要》和《关于修订二、三年制师专教学计划的几点意见及师专十个专业教学计划》，对数学、物理、化学、历史、政教、中文等十个专业的培养目标、课程设置、教育实习、生产劳动、军训和社会调查等方面作了相应的计划。

其中，《关于修订二、三年制师专教学计划的几点意见》规定了师专的教学时间安排，即三年制师专"教学时间 117 周，其中上课 102 周，复习考试 9 周，教育实习 6 周；生产劳动、军训和社会调查 6 周；机动 3 周；假期 30 周"①，合计 156 周。二年制师专"教学时间 78 周，其中上课 68 周，复习考试 6 周，教育实习 4 周；生产劳动、军训和社会调查 4 周；机动 2 周；假期 20 周"②，合计 104 周。在随后的两年里，国家还先后修订了高等师范专科学校体育专业和英语专业的教学计划。在高等师范专科学校的教学计划制订之后，1984 年，又颁发了师范专科学校数学、物理、化学、生物和地理教

---

① 刘英杰主编：《中国教育大事典 1949—1990》，浙江教育出版社 1993 年版，第 894 页。
② 刘英杰主编：《中国教育大事典 1949—1990》，浙江教育出版社 1993 年版，第 894 页。

学大纲共 47 种，同时，教育部还决定在 1984—1986 年解决高等师范专科学校的教材问题。

在中等师范学校的课程与教学方面，国家对中师教学的原则、时间安排、课程内容和教学形式等都作了明确规定。1980 年 8 月，教育部颁发了《中等师范学校规程（试行草案）》，要求中等师范学校必须以教学为主，每年的教学时间不少于 9 个月；中师应开设各科教材教法、语文、政治、生物、物理、化学、自然常识、数学、外语、历史、心理学、地理、音乐、教育学、体育、美术和教育实习等课程；幼儿师范学校除开设政治、语文、数学、化学、物理、生物、外语、地理和历史外，还应开设幼儿教育心理学、幼儿教育学、幼儿卫生语言及常识教学法等课程；中等师范学校的教学形式以课堂教学为主，辅之以教育实习等实践活动。

为进一步完善中等师范学校和幼儿师范学校的教学工作，1980 年 10 月，教育部印发了《中等师范学校教学计划试行草案》与《幼儿师范学校教学计划试行草案》。根据《中等师范学校教学计划试行草案》的规定，中等师范学校应上课 101 周，复习考试、节假日和机动时间 13 周，生产劳动 4 周，寒暑假 30 周，教育实习 8 周，共计 156 周（具体教学安排见表 5-3、表 5-4）；教学时数大部分以语文、数学、物理、化学等文化课为主，而教育类科目（教育学、心理学等）占比较小。

根据规定，幼儿师范学校在教学时间的安排上，与中等师范学校一致，也应上课 101 周，复习考试、节假日和机动时间 13 周，生产劳动 4 周，寒暑假 30 周，教育实习 8 周，共计 156 周（具体教学安排见表 5-5、表 5-6）；在教学时数中，语文、数学、音乐、体育、美工等文化和艺术类科目占比较大，幼儿心理学、幼儿教育学及幼儿卫生学等教育学类科目的占比较小。

在此背景下，中等师范学校的教学大纲和教材也相应做了编订。1980 年，教育部委托人民教育出版社、北京师范大学、上海市教育局和江苏省教育厅编写中等师范学校的教学大纲，后经教育部审定试行的有语文、数学、物理、化学、生物、生理卫生、教育学、体育、音乐、美术和教育实习 11 种教学大纲，供全国的中师参考使用。

表5-3　　　　　　　　　三年制师范学校教学计划

科目		第一学年（课时/周）	第二学年（课时/周）	第三学年（课时/周）	上课总时数（课时/三年）	各科占总课时数的比例（%）
政治		2	2	1	171	5.46
语文	文选与写作	5	5	4	614	19.61
	语文基础知识	2	2			
	小学语文教材教法			2	62	1.98
数学	数学	6	6		420	13.42
	小学数学教材教法			4	124	3.96
物理学		3	3	3	303	9.68
化学		3	3		210	6.71
生物学		4			144	4.60
生理卫生			2		68	2.17
历史				3	93	2.97
地理				3	93	2.97
心理学			2		68	2.17
教育学				4	124	3.96
体育及体育教学法		2	2	3	233	7.44
音乐及音乐教学法		2	2	2	202	6.45
美术及美术教学法		2	2	2	202	6.45
课时合计		31	31	31	3131	100
每年上课周数		36	34	31		
教育实习（周）			2	6		
生产劳动（周）		2	2			

资料来源：苏林、张贵新主编：《中国师范教育十五年》，东北师范大学出版社1996年版，第96页。

表 5-4　　　　　　　　　四年制师范学校教学计划

科目		第一学年（课时/周）	第二学年（课时/周）	第三学年（课时/周）	第四学年（课时/周）	上课总时数（课时/四年）	各科占总课时数的比例（%）
政治		2	2	2	1	239	6.20
语文	文选与写作	5	5	4	4	818	21.22
	语文基础知识	2	2	2			
	小学语文教材教法			2		62	1.61
数学	数学	4	4	4		416	10.97
	小学数学教材教法				4	124	3.22
物理学			3	3	4	328	8.51
化学			4	3		246	6.38
生物学		4				144	3.74
生理卫生			2			68	1.76
历史		3			3	201	5.21
地理				3		102	2.65
（外语）		(3)	(3)	(3)	(3)	(405)	
心理学			3			102	2.65
教育学				2	2	130	3.37
体育及体育教学法		2	2	3	3	335	8.69
音乐及音乐教学法		2	2	2	2	270	7.00
美术及美术教学法		2	2	2	2	270	7.00
（小学自然常识教学法）					(2)	(62)	
课时合计		30	30	27	27	3855	100
每年上课周数		36	34	34	31		
教育实习（周）			2	2	6		
生产劳动（周）		2	2	2			

说明：带括号的科目表示有条件的学校可以作为选修课开设，不具备条件的学校可以暂不开设。

资料来源：苏林、张贵新主编：《中国师范教育十五年》，东北师范大学出版社1996年版，第97页。

表5-5　　　　三年制幼儿师范学校教学计划

科目\课时	第一学年（课时/周）	第二学年（课时/周）	第三学年（课时/周）	上课总时数（课时/三年）	各科占总课时数的比例（%）
政治	2	2	1	171	5.46
语文	6	6	4	544	17.38
语言及常识教学法			2	62	1.98
数学	4	4		280	8.94
计算教学法			1	31	0.99
物理学		3	3	195	6.23
化学		2	2	130	4.15
生物学	2	2		140	4.47
历史	3			108	3.45
地理			3	93	2.97
幼儿心理学		3		102	3.26
幼儿教育学			4	124	3.96
幼儿卫生学	3			108	3.45
体育及体育教学法	2	2	3	233	7.44
美工及美工教学法	3	2	3	269	8.59
音乐及音乐教学法	4	4	4	404	12.90
舞蹈	2	1	1	137	4.38
课时合计	31	31	31	3131	100
每年上课周数	36	34	31		
教育实习（周）		2	6		
生产劳动（周）	2	2			

资料来源：苏林、张贵新主编：《中国师范教育十五年》，东北师范大学出版社1996年版，第100页。

表5-6　　　　　　　　　四年制幼儿师范学校教学计划

科目 \ 课时	第一学年（课时/周）	第二学年（课时/周）	第三学年（课时/周）	第四学年（课时/周）	上课总时数（课时/四年）	各科占总课时数的比例（%）
政治	2	2	2	1	239	6.00
语文	6	6	6	4	748	18.78
语言及常识教学法				2	62	1.56
数学	4	4	4		416	10.45
计算教学法				1	31	0.78
物理学			3	3	195	4.90
化学		2	2		136	3.41
生物学	2	2			140	3.52
历史	3			3	201	5.05
地理				3	93	2.34
（外语）	(3)	(3)	(3)	(3)	(405)	
幼儿心理学		3			102	2.56
幼儿教育学			2	2	130	3.26
幼儿卫生学	3				108	2.71
体育及体育教学法	2	2	2	3	301	7.56
美工及美工教学法	3	3	3	3	405	10.17
音乐及音乐教学法	4	4	4	4	540	13.56
舞蹈	1	1	1	1	135	3.39
课时合计	30	29	29	30	3982	100
每年上课周数	36	34	34	31		
教育实习（周）		2	2	6		
生产劳动（周）	2	2	2			

说明：带括号的科目表示有条件的学校可以作为选修课开设，不具备条件的学校可以暂不开设。

资料来源：苏林、张贵新主编：《中国师范教育十五年》，东北师范大学出版社1996年版，第101页。

第五章　改革开放后师范教育制度的推进（1978—2000年）

同时，教育部还组织编写了全国通用的师范学校课本，直到1986年才出齐，包括语文基础知识、小学语文教材教法、文选和写作、代数与初等函数、几何、简易微积分、小学数学基础理论和教法、物理学、化学、生物、生理卫生、小学自然教学法、中国历史、世界历史、地理、教育学、心理学、体育、小学体育教学法、音乐、琴法、美术鉴赏、绘画、图案、手工、小学美术教学法共26种教材。

（四）师范教育统一招生、定向分配的制度

改革开放初期，在高等师范学校的招生和就业方面，国家实行招生倾斜和部分高师院校定向招生、定向分配的制度。招生倾斜政策主要体现在以下两个方面：一是1980年《教育部关于师范教育的几个问题的请示报告》规定，自1980年开始，"允许每个省、市、自治区指定省属重点高等师范院校，同全国重点高等学校一样，第一批录取新生"[①]；二是1984年教育部颁发《1984年普通高等学校招生规定》，要求报考高等学校的"中师和中、小学公办教师先报师范院校"；凡第一志愿报考师范院校的学生，"统考成绩达到最低控制分数线以上的，录取时各省、市、自治区招生委员会应将这些考生的档案材料全部（不按分数段的顺序）提供给学校审查，择优录取"[②]。

为保障农村和老少边穷地区的师资供应，国家还对高师院校的学生，实行部分定向招生、定向分配的制度。1983年，中共中央发布《当前农村经济政策的若干问题》，指出"要有一套新的招生和毕业生分配办法，打开人才通向农村的路子"。此后，开始将招生来源地与毕业分配地相结合，提出实行定向招生，定向分配的制度，但此时的"定向招生、定向分配"并不是面向所有的高师院校，而是规定中央部门所属高等师范学校实行部分定向招生，省、市、自治区所属高等师范学校，实行大部分定向招生。1984年，国家又将定向招生和定向分配的高师院校范围继续扩大。

1984年，教育部召开全国普通高等学校招生会议，规定省属师范院校应全部实行定向招生和定向分配的制度，招收一定比例的农村考

[①] 刘英杰主编：《中国教育大事典1949—1990》，浙江教育出版社1993年版，第947页。
[②] 杨学为编：《高考文献（1977—1999）》（下），高等教育出版社2003年版，第194—198页。

生，并可对老少边穷地区实行分专业的定向招生、定向分配。在录取条件上，高等师范院校的招生遵守1981年制定的《高等学校招生体检标准及执行细则》，不能录取有以下情况的考生："1. 小儿麻痹后遗症轻度跛行（包括外伤性跛行）；2. 两耳重听，或一耳听力正常，而另一耳重听或全聋；3. 严重口吃；4. 五官不端正（包括一目失明、明显的斜眼、对眼、唇裂、腭裂、斜颈等）、面部畸形、有严重疤麻、斑痕。"①

在中等师范学校的招生和就业方面，采取统一招生和单独招生相结合的招生办法，毕业生由国家统一分配到教育战线工作。

首先，在招生工作上，"文化大革命"结束后，为弥补中等师范学校生源的严重不足，70年代末期，曾规定中师除可招收初中文化程度的毕业生外，还可招收高中文化程度的毕业生。但这一政策并未持续多久，1980年，教育部便出台《中等师范学校规程（试行草案）》等文件，明确要求中师必须招收初中毕业生或具有同等学力的社会青年，采取提前单独招生的办法，运用推荐和考试相结合的形式，加以面试和体检。

另外，为了提高小学教师队伍的质量，还允许招收部分小学民办（或代课）教师；1981年3月，教育部颁发《关于中等师范学校招生工作的通知》，规定中等师范学校的招生除采取提前单独招生外，还可"采取参加本地区高中统一招生考试，与当地重点高中一批录取的办法"②，但也强调无论哪种招生办法，都要坚持面试的环节。

为了增强农村和老少边穷的小学师资力量，《关于1982年中等师范学校招生工作的通知》提出，对农村、山区和边区的中师招生实行倾斜政策，即适当增加名额和放宽录取分数线；1983年，再次重申对农村、山区和边区的倾斜政策，提出要从这些地区按照"定向招生、定向分配"的原则，适当降低分数线招收部分学生。另外，中师招生工作还出现了一些新的变化，如增加了中师招生的年龄限制，即报考生不得超过18周岁，但招生对象不再仅限于初中应届毕业生；幼儿师范可

---

① 刘英杰主编：《中国教育大事典 1949—1990》，浙江教育出版社1993年版，第947页。
② 刘英杰主编：《中国教育大事典 1949—1990》，浙江教育出版社1993年版，第1034页。

以招收初中毕业文化程度的幼儿园教养员等。

其次，在就业方面，规定中师毕业生应由国家分配到小学和幼儿园任教。1978年，《教育部关于加强中、小学教师队伍管理工作的意见》明确规定中等师范院校的毕业生应当全部分配到教育战线工作。由于贯彻不力，1980年，国务院颁发的《关于普及小学教育若干问题的通知》，进一步强调中小学教师和师范毕业生应由国家派遣和分配，由教育行政部门管理。

为了保证师范毕业生能够分配到位，1983年，《关于加强和改革农村学校教育若干问题的通知》明确规定，高、中等师范院校毕业生的分配应由县以上教育行政部门负责，要保证师范院校的毕业生都能够分配到中小学任教，不得任意截留。事实上，以上文件的颁布并未能阻止许多地方对师范毕业生的截留和改派，相当一部分的师范毕业生最终未能分配到中小学任教。

四 广泛开展以教材教法培训为重心的职后教师培训

1966年至1977年，中小学师资严重匮乏，这是由于初等教育的迅速发展和中等教育的盲目普及导致的。此时，高等师范教育也正处于瘫痪状态，于是，各地采用层层上拔的方式和吸收高中、中师和初中毕业生的办法来解决燃眉之急。但纵观全局，此举不仅无济于事，反而严重降低了教师质量，师资文化业务水平的合格率从"文化大革命"前的2/3降低为1/3（具体见表5-7）。因此，加强不合格教师的培训工作，在此背景下显得尤为必要。于是，国家很快便启动了在职中小学教师的培训工作，培训工作由师范院校、教育学院和教师进修学校等共同承担。[①]

教育学院和教师进修学校是培训中小学教师的中坚力量，但其作为中坚力量，在经费问题上存在着显著问题，即没有专项办学经费予以保障。对此，1980年，教育部《关于进一步加强中小学在职教师培训工作的意见》明确规定了教育学院、教师进修院校的地位和待遇：

---

① 《必须加强教育学院、教师进修院校的建设》，《人民教育》1982年第6期。

表5-7　　1965年与1977年中小学教师学历达标情况对比　　　　　　（%）

高中阶段具有本科学历教师占比		初中阶段具有专科及以上学历教师占比		小学阶段具有中师及以上学历教师占比	
1965	1977	1965	1977	1965	1973
70.3	33.2	71.9	14.3	47.4	28

资料来源：何东昌主编：《中华人民共和国重要教育文献1976—1990》，海南出版社1998年版，第1649页。

凡是按照规定手续批准建立的省级教育学院或教师进修学院，相当于师范学院；地（市）级教育学院或教师进修学院，相当于师范专科学校（有些省辖市的教师进修学院，担负培训高中教师任务的，亦可相当于师范学院）；县级教师进修学校相当于中等师范学校，应该分别享有同等的地位和待遇。[1]

不同级别的教师培训机构承担着不同的培训任务，中学的在职教师和教育行政干部的培训工作，主要由省、地（市）教育学院和教师进修学院承担；小学在职教师和教育行政干部的培训工作，由县教师进修学校承担，在条件不具备的地区，县教师进修学校也可以承担部分初中教师和教育行政干部的培训工作；县教师进修学校为做好本公社小学教师的培训工作，要指导公社培训站。师范院校要通过以函授为主的形式开展培训工作，积极参与到中小学教师和教育行政干部的培训当中来。

这一时期，中小学教师培训工作主要依据"调整、改革、整顿、提高"的方针开展，目标是提高不合格中小学教师的文化水平和学历水平，"力争到1985年，使现有文化业务水平较低的教师大多数达到中师毕业程度，初中教师在所教学科方面达到师专毕业程度，高中教师在所教学科方面达到师范学院毕业程度"[2]。

---

[1] 国家教育委员会师范教育司编：《师范教育文件选编（1980—1987年）》，东北师范大学出版社1989年版，第610页。

[2] 国家教育委员会师范教育司编：《师范教育文件选编（1980—1987年）》，东北师范大学出版社1989年版，第608页。

此前，中小学教师的培训内容并不系统，成果也有限。依据新出台的方针，对中小学教师的培训改为从教师的实际教学工作和知识结构短板出发，教师需要教什么就学什么，教师缺什么就补什么，教学有短板的教师第一步应过好"教材教法关"，第二步再学习系统的文化和专业知识。经过几年的努力，这种培训取得了快速的进展。1983年4月，教育部召开了全国中小学教师教材教法进修工作经验交流会，认为经过努力，中小学教师已经基本过了"教材关"，肯定了前一阶段对中小学教师培训的成果，并确定下一阶段中小学教师培训工作的重点应转移到学历补偿教育上来。[①]

五 改善教师待遇，尝试建立教师编制与职务制度

1966年至1977年，教师的地位遭到极度的贬低，待遇极差，中国的师范教育和教师队伍建设事业陷入停滞和混乱之中。因此，如何迅速恢复教师的地位和待遇，规范教师队伍建设，成为应首要解决的问题。教师是知识分子中的一部分，教师的地位问题与党的知识分子政策紧密相连。邓小平率先提出"尊重知识、尊重人才"的口号，推翻了"两个估计"的错误路线，肯定了绝大多数知识分子是工人阶级的一部分。所有这些都为中国教育事业的拨乱反正和师资队伍建设事业的恢复提供了重要的前提条件。

（一）注重学历水平的教师任命制

这一时期，对教师尤其是中小学教师的任教资格的要求，主要体现在思想道德水平、学历程度和专业能力等方面。1978年，教育部《关于加强和发展师范教育的意见》要求中小学教师的学历水平要达到相应程度，即高中教师需具有师范学院（师范大学）或同等级别高等院校毕业的学历水平；初中教师需具有师范专科学校或同级别的专科学校毕业的学历水平；小学教师需具有中等师范学校毕业的学历水平。对中等师范师资的学历水平要求是大专及以上学历，师范专科学校的教师需具有本科及以上学历，师范学院或师范大学的教师则需具有研究生学历。

[①] 金长泽、张贵新主编：《师范教育史》，海南出版社2002年版，第193页。

1983年8月，教育部在《关于中、小学教师队伍调整整顿和加强管理的意见》中对中小学教师质量标准的合格线作了原则性的规定：（1）拥护中国共产党的领导，热爱社会主义祖国，努力学习马克思列宁主义、毛泽东思想，忠诚社会主义教育事业，认真贯彻党的教育方针、刻苦钻研教育、教学业务，关心爱护学生，既教书又育人，积极做好本职工作，思想言行堪为学生的表率；（2）高中教师应达到高师本科或其他高校本科毕业及相当的水平，初中教师则应该达到师专或其他高等专科学校毕业及相当的水平，小学教师需要达到中师毕业及相当的水平；（3）了解教育的规律，掌握了基本的教学原则与方法，能够基本胜任教育教学工作；（4）能够使用普通话进行教育教学；（5）身体健康。

这一时期，在教师的任用上仍采取自上而下的任命制。高等师范学校以及高等师范专科学校的师资组成，通常为高等师范本科院校的研究生和本科毕业生，中等师范学校师资的来源一般为高等师范专科学校的毕业生；而高等师范本科院校和高等师范专科学校的毕业生则依据其举办单位级别的不同，按照国家统一分配、国家抽成分配或地方自行分配的方式任命；中小学教师的任命由县以上各级教育行政部门负责（依据1978年国务院转批《教育部关于加强中、小学教师队伍管理工作的意见》中的规定）。

（二）改善教师待遇与建立编制制度的初步尝试

改革开放初期，教师尤其是中小学教师的工资待遇较低。1978年，国家召开了首次全国教育工作会议，邓小平在会上指出："一个学校能不能为无产阶级培养合格的人才，培养德智体全面发展、有社会主义觉悟、有文化的劳动者，关键在教师"[1]，并提出要提高教师的政治地位和社会地位，改善教师的物质生活待遇。但囿于当时的经济能力水平，在短时间内无法极大地改善教师的物质生活待遇。所以，只能在可能的范围内，尽力办好具有集体福利的事业。

1981年10月，国务院转发教育部《关于调整中、小学教职工工资的办法》，规定从1981年开始，以1978年之前参加工作的中小学教职工为主要对象，提高教师的工资待遇，工资至少提升一级。同时出台的

---

[1] 金长泽、张贵新主编：《师范教育史》，海南出版社2002年版，第150页。

第五章　改革开放后师范教育制度的推进（1978—2000 年）

《关于增加中、小学民办教师补助费的办法》，对提高中小学民办教师待遇也做了要求。

在教师的编制方面，由于教师尤其是中小学教师经常被随意调出和借用，教师的编制也被随意占用，1978 年 1 月，国务院转批《教育部关于加强中、小学教师队伍管理工作的意见》，明确规定各级行政部门不应占用教育事业编制；已占用的，应由人事部门妥善安排，尽快退还。① 1983 年，教育部《关于中、小学教师队伍调整整顿和加强管理的意见》提出，将制定中小学和中师教职工编制标准的暂行规定，并要求各地根据该标准制定本地区的具体编制标准。

1984 年，教育部颁发了《关于中等师范学校和全日制中小学教职工编制标准的意见》和《中等师范学校和全日制中小学教职工编制标准参考表》，但由于全国中小学之间存在的地区差异较大，故此表只做参考之用，并规定中师和全日制中小学的教职工标准可由各地方自行确定，报教育部备案即可。

(三) 高师职务制度的恢复与中师职务制度的建立

1978 年 3 月，《教育部关于高等学校恢复和提升教师职务问题的请示报告》指出，高等学校教师职务管理依旧按照 1960 年《关于高等学校教师职务名称及其确定与提升办法的暂行规定》执行。② 高校教师职称分为教授、副教授、讲师和助教四级；职称的评定主要依据思想政治条件、学识水平和业务工作能力，兼顾教师的资历和教龄；提升助教职务须经校（院）党委批准，提升讲师职务须经校（院）党委批准并报所在省、市、自治区的高教（教育）厅（局）备案，提升副教授职务需经所在省、市、自治区的高教（教育）厅（局）批准并报中央教育部和中央有关主管部门备案；提升教授职务则由过去的教育部批准，降格为省、市、自治区批准，报教育部备案。对于原来已确定要提升的各级职务，承认其一律有效，不用再重新审批。

为了做好高等学校教师的职务考核工作，1979 年和 1982 年，教育

---

① 何东昌主编：《中华人民共和国重要教育文献 1976—1990》，海南出版社 1998 年版，第 1590 页。

② 何东昌主编：《中华人民共和国重要教育文献 1976—1990》，海南出版社 1998 年版，第 1601 页。

部分别下发了《关于高等学校教师职责及考核的暂行规定》《关于当前执行〈国务院关于高等学校教师职务名称及其确定与提升办法的暂行规定〉的实施意见》,对高校教师的岗位职责、考核依据和考核内容等做了详细规定。

1980年,教育部印发《关于中等专业学校确定与提升教师职务名称的暂行规定的通知》,规定中等专业学校包括中师的教师职务,分为副教授、讲师、教员和实习教员四级。职称的评定同样主要依据思想政治条件、学识水平和业务工作能力,并兼顾教师的资历和教龄;教师提升为教员需经学校党委(总支、支部)批准,提升为讲师和副教授需经省、市、自治区高教(教育)局批准,其中提升副教授需由省、市、自治区高教(教育)局组织学术委员会或者委托高校的学术委员会进行评定。[①] 1981年,教育部印发《关于中等专业学校评定教师职称工作的通知》,对包括中师在内的中等专业学校教师职称评定的标准和范围等做了详细规定。

这一时期,中小学教师尚无职务标准,其考核由县级教育行政部门执行,作为调整教师工作和安排培训工作的依据,内容主要涵盖"政治思想表现和工作态度、教学业务能力和教学效果、文化程度等方面"[②]。

(四) 规范中小学教师的调配工作

20世纪70年代末80年代初,教师管理和调配由国家和地方各级行政教育部门负责,随意借调或抽调中小学教师的现象屡见不鲜,这一时期,有关教师的流动机制主要涉及中小学教师。

1978年1月,《教育部关于加强中、小学教师队伍管理工作的意见》明确指出:"中小学公办教师的管理、调配工作,应由县以上各级教育行政部门负责。教师的调动,需经县以上教育行政部门同意。"[③] "各部门、各单位不要任意借调或抽调教师作非教学工作。已借调的教

[①] 何东昌主编:《中华人民共和国重要教育文献 1976—1990》,海南出版社 1998 年版,第 1791 页。

[②] 何东昌主编:《中华人民共和国重要教育文献 1976—1990》,海南出版社 1998 年版,第 2119 页。

[③] 何东昌主编:《中华人民共和国重要教育文献 1976—1990》,海南出版社 1998 年版,第 1590 页。

师，应一律回学校工作。"① 民办教师的任用和辞退也要经县教育行政部门审查和批准。各级教育行政部门要坚决制止发生抽调中小学教师的现象，防止教师尤其是骨干教师的外流。

1983年，教育部印发《关于中、小学教师队伍调整整顿和加强管理的意见》指出，对经教育行政部门考核不合格，且不适合做教育教学工作的教师，应将其调离教学岗位；对原来从小学、初中抽调到初中、高中任教的教师，如若不能胜任现岗位的教学任务，仍应调回小学、初中任教；对于经教育行政部门考核不合格，不能够胜任教育教学工作的民办教师，应该予以解聘并做好安置工作，而对于考核合格的民办教师，则通过民转公或将其招入高师、中师，逐步减少其比例。

1978—1984年，国家完成了师范教育事业的拨乱反正，重新建立了中华人民共和国成立十七年形成的三级师范教育体系，确立了各级各类师范教育学校的办学方向和任务。各级各类师范教育的发展渐入正轨，高等师范院校尤其是高等师范专科学校的数量明显增加。各级师范学校重新调整了专业设置和教学计划，培养出了大量的师资力量。教师在职培训成为师范教育重要的一环，众多不达标的中小学教师在培训中得到学历和文化水平上的提升，教师的地位有所提高，待遇有所改善，教师的职务评审和考核也更有章可循。

但是，这一时期，师范教育的发展也存在不少问题，如由于经济发展水平不高，教育经费投入不足，教师的工资待遇仍然较低，教师职业对社会的吸引力仍然不高。另外，在高等师范教育快速发展的过程中，出现了一些不具备条件的地区举办师范学院、师专或大专班的现象，使得高等师范教育的质量参差不齐。因此，师范教育事业仍需进一步的调整和规范发展。

第二节　全面探索时期的师范教育制度（1985—1995年）

"七五""八五"是中国改革开放和现代化建设的关键时期。1984

---

① 何东昌主编：《中华人民共和国重要教育文献1976—1990》，海南出版社1998年版，第1590页。

年，党的十二届三中全会做出了关于经济体制改革的决定。伴随着经济体制改革的推进，教育领域也相应地进行了改革，对教师提出了更高的要求。1985年，改革开放后第一次全国教育工作会议召开，此次会议通过了《中共中央关于教育体制改革的决定》，指出"教育必须为社会主义建设服务，社会主义建设必须依靠教育"①。1992年，党的第十四次全国代表大会，确定了90年代中国改革和建设的主要任务——"把教育摆在优先发展的战略地位，努力提高全民族的思想道德和科学文化水平"②。次年出台的《中国教育改革和发展纲要》强调："振兴民族的希望在教育，振兴教育的希望在教师。建设一支具有良好政治业务素质、结构合理、相对稳定的教师队伍，是教育改革和发展的根本大计。"③

1993年，《中国教育改革和发展纲要》提出了各级各类教育发展的具体目标和要求，即要在90年代实现"两基"（基本普及九年义务教育、基本扫除青壮年文盲）、"两全"（全面贯彻教育方针、全面提高教育质量）和"两重"（重点建设约100所大学、建设一批重点学科）的目标，而"实现九年制义务教育，提高基础教育的水平，关键在于建设一支有足够数量的、合格而稳定的师资队伍。办好师范教育是解决师资问题的根本途径"④。

该时期各级师范教育发展的主要方向是为基础教育服务，能否为基础教育服务尤其是为普及九年义务教育服务，成为检验和评价师范教育改革成果的一个根本标准。这一时期师范教育努力的方向，在于提高教师的地位和待遇，提升教师队伍的合格率；建设一支数量充足、质量合格、结构合理的稳定的教师队伍。

---

① 何东昌主编：《中华人民共和国重要教育文献1976—1990》，海南出版社1998年版，第2286页。

② 《江泽民在中国共产党第十四次全国代表大会上的报告》，http：//www.gov.cn/test/2008-07/04/content_ 1035850. htm。

③ 中共中央、国务院：《中国教育改革和发展纲要》，http：//www.moe.gov.cn/jyb_sjzl/moe_ 177/tnull_ 2484. html。

④ 何东昌主编：《中华人民共和国重要教育文献1976—1990》，海南出版社1998年版，第2403页。

一 扩大师资培养渠道，完善三级师范教育体系

与上个时期相比，这一时期中国的师范教育体系变化不大，仍为三级师范教育体系，即中师（包括幼儿师范）、师专和高师。三级师范教育体系的培养任务依然不变，高等师范本科院校、师范专科学校、中等师范学校和幼儿师范学校分别承担培养中等学校、初级中等学校、小学和幼儿园师资的任务。但与此同时，这一时期的师范教育体系也呈现出以下新变化。

（一）幼儿园师资培养渠道扩大

为了适应幼儿教育事业的快速发展对师资的迫切需求，国家允许举办幼师职业高中或职业高中幼师班，以培养幼儿园师资。1988年，国家教委在《关于进一步办好职业高中幼师专业的意见》中强调，"职业高中办幼师专业是培养幼儿教师的一条重要渠道"[1]，并对职业高中幼师班的任务、培养目标、教学计划和课程设置做了规定。

（二）创建了特殊教育师范学校

1982年，教育部委托江苏省教育厅和南京市教育局筹办南京特殊教育师范学校。1985年，中国第一所特殊教育师范学校——南京特殊教育师范学校正式开展招生工作，向全国各地输送从事特殊教育事业的小学教师。1986年，辽宁省人民政府在营口市建立特殊教育师范学校，负责辽宁省特殊教育师资的培养和培训。此外，还有一些中等师范学校也设立了特殊教育班，共同参与到培养特殊教育师资的队伍中来。到1995年，中国已基本实现了每省拥有一所中等特殊教育师范学校的布局，[2] 特殊教育师范学校的建设持续稳步推进。

（三）职业技术师范院校获得进一步的发展

1985年，《中共中央关于教育体制改革的决定》强调，要"调整中等教育结构，大力发展职业技术教育"，但同时指出，"师资严重不足，是当前发展中等职业技术教育的突出矛盾"。为了解决中等职业技术教

---

[1] 何东昌主编：《中华人民共和国重要教育文献1976—1990》，海南出版社1998年版，第2809页。
[2] 苏林、张贵新主编：《中国师范教育十五年》，东北师范大学出版社1996年版，第180—181页。

育师资严重不足的问题,《中共中央关于教育体制改革的决定》还提出:"要建立若干职业技术师范院校,有关大专院校、研究机构都要担负培训职业技术教育师资的任务,使专业师资有一个稳定的来源。"[1]此后,高等职业技术师范学校有了进一步发展。到1989年,全国共有10所高等职业技术师范学校,比1985年多出3所。[2]

这一时期,除各级各类师范院校和教师进修学校以外,综合型大学和其他高等学校也承担了一部分基础教育、职业技术教育师资的培养,以及在职教师培训的任务,中国师范教育体系呈现出一定的开放性特征。

二 简政放权,下放师范教育办学与管理权限

1985年《中共中央关于教育体制改革的决定》的要点,其一是重视对教育事业管理权限的改革;其二是强调在加强政府宏观调控的基础上,简政放权,扩大高等学校的办学自主权,以免政府和教育部门对高校的管理过紧。

这一时期,师范教育办学体制的变化主要体现在高等教育领域。为了调动地方政府办学的积极性,依据《中共中央关于教育体制改革的决定》,高等学校包括高等师范学校的办学体制由中央、省(自治区、直辖市)两级办学,扩展为中央、省(自治区、直辖市)、中心城市三级办学。该决定还对各级各类师范院校的办学方向提出了要求——为基础教育服务、为普及九年义务教育服务。

在师范教育的管理体制方面仍实行统一领导、分级管理的制度。根据规定,中央应将其对直属师范大学之外的高等师范学校的管理权限下放给省(自治区、直辖市);师范专科学校不再实行双重的管理体制,而是统一由"省、地(市)共管,以省为主"[3];中等师范教育的管理权限则更多地下放给了地(市)。

---

[1]《中共中央关于教育体制改革的决定》,http://www.moe.gov.cn/jyb_sjzl/moe_177/tnull_2482.html。

[2] 刘英杰主编:《中国教育大事典1949—1990》,浙江教育出版社1993年版,第817页。

[3] 何东昌主编:《中华人民共和国重要教育文献1976—1990》,海南出版社1998年版,第2405页。

有关这一时期师范教育管理体制的论述，从1986年3月国家教委下发的《关于加强和发展师范教育的意见》中可见一斑，即"中央和地方对师范教育实行分级管理的领导体制。国家教委直接管理几所师范大学，以利总结经验，发挥骨干作用。其余师范院校由省、自治区、直辖市管理；师范专科学校由省、地（市）共管以省为主；中等师范学校一般由省、地（市）共管以地（市）为主。省、地（市）共管学校的管理权限和具体分工由各省、自治区、直辖市研究确定"[①]。师范学校内部则逐步实行校长负责制，有条件的学校可以设立校务委员会来审议学校事务，同时成立教职工代表大会对其进行民主监督，从而使学校的党组织主要负责学校的党建和思想政治工作，改变过去"包揽一切"的状态。

三　为基础教育服务，增强师范生培养的专业性与地方化

（一）师范教育为基础教育服务，面向农村办学

这一时期，师范教育的主要任务仍是培养师资，尤其是为农村基础教育培养师资。各级各类师范院校的任务与目标，与上一时期基本相同：中师（含幼师）的培养目标仍是小学和幼儿园师资；师专培养初中师资；高师在承担培养中等学校的师资的任务之外，也担负着培养职业技术文化课和专业基础课师资的任务。中师、师专和高师还分别承担了小学、初中和高中教师的培训任务。

但这一时期，师范教育的任务和目标也呈现出一些新变化，主要体现在以下方面。

初级中等学校师资的培养途径扩大：为解决初中师资短缺的问题，除师专外，一些高师本科院校通过举办专科班，也为初级中等学校培养师资。

基础教育师资的培养重点转向农村：由于普及九年义务教育的重点逐渐转向农村，因此，中等师范学校和师范专科学校的工作重点也开始转向农村，主要任务是为农村地区培养合格的小学和初中教师。

师范院校师资的培养层次上移：高等师范学校通过培养研究生为师

[①] 何东昌主编：《中华人民共和国重要教育文献1976—1990》，海南出版社1998年版，第2405页。

范院校输送师资。另外，高师培养的研究生还加入教师进修学院和教育科学研究的队伍中。

特殊教育有了专属的师资培养机构：中等特殊教育师范学校开始为初等特殊教育学校培养师资。

高等职业技术师范院校的培养目标扩大：不仅为中等专业学校、技工学校、职业中学培养专业课师资，同时，还增加了为普通中学培养劳动技术课师资的任务。

开展五年制专科程度小学教师培养的试点工作：1992年，为了适应现代化建设和发展基础教育，国家教委颁发了《全国教育事业十年规划和"八五"计划要点（草案）》，提出"在大城市和部分经济发达地区的小学和初中教师中具有专科和本科学历的教师比例要逐步提高"和"试办五年制中师"的精神，[①] 在"八五"期间，国家教委启动了培养专科程度小学教师的试验工作，此后，还数次发布通知推进该试点工作。

这一时期，师范教育的办学方向是为基础教育服务，为普及九年义务教育服务。这一办学方向直接体现在师范院校的学制变化中。由于小学师资数量尚可但质量不高，而初中师资缺口较大，因此，针对小学和初中师资的短期目标也有所不同，即小学师资重在提质、初中师资重在增量。鉴于此，中等师范学校的基本学制由之前的二、三年制延长至三、四年制；师范专科学校的学制则由三年制缩短为以二年制为主，二、三年制并存。

（二）彰显师范教育专业设置的适应性与专业性

改革开放后，中国普通高等师范院校的专业设置虽不断调整，但依旧存在诸多问题，如专业设置与基础教育的实际需要相脱节，专业布局不合理、不配套，部分专业课程门类过多、内容陈旧，以及部分专业口径过窄等。针对这些问题，国家教委颁布了一系列政策以进行调整与修订。

在高等师范本科院校的专业设置方面，自1985年起，国家教委就开始修订普通高师本科的专业目录，并于1988年发布了《普通高等师

[①]《中国教育年鉴》编辑部编：《中国教育年鉴（1993）》，人民教育出版社1994年版，第68页。

第五章　改革开放后师范教育制度的推进（1978—2000年）

范院校本科专业目录（征求意见稿）》。此次专业目录的修订局限于高师本科院校的22个基本专业上，不包括专科和研究生层次的专业，以及高师本科除基本专业外的其他专业，分别规定了各个专业的学制、培养目标、业务要求和主要课程。

此次专业目录修订遵循以下几条原则：（1）首先考虑为中等学校培养师资的要求；（2）将培养目标和规格相同的专业合并为一个专业，扩大专业口径，增强专业的适应性；（3）统一专业名称，力求使专业名称准确反映该专业的培养方向和培养目标；（4）兼顾基础教育的当前需要和长远发展。此次专业目录呈现出以下几个新变化：（1）专业名称发生了变化，其后都增加了"教育"二字；（2）在专业知识外，增加了对教师素质和能力的要求；（3）强化了教育学、心理学与教材教法三门课程的重要性，将其置于各专业主要课程的范畴之中。

该本科专业目录下发以后，全国的高师院校都据此进行专业设置上的调整。截至1989年年底，全国高师院校按照该本科专业目录开设的22个专业的专业点共1928个，其中本科727个，专科1201个。[①]

1989年1月，《高等学校教育系教育专业改革的意见》指出：

> 鉴于学校教育和教育管理两个专业的业务范围过宽，专业特色不明显，不利于学校教育和教育管理的理论与实践的相互融合，有必要对其进行调整。调整后的教育专业设置主要是：幼儿教育专业、特殊教育专业、小学教育专业、中等教育专业（含中等职业技术教育）和高等教育专业。每个专业为其领域培养师资、研究人员和管理人员。[②]

在高等师范专科院校的专业设置方面，1990年3月，国家教委印发《关于当前师范专科学校工作的几点意见》，提出师范专科学校必须进行专业与课程设置的调整，以适应农村教育改革的需要，并提倡

[①] 刘英杰主编：《中国教育大事典1949—1990》，浙江教育出版社1993年版，第830—831页。
[②] 何东昌主编：《中华人民共和国重要教育文献1976—1990》，海南出版社1998年版，第2830—2831页。

"三年制师范专科学校实行主辅修制""三年制师范专科学校也可实行双专业制";各地还应根据初中急需的短缺专业,"有计划地在本科师范院校和综合大学,靠设短线专业专科班,加快初中师资培养步伐"①。

(三) 师范教育课程与教学的调整改革

由于当时的师范教育课程教学已不能满足面向"三个现代化"、适应普及九年制义务教育和提高基础教育质量的需要。因此,迫切需要对其进行改革,从而提高师范教育的质量。改革的主要内容包括:精简师范院校课程的门类和教学内容,科学控制课时数,为学生创造更大的学习空间;革新陈旧的教学方法,着重培养学生的独立思考能力和创新精神;加强对教育类课程的建设和教育实践活动的探索。

改革在幼儿师范教育领域率先开展起来。1980 年颁行的《幼儿师范学校教学计划试行草案》,对各地幼儿师范学校的教学秩序的恢复和教学质量的提高起到了重要的作用,但同时也存在着课时太多导致幼师学生学习负担过重、损害学生身心健康发展的突出问题。因此,1985 年 5 月,教育部对该草案进行了修订并印发《幼儿师范学校教学计划》。这次修改的亮点是减少了课时数,重新调整了文化课、教育课和艺体类课程的比重,理化类课程和艺体类课程的比重有所下降,教育类课程和教育实习的比重有所增加,另外,还在四年制幼师课程中增加了选修课。在时间分配上,提出幼儿师范学校的学生共上课 95 周,复习考试和机动时间 6 周,教育实习 9 周,寒暑假和节假日 36 周,生产劳动 2 周,共 148 周。

1986 年 8 月,国家教委又开始对 1980 年制定的《中等师范学校教学计划试行草案》进行修订,主要做了几个方面的调整:(1) 严格控制教学时数和课程门类;(2) 适当延长假期,每学年上课周数相对减少;(3) 适当增加政治课的课时;(4) 妥善安排选修课;(5) 加强教育理论课程和教育实习;(6) 加强学生基本功训练;(7) 适应课时调整,对教学内容和教材做相应的安排。②

---

① 刘英杰主编:《中国教育大事典 1949—1990》,浙江教育出版社 1993 年版,第 831 页。
② 何东昌主编:《中华人民共和国重要教育文献 1976—1990》,海南出版社 1998 年版,第 2488 页。

第五章 改革开放后师范教育制度的推进（1978—2000 年）

1989 年 6 月，国家教委颁发的《三年制中等师范学校教学方案（试行）》一方面突出了中师教育的师范性，即根据小学教育的实际需要，"科学地安排文化课、教育专业课、艺体课和教育实践"，使中师学生能够"全面掌握从事小学尤其是农村小学教育工作必备的中等文化知识、专业知识、技能技巧以及科学的教育教学方法"；另一方面，突破了长期以来中师教学单一的必修课模式，"使中等师范学校的教育教学活动成为由必修课、选修课、课外活动和社会实践有机结合的整体"[①]。1995 年的《三年制中等幼儿师范学校教学方案（试行）》，将三年制幼儿师范的课程由单一的必修课模式增设为四大类课程（必修课、选修课、教育实习和课外活动）组成的综合课程模式。

在高等师范的课程与教学方面，由于 1982 年印发的《二、三年制师范专科学校各专业的教学计划（试行草案）》已不再能够适应教育发展的要求，1988 年 2 月，国家教委印发了《二年制师范专科学校八个专业教学计划》——针对汉语言文学、政治教育、历史、数学、物理学、化学、生物学、地理学八个专业的教学计划。此次修订明确了师专培养初中教师的目标；在课程上突出主干课，保证基础课，并减少了必修课的学时，增加了选修课；在课程上突出了"老三门"（教育学、心理学、教材教法课）的重要性；加强了教学实践环节，提出要建立健全各种教育见习和实习的制度；在时间安排上，教学时间在总时长不变的情况下有所下降，教育实习的时间有所增加。

进入 90 年代，高等师范专科学校的课程教学改革，开始注重适应农村教育发展的需要。1990 年 3 月，国家教委印发《关于当前师范专科学校工作的几点意见》，提出为了适应农村教育改革的现实需要，师范专科学校要进行专业和课程设置上的调整，其中两年制专业应在保证必修课的前提下，积极组织必修课内容，并注意引入职教课程；三年制师专应实行主辅修制，既可在前两年内完成两年制师专要求的内容，第三年辅修其他专业课程，也可在三年内同时进行主辅修专业的学习。这些意见后来都体现在了 1995 年国家教委发布的《高等师范专科教育二、三年制教学方案》中。

---

① 何东昌主编：《中华人民共和国重要教育文献 1976—1990》，海南出版社 1998 年版，第 2868 页。

此外，国家教委还下发了《大学专科程度小学教师培养课程方案（试行）》《高师体育专业教学计划试点改革方案（讨论稿）》《中等特殊教育师范学校教学计划（试行）》等教学方案，并积极组织编写各级各类师范学校的各科教学大纲、教材与参考书等。

（四）改革师范教育招生与分配制度以实现师范生来源地方化

这一时期，师范院校招生与分配制度的最大特点，就是逐步实现师范生来源的地方化。

在招生方面，基本思想与上一时期一致，但开始进行招收民办教师的试点工作。1986年，《关于加强和发展师范教育的意见》规定：师范学校"可采取提前单独招生或参加统一考试提前录取的办法，师专、中师、幼师要坚持定向招生，努力做到初中、小学、幼儿教师地方化。高等师范本科院校也要适当扩大定向招生的比例，对边远地区和少数民族地区给予更多的照顾……继续进行保送制度的试验，中师优秀生保送到高师，毕业后要回原地区中师任教"[1]。1990年，国家教委在《关于当前师范专科学校工作的几点意见》中强调："要积极开展高等师范学校招收民办教师的试点工作，从1990年起师范专科学校要招收部分民办教师。"[2]

在毕业分配的制度方面，师范院校的毕业生实行"一律分配"。1985年，《中共中央关于教育体制改革的决定》指出："师范院校要坚持为初等和中等学校服务的办学思想，毕业生都要分配到学校任教，其他高等学校毕业生也应有一部分分配到学校任教。任何机关、单位不得抽调中小学合格教师改任其他工作。"[3] 1986年，《关于加强和发展师范教育的意见》提出，"分配到边远和边疆地区任教的可以规定一定的服务年限，在待遇上各地可酌情制订优惠政策"[4]，由各类师范院校举办的师资班学生毕业后，也要分配到中小学任教。

---

[1] 何东昌主编：《中华人民共和国重要教育文献 1976—1990》，海南出版社1998年版，第2404页。

[2] 何东昌主编：《中华人民共和国重要教育文献 1976—1990》，海南出版社1998年版，第2945页。

[3] 《中共中央关于教育体制改革的决定》，http://www.moe.gov.cn/jyb_sjzl/moe_177/tnull_2482.html。

[4] 何东昌主编：《中华人民共和国重要教育文献 1976—1990》，海南出版社1998年版，第2404页。

四 教师学历补偿培训向教师继续教育的逐渐转变

1985年,《中共中央关于教育体制改革的决定》强调,"争取在五年或者更长一段时间内使绝大多数教师能够胜任教学工作"[1]。为达成这一目标,国家对学历不合格教师开展了多层次、多形式的学历补偿教育。

1986年颁布的《关于加强在职中小学教师培训工作的意见》,对在职中小学教师的培训工作做了具体的规定。该意见指出,培训的重点对象是1986年9月前入职的中小学教师和农、职业中学教师,尤其是学历不达标或无法胜任教学工作的教师。培训的目的是使这一部分教师能够胜任教学工作,并取得学历证书或考核合格证书。培训的任务主要由各级各类教师进修学校、高等院校、中等专业学校、广播电视以及电化教育机构等承担,其中,教师进修学校为培训的主要渠道,培训的方式包括脱产学习、业余面授和函授等,经培训合格的教师,将被授予相应的学历证书或考核合格证书。

为保证中小学师资培训的质量,国家还将编写培训用的教材纳入了工作计划之中,并对教师进修的考核作为教师职务晋升和校长业绩考核的依据之一。但由于规定培训相关的经费来源于地方教育事业费预算,而地方的经济发展水平和重视程度各有不同,师资培训的开展也存在着较大的区域差异性,因此地方的积极性并未被很好地调动起来。

20世纪80年代,中小学教师的培训一直遵循着"教什么学什么、缺什么补什么"[2]的原则。截至1989年年底,中国共有教育学院265所,教师进修学校2153所,全国建立了以各级各类教师进修学院为主体的师资培训网,极大地提高了中小学教师的学历合格率。到1989年年底,小学专任教师中获得中师及以上学历者占比由1977年的47.1%升至71.4%;初中专任教师中获得师专及以上学历者占比由1977年的

---

[1] 《中共中央关于教育体制改革的决定》,http://www.moe.gov.cn/jyb_sjzl/moe_177/tnull_2482.html。

[2] 何东昌主编:《中华人民共和国重要教育文献1976—1990》,海南出版社1998年版,第2410页。

9.8%升至41.3%；高中专任教师中获得本科及以上学历者占比达到43.5%。① 累计有30万左右的中小学教师获得了《专业合格证书》，大部分中小学教师基本能胜任日常的教学工作。但是，此时的中小学师资培训工作仍然存在诸多不足，如忽视对已具备合格学历教师的培训工作，对教师的培训侧重于知识的考察而忽视教学能力的提升等。

1990年，国家教委召开了《全国中小学继续教育工作座谈会》，此次座谈会提出，"必须将中小学教师培训工作的重点有步骤地转移到开展继续教育上来"②。1991年，国家教委发布了《关于开展小学继续教育的意见》，该意见为做好中小学教师的继续教育工作，对中小学继续教育的对象、任务、主要层次、内容、形式与方法做出相关规定，并于当年年底，率先开展了小学教师继续教育的试点工作。

不同于以前，小学教师继续教育的对象不再是学历不达标教师，而是具有教师资格的小学教师，目的是提高其政治思想、师德修养、教育理论和教育教学能力，③培养出一批小学教学骨干和教育教学专家。④培训分为"新教师见习期培训、教师职务培训和骨干教师培训"⑤ 三个层次。此外，该意见还提出，"要完善小学教师继续教育网络，逐步形成省、县、乡、校四级培训网"⑥。依据该意见的指示精神，1994年，国家开始开展小学新教师试用期的培训工作，以使其尽快适应小学的日常教育教学工作。

五 教师管理进入法制化轨道，教师资格与聘任制度得以确立

1993年10月，第八届全国人民代表大会常务委员会第四次会议通过了《中华人民共和国教师法》。教师法对教师的权利和义务、资格和任用、培养和培训、考核、待遇、奖励、法律责任等，做了明确的法律规定，标志着中国教师管理正式进入了"有法可依"的法制化的轨道。

---

① 苏林、张贵新主编：《中国师范教育十五年》，东北师范大学出版社1996年版，第228页。
② 苏林、张贵新主编：《中国师范教育十五年》，东北师范大学出版社1996年版，第229页。
③ 苏林、张贵新主编：《中国师范教育十五年》，东北师范大学出版社1996年版，第231页。
④ 苏林、张贵新主编：《中国师范教育十五年》，东北师范大学出版社1996年版，第232页。
⑤ 苏林、张贵新主编：《中国师范教育十五年》，东北师范大学出版社1996年版，第232页。
⑥ 苏林、张贵新主编：《中国师范教育十五年》，东北师范大学出版社1996年版，第232页。

（一）教师资格制度的确立和教师聘任制的逐步实行

随着对教师队伍素质要求的不断提高，为了规范教师队伍发展和逐渐建立教师人才市场，这一时期的教师资格制度得以确立，基于教师资格制度之上的教师聘任制也逐渐推行开来。

教师资格制度的确立是一个逐渐的过程。1985年，《中共中央关于教育体制改革的决定》要求今后"只有具备合格学历或有考核合格证书的，才能担任教师"；[①] 1986年，《中华人民共和国义务教育法》强调要建立教师资格制度；1993年，《中华人民共和国教师法》第十条明确规定"国家实行教师资格制度"；1995年，《教师资格条例》颁布，标志着教师资格制度的正式确立。《教师资格条例》对教师资格的分类与适用、资格条件、资格考试、资格认定和惩罚原则进行了详细的规定。该条例规定的教师资格分为以下七类：幼儿园教师资格、小学教师资格、初级中学教师资格、高级中学教师资格、中等职业学校教师资格、中等职业学校实习指导教师资格、高等学校教师资格。除中等职业学校实习指导教师资格外，其他教师资格均可以向下兼容，且高级中学教师和中等职业学校教师的资格可以通用。《教师资格条例》的颁布，意味着非师范专业毕业的学生通过国家教师资格考试，也可获得教师资格，从事教育教学事业。

这一时期，对各级各类教师学历的要求依然变化不大，《中华人民共和国教师法》第十一条明确了各级各类教师取得教师资格需要具备的学历要求：

> （一）取得幼儿园教师资格，应当具备幼儿师范学校毕业及其以上学历；（二）取得小学教师资格，应当具备中等师范学校毕业及其以上学历；（三）取得初级中学教师、初级职业学校文化、专业课教师资格，应当具备高等师范专科学校或者其他大学专科毕业及其以上学历；（四）取得高级中学教师资格和中等专业学校、技工学校、职业高中文化课、专业课教师资格，应当具备高等师范院校本科或

[①] 何东昌主编：《中华人民共和国重要教育文献 1976—1990》，海南出版社1998年版，第2287页。

者其他大学本科毕业及其以上学历；取得中等专业学校、技工学校和职业高中学生实习指导教师资格应当具备的学历，由国务院教育行政部门规定；（五）取得高等学校教师资格，应当具备研究生或者大学本科毕业学历；（六）取得成人教育教师资格，应当按照成人教育的层次、类别，分别具备高等、中等学校毕业及其以上学历。[①]

随着中小学教师学历合格率的大幅提升，国家对中小学教师的学历要求又有了新的变化。1993年，《中国教育改革和发展纲要》提出，到20世纪末，使"绝大多数中小学教师要达到国家规定的合格学历标准，小学和初中教师中具有专科和本科学历者的比重逐年提高"[②]。

为打破铁饭碗式的"任命制"，实现教师队伍的良性流动和优胜劣汰，国家开始通过试点的方式逐步推行教师聘任制。1986年，《高等学校教师职务试行条例》提出，要在实行任命制的同时，试行职务聘任制，"一般由系主任、教研室主任或学科组负责人依据教师任职条件推荐提出任职人员"[③]，经教师职务评审委员会审核通过后，由校长负责聘任或任命。

同年，《关于〈中等专业学校教师职务试行条例〉的实施意见》也规定："有条件的中等专业学校实行教师职务聘任制，其他学校则实行教师职务任命制，以后逐步过渡到教师职务聘任制。"教师应先在校内进行聘任和任命，"校内无合适人选时应按国家有关规定及合理流向对外进行招聘"[④]。可见，此时实行的是有限度的教师职务聘任制。是年，《关于中小学教师职务试行条例的实施意见》也提出，"有条件的地区或学校，可实行聘任制"[⑤]，但规定中小学聘任制一定要通过试点的方

[①] 何东昌主编：《中华人民共和国重要教育文献 1976—1990》，海南出版社1998年版，第3570—3571页。
[②] 苏林、张贵新主编：《中国师范教育十五年》，东北师范大学出版社1996年版，第29页。
[③] 何东昌主编：《中华人民共和国重要教育文献 1976—1990》，海南出版社1998年版，第2381页。
[④] 何东昌主编：《中华人民共和国重要教育文献 1976—1990》，海南出版社1998年版，第2437页。
[⑤] 何东昌主编：《中华人民共和国重要教育文献 1976—1990》，海南出版社1998年版，第2443页。

式逐步推行。1993年,《中华人民共和国教师法》第十七条明确规定:"学校和其他教育机构应当逐步实行教师聘任制。教师的聘任应当遵循双方地位平等的原则,由学校和教师签订聘任合同,明确规定双方的权利、义务和责任。实施教师聘任制的步骤、办法由国务院教育行政部门规定。"①

(二) 工资制度改革与编制标准的试行

改革开放后,教师的社会地位逐步得到提升。1985年1月21日,第六届全国人民代表大会常务委员会第九次会议决定将每年的9月10日定为教师节。

为了规范教师的工资管理制度,全国开展了教师工资制度改革。1985年8月,国务院批准了国家教委制定的《高等学校教职工工资制度改革实施方案》《中等专业学校教职工工资制度改革实施方案》《中小学教职工工资制度改革实施方案》《关于教师教龄津贴的若干规定》,由国家教委下发给各地执行。

1987年,国务院发布的《关于提高中小学教师工资待遇的通知》规定:"从1987年10月起,将中小学教师和幼儿园教师现行的工资标准提高10%"②,并于1988年发布了《提高中小学教师工资标准的实施办法》,对提高的范围、调出人员的工资标准,以及首次受聘教师的工资标准做了规定。

1993年,《中国教育改革和发展纲要》在教师的工资水平方面,具体要求"逐步使教师的工资水平与全民所有制企业同类人员大体持平"③,在"八五"期间,使"教育系统平均工资要高于当地全民所有制职工平均水平,在国民经济12个行业中居中等偏上水平"④,并且要建立教师工资制度和工资增长机制,保证教师工资水平随着国民收入的不断增长而增长。另外,还提出要在住房等社会福利方面优待教师,并且要保障教师的医疗和退休保险等保障制度。这一时期,虽然国家提出

---

① 苏林、张贵新主编:《中国师范教育十五年》,东北师范大学出版社1996年版,第33页。
② 何东昌主编:《中华人民共和国重要教育文献1976—1990》,海南出版社1998年版,第2688页。
③ 苏林、张贵新主编:《中国师范教育十五年》,东北师范大学出版社1996年版,第30页。
④ 苏林、张贵新主编:《中国师范教育十五年》,东北师范大学出版社1996年版,第30页。

了诸多改善和提高教师工资待遇的政策，但随着1994年"两税制"改革的推进，地方财力的削弱，各地普遍存在着拖欠中小学教师尤其是民办教师工资的问题，中小学教师的实际待遇并未获得改善。

在教师的编制管理方面，为了调动教师的积极性和核算教师编制，高等学校自1981年起对教师的工作量进行了规定，但当时设定的教师工作量计算办法比较复杂，对各级各类学校的具体情况照顾不够。因此，从1985年起，各高等学校开始根据学校的编制和教师的岗位职责情况，制定教师工作定额，在一定程度上推进了教师聘任制和教师工资制度的改革。

为了贯彻中央机构改革的精神，高等学校也开始紧缩编制，加强编制的管理。1985年，国家教委下达了《普通高等学校人员编制的试行办法》，要求各高校按此办法编制人员计划，"力争在两三年内达到规定编制的要求。从1987年起，各主管部门将按照规定的编制人数拨付工资基金，超编人员的工资由学校负责筹措"[1]。同年9月，国家教委、劳动人事部颁发了《全日制中等专业学校人员编制标准（试行）》，要求各中等专业学校尽量在两三年内达到定编的要求。

1987年3月出台的《全日制、寄宿制幼儿园编制标准（试行）》，对幼儿园教职工的配置比例标准做了规定，要求各地参照该文件和各地的实际情况制定实施细则。1993年，《中国教育改革和发展纲要》再次重申："要制订合理的学校人员编制标准，严格考核，精简人员，提高每一教师负担的学生人数。"[2] 可见，这一时期，编制管理制度改革的重点是制定各类教师编制标准，紧缩编制，精简人员。

（三）专业职务评定和考核晋升制度的初步确立

按照中央关于职称改革工作的要求，从1986年起，高等学校、中等专业学校和中小学都启动了教师职称改革工作。

1986年，普通高等学校首批开始了教师职称改革工作。同年出台的《高等学校教师职务试行条例》指出，高校教师的职务仍分为助教、

---

[1] 何东昌主编：《中华人民共和国重要教育文献 1976—1990》，海南出版社1998年版，第2299页。
[2] 苏林、张贵新主编：《中国师范教育十五年》，东北师范大学出版社1996年版，第30页。

第五章 改革开放后师范教育制度的推进（1978—2000年）

讲师、副教授和教授四种。但对高等学校教师的岗位职责和任职条件等的规定更加细化。除了思想政治和道德品质方面的要求外，还在任职条件中增加了对高校教师学历水平、任职年限和科研教学能力的具体要求。基于现实的原因，此时对教师学位的要求并未一步到位地实施，而是逐步进行的。例如，对现任讲师以上职务的教师，一般不做学位要求。

与以往不同，高校教师任职资格的评审在国家教育委员会和各地职称改革小组的指导下进行，除国务院有关部委可以依据实际情况设立高等学校教师职务评审委员会，负责其所属高校教师职务的评审外，其他高校教师的职务评审工作则由各省、自治区和直辖市成立高等学校教师职务评审委员会负责。值得一提的是，这一时期，为了逐步扩大高等学校的办学自主权，国家还尝试在部分符合条件的高校中逐步下放教授、副教授任职资格的审定权，体现出一定程度的灵活性。

1986年5月，中央职称改革工作领导小组转发国家教委制定的《中等专业学校教师职务试行条例》及其实施意见，明确中等专业学校教师的职称由原来的实习教员、教员、讲师和副教授四级变为教员、助理讲师、讲师和高级讲师四级。职称评定条件更加细化，且增加了对教师学历层次、见习或工作年限等的新要求。《中等专业学校教师职务试行条例》第十九条还规定：

> 教员、助理讲师职务任职资格由学校教师职务评审组织审定。讲师、高级讲师职务任职资格经学校教师职务评审组织评审通过后，由省、自治区、直辖市或国务院有关部委中等专业学校高、中级职务评审委员会审定。少数有条件的中等专业学校，经省、自治区、直辖市教育部门或学校主管部门批准，有权审定教师中级职务。[1]

同时发布的还有《中学教师职务试行条例》和《小学教师职务试行条例》。《中学教师职务试行条例》规定：中学教师的职称为中学高

---

[1] 何东昌主编：《中华人民共和国重要教育文献1976—1990》，海南出版社1998年版，第2436页。

级教师、中学一级教师、中学二级教师、中学三级教师,① "中学教师职务的评审工作,由省、地、县教育行政部门领导,并分别设中学教师职务评审委员会""中学高级教师的任职条件,由省级评审委员会审定;中学一级教师的任职条件,由地级评审委员会审定;中学二、三级教师的任职条件,由县级评审委员会审定。"②《小学教师职务试行条例》规定:小学教师的职称分为小学高级教师、小学一级教师、小学二级教师和小学三级教师,③ "小学教师职务的评审工作,由省、地、县三级教育行政部门分级领导,并在地、县两级分别设立小学教师职务评审委员会""小学高级教师的任职条件,由地级评审委员会审定;小学一、二、三级教师的任职条件,由县级评审委员会审定"④。中小学教师职务的认定主要是从"政治思想、文化专业知识水平、教育教学能力、工作成绩和履行职责"⑤ 五个方面进行。

由于高中级职务的名额有限,相当一部分长期从事中小学教育工作的老教师如未能评上中高级职务,其积极性难免受到影响。对此,国家于1988年又增加了中小学教师中高级职务的名额,并要求"各省、自治区、直辖市职称改革工作领导小组要进一步将中小学职改的权力下放给教育部门",以便更好地开展中小学教师职称改革工作。同年,国家工资改革小组和劳动人事部颁发了《中小学教师职务工资标准方案》,要求中小学教师在被聘任或任命后,按照职务标准领取相应的职务工资,1993年的《中华人民共和国教师法》,将实行教师职务制度作为强制性的法律条文,并自此固定下来。

在教师考核方面,这一时期,建立了中小学教师考核合格证书制度。

---

① 何东昌主编:《中华人民共和国重要教育文献 1976—1990》,海南出版社 1998 年版,第 2440 页。

② 何东昌主编:《中华人民共和国重要教育文献 1976—1990》,海南出版社 1998 年版,第 2441 页。

③ 何东昌主编:《中华人民共和国重要教育文献 1976—1990》,海南出版社 1998 年版,第 2441 页。

④ 何东昌主编:《中华人民共和国重要教育文献 1976—1990》,海南出版社 1998 年版,第 2442 页。

⑤ 何东昌主编:《中华人民共和国重要教育文献 1976—1990》,海南出版社 1998 年版,第 2443 页。

1986年，国家教委印发了《中小学教师考核合格证书试行办法》，要求"不具备国家规定合格学历的中小学（含农职业中学文学课）教师"，应逐步考取《教材教法考试合格证书》和《专业合格证书》，前者侧重考察对所教学科教学大纲、教材和基本教学方法的掌握情况，后者侧重考察与所教学科密切相关的文化基础知识，其中，中学教师还应掌握教育学和心理学基本原理的知识。考取两项证书标志着教师具备了所教学科的相关的文化知识和教学能力，基本能够胜任该学科的教学工作。

国家教委随后发布的《关于幼儿园教师考核的补充意见》，规定"不具备国家规定合格学历的幼儿园教师"也应参加《教材教法考试合格证书》和《专业合格证书》的考试，但在考试的内容上，与中小学有所不同，幼儿园教师参加《教材教法考试合格证书》考试，只需考语文和一门教学法共两科的内容，参加《专业合格证书》考试，则只需考语文与幼儿教育学两科内容。

1986年，《高等学校教师职务试行条例》提出，高校还要定期或不定期地对教师进行职务考核，主要考察教师的业务水平、工作态度和工作成绩等，以此作为教师职务晋升、薪资调整和续聘的依据。1993年，《中华人民共和国教师法》第二十二条规定，对教师的"政治思想、业务水平、工作态度和工作成绩"[1] 进行考核，并作为其"受聘任教、晋升工资、实施奖惩的依据"[2]，自此，教师考核晋升制度初步确立。

（四）提高民办教师待遇和降低民办教师数量

中国农村地区大量既存中小学民办教师，多年来为中国的农村教育事业作出了不可磨灭的贡献。但随着对教师素质和能力要求的提高，以及教师管理工作的逐渐完善，民办教师这一群体的问题越发地凸显出来。

20世纪90年代，解决民办教师的问题，成为规范师资队伍建设的一个重要的议题，这一时期，解决民办教师问题的举措主要体现在两个方面。

首先，提高民办教师的待遇。1993年，《中国教育改革和发展纲要》要求各地改进民办教师工资管理体制和统筹办法，增加民办教师补助费，

---

[1] 苏林、张贵新主编：《中国师范教育十五年》，东北师范大学出版社1996年版，第33页。
[2] 苏林、张贵新主编：《中国师范教育十五年》，东北师范大学出版社1996年版，第33页。

改善民办教师待遇，逐步使民办教师与公办教师同工同酬，还要在一定程度上给予离职的民办教师以补助，并逐步建立民办教师的保险福利基金。其次，采取各种措施减少民办教师的数量。如师范院校定向招收部分民办教师入学深造，通过自然减员指标、劳动指标等方式，将民办教师选拔招收为公办教师，通过考核清退一批不达标的民办教师等。

1985—1995年，中国正处于经济政治体制转型的关键期和实现九年义务教育目标的攻坚期，师范教育事业得以快速发展，进入依法治教的规范发展阶段，不仅坚持为基础教育服务、为农村教育服务，同时也进行了多方面的探索，取得了一系列的制度性成果。

这一时期，中国的三级师范教育体系逐步完善：特殊教育拥有独属的师资培养机构，幼儿园师资的培训渠道不断扩大；师范教育的办学和管理权限下移，地方参与师范教育事业的积极性有所提高；师范教育针对基础教育和农村教育发展的现状进行了适时调整，专业和课程设置更切合实际需要；师范生的来源逐渐实现地方化，为农村和边远地区培养了大量合格的师资；师资的培训也由前期的学历补偿，转向以骨干教师培养为重点的继续教育；教师的管理制度得以进一步完善，确立或试行了教师资格制度、教师聘任制、教师职务评定和考核晋升制度等。此外，民办教师问题也开始进入政策视野，成为师资队伍建设中的重点问题。

但同时也应看到，这一时期，中国的师范教育事业发展仍存在不少问题，如师范院校盲目升格，不切实际地向综合性大学看齐；师范教育体系的封闭性，限制了教育人才在系统内的合理流动；教师的待遇较低且工资存在严重拖欠的情况；民办教师问题较为突出；教师资格制度和聘任制等教师管理制度依然不完善等，师范教育事业还需进一步地改革和完善。

第三节　改革转型时期的师范教育制度（1996—2000年）

"九五"期间是中国师范教育承上启下的重要发展时期，在信息技术高速发展、国际竞争力不断加剧的情况下，为发挥中国人力资源的巨

第五章　改革开放后师范教育制度的推进（1978—2000 年）

大潜力，国家提出了发展素质教育的重要决定，对教师队伍提出了更高的要求。中国师范教育事业开始从注重数量的规模式发展逐渐过渡为注重质量的内涵式发展，中国的师范教育事业又进入了新的改革发展期。这一时期，中国师范教育仍继续坚持为基础教育服务的方向。

1996 年，教育部召开了第五次全国师范教育工作会议，此次会议提出，中国的师范教育事业仍然面临着基础教育师资在数量上和质量上的双重压力，一方面，小学师资供求基本平衡但中学教师的数量严重不足，另一方面，小学教师学历合格率较高但教学能力和水平有待提高，中学教师在学历合格率和教学能力水平上都亟须提高，这其中又以师资质量的问题最为突出。

因此，必须在《中华人民共和国教育法》和《中华人民共和国教师法》的指导下，重点完成以下工作：提高教师队伍的素质，使绝大多数教师达到国家规定的学历标准，建立教师的继续教育制度，提高骨干教师的比例；完善各项教师管理制度，实施教师资格制度，完善教师聘任、考核、晋升和编制制度；完善师资培养和培训体系，拓宽师资的来源和培养渠道，在发挥师范院校主渠道作用的同时，鼓励非师范院校的参与，鼓励非师范毕业生从事教育事业；完善师范教育的布局和结构；提高教师工资待遇、医疗和住房福利，切实解决教师工资拖欠的问题；通过"关、转、招、辞、退"等途径，解决民办教师的问题。最终，在完成以上工作的基础上，"构建体现终身教育思想、具有中国特色的社会主义师范教育体系，逐步实现师范教育现代化"[①]。

一　师范教育体系向教师教育体系转换的初步尝试

进入 20 世纪 90 年代后期，为迎接知识经济的挑战，国家适时提出了科教兴国的伟大战略。此时，师范教育却无法适应"三个面向"和现代化建设的需要，呈现出一系列问题，如发展滞后、布局不合理、质量有待提高、师范教育的课程和教学内容亟须改革等。为了培养一支数量充足、质量过硬的教师队伍，就必须重新调整师范教育体系，主要是

---

① 何东昌主编：《中华人民共和国重要教育文献 1976—1990》，海南出版社 1998 年版，第 4095 页。

调整师范学校的布局，提高师范教育的层次，提高师资培养培训的质量。

1996年，国家教委印发的《关于师范教育改革和发展的若干意见》，要求"健全和完善有中国特色的师范教育体系"[1]，即"健全和完善以独立设置的各级各类师范院校为主体，非师范院校共同参与，培养与培训相沟通的师范教育体系"[2]。1999年，《中共中央、国务院关于深化教育改革 全面推进素质教育的决定》指出，"鼓励综合性高等学校和非师范类高等学校参与培养、培训中小学教师的工作，探索在有条件的综合性高等学校中试办师范学院"[3]。从此开始，中国的师范教育体系由独立封闭走向合作开放，师资的培养与培训由分离走向一体化，奠定了中国师范教育长期的发展方向。

这一时期，师范教育形成了中等师范教育、高等师范专科教育和高等师范本科教育三个基本稳定的层次，但提升培养的层次已成为发展的趋势。为此，国家规定在已经基本普及了九年义务教育，教师的学历合格率达到国家规定的经济发达地区，可以适当地扩大其培养五年制专科学历小学教师的试验规模。几所条件较好的师范大学还开始了"教育硕士"培养的试点工作，旨在逐渐提高本科学历的初中教师和研究生学历的高中教师在专任教师中的比重。为了提高师范生培养的质量，师专和中师的学制也有所延长，师专的学制由原来的二、三年并存制逐步统一为三年制，中师的学制由原来的三、四年并存制逐步统一为四年制，高师本科的学制仍维持四年制不变。

基于教育事业发展的现实需要，这一时期，国家对师范教育的布局进行了调整，即"适度发展本科，按需发展专科，调整、加强中师"[4]。教育部在1999年3月16日发布了《关于师范院校布局结构调整的几点

---

[1] 何东昌主编：《中华人民共和国重要教育文献1991—1997》，海南出版社1998年版，第4095页。

[2] 何东昌主编：《中华人民共和国重要教育文献1991—1997》，海南出版社1998年版，第4095页。

[3] 何东昌主编：《中华人民共和国重要教育文献1998—2002》，海南出版社2003年版，第289页。

[4] 何东昌主编：《中华人民共和国重要教育文献1991—1997》，海南出版社1998年版，第4095页。

第五章　改革开放后师范教育制度的推进（1978—2000年）

意见》，该意见提出要"从城市向农村、从沿海向内地逐步推进，由3级师范（高师本科、高师专科、中等师范）向2级师范（高师本科、高师专科）过渡。到2010年左右，新补充的小学、初中教师分别基本达到专科和本科学历"①。

为调整师范教育的布局，实现三级师范教育体系向二级师范教育体系的过渡，该意见提出了几条措施：在坚持"适度超前、优先发展"的前提下，提升师范教育的内涵，进行资源的重组，扩大高等师范教育的发展规模，逐渐缩减中等师范教育的发展规模，从实际出发推进市（地）级别的教育学院和当地师范院校的合并；按照"分区规划、分类指导、分步实施"的基本原则，在坚持国家宏观指导的前提下，增强省（自治区、直辖市）对师范教育的统筹权和决策权，调动地方积极性；在坚持师范院校培养师资主渠道的同时，鼓励一些高水平的综合大学参与到中小学师资培养中来，通过教师资格制度的实施，建立教育人才市场，拓宽师资来源，优化师资结构；集中重组优势资源，在全国建设一批实力强劲的师范大学。

同时，推动教育部与地方政府共建若干所师范大学，省（自治区、直辖市）重点办好一所师范大学。在条件较好的市（地），还可以推进师专、教育学院与中师的合并，建设一批师范学院或师专；继续推进中师的调整工作，保留一部分中师，为农村和边远地区培养小学师资。此外，一部分中师可以并入高师，一部分中师可以通过改组建成师专，其余的中师则改为教师培训机构或者其他类型的中等学校；中小学教师培训由学历补偿培训转变为教师继续教育。

上述措施的实施促进了师范教育层次的提高，拓宽了师资的来源，但是，一些师范院校的盲目合并和中师的大幅度缩减也产生和遗留了很多问题。

二　允许社会力量参与办学，继续推进教师教育管理体制改革

1996年，国家教委印发《关于师范教育改革和发展的若干意见》，

---

① 何东昌主编：《中华人民共和国重要教育文献1998—2002》，海南出版社2003年版，第241—242页。

提出要"积极推进办学体制和管理体制改革"①。在师范教育的办学体制方面，允许社会力量的参与，提出要继续完善"由政府举办、社会积极参与支持的办学体制"②。

在师范教育的管理体制方面，仍然坚持"统一领导、分级管理"的制度，即由"中央宏观管理、宏观调控，以省（自治区、直辖市）统筹为主，分级管理"③。这一时期，仍然继续坚持向地方分权的管理体制，一些中央所属的师范院校逐渐转由地方举办或采取中央和地方合办的形式；地方高等师范学校由省级教育行政部门和其所服务的市（地）共建，以省为主；中等师范学校在省级教育行政部门的指导下，由市（地）与其服务的县（市）共建，以市（地）为主；各级教师进修学校在省（自治区、直辖市）的指导下，由省、市（地）、县（市）进行分级管理。

为完善师范教育的管理，《关于师范教育改革和发展的若干意见》提出，需要"进一步理顺中央和地方、政府和学校的关系"。首先，在中央和地方的关系方面，中央负责宏观管理和调控全国的师范教育事业，制定相关的基本法规和大政方针，指导和协调全国各地师范教育的发展；省（自治区、直辖市）则负责领导、管理和统筹其行政区域内的师范教育事业，制定师范教育相关的规章制度和确定省域内师范教育的管理权限，这一时期，省（自治区、直辖市）也加强了对本省师范教育事业的统筹权、决策权和管理权。

其次，在政府和学校的关系方面，政府要"简政放权，转变职能，由直接行政管理转变为运用立法、规划、拨款、信息服务、政策指导及必要的行政手段实行宏观管理"④；师范院校的办学自主权进一步扩大，继续推行校长负责制。高等师范学校实行党委领导下的校长负责制，中

---

① 何东昌主编：《中华人民共和国重要教育文献 1991—1997》，海南出版社 1998 年版，第 4095 页。
② 何东昌主编：《中华人民共和国重要教育文献 1991—1997》，海南出版社 1998 年版，第 4095 页。
③ 何东昌主编：《中华人民共和国重要教育文献 1991—1997》，海南出版社 1998 年版，第 4095 页。
④ 何东昌主编：《中华人民共和国重要教育文献 1991—1997》，海南出版社 1998 年版，第 4095 页。

等师范学校实行校长负责制,师范院校拥有组织教学与科研、筹集与使用办学经费、设立校内相关机构、评聘专业技术职务等办学自主权。通过推进师范院校内部管理体制的改革,以调动教职员工的工作积极性,增强学校的办学活力。[1]

三　破除体制障碍,改革师范生课程教育与招生就业制度

(一) 面向21世纪的师范教育课程与教学改革

世纪之交,国际竞争加剧,关键在于人才。培养新技术革命下的高素质人才,关键在于有一支高素质的教师队伍,21世纪末,师范院校现有的课程和教学内容,已经不能适应时代发展和人才培养的需求。1996年,国家教委在《关于师范教育改革和发展的若干意见》中,要求各级各类师范教育启动面向21世纪的课程体系和教学内容改革,改革要符合中小学教育发展的现实需要,适应现代化发展的趋势,必须以提高学生的全面素质为重点。[2]

在加强基本理论和专业知识学习的同时,还要注重师范生能力的提升;注重培养学生的创造性思维和实践能力;要运用现代化的教育技术和手段,提升师范教育教学的现代化水平;要建立配套的教育实习基地,强化师范生教学实践能力的培养;要注重与农村教学的实际相结合;还要注意为民族地区培养具有双语教育能力的教师等。

为更好地实施面向21世纪的课程体系和教学内容改革,1997年,国家教委发布了《关于组织实施"高等师范教育面向21世纪教学内容和课程体系改革计划"的通知》,对高等师范教育的课程体系和教学率先进行了改革。

高等师范院校在课程和教学方面存在的主要问题是课程体系缺乏师范特色、课程结构不合理、课程内容陈旧不能适应现代化的需求等。鉴于此,这一次高等师范院校课程体系和教学内容改革的主要措

---

[1] 何东昌主编:《中华人民共和国重要教育文献1991—1997》,海南出版社1998年版,第4095页。

[2] 何东昌主编:《中华人民共和国重要教育文献1991—1997》,海南出版社1998年版,第4096页。

施是：调整课程的结构，加入现代化的科技和文化成果，"逐步实现教学内容、课程体系、教学方法和手段的现代化"；[1] 争取形成具有现代化教育理念的中小学培养模式，"用三年或稍长一段时间形成一批具有示范性、典型性、影响大和有实质性突破的教学方案、课程体系、新型教材和教学模式等改革成果"；逐步形成面向21世纪、与现代化发展相适应、蕴含终身教育思想的高等师范教育教学内容和课程体系。[2]

1998年，教育部还在修订1989年《三年制中等师范学校教学方案（试行）》的基础上，颁发了《三年制中等师范学校课程计划（试行）》，其中对中等师范学校的教育教学活动，由必修课、选修课、课外活动和社会实践四部分改为必修课、选修课、活动课和教育实践课。在课程实践安排上，教学活动为120周，其中包含教育实践8周，寒暑假33周，机动3周。教学活动时间较1989年《三年制中等师范学校教学方案（试行）》有所增加，教育实践的时间有所减少。

（二）师范院校招生并轨改革与就业制度改革

为了打破政府"包揽一切""管得过死"的做法，促进教育人才的合理流动，这一时期，师范教育领域开始实行招生并轨改革和就业制度改革，以实现师范生缴费上学和自主择业。

在师范院校招生方面，一方面继续实行向基础教育、边远地区和民办教师倾斜的政策。1996年，国家教委印发《关于师范教育改革和发展的若干意见》，要求各地在制订招生计划时，考虑普及九年义务教育对中小学教师的需求，要提高在民办教师较多的地区招收民办教师的比例，要提高在边远和少数民族地区定向招生的比例，并且继续采用"单独招生、提前录取、招收保送生、举办师范预备班等办法"[3]，改善师范生的生源质量。

---

[1] 何东昌主编：《中华人民共和国重要教育文献1991—1997》，海南出版社1998年版，第4291—4292页。

[2] 何东昌主编：《中华人民共和国重要教育文献1991—1997》，海南出版社1998年版，第4291—4292页。

[3] 何东昌主编：《中华人民共和国重要教育文献1991—1997》，海南出版社1998年版，第4095页。

第五章 改革开放后师范教育制度的推进（1978—2000年）

另一方面，积极推进高等师范院校和中等师范院校进行招生并轨制度改革。此时的师范专业学生仍可以享受免缴学费和奖（助）学金的待遇，但对这些享受优惠政策的学生开始实行"五年任教服务期制度"[①]。1997年12月颁布的《关于普通中等专业学校招生并轨改革的意见》，规定要"通过改革招生制度，改变普通中等专业学校由政府包得过多的做法，实行学生缴费上学"[②]，要求全国大部分省市在1998年启动招生并轨改革，目标是到2000年全国基本实现向"缴费上学"制度的转变。招生并轨完成后，将取消国家任务计划和调节性计划的形式，今后实行统一招生、统一标准录取、学生缴费上学。

在就业制度上，改变过去由国家统一分配的做法，开始试行师范生自主择业制度。

1996年，《关于师范教育改革和发展的若干意见》提出，要"在一定范围内试行师范毕业生在教育系统内双向选择的就业办法"[③]。为鼓励师范生到急需的地方就业，规定这些地方可以设立"师范专业定向奖学金"，享受定向奖学金的毕业生在毕业后要到这些地方工作。1997年，《关于普通中等专业学校招生并轨改革的意见》也提出，大部分毕业生要"在一定范围内自主择业""享受专项或定向奖学金的学生，毕业后按照与相关部门或单位签订的协议规定就业"[④]。

这一时期，国家还实行了师范毕业生的定期服务制度。师范生自主择业制度的实行，能够实现教育人才的合理配置，提高人才使用效率，但这一政策也导致教育人才流向经济发达地区，为此，国家相应地制定了一些教育人才倾斜政策，专门面向农村和边远地区。例如1999年的《面向21世纪教育振兴行动计划》就提出："对高校毕业生（包括非师范类）到边远贫困的农村地区任教，采取定期轮换制度，并享受国家

[①] 何东昌主编：《中华人民共和国重要教育文献1991—1997》，海南出版社1998年版，第4095页。
[②] 何东昌主编：《中华人民共和国重要教育文献1991—1997》，海南出版社1998年版，第4318—4319页。
[③] 何东昌主编：《中华人民共和国重要教育文献1991—1997》，海南出版社1998年版，第4095页。
[④] 何东昌主编：《中华人民共和国重要教育文献1991—1997》，海南出版社1998年版，第4318—4319页。

规定的工资倾斜政策。"① 2009年，教育部、国家发展改革委员会、人力资源社会保障部发布《关于废止〈高等学校毕业生调配派遣办法〉的通知》，标志着计划体制下国家对高校毕业生包"分配"政策的正式终结。

（三）加强和规范中等师范学校的德育工作

20世纪90年代末，中小学教师队伍中师德问题频发。因此，国家开始加强和规范中等师范学校的德育工作。1998年5月，教育部师范司印发的《三年制中等师范学校课程计划（试行）》要求中等师范的学生，"拥护中国共产党，热爱祖国，热爱小学教育事业，初步树立正确的世界观、人生观和价值观，具有良好的社会公德和教师职业道德，艰苦奋斗和求实创新的精神"②。

教育部师范司同时还颁发了《中等师范学校德育大纲（试行）》和《中等师范学校学生行为规范（试行）》，前者对中师学生德育的目标、内容、原则、实施途径和思想品德的鉴定等做了规定，后者详细列出了中师学生应当遵守的二十条行为规范。2000年1月，教育部又发布了《关于进一步加强和改进中等师范学校德育工作的几点意见》，对中等师范学校师德工作的重视程度可见一斑。

四 确立中小学教师继续教育制度

随着中国教师学历合格率的不断提升以及终身教育思想的影响，对实行教师的继续教育已经成为共识。不同于以往以学历补偿为重点的教师职后培训，教师继续教育主要是对已经获得教师资格的教师实行的、以提高其思想政治水平和业务水平的相关培训，贯通师资的职前培养和职后培训，培养出大批骨干教师和一批教育教学专家。

这一时期师范教育的重点之一就是在做好教师学历补偿培训的同时，逐渐向教师继续教育过渡，将工作的重点由提高教师的学历合格率向培养教育教学骨干转移。

---

① 何东昌主编：《中华人民共和国重要教育文献1998—2002》，海南出版社2003年版，第218页。

② 何东昌主编：《中华人民共和国重要教育文献1998—2002》，海南出版社2003年版，第91页。

第五章 改革开放后师范教育制度的推进（1978—2000年）

1996年，国家教委在《关于师范教育改革和发展的若干意见》中提出：在中小学教师学历合格率较低的地区，仍然要抓好教师尤其是初中教师的学历补偿教育。争取到2000年，全国小学、初中、高中、职业中学教师的学历合格率分别达到95%、80%、70%和60%左右[1]；在提高教师学历合格率的同时，要建立中小学教师与中小学校长的继续教育制度，应以提高其思想政治素质、师德修养、教育教学能力和教育管理水平为重点，尽快培养出一批骨干教师，并使其中一些成长为教育教学专家；为形成联动效应，还要加强以各级教师进修学院为核心的"省、市（地）、县（市）、乡四级培训网络"建设，培训机构的工作重点要逐渐从学历补偿教育向继续教育转变。

为迎接新世纪给师资队伍建设带来的各种挑战，1999年教育部在《面向21世纪教育振兴行动计划》中，提出要"实施'跨世纪园丁工程'，大力提高教师队伍素质……巩固和完善中小学校长岗位培训和持证上岗制度，加强中小学教师继续教育的教材建设"[2]。争取"2010年前后，具备条件的地区力争使小学和初中专任教师的学历分别提升到专科和本科层次，经济发达地区高中专任教师和校长中获硕士学位者应达到一定比例"[3]。

该行动计划还强调要着重加强中小学骨干教师的队伍建设。1999—2000年，要选拔并培养10万名中小学和职业学校骨干教师（其中1万名由教育部进行重点培训），并通过开展教学改革试验、巡回讲学、研讨培训与接受外校教师观摩进修等活动，充分发挥骨干教师在当地中小学教学改革中的引领和辐射作用。[4] 1999年，为适应素质教育对教师素质和能力的要求，《中共中央、国务院关于深化教育改革全面推进素质教育的决定》指出，要进一步"开展以培训全体教师为目标、骨干教

---

[1] 何东昌主编：《中华人民共和国重要教育文献1991—1997》，海南出版社1998年版，第4096页。

[2] 何东昌主编：《中华人民共和国重要教育文献1998—2002》，海南出版社2003年版，第218页。

[3] 何东昌主编：《中华人民共和国重要教育文献1998—2002》，海南出版社2003年版，第218页。

[4] 何东昌主编：《中华人民共和国重要教育文献1998—2002》，海南出版社2003年版，第218页。

师为重点的继续教育"①，并提出加快建设"双师型"（具有教师资格和其他专业技术职务）的教师队伍。为鼓励各级教育机构开展骨干教师的培养工作，还要求各级地方政府设立骨干教师专项资金。

1999年9月出台的《中小学教师继续教育规定》，对中小学继续教育的内容与类别、组织管理、条件保障、考核与奖惩等方面做了详细规定。该规定的颁行，意味着中国中小学教师继续教育制度的正式确立。中小学教师继续教育以"因地制宜、分类指导、按需施教、学用结合"②为实施原则，以"提高教师实施素质教育的能力和水平"为重点③，主要内容有"思想政治教育和师德修养、专业知识及更新与扩展、现代教育理论与实践、教育科学研究、教育教学技能训练和现代教育技术、现代科技与人文社会科学知识等"④。在类别上，中小学教师继续教育分为非学历教育与学历教育两种。前者包括新任教师培训、教师岗位培训和骨干教师培训；后者则针对已经具备国家规定的合格学历的教师，旨在进一步提升其学历层次。

2000年3月，教育部出台了《中小学教师继续教育工程方案（1999—2002年）》及其实施意见，开始实施"中小学教师继续教育工程"——"面向全体中小学教师，突出骨干教师培养，以提高教师实施素质教育的能力和水平为重点，以提高中小学教师的整体素质为目的"⑤。这一年，教育部同时启动了中小学骨干教师的国家级培训工作。

除中小学教师外，这一时期，多个政策文本也体现了对高等教育师资培训工作的重视。1996年4月，国家教委出台《高等学校教师培训工作规程》，以高校青年教师为培训的对象，"以提高教师的基础知识

---

① 何东昌主编：《中华人民共和国重要教育文献1998—2002》，海南出版社2003年版，第289页。
② 何东昌主编：《中华人民共和国重要教育文献1998—2002》，海南出版社2003年版，第371页。
③ 何东昌主编：《中华人民共和国重要教育文献1998—2002》，海南出版社2003年版，第371页。
④ 何东昌主编：《中华人民共和国重要教育文献1998—2002》，海南出版社2003年版，第371页。
⑤ 何东昌主编：《中华人民共和国重要教育文献1998—2002》，海南出版社2003年版，第541页。

和专业知识为主,全面提高教师的教育教学水平和科学研究能力,提高应用计算机、外语和现代化教育技术等技能的能力"①,以培养学术骨干和未来的学术带头人。1997年颁发的《高等学校教师岗前培训暂行细则》,要求对新入职的高校教师进行岗前培训,使其顺利地适应未来的教育教学工作。

五 全面实施教师资格与聘任制度,大力解决民办教师问题

为了提高教师待遇、建设高素质的教师队伍、推进素质教育的顺利实施,必须优化和加强对现有教师队伍的管理,完善各项教师管理制度,实施教师资格制度,完善教师聘任、考核、晋升和编制制度。

(一) 全面实施教师资格制度和教师全员聘用制

1995年,以《教师资格条例》的颁布为标志,教师资格制度正式确立。自1996年开始,中国全面实施教师资格制度,基于教师资格制度之上的教师聘用制也全面开展起来。1999年,《面向21世纪教育振兴行动计划》要求"实行教师聘任制和全员聘用制",加强对教师的考核,采取竞争上岗,以进一步优化师资队伍。同年出台的《中共中央、国务院关于深化教育改革全面推进素质教育的决定》再次强调要"全面实施教师资格制度"②,面向全社会开展教师资格的认定工作,拓宽各级各类教师的来源渠道,允许符合条件的社会人员申请教师资格,同时,在教师的准入环节引入竞争机制,实行教师职务聘任制,学校可以面向全社会公开、自主招聘教师。次年9月的《〈教师资格条例〉实施办法》详细规定了各级各类教师的资格认定条件、申请过程、资格认定的程序、证书的管理等。③

这一时期,对教师的要求也有所提高,教师须掌握现代的教育手段,并具备实施素质教育的能力。1999年颁布的《中共中央、国务院

---

① 何东昌主编:《中华人民共和国重要教育文献1991—1997》,海南出版社1998年版,第3968页。
② 何东昌主编:《中华人民共和国重要教育文献1998—2002》,海南出版社2003年版,第289页。
③ 何东昌主编:《中华人民共和国重要教育文献1998—2002》,海南出版社2003年版,第703—704页。

关于深化教育改革全面推进素质教育的决定》，要求新时期的"教师要热爱党，热爱社会主义祖国，忠诚于人民的教育事业；要树立正确的教育观、质量观和人才观，增强实施素质教育的自觉性；要不断提高思想政治素质和业务素质，教书育人，为人师表，敬业爱生；要有宽广厚实的业务知识和终身学习的自觉性，掌握必要的现代教育技术手段；要遵循教育规律，积极参与教学科研，在工作中勇于探索创新；要与学生平等相处，尊重学生人格，因材施教，保护学生的合法权益"①。

一系列关于教师资格制度和教师聘任制措施的实施，提升了教师职业的专业性，拓宽了师资的来源渠道，为热心教育事业的非师范专业毕业人员提供了加入教师队伍的机会，优化了师资队伍的知识结构，有助于教师队伍的优胜劣汰与教育人才的合理配置和流动，从而调动了教师从事教育教学工作的积极性，激发了教育人才的活力。但是，教师资格制度和教师聘任制在实行过程中也产生了诸多问题，如教师资格制度在具体实施过程中出现了许多不规范的现象，令不具备能力的人员进入教师队伍；教师资格制度无视各级各类教育差异性的向下兼容性；不利于激发教师积极性的终身制特性等。教师聘任制在具体实施中也出现了很多不规范、不公平的现象，这两项制度都有待进一步完善。

（二）解决教师工资拖欠问题与精简编制

1993年，国务院下发《事业单位工作人员工资制度改革方案》，教师的工资收入有了较大的提高，初步建立了教师工资季报、定期通报制度，教师的住房条件也有所改善。1994年、1995年，全国教职工住房建设的投入资金分别为89亿元、119亿元。②但此时教师的待遇相对依旧较低，拖欠教师工资的现象依然屡见不鲜。

1994年，中国实行了分税制改革，改革后地方财政能力减弱，尤其是乡镇的财政能力大为削减。然而，地方是制约基础教育发展的关键节点，地方财力的有限性和对教师工资的挪用，是教师工资拖欠问题的

---

① 何东昌主编：《中华人民共和国重要教育文献1998—2002》，海南出版社2003年版，第289页。

② 《李岚清副总理在第二次全国教职工住房建设工作经验交流会上的讲话（1995年11月28日）》，载《中国教育年鉴》编辑部编《中国教育年鉴1996》，人民教育出版社1997年版，第29—30页。

症结所在。中小学教师工资的严重拖欠，对教师队伍的稳定性产生了极大的影响，从而导致教师尤其是骨干教师的大量外流。正如1997年国务院办公厅发布的《关于保障教师工资按时发放有关问题的通知》所言："目前许多地区又出现了新的拖欠，并且出现了教师工资'拖欠又克扣'等新问题，已经影响到教师生活、教学秩序和政府的形象。"[①]因此，加大中央对基础教育经费的投入，规范教师的工资管理制度，显得尤为必要。

这一时期，关于教师编制的管理仍然延续上一时期规范管理、精简人员的精神。1999年出台的《中共中央、国务院关于深化教育改革全面推进素质教育的决定》强调"加强编制管理，精简富余人员"[②]，对于编制标准之外的富余人员，要对其做好转岗培训，使富余人员能够在教育系统内合理流动。

(三) 大力解决民办教师问题

这一时期，国家采取了多项措施解决民办教师问题，力争在2000年前基本解决民办教师的问题。1994—1995年，国家教委会同人事部，共划拨出30万个编制指标，[③] 专门用于民办教师转公办教师。1996年5月，国家教委在《关于当前加强"民转公"工作的几点意见》中，提出了两条解决民办教师问题的措施，即"辞退"和"民转公"。

首先是"辞退"。按照《教师资格认定的过渡办法》，对民办教师的资格进行认定，对那些不符合国家规定的教师资格的民办教师，要由县以上教育行政部门进行辞退；在辞退民办教师时，应给予一次性的生活补助。其次是"民转公"。1993年，《〈中国教育改革和发展纲要〉实施意见》提出，对"现有合格民办教师经考核认定资格后逐步转为公办教师"。针对具有国家规定的教师资格的民办教师，要进行"德、能、勤、绩"等几项综合考核，考核通过的可转为公办教师。另外，

---

① 何东昌主编：《中华人民共和国重要教育文献 1991—1997》，海南出版社1998年版，第4250页。
② 何东昌主编：《中华人民共和国重要教育文献 1998—2002》，海南出版社2003年版，第289页。
③ 何东昌主编：《中华人民共和国重要教育文献 1991—1997》，海南出版社1998年版，第3937页。

"对任教时间长、教学水平高、贡献突出以及在艰苦地区长期任教的民办教师要优先转为公办教师"①。

1997年，国务院发布了《关于解决民办教师问题的通知》，以进一步解决民办教师的问题，把责任下放给地方，"实行地方责任制"②。提出到1996年，全国中小学教师队伍中民办教师的比例为17%，1997—1999年要逐年将这一比例降至12%、7%、3%，③到2000年要基本解决民办教师问题。此外，还提出了五字方针——"关、转、招、辞、退"以解决民办教师的问题。要求通过分地区规划、分步骤实施，逐渐减少民办教师数量，"力争到本世纪末基本解决民办教师问题"④。

"关"即"坚决关住新增民办教师的口子"⑤，任何地方和任何单位都不得以任何理由重新增加民办中小学教师。

"转"即"要有计划地将合格民办教师转为公办教师"⑥，在"九五"期间，国家每年划拨20万左右的专项指标，用于教师民转公，到新世纪，一共可使80万民办教师转为公办教师。民办教师在转为公办教师时，要进行考核和考试，并对长期从事民办教师工作、在边远和贫困地区长期任教的民办教师进行优待。

"招"即"进一步扩大师范学校定向招收民办教师的数量"⑦，全国各地的中师每年要定向招收民办教师，招收民办教师的名额至少要占到招生总数的20%，有条件的地区甚至可以占到30%，这样每年中师可以招收民办教师3万—4万人，到新世纪就可以招收14万人左右。

---

① 何东昌主编：《中华人民共和国重要教育文献1991—1997》，海南出版社1998年版，第3988页。

② 何东昌主编：《中华人民共和国重要教育文献1991—1997》，海南出版社1998年版，第4265页。

③ 何东昌主编：《中华人民共和国重要教育文献1991—1997》，海南出版社1998年版，第4265页。

④ 何东昌主编：《中华人民共和国重要教育文献1991—1997》，海南出版社1998年版，第4265页。

⑤ 何东昌主编：《中华人民共和国重要教育文献1991—1997》，海南出版社1998年版，第4265页。

⑥ 何东昌主编：《中华人民共和国重要教育文献1991—1997》，海南出版社1998年版，第4265页。

⑦ 何东昌主编：《中华人民共和国重要教育文献1991—1997》，海南出版社1998年版，第4265页。

第五章 改革开放后师范教育制度的推进（1978—2000 年）

"辞"即"坚决辞退不合格民办教师"，对于不符合国家规定的教师资格的民办教师和不适合从事教育教学事业的民办教师，应予以辞退，对于辞退的民办教师，各地要视情况给予其一次性的生活补助。

"退"即做好民办教师的离岗退养工作。对于离岗退养的民办教师，各地政府要根据教人［1992］41 号文件精神，"建立民办教师保险福利基金，改进民办教师离岗退养办法"①，使因年老病残而离岗退养的民办教师的生活得到基本的保障。

在解决民办教师问题之前的过渡时期，还要尽力保障民办教师的工资待遇，即要"落实《中华人民共和国教师法》中民办教师与公办教师同工同酬"的规定，在民办教师数量相对较多的地区，"在一定时期内，可实行以县为单位的民办教师国家补助费总额包干制，减少民办教师不减补助费，节余部分专项用于提高在职民办教师工资待遇。农村教育费附加应首先保证支付民办教师统筹工资"②。

在"九五"期间，"普九"事业进入攻坚期，中国师范教育事业继续坚持为基础教育服务的方向。但由于初级中学师资的缺乏和中小学教师素质普遍不高，中国的师范教育事业同时也面临着师资数量短缺和质量低下的双重压力。为适应现代化建设、"三个面向"和发展素质教育的要求，这一时期，对教师的要求进一步提高，教师队伍建设的重点也由提高师资数量向提升师资队伍的质量转变。

国家对师范教育进行了一系列改革来提升师资队伍的质量，调整了师范教育的布局和结构，"适度发展本科，按需发展专科，调整、加强中师"③，经过调整，中等师范的规模收缩，高等师范的规模扩大，逐渐提升了中国师资培养的层次，师范教育体系逐渐从三级师范教育体系向二级师范教育体系转变。培养具有实施素质教育能力的教师，培养专科学历层次的小学教师、本科学历层次的初中教师和研究生学历层次的

---

① 何东昌主编：《中华人民共和国重要教育文献 1991—1997》，海南出版社 1998 年版，第 4265 页。
② 何东昌主编：《中华人民共和国重要教育文献 1991—1997》，海南出版社 1998 年版，第 4265 页。
③ 何东昌主编：《中华人民共和国重要教育文献 1991—1997》，海南出版社 1998 年版，第 4095 页。

高中教师的试验也逐渐开展和扩大。

此外,中小学教师的学历合格率不断提高,相应地,师资培训也从以学历补偿为重心转向教师的继续教育,培训的重点对象由学历不合格教师转为骨干教师和青年教师,"省、市(地)、县(市)、校"四级教师培训网络逐渐建立。经过调整,中国的师范教育逐渐由独立封闭走向多元开放,以师范院校为主体,综合性高校和师范性院校共同参与、职前培养和职后培训相互联系的、具有中国特色的师范教育体系逐渐形成。

为迎接新世纪对师范教育事业带来的挑战,师范院校开始了面向21世纪的课程和教学改革,从以知识传授为导向转向以能力的培养为导向;改革国家包办一切的做法,师范院校开始进行招生并轨改革和就业制度改革,"缴费上学"和"自主择业"逐渐成为常态。

为规范和稳定教师队伍,开始全面实施教师资格制度,教师的聘任制、晋升考核、编制等制度也得以完善。教师的来源渠道由教育系统内部开放为全社会,即为热心教育事业的有志青年提供了进入教师队伍的机会和渠道,又有利于教师队伍内部的优胜劣汰,有利于教育人才市场的形成和与其他人才市场的对接和合理流动。

随着"普九"任务的推进,民办教师的问题愈发突出。这一时期,国家对民办教师的问题非常重视,通过"关、转、招、辞、退"等措施,极大地改善了民办教师的待遇,降低了民办教师的数量,从而在一定程度上缓解了民办教师的问题。

但在这一时期,师范教育在解决旧有问题的同时,也产生了一些新的问题。如在从三级师范教育体系向二级师范教育体系转变的过程中,作为长期以来向农村输出中小学教师主要渠道的中等师范学校的规模迅速缩小,这就减少了农村师资的来源,加剧了师资向城市的流动,扩大了城乡教育的差距。另外,一些中师和师专在尚不具备培养能力的情况下,盲目地合并和升格,在一定程度上降低了高等师范院校师资培养的质量。此外,由于基础教育管理权限的下移,发展基础教育的责任下放到了地方,分税制改革后地方财力的削弱,导致了教育经费的严重不足,教师工资拖欠的问题愈演愈烈。进入21世纪,师范教育事业依旧面临着不少问题和挑战,需要进一步调整和完善。

第六章 新世纪以来教师教育制度的完善（2001—2020年）

国运兴衰，系于教育；教育成败，系于教师。教师教育的发展是提高全民素质，实现由人力资源大国向人力资源强国转变的关键，是实现全面建设小康社会，建设富强民主和谐的现代化国家的关键。进入新世纪，世界呈现出多极化和全球化的发展趋势，科技创新层出不穷，人才竞争日趋激烈，急需大量高素质、创新型的人才。新世纪教育应"坚持育人为本，以改革创新为动力，以促进公平为重点，以提高质量为核心，全面实施素质教育"[1]，教育大计，教师为本，新世纪教师教育力求"严格教师资质，提升教师素质，努力造就一支师德高尚、业务精湛、结构合理、充满活力的高素质专业化教师队伍"[2]。

第一节 改革深化时期的教师教育制度（2001—2010年）

在"九五"期间，中国的师范教育事业取得了不菲的成就。据统计，各级各类师范教育院校培养的中师毕业生、专科以上毕业生、教育硕士分别为140万人、100万人和5000多人；培训了106万名中小学

---

[1] 国家中长期教育改革和发展规划纲要工作小组办公室：《国家中长期教育改革和发展规划纲要（2010—2020年）》，http://www.moe.gov.cn/srcsite/A01/s7048/201007/t20100729_171904.html。

[2] 国家中长期教育改革和发展规划纲要工作小组办公室：《国家中长期教育改革和发展规划纲要（2010—2020年）》，http://www.moe.gov.cn/srcsite/A01/s7048/201007/t20100729_171904.html。

教师，其中小学教师 78 万人，中学教师 28 万人。小学、初中、高中教师的学历达标率 1995 年分别为 88.85%、69.13% 和 55.21%，到了 2000 年，这一比例分别上升为 96.99%、87.09% 和 68.49%。[①] 这一时期，中小学教师的数量，已经基本满足了基础教育事业发展的需求，整体质量也得到显著的提高。

然而，进入新世纪，随着科学技术的飞速发展和国际竞争的白热化，高质量人才越来越成为重要的竞争资源。出于对培养高质量人才的重视，许多国家把教师教育事业的发展视为关键。对内中国经济体制发生了巨大变革，对外逐渐扩大开放，对于劳动者素质和人才结构的要求也发生了明显的变化。这种变革的局势对教师教育提出了新的要求，不仅要求教师队伍保持稳定，还需适应变化以进行改革和提升。如 2001 年，《全国教育事业第十个五年计划》规定，到 2005 年，大中城市和经济发达地区新补充的专科学历层次小学教师、本科学历层次的初中教师，均要达到 80% 以上，而在已实现"两基"的农村地区，新补充的专科学历层次小学教师、本科学历层次的初中教师均要达到 50% 左右。[②]

新形势对教师教育的发展提出了严峻的挑战，但中国教师教育仍存在投入不足、办学条件较差、布局和层次结构不合理、质量不高、职前职后分离、培养模式单一以及课程体系、教学内容与方法落后等问题。因此，这一时期，教师教育事业发展的重点在于完善教师教育的体系和布局、衔接教师职前职后教育、健全教师管理制度、提高教师教育的质量等方面。

一　现代教师教育体系的逐步确立

2001 年 5 月，《国务院关于基础教育改革与发展的决定》首次提出"教师教育"的概念，这标志着在国家文件中"教师教育"概念对"师范教育"概念的正式取代。2002 年，教育部发布的《关于"十五"期

[①] 何东昌主编：《中华人民共和国重要教育文献 1998—2002》，海南出版社 2003 年版，第 1146 页。

[②] 何东昌主编：《中华人民共和国重要教育文献 1998—2002》，海南出版社 2003 年版，第 1147 页。

间教师教育改革与发展的意见》，确立了"教师教育"的地位和基本内涵——"教师教育是我国教育的重要组成部分，是基础教育师资来源和质量提高的重要保证。教师教育是在终身教育思想指导下，按照教师专业发展的不同阶段，对教师的职前培养、入职教育和在职培训的统称。"[①]

《国务院关于基础教育改革与发展的决定》进一步强调新世纪要"完善以现有师范院校为主体、其他高等学校共同参与、培养培训相衔接的开放的教师教育体系"[②]"推进师范教育结构调整，逐步实现三级师范向二级师范的过渡"[③]。此后的《2003—2007年教育振兴行动计划》《国家中长期教育改革和发展规划纲要（2010—2020年）》对此都予以了重申，由此奠定了新世纪中国教师教育体系建设和改革的基本方向。

新世纪中国教师教育体系的调整主要体现在三个方面：第一，扩大教师教育事业的参与主体。在强调师范院校主体性作用、办好一批师范性院校之余，鼓励综合性大学和其他非师范性大学参与教师教育，或与师范性院校联合办学，使中国中小学教师的来源不再局限于师范院校的毕业生，扩大师资来源渠道。第二，贯通教师的职前培养和职后教育。鼓励各级各类师范教育院校也参与教师的职后培训，保证教师培养和培训的一贯性。第三，实现"三级师范"向"二级师范"体系的过渡。加强高等师范教育本科和专科的教育，缩减中等师范教育办学的规模。

这一时期，师范院校之间的"合并"或"升格"蔚然成风：有条件的师范高等专科学校可以升格为本科师范院校或其他高等学校，中等师范学校（含幼儿师范学校）根据需要或升格为师范高等专科学校，或并入高等师范学校初等教育学院（或学前教育学院），或改为教师培

[①] 何东昌主编：《中华人民共和国重要教育文献1998—2002》，海南出版社2003年版，第1146页。

[②] 何东昌主编：《中华人民共和国重要教育文献1998—2002》，海南出版社2003年版，第890页。

[③] 何东昌主编：《中华人民共和国重要教育文献1998—2002》，海南出版社2003年版，第890页。

训机构或其他中等学校，只有西部和少数民族地区可依据实际情况继续办好一批中等师范学校（含幼儿师范学校）[1]，逐步形成了以研究生、本科、专科层次为主的教师教育，以提高师范教育的办学层次和办学质量。

2000年以后，中国教师教育仍坚持"由政府举办、社会积极参与支持"的办学体制，以及"中央宏观管理、宏观调控，以省（自治区、直辖市）统筹为主，分级管理"的管理体制，与20世纪90年代末期相比，变化不大，兹不赘述。

二 提高培养质量，探索与实践多元的师范生培养模式

为实现教师教育结构和布局的调整，提高教师队伍的培养层次和质量，这一时期，教师职前培养主要侧重于两个方面：一是在初等教育领域规范专科以上学历小学和幼儿园教师的培养；二是出台和实施针对农村地区师资培养的师范生免费教育政策。

（一）加强专科以上学历小学和幼儿园教师的培养

在教师教育结构布局从三级师范体系向二级师范体系过渡的调整过程中，小学和幼儿园教师的培养存在一些突出的问题，如小学和幼儿园培养机构不合格、专科以上学历小学和幼儿园教师培养工作缺乏指引、管理不明，等等。专科学历以上小学和幼儿园教师培养工作，在培养制度、办学渠道、办学模式和专业建设等方面还有待明确。这一时期，在专科以上学历小学和幼儿园教师的培养上，主要进行了以下三方面的探索。

第一，将专科以上学历层次小学和幼儿园教师的培养纳入高等教育体系。培养专科以上学历层次的小学和幼儿园教师，在中国并无先例，是一次全新的探索。那么，专科以上学历小学和幼儿园教师应该由谁来培养，培养机构需要具备何种资质等，都是需要明确的问题。

2002年9月，教育部《关于加强专科以上学历小学教师培养工作的几点意见》，要求将专科以上学历层次小学教师的培养工作纳入高等

---

[1] 何东昌主编：《中华人民共和国重要教育文献1998—2002》，海南出版社2003年版，第1147页。

第六章　新世纪以来教师教育制度的完善（2001—2020年）

教育体系，最重要的就是要充分发挥高等师范院校在培养专科以上学历层次小学教师工作中的主渠道作用，有条件的高等师范院校要积极建立相关的院系或专业，加强培养工作。高等师范教育资源匮乏的地区，可以将条件较好的中等师范学校升格为高等师范专科学校，以培养专科层次的小学教师。在少数地方，也可实行中等师范院校和高等师范院校联合的"3+2"办学模式，即前三年在中等师范学校培养，后两年在高等师范院校培养。[①] 此后，国家又将专科学历幼儿园教师纳入高等教育的系统之中，并对相关培养机构的资质做了进一步的说明。

2005年，教育部发布《关于规范小学和幼儿园教师培养工作的通知》，提出培养专科以上学历小学和幼儿园教师均属于高等教育的范畴，需要由"高等学校和其他高等教育机构"来实施。在专业设置方面，根据2004年《普通高等学校高职高专教育专业设置管理办法（试行）》的要求，教育类专业一般限于在"师范高等专科学校"中开设。举办学校需要达到《普通高等学校基本办学条件指标（试行）》中规定的师范类院校的合格标准。这些规定表明国家逐步将小学和幼儿园教师的培养共同纳入高等教育的体系之中。另外，国家还鼓励普通本科院校举办小学教育和学前教育专业。[②]

第二，理顺专科以上学历小学和幼儿教师培养工作的管理体制。2002年，教育部在《关于加强专科以上学历小学教师培养工作的几点意见》中，就明确要加强对专科以上学历小学教师培养院校的管理，并确立了培养小学教师的高等师范专科学校，原则上实行"省、市（地）两级共管，以市级为主或以省（自治区、直辖市）级为主"的管理体制。[③]

第三，探索专科以上学历小学和幼儿教师的办学模式。当时，中国专科以上学历小学和幼儿园教师的培养模式，其一为"3+3""3+4"

[①] 何东昌主编：《中华人民共和国重要教育文献1998—2002》，海南出版社2003年版，第1337页。

[②] 何东昌主编：《中华人民共和国重要教育文献2003—2008》，新世界出版社2010年版，第664页。

[③] 何东昌主编：《中华人民共和国重要教育文献1998—2002》，海南出版社2003年版，第1337页。

模式，其二为初中起点的"3+2"模式，后者也被称为初中起点五年一贯制。"3+3""3+4"模式是指对普通高中的应届毕业生进行三年专科教育或四年本科教育，从而培养专科或本科层次的小学和幼儿园教师，这是中国培养专科学历以上小学和幼儿园教师的主要培养模式。

但由于中国教师缺口较大，尤其是"老少边穷"地区师资严重匮乏，单纯依靠高中起点的"3+3""3+4"模式，显然不能满足现实的需要。因此，需要实行初中起点五年一贯制作为过渡阶段的培养模式。初中起点的五年一贯制是指招收应届初中毕业生，实现三年中等师范学校与两年高等师范教育结合的分段式教育模式。前三年按照中等师范教育的方式进行管理，学生在升入三年级后，需参加省级教育行政部门组织的统一考试，考试合格者进入高等师范学校，转入专科阶段的学习，毕业后成为专科学历的小学或幼儿教师。[①]

（二）师范生免费教育的实践和探索

为扩大报考师范专业的生源，同时为农村地区培养基础教育的师资，这一时期，国家出台了师范生免费教育政策并开始实施。2007年5月，国务院办公厅转发《教育部直属师范大学师范生免费教育实施办法（试行）》，开始了师范生免费教育在新时期实施的探索。该实施办法对师范生免费教育的试点院校、优惠政策、招生、服务条款、毕业去向等做了相关规定。

按照该实施办法的规定，师范生免费教育从2007年秋季学期开始试点，试点院校为教育部直属的六所师范大学，即北京师范大学、华东师范大学、东北师范大学、华中师范大学、陕西师范大学和西南大学。国家给予免费师范生在收费、录取、深造等方面的优惠政策。在收费方面，接受免费教育的师范生在校期间除免缴学费和住宿费外，还由中央财政补助生活费；在招生录取方面，教育部直属师范大学的师范专业实行提前批次录取；在学业深造方面，免费师范毕业生经过考核、符合要求的，不用参加全国性的研究生招生考试，即可录取为教育硕士专业学位研究生。

[①] 何东昌主编：《中华人民共和国重要教育文献1998—2002》，海南出版社2003年版，第1337页。

当然，权利和义务是相伴相随的，免费师范生也要承担一定的服务义务。每位免费师范生都需要在进入大学前分别和学校、生源所在地省级教育行政部门签订协议——承诺毕业后将回到生源所在地从事十年以上的中小学教育。毕业后到城镇学校工作的学生，还应先到农村义务教育学校任教二年。对于未能按照协议履行义务的免费师范毕业生，需要退还在学期间享受的免费教育费用并且缴纳相应的违约金。另外，免费师范毕业生在毕业前和协议规定服务期内，一般不得报考脱产研究生。[①]

此后，国家还先后颁发《教育部直属师范大学免费师范毕业生在职攻读教育硕士专业学位实施办法（暂行）》《教育部直属师范大学免费师范毕业生就业实施办法》，以完善师范生免费教育制度。

三 政府主导的教师培训制度的逐步确立

1999年，《中小学教师继续教育规定》的出台，标志着中国继续教育制度的确立。中小学教师的职后培训开始以培养骨干教师和专家型教师而不是学历补偿为目标。1999年，国务院批转教育部《面向21世纪教育振兴行动计划》提出，力争在"2010年前后，具备条件的地区力争使小学和初中专任教师的学历，分别提升到专科和本科层次，经济发达地区高中专任教师和校长中获硕士学位者应达到一定比例"[②]。

新世纪以来，国家实施了一系列培训计划，诸如"跨世纪园丁工程""全国教师教育网络联盟计划"等，逐渐将幼儿教师的培训纳入中小学教师继续教育规划之中[③]，并从2010年起，实施"中小学教师国家级培训计划"（以下简称"国培计划"），"国培计划"的实施与完善，是这一时期中小学教师职后培训的重要内容。

2010年的《国家中长期教育改革和发展规划纲要（2010—2020

[①] 何东昌主编：《中华人民共和国重要教育文献2003—2008》，新世界出版社2010年版，第1364页。
[②] 何东昌主编：《中华人民共和国重要教育文献1998—2002》，海南出版社2003年版，第218页。
[③] 何东昌主编：《中华人民共和国重要教育文献2003—2008》，新世界出版社2010年版，第53页。

年)》强调要完善教师培养培训体系，做好培养培训规划，优化队伍结构，提高教师业务水平。此外，教师的培养培训应"以农村教师为重点"，应将中小学教师培训的经费列入政府预算之中。① 为此，同年颁发的《关于实施"中小学教师国家级培训计划"的通知》，决定从2010年起，实施"中小学教师国家级培训计划"。

"国培计划"共有两项内容，一项是针对全国中小学教师的"中小学教师示范性培训项目"，另一项是针对中西部农村骨干教师的"中西部农村骨干教师培训项目"。"中小学教师示范性培训项目"主要通过中小学骨干教师培训、中小学教师远程培训、班主任教师培训和中小学紧缺薄弱学科教师培训等方式，培养全国性的中小学骨干教师、以开发优质培训课程教学资源为目标，辐射带动全国更多的教师。"中西部农村骨干教师培训项目"主要是为了提高中西部农村教师的业务能力，培训的方式包括置换脱产研修、短期集中培训和远程培训等。②

"国培计划"由教育部组织实施，所需经费由中央财政专项经费支持。与以往中小学教师培训不同，"国培计划"的培训机构采取招投标方式，从具备资质的高校、公办和民办教师培训机构中进行遴选，优先遴选部属或省属院校，同时，必须包括省域外具备条件的高校。③ 为保证"国培计划"的培训效果和培训质量，同年，《教育部办公厅关于加强国培计划项目绩效考评工作的意见》发布，对"国培计划"项目绩效考评的目标与原则、考评对象与主体、考评的内容与方法等进行了相关的规定，根据绩效考评的结果，予以激励或惩处，体现了中小学教师职后培训制度的制度化和不断完善。④

---

① 国家中长期教育改革和发展规划纲要工作小组办公室：《国家中长期教育改革和发展规划纲要（2010—2020年）》，http://www.moe.gov.cn/srcsite/A01/s7048/201007/t20100729_171904.html。

② 《教育部 财政部关于实施"中小学教师国家级培训计划"的通知》，http://www.moe.gov.cn/srcsite/A10/s7034/201006/t20100630_146071.html。

③ 《教育部办公厅关于做好国培计划教师培训机构遴选工作的通知》，http://www.moe.gov.cn/srcsite/A10/s7058/201007/t20100716_93784.html。

④ 《教育部办公厅关于加强国培计划项目绩效考评工作的意见》，http://www.moe.gov.cn/srcsite/A10/s7034/201007/t20100726_146080.html。

四 各项教师管理制度的持续完善

20世纪90年代末期，中国已经建立了教师聘用制和教师资格制度，初步确立了教师管理制度，然而仍有诸多不完善之处，存在教师聘用制落实不彻底、教师入口把关不严、城乡教师编制职称待遇差别较大等问题。因此，这一时期，中国教师管理制度依然需要进一步健全和完善，重点任务主要为推进全员聘任制度、严格实施教师资格制度、加强教师职业道德建设、统一城乡编制标准、改革职称制度等。

（一）优化教师资格准入制度，建立教师聘用新机制

2001年出台的《国务院关于基础教育改革与发展的决定》，要求继续加强中小学人事制度改革。首先要全面实施教师资格制度，严把教师入口关。该决定指出，中小学要优先录用师范院校的毕业生，高中教师的录用，还要注意吸纳具备国家规定的教师资格的、除师范院校外的其他高等学校的毕业生。对于不具备教师资格的人员，要坚决予以辞退，另外，还应逐步清理代课人员。为规范教师资格制度，2001年，教育部还印发了《教师资格证书管理规定》。再者，要建立"能进能出、能上能下"的教师任用新机制。在教师的聘用上，除了要实现"职务聘任和岗位聘任的统一"之外，还应积极建立相应的激励机制和考核制度，从而激发教师的工作积极性，同时辞退不合格的教师。[①]

（二）建立中小学教师工资保障制度与编制制度

20世纪90年代以来，受中国经济体制转型和税制改革的影响，很多地方的财力无力支撑义务教育的发展，拖欠教师工资的现象较为普遍。进入新世纪，为保障教师尤其是中小学教师的工资待遇，稳定中小学教师队伍，国家建立了中小学教师的工资保障制度。《国务院关于基础教育改革与发展的决定》规定：

> 从2001年起，将农村中小学教师工资的管理上收到县，为此，

[①] 何东昌主编：《中华人民共和国重要教育文献1998—2002》，海南出版社2003年版，第890页。

原乡（镇）财政收入中用于农村中小学教职工工资发放的部分要相应划拨上交到县级财政，并按规定设立"工资资金专户"。财政安排的教师工资性支出，由财政部门根据核定的编制和中央统一规定的工资项目及标准，通过银行直接拨入教师在银行开设的个人账户中。①

对于经济欠发达的中西部地区，中央财政还对中小学教师的工资予以适当的补助。为避免地方政府部门挪用中小学教师的工资，对各级人民政府使用教师工资经费的监管更为严密。此外，若存在不按规定发放教师工资或挪用教师工资的情况，支持举报，查实后将停止中央财政的转移支付支持，并追究相关人员的责任。

提高中小学教师待遇的关键在于加强编制的管理。2001年，《国务院关于基础教育改革与发展的决定》，便要求制定科学合理的中小学教职工编制标准。② 同年，国务院就转发了中央编办、教育部、财政部《关于制定中小学教职工编制标准的意见》，明确了中小学教职工编制的核定原则、编制标准和工作要求。③ 中央还要求各省人民政府按照该意见和国家有关规定，结合本地实际情况，制定各地区的实施办法，并进一步核定中小学教职工编制，加强编制管理。

为进一步完善中小学教职工的编制管理工作，2003年，教育部、中央编办、财政部发布了《关于建立中小学编制报告制度的通知》，建立了中小学编制报告的制度。针对中小学教师编制标准存在的城乡差异，2010年提出要逐步实行城乡统一的中小学编制标准，并对农村边远地区实行倾斜政策。这也是一个时期内中小学教师编制改革努力的方向。

（三）教师职称制度的完善与绩效考核制度的建立

长期以来，中国的教师职称（职务）标准并不统一。《国家中长期

---

① 《国务院关于基础教育改革与发展的决定》，http://www.gov.cn/gongbao/content/2001/content_60920.htm。
② 何东昌主编：《中华人民共和国重要教育文献 1998—2002》，海南出版社2003年版，第890页。
③ 何东昌主编：《中华人民共和国重要教育文献 1998—2002》，海南出版社2003年版，第1011—1012页。

教育改革和发展规划纲要（2010—2020年）》规定，要建立统一的中小学教师职称（职务）体系，在中小学也设立正高级教师职称（职务），并尝试在职业学校设立正高级教师职称（职务）。将职称晋升与支持农村或薄弱校的发展相联系，要求中小学教师在评聘高级职称（职务）时，"原则上要有一年以上在农村学校或薄弱学校任教经历"[①]。

为打破教师工资待遇上的"平均主义"，提高教师工作积极性，激活教师队伍活力，2008年，教育部发布了《关于做好义务教育学校教师绩效考核工作的指导意见》，旨在建立义务教育阶段教师绩效考核工作，为义务教育阶段学校实施教师绩效工资制度打下基础，教师绩效工资的发放将主要依据绩效考核的结果。

在考核内容方面，该指导意见对教师绩效考核的主要规定是教师对《中华人民共和国义务教育法》《中华人民共和国教师法》《中华人民共和国教育法》等法律法规所规定的教师法定职责的履行情况，以及教师对学校规定的岗位职责和工作内容的完成情况等。绩效考核一般采取将定性评价与定量评价相结合，教师自评与学科组评议、年级组评议、考核组评议相结合，形成性评价和阶段性评价相结合的原则和方法，同时，适当听取学生、家长及社区的意见。教师绩效考核的实施，是中小学教师人事改革的大胆尝试，但在具体实施过程中仍面临不少挑战，需要长期持续的健全和完善。

在21世纪的最初十年里，中国的教师教育事业发展在延续20世纪90年代末期教师教育发展理念的同时，也将中国教师教育事业进行了完善和创新。在体系上形成了以师范院校为主体、其他高等学校共同参与、职前与职后相互贯通的开放的教师教育制度，并极大地推动了"三级师范"教育体系向"二级师范"教育体系的转变。师资尤其是中小学师资的培养层次不断提高，培养方式从通过师范生免费教育的方式向农村和偏远地区倾斜。

新的师资培养模式，如初中起点五年一贯制小学和幼儿园教师等开始出现。在师资培训方面，中小学教师的培训受到国家层面财政和政策

---

① 国家中长期教育改革和发展规划纲要工作小组办公室：《国家中长期教育改革和发展规划纲要（2010—2020年）》，http://www.moe.gov.cn/srcsite/A01/s7048/201007/t20100729_171904.html。

的支持，培训制度不断完善。在教师的管理方面，教师资格制度和聘用制持续完善，教师的工资保障逐渐建立，绩效工资制度进入探索阶段，相关的编制制度和职称制度也不断健全。

另外，这一时期，中国教师教育事业的发展还特别注重对农村地区的倾斜。如"农村高中教育硕士师资培养计划"的实施，推进城镇教师支援农村教育工作，实施农村义务教育阶段学校教师特设岗位计划，推进师范生实习支教工作，等等。当然，在取得一系列成就的同时，中国教师教育事业的发展仍存在一些问题，如在教师教育布局调整的过程中所出现的师范院校盲目升格与合并，教师队伍准入不严，中小学教师待遇较低，编制管理不严，城乡区域差异较大等问题，仍需进一步解决。

第二节 规制创新时期的教师教育制度（2011—2020年）

教师队伍建设与教育事业发展的成败息息相关，党和国家历来高度重视教师队伍建设，教师教育是办好人民满意教育的关键。新世纪以来，一系列教师教育相关政策的出台，极大地推动了教师教育事业的发展。然而，教师队伍整体的素质仍然有待提高、结构不尽合理、管理体制机制有待完善，同时，农村教师的职业吸引力亟待提升……为深入实施科教兴国战略和人才强国战略，必须结合国情，建立中国特色的教师教育体系，优化教师教育结构，创新教师教育培养模式，完善教师管理制度，建立教师教育质量保障机制，以打造一支师德高尚、业务精湛、结构合理、充满活力的高素质专业化教师队伍，为教育事业的改革与发展提供有力支撑。

一 建立具有中国特色的教师教育体系

2012年，教育部《关于印发〈国家教育事业发展第十二个五年规划〉的通知》首次提出，要建立"中国特色教师教育体系"，即"以师范院校为主体、综合大学积极参与、开放灵活的现代教师教育体系"[1]。

---

[1] 《教育部关于印发〈国家教育事业发展第十二个五年规划〉的通知》，http://www.moe.gov.cn/srcsite/A03/moe_1892/moe_630/201206/t20120614_139702.html。

同年，教育部、国家发展改革委、财政部《关于深化教师教育改革的意见》再次强调，要"构建开放灵活的教师教育体系"。

首先，要发挥师范院校在教师教育中的主体作用，重点建设好师范大学和师范学院。其次，要鼓励综合大学发挥学科综合优势，积极参与教师教育。再次，师范高等专科学校、地方综合性院校、中等师范学校，应根据国家关于教师培养的政策要求，积极调整专业结构，加强小学和幼儿园教师培养。最后，教育部与各省级人民政府共同建设一批师范大学和职业技术师范院校，支持部属师范大学与地方师范院校合作建立区域性教师教育联盟。中国特色教师教育体系不仅包括以师范院校为主、综合大学积极参与的职前培养体系，同时还包括"以师范院校为主体、教师培训机构为支撑、现代远程教育为支持、立足校本"的教师培训体系。[①]

二 提升教师教育的规格层次，创新师资培养新机制

提高教师队伍建设质量的源头就是提高师资职前培养的质量。随着教育事业的发展，对师资的要求日趋提高，中国原有的师资培训制度弊端逐渐显现。如师资培养与相对应的教育岗位需求相互脱节，师资培养质量不高，师资供不应求，师范生生源不足等问题。因此，这一时期，师资职前培养侧重于教师培养制度的创新、教师教育培养规格层次的提升、免费师范生教育政策的改革和建立教师教育的质量保障机制。

（一）提升教师教育的培养规格层次

2010年以来，中国教师教育的培养规格层次不断提升。2018年，教育部等五部门在《教师教育振兴行动计划（2018—2022年）》中，提出要全面提高师范生的培养规格与层次。针对不同的教育阶段分别提出了不同的培养要求：学前教育阶段需要培养专科以上学历的教师；义务教育阶段需要培养素质全面、业务见长的本科层次的教师；普通高中阶段需要培养专业突出、底蕴深厚的研究生层次的教师；中等职业学校（含技工学校）需要培养实践技能精湛的"双师型"专业课教师。

---

① 《教育部 国家发展改革委 财政部关于深化教师教育改革的意见》，http://www.moe.gov.cn/srcsite/A10/s7011/201211/t20121108_145544.html。

因此，要办好师范类本科专业，加大本科层次教师的培养力度；要扩大教育硕士及教育博士的招生规模，培养高层次中小学和中等职业学校教师；还要办好一批幼儿师范高等专科学校和若干所幼儿师范学院，扩大专科以上层次幼儿教师的培养规模。①

（二）创新教师培养制度

在新的发展形势下，中国教师的培养制度也发生了一些变革和创新，主要体现在以下几个方面。

第一，完善师范专业招生制度。各地根据师资队伍建设的需要，科学地确定了招生规模与招生计划，合理确定了分专业招生的数量，尽量确保招生培养与教师岗位需求能够有效衔接。师范生依然实行提前批次录取，但鼓励高校增加面试环节，以录取合适的优秀学生攻读师范类专业。第二，探索建立招收职业学校毕业生和企业技术人员专门培养职业学校教师制度。第三，继续完善教育部直属师范大学师范生免费教育。第四，创新教师教育模式。包括实施卓越教师培养计划，建立高校与地方政府、中小学"三位一体"协同培养新机制，发挥好行业企业在培养"双师型"教师中的作用；支持师范大学与综合大学、科研院所、行业企业、地方政府及国外教育科研机构深度合作，建立教师教育协同创新中心；推进高等学校内部教师教育资源的整合，促进教师培养、培训、研究和服务一体化；积极推进"4+2"中学（中等职业学校）教师培养模式，完善小学和幼儿园教师全科培养模式。②

（三）开展教育教学的改革与创新

这一时期，对于教育教学的改革与创新主要体现在三个方面。

第一，重构教师教育课程体系。依据《教师教育课程标准（试行）》，打破传统的由教育学、心理学、学科教学法"老三门"组成的课程结构体系，重新构建由公共基础课程、学科专业课程、教师教育课程组成的模块化、实践性的教师教育课程。

第二，开展规范化的实践教学。将实践教学贯穿培养全过程，建立

---

① 《教育部等五部门关于印发〈教师教育振兴行动计划（2018—2022 年）〉的通知》，http://www.moe.gov.cn/srcsite/A10/s7034/201803/t20180323_331063.html。
② 《教育部 国家发展改革委 财政部关于深化教师教育改革的意见》，http://www.moe.gov.cn/srcsite/A10/s7011/201211/t20121108_145544.html。

稳定的教育实践基地和教育实践经费保障机制，切实落实师范生到中小学（幼儿园）教育实践不少于1个学期制度。建立标准化的教育实践规范，实行高校教师和中小学教师共同指导师范生的"双导师制"。建设教育实践管理信息系统平台，探索教育实践现场指导与远程指导相结合的新模式。培养中等职业学校教师的高校还应联合行业企业建立稳定的专业实践基地，实践教学时间不少于1学年。

第三，推动以学生为中心的教学方法变革。开展研究型教学改革，注意提升师范生的学习能力、实践能力和创新能力。充分利用信息技术变革教师教学方式和师范生学习方式，提升师范生信息素养和利用信息技术促进教学的能力。充分发挥毕业论文（设计）在培养师范生的实践能力和反思研究能力方面的重要作用。

（四）建立教师教育的质量保障制度

2012年，《教育部关于印发〈国家教育事业发展第十二个五年规划〉的通知》提出，要建立教师教育质量保障制度。一方面要建立包括中小学、幼儿园和职业学校教师专业标准、教师教育机构资质认证标准、教师教育质量评估标准和教师教育课程标准在内的教师教育标准体系；另一方面要实施师范教育类专业评估、教师教育机构资质认证等质量保障制度。[1]

2017年，《教育部关于印发〈普通高等学校师范类专业认证实施办法（暂行）〉的通知》，规定了普通高等学校师范类专业认证的指导思想、认证理念、认证原则、认证体系、认证标准、认证对象及条件等。该办法分级分类对中学教育、小学教育、学前教育、职业教育和特殊教育等专业进行认证，三级认证的结果将作为政策制定、资源配置、经费投入、用人单位招聘、高考志愿填报等的参考。被认定为第二、三级的师范院校还享受在教师资格考试中的优惠政策，如通过第三级认证的师范专业，高校将拥有自行组织中小学教师资格考试的笔试、面试工作的权力。[2]

---

[1] 《教育部关于印发〈国家教育事业发展第十二个五年规划〉的通知》，http://www.moe.gov.cn/srcsite/A03/moe_1892/moe_630/201206/t20120614_139702.html。

[2] 《教育部关于印发〈普通高等学校师范类专业认证实施办法（暂行）〉的通知》，http://www.moe.gov.cn/srcsite/A10/s7011/201711/t20171106_318535.html。

2018年，教育部出台《关于实施卓越教师培养计划2.0的意见》，进一步指出构建追求卓越的教师教育质量保障体系，不仅要构建教师教育质量监测认证体系，开展师范类专业认证，同时，还应建立教师培养质量全程监控与持续改进机制、师范毕业生持续跟踪反馈机制以及多元社会评价机制。同年，《教育部等五部门关于印发〈教师教育振兴行动计划（2018—2022年）〉的通知》又重申了关于建立教师教育质量保障体系的主张，并提出要建设"全国教师教育基本状态数据库"，根据教师培养培训质量检测的结果，发布《中国教师教育质量年度报告》。[1]

（五）改革免费师范生教育政策

自2007年起，中国开始实行部属师范大学师范生免费教育政策，这项旨在鼓励高中毕业生报考师范院校，毕业后从事中小学教育的政策，在具体实施过程中出现了一些问题。比如，免费师范生服务期长的问题直接影响着一些学生的报考积极性。因此，这一时期，国家对师范生免费教育政策进行了改革和完善。主要体现在两个方面：一是将"免费师范生"改称为"公费师范生"，将履约任教服务期由10年调整为6年。二是推进地方积极开展师范生公费教育工作[2]，扩大师范生公费教育的范围。

三 完善师资培训管理制度，创新师资培训的模式与方法

教师职后培训是提升师资力量的重要环节，是推进素质教育，实现教育公平的重要保证。2000年以来，随着一系列培训计划和项目的开展，中国师资尤其是中小学师资的培训事业颇有成效，不过，总体而言还存在一些问题：其一，教师队伍整体素质偏低，尚不能完全适应新时期教育改革发展的需要；其二，教师培训事业发展不平衡，城乡、公办民办差异较大；其三，教师培训制度亟须完善，支持保障能力建设有待加强。随着2010年教育规划纲要对中小学教师队伍建设提出的新的更高要求，中国教师职后培训又产生了一系列新变化。

---

[1] 《教育部等五部门关于印发〈教师教育振兴行动计划（2018—2022年）〉的通知》，http://www.moe.gov.cn/srcsite/A10/s7034/201803/t20180323_331063.html。

[2] 《教育部等五部门关于印发〈教师教育振兴行动计划（2018—2022年）〉的通知》，http://www.moe.gov.cn/srcsite/A10/s7034/201803/t20180323_331063.html。

第六章　新世纪以来教师教育制度的完善（2001—2020 年）

（一）完善教师培训管理制度

为促进教师专业的常态化、规范化发展，在教师培训事业发展的过程中，逐渐建立了一系列的管理制度和质量保障制度。如实行 5 年一周期、不少于 360 学时的教师全员培训制度，教师培训证书制度，教师培训学分管理制度，教师培训项目招投标制度，教师培训机构资质认证制度，教师培训与教师考核、教师资格再注册和职务聘任等相挂钩的机制，等等。

（二）以农村教师为重点培训对象

2011 年，《教育部关于大力加强中小学教师培训工作的意见》强调，中小学教师培训工作应"以农村教师为重点"，此后，国家颁布的有关教师培训的重要政策文件基本坚持了这一原则。一般主要涉及以下几个方面：加强农村紧缺学科如音乐、美术、体育、英语、信息技术、科学等学科教师的培训；重视农村幼儿教师、特殊教育师资和班主任的培训；加强对民族地区双语教师的培训；实施中小学教师教育技术能力建设计划；建设区域性农村教师学习与资源中心；中央和地方政府财政支持农村教师培训工作，保障公用经费有一定比例用于教师培训等。为做好农村地区教师培训工作，教育部还制定了《乡村教师支持计划（2015—2020 年）》，并出台了《乡村教师培训指南》。

（三）创新教师培训模式与方法

为适应各地不同的经济和教育发展状况，以及教师的实际工作需求，教师培训模式灵活多样。包括短期集中培训、带薪脱产研修、远程培训、送教上门、校本研修、学术交流和海外研修等。另外，为增强培训效果，在教学组织方式上倡导小班化教学，教学方法包括案例式、探究式、参与式、情景式、讨论式教学法等。此外，还鼓励教师自主选择培训课程内容、培训时间、培训途径以及培训机构等，为教师提供个性化的培训方案，增强培训的实用性和吸引力。

四　坚持立德树人，深化教师管理制度改革

当今世界正处在风云际会的发展和变革之中，第四次工业革命即将来临，当下社会对人才的需求不断发生着改变。中国特色社会主义已经步入新时代，踏上了全面建设社会主义现代化国家的新征程。中国社会

的主要矛盾已经转化为人民日益增长的美好生活需要和不平衡不充分的发展之间的矛盾，人民对公平而有质量的教育的向往更加迫切。

但中国教师队伍建设还不能适应教育事业发展的需要，阻碍教师队伍建设发展的因素有很多：一方面，教师尤其是中小学教师职业吸引力不足，地位待遇有待提高；另一方面，教师城乡结构、学科结构分布不尽合理，准入、招聘、交流、退出等机制还不够完善，管理体制机制有待优化。因此，亟须理顺包括教师准入与任用、待遇与编制、职称晋升、职务考核评价等在内的教师管理机制。

（一）深化教师资格制度与聘用制改革

2012年，《国务院关于加强教师队伍建设的意见》指出，要严格教师资格和准入制度，提高教师任职学历标准、品行和教育教学能力要求，全面实施教师资格考试和定期注册制度，并完善符合职业教育特点的职业学校教师资格标准。同年，教育部出台了《幼儿园教师专业标准（试行）》《小学教师专业标准（试行）》和《中学教师专业标准（试行）》。

2013年，《教育部关于印发〈中等职业学校教师专业标准（试行）〉的通知》，要求所有教师专业标准均遵循"师德为先、学生为本、能力为重、终身学习"的基本理念，并从专业理念与师德、专业知识和专业能力三个方面，规定了各类教师应当具备的专业标准内容。[①] 教师专业标准的出台，是对教师资格制度的补充和完善。

2013年，《教育部关于印发〈中小学教师资格考试暂行办法〉〈中小学教师资格定期注册暂行办法〉的通知》，对中小学教师资格考试的报考条件、考试内容与形式、考试实施、考试安全与违规处罚、组织管理等方面进行了详细规定，并要求"中小学教师资格实行5年一周期的定期注册。定期注册不合格或逾期不注册的人员，不得从事教育教学工作"[②]。这一时期，中国还实行了中小学教师资格考试改革和定期注册试点，顺利建立了"国标、省考、县聘、校用"的中小学教师职业准入和管理制度。

中国教师聘用制自2010年以来逐步展开，这个时期，主要是按

---

① 《教育部关于印发〈中等职业学校教师专业标准（试行）〉的通知》，http://www.moe.gov.cn/srcsite/A10/s6991/201309/t20130924_157939.html。

② 《教育部关于印发〈中小学教师资格考试暂行办法〉〈中小学教师资格定期注册暂行办法〉的通知》，http://www.moe.gov.cn/srcsite/A10/s7151/201308/t20130821_156643.html。

照"按需设岗、竞聘上岗、按岗聘用、合同管理"的原则,完善以合同管理为基础的聘用制度,实现教师职称(职务)评审与岗位聘用的有机结合,并完善教师退出机制。

鼓励普通高中聘请高等学校、科研院所和社会团体等机构的专业人才担任兼职教师。鼓励职业学校和高等学校聘请企业管理人员、专业技术人员和高技能人才等担任专兼职教师。探索更加有利于促进协同创新、持续创新的高等学校人事管理办法。完善外籍教师管理办法,吸引更多世界一流的专家学者来华从事教学、科研和管理工作,有计划地引进海外高端人才和学术团队。①

(二) 保障教师待遇和逐步实行城乡统一的中小学教职工编制标准

在教师的地位和待遇保障方面,一是要求"依法保证教师平均工资水平不低于或者高于国家公务员的平均工资水平,并逐步提高",保障教师的工资能够按时足额发放。二是全面落实义务教育阶段学校教师的绩效工资,稳步推进非义务教育学校教师绩效工资的实施工作。按照"管理以县为主、经费省级统筹、中央适当支持"的原则,确保绩效工资所需资金落实到位。三是要求对长期在农村和艰苦边远地区工作的教师,在工资、职务(职称)等方面实行倾斜政策,完善津贴补贴标准,逐步缩小城乡教师收入待遇差距。四是健全教师的社会保障制度。落实和完善教师医疗、养老、住房等社会保障制度。② 五是完善教师表彰奖励制度,探索建立国家级教师荣誉制度。继续做好全国模范教师和全国教育系统先进工作者表彰工作,对在农村地区长期从教、贡献突出的教师,加大表彰奖励力度。定期开展教学名师奖评选,重点奖励在教学一线做出突出贡献的优秀教师。研究完善国家级教学成果奖。鼓励各地按照国家有关规定开展教师表彰奖励工作。六是保障民办教师的权益。建立健全民办学校教师管理相关制度,依法保障和落实民办学校教师在培

---

① 《国务院关于加强教师队伍建设的意见》,http://www.gov.cn/xxgk/pub/govpublic/mr-lm/201209/t20120907_65531.html。

② 《教育部关于印发〈国家教育事业发展第十二个五年规划〉的通知》,http://www.moe.gov.cn/srcsite/A03/moe_1892/moe_630/201206/t20120614_139702.html。

训、职务（职称）评审、教龄和工龄计算、表彰奖励、社会活动等方面与公办学校教师享有同等权利。民办学校应依法聘用教师，明确双方权利义务，及时兑现教师工资待遇，按规定为教师足额缴纳社会保险费和住房公积金。鼓励民办学校为教师建立补充养老保险、医疗保险。①

在教师编制管理方面，2012年，《国家教育事业发展第十二个五年规划》要求，"制订高等学校教师编制标准和幼儿园教师配备标准。逐步实行城乡统一的中小学编制标准，对农村边远地区实行倾斜政策"②。同时鼓励地方政府在国家标准的基础上提高编制标准，按照"总量控制、统筹城乡、结构调整、有增有减"的原则，探索制定更加科学的编制管理办法。③ 同年，《国务院关于加强教师队伍建设的意见》，基本上重申了以上关于教师编制的政策内容。为此，2013年，教育部印发了《幼儿园教职工配备标准（暂行）》，对中国幼儿园教职工的配备标准进行了详细规定。

（三）分类推进教师职务制度与评价考核制度改革

2010年以来，中国教师职务（职称）制度改革的基本思路，是分类推进教师职务（职称）制度改革，并建立符合各类教师职业特点的职务（职称）评价标准。改革的内容包括建立统一的中小学教师职务（职称）体系、探索在职业学校设置正高级教师职务（职称）。制定符合村小学和教学点实际的职务（职称）评定标准，并要在职务（职称）晋升时向村小学和教学点的专任教师倾斜。

另外，为使城镇教师资源支持农村，缩小城乡师资差距，要求城镇中小学教师在评聘高级职务（职称）时，要有一年以上在农村学校或薄弱学校任教经历。支持符合条件的职业学校和高等学校兼职教师，申报相应系列教师专业技术职务。

2017年，《教育部人力资源社会保障部关于印发〈高校教师职称评

---

① 《国务院关于加强教师队伍建设的意见》，http：//www.gov.cn/xxgk/pub/govpublic/mrlm/201209/t20120907_65531.html。
② 《教育部关于印发〈国家教育事业发展第十二个五年规划〉的通知》，http：//www.moe.gov.cn/srcsite/A03/moe_1892/moe_630/201206/t20120614_139702.html。
③ 《教育部关于印发〈国家教育事业发展第十二个五年规划〉的通知》，http：//www.moe.gov.cn/srcsite/A03/moe_1892/moe_630/201206/t20120614_139702.html。

审监管暂行办法〉的通知》将高校教师职称评审权直接下放至高校，尚不具备独立评审能力的可以采取联合评审、委托评审的方式，主体责任由高校承担。但高校副教授、教授评审权不应下放至院（系）一级。高校主管部门对所属高校教师职称评审工作实施具体监管和业务指导。教育行政部门、人力资源社会保障部门对高校教师职称评审工作实施监管。[1] 总的来说，这一时期，除高校教师职称（职务）外，其他类型的教师职称（职务）制度变化不大。

这一时期，教师考核评价制度以"重师德、重能力、重业绩、重贡献"为考核标准，探索实行学校、学生、教师和社会等多方参与的评价办法。中小学教师的考核评价，首先由国家制定基本标准，接着再由各地区制定具体标准，逐步探索建立以同行专家评审为基础的中小学教师业内评价机制，不断健全工作程序和评审规则，建立评审专家责任制，推行评价结果公示制度。严禁简单用升学率和考试成绩评价中小学教师，严禁公办、在职中小学教师从事有偿补课。[2] 在高等学校教师考核评价方面，一是要结合不同类型教师的岗位职责和工作特点，二是加大教学工作在高等学校教师考核评价中的比重，健全大学教授为本科生上课制度，把承担本科教学任务作为教授考核评价的基本内容。加强教师管理，规范高等学校教师兼职兼薪行为。

（四）构建师德建设长效机制

近年来，一系列教师背离师德师风的事件屡屡发生，在媒体的报道下，引起了社会的广泛关注与舆论谴责，严重损害了教师队伍的整体形象。为切实解决这些突出的师德师风建设问题，弘扬高尚师德，引导教师立德树人、为人师表，并不断提升人格学识的双重修养，建设一支师德高尚、业务精湛、结构合理、充满活力的中小学教师队伍，自2010年以来，党和国家出台了不少有关师德师风建设的政策文件，旨在构建师德建设长效机制。

其一，实施"师德"一票否决制。2012年，《国家教育事业发展

---

[1] 《教育部 人力资源社会保障部关于印发〈高校教师职称评审监管暂行办法〉的通知》，http://www.moe.gov.cn/srcsite/A10/s7030/201711/t20171109_318752.html。

[2] 《国务院关于加强教师队伍建设的意见》，http://www.gov.cn/xxgk/pub/govpublic/mrlm/201209/t20120907_65531.html。

第十二个五年规划》规定要"把师德表现作为教师资格认定和定期注册、绩效考核、职务（职称）聘任和评优奖励的首要依据"，实行"师德"一票否决制。同年，《国务院关于加强教师队伍建设的意见》再次对该规定进行强调。其二，将师德教育渗透到职业培养、教师准入、职后培训和管理的全过程。将教师师德师风教育融入职前培养、准入、职后培训和管理的全过程。研究制定科学合理的师德考评方式，完善师德考评制度，将师德建设作为学校工作考核和办学质量评估的重要指标，把师德表现作为教师资格定期注册、业绩考核、职称评审、岗位聘用、评优奖励的首要内容。其三，制定相关的行为准则要求和处理办法文件。

2014年，教育部印发《中小学教师违反职业道德行为处理办法》。该办法的出台有利于对中小学教师师德监督与惩处机制，对有严重失德行为、影响恶劣者，按有关规定予以严肃处理直至撤销教师资格。2018年，教育部又先后印发《关于高校教师师德失范行为处理的指导意见》《中小学教师违反职业道德行为处理办法（2018年修订）》以及《幼儿园教师违反职业道德行为处理办法》。教育部在同年研究制定并颁发的《新时代高校教师职业行为十项准则》《新时代中小学教师职业行为十项准则》和《新时代幼儿园教师职业行为十项准则》，进一步加强了师德师风建设，规范了高校教师、中小学教师和幼儿园教师的行为和道德作风。

总之，自2010年来，中国教师教育事业在上个十年发展的基础上，又进行了深入的改革和创新。以师范院校为主体、综合大学积极参与、开放灵活的现代教师教育体系得以建立。

在教师培养方面，教师教育的培养层次和规格有所提高，教师培养制度和模式有所创新，教育教学打破了传统"老三门"的结构体系，建立了模块化、实践化和规范化的课程体系，教师教育的质量保障制度得以建立，师范生免费教育制度在实践中得以不断完善。

在职后培训方面，教师培训管理制度得以不断完善，农村教师成为培训的重点对象，教师培训的模式和方法也更加多元。在教师管理制度方面，教师资格制度和聘用制的改革不断加深，教师待遇保障制度逐渐形成，实行城乡统一的教职工编制标准，成为政策的题中之义，教师职务制度与评价考核制度的改革不断推进,师德长效机制基本建立。中国教师教育事业获得极大的发展,但当前中国教师教育制度仍未成熟,一些制度如城乡统一的编制标准、各类教师的职务制度等尚在探索阶段,有待完善。未来中国教师教育事业的发展重点仍在于提高教师的地位和待遇,理顺教师管理体制,缩小城乡差距,实现教师教育的均衡和公平发展。

第七章 中国百年师范教育之论争

在中国百年师范教育的历史沿革中，曾在不同的时期围绕不同的主题进行过激烈程度不一的论争，这些论争就像一架不断摇晃的钟摆，在跌至低谷时，总会有人发出热烈的呐喊，在飘至高点时，也总会有人做出冷静的沉思。客观来讲，论争是一把双刃剑。首先，在每一次论争中，师范教育几乎都遭受厄运，吃尽苦头，或是独立地位遭受质疑，或是经费得不到充足保障，师范教育在一次次的论争中消耗着本就薄弱的基础和十分不容易积蓄起来的实力。因此，从某种程度上说，这是一种资源的内耗。而资源的内耗所带来的则是对师范教育发展的阻挠。

但与此同时，有争鸣才会激发出不同的声音，有论争才能碰撞出多彩的火花，中国百年师范教育的论争，促使师范教育在曲折前进的道路上受到不同程度的反思与规制。正是在一次次的论争中，师范教育的特点开始浮现，师范教育的规律逐渐被认可，也推动着人们不断加深对师范教育的认识和理解，更好地推行师范教育。因此，认真梳理和研究中国百年师范教育演进历程中的论争，显得尤为必要。这不仅能使我们更加全面、客观地清晰和明了中国百年师范教育的壮丽图景，也激发着我们在不同时代、不同阶段对师范教育发展进行反思，以更好地探索出师范教育的规律，以及适合中国特色的师范教育发展之路。

第一节 要不要建立师范教育体系之论争

为了实现"开民智""育新民"的新教育目标，大规模兴学掀起了对于扩充师资的急切需求。在水深火热的民族危难关头，人们积极寻求能够实现救亡图存、国富民强的方案。在人们对于新事物的讨论中，要不要建立师范教育体系的论争，率先拉开了中国百年师范教育论争的面纱。这次论争是在中国近代教育进入一个新的发展阶段，从而引发新的需求的历史态势下产生的，其中既有敢为人先的呼声和创举，也遭受到了一定的质疑和批评，最终以清末学制中建立起师范教育系统而宣告结束。这次论争有力地激发出了中国近代社会对师范教育的先觉，促进了师范教育在近代中国的萌生和崛起。

一　论争的背景

甲午战争以来，伴随着国外坚船利炮的入侵，清政府接连失利，使得国家和百姓都陷入水深火热之中。日本政府逼迫清政府签订丧权辱国的不平等条约，从泱泱华夏掠夺了大量的土地和白银，中国近代以来出现的民族危机空前加深。中国在甲午战争中的惨败，使得如何救亡图存成为摆在近代中国人面前必须解决的急迫问题。晚清政府在内外逼迫之下，相继开展了以救亡图存为目的的洋务运动与维新变法运动。而甲午战争的失败表明"变器不变道"的洋务运动，已成为穷途末路，要真正救亡图存就必须开辟新的道路。在这样的态势下，一些爱国志士和官僚、士绅及商人阶级要求振兴民族经济以救亡图存的呼声越来越高，并且纷纷投资于新式企业，中国民族工商业获得了初步的发展。民族资产阶级强烈意识到日本之所以胜利，是因为其明治维新的成功，认识到人才的重要性。为了获求进一步发展，他们强调"开民智""育新民"，于是，前一时期资产阶级改良主义思想迅速演变为一场轰轰烈烈的维新变法运动，教育改革也呼之欲出。

洋务教育虽然拉开了近代中国新教育的帷幕，标志着近代中国新教育的兴起，但仅仅三十几所"变器不变道"的新式学堂，根本无法承担起拯救国家和人民于危难之中的重担，可以说是一场美妙的"乌托邦"式幻想。而且，仅仅培养外语、军事、技术人才已然不能满足时代发展的要求。正因为如此，资产阶级维新派为使广大国民都能受到近代科学与文化知识的洗礼，积极倡导"开民智""育新民"。而要适应这一教育目标，则必须普遍设学，通过大规模地兴办学校、发展教育来提高整个中华民族的素质。中国近代教育从洋务教育向维新教育发展的新转向新阶段,实际上是一种从小规模的专门教育向大规模的普通教育的转变,这必然会产生一个在大规模兴学中面临的师资问题。为了达到"开民智""育新民"的教育目标,就要具备相应数量的合格教师。因此,产生了建立师范教育的历史需求。

另外,在兴办洋务教育的过程中,洋务派主要依靠聘请外国教员来解决师资问题。例如,在京师同文馆中,美国人丁韪良担任总教习,外文、自然科学、技术等方面的教员,也主要由外国人担任。这种主要依赖于聘请外国教习办学的做法,是在当时历史条件下的必然之举,是后发型国家在学习先发型国家先进科学技术和文化知识时的常用之法,也是当时的无奈之举。但是,在所聘请的外国教员中,并不全是具备良好丰富学识且认真负责的教习,而是不乏滥竽充数者与浑水摸鱼者。而且,语言上的不通更是新教育效果不佳的直接外显原因。因此,这些因素更加激发了国人对建立自己的师范教育体系、自己培养本国师资的讨论与探索。

二 论争的过程

新事物的产生与被接受必然要经过一番曲折的过程。近代中国师范教育体系的建立,当然不是一帆风顺的,而是在人们一时难以接受新事物的矛盾心态与时代发展必然产生的历史需求的交融中产生的,既受到了一定程度的阻挠,也自然形成了无畏无惧的历史洪流。

甲午战争的失败使得一些爱国志士认识到学校普及、教育兴盛是日本战胜的重要原因,兴办师范学堂开始逐渐被搬上历史舞台。但由于当时思想观念并未开化,因此,是否需要设置专门的培养机构,即建立师范教育体系遭受了严重质疑。鲁迅曾在《随感录二十五》中提到,清末某省开设师范学堂,有一位老先生气愤地说道:"师何以还须受教,如此看来,还该有父范学堂了!"[①] 普通民众难以接受新事物也就罢了,连一些当时的知识分子也未能接受师范教育的概念,正如1897年3月5日的《申报》上有一篇议论文写道:"夫天下之学术多矣,从未闻有

---

① 鲁迅:《鲁迅全集》(第一卷),光明日报出版社2015年版,第122页。

学为师者也。既曰师，则将以师之法使人学之，初非待人教以为师之法而犹自学之也。今乃特设一学为师之学堂，不几类于多事欤？"① 由此可见，当时在普通民众和部分知识分子中，对何为师范教育、为何建立师范教育，尚未形成普遍统一的认识。

然而，还是有一些有识之士敏锐地察觉到了建立师范教育这一新的历史需求，他们要求仿照西方近代的三级学校体制，并在全国上下普遍设学，同时，在建立新的学校制度的过程中，也纷纷倡言建立师范教育，把师范教育作为新学制的一个重要组成部分。19世纪80年代初，早期改良派代表人物郑观应在其著作《易言》中，以"师道院"为名介绍和探析了近代西方的师范教育。可以说，他是在近代以来首倡师范教育的中国人。尽管这一倡导由于洋务教育并不存在急切的有目标、有计划地培养大批教师的需求，而显得不为人所注意。

在关于要不要建立师范教育体系的论争中，无法忽略的一个人物便是梁启超。他在此次论争中发挥了举足轻重的作用，他较为系统地论述了中国近代师范教育的问题，建构了一套初具体系的师范教育理论，对中国近代师范教育思想启蒙和体系建立，起到了不可磨灭的历史作用。1896年，梁启超在《时务报》上发表《论学校四：师范学校》一文，较为系统地阐述了自己的师范教育思想，提出了"故师范学校立，而群学之基悉定"②"夫师也者，学子之根核也。师道不立，而欲学术之能善，是犹种莠而求稻苗，未有能获者也"③的根本主张。

梁启超指出，同文馆、水师学堂等洋务教育机构，主要依靠聘请外国教习来解决师资的做法是"不相宜的"：其一，西人言语不通，每发一言，必俟翻译，辗转口述，多半失真；其二，往往华文一两语就可讲明，而西人教习衍至数十言，西人教习自以为明晓，然而华文犹不能解；其三，西人向无所知中土学问，之所以为教者只因为专在西学，所以吾国学者几乎皆是拨弃本原；其四，聘用的西人教习往往不专一国，各用所习，事杂言庞，难以形成一致；其五，西人教习既不适于用，然

---

① 璩鑫圭、童富勇、张守智编：《中国近代教育史资料汇编：实业教育 师范教育》，上海教育出版社2007年版，第629页。
② 梁启超：《论学校四：师范学校》，《时务报》1896年第15期。
③ 梁启超：《论学校四：师范学校》，《时务报》1896年第15期。

而所领取的薪酬又恒倍于华人。所以,语言上的不畅通、管理上的不协调、经费上的不平衡等因素,决定了依赖西人教习来办新教育的方法是肯定行不通的。

在举尽不合时宜的弊病后,梁启超坚决地认定,兴办师范教育是近代中国办新教育、实现"开民智""育新民"目标的根本方法。因此,他说:"故欲革旧习,兴智学,必以立师范学堂为第一义。"① 在具体方案设计上,梁启超介绍并分析了日本的师范教育。他指出,日本寻常师范学校"其所教者有十七事:一修身,二教育,三国语(谓倭文倭语),四汉文,五史志,六地理,七数学,八物理化学(兼声光热力等),九博物(指全体学动植物学),十习字,十一图画,十二音乐,十三体操,十四西文,十五农业,十六商业,十七工艺"②,中国的师范教育可以大致按照这个制度来设计。具体来说,"一须通习六经大义,二须讲求历朝掌故,三须通达文字源流,四须周知列国情状,五须分学格致专门,六须仞习诸国言语"③。梁启超还认为:"是故居今日而言变法,其无遽立大学堂而已,其必自小学堂始。"④

也就是说,在近代中国的普遍设学,应该从中等和初等教育入手,而师范教育在其中扮演着重要角色。梁启超设计的方案是:"自京师以及各省府州县,皆设小学,而辅之以师范学堂。以师范学堂之生徒,为小学之教习。而别设师范学堂之教习,使课之以教术,即以小学堂生徒之成就,验师范学堂生徒之成就"⑤,遵循此道,十年之间便会遍布才能之人。

如果说在此次论争中,梁启超发出了思想上的一声巨响,那么,盛宣怀则是开启了行动上的一扇大门,为此次论争奠定了实践的基调。1896年末,盛宣怀以自己为督办,以何嗣为总理,以张焕纶为总教习,从所管辖的轮船招商局和电报局中,商准股东拨银十万两,在上海筹建南洋公学。南洋公学的筹建,既不是从中院也不是从上院,而是从建立

---

① 梁启超:《论学校四:师范学校》,《时务报》1896年第15期。
② 梁启超:《论学校四:师范学校》,《时务报》1896年第15期。
③ 梁启超:《论学校四:师范学校》,《时务报》1896年第15期。
④ 梁启超:《论学校四:师范学校》,《时务报》1896年第15期。
⑤ 梁启超:《论学校四:师范学校》,《时务报》1896年第15期。

师范院开始的,因为在筹建天津中西学堂时,在师资问题上出现了一个尴尬的局面,即"旁求教习,招选学徒,大抵通晓西文者,多懵于经史大义之根底;致力中学者,率迷于章句咕哗之迂途,教者既苦乏才,学者亦难精择"①。

正是基于办理天津中西学堂不先解决合格师资问题,从而影响办学效果的教训,盛宣怀认识到,"盖不导其源,则流不可得而清也;不正其基,则构不可得而固也"②,要办好南洋公学,只有先培养合格的教师,所谓"惟师道立则善人多,故西国学堂必探原于师范"③。于是,他着手先筹设南洋公学师范院,招考学生40名,于1987年4月正式开学。

这所师范院制定了较为明确而又切合师范教育特点的宗旨、培养目标和教学计划等。学校"视西国师范学校肄习师范教育管理学校之法",以"明体达用,勤学善诲为指归"④。学生班次等级"分格五层",每一层都有具体的培养目标,如第一层为学有门径、材堪造就、志慕远大、性近和平等;第二层为勤学诲劳、抚字耐烦、先公后私等;第三层为善诱掖、有条理、能操纵、能应变等;第四层为无畛域计较、无争无忌等;第五层为性厚才精、广通学识、行正度大、心虚气静等。而与此相应,课程有国学的自行研究,以及外语、数学、物理、化学、科学教育及动、植、矿、生理、地理等。师范院聘请洋教习二人、华人西文西学教习二人、汉文教习二人。每三月进行小试,每周年进行大试,一层合格颁发一层的凭据,层层递进。

在师范院建立后,盛宣怀又"复仿日本师范学校,有附属小学校之法",于1897年秋,招收120名学生设立了外院("即日本师范学校附属之小学院也"),作为师范生的教育实习场所,"令师范生分班教之"。

---

① 朱有瓛主编:《中国近代学制史料》(第一辑 下册),华东师范大学出版社1986年版,第511页。
② 朱有瓛主编:《中国近代学制史料》(第一辑 下册),华东师范大学出版社1986年版,第511页。
③ 朱有瓛主编:《中国近代学制史料》(第一辑 下册),华东师范大学出版社1986年版,第511页。
④ 朱有瓛主编:《中国近代学制史料》(第一辑 下册),华东师范大学出版社1986年版,第511页。

对此，盛宣怀说是"比及一年，师范诸生且学且诲，颇得知行并进之益"①。不过，由于外院的学生年龄已在十二三岁至十七八岁，中文已有相当根底，所缺的是时务上的学科及近代自然科学知识等，而这是同样半路出家的师范生们所不能胜任的。所以，不久外院即另请外国教习或受过外国教育的教师教授，师范生主要负责外院学生的管理工作。南洋公学师范院于1903年结束，共招收师范生72人。

南洋公学师范院在其教学程度、师范特性和管理等方面，与后来的师范学校相比，无疑有着诸多的不足，但作为中国近代第一所师范学校，它的建立却有着十分重要的意义。对南洋公学的发展而言，由于在师范院设立之际就定下了"上中两院之教习，皆出于师范院，则驾轻就熟，轨辙不虑其纷歧"②的目标，此后的确在所培养的师范生中，选取了一些优秀者担任外院及中院的教习，部分解决了南洋公学在办学过程中的师资问题。而就整个中国近代教育的发展来看，中国人对师范教育的认识，终于从理论走向了实践，进行了建立中国自己的师范教育体系的初步尝试，标志着中国近代师范教育的萌芽。

随着一批有识之士的广言倡议和南洋公学师范院实践的促导，中国近代社会的师范教育需求逐渐被承认，这种认可以清末学制的建立为标志。随着清末新学制的建立，师范学校成为中国近代教育体系的一部分。对急于求才的清政府来说，师资质量暂且不论，师资数量极其匮乏问题，已迫在眉睫。所以，人们又开始了对师资培养机构的探索和讨论。自中国近代师范教育体系建立起，关于师资培养是主要依靠正规化还是非正规化机构，人们又产生了不同的认识。

张之洞认为：

> 方今国势危急，如救焚拯溺，夜以继日，犹恐不及，至师范速成科尤为紧要，若将完全师范毕业必须五年，各省小学堂将待五年后再开乎？故章程内既设有传习所，又设有旁听生，皆为广施教育

---

① 朱有瓛主编：《中国近代学制史料》（第一辑 下册），华东师范大学出版社1986年版，第511—512页。
② 朱有瓛主编：《中国近代学制史料》（第一辑 下册），华东师范大学出版社1986年版，第512页。

计。且折内所言，三十以上至五十以下之举贡生员，不能入学堂者，可入师范学堂之速成科，乃为体恤寒儒，自谋生计起见……故改为简易科则可，删去则不宜也。①

可以看出，张之洞主张对传统知识分子加以改造利用，通过短期的师范速成科来培养新学堂师资。这也是其"中体西用"思想的重要表现。范祎也有类似主张，通过"广设师范学堂与仕学馆"的方式，对旧时科举士子花费两年时间以"栽培之以收其用"②。

罗振玉也指出："今中国兴学将待师范生卒业，而后令开小学校，抑令不必受师范学者而充教习乎，既必待师范生卒业，则三年内将不得立小学堂，使不受师范学者充教习，则又不能胜任。"③ 所以，他提出，中国近代兴办师范教育必须做的是"无已其仿日本速成科之例，立师范急就科乎"④，招收"本地生员之品行端正，学问略知门径，文笔调畅者""年纪约在四十以内二十以外"⑤ 者，学习一年，以济急需。

不过，也有一些人士指出："夫速成师范只可以救目下之急，不能备将来之用"⑥ "正识时势者所不废也，但此举不可为训。异日学界进步，正宜及是时豫为振兴"⑦。严复也认为："近有议以速成之法求师范者，此其为术，诚吾之所不知。踏实办法，似宜于各省会先设师范学堂。"⑧ "至于高等师范各学堂，则在精而不在多，聚一方之财力精神，

---

① 转引自朱有瓛主编《中国近代学制史料》（第二辑 上册），华东师范大学出版社1987年版，第77页。
② 转引自璩鑫圭、童富勇、张守智编《中国近代教育史资料汇编：实业教育 师范教育》，上海教育出版社2007年版，第634页。
③ 转引自朱有瓛主编《中国近代学制史料》（第一辑 下册），华东师范大学出版社1986年版，第983页。
④ 转引自朱有瓛主编《中国近代学制史料》（第一辑 下册），华东师范大学出版社1986年版，第983页。
⑤ 朱有瓛主编：《中国近代学制史料》（第一辑 下册），华东师范大学出版社1986年版，第984页。
⑥ 朱有瓛主编：《中国近代学制史料》（第二辑 下册），华东师范大学出版社1989年版，第275页。
⑦ 《论师范速成》，《江西官报》1905年第29期。
⑧ 转引自璩鑫圭、童富勇、张守智编《中国近代教育史资料汇编：实业教育 师范教育》，上海教育出版社2007年版，第631页。

而先为其一二，必使完全无缺，而子弟之游其中者，五年以往，必实有可为师范之资。"① 王国维更是直言："曰师范传习所，曰私塾改良会，尤苟且主义中之苟且者也。"② 可见他们对以速成师范为代表的非正规化师资培养机构的批判。

至于为什么不能过分依靠非正规化机构来培养师资，1907年，《时报》曾刊文作了比较深刻的剖析：

> 吾国则凡老师宿儒以及黄口孺子，皆可为师范生，师范生类无不可以毕业，而所以待小学校员者，无论良否其道惟均，真师范生寥寥，而谋席面者充塞，且无以辨其果否能为教员也。……吾国近年所培植之真师范生必不远过于日本，所培植者，断断然也。土地且二十七倍于日本，小学校数亦渐增多，而校员犹或艰于位置，其故可思矣。师范乎，其真具有为人师之模范乎？③

当然，也有一些人提出正规化与非正规化的师范教育可以同时举办。陶森甲认为，中国兴办师范教育应该采取"久远"和"速成"并举的方法，即"多派生徒留学外国，学成归国，以为扩充庠序之用，此久远办法也；遴选宿儒，专入师范学校，考察教育程途，克期归国，责令管理学堂，此速成办法也"④。袁世凯在奏办保定师范学堂时，从中国近代"各处急需教习"出发，提出"通融办理"师范教育的设想，将师范学堂分设四斋："一斋半年毕业，二斋一年，三斋二年，四斋三年。其半年毕业考取领凭者，即可先行派往各处小学堂充当教习一年，再由各斋毕业生依次轮往，各接充教习一年。"⑤

---

① 严复：《论教育与国家之关系》，《东方杂志》1906年第3期。
② 转引自李友芝、李春年、柳传欣等编《中国近现代师范教育史资料》（第1册），北京师范学院内部交流资料，1983年版，第140页。
③ 转引自璩鑫圭、童富勇、张守智编《中国近代教育史资料汇编：实业教育 师范教育》，上海教育出版社1994年版，第611页。
④ 转引自朱有瓛主编《中国近代学制史料》（第一辑 下册），华东师范大学出版社1986年版，第986页。
⑤ 转引自朱有瓛主编《中国近代学制史料》（第一辑 下册），华东师范大学出版社1986年版，第988—989页。

总体而言,这一次论争的核心在于要不要建立师范教育体系。在不可阻挡的时代发展洪流之下,越来越多的人开始认识到,师范教育对于中国近代社会发展的不可或缺的意义。为了弥补师资的急缺问题,又有很多有志之士开始对师范教育的培养机构做出讨论。最终,清政府通过设置专门的师范教育系统和机构,对论争做出了回应。

三 论争的结果及评价

关于要不要建立师范教育体系的论争,最终以清政府"壬寅癸卯学制"的颁布落下了帷幕。1902年8月,清政府颁布了由时任管学大臣、负责全国教育事务的张百熙主持拟定的《钦定学堂章程》,史称"壬寅学制"。《钦定学堂章程》设有师范与实业两个系统。师范学堂附设于中学堂,学制4年,招贡、监、增、廪、附生入堂肄业,旨在造就小学师资。高等学堂附设师范馆,学制4年,旨在造就各地中学堂教员。《钦定学堂章程》虽然列出了师范教育系统,顺应了历史发展的大趋势,但主要是附设于中学堂及高等学堂,而且对其具体开设课程未做出明确规定,没有充分重视师范学堂。

1904年1月,由张之洞、张百熙、荣庆主持拟定的《奏定学堂章程》出台,由清政府颁布施行。《奏定学堂章程》是对《钦定学堂章程》的修缮和补充,是中国教育史上第一个颁布并实施的完整的学制系统文件,史称"癸卯学制"。除了设立普通学堂外,还设立了师范、实业两个系统。"癸卯学制"规定师范教育系统分为初级师范学堂和优级师范学堂两级。初级师范学堂是师范教育的第一阶段。初级师范学堂招收高等小学堂毕业生,学制5年,以"派充高等小学堂及初等小学堂二项教员者入焉;以习普通学外,并讲明教授管理之法为宗旨"[①]。在小学未发达之前,可以暂就现有的贡、廪、增、附生及文理优长的监生中考取。

初级师范学堂是小学教育普及的基础,要求州县必设一所,省城初级师范学堂除完全科外,应设简易科以应急需。完全科5年毕业,简易科1年毕业。各州县初级师范学堂尚未设齐时,可先设师范传习所。传

---

① 舒新城编:《中国近代教育史资料》(中册),人民教育出版社1981年版,第665页。

习所教师由初级师范学堂简易科优秀毕业生担任。此外，还设预备科及小学师范讲习所。预备科收欲入师范学堂而普通学力不足者，给以补习。小学师范讲习所，收由传习所毕业、已为小学堂教员，复愿入初级师范学堂学习，以补足其学力，及担任蒙馆教师而未学过普通科，也未到传习所学过教法者，给以补习，都具有补习班性质。同时还规定，每一学堂附设小学一所，供学生实习。师范生皆有充当小学教员的义务。

优级师范学堂是师范教育的第二阶段。学生来源，一是初级师范学堂和普通中学堂毕业生，二是精选本省举贡生员确有学术根柢，年龄在18—25岁者，"以造就初级师范学堂及中学堂之教员管理员为宗旨"①。课程设置分为三科：公共科、分类科、加习科。公共科是入学后的共修课程，期限1年，包括人伦道德、群经源流等八科。分类科又分四科，其一以中国文学、外国语为主；其二以地理、历史为主；其三以算学、物理学、化学为主；其四以植物、动物、矿物、生物学为主。人伦道德、经学大义、教育学、心理学和体操为公共必修科目，限3年学完。加习科是修毕分类课程后增加的学习科目，包括人伦道德、教育学等10科。加习科可以选修，但不得少于5科，学期1年。京师及各省城宜各设一所优级师范学堂，学堂内应设附属中学堂和小学堂各一所，供学生教育实习之用。毕业生有效力国家教育的义务。

就维新教育来说，符合其教育目标和教育内容要求的教师在外国人中难以寻觅，在中国人中也微乎其微；而从其教育的规模而言，数量巨大的新的教师纵然能从国外聘任，然而，这笔费用的巨大是不可想象的，也是政府无法承担的。这就是说，当中国近代教育要从洋务教育转向维新教育，要从重点设学以应洋务急需的专门教育转向普遍设学以启大众之蒙的普通教育时，洋务教育中那种主要靠借才外域，聘任外国教员以解决办新的教育的师资的方法，已再难行得通，时代的发展已经产生了中国兴办师范教育的巨大需求，决定了中国人借用外国教员办教育阶段的结束和一个新的自己培养合格教师阶段的即将开启，兴办师范教育已成为中国近代教育发展中的应有之义和发展的重要组成部分。这样，在甲午战争后这一中国近代特定的历史岁月中，在中国近代教育产

---

① 舒新城编：《中国近代教育史资料》（中册），人民教育出版社1981年版，第682页。

生 30 余年后，兴办中国近代师范教育作为一件大事，被摆上中国近代教育改革的历史大舞台。[1]

总体来看，这一次的论争对近代中国是否需要建立师范教育体系的问题进行了一定程度的思考和探索，但却未全面考虑师范教育的地位、属性、模式等深层次问题。在这一论争时期，当随着中国近代政治、经济和文化的发展而产生了建立中国师范教育体系的历史需求时，在中国近代文化教育领域里，也适时产生了对中国师范教育的构想，并出现了一些创办师范学校的实践。然而，不能不注意到，就整个中国近代社会而言，能对中国近代教育发展这一实际上是从专门教育走向普通教育这一转变所产生的历史需求有体认的人，毕竟极为有限，而真正大规模地建立师范学校，并在全国范围内实施的更是少之又少。因而，这一次论争更多地发挥出了对中国近代师范教育发展的启蒙作用。

因此，这一时期，不仅在思想领域内对师范教育的论争与以后相比显得比较薄弱，而且实际上也极少有建立师范学校的实践，直到"壬寅癸卯学制"的颁布，这种情况才有所改善。这一时期，仅仅是师范教育的萌芽，这次论争促使了师范教育思想的勃发。另外，也应客观地看到，这一时期对师范教育的论争造成了一定程度上的资源内耗，由于始终达成不了更大范围内的共识，降低了师范教育在中国近代社会出现和发展的速度。

第二节 师范教育是否独立设置之论争

一 论争的背景

1915 年，全国教育会联合会第一届年会期间，湖南教育会在《改革学校系统案》中，提出"教授中等学校之技术，易于初等远矣，本无须专门养成，至于三年之久，且教授中等学校之学识，原不在专门大学各科之外，更无独设一校之必要"[2]，因而，要求取消师范学校。然

---

[1] 崔运武：《中国师范教育史》，山西教育出版社 2006 年版，第 14 页。
[2] 朱有瓛主编：《中国近代学制史料》（第三辑 上册），华东师范大学出版社 1990 年版，第 63 页。

而，由于缺乏必要的条件和成熟的思想氛围，这一建议并没有引起太大的反响。随后中学实行分科制、设置师范科的举措，引起了一场巨大的波澜。

中学分科制的出现，直接因缘于民初学制改革中关于中学设定的不足。在民初中小学学制改革中，将原来的"九五制"改成了"七四制"，并取消了中学的分科。这一改革虽然从总体上缩短了普通教育的年限，但中学阶段单一的升学目标与过短的学习年限难以适应这一时期社会发展的需要，出现了一系列弊端。当时就有时论批评道，这种中学教育是"不管社会的需要，不管地方的情形，也不管学生的个性"① 的教育，要求对此进行改革。

1919年4月，教育部向各地中学校发出咨文，正式允许各地实行中学对民国初年颁行的《中学校令》和《中学校令施行规则》中所规定的科目和课程，可因时因地"酌量增减"。教育部的这一咨文使得各地摆脱原来有关规定硬性划一的束缚成为可能。与此同时，以《新教育》的创刊为标志，教育领域内兴起了一场以培养学生性格、尊重学生人格、训练学生民主能力为核心的"新教育"改革运动。在倡导这一改革的人们看来，要培养有独立人格和民主能力的个人，就必须尊重学生的个性，就必须选用新的教学组织形式和方法，让学生拥有选择的自由，而这种教学组织形式和方法，最为直接而合乎要求的就是美国进步教育中的分科制。于是，各地纷纷开始进行分科制改革。

各地中学纷纷实行的分科制，是指一个学校内部分为普通科和职业科等若干科。普通科分为文科和理科，以升学为目标；职业科通常分为农、工、商、师范等科，预备谋生。教育部为了推广这种分科制，还把一些实行分科制中学的课程简章等汇编成册，印发各地用做参考。这种风行一时的中学分科制，成为正在进行的"新教育"改革运动的一个重要标志，产生了多方面的影响。

从师范教育的层面上看，中学分科制中师范科的设置，标志着一种办理中等师范教育的新模式的出现。中学可以设置师范科，不仅符合学生个性需要和适应地方需求的标准，还在某种程度上意味着可以扩大中

---

① 朱叔源：《改良现行学制之意见》，《中华教育界》1920年第3期。

等师范教育的规模。另外，由于实行分科制的中学的学制延长，引发对高等师范教育学制等问题的思考。值得注意的是，由于师范教育所培养的教师数量不足，以及传统社会价值观等影响，至中学分科制风行之时，当时学校中受过师范教育的教师，仍然不占多大的比例。这种状况又进一步激发了人们对现行师范教育地位、模式等的怀疑。

在上述情势之下，师范教育的现实境遇不断地促使人们思考中等师范教育乃至高等师范教育的改革，努力谋求一个新的师范教育发展模式。在这一时期，"五四"新文化运动的爆发，促成人们对民主与科学的进一步倡导与追求，进而促使相当一部分人尤为推崇适应学生个性和地方需要的中学设置师范科的模式，即"中师合一"的模式。自然，这一主张激起了一部分人的反对，从而形成了关于中师是否合一的论争，实际上也是关于师范教育是否应独立设置的论争。

二 论争的过程

这一次论争可以追溯到1915年第一届全国教育会联合会中的湖南省提案。该提案提出，中国最初的学制模仿日本，但由于不符合国情，已产生诸多问题，对师范教育的发展产生阻力。而日本的制度又来源于法国，"法自一千九百零四年将高等师范移入大学之内……于是废止之问题随之产生"[1]，对比"英德无高等师范，而中等教育甚属优良，此可以知其故矣"[2]。随之，不少反对者加入进来，展开了关于师范教育的第二次论争。

（一）取消或合并师范教育的提出

这次论争主要关注是否取消师范教育的独立地位问题。民国初期，师范教育体系依然延续清末惯例。1916年，云六在《现行师范学制的流弊及其改革法》一文中激烈地批评道："我国历来的师范毕业生，确能胜小学教员任的，果然也有，但是不能称职者，却占了十分之七八，

---

[1] 朱有瓛主编：《中国近代学制史料》（第三辑 上册），华东师范大学出版社1990年版，第63页。

[2] 朱有瓛主编：《中国近代学制史料》（第三辑 上册），华东师范大学出版社1990年版，第63页。

这不是师范生的罪，也不是师范学校的罪，实是师范学制的罪。"① 进而提出"师范学校，不过是职业学校之一种，并非普通教育，也不是高等教育，所以不必列在学校系统之内。现有的师范学校，成绩不甚佳妙，大可废止"②"原有的高等师范学校，实是大学及专门学校的赘疣，大可割去"③ 的主张。

此后，关于这个问题的争论此起彼伏，争声渐高，如罗廷光、贾之臻等人从不同角度论述了主张取消或合并师范教育的理由，主要如下：大规模的学校，课程丰富，便于聘请专家、丰富设备、精简人员、节省费用、增强交流，等等④；师范学校的学生除了教育一科，所学几乎与普通中学无所差异，只是在程度上有别，因此无所谓设立专门的师范教育机构。⑤

（二）师范教育需独立设置的回应

另外一派（即独立派）主张师范教育因其具有较强的独特性，需独立设置，只有这样，才能以更强的专业力量培养出专门的师范生人才。而且中学与师范的培养目标不尽相同，所以"师范设立，绝对以'分布'为原则——能'多'设大规模的学校固好，否则亦宁愿校数增多，而不愿强事合并"⑥。在1922年学制实施后，出现了诸多问题，对师范教育的深远发展产生了不利的影响。当时，主张师范学校独立的呼声愈发强烈，更加强调师范教育的专业性和特殊性。而没有独立设置的师范教育难以承担起有效培养所需人才的目标。因此，独立派坚决认为："非注重全力建设独立之师范学校，绝不能达其目的。"⑦

比如，李相勖从"保存师范教育之尊严、适合师范生之需要、三年师范教育年限过短、师范生待遇不同"⑧ 等角度进行分析。孟宪承和程时煃认为："与中学合设，师范本身易失标准，而实施尤多窒碍；师范

---

① 云六：《现行师范学制的流弊及其改革法》，《教育杂志》1920年第9期。
② 云六：《现行师范学制的流弊及其改革法》，《教育杂志》1920年第9期。
③ 云六：《现行师范学制的流弊及其改革法》，《教育杂志》1920年第9期。
④ 罗廷光：《国家主义与师范教育问题》，《中华教育界》1925年第1期。
⑤ 贾之臻：《今后学制革新之研究》，《教育杂志》1920年第6期。
⑥ 罗廷光：《国家主义与师范教育问题》，《中华教育界》1925年第1期。
⑦ 中华民国大学院编纂：《全国教育会议报告》（乙编），商务印书馆1928年版，第141页。
⑧ 中华民国大学院编纂：《全国教育会议报告》（乙编），商务印书馆1928年版，第143页。

独立，目标确定，训练集中，易于养成专业的兴趣与态度。"① 常乃德主张："师范教育应当极力地表现一种特别的色彩，应当把一切关于方法的学问，如教育学心理学之类极力提高增多，而一切关于内容知识的学问，如各种科学之类，不妨搁在次一等"②。

余家菊认为：

> 主张废止师范学制者，多有以为使大学各科学生之欲从事教育事业者，与大学的教育系联络联络就可以了，这种见解是由于将教育看得太容易，太简单，须知好的教育者，不是与教育系联络联络，即可以养成的；不是有教育的知识与技能，即可以的；还要有教育的兴趣，与教育者底精神和品格。热心教育和信仰教育的精神，非确立独立的师范学制，用长久的岁月，去培养鼓铸不能成功。③

王国钧直接点明："则今之爱国者，欲求国家之盛兴，必先求教育之优良，求教育优良之道，则师范教育其急务矣。"④ 并指出，师范教育的重要意义是"师范教育为各种教育之源""师范教育发达，各种教育均呈佳象矣"⑤。

汪懋祖在其《师范教育三大问题》一文中，首先论及的就是师范学校是否专设的问题。他从"师范的意义方面""师范的训练方面""教育的政策方面"以及"社会的进化方面"四个方面分而论之，最后认为："（1）专设之师范学校，为师资训练永久之正宗机关。（2）中学内附设之师范科，为暂时之代行机关。（3）同地方有师范学校，中学内则不得再设师范科。"⑥ 周佛海在《师范教育专号致词》中，开篇倡明师范教育的重要性："师范教育为国民教育之保姆，国民教育之发

---

① 中华民国大学院编纂：《全国教育会议报告》（乙编），商务印书馆1928年版，第144页。
② 转引自朱有瓛主编《中国近代学制史料》（第三辑 下册），华东师范大学出版社1992年版，第508页。
③ 余家菊：《论师范学制书》，《教育丛刊》1921年第5期。
④ 王国钧：《师范教育之必要论》，《清华》1915年第1期。
⑤ 王国钧：《师范教育之必要论》，《清华》1915年第1期。
⑥ 汪懋祖：《师范教育三大问题》，《新教育》1924年第1—2期。

达，系乎师范教育之推进。"接着明确指出："然苏省（指江苏省）师范教育，自十六年中师合并后，已渐失其专业训练之精神，若不恢复独立，则改进无由。"①

三　论争的结果及评价

在合并派与独立派的深入论争过程之中，不断触及中国近代师范教育体系的建制与模式问题。应当如何以欧美师范教育镜鉴中国现实，应当如何认识中国师范教育的独特之处，成为论争的主要集中点。合并派以西方师范教育功能嵌入大学之中的成功经验为参照，主张中国师范教育与大学合并，整合资源优势。而独立派则高举中国师范教育独特性的大旗，认为中国师范教育不同于西方语境，应当建立符合中国本土需要的独特师范教育体系。

而且，师范教育教书育人的根本指向和价值旨归意味着需要由更加具有专业性和责任感的专门机构来承担和培养，忽视其特殊性则会导致诸多问题。如罗廷光就敏锐地察觉到，当时的师范教育存在的问题不是师范教育应不应该存在，而是如何进行改良。为此，他从师范教育的特殊性出发制定了《师范生之训练标准》，涵括了教学和训育两方面。②常道直尖锐地指出，师范大学一方面"负有研究高深学术之使命"，另一方面"更负有专业训练的责任"，这两方面是统一的。③

两派的论争各执一词，虽未达成共识，但是可以说，论争的不断推进，使得中国师范教育的核心关切问题逐渐明晰，即如何认识师范教育的独特性、如何处理"师范性"与"学术性"的关系、如何定位师范教育的功能和角色等。由于双方均未能从对方的角度来展开反思，这意味着整合的、调和的视角还不够深入，片面地划定师范教育的性质难以解决实际问题。而在此过程中，以陶行知为代表的一批有识之士加深了对中国师范教育独特性的认知，主张"中国今日教育最急切的问题是旧师范教育之如何改造，新师范教育之如何建设"④，他们通过思索并

---

① 周佛海：《师范教育专号致词》，《江苏教育》1932年第7、8期。
② 罗廷光：《师范生之训练标准》，《中华教育界》1928年第5期。
③ 常道直：《师范大学之双重的任务》，《师大月刊》1932年第1期。
④ 陶行知：《中国教育改造》，生活·读书·新知三联书店2014年版，第96页。

实践乡村师范教育的模式，身体力行地拓展了中国师范教育的本土内涵和独特意义。1930年后，国民政府通过法令再次确认师范教育的独立地位，为中国近代师范教育的发展积累了一定的基础。

从广阔的社会背景来看，这一场关于师范教育独立设置还是合并设置的论争，实际上是教育界人士对中国民族经济从20世纪初以来至当时的持续发展，五四新文化运动背景下不断深入的思想解放以及"新教育"运动的开展等所综合促成的、对提高教师质量需求的思考。当然，这其中也受到了教育领域留美学生逐渐取代留日学生地位等因素的影响。应该说，这是中国近代师范教育从量的发展以应普通教育的急需，转向对质量并重的追求，这是中国师范教育开始寻求发展和不断转向成熟的反映，也是中国近代师范教育演进中出现的一个新的发展契机。

无疑，这一场论争中的独立派和合并派从不同的角度阐述并构建了一个新的师范教育发展模式。从当时的实际情况来看，一方面，师范教育的规模和水平从根本上讲并不具备培养全部师资尤其是具有较高质量师资的能力，现实的人力和物力更是难以支撑师范教育的扩大发展；另一方面，已有的师范教育虽不可避免地带有缺点，但也在一定程度上满足了对师资数量的需求。显然，如若将此全部取消，势必会加剧现实情形与师资需求的矛盾。

因此，在这一场论争中，独立派和合并派各执一端地进入了误区，既基于现实需求，自身又拉开了与现实需求的距离。当然，独立派与合并派在此问题上的偏颇，并不能抹去对现实产生的实际影响力，相反，它们从不同的方面和程度上对之后的师范教育发展起到了铺垫和辅助作用。

第三节　20世纪五六十年代关于如何办好师范教育之论争

一　论争的背景

中华人民共和国成立后，明确了师范教育的独立地位，师范教育体系恢复重建，并在国家重视与大力支持下获得了初步的发展。1957年3月，教育部在北京召开了第三次全国教育行政会议，指出教育事业的发展必须在充分可靠的基础上，根据国家的人力、物力、财力条件，在保证一定质量的原则下，做适当的发展。可以看出，这次会议所做出的分析是比较中肯实际的，其关于下一步工作的部署，也是比较符合中国当时实际情况的。然而，时隔一年，即1958年3月，教育部在北京召开第四次全国教育行政会议时，也即中国"二五"计划开始执行之时，却一反一年前对中国教育发展形势的分析和估计，提出了"反掉保守思想、促进教育事业的大跃进"①的号召。

1958年9月，中共中央、国务院发布了《关于教育工作的指示》。该指示提出：

> 全国应在三年到五年的时间内，基本上完成扫除文盲、普及小学教育、农业合作社有中学和使学龄前儿童大多数都能入托儿所和幼儿园的任务。应当大力发展中等教育和高等教育，争取在十五年左右的时间内，基本上做到使全国青年和成年，凡是有条件的和自愿的，都可以受到高等教育。我们将以十五年左右的时间来普及高等教育，然后再以十五年左右的时间来从事提高的工作。②

为了顺利实现这个巨大的任务，师资的培养和提高问题立即被提到了人们的认识中。师范教育在这样的背景下肩负起了巨大的压力和挑战。

1958年到1960年，在"大跃进"的影响下，师范教育也无法逃脱地披上了"教育革命"的外衣。师范教育改革在数量和质量上走上了截然相反的两个方向。在数量上，以高等师范教育为例，中国高等师范院校从1957年的58所增至1960年的227所，在校学生数从1957年的114795人增至1960年的204498人，分别增长了约291.4%和78.1%。③然而，数量的增加并没有带来质量的提升，取而代之的却是师范教育质量的下滑。

---

① 中央教育科学研究所编：《中华人民共和国教育大事记（1949—1982）》，教育科学出版社1984年版，第219页。
② 人民教育出版社编：《我国教育工作方针》，人民教育出版社1958年版，第10页。
③ 刘英杰主编：《中国教育大事典1949—1990》（上），浙江教育出版社1993年版，第800页。

这一时期，师范教育"在教学工作中大砍大并基础课程，削弱了基础理论教学；大搞现场教学，忽视了课堂教学；师生过多地参加生产劳动、科学研究和社会活动，学习和教学时间偏少，打乱了教学秩序。有的学校甚至提出，既是学校又是工厂；既是学生又是工人；既是学习又是劳动，把教学现场化"[1]。师范教育质量可见一斑，师范教育改革一时陷入困境。同时，为突破苏联教育经验的局限，创立适合中国国情的社会主义教育制度，在全国范围内开展了以勤工俭学、教育与生产劳动相结合为中心的教育革命。师范院校也创办工厂，试办半工（农）半读、为农业中学和半工半读中学培养师资。[2]

1958年开始的"大跃进"所形成的急于求成的心态和盲目躁进的风气，对中国教育领域的原生态造成了一定的破坏和干扰，直接导致了中国教育质量的下降。这就引发了对师范教育的普遍问责，引致人们对师范教育的质疑。在这样的历史背景下，师范教育又一次被推上风口浪尖，这一时期，关于师范教育性质任务的论争，以及师范教育到底"面向中小学"还是"向综合大学看齐"的论争，伴随着师范教育的曲折发展。

二 论争的过程

（一）关于师范教育性质任务的论争

所谓事物的性质就是指事物的质的规定性，是一事物区别于其他事物的根本属性。师范教育的性质就是师范教育的质的规定性。在整个教育系统中，师范教育作为一种相对独立的教育领域或者教育活动，有它自身的、不同于其他教育领域和教育活动的根本特征，这种性质是师范教育能够独立存在的基本前提。那么，师范教育是什么性质的呢？在这个问题上，人们在这一时期存在着不小的争论。

有人提出过不要办师范，特别是在高等师范方面议论较多。他们认为，不办师范也可以培养师资，认为办师范教育总比办别的教育要低一等，因而就总想改变它的性质。在1961年10月召开的全国师范教育工

---

[1] 金长泽、张贵新主编：《师范教育史》，海南出版社2002年版，第74页。
[2] 刘问岫主编：《当代中国师范教育》，教育科学出版社1993年版，第78页。

作会议上,进一步开展了要不要独立设置高等师范院校、师范教育的性质任务是什么的讨论。会上,仍然有一些人主张不要办独立设置的高等师范院校,认为完全可以用其他方式培养中学师资,他们的主要论点是:(1)刚开始在中学教书时,高师毕业生优于综合大学毕业生,但一旦过两年以后,后者就会优于前者;(2)有的中学采用师傅带徒弟的办法培养高中毕业生做教师,教学效果很好;(3)有些国家培养中学师资并不一定通过高等师范院校。

许多与会者表示不同意以上看法。持反对意见的与会者认为,虽然有些国家没有独立设置高等师范院校,但仍然十分重视师资的专门培养。从中国的实际情况来看,中国有一两亿人口受教育,需要大量的师资,加强师范教育自然不可少。采用师傅带徒弟的方法培养师资,只能是临时救急且是手工业培养的办法,不能保证师资起码的数量与质量。至于所谓综合大学毕业生比高师毕业生教得更好,这缺乏全面、确切的根据。

综合大学与高等师范院校各有不同的具体培养目标,对其毕业生的知识、技能等结构的要求也各有特点。就中国的现状来看,中小学校学生数居于世界首位,需要庞大的中小学教师队伍来支撑基础教育。因此,需要相当数量的师范院校来培养教师。办学者、学习者刚开始目标就明确,有利于专业的稳定和塑造合格优秀的教师。从教师来看,高师毕业生显然有其专业方面的长处,有较长期学习教育学、心理学的基础,更具备做教师的条件。张燕镜在后来的研究中也明确指出,"只要有知识,即可当教师"[1] "有了高中可以不办中师,有了大学可以不办师院"[2] "师范性就是落后性"以及"高师应向综合大学看齐"[3] 等属于忽视师范教育的性质,进而企图取消师范教育的观点是不正确的。

通过激烈的争论,大家对师范教育的重要性有了较为深刻的理解,对师范教育的性质与任务有了较为明晰的认识。与会者一致认为,师范

---

[1] 张燕镜主编:《师范教育学》,福建教育出版社2013年版,第81页。
[2] 张燕镜主编:《师范教育学》,福建教育出版社2013年版,第81页。
[3] 张燕镜主编:《师范教育学》,福建教育出版社2013年版,第81页。

教育今后不是办不办的问题，而是如何办好的问题。这次论争明晰了师范教育在理论视域和实践场域的价值归属，在明确了师范教育的性质与任务之后，师范教育的加快发展自然而然被提上了中国教育发展事业的日程安排上，推动了中华人民共和国成立初期师范教育的稳步发展。

（二）关于师范教育中"面向中小学"与"向综合大学看齐"的论争

中国师范教育的发展方向历来是教育界争论的焦点，这个问题涉及办学思想等重大原则问题，关系着人们对办学所涉及的一些根本问题的一种理性认识，并表现在人们的主观世界中。对师范教育发展方向认识清楚了，才能使师范教育健康发展，培养出合格的人民教师，推动中国教育文化、科学技术乃至经济的发展。否则，降低培养规格、超越中国国情会使中国的教育、经济乃至科学技术发展水平蒙受巨大损失，进而阻碍中国的社会主义建设事业。

在中华人民共和国成立初期，中国以苏联师范教育体制为蓝本，建立了独立设置的师范教育体系，即"定向型"模式。1952年11月，教育部通知各地试行《师范学院教学计划（草案）》，该计划在其通知附件中提出："师范学院的任务为培养高级中学或师范学校各科教师及同级中等技术学校普通科教师。"[1] "教育实习在师范教育中占有重要地位，应有计划，按步骤地进行。"[2] 之后，有些人根据师范院校的培养目标，针对当时存在的理论脱离实际的问题，提出了师范院校要"面向中学"的口号。他们强调从中小学实际出发，大力加强教育理论课程的教学和教育见习、教育实习等实践环节。

然而，1956年，党中央提出"向科学进军"的任务。在这一新形势下，一些人认为，"面向中学的"口号，降低了师范院校的学术水平，与综合大学相比，师范院校落后了。所以，应该加强师范教育的"学术性"，号召"向综合大学看齐"。北京师大等高校随即采取了归并政治课程、压缩教育理论课、减少教育实习时间、加强专业知识教育等

---

[1] 《中国教育年鉴》编辑部编：《中国教育年鉴1949—1981》，中国大百科全书出版社1984年版，第779页。

[2] 《中国教育年鉴》编辑部编：《中国教育年鉴1949—1981》，中国大百科全书出版社1984年版，第779页。

一系列措施。针对这一做法,《光明日报》发表社论强调,"高师教育必须面对中学的实际情况"①"不得与实际脱离"②。同年8月,北京师大董渭川撰文指出:"在师范院校已经造成了鄙薄和排斥教育学科的不幸"③"师范教育的特点——培养教师的问题没有得到足够的重视"④"如果不从任务、方向不同着眼,那就会产生把两种大学的专业只因为名称相同而混为一谈的错误,甚至盲目地比较起学术水平的高低来。我们培养的既然是教师,就有必要多掌握些教育方面的知识技能,而且他们所学的专业课完全有必要和所学的教育学科结合起来"⑤,而教育实习使得师范院校在培养师资方面确实有所进步。所以决不能取消。

但不少人对此持不同观点。黄平明认为,高师院校专业学科比重太轻,教育理论课程过重,教育实习时间太长,学生负担太重。应该减少教育理论课和实习时间。⑥ 翁世盛、王绍岳、钟子翱认为,减少教育课程并不涉及高师教育方向的问题,"我们培养的教师是具体的专业教师,因此,专业课的学习应该成为教学计划的重要部分"⑦。孟宪承认为,"'高师向综合大学看齐',如其指我们向大学看齐,是从提高教学质量与提高科学水平而言,则不能即认为是迷失高师方向的"⑧,而适当减少公共必修的教育学科与教育实习的时数,决不是轻视教育科学,而是在于加强文化基础,掌握自学的工具,培养继续独立钻研能力。⑨可以看出,这一时期,高师教育的"师范性"与"学术性"之争聚焦于加强教育科学知识和教育实习还是专业知识学习的问题上。

1960年4月,教育部在河南省新乡市召开师范教育改革座谈会,提出高师院校应该相当于综合大学水平。此次座谈会还指出:

---

① 《高师教育必须面向中学》,《光明日报》1956年4月29日。
② 《高师教育必须面向中学》,《光明日报》1956年4月29日。
③ 董渭川:《师大往哪里去》,《人民日报》1956年8月11日。
④ 董渭川:《师大往哪里去》,《人民日报》1956年8月11日。
⑤ 董渭川:《师大往哪里去》,《人民日报》1956年8月11日。
⑥ 黄平明:《专业要专——兼谈董渭川先生〈师大往哪里去〉一文的一些意见》,《中国青年报》1956年8月31日。
⑦ 翁世盛、王绍岳、钟子翱:《高师教育方向有没有问题》,《人民日报》1957年1月24日。
⑧ 孟宪承:《关于高师教学问题》,《华东师大学报》(教育科学版)1987年第4期。
⑨ 孟宪承:《关于高师教学问题》,《华东师大学报》(教育科学版)1987年第4期。

第七章 中国百年师范教育之论争

高等师范院校的任务是培养中等学校教师,但作为一个中等学校教师,不仅应能胜任教学工作,而且应具有从事科学研究及实际工作能力,要把这三方面的要求统一起来……要彻底改革课程设置、教学内容,加强基础理论、实验实习,增加反映新技术、新成就的内容。教育学科课程,应根据精简集中、切合实用的原则,以教育学为主,把心理学和教学法与教育学结合起来进行教学,也可以分开设置。取消教育实习,把时间用于提高文化科学水平。应大力开展科学研究工作。[①]

可见这次会议尤其着重高师教育的"学术性"。

随之而来的是一部分人的反对意见。宋兰舟撰文呼吁高师院校"必须联系中学实际,提高高师教育质量"[②]。何晓东也撰文强调高师院校要"面向中学,培养师资"[③]。在这种情况下,教育部又于1961年10月在北京召开了全国师范教育工作会议。此次会议指出,高师院校毕业生"在文化科学知识方面,基础知识应宽一些,厚一些,博一些,并应相当于综合大学同科的水平。此外,还应掌握专门的教育理论知识和技能技巧"[④],并且强调"'面向中学'这个特点不能取消"[⑤]。10月26日,时任教育部副部长的周荣鑫在会议上进行了相关阐述和总结,提出"面向中小学""中师相当于高中水平""高师相当于综合大学水平"等口号,其本身并不错,只是执行中有些毛病,强调问题在于如何领会这些口号,科学地实践理论联系实际的原则,帮助大家澄清了一些认识。

[①] 《中国教育年鉴》编辑部编:《中国教育年鉴1949—1981》,中国大百科全书出版社1984年版,第259页。
[②] 宋兰舟:《必须联系中学实际,提高高师教育质量》,《光明日报》1961年5月25日。
[③] 何晓东:《面向中学培养师资》,《安徽日报》1961年7月7日。
[④] 《中国教育年鉴》编辑部编:《中国教育年鉴1949—1981》,中国大百科全书出版社1984年版,第259页。
[⑤] 《中国教育年鉴》编辑部编:《中国教育年鉴1949—1981》,中国大百科全书出版社1984年版,第943页。

三 论争的结果及评价

中华人民共和国成立以来，在急需大量师资以助力国家建设与发展的历史背景下，人们对师范教育寄予了厚望，始终关注着中国师范教育的发展。师范教育具有丰富的内涵性与外延性，它不仅关乎师范教育体系内的所有相关者，还和国家各领域、社会各界都具有某种紧密的联系。因此，对师范教育的论争自然也就不绝于耳。另外，中华人民共和国成立以来的师范教育发展需求，与国家现实物质条件的矛盾，促使人们既想迫切追求实现高质量师范教育发展所带来的实际功效，又在现实、主观心理等多种复杂因素的交互影响下，内外交困，这在一定程度上也加剧了人们对师范教育性质、方向等问题的论争心理。

无论是师范教育性质的论争还是师范教育"面向中小学"抑或是"向综合大学看齐"的论争，即师范教育发展方向的论争，究其实质是关于中华人民共和国成立初期如何办好师范教育的论争。20世纪50、60年代关于如何办好师范教育的论争，最后以国家政策的引导与独立师范教育体制的确立宣告结束。

这一场论争是在一个新型人民民主国家初步建立起来的新背景下产生的论争，是在新的社会体制下人们为了加快建设步伐而进行的关于师范教育性质和方向等基本问题的论争。这场论争参与人数众多，既有来自上层的政治权力集团，还有来自下层的学者、专家等智囊库以及民间力量。通过全国上下的热烈讨论，这场论争最终明确了师范教育一定要办并且要高质量地努力办好这一根本认识。在这一根本认识上的共识，推动了中国师范教育始终不停地向前发展。

不可避免的是，在论争中，总有一些或大或小但却不符合时代潮流的论调。它们促使了论争的产生，也在不同程度上激发了论争。但历史的洪流一旦退潮转为平静，这些声音就会遭到不同程度的抨击。"大跃进"时期，由于急于求成的心态而强调大力且快速发展师范教育进而导致师范教育的论争，不就是一个鲜明的体现吗？历史最终也明确地告诉我们，这样的论争是对中国师范教育健康稳定的长期发展的一种折损，在相当程度上是对中国集中力量办好师范教育事业的一种消解，带来了本可避免的资源内耗，进而延缓了中国师范教育正常发展的节奏。

第四节 师范教育的转型与教师教育的创生之论争

一 论争的背景

自20世纪80年代起，伴随着市场经济的改革和科学技术的发展，不少师范院校增设了许多新专业，冲破了传统师范院校专业设置以基础性学科为主的框架，这些新专业被统称为"非师范专业"。还有一些师范院校抓住改革的时机，通过寻找合适的理由转制为综合性大学。1999年3月，《教育部关于印发〈关于师范院校布局结构调整的几点意见〉的通知》，提出师范院校层次结构调整目标为"从城市向农村、从沿海向内地逐步推进，由三级师范（高师本科、高师专科、中等师范）向二级师范（高师本科、高师专科）过渡"[1]。2001年5月，《国务院关于基础教育改革与发展的决定》指出："完善以现有师范院校为主体、其他高等学校共同参与、培养培训相衔接的开放的教师教育体系。"[2] 这是中国在官方文件中首次以"教师教育"取代"师范教育"。中国师范教育在20世纪末21世纪初发生了重大的转型。

这一时期，师范院校的办学方向基本上呈现出弱化"师范性"、加强"学术性"的趋势。其主要表现有师范性课程课时的减少；学生见习、实习时间的缩短；教育学公共课和学科教学法的教师队伍呈现出短缺和老化等现象。更突出的是，由于教育学公共课课程的内容或陈旧，或脱离实际，或缺乏理论深度，教学方法单调和未能调动学生自己的经验和需要，使不少师范院校的教育学课程不受学生重视和欢迎。

传统教育的历史经验也为这种现象提供了一定的依据。在中国传统社会中，从事教书育人事业的人往往都是博学之人，如孔子、董仲舒、朱熹等儒学大家，他们学富五车、旁征博引，以渊博的知识和深刻的洞见传递经验并教化百姓，维系着传统社会的发展与变迁。而在其他更为微观的教育场域中，如私塾中的先生也往往都是由有知识的秀才来充

---

[1] 《教育部关于印发〈关于师范院校布局结构调整的几点意见〉的通知》，http://www.moe.cn/srcsite/A10/s7058/199903/t19990316_162694.html。

[2] 《国务院关于基础教育改革与发展的决定》，http://www.gov.cn/gongbao/content/2001/content_60920.htm。

当。因此，教师作为知识的人格化身成为知识传承与创新的纽带，这就意味着教师必须担负起"传道、授业、解惑"的责任，教师教书育人的主要基础是渊博的知识。

然而，这种观念也导致了另一种极端倾向，即在师范生的培养过程中注重相当程度上的学科知识的传授和掌握，而忽视了教育教学知识的特殊性，也即意味着任何有知识的人都可以成为教师，而不需要了解和掌握讲授知识的技巧和方法，也不需要进行教育教学能力的培养。这种教育观念只关注到了教师掌握知识的重要性，可如果教师仅仅掌握知识，而不懂得如何传授知识，那么，教师掌握的知识是无生机的，难以形成有效的交流，有"来"无"去"。

因此，教师职业的专业性和特殊性被忽视，受此种教育观念的制约，师范教育的"师范性"逐渐式微，师范教育中的教育教学能力目标没有得到应有的重视。此外，还有一种声音反对进行师范性教育，由于师范教育的培养期限和学时要求是有限的，在师范性教育课程和学科课程之间势必要做出取舍，即在师范生教育教学能力和学科知识之间进行选择，现实的需要往往使得后者在争论中占了上风。在教育观念与教育实践的相互循环作用之下，人们更倾向于认为师范教育应当以培养师范生的学科知识为旨归。这就导致在师范教育的发展过程中，取消或合并专门的师范教育机构被再次搬上历史舞台。

从这种意义上讲，师范教育的专业性和特殊性没有被充分认识和反思，人们普遍认为，培养教师就是需要广博的知识，这一目标在综合大学亦可完成，而这自然会引起重视师范教育独特意义一派的反对意见。因此，存在时间很长、参与人数很多、涉及范围很广的"师范性"和"学术性"之争，也就成为情理之中的事情了。

二 论争的过程

（一）关于"定向型"与"非定向型"的论争

1980年6月，教育部在北京召开了第四次全国师范教育工作会议。此次会议在讨论如何认识和解决师范教育落后的问题上，高师院校的代表之间出现了争论。有代表提出，将重点师范大学和综合大学"融合起来"，主张"打破师范框框"，变"定向型"为"非定向型"。

但许多代表不同意这种观点,认为高师应有其自己的特点,要按师范教育的规律办学。此次会议最后也指出,"高师还是要办,而且一定要努力办好,使它真正成为培养师资和发展教育科学的主要阵地"[①]"不应忽视师范教育的特点"[②]"师范是培养师资的主要阵地,这个阵地要坚持"[③]。

第四次全国师范教育工作会议虽然结束了,但由此开始的新的一轮争论远未结束。主张改革现行的独立设置的、定向型师范教育体制的观点将矛头指向高等师范教育体制。有人对这种体制的弱点提出了批评:"第一,不适应实施九年制义务教育对中学教师的数量要求;第二,不适应中等学校教育结构改革对师资类型多样化的要求;第三,不利于高等师范院校师生学术水平的提高。"[④] 因此,要借鉴国外一些较为发达国家纷纷将"定向型"师范教育转变为"非定向型"师范教育,将培养师资的任务由独立设置的师范院校转给综合大学和文理学院,逐步取消独立设置的师范院校,变独立设置的定向型模式为开放型的非定向型模式,构建多层次、多类型、多渠道的开放型师范教育体制。

与上述观点不同,有人认为,就中国的国情来看,必须坚持独立设置的定向型师范教育体制,其他任何观点或主张都是行不通的。这种观点认为,低水平不是师范性的必然后果。把坚持师范性与低水平画等号的论点,是难以理解的。衡量一所学校的水平,主要是看它培养出来的人才质量和它的教学、科研和管理水平,不同学校的培养目标和专业性质不同,显然不能用某一学校的尺度去衡量其他类型的学校。师范教育是培养教师的一种专业教育,教师必须具备与其他职业有区别的专业素质,其特征是应具有思想品德的高尚性,学识才能的广博性和教育专业训练的严格性。如果师范院校培养出来的人能基本具备上述"三性"

[①] 宋嗣廉、韩力学主编:《中国师范教育通览(中)》,东北师范大学出版社1998年版,第138页。
[②] 宋嗣廉、韩力学主编:《中国师范教育通览(中)》,东北师范大学出版社1998年版,第138页。
[③] 宋嗣廉、韩力学主编:《中国师范教育通览(中)》,东北师范大学出版社1998年版,第138页。
[④] 华东师范大学教科所高教研究室编:《中国高等师范教育改革》,华东师范大学出版社1989年版,第144—146页。

的素质，不仅有较扎实的专业知识，而且有较强的教学技能训练，懂得教育规律，德智体全面发展，就应当说质量是高的，也应当说是有水平的。

综合大学在非教育学科方面确有其优势，专业范围也比师范院校广泛，但它很难包揽中等教育所需的全部师资，也很难保证师资的高质量。

> 综合大学及专业学院的主要任务是培养各类技术人员、工程师、医生、农艺师和科学工作者及干部，由此确定其课程设置、教材内容、师资结构、科研项目、经费分配、实验和实习基地建设，设备购置以及行政管理机构的设立等等。不管它条件多么优越，多么"灵活"，都不可能把中等教育师资的培养作为其主要培养目标，即使承担了这种任务，设置了内部的教育学院，在客观上和主观上都只能把师资的培养当成学校的"副业"，加上它传统的对师范教育训练的忽视，就很难保证所培养的师资的质量。①

（二）关于"师范性"与"学术性"的论争

关于"师范性"与"学术性"的论争由来已久。实际上不难看出，在中国百年师范教育论争史上的各个阶段、各场论争中，都或多或少地直接关联到"师范性"与"学术性"的论争。而到了20世纪八九十年代，"师范性"与"学术性"的矛盾在社会历史态势的变化下明显凸显出来，其所引发的争论是站在历史的高度、全新的起点上的。因此，这一时期，把"师范性"与"学术性"的论争作为一个专门的论争进行考察。

杨山明确主张，取消师范教育的"师范性"，以"学术性"取而代之。他详尽列举了师范院校的"师范性"所存在的一些弊端，而且强调这些弊端将是难以克服的（至少在近一个时期里是这样）。因此，要解决这些问题，他认为，不在师范院校内采取取消以"师范性"为主办学，代之以"学术性"为主办学是不可能的，至少是难以达到解决

---

① 陈光旨：《坚持师范教育的师范性是国情的需要》，《高等师范教育研究》1991年第2期。

这一问题的目的的。最后，他指出，在中国，实际上完全可以取消师范院校的办学规格，以综合大学代之。①

叶澜从逻辑的意义上出发，认为"师范性"与"学术性"之争"正是一个在现实中存在的，但在逻辑上不存在的'真实的假问题'"，并且强调：

> 现在是结束"师范性"与"学术性"之争的时候了。我们面临的新问题，是如何全面地把握教师的专业性。如果还要与原来的问题保持联系的话，那么，问题将这样提出：什么是高等师范院校独具的学术性。然而，就是这个问题也仅是教师专业性探讨的一部分而不是全部，教师专业性的探讨，是新世纪更重要和更具有全局性意义的任务。②

三 论争的结果及评价

20世纪八九十年代以来，在社会经济的全面恢复与快速发展下，师范教育各个方面都深受影响。1999年6月，《中共中央、国务院关于深化教育改革全面推进素质教育的决定》出台。该决定第十八条规定："加强和改革师范教育，大力提高师资培养质量。调整师范学校的层次和布局，鼓励综合性高等学校和非师范类高等学校参与培养、培训中小学教师的工作，探索在有条件的综合性高等学校中试办师范学院。"③这是中国首次在政策中明确提出，鼓励综合大学和非师范院校参与教师的培养培训工作，是师范教育改革即将迎接新世纪的创新之举，把中国师范教育改革推上了新的高度，师范教育也由此迎来了新的机遇与挑战。新世纪以来，伴随着科学技术的迅猛发展，对教师的素质和能力要求越来越高。传统的师范教育体系具有一定的封闭性，更多地表现为一种终结性教育，越来越不能满足社会发展对师资质量的需求。在国际师

---

① 杨山：《对高师"师范性"与"学术性"争论的几点思考》，《教育评论》1987年第6期。
② 叶澜：《一个真实的假问题——"师范性"与"学术性"之争的辨析》，《高等师范教育研究》1999年第2期。
③ 《中共中央国务院关于深化教育改革，全面推进素质教育的决定》，http://www.moe.gov.cn/jyb_sjzl/moe_177/tnull_2478.html。

范教育改革、终身教育思潮等影响下，强调教师的职前教育、入职教育与职后培训一体化建设的呼声日益高涨。

2001年5月，《国务院关于基础教育改革与发展的决定》颁布，其第二十八条规定："完善以现有师范院校为主体、其他高等学校共同参与、培养培训相衔接的开放的教师教育体系……推进师范教育结构调整，逐步实现三级师范向二级师范的过渡。"[①] 这是中国继1999年政策提出鼓励综合性高校和非师范类高校参与教师培养培训工作后，再次在官方文件中明确提出加强非师范类高校的参与，师范教育自新世纪始获得了新的活力，改革新局面逐渐形成。

师范教育发生的这些新转向引发了师范教育发展中"定向型"与"非定向型"、"师范性"与"学术性"等主要问题的论争，其核心指向是师范教育的转型及教师教育的创生问题。关于"定向型"与"非定向型"的论争，体现出师范院校的发展定位问题，最终以建立开放的教师教育体系结束了本次论争。关于"师范性"与"学术性"的论争，反映出师范院校的身份认同危机，这场论争时至今日也没有完全结束，时而有人会发出议论，但坚持"师范性"与"学术性"的统一，始终是主流观点。

第五节　中国百年师范教育论争的总体特点与历史启示

一　中国百年师范教育论争的总体特点

（一）"师范性"与"学术性"的博弈贯穿始终

纵观中国百年师范教育发展的演进轨迹，就中国百年师范教育论争的本质而言，当属"师范性"与"学术性"的论争。无论是清末民初时期要不要建立师范教育体系的论争，还是民国时期师范教育要不要单独建立的论争，抑或是20世纪五六十年代关于如何办好师范教育的论争，再或是关于师范教育与教师教育的论争，都始终或隐或显地呈现出

---

① 《国务院关于基础教育改革与发展的决定》，http://www.gov.cn/gongbao/content/2001/content_60920.htm。

一条主线,即中国百年师范教育史中的"师范性"与"学术性"的争鸣,师范教育"师范性"与"学术性"的博弈贯穿始终。

师范性是师范教育的精神气质和本质象征,是师范教育的应然标志,也是当前背景下师范教育持续发展的实然追求。师范教育改革应始终保持师范之本,立足师范之基,从理论与实践两方面不断贯彻落实师范性。[1] 师范教育的学术性是指各级各类师范学校都负有学术研究的任务。师范学生要具有基本的学术研究能力。既要重视教育科学研究,又应重视专业技术研究;既要重视基础理论研究,还应重视学科应用研究,通过"组合拳"方式来提高教育教学质量和学术研究水平。师范教育加强学术性,这既是关系到师范院校能否并列于其他高校之林的重要标志,也是师范教育培养人们满意的高质量教师的要求。

师范性和学术性的争执不应成为师范教育改革的羁绊。虽然师范性与学术性的博弈始终以或隐或显的方式贯穿于师范教育改革过程中,但师范性与学术性并不是二元对立的,从根本上说二者是师范教育的两个方面,两者彼此依存、互相渗透、相互转化,在博弈中走向整合,在整合中不断前进。可以说,师范性涵括学术性,师范性可以推动学术性的生成与发展;学术性助推师范性,可以使师范性具有丰厚的学理基础。因此,在中国师范教育的进一步深化改革中,既要坚守师范性,又要凸显学术性,努力整合师范性与学术性,使之成为师范教育的专业存在之基与题中应有之义。[2]

(二)"推动力"与"阻滞力"的矛盾一直共存

我们不得不承认的一点是,论争在通过多方越辩越明的真理进而揭示出师范教育发展的内涵、路径与方法的同时,也由于花费过多时间、精力进行激辩而造成了一定程度的资源内耗,降低了师范教育发展的效率。百年师范教育发展过程中的"推动力",是指通过师范教育的论争,推进师范教育前行与发展的动力,"阻滞力"是指在师范教育的论争中妨碍师范教育前行与发展的阻力。实际上,在中国百年师范教育论

---

[1] 曲铁华、姜涛:《高等师范教育改革70年:演进、成就与展望》,《教育研究》2019年第8期。

[2] 曲铁华、姜涛:《高等师范教育改革70年:演进、成就与展望》,《教育研究》2019年第8期。

争过程中,"推动力"与"阻滞力"的矛盾一直共存。

中国师范教育在创设之初没有一定的标准、规范以及历史经验,而是在学习外国的过程中不断探索师范教育的办学模式、方案计划、课程教学、经费设置等具体问题。在这个过程中,就必然会产生对上述问题的各种讨论,每一方都基于各自的立场和不同的目的,分别提出了相应的观点、计划和方案。正是由于各方理论观点的争鸣,并在此基础上,不断进行实践的试误,因此师范教育一直有比较明确的指导方案,在总体上朝着比较正确的方向行进,在此过程中也逐步形塑了具有中国特色的师范教育发展之路。

但与此同时,也正是由于很多人都能在师范教育发展过程中"指手画脚",他们党派各异,利益不同,专业相远,一方观点得不到认同就极易招致其他各方的批驳,而他方也并不会因此沉默,而是接着口诛笔伐、针锋相对。最后,实施层面往往会受到不良影响,无法专心致志地统一在一个方向上着力,导致实施结果往往不尽如人意。这样的论争过程实际上造成了一定程度的人力、物力及财力的损耗,这种损耗是内部的、潜隐的,进而会销蚀已有的师范教育发展基础,对师范教育的迅猛发展形成一定的阻滞。

(三)"国际化"与"本土化"的张力持续激荡

在中国百年师范教育发展过程中,由于师范教育启蒙较晚、步伐较慢,仪型他国便一直作为自身发展的一种方式。无论是学习日本、欧美还是苏联,中国师范教育的发展在某种程度上一直被国际师范教育改革及教师教育的发展浪潮裹挟着前进。清末民初以来,风气渐开,新事物不断涌现,人们的思想不断开阔,认识上注重师范教育发展、方式上选择移植或模仿他国、行动上采取各种措施来推动师范教育改革逐渐成为主流。

在这个大背景下,可以说,几乎师范教育的每一次论争都是在思索如何学习外国经验的背景下展开的,在多大程度上模仿、模仿国家的选择等,成为论争的各种议题。这种"国际化"的裹挟意识贯穿于中国百年师范教育的论争历程中,即使是近二三十年的论争,其背后也或多或少地夹杂着全球化视角与国际化意识。

与此并行不悖的是,在中国百年师范教育发展及论争过程中,无论是自上而下，还是自下而上，都始终对本土化的师范教育改造与创新保持着一定的热情和自觉。以陶行知的南京晓庄为代表的乡村师范教育的勃兴等，是当时教育家们结合师范教育发展情势与中国实际国情而做出的自觉探索与本土实践；中华人民共和国成立以来，主要培养"面向基层、面向农村、面向小学"的全面发展型师资的中师的发展；新时期以来，"师范生免费教育"政策的接续调整与全面推广……这些都是不同时期在师范教育论争过程中，对师范教育本土创生的本质上的相同反应。"本土化"的自觉改造无论是作为一种意识，还是转化的实践行动，都成为对中国师范教育发展过程中论争问题的积极回应。

因此，在中国百年师范教育的几次论争中，"国际化"与"本土化"的张力持续激荡着，二者既有斗争，又有统一，在和谐共生中推动着中国师范教育的繁荣和革新。

（四）"调和论"主导中国百年师范教育的演进

纵观中国百年师范教育论争的整体过程，"调和论"的色彩始终主导着中国百年师范教育的变迁与演进。师范教育发展过程中的"调和论"，即是指在百年师范教育演进历程中，既没有从头到尾地取消师范教育的主张，也没有从一而终地建立师范教育的主张，建立师范教育与取消师范教育的呼声一直此消彼长，而在此过程之中，不直接取消师范教育但要对师范教育从身份认同到理论构建、从制度设计到实际运行等一系列过程进行调和改革的论调，一直占据着主导地位。

"调和论"的主导有其历史必然性。首先，中国师范教育启蒙较晚，前行步伐太慢。国人逐渐认识到师范教育的重要性和自觉性都是相对较缓较弱的，其天生不具有十分充足的发展必然性。换句话说，师范教育一开始的萌生，并不是由于其自身具有十分必要的创生条件，而是由于更多的外力因素导致的。所以，这种先天不足导致其不具备十分完整有力的身份话语，因而在之后的发展中自然就饱受争议。

其次，师范教育又是适合中国国情的。在中国特殊的国情背景下，师范教育专门培养出一批又一批优良的师资，哺育着泱泱大国里的一代又一代人，极大地推动了中国整体教育和综合国力的提升，这份巨大的历史功绩是显而易见的。也正是这层关系的影响，师范教育的发展才会引起争论。因此，无论是从百年师范教育历史的演进历程来看，还是从未来很长一段时间里中国教育的发展趋势来看,师范教育都扮演着不可或缺的角色,是中国教育体系中必不可少的一部分。在这样的情况下,"调和论"逐渐成为一种主导力量,并将存续于中国师范教育持续改革和论争的过程中,为师范教育的现实存在与实际运行提供相对充足的改良土壤,对中国师范教育的发展产生着深远而持久的影响。

二 中国百年师范教育论争的历史启示

(一) 尊重师范教育规律应成为师范教育发展的首要原则

俯瞰中国百年师范教育论争的全景,在每一次的论争表象下,都蕴藏着人们对师范教育发展规律的不同认识,包括人们对师范教育地位和作用的发现、合并抑或独立设置师范教育、师范教育向教师教育的转型,乃至当前"新师范教育"体系的提出等,无一不涵括和指向"如何正确审视师范教育"这一关乎师范教育规律的根本问题。当随着中国近代政治、经济和文化的发展而产生了建立师范教育的历史需求时,适时产生了对中国师范教育体系的构想,并进行了师范教育体制的初创,这是符合师范教育发展规律的;而清末对非正规师范教育的大规模扩张、民国时期盲目推行的"高师改大"运动、20世纪五六十年代"教育大革命"背景下的师范教育盲目扩充发展等,都导致了师范教育质量的下降,这是违背师范教育发展规律的。

新时期以来,中国师范教育改革持续进入"深水区",坚持内涵发展成为改革的重要导向。在此过程中,尊重师范教育规律应成为中国师范教育发展的首要原则。中国百年师范教育变迁过程中的一次次论争,既彰显了寻找师范教育独特规律在师范教育发展过程中的重要意义,又确证了只有遵循师范教育规律才能推动师范教育前行的重要认知。这实际上就要求我们不断加强对师范教育理论的认识和实践的探索,不断透析和掌握师范教育的办学规律,进而推动师范教育在百年发展中延续并增生新的生命力。

(二) 坚持本土意识和国际视野交融应成为师范教育发展的重要指南

审视中国百年师范教育发展论争过程,由于师范教育启蒙较晚,仪型他国便一直作为双方讨论的一种话语和自身发展的一种方式。在移植借鉴的过程中,中国近代师范教育的发展表现出了由向日本学习到向欧美学习的转向,中国当代师范教育的发展也表现出了从向苏联学习到向世界主要发达国家学习的转向,中国师范教育的发展始终受到外国师范教育发展和改革的影响。但最根本的转向是由全盘抄袭到合理借鉴,本土化的师范教育先觉意识和自觉改造发挥了重要的作用。以陶行知的南京晓庄为代表的乡村师范教育的勃兴,以"面向基层、面向农村、面向小学"为主要培养目标的中师的发展,"师范生免费教育"政策的接续调整与全面推广,等等,都是基于中国国情进行的师范教育本土化改造和创生,形成了具有鲜明特色的师范教育发展模式。

因此,在深入推进中国师范教育改革过程中,应始终坚持本土意识和国际视野的交融。保持国际视野,摆正学习态度,避免盲目模仿而造成的"削足适履"的尴尬局面,深刻学习外国师范教育发展的切实有效的经验,尽可能促使中国规避师范教育发展过程中的陷阱和障碍;增强本土意识,时刻不忘中国不同于其他国家的特殊国情,挖掘中国本土师范教育的思想精华和实践智慧,不断增生其新时代下的新生命力。以师范教育中的本土意识和国际视野的融合为指南,深刻思考并持续推进具有中国特色的师范教育发展之路。

(三) 完善对话机制应成为师范教育发展的必要保障

总体而言,中国百年师范教育历程中的几次论争都在不同程度上推动了中国师范教育体系的建立和完善,而透过论争凸显的对话机制扮演着重要的角色。在每一次论争中,不同利益群体基于不同的立场,提出了关于师范教育发展的不同意见,一方驳斥另一方,双方不断展开激烈程度不等的沟通和交流。正是在双方的对话中,师范教育的属性、地位、价值、模式等问题越辩越明,师范教育的规律也得以明晰,对话机制成为推动中国师范教育顺利发展的必要保障。

因此,中国师范教育有必要继续完善并强化这种对话机制。

首先,应给予充分的发言权。教师培养之重任事关民族复兴、国家崛起,所以比较容易引起人们的普遍关注,应积极引导不同群体发表对中国师范教育改革和发展的意见,尊重不同群体的利益,反映不同群体的诉求。

其次,应构建稳定的对话平台。中国师范教育自萌兴以来,各种教育社团及其定期举办的有关师范教育的会议、师范教育改革会以及全国师范学校联盟等学校联合机构延续不断地为师范教育的发展和研究提供了有效的沟通平台。未来，这种对话平台应朝向稳定化、多样化发展，并要极为注重自上而下与自下而上方式的结合。

最后，完善对话机制，形成专业智库。师范教育的发展离不开智库思想的引领，而对话是碰撞思想火花、产生前沿思想的直接导火索。所以，要积极完善师范教育发展过程中的对话机制，鼓励争鸣，将不同思想合流成专业智库，为中国教育事业中的"工作母机"不断更新引擎。

（四）提高教师教育质量应成为师范教育论争的根本旨归

纵观中国师范教育的百年论争历程，无论论争的主题如何变迁，无论论争的过程怎样激烈，无论论争的主体有何分别，都始终体现着一个根本的原则倾向，即教师教育质量的不断提升。每一次论争都伴随着激烈斗争的过程，其中，对师范教育的某一问题或某些问题进行改进和完善，推动着师范教育质量的一步步提升。师范教育论争的根本目的在于通过不断明晰师范教育正确的理念、方式、路径，形成一套系统的、科学的、高效的师范教育发展模式，以此推动中国教师教育的全面发展和质量提升。

因此，在中国持续深化的教师教育改革进程中，即使是在面临一些棘手的难题、在遭受公众质疑的论争背景下，也应当始终保持清醒，坚持以质量提升为根本旨归，把教师教育资源整合、教师教育观念更新、教师教育制度创新等融合在教师教育的发展与论争过程中，不断提高师范学校和综合高校的教师教育办学能力，为构建具有中国特色、适合中国国情、促进中国发展的教师教育模式不断蓄力并持续发力。

第八章　中国百年师范教育制度变迁的影响因素与总体特征

纵观中国百年师范教育制度的变迁，它在逐步规范、系统的同时，完成了自身的制度化。在挖掘已成文制度痕迹的同时，也需关注师范教育制度变迁的过程，注意弥合"材料的语词含义与制度提出者的实际意图之间的断裂"[①]，不仅从历史现象中抽象出影响因素和总体特征，把握中国百年师范教育制度的发展进程，还应科学、客观地审视历史材料，洞悉制度提出者的实际意图，体察制度提出的逻辑和内涵，发掘制度实施的教育意义。

第一节　百年师范教育制度变迁的影响因素

中国百年师范教育制度的变迁，如历史制度主义所主张的，是一系列规则、信念、规范和组织逐渐形成、稳定地持续，由内部或外部因素引发制度变迁的过程。从制度分析的角度来看，"可以按照研究对象把对于制度的分析分为两大类：制度'截面'分析和制度'演化'分析。"[②] 对于变化迅速的中国百年师范教育制度做单纯的"截面"分析，即力图说明在此教育制度运行下所达到的结果或绩效，分析该师范教育制度的结构—功能特征和该制度的运行绩效，以及比较不同制度"截面"的结构—功能特征和运行绩效。这种分析相当于对师范教育制度

---

① 俞启定、施克灿：《中国教育制度通史》（第1卷），山东教育出版社2000年版，总序第17页。

② 张旭昆：《制度演化分析导论》，浙江大学出版社2007年版，第23页。

本身做静态分析和比较静态分析，往往不太令人满意。盖因中国百年师范教育制度处于不断变化之中，而且其变化速度超过了说明某一制度"截面"的理论体系的形成速度。而"制度演化分析则力图说明制度是如何演化的，说明制度演化的动因、方式及过程。这相当于对制度本身做动态分析。"[1]

由于中国百年师范教育制度是一个不断变动的制度，经历过数次调整变动，在这种情况下，采用制度演化分析更有意义。既能说明昨天的师范教育制度及其运行机制，也能说明师范教育制度是如何从昨天演化到今天的，还能说明今天的师范教育制度及其运行机制。影响师范教育制度变迁的因素可分内、外两个部分，其中外部因素包括经济、政治、社会、意识形态、国际化、技术变革等内容，而内部因素可从制度变迁的内驱力和阻碍两个角度进行分析。

一 外部因素的影响

（一）政治环境：政权更迭制约师范教育制度的发展方向

"我国的师范教育是近代社会政治、经济和文化教育变革的产物，近代教育的勃兴直接推动了师范教育的萌发。"[2] 其中，"教育制度是政治制度的有机组成部分，教育制度的性质只能由政治制度的性质来决定。"[3] 师范教育作为一种教育制度，渗透着政治的烙印和色彩。

1840年鸦片战争之后，中国开始沦为半殖民地半封建社会，有识之士睁眼看到了近代西方文明的实力，认识到兴学育人的重要性，经过洋务运动、维新变法运动，以及"筹备立宪"的尝试，提出兴办师范教育的主张。清末师范教育是中国师范教育的开端，是在清政府的政策引导下发展起来的，并形成了纵有阶段（中等师范教育、高等师范教育）、横有类别（普通师范、实业师范）、独立设置的师范教育体系。

在晚清的政治格局中，吉尔伯特·罗兹曼曾经提到："在19世纪晚期，若论领导人对现代化的忽视程度，中国恐怕算得上是世界冠军，而

---

[1] 张旭昆：《制度演化分析导论》，浙江大学出版社2007年版，第24页。
[2] 曾煜编著：《中国教师教育史》，商务印书馆2016年版，第10页。
[3] 于述胜：《中国教育制度通史》（第7卷），山东教育出版社2000年版，导言第1页。

第八章　中国百年师范教育制度变迁的影响因素与总体特征

这种接受新鲜事物的勉强性又被政治上的无能搞得一发不可收拾。"①整个国家没能建立起一个强有力的中央权威体系。不仅如此，清政府的政治封闭，官僚机构老化，贪污腐败盛行，在面对外部挑战时，迟钝僵硬、穷于应付。在这种政治格局背景下，师范教育的发展缺乏创造性，官本位思想突出，急于求成，管理混乱，弊病丛生，这些封建性因素都在一定程度上阻碍了清末中国师范教育的发展。

及至中华民国宣告成立，资产阶级获得了政权，并从自身行动上表现出了与封建专制主义的决裂，批判忠君尊孔的封建教育，振兴和发展资产阶级新教育，为民初的师范教育制度变迁提供了宽松的政治环境。《师范教育令》（1912）、《师范学校规程》（1912）、《高等师范学校规程》（1913）、《师范学校课程标准》（1913）、《高等师范学校课程标准》（1913）、《全国师范校长会议规程》（1915）、《高等师范学校招考学生办法》（1918）、《女子高等师范学校规程》（1919）等一系列师范教育法律法规的颁布，都表明民国政府试图突破传统封建教育的框架，在培养目标、教养要旨、招生办法、课程设置、学生待遇等方面，完备师范教育学制，体现出了资产阶级新教育的本质，更接近近代教育的真谛。

虽然这些改革仍然残留着一些封建主义的元素，但是，可以说，中华民国成立后，"由于国体的变更，教育宗旨、教育制度、教育机构等均随之改变"②。"民国初期的教师教育基本上完成了教师教育社会属性的转型。"③

自1927年始，由于国共分裂，它们在激烈斗争的过程中，为了自身的生存和发展，建立了各自的政治制度。作为政治制度的组成部分，"国民党政府领导下的三民主义教育制度和中国共产党领导下的革命根据地的新民主主义教育制度"④，开始沿着两条截然不同的道路，进行师范教育制度的中国化探索。

---

① ［美］吉尔伯特·罗兹曼主编：《中国的现代化》，国家社会科学基金"比较现代化"课题组译，江苏人民出版社2003年版，第455页。
② 曾煜编著：《中国教师教育史》，商务印书馆2016年版，第71页。
③ 曾煜编著：《中国教师教育史》，商务印书馆2016年版，第79页。
④ 于述胜：《中国教育制度通史》（第7卷），山东教育出版社2000年版，导言第4页。

1949年，中华人民共和国成立，对中国乃至世界来说都是一个重大的历史事件，从此，中国的师范教育也跨入了一个新的历史时期，确立社会主义的师范教育体制刻不容缓。中华人民共和国成立初期，师范教育体制开始"以俄为师""全面地学，整体地学。不是只学这一部分，割掉那一部分。不只是学一些具体的方法，而是学它的精神，学它的立场、观点、方法"①。中国师法苏联成功的社会主义建设经验，全面效仿苏联的师范教育制度与实践。

1951年8月，政务院颁布《关于改革学制的决定》，确定了师范教育在中华人民共和国成立以来的学制地位，促进了师范教育方针和内容的社会主义化。随后，经过初期的调整和建设，师范教育制度初具规模，各级各类师范学校任务明确，层次分明，布局合理，为以后师范教育的发展奠定了坚实的基础。

总之，"人们的制度偏好首先取决于意识形态。意识形态往往指出存在哪些制度是最重要的，是值得长期甚至永远保留的，哪些是无关紧要可随时变换的"②。更迭变化的政治环境带来了两方面的影响：一是执政者放松了对师范教育的专制管理，为师范教育的展开提供了较为宽松的政治环境；二是混乱的社会秩序导致执政者支持的缺乏，使师范教育的发展陷入非理性的政策指导下。在中国百年师范教育制度变迁过程中，随着政权的更迭，中国师范教育制度也随之发生改变，或进步或倒退。

(二) 经济环境：经济程度决定师范教育制度的质量规格

人类生存需要基本的物质支撑，即"经济基础决定上层建筑"，师范教育制度在变迁过程中，与不同时代的经济状况有着密不可分的关系。"研究一种教育制度适应社会需要的程度，不能不考虑经济、文化和人口等因素。由于中国社会近代化的主题既是求得政治上的独立，又是向工业化社会迈进，经济因素是不能不考虑的因素。"③ 中国师范教育体系的层次结构从确立之日起，就一直保持着两个基本层次：高等师

---

① 《当代中国》丛书教育卷编辑室编：《当代中国高等师范教育资料选》（上），华东师范大学出版社1986年版，第48页。
② 张旭昆：《制度演化分析导论》，浙江大学出版社2007年版，第312页。
③ 于述胜：《中国教育制度通史》（第7卷），山东教育出版社2000年版，导言第2页。

范教育和中等师范教育,并根据不同历史时期对师资的要求,不断调整教师培养培训的规格。

清末民初,由于帝国主义的相继入侵,延续数千年的封建农业经济体制被打破,民族资本主义开始产生和发展,一批有识之士为达到"新政""自强""求富"的目的,开始创办近代民族工业。近代军事工业和民用工业都需要大批有文化、懂技术的人才,"造就人才""不必拘执常例"便成为平常之事。从甲午到戊戌,短短数载,清政府建立了一批新式学堂,如直隶矿务学堂、天津中西学堂、广州万木草堂、杭州蚕学馆等,培养政治、实业人才。一些先进的知识分子也创办了西式学校,新式学堂颇具规模。

然而,广兴学校的前提是具备足够数量的师资,新式教师严重缺乏,影响着中国新教育的发展。洋务派办了30年教育,师资主要依靠聘请外国教员。但是,作为开启民智的大众化教育,师资问题不可能依靠聘请外国教员来解决。因此,随着中国近代民族工业的发展,中国的经济状况得到了一定程度的改观,促使国人兴办教育,培养人才,进而推动了中国师范教育的产生。从教育经费方面来看,虽然清政府在"癸卯学制"颁布时物力维艰,在师范教育经费支出颇为庞大的情形下,仍然规定除少数自费生以外,师范生无须缴纳学费,这项举措为当时中国师范教育制度的发展提供了较为宽松的物质条件。

民国时期,民族工商业步入"黄金时期",资本主义经济不断发展,农村经济也获得了较大发展。国民经济的快速发展,为师范教育提供相应的经费支撑。生产力水平的逐步提高,城乡手工业呈现出被机器大生产所取代的趋势,劳动人民为了适应这一趋势,求学的愿望和需求与日俱增,志士仁人也呼吁教育上人人平等,主张新文化运动应从小学和劳动教育着手。在这种情况下,政府要巩固自身统治,也会鼓励广大劳动人民接受教育,从而大力发展师范教育,促进了民国时期师范教育制度的完善和定型。这一时期,中国师范教育制度建构出了较为完整的体系框架,基本格局形成,常规建制和临时变通并行、职前培养和在职培训并重、普通师范与职业技术师范教育并立,对后来中国师范教育的发展影响深远。

中华人民共和国成立以来,社会主义生产关系的确立,尤其是20

世纪80年代后,中国开放国门,面向世界,新技术革命推动着人类社会进入信息化时代,经济竞争、科技竞争、综合国力竞争日益激烈,科技人才短缺,教育开始得到更大程度的重视,师范教育的地位举足轻重。随着改革开放的逐渐深入,在信息化社会和知识经济的时代背景下,国际竞争对人才要求不断提高,中国的师范教育在不断面临新挑战的同时,也迎来了一个发展机遇。在计划经济体制向社会主义市场经济体制转轨的过程中,中国的教师教育体系也随之完成了从封闭、定向、单一向开放、非定向、多元化的转变。

(三) 文化环境:文化变迁影响师范教育制度的价值追求

"社会发展的程度愈高,制度对观念、理论或理念的依赖就愈明显。"[①] "从教育制度自身的发展逻辑来看,中国教育近代化的主题,是通过学习外国先进的制度和经验,建立一个适合中国国情的近代化教育体系。"[②]

中国近代教育的发展引起对师范教育的需要,西方近代教育价值观念的传入,为中国师范教育的产生奠定了思想基础,而日本师范教育的发展经验,则为中国师范教育的产生提供了借鉴模式。1840年,鸦片战争爆发,在英国殖民主义者的军舰抵达中国沿海地区时,比那些坚船利炮更具威力的是铺天盖地席卷而来的西方文明。随着帝国主义的入侵,外国传教士通过办医院、办学校、办报纸等形式,进行文化侵略。对中国自汉代以来形成的文化教育传统产生了前所未有的冲击。

在洋人办学招收国人子弟进行奴化教育的刺激下,在与帝国主义作战失利的反省中,面对来自西方资本主义世界的政治、经济、军事、文化的全面入侵,有识之士越来越感到旧教育不能适应中国社会发展的需要,以奕䜣、李鸿章、张之洞、曾国藩等为代表的洋务派,承继了林则徐、魏源"师夷长技以制夷"的主张,开展"中学为体,西学为用"的变革,学习西方的先进生产技术、自然科学知识和管理手段,实现军

---

① 俞启定、施克灿:《中国教育制度通史》(第1卷),山东教育出版社2000年版,总序第9页。

② 于述胜:《中国教育制度通史》(第7卷),山东教育出版社2000年版,导言第3页。

第八章 中国百年师范教育制度变迁的影响因素与总体特征

事上的"自强"和经济上的"求富",创办技术学校、军事学校、外语学校等新式学校,培育"经世致用"的专门人才。由此,中国教育近代化在这种民族危机日益加重、民族精神蓬勃高涨的强烈刺激下,加快了步伐,师范教育应运而生。

到了民国时期,师范教育制度又呈现出另一番气象,盖因此时的师范教育需符合资产阶级的利益需求,需培养共和国民和各类新式人才。值得一提的是,这一时期,以蔡元培、范源廉为代表的资产阶级先进知识分子,在吸收和借鉴西方先进的民主、科学思想及教育理论时,不忘结合中国优秀的教育传统,兼容并包,在师范教育领域进行了一系列有创造性的改革,推动了师范教育制度的更新和完善。

但是,资产阶级改革者过分看重制度层面的改革,把师范教育理解为制定并颁布师范教育的相关法令,在思想层面的更新表现不力,低估了封建教育观念对新制度实施的破坏力,致使师范教育制度在各种保守势力的颠覆活动中屡遭磨难。如袁世凯、张勋、段祺瑞的复古运动,每一次复古都导致了读经课程的死灰复燃,给师范教育的发展蒙上阴影。

随后,新文化运动和五四运动使新思想、新文化在中国广泛传播,促进了反封建思想的发展。"在这种背景下形成的新旧之争已不是明末清初的邪正之争,也不是甲午战争前的夷夏之辨,甚至也不完全是戊戌维新前后的中学与西学、维新与翼教、护圣之争,而是在更高层次上的新旧文化的冲突。"[①] 中国教育界的有识之士,特别是一些留学生,努力追赶世界教育的新浪潮,高扬科学与民主精神,为引进欧美教育思想、实施师范教育的改革提供了适宜的土壤。

20世纪20年代前后,美国实用主义教育思想登陆中国,美国师范教育理论和方法随之被引入中国,直接促使中国师范教育改革价值取向的转变,成为推动师范教育制度改革的重要思想文化原因。1922年"新学制"的颁布,就是当时进步教育家和教育部博弈的结果,既有新文化运动的影响,也有杜威实用主义教育思想的烙印,其后,这一学制

---

① 陈旭麓:《近代中国社会的新陈代谢》,生活·读书·新知三联书店2017年版,第357页。

虽然几经修改，但基本框架未变，一直沿用至 1951 年，影响较大。因此，就师范教育制度而言，这一学制取消了独立设置的师范教育体系，忽视师范教育特色，出现了"高师改大""师中合并"运动，它模糊了普通教育与师范教育的界限，"对于二三十年代中国师范教育的衰落，负有不可推卸的责任"[①]。

中华人民共和国成立初期，原有的师范教育制度无法满足社会主义建设的需要，师法苏联成功的师范教育办学经验，成为必然抉择。苏联在苏联共产党的领导下，在经济落后的社会中，完成了国家工业化和农业集体化，为中国提供了唯一成功的社会主义建设模式。正是在这种背景下，大批苏联教育专家来华担任教育顾问，中国的师范教育制度开始"以俄为师"，全面效仿苏联的师范教育制度及其实践。

20 世纪 60 年代，终身教育思潮席卷世界教育领域各个角落，并于 90 年代形成了一个完整的教育体系，师资培养也随之逐步走向终身教育发展。2001 年，国务院颁布《关于基础教育改革与发展的决定》，郑重提出"教师教育"概念，取代"师范教育"，标志着中国教师培养进入了一个新的历史阶段。在终身教育思想指导下，"教师教育"对教师专业发展进行整体规划，将教师职前培养、入职培训和在职研修一体化，承担教师教育的机构可以是师范院校，也可以是综合性大学或其他非师范类高校等，总之，教师教育是多层次、全方位立体式的终身教育体系。

二　内部因素的影响

"以教育制度自身的历史演化为主轴，在制度与思想、制度与实践的互动关系中把握特定教育制度的历史意义，不仅会使制度史的研究更加丰满，也有利于坚持教育制度史评价中的内在尺度。"[②] 而且，"教育制度具有内生性，产生于个人基于自身利益的理性计算，而不是取决于不以个人意志为转移的某种客观的'社会'力量，把教育制度'归结为'一种外在于个人教育行为的既定框架，是强制性教育制度（尤其

[①] 马啸风主编：《中国师范教育史 1897—2000》，首都师范大学出版社 2003 年版，第 23 页。
[②] 于述胜：《中国教育制度通史》（第 7 卷），山东教育出版社 2000 年版，导言第 2 页。

现代部分）意识形态的组成部分"[①]。从制度自身视角剖析影响其衍变的内部要素，有助于我们更周全地明晰中国百年师范教育制度的变迁轨迹。借助历史制度主义进行深入剖析，中国百年师范教育制度的演进和断裂交替进行，正好构成了自身发展的动力，从路径依赖的角度能很好地解释变迁中一些倒退和惰性。

（一）师范教育制度变迁的内驱力：制度断裂和制度渐进交替进行

"历史制度主义在处理制度的变迁时首先区别了两三种类型的制度变迁，即制度的功能变化、制度的演进和制度的断裂。"[②] 纵观中国百年师范教育制度变迁，"其演进的形态大体上呈现出渐进性积淀和革命性变革两种方式"[③]，即制度断裂和制度渐进的交替进行，制度本身能够按照自身发展规律做出调整和变革，成为师范教育制度变迁的内驱力，而以上三种变迁类型的内驱力各不相同。

1. 制度断裂

"历史制度主义者们都将形成之后的制度流变分成了制度存续的'正常时期'（Normal Periods）和制度断裂的'关键节点'（Critical Junctures）时期。"[④] "在制度的断裂时期中，将有可能发生较为重要的制度变迁。"[⑤] 适逢其会，在制度断裂时期，出现了"关键节点"，大概会产生重大的规制更迭。中国百年师范教育制度历经的几个"关键节点"，主要有鸦片战争、中华民国成立和中华人民共和国成立等。

在制度断裂的"关键节点"（Critical Junctures）上，新的制度就建基于各种政治力量的冲突结果，这种冲突结果的凝固，逐步构

[①] 康永久：《教育制度的生成与变革——新制度教育学论纲》，博士学位论文，华中师范大学，2001年，第13页。

[②] 何俊志：《结构、历史与行为 历史制度主义对政治科学的重构》，复旦大学出版社2004年版，第248页。

[③] 俞启定、施克灿：《中国教育制度通史》（第1卷），山东教育出版社2000年版，总序第16页。

[④] 何俊志：《结构、历史与行为 历史制度主义对政治科学的重构》，复旦大学出版社2004年版，第246—247页。

[⑤] 何俊志：《结构、历史与行为 历史制度主义对政治科学的重构》，复旦大学出版社2004年版，第247页。

成了新的制度。新制度的形成初期之所以被称为"关键节点"时期，一方面是因为此时新制度的形成往往有几种可能，取决于政治冲突各方的力量对比，并且在新制度的形成初期往往还会受到其他"干扰"因素的影响。①

中国师范教育制度就产生于这样的"关键节点"，从鸦片战争开始，中国从独立自主的封建社会渐渐沦为半殖民地半封建社会，为着改换积贫积弱的现状，当时的有识之士认识到只有"师夷长技以制夷"。因此，需要培养大量掌握先进文化知识和专业技术的人才，中国的师范教育制度应运而生。

1912年1月1日，中华民国宣告成立，孙中山就任临时大总统，发表就职演说，它的任务就是"尽扫专制之流毒，确定共和，以达革命之宗旨"②。制定新的教育宗旨（以"五育"代替清末的忠君、尊孔、尚公、尚武、尚实），制定新学制（壬子癸丑学制），颁布师范教育法令法规等，完成了师范教育社会属性的转型；中华人民共和国成立之初，改造旧的师范教育制度，以苏联的师范教育制度为蓝本，确立了以师范院校为主体、独立封闭型的社会主义师范教育制度。对中国百年师范教育制度变迁而言，这几个"关键节点"就是政治因素转化为内部因素驱动制度发展的典型，是典型的制度断裂。

有一点需要明确，即"制度变迁不仅仅是一个制度的问题，更是复杂的社会经济和政治等要素密切结合互动的问题"③。制度断裂的诱因不只是政治环境的变化，社会经济环境如果发生巨大变化，在路径依赖的电照风行之下，旧制度就会顿足不前，失去调适功能，无法再容纳新的矛盾，致使原有制度产生断裂。从历史制度主义角度来剖释，一般是重大战争、政权更迭或是严重的社会经济危机等状况，引发社会剧烈动荡，但同时这也

---

① 何俊志：《结构、历史与行为　历史制度主义对政治科学的重构》，复旦大学出版社2004年版，第247页。

② 钱曼倩、金林祥主编：《中国近代学制比较研究》，广东教育出版社1996年版，第128—129页。

③ 刘圣中：《历史制度主义——制度变迁的比较历史研究》，上海人民出版社2010年版，第133—134页。

第八章　中国百年师范教育制度变迁的影响因素与总体特征

为精英人士实施新计划、新理念、新制度带来机会，引发精英们就维护现有制度，以及解决现有制度存在的问题等展开博弈，进而产生新制度。"而且，由于任何现实世界中的新制度形成都是在旧有的制度框架内进行的，即使在进行新的制度设计之时引入了大量的新观念和新的制度成分，新铸就的制度之中无论如何也避免不了有旧制度的影子存在。"①

2. 制度渐进

"制度变迁中绝大部分是渐进的。"② "克拉斯纳认为制度以长期稳定为标志，其间导致相对突然的制度变迁的危机，将促使制度发生周期性的间断波动，之后制度又重新恢复稳定。"③ 也就是说，制度一旦被计划出来，就会进入司空见惯的路径依赖，制度内各要素之间都在现有制度中保持着某种平衡。比如，清末师范教育的萌芽，民国时期师范教育的曲折发展，中华人民共和国成立后师范教育的改革与探索等。从总体上看，中国百年师范教育制度是在制度断裂即几个"关键节点"上呈现出稳定的持续性特征，"制度变迁的过程呈现一种'断裂平衡'的状态"④，是在不平衡—平衡—不平衡中循环前进的。

（1）即便是鬼使神差的一项制度，设计者的认知局限也或有之。因此，任何一项制度的白璧微瑕都可能在制度运行中将自身导向不测之渊，可能会在制度运作时产生一些非预期性的结果，这些非预期性结果可能不会形成制度断裂，但是，却能够引起制度自身的一些小变化。"我们不能通过制度设计者们的思想来推导现存制度的状况，一旦制度产生出来之后，它就具有脱离设计者意旨而逐渐演化的极大可能。"⑤

中国的师范教育制度从建立以来，在设计上就具有"仪型他国"的特

---

① 何俊志：《结构、历史与行为 历史制度主义对政治科学的重构》，复旦大学出版社2004年版，第253页。
② ［美］道格拉斯·C.诺斯：《制度、制度变迁与经济绩效》，刘守英译，生活·读书·新知三联书店1994年版，第119页。
③ 刘圣中：《历史制度主义——制度变迁的比较历史研究》，上海人民出版社2010年版，第131页。
④ 刘圣中：《历史制度主义——制度变迁的比较历史研究》，上海人民出版社2010年版，第130页。
⑤ 何俊志：《结构、历史与行为 历史制度主义对政治科学的重构》，复旦大学出版社2004年版，第251页。

点。清末民初师范教育制度是仿照当时日本师范教育制度建立的,民国时期"壬戌学制"中的师范教育制度是照搬、移植美国。中华人民共和国成立初期的师范教育制度则全面"以俄为师"。具体而言,以清末师范教育制度为例,虽然仿日痕迹明显,但是,清政府贯彻的是"中学为体、西学为用"的教育宗旨,一方面要求"西学",另一方面强调"尊孔读经"。因此,师范教育课程内容庞杂、科目繁多,导致学生不堪重负。

虽然"仪型他国"的制度设计成本低、见效快,在短时期内对师范教育的发展起到了一定的积极作用,但是,忽略与中国实际情况的契合,完全照搬外国师范教育制度,导致中国师范教育的本土化探索举步维艰。这些他国先进的师范教育制度在中国都出现了水土不服,负功能开始显现,这种问题的出现就源于制度设计的缺陷。

(2)除了来自制度设计的缺陷外,制度演进的驱动力还有可能是一些新思想观念的输入。"文化的因子总会渗入制度的具体规定和内在精神,成为决定制度变迁走向的重要变量。"[①]

第一种情况是"观念一旦被某一制度结构之下的成员接受,就会在既定的制度结构下,产生出在原有的制度框架下不可能产生的某些新政策,而在这些新政策的凝固及其与旧制度的相互作用过程中,也有可能导致原有制度的某些改变"[②]。

清末民初的师范教育制度都是仿照日本,而且民国初年的师范教育制度就是在清末基础上建立的,但是,代表资产阶级利益的统治者突破传统封建教育的框架,批判忠君尊孔的封建教育,宣传和发展西方资产阶级的民主思想、科学理性和教育理论,颁布新教育宗旨,制定新学制,创造新方法,完善师范教育制度。因此,在民国成立后,师范教育的地位得到提高,女子师范教育得到发展,更注重教师专业特点,师范教育六个分区效果显著,课程设置充分体现了资产阶级的教育宗旨。就影响因素而言,清末到民初师范教育制度社会属性的变化主要是政权更迭引起的。民国初年对清末师范教育制度的成功改造主要是资产阶级新

[①] 刘圣中:《历史制度主义——制度变迁的比较历史研究》,上海人民出版社2010年版,第128页。

[②] 何俊志:《结构、历史与行为 历史制度主义对政治科学的重构》,复旦大学出版社2004年版,第251页。

第八章　中国百年师范教育制度变迁的影响因素与总体特征

思想观念的作用，进而推动着中国师范教育制度进入了一个平衡时期。

以上是新思想观念的输入成功改进师范教育制度的例子，历史的车轮继续向前行驶，辛亥革命后建立起来的师范教育体系正在不断完善之时，却因种种原因，大致在 1922—1927 年，出现了衰退。虽然这种衰退是由当时社会、政治、经济、文化、教育等因素共同作用的结果，但是，从制度演进角度来说，这是一个典型的因新思想观念的输入而导致师范教育制度倒退的例子。

从 1915 年开始，新文化运动成为思想解放潮流，1919 年，五四运动爆发，在一批留学生的宣传和推动下，美国实用主义教育理念、进步主义思想登陆中国，学习美国成为师范教育制度的新方向，民主、科学成为师范教育制度的价值取向，但是，"壬戌学制"中的师范教育制度脱离中国实际，运行情况与制定者的初衷相去甚远，改革收效甚微，师范教育发展出现倒退。因此，虽然这一时期，中国师范教育发展是为了顺应世界教育民主化、科学化的潮流，主动与世界师范教育发展接轨，但是，师范教育制度照搬美国，不适合中国国情，导致该制度灵活有余而强制性不足，"师中合并"（师范学院与高中合并）和"高师改大"（高等师范学校或改成师范大学，或变为综合性大学，或与普通大学合并），使民初设立的高师院校全部消亡，师范教育质量下滑，师范教育步入低谷。

还有一种情况就是当新制度出台后，如果制度策划者与制度的运转经过相脱离，那么，或许就会发生制度的执行者遵照自身会意运行制度，"如果原有制度不利于新来的行动者展开其行动，其矛盾又还没有发展到需要彻底改变制度之时，就很可能会出现制度的修补和叠加"[①]。尤其是当制度运行者对旧制度不满时，会试图改变原有制度。

以"新学制"颁布后的中等师范教育为例。总体来说，中等师范教育的发展，在"新学制"颁布后的一段时间里是衰落的，但是，也存在一个特例，就是乡村师范教育的发展。陶行知是杜威的学生，深受实用主义教育思想的影响，但他根据中国社会的实际情况，对杜威的教

---

① 何俊志：《结构、历史与行为　历史制度主义对政治科学的重构》，复旦大学出版社 2004 年版，第 252 页。

育思想进行了改造，形成生活教育理论体系。陶行知曾提到："自各国回来的留学生，都把他们在外国学来的教育制度拉到中国来，不问适合国情与否，只以为这是文明国里的时髦物品，都装在东洋车里拉过来……是万万做不得的。我们现在要在中国实际生活上面找问题，在此问题上，一面实行工作，一面极力谋改进和解决。"①

因此，陶行知推广乡村教育运动的目标是"培养一百万个乡村教师，使全国一百万村庄得到新生命，合起来造成中华民国的新生命"②。提出创办晓庄师范学校的目的，是要"养成有乡村领袖能力的教师，目的有三：（一）养成农人的身手；（二）养成科学的头脑；（三）养成改造社会的精神"③，推行"小先生制"，践行"艺友制"，晓庄师范学校无论是从教育目的、培养目标，还是教学内容、教学方法、办学方式等方面，都是独辟蹊径、独具特色的，对中国师范教育改革和乡村教育的发展起到了很好的推动作用。

道格拉斯·C.诺斯曾提道："竞争迫使组织持续不断地在发展技术和知识方面进行投资以求生存，这些技能、知识以及组织获取这些技能、知识的方法将渐进地改变我们的制度。"④ 由此可以看出，要改变旧制度，或许本身就需要一套复杂的制度。旧制度的改变会涉及众多制度相关者的利益，经历许多繁杂的程序。因此，是一件很有难度的事情。此时，制度行动者往往会独辟蹊径，在旧制度的基础上叠加新制度，来对旧制度进行局部的调整、修改，其结果就是原有的制度部分失灵，但是，仍有一部分在起作用，这也是新思想观念驱动制度演进的一种形式。

3. 制度的功能变化

根据历史制度主义的观点，在制度平衡期，即制度在子系统保持不变的状态下，制度的归因结果有三类存在形态。

"第一是在制度所置身于其中的社会经济环境或政治背景发生变化的情况下，可能会改变原有制度的排列情况，使得在原有制度框架中不

---

① 胡晓风等主编：《陶行知教育文集》，四川教育出版社2007年版，第183页。
② 胡晓风等主编：《陶行知教育文集》，四川教育出版社2007年版，第191页。
③ 胡晓风等主编：《陶行知教育文集》，四川教育出版社2007年版，第189页。
④ 道·诺斯：《制度变迁理论纲要》，《改革》1995年第3期。

那么显眼的制度逐渐变得重要起来,也有可能使原本比较重要的制度变得不那么重要,并产生出相应的政治后果。"① 以抗战胜利后国统区的师范教育为例。抗战胜利后,国民政府以教育复员为起点,对全国师范院校布局进行了调整和布局,根据时局调整了师范教育制度。其中,为了恢复和巩固一党专制,国民政府在国立师范学院增设管训部,中等师范学校厉行导师制,延续了国民政府一直强调的训教合一、人格感化,加强对师范院校师生的管理和控制。内战爆发后,国统区经济崩溃,物价飞涨,教育经费无法保证。

1947年,"反饥饿、反内战、反迫害"的学生运动进一步加重了国统区的教育危机。随着南京国民政府在战场上的节节溃败,加之学生运动逐渐成为"第二条战线",国民政府对师范院校师生的管理和控制越发严格,成为学校管理中的重中之重。此后,随着日益加剧的政治、经济危机,国统区的师范教育逐渐失去了生存和发展的基础,走向尽头。在这一制度变迁的进程中,制度自身并没有发生什么变化,但是,师范教育制度之间的关系及其所履行的功能已经完全不同了。

"第二是制度所置身于其中的社会经济环境或政治平衡发生一定的改变之后,尤其是社会经济的变化,使得在原有制度框架之下出现了一个新的政治行动者,这个新的政治行动者可能会利用现存的旧制度来服务于新的政治目标,使制度的功能发生扭曲。"② 如果为师范教育制度量体裁衣,可以把这里的"政治行动者"替换成"制度行动者"。

以清末师范教育为例。1897年,南洋公学成立,标志着中国师范教育的开始,但是,1905年,清政府才明令取消科举制,而且虽然科举制取消了,师范学堂却是官本位思想突出,学堂科举化,毕业奖励科举出身,教学内容、毕业考试模仿科举形式,封建色彩浓重。由于清政府急于求成,并不注意师范教育管理人才的培养,师范教育机构的管理人员大多由上级行政部门直接委派,或是学堂总办任用亲信,或是在教员中

---

① 何俊志:《结构、历史与行为 历史制度主义对政治科学的重构》,复旦大学出版社2004年版,第248页。
② 何俊志:《结构、历史与行为 历史制度主义对政治科学的重构》,复旦大学出版社2004年版,第249页。

随意指派，加之统治阶层的腐败，导致清末师范学堂管理混乱，问题重重。

"第三种情况是，在制度所置身的社会经济环境发生变化的情况下，旧制度框架内的某些行动者也有可能利用旧制度来追求新目标，从而导致原有的制度出现危机。"① 如改革开放前，中国教师职后培训机构主要是各级教育学院和教师进修学校，在教师普遍学历与教学能力低下的情况下，通过教育学院和教师进修学校来进行大规模培训，有其合理性和必要性。

但是，随着中国教师学历水平的提高，教师职后培训的需求质量随之提升，教育学院和教师进修学校无法满足教师职后培训的需求，1999年3月，教育部出台了《关于师范院校布局结构调整的几点意见》，要求"师范专科学校、教育学院和中等师范学校合并，建设一批师范学院或师范专科学校，承担中小学教师培养培训任务"②，将工作重心从学历补偿教育转向继续教育，并根据当地情况组建开放型的中小学教师继续教育网络。

（二）师范教育制度变迁的阻碍：路径依赖

"历史制度主义所强调的路径依赖，不仅仅是指日常存在的历史延续性，更指历史要素对制度变迁的重大的依赖作用。"③ 这些历史要素主要包含历史过程中的重大事件、某一项关键制度、社会力量、社会政治经济结构，以及其他对当前制度具有作用的关系。

1. 路径依赖

"路径依赖理论由 North 于 1990 年首次提出，指出制度一旦走上某一路径可能会产生依赖并自我强化，结果可能适应发展，也可能被锁定在无效率状态，除非依靠外部强大力量推动路径突破。"④ 在社会科学

---

① 何俊志：《结构、历史与行为 历史制度主义对政治科学的重构》，复旦大学出版社 2004 年版，第 249 页。

② 何东昌主编：《中华人民共和国重要教育文献 1998—2002》，海南出版社 2003 年版，第 241 页。

③ 刘圣中：《历史制度主义——制度变迁的比较历史研究》，上海人民出版社 2010 年版，第 127 页。

④ 屠帆、胡思闻、邹双玲：《从路径依赖到路径突破：中国工业用地政策演化的制度经济学分析》，《科技与经济》2019 年第 32 期。

第八章 中国百年师范教育制度变迁的影响因素与总体特征

领域,路径依赖有广义和狭义之分,广义上的路径依赖是指"某个发生在之前时间点(的事件)会影响之后某个时间点发生的一系列事件的可能后果"①。狭义上的路径依赖是指"一旦一个国家或地区沿着一条道路发展,那么扭转和退出的成本将非常昂贵。即使是在存在着另一种选择的情况下,特定的制度安排所筑起的壁垒也将阻碍着在初始选择时非常容易实现的转换。"②

广义的路径依赖包括制度的调整、提高、转换和增强,也包括止步不前,我们这里采用狭义的路径依赖概念,就是制度自身会形成某类自我捍卫和深化的体系,随着时间的推进,变换和脱离这种体系的代价越来越高,越来越困难。

> 莫霍尼将路径依赖过程中自我强化机制设计出一个模型,很清晰地分析了路径依赖过程的产生步骤。最初多个方案中不能预测和确定什么更好(time 1),但是一个偶然性原因在某个关键节点的时刻(time 2)可能促进了某个方案的确定(B),而这方案一旦被确定后,则形成了自我强化机制,会锁定自我优势效果,形成内部优势长期稳定再生产,这就是(time 3)阶段的发展。③

莫霍尼的观点表明任何一种制度在初始设计时,因具有比较优势而被选择。因此,该项制度存活的可能性非常大,也就是说,所有制度都可能存在路径依赖现象。

2. 师范教育制度变迁中的路径依赖

"把经济学中的增长回报机理用到政治制度分析中来也是适用的,政治制度也显示出在旧的制度、社会力量和关系要素的增长回报的倾向下不断

---

① William Sewell, "Three Temporalities: Toward an Eventful Sociology," in W. Sewel, ed., *Logics of History: Social Theory and Social Transformation*, Chicago and London: The University of Chicago Press, 205, pp. 81 – 123. 转引自钱力成《历史社会学中的路径依赖:两种视角的分析》,《广东社会科学》2019 年第 3 期。

② 何俊志:《结构、历史与行为 历史制度主义对政治科学的重构》,复旦大学出版社 2004 年版,第 236 页。

③ 刘圣中:《历史制度主义——制度变迁的比较历史研究》,上海人民出版社 2010 年版,第 127—128 页。

自我维持、强化，使得制度保持稳定和延续的特征。"① 同样，借鉴政治制度的路径依赖分析，可从以下四个方面阐述师范教育制度的路径依赖。

一是集体行动的核心地位。在师范教育活动中，任何一项制度设计及其后果的产生都高度依赖他人，任何一项制度的产生过程都是集体活动的结果，每一项教育活动都依赖于他人的合作，某项制度的效果也依赖于他人的反映。因此，在大多数师范教育制度的策划与施行中，皆存在顺应性期待，无论哪项制度被采用，都可能带来人们的适应性行为，一项师范教育制度被选择之后，不同的集体和组织对它的顺应和改动需要数量众多的人群配合协作，这就常常会因为集体行动的缘由，而使制度具备强烈的自我维护倾向。

以"新学制"颁布后的中等师范教育为例。在取消师范教育的独立设置后，师范学校成为高级中学的一个师范科。师范学校与高级中学归并的缘由之一，就是"教育界一般人士轻视师范教育，所以师范教育在中学里是不占主要地位的"②。中国清末民初的师范教育制度脱胎于日本，但是，民国初年发展良好，"学校数量扩充，学生质量提高"③。清末民初一直存在是否需要独立设置师范学校的争论，教育界的很多人士对师范教育的价值认识不足，对旧制师范教育不满，提出改革师范教育的口号，甚至主张废除师范学校，导致发展态势良好的师范教育制度受挫。

二是制度之间的彼此依存。由于师范教育制度是教育制度中的一部分，总是会受到更高体制改革的推动或限制，教师的活动又常常被直接或间接地纳入国家意志或教育权力中。因此，制度行动者的合作性努力也通常需要制度的约束。只要人们被置于一定的师范教育制度之内，其退出制度的机会并不多，个体的任何创新之举都会受到既存制度的限制。以抗日战争时期国统区的"师荒"为例。抗战期间，由于社会环境剧烈变化，师资缺乏现象严重，南京国民政府采取一系列措施推行师范教育，以适应战时的需要。而在抗战结束之际，却出现了失业现象，师范毕业生无法找到工作。一位师范学校毕业的学生曾表示："抗战结束时，其所

---

① 刘圣中：《历史制度主义——制度变迁的比较历史研究》，上海人民出版社2010年版，第127页。

② 刘问岫编：《中国师范教育简史》，人民教育出版社1984年版，第54页。

③ 刘问岫编：《中国师范教育简史》，人民教育出版社1984年版，第54页。

在学校有两个班的师范毕业生，共 19 人，而这 19 人却无法找到工作，'既无书可教，又无饭可食'。"①"师荒"和失业同时存在，说明当社会其他制度运行受阻时，师范教育制度无法独善其身，独自发展。

三是教育权力的非对称性。中国师范教育制度大多是由政府、行政部门主导，容易出现权力的不对称。权力的拥有者无疑会倾向于强化自己的地位，不但能够将自己的意志强加于人，还能通过权威的巩固，变成一种适应性行为，而且，拥有权力的一方还有可能通过意识形态的管理，来使师范教育制度中的博弈变得弱化和没有必要。这些权力的非对称性和潜伏性，使权力关系得以循迹潜形。而"这种不对称关系的掩蔽使得权力的拥有者们能够在不被觉察的情况下进一步巩固自己的权力，从而导致巩固既存制度的结果"②。

以抗日战争期间国统区的师范教育制度为例。这一时期，国统区的师范教育制度已颇完善。但是，具体实施状况却难如人意，有些地区根本没有执行，加之在推进师范教育制度的过程中，国民政府存在着严重的贪污腐败现象，甚至出现一些师范学校校长贪污学生膳费和救济费的现象。正是由于权力的非对称性导致出现完备的制度和简陋的结果这种搭配。

四是教育过程的复杂性和长期性。在教育活动中没有可调节的价格杠杆，师范教育制度的实施效果也需要一定的时间才能显现出来。而且教育活动的目标通常是多元的，行政部门、教育机构、教育者和受教育者往往怀着不同的目标。因此，当某种师范教育制度运转不灵时，人们很难在短期内发现，即使有所察觉，也由于设计和效果之间的链条太长，加之教育活动的复杂性，导致有时很难找出问题所在，因此，师范教育制度缺乏明显的纠错机制。

比如，抗战期间，南京国民政府为了解决"师荒"问题，增设了大量师范学校，同时，在各地举办简易师范科、短期师资培训班等，短期内缓解了师资匮乏的问题，但从长远来看，这种速成师范的培养质量不

---

① 曾煜编著：《中国教师教育史》，商务印书馆 2016 年版，第 235 页。
② 何俊志：《结构、历史与行为 历史制度主义对政治科学的重构》，复旦大学出版社 2004 年版，第 240 页。

高、发展过快、规模过大，在一定程度上影响了师范教育制度的长远发展。

第二节　百年师范教育制度变迁的总体特征

一　动力机制：外部因素和内在逻辑的共同作用

前文对影响中国师范教育制度的要素进行了独立解析，不难察觉，中国师范教育制度有着深刻的时代烙印，政治、经济、文化等环境的变化，是其变迁的外部动力，而制度自身的演进、断裂是其变迁的内部动力。在外部因素和内在逻辑的共同作用下，师范教育制度内部均衡被打破，出现制度创新与更替。对制度变迁有两种研究方法：一是主因素决定论方法；二是多因素互动论方法，在社会系统中，制度子系统与其他子系统之间存在反馈关联的互动关系，制度子系统内部也存在复杂的反馈互动关系，制度演化往往是多种因素共同作用的结果。本书力图采用多因素互动论的方法，来挖掘中国百年师范教育制度嬗变的特性。我们发现，如果影响师范教育制度的因素或变量发生变化时，就会引起新一轮的师范教育制度变迁，以寻求新的制度均衡状态，如此反复，形成了师范教育制度变迁的动态演化机制。

师范教育是培养师资的专业教育，因此，无论在什么社会背景之下，师范教育的根本任务都是培养师资，即使外部因素的变化对师范教育提出新的任务要求，师范教育的这一宗旨也不会发生变化。比如在1840年至1949年间，中国社会的演变和发展是一个统一的过程，是中国社会近代化的历史过程。而中国师范教育制度从产生到1949年的发展，是中国社会近代化的发展，是在文化教育领域中的重要体现之一。

中国师范教育的开端就属于一种应急性选择。南洋公学师范院的建立，在于"臣惟师道立则善人多，故西国学堂，必探原于师范"[①]。清末师范教育是由内外因共同作用应运而生的。虽然辛亥革命推翻了清政府的统治，建立了资产阶级性质的民主共和国，但是，中华民国的建

---

① 盛宣怀：《奏陈开办南洋公学情形疏》，载陈学恂主编《中国近代教育史教学参考资料》（上），人民教育出版社1986年版，第309页。

立,却并未赢得中华民族的独立。辛亥革命的果实很快被篡夺,宣告了资产阶级共和方案在中国的失败。

五四运动以后,中国共产党成立,并担负起了领导中国人民实现民族独立的历史重任,中国革命的性质也从旧民主主义革命转变为新民主主义革命。但是,需要指出的是,五四运动以后,虽然中国革命的领导阶级发生了变化,但是,中国社会的主要矛盾并没有发生变化,而且随着日本帝国主义的侵略,中国社会的形势进一步恶化。因此,虽然当时中国社会的总体趋势是从传统向近代转型,而且中国社会的政治主题始终没有改变。其中,争取民族独立这一任务最为迫切,重于推翻封建专制、发展民主和工业化等。因此,从1840年至1949年这段时期里,无论是清末、民初、北洋政府统治还是国民政府统治,抑或是在革命根据地,虽然师范教育制度各不相同,甚至存在质的区别,但是,从根本上讲,这一时期,中国社会主要矛盾没变,反对外来侵略、挽救民族危机一直是师范教育发展的根本任务。师范教育制度将这些外部因素内化为自身的目标,即通过培养大量合格师资发展近代政治、经济和文化。

综观中国师范教育百年发展史,师范教育制度变迁经历了曲折过程,以中华人民共和国成立为界,此前,中国社会始终处在动荡中。因此,中国的教育一直也没有得到过真正充分的发展,中国的师范教育始终处在一个比较艰难的环境中。虽然在不同历史阶段,政府会根据当时的教育状况发布一系列的师范教育法律、法规,有些在制度上已属完备,但是,在实施过程中,终因社会动荡、教育发展薄弱、人们对师范教育认识的分歧、外国思潮对中国教育的影响有利有弊等原因,使得这些制度无法落地见效。而中华人民共和国成立后,尽管师范教育的发展也经历了曲折前行,甚至出现过违背教育规律的现象,一度陷入停顿状态,但与中华人民共和国成立之前的情形不可混为一谈。

由此可见,从外部因素来看,当外界力量逼迫师范教育制度做出调整时,表现出类似生物进化的"优胜劣汰";从内部因素来看,师范教育制度的演化取决于参与主体在各自利益最大化过程中的博弈,博弈到达的均衡状态,就是师范教育制度的现实存在形态。可以说,师范教育制度是"由内部逻辑和外部压力的对抗谱写的"①。

二 变迁路径：从移植模仿到本土化探索

纵观中国百年师范教育制度变迁，可以说，在横向上受同时代先进国家的影响，仿日、仿美、仿苏，在纵向上受中国传统和社会形势变化的影响，不断调适改良，在移植模仿和本土化探索中艰难发展。

中国的现代化从一开始便充满了"仪型他国"的意蕴，从清末新政开始，现代师范教育制度由日本输入中国。1895年，甲午战争失败后，清政府向日本派遣了大批留学生和考察团，延聘日本教习来华任教，翻译、宣传日本教育法规，由此，对日本教育的宣传逐渐加强。1902年《钦定学堂章程》的颁布，标志着中国师范教育制度的初步确立，伴随着"仿日"的开端，"这集中体现在学校教育制度上：初等以上学校取多轨制，普通教育、师范教育和职业教育三系并立，自成系统；中等教育年限太短，上不足以为高等教育提供合格的生源，下不足以为学生就业提供必要的准备"②。1922年，"壬戌学制"颁布，独立封闭型师范教育体制被取消，伴随着"仿美"的开始，虽然"新学制"中的师范教育制度，具有一定的前瞻性和进步性，是顺应教育科学化和民主化潮流的，但却因机械搬用他国模式，脱离中国国情，而经不起实践的检验。

1949年，中华人民共和国成立后，全面学习苏联，恢复了独立封闭型的师范教育制度。由此可见，中国师范教育制度变迁的演变路径是典型的移植模仿。1976年后，这种依附性特征才彻底改变，经过对苏联师范教育的模仿和本土化探索，1978年，教育部印发了《关于加强和发展师范教育的意见》，1980年，第四次全国教育工作会议召开，恢复了中国三级师范教育体系，重建了独立封闭的师范教育制度。在原有师范教育制度基础上，承嬗离合，进行探索性的师范教育改革，制度设计中师范教育的"中国特色"逐步显现。

---

① [美]克拉克·克尔：《高等教育不能回避历史——21世纪的问题》，王承绪译，浙江教育出版社2001年版，序第5页。

② 于述胜：《中国教育制度通史》（第7卷），山东教育出版社2000年版，导言第3页。

制度的移植模仿对中国师范教育的发展曾具有一定的借鉴意义，但是，"在环境变迁的情况下，同一套制度很可能发挥出与先前相反的功能"①。借鉴是向外找寻发展路径，容易对他人的文化趋同，忽视自身实际发展状况。因此，在借鉴、模仿的同时，结合自身现实，寻找自我发展道路，才是中国师范教育制度发展的正确路径。

三 价值取向：工具本位向教师本位过渡

纵观中国百年师范教育变迁的历程，它均以社会政治经济发展为背景，每一次制度变革都反映了社会发展对教育的要求，或是教育发展对师范教育的需求，其价值取向经历了从工具本位向教师本位的过渡。清末师范教育就诞生于中国高等教育和新式学堂之后，因新式学堂对大量师资的需求而产生，最初的萌芽就是零星的师范学堂。

甲午战争后，中国面对着空前未有的民族危机，资产阶级的维新教育携着"开民智"的目标而来，中国教育从重点设学为洋务运动培养专门人才，转向了普遍设学以启蒙大众的普通教育，以实现救亡图存的目标设立师范教育这一时代需要随之而来。"故欲革旧习，兴智学，必以立师范学堂为第一义"②"就其创办动机而言，亦缺乏对师范教育特质的深入认识，而主要缘于现代教育的推行、急需相应的师资"③。

中华人民共和国成立后，"改造国民党遗留下来的旧师范教育，培养大批适应建设需要的人民教师成为当务之急"④。直到改革开放，中国师范教育制度开始进入恢复重建、改革探索时期。2001年，官方文件郑重提出以"教师教育"概念取代"师范教育"，注重教师专业发展，从师范教育向教师教育的转变，充分体现了中国师范教育制度中教师本位的价值取向。

中国师范教育制度在创立之初政治色彩较浓厚，师范教育承载着教育救国和振兴民族的社会期待，其弊端就是教育容易被权力左右，缺少

---

① 何俊志：《结构、历史与行为 历史制度主义对政治科学的重构》，复旦大学出版社2004年版，第248页。
② 陈学恂主编：《中国近代教育文选》，人民教育出版社1983年版，第144页。
③ 马啸风主编：《中国师范教育史 1897—2000》，首都师范大学出版社2003年版，第8页。
④ 马啸风主编：《中国师范教育史 1897—2000》，首都师范大学出版社2003年版，第39页。

人文主义关怀。然而，工具本位和教师本位只是相对而言的两种价值取向，并无好坏之分，也并非独立关系。在不同的社会发展背景下，在师范教育制度变迁过程中，它们会适时发挥作用，以工具本位为价值取向的师范教育制度，更容易在社会政治经济需求和师范教育自身发展中凸显价值，以教师本位为价值取向的师范教育制度，其主要价值表现在促进教师专业发展、提高教师专业化水平上，促进了师范教育制度的良性成长。

四 外在表现：师范教育课程体系的衍变轨迹

师范教育课程体系是师范教育制度变迁的最直接表现形式，中国师范教育课程体系嬗变完全与师范教育制度变迁步调一致，并且呈现出继承性发展。1903年，清政府颁布的《奏定初级师范学堂章程》对初级师范学堂课程要旨做出规定："教授学科，当体认各学科教育之用意所在，且着眼今日国势民风，讲求实益。"[①] 这充分体现了"中学为体，西学为用"的办学宗旨。而且通过对清末课程的整理，显而易见，这一时期的师范教育课程增加了西艺、西政内容，其中，心理学、教育学等教育类的课程在整个课程体系中有着举足轻重的地位。在课程内容方面，则死守"尊孔读经"，在课程安排中包括伦理道德、读经讲经。由此可见，虽然西艺、西政被引入其中，但是这一时期的师范教育课程仍被封建旧教育桎梏着。

民国时期的师范教育课程则是资产阶级民主性质的，1912年，中华民国教育部颁布《师范学校规程》，宣布取消"读经"一科，在一些科目的具体标准和内容上也进行了改进，师范学校增设了心理学纲要、普通心理学等课程，对家事课程则在分类上做了一些调整。由于这一时期的课程变更具有积极意义，因此，此期的师范教育仍得到稳定发展。1913年，民国政府公布的《师范学校课程标准》，以及随后颁布的一系列法规、政策，时时在强调民国时期师范教育课程的资产阶级民主性质。虽然这一时期的教师专业性有所凸显，但是，课程设置以清末师范课程为基础，仍然以模仿日本为主，只博不精，课程缺乏深度，学生课

[①] 舒新城编：《中国近代教育史资料》（中），人民教育出版社1961年版，第668页。

第八章 中国百年师范教育制度变迁的影响因素与总体特征

业负担过重,而且教育实习统一安排在学业最后一年,导致理论与实践相脱节。1915年,袁世凯颁布《大总统特定教育纲要》,规定中小学加设"读经"科,1916年,公布《修正师范学校规程》,男女师范学校课程均加设"读经"科,这是典型的政治因素对师范教育制度的影响,通过师范教育课程投射出来。

1922年,"新学制"颁布,取消了独立的师范教育体系,而且,新学制对师范教育的淡化从课程调整上可见一斑。概括而言,就是新学制在师范教育课程设置上,强调增加课程弹性,注重课时量,结果导致忽视了课程深度,偏移了师范教育的核心,即师范生的品德修养和师范生专业训练。当然,从提升师范教育质量的角度来讲,新学制有比较大的助推力,尤其是新学制规定"师范学校得单设后二年或后三年""师范学校后三年,酌行分组选修制"[1]。并将课程分为三类:公共必修课、专业必修课和分组必修课,这种课程设置能够开阔学生视野,引导学生根据自身情况发展个性,本应有助于师范教育质量的提高,但是,受当时中国办学条件所限,很难实施。

中华人民共和国成立之初,师范教育的宗旨也与"新民主主义的,即民族的、科学的、大众的文化教育"性质相一致,师范教育的任务也与"提高人民文化水平、培育国家建设人才""发展为人民服务的思想"[2]的文化教育工作的使命一致。在这一宗旨的指导下,师范教育的课程安排紧紧围绕中小学校的教学计划,即中小学校设立哪些课程,师范院校就设置相对应的科系。

20世纪80年代以来,无论是师范教育体系的恢复,还是师范教育结构的升级调整,随着师范教育改革的深化,师范教育课程体系直面改革,打破自身局限,以课改为契机,突出实践性和有效性,锁定了教师专业化的发展方向,不断寻求着新突破、新发展。

---

[1] 教育部中国教育年鉴编审委员会编:《第一次中国教育年鉴》,开明书店1934年版,第25页。

[2] 中共中央文献研究室中央档案馆编:《建党以来重要文献选编(一九二一—一九四九)》(第26册),中央文献出版社2011年版,第766页。

第九章　中国百年师范教育制度变迁的历史经验与当代启示

中国的师范教育制度历经百余年，从无到有，由弱至强，从小规模到拥有规范体系，积累了许多宝贵的经验和教训。总结中国百年师范教育制度发展历程的历史经验，深层理解在师范教育制度的连续性中所蕴含的规律，发掘其在不同历史条件下的演进逻辑，在制度设计上处理好继承和创新的关系，在制度革新时处理好独立和开放等的关系，为当下的教师教育发展提供科学、客观的启示。

第一节　中国百年师范教育制度的历史经验

> 我们的社会演化到今天，我们的文化传统，我们的信仰体系，这一切都是根本性的制约因素，我们必须考虑这些制约因素。这也就是说我们必须非常敏感地注意到这样一点：你过去是怎么走过来的，你的过渡是怎么样的。我们必须非常了解这一切。这样，才能很清楚未来面对的制约因素，选择我们有哪些机会。[①]

中国师范教育制度在百年变迁过程中积累了丰富的经验，也留下了失败的教训，而且，此时中国教师教育制度改革正如火如荼地进行着，经验和教训都在不断更新。因此，描述中国百年师范教育制度变迁历程"是什么"，讲明中国师范教育制度"为什么"以及"怎么样"，对贯穿其变迁中的基本问题进行分析，展示出中国师范教育制度的发展线索、

---

① 道·诺斯：《制度变迁理论纲要》，《改革》1995年第3期。

概貌以及发展规律，进而把握中国师范教育制度的本质，就不仅具有历史价值，而且有极大的现实意义。

一 移植与本土：师范教育制度的本土化探索

"教育改革不能脱离现实的生产力，个人行为、国家行政都受到时空因素的制约，故不能提出超越时代的要求。"[①] 虽然师范教育制度的发展有其自身特点，有规律可循，但是，由于各国的历史文化传统不尽相同，因此，在实施师范教育制度时应因地制宜、因时制宜、因人制宜，不能过分要求整齐划一，更不可采取拿来主义，生搬硬套。前文简单提到，中国师范教育制度是从无到有、从弱变强的，变迁的路径是从移植模仿到本土化探索。这里需要强调的是，从1897年到1977年前，中国师范教育制度几经变革，又几番沉浮，其间并非全部移植模仿，"那种'痛快地'认为中国教育学科是'先抄日本'、'继袭美国'、'再搬苏联'的说法是一种比较简单化了的认识的声音"[②]。本土化探索其实贯穿着中国师范教育制度的变迁历程，只是在1977年前，移植模仿是在学制这一层面进行的，接下来本章从本土化探索这一角度梳理中国百年师范教育制度的变迁。

（一）师范教育模式的中国化探索

制度的起源对制度变迁是非常重要的，一般人们如果选择了某种制度，那么，这种制度就会形成一种自我强化的机制，中国师范教育制度在起源时表现出来的本土化困境，其实一直困扰着自身，从仿日、仿美再到仿苏，一直处于移植模仿的阴影之中，但是，"吾国教育制度，表现吾国特性者也。而吾国特性，即亦造成吾国教育制度者也。互相为因，互相为果"[③]。"与文化变迁中的学习机制相似，新制度主义学者在研究制度时，也发现了制度学习机制的重要作用。实际上文化学习的方式也是制度学习的基础，正是通过这种激励、观察、模仿和目标仿效导

[①] 张礼永：《新中国70年教育的十大经验》，《河北师范大学学报》（教育科学版）2019年第6期。
[②] 瞿葆奎、郑金洲、程亮：《中国教育学科的百年求索》，《教育学报》2006年第3期。
[③] 郭秉文：《中国教育制度沿革史》，福建教育出版社2007年版，第8页。

致更多制度之间的互相延续和依赖。"①

以清末民初师范教育为例。在近代中国半殖民地半封建社会这样一个特殊历史背景下，它在办学目标、管理办法、课程设置以及教学内容等方面，虽然带有封建色彩，存在诸多弊端，但是，它是在各种因素的综合作用下产生的。因此，清末民初时期的师范教育制度既有历史局限性，又具备历史必然性和合理性。"癸卯学制"的颁布，标志着中国师范教育制度的正式确立。虽然"癸卯学制"的仿日痕迹很重，但是，"为中国今日计，不独当师其改定之法，亦当深知其初定之意。知其初定之意，而后我无操切率易之心；师其改定之法，而后我无苟简纷歧之弊"②。

从当时中国的实际情况和现实需求来讲，新式学堂初创，各学未齐，急需大量师资，对此，"癸卯学制"也有所应对，它"注重从传统教育产品中择优选录师范生，以应急需"③；把师范教育划分为"初级""优级"，又另立"实业教员讲习所"，做到纵有阶段，次第井然。可以说，这一体系是在吸收了外国师范教育经验，立足中国教育对师资需求的基础上构建的。此外，女子师范学堂和实业教员讲习所的设立，也是印证。"癸卯学制"从师范教育的目标、年限、入学条件以及课程等方面均安排齐备，它的基本价值取向是正确的。因此，从1903年至1911年，中国的师范教育呈现出健康发展的态势，其间对不适宜的制度做过几项增改，大体未变。

1922年，"新学制"颁布，与中小学实行六三三制相对应，师范教育的格局也相应做了调整，虽然新学制提高了师范教育的办学规格，却取消了独立的师范教育体系，师范教育在整个教育中的地位逐渐降低。而且，新学制对师范教育的淡化从课程调整上可见一斑，概括而言，就是新学制在师范教育课程设置上，强调增加课程弹性，注重课时量，结果导致忽视了课程深度，偏移了师范教育的重心，即忽视了师范生的品德修养和师范生专业训练。在当时中国的社会背景下，相对独立的师范教育制度能够为师范教育的发展提供基本的保证，而新学制的开放性格

---

① 刘圣中：《历史制度主义——制度变迁的比较历史研究》，上海人民出版社2010年版，第128—129页。
② 陈学恂主编：《中国近代教育文选》，人民教育出版社1983年版，第301—302页。
③ 马啸风主编：《中国师范教育史1897—2000》，首都师范大学出版社2003年版，第13页。

局，不适合当时中国的国情，后来的实践证明，归并在大学和中学里的师范教育并没有获得预期的发展，而且出现了衰退。

直至1932年，南京国民政府教育部公布《师范学校法》，在法制上确立了师范学校的独立，随后公布《师范学校规程》（1933）、《师范学校课程标准》（1934）和《师范学院规程》（1942），并制定了检定规程、审查条例、服务细则、进修及学术研究暂行办法、奖励规则等一系列师范教育规章制度，独立的师范教育制度才逐渐恢复。

然而，这次恢复不是简单的重建，而是本土化探索的又一次显现，这次重建不仅吸收了民国初年两个学制的优点，如独立中师教育制度、师范区制、师范生待遇及服务制，而且结合当时的社会实际，对中师和高师进行了一些调整。对中师的调整包括取消招收小学毕业生的单级师范，建立三年制师范学校和简易师范学校，三年制师范学校招收初中毕业生，培养幼稚园、小学、初级职业中学教师和农村小学教师，简易师范学校主要培养义务教育师资。对高师的调整包括除了培养中等师资外，还承担着培养职业中学，培训在职中、小学教师进修提高的任务。由此可以看出，这是一套从幼师到高师比较完备的师范教育体系。

中华人民共和国成立之初，教育领域面临着师资短缺的困境，移植苏联的师范教育模式，在短期内有效地缓解了这一问题。但是，在移植过程中照搬现象比较严重，大批师范院校是按单科性、职业学校的标准建立的，存在经费不足、师资严重短缺、教学内容陈旧、教学方法重灌输、培养渠道狭窄等问题，改革势在必行。随着在党的八大会议上"第二个五年计划"的提出，师范教育界也试图借此机会突破移植苏联师范教育的局限，但是，随之而来的政治运动打乱了改革的进程。直到1978年，根据《关于加强和发展师范教育的意见》的要求，各级师范学校在"调整、改革、整顿、提高"方针的指引下，逐步恢复和发展起来。

1980年6月，第四次全国师范教育工作会议在北京召开，此次会议"（一）总结30年来师范教育的经验，进一步明确师范教育在整个教育事业中的任务；（二）根据师范教育面临的形势确定今后的任务；（三）从我国师范教育的实际出发，讨论办好师范教育和改进培训在职教师工作的有关问题"[①]。1986年,《中华人民共和国义务教育法(草案)》提出,实施义务教育的关键是"建立一支数量足够、质量合格、结构合理并相对稳定的教师队伍"。由此,师范教育改革开始了全方位的探索。全国中小学师资会议指出:"当前师范教育本身有两个值得注意的倾向,一是各级师范院校盲目升格;一是高等师范院校不适当地向综合大学看齐。中国的国情决定不可能所有的初中教师都由大学培养。各级师范院校应该采取有力措施,沿着为基础教育服务的方向健康地发展。"[②] 1993年,《中国教育改革和发展纲要》发布,标志着教育改革又一次新的浪潮的到来,经过调整和改革,中国初步形成了独立、定向的"三级两类"师范教育体系。

(二) 革命根据地师范教育的探索

20世纪三四十年代,中国工农大众教育得到发展,与此相应,在中国教育史上出现了全新面貌的师范教育。1927年以后的中国教育制度,"是沿着两条不同的道路开始教育的中国化探索的,即国民党政府领导下的三民主义教育制度和中国共产党领导下的革命根据地的新民主主义教育制度"[③]。其中,"革命根据地教育制度的中国化探索主要体现在两个方面:首先,是使教育紧密地配合根据地军事斗争以及经济、政治和文化建设,从而确定了教育为革命战争服务的方针,重视干部教育和群众教育"[④]。"其次,是使教育制度与中国农村的实际相结合"[⑤]。革命根据地的师范教育也同样符合这两个特征。

1. 苏区的师范教育

苏区的师范教育是在土地革命和武装斗争的环境中产生和发展起来

[①] 何东昌主编:《中华人民共和国重要教育文献 1976—1990》,海南出版社1998年版,第1851页。

[②] 宋嗣廉、韩力学主编:《中国师范教育通览》(中册),东北师范大学出版社1998年版,第451页。

[③] 于述胜:《中国教育制度通史(民国时期 公元1912至1949年)》(第7卷),山东教育出版社2000年版,导言第4页。

[④] 于述胜:《中国教育制度通史(民国时期 公元1912至1949年)》(第7卷),山东教育出版社2000年版,导言第5页。

[⑤] 于述胜:《中国教育制度通史(民国时期 公元1912至1949年)》(第7卷),山东教育出版社2000年版,导言第5页。

的。为了施行革命时期的文化教育建设,尤其是推行革命教育,提高红军和苏区广大群众的素质,苏维埃政府大力发展社会教育和普及教育,其中,义务教育、干部教育、师资扫盲和社会教育均得到了快速的发展。各类教育事业的蓬勃发展,使得教师数量紧缺成为一个极为突出的问题。因此,必须造就一大批合格的新型教师,创办符合苏区实际需要的人民的师范教育,已成当务之急,也成为苏区教育的首要任务。

在此期间,中国共产党领导的苏区和边区建立了新型的师范教育。苏区政府主要是用以下两种方式来发展师范教育的:一是建立师范学校;二是举办教员培训班。苏区原有的教育基础几乎为零,为了培养新型、合格教师,先后创办了闽西师范学校(1930)、闽北列宁师范学校(1933)等一批师范学校。当时苏区原有各级各类学校中的在职教师,大多没有接受过师范教育和师范专业培训,针对这一状况,苏维埃政府在各苏区开设各种形式的在职教师培训班,以"对口管用"为原则,培训内容大多是帮助教师们提升政治觉悟、学习教育思想和教学方法以及提高组织管理能力等,培训时间也是从教师实际出发,灵活安排,短期速成,对提升在职教师素质,保证苏区教育质量起到了一定的作用。

值得一提的是,对革命根据地的师范教育建设,无产阶级教育家徐特立功不可没,他曾长期从事教育工作,尤其是师范教育方面的工作。因此,徐特立有着极为丰富的办学和管理经验。虽然当时的革命根据地战事频繁、条件艰苦,他仍筹建了闽瑞师范学校,又主持创办了列宁师范学校,在一些师资培养机构主讲师范教育主干课程,为苏区的普及教育和扫盲工作培养了大量人才。

师范学校和各种教员训练班的大量开设,缓解了苏区教师紧缺的压力。在此基础上,苏维埃政府积累了师范教育的创办和管理经验,创立了一种新型的、不同以往的师范教育制度,苏区的师范教育体系拥有高级师范学校、初级师范学校、短期师范学校和小学教员训练班四级,并对各级各类师范教育的办学目标、课程设置、修业年限和招生对象等都做出了具体规定。

苏区各级各类的师范教育都有较完整的规定,但是,由于处于战争环境中,章程未能很好地贯彻落实,并没有完全发挥出它的效能。不过,各师范学校都采取了较为灵活、弹性的学制,一般学习期限都在一年之内，或是利用寒暑假进行培训，并以速成的方式为根据地输送急需的师资。此后，随着第五次反"围剿"的失利，红军不得不退出中央苏区等革命根据地，被迫开始进行二万五千里长征，各地师范学校也相继停办，不过，苏区发展师范教育，创办各级师范学校，建立各种师资培养机构，制定各级各类师范教育的规章制度，为随后抗日民主根据地的师范教育积累了可贵的经验。

2. 抗日民主根据地的师范教育

"七七事变"后，抗日战争全面爆发，中国的社会矛盾从以阶级矛盾为主转变为以民族矛盾为主，中国共产党号召全国人民"团结抗日"，抗日民族统一战线形成。中国共产党提出了教育为战争服务的主张，这为抗战教育指出了明确的方向，从这一原则出发，党中央制定的教育政策包括改订学制、改变管理制度、创设扩大干部学校、发展民众教育、办理义务的小学教育等。在这一抗日战争的教育方针和政策指导下，结合苏区师范教育的经验，各抗日根据地对师范教育的重要性均有确切的认识和了解，并根据自身实际情况，制定了发展师范教育的具体政策和规定，在此情况下，师范教育取得较大发展。

陕甘宁边区是党中央所在地，并且处在抗日的大后方。因此，与其他抗日民主根据地相比，环境和平，办学条件较好，而且比较注重民主建设、经济建设。因而，陕甘宁边区的师范教育在制度建设、课程设置等方面都形成了自己的特点。在抗日战争期间，陕甘宁边区的师范教育基本上是从无到有，从中等师范教育到高等师范教育发展迅速，层次较全面，在师范教育体制的建设上也是从基本发展到逐步完善的。而且，根据陕甘宁边区位于抗日的大后方这一特点，师范教育在坚持为抗战服务这一原则的同时，通过制度建设、课程设置等"为边区的政权建设、民主政治建设和经济建设服务，并十分注意师范教育体制自身的建设"[1]，并制定出了适合陕甘宁边区特点的师范教育制度，贯彻落实得也较好。如1944年三年制师范学校的课程只有边区建设、政治常识、国文、数学、史地、自然、生产知识、医药知识八门[2]，上课时数少，

---

[1] 崔运武：《中国师范教育史》，山西教育出版社2006年版，第195页。
[2] 刘问岫编：《中国师范教育简史》，人民教育出版社1984年版，第156—157页。

才能保证学生有更多的时间参加生产劳动和课外活动，这也是为了适应边区的需要而制定的集中、精简、连贯的课程。在所有抗日民主根据地的师范教育制度中，陕甘宁边区的规范化程度是最高的。

其他抗日民主根据地的师范教育，在各根据地共产党和政府的高度重视下，根据各根据地的实际情况，制定出正确的师范教育方针和政策，也与其他教育一样有所发展，为抗战和根据地各项建设提供了文化教育的基础保障。"其他根据地之间办学形式和规模存在较大差异，而以各种灵活方式开办小学教师训练班、短期师资培训班，以弥补各类教师的师资短缺，是其共同的特征。"①

3. 解放区的师范教育

1945年8月，经过八年浴血奋战，中国人民终于赢得了抗日战争的胜利。直到1949年10月中华人民共和国成立，共产党领导下的抗日民主根据地发展成解放区。与苏区和抗日民主根据地时期相比，解放区的时间是最短的，但是，随着解放战争的捷报频传和解放区的不断扩大，解放区的变化是最快的。总的来说，解放区的教育是以为解放战争和土地改革服务为宗旨，并根据中国革命发展的需要和形势的变化，制定相应的教育方针和政策，主要是坚持教育为解放战争服务，强调与生产劳动相结合，理论与实际相结合，接管和改造南京国民政府的旧教育，引导旧教育向新民主主义教育方向前进，并且对知识分子采取积极争取、团结和教育政策。

解放区的师范教育则"兼有为干部教育和普通教育培养师资的任务"②。各解放区除贯彻执行有关教育方针政策外，还根据师范教育自身的发展需求，把师范教育的发展都放到了特别重要的位置上，对师范教育的整体发展作出了规划。尤其是在发展师范教育规模的同时，注重提高教师队伍的素质，并且完成了革命根据地的师范教育，从农村转向城市、从非正规化走向新型正规化，形成了革命的新民主主义师范教育。

总而言之，革命根据地师范教育制度的性质，与根据地其他教育制度的性质一样，从本质上讲，是民族的、大众的、科学的新民主主义教

---

① 马啸风主编：《中国师范教育史1897—2000》，首都师范大学出版社2003年版，第34页。
② 崔运武：《中国师范教育史》，山西教育出版社2006年版，第204页。

育，这是自中国近代师范教育制度发轫以来，从未出现过的一种师范教育，也是中国师范教育制度变迁过程中一个重要的组成部分。虽然无论从制度的完整性、规范性还是规模上讲，革命根据地的师范教育制度都比不过国统区的师范教育。而且，革命根据地的师范教育是在战争中产生并发展起来的，通常环境较为恶劣，办学条件十分艰苦。但是，革命根据地的师范教育代表着先进的生产力，具有蓬勃的生机和活力，成为历史选择的必然。革命根据地的师范教育顺应革命战争的需要，根据当时当地的实际情况，设置办学机构、制定学制，培养了大量的教员和革命干部，为各时期根据地教育的发展提供了基本保障，为普及教育和社会教育的展开作出了极大的贡献。

而且，随着解放战争的节节胜利，革命根据地的师范教育不断地正规化，逐步接收了国民党南京政府师范院校的机构和设备，并且吸纳了南京政府师范教育制度里符合师范教育规律的部分，形成了新民主主义师范教育制度的主要内容，为中华人民共和国的师范教育制度奠定了坚实的基础。

（三）乡村师范教育的求索

中国的师范教育从一开始就是建立在对国外师范教育制度及理念借鉴的基础上，制度变迁过程充分体现了"仪型他国"的特点，但是，"任何从外部植入的新的教育成果，如果不能落实到现实社会的教育制度安排之中，同千千万万人民大众的现实生活发生紧密的联系，它就不可能找到现实的社会生长点，而只能成为少数人拥有的时髦物品"[1]。

中国是一个农业大国，以农立国，农村是社会的基础。因此，教育（尤其是基础教育）的中心应在乡村，培养乡村教师也应是师范教育的一个重心。然而，"近代意义的乡村教育——非指传统的乡间私塾和学馆，直到20世纪之初的教育改革和进步中，才能寻找到零星材料"[2]。因此，自20世纪20年代开始，中国就已有大批知识分子将目光投向乡村社会，并且深入农村，开展教育实验，掀起乡村教育运动。

---

[1] 田正平、李江源：《教育制度变迁与中国教育现代化进程》，《华东师范大学学报》（教育科学版）2002年第1期。

[2] 余子侠：《综析余家菊在中国近代教育史上的贡献》，《华中师范大学学报》（人文社会科学版）2007年第5期。

第九章 中国百年师范教育制度变迁的历史经验与当代启示

同时，随着普及教育的任务被政府提上日程，人们越发认识到，普及教育区域不仅限于城市，而更多的是面向乡村。因此，随着乡村教育运动和普及教育运动的开展，人们意识到乡村教师的培养是振兴乡村教育的关键一环，虽然在培养乡村师资的途径上，教育者们存在分歧，但师范教育下乡村教育却被多次提及并付诸实践。

20世纪20年代中期以后，中国兴起了乡村教育运动，代表人物主要有晏阳初、黄炎培、陶行知、梁漱溟、雷沛鸿等。陶行知曾提出，"要乡村学校做改造乡村生活的中心，乡村教师做改造乡村生活的灵魂"[1]，主张"由乡村实际生活产生乡村中心学校，由乡村中心学校产生乡村师范。乡村师范之主旨在造就农夫身手、科学头脑、改造社会精神的教师"[2]。为此，他们放弃都市繁华而安逸的生活，深入乡村，与民众打成一片，积极宣传并培养乡村教师，与农民的愚、穷、弱、私做斗争。在他们的倡导和社会的支持下，乡村师范教育取得了较大发展，这种着重乡村师范教育的宗旨和深入乡村办乡村师范的求实精神，是激励中国当前农村教育发展的宝贵财富。

1928年至1949年，乡村师范教育开始崛起。其中，余家菊把师范教育看作乡村教育振兴的突破口，并提出了一些乡村师范教育的具体实施方法。他认为，如果师范学校设立在城市，那么，师范生就容易习惯城市的繁华，从而产生和乡村的疏离感，这样的师范生毕业后，不愿回乡村服务。而且，当时师范教育的价值、师范学校的课程设置等，都与乡村格格不入。所以，就算师范生毕业后愿意去农村任教服务，也会产生难于应付乡村社会的问题。

但是，由于师范教育是教育根基，师范学校是教育本原，是乡村教育振兴的关键环节。因此，"师范教育不改进，乡村教育将无法改进。"[3] 在此基础上，余家菊"从乡村师范教育特点、乡村师范学校设

---

[1] 陶行知：《中华教育改进社改造全国乡村教育宣言书》，载《陶行知全集》（第5卷），四川教育出版社2005年版，第83页。
[2] 陶行知：《中华教育改进社改造全国乡村教育宣言书》，载《陶行知全集》（第5卷），四川教育出版社2005年版，第83页。
[3] 余家菊：《余家菊（景陶）先生教育论文集》（下），财团法人台北市慧炬出版社1997年版，第418页。

置、乡村师范教育旨趣和乡村师范课程等方面，详细讨论了乡村师范教育的主要内容"，在此基础上，他还"构建由乡村初等教育、乡村高级教育、乡村师范教育等于一体的乡村教育实施体系"①，对当时乡村师范教育的发展具有导向性和总结性的作用，在他的影响下，还有一些教育人士也开始呼吁"师范教育下乡"。

而真正把乡村师范教育理论付诸实践的是陶行知，陶行知的乡村师范教育思想和实践的贡献在中国近代教育史上是独一无二的。陶行知对当时师范教育制度存在的弊端和乡村教育有着深刻的理解和认知，并形成了独特且具有深远影响的乡村师范教育思想。最难能可贵的是，他将这些思想付诸实践之中，对构建最初的乡村师范教育制度起到了举足轻重的作用。

首先，陶行知认为，他国的教育制度不适合中国国情，完全照搬和模仿是不对的。其次，对师范教育，陶行知认为，师范学校绝大多数都在城镇，导致师范生接受到的教育并不能很好地适应乡村的实际，而且，由于受到了城市生活的浸染，师范生容易对城市产生向往，而不会主动选择到农村服务乡村教育，从而导致乡村教师的匮乏。虽然师范传习所是一种补救措施，却不能赖此培养乡村师资。由此，陶行知认为，师范教育的新趋势，应该是使乡村儿童获得和城市儿童同等的知识、同等的待遇。

至陶行知于1927年到南京创办晓庄师范学校，乡村师范教育进入了一个新的阶段。1927年，陶行知在南京北郊的晓庄创办晓庄试验乡村师范学校，即晓庄师范学校，"这所学校在办学宗旨、课程设置等方面，完全摆脱了旧式师范学校的藩篱，充满着为适应、改造乡村生活所做的考虑"②，可以说，陶行知真正实现了师范教育使命的转向。晓庄师范学校虽然存在时间短暂，但却为众多传统师范教育者拨云见日，指明了一条崭新的道路。他真正实现了师范教育转向的使命，以短短的三年生命唤醒了一般传统的师范教育者的迷梦，而在中国师范教育的迷雾

---

① 曲铁华：《余家菊的乡村教育思想探析》，《东北师大学报》（哲学社会科学版）2013年第6期。
② 曲铁华、苏刚：《民国时期乡村师范教育制度变迁的内在逻辑与当代启示》，《教育科学》2015年第6期。

中指出了一条新途。他们的工作确似他们的校名,在 20 世纪 20 年代中国师范教育的发展过程中,伟大的人民教育家陶行知作出了不可磨灭的贡献。

陶行知在中国师范教育建设、管理上的一系列思想和主张,在中国教育史上和师范教育发展过程中的实践意义都是举足轻重的。陶行知在《中国师范教育建设论》中指出:"中国今日教育最急切的问题是旧师范教育之如何改造,新师范教育之如何建设。"[1] 他认为,师范学校当以中心学校作为中心,"有哪一种的中心学校就有哪一种的师范学校:有幼稚园为中心学校,就可以办幼稚师范;有小学为中心学校,就可以办初级师范"[2]。并说:"教育界所需要的人才可分四种:一是教育行政人员,二是各种指导员,三是各种学校校长和职员,四是各种教员。"[3]"吾国自办师范教育以来,无论高等师范、初等师范,只顾到第四项,只是以造就教员为目的;对于教育行政人员、指导员、校长和职员的训练都没有相当的注意"[4],以致"大家都以为这种种职务不学而能,人人会干,无须特别的训练,更无须科学的研究"[5]"中国学务不发达的原因固多,但是教育行政办学指导人员之不得相当培养也是个很重要的原因"[6]。

陶行知立志培养百万教师、办百万所乡村学校,改造百万个乡村,以改变整个中国农村的贫困落后面貌。他深刻地揭露了旧师范教育脱离实际死读书本的弊端,要求晓庄师范学校培养的乡村教师,要有农夫的身手、科学的头脑和改造社会的精神。他认为,中国的师范教育有自身

---

[1] 陶行知:《中国师范教育建设论》,载《陶行知全集》(第 1 卷),四川教育出版社 1991 年版,第 96 页。
[2] 陶行知:《中国师范教育建设论》,载《陶行知全集》(第 1 卷),四川教育出版社 1991 年版,第 95 页。
[3] 陶行知:《新学制与师范教育》,载《陶行知全集》(第 1 卷),四川教育出版社 1991 年版,第 448 页。
[4] 陶行知:《新学制与师范教育》,载《陶行知全集》(第 1 卷),四川教育出版社 1991 年版,第 448 页。
[5] 陶行知:《新学制与师范教育》,载《陶行知全集》(第 1 卷),四川教育出版社 1991 年版,第 448 页。
[6] 陶行知:《新学制与师范教育》,载《陶行知全集》(第 1 卷),四川教育出版社 1991 年版,第 448 页。

的特点和规律，必须从中国的实际出发探索师范教育的成功之路，而不能一味照搬国外的东西。陶行知创办的晓庄师范学校和他丰富的师范教育思想，对中国师范教育的建设与发展产生了极其重要的影响，促进了中国师范教育的进步。

1932年的《师范学校法》和1933年的《师范学校规程》强调应多设立乡村师范学校，以培养乡村小学教师。为满足各地义务教育对师资的急需，需设立简易师范学校或于师范学校及公立初级中学内附设简易师范科，简易师范学校由县、市立为原则，简易乡村师范学校以设在乡村地方为原则。1941年6月，国民政府教育部公布了《边远区域师范学校暂行办法》，这是官方重视边城师范教育的重要表现。

但是，从总体来看，乡村师范教育同整个乡村的教育状况一致，盖因借鉴美国学制，乡村教育也照搬美国乡村教育模式，加之这些乡村师范教育大多是由教育家、社会团体以及学校自发组织进行的，并没有法定地位，也没有相应的制度规定。因此，真正中国化的乡村师范教育制度还远远没有建立起来。不过，除了陶行知创办的晓庄师范学校，还有一些地区也直接或间接地进行了乡村师资培养的试验，创办相似的乡村师范教育机构，这些合宜尝试为将来乡村教育的发展提供了宝贵经验。而就师范教育制度本身而言，乡村师范教育试验无论是从广度还是深度上，不仅扩大了师范教育制度的规模和渠道，而且从处理师范教育和社会的关系这个角度看，它代表着师范教育开始关注中国乡村，开始朝着为切实解决中国社会问题的方向而努力。

二 独立与开放：师范教育办学体制从独立到开放

（一）师范教育的独立与开放

在所有的教育改革中，教育体制的改革是关键。因此，在师范教育制度的变迁中，影响最大的是体制改革，其中最重要的则是办学体制的改革。因为这是一个涉及师范教育制度变迁的根本问题，也是自中国近代师范教育诞生以来学界始终争论不休的一个问题。师范院校是否独立设置就是指与普通教育并存还是独立设置。而师范性与学术性之争，简单而言，师范性认为教育专业课比较重要，学术性则认为学科专业课比较重要，这两种态度决定了师范教育的独特性，尤其是

第九章　中国百年师范教育制度变迁的历史经验与当代启示

在资源有限的情况之下，则决定了师范院校的办学方向（注重师范性还是注重学术性）。

在师范教育制度变迁过程中，关于师范院校的单独设置自成体系，以及与之相关的"学术性"和"师范性"之争，从师范教育萌芽时期就已潜伏其中，似乎从未止息。尤其是20世纪80年代，这一争论再度成为师范教育关注的重大理论和实践问题之一，"'师范性'和'学术性'的长期冲突，导致教师培养出现'半专业化'"[1]，人们的观点似乎终于能够较为接近，表现为对教师专业化的某种认同。

师范教育办学体制变迁的焦点之一，就在于是与普通教育并存还是独立设置。南洋公学师范院与其他上、中、下三院是并存一体的，通州师范学校是近代以来首所独立设置的师范学校。这两所师范学校可以说开启了中国师范学校设置的两大形式。在1903年的《奏定学堂章程》中，师范教育是独立设置，"癸卯学制"把师范教育从普通教育中分离出来，各级师范学堂和各级普通学堂分开设置，从制度角度来看，确立了师范教育的独立设置地位，为以后师范教育的独立设置奠定了基础。从课程角度来看，无论是初级师范学堂、优级师范学堂还是实习教员讲习所，都开设了一定学时的教育类课程，教育专业课程和学科专业课程获得了同样的重视。直到1922年，中国的师范教育一直是一个独立的系统。

1922年颁布的"新学制"，动摇了师范教育的独立地位，主要表现在将学制系统划分为初等、中等、高等三段，基本取消了师范教育的独立设置。实际上，从中国近代师范教育创立以来，关于师范教育价值的讨论始终存在。在"新学制"颁布前，已有人提出是否需独立设置师范教育问题，甚至出现个别学校更改师范教育独立设置的尝试。当时，"顾树森、郭秉文、许崇清、常乃德等人以经费短缺、设备不足、程度低下、与中学大学课程重复设置等理由，反对师范学校独立设置"[2]。常乃德曾将反对师范教育可以独立存在的理由归纳为八条，并一一做了批驳。因此，"新学制"改变了师范教育的独立设置地位，调整师范教

---

[1] 顾明远、檀传宝主编：《中国教育发展报告2004 变革中的教师与教师教育》，北京师范大学出版社2002年版，第9页。
[2] 谢长法、颜蒙莎：《余家菊的师范教育思想》，《河北师范大学学报》（教育科学版）2007年第5期。

育课程，把师范教育的办学权力交予普通教育机构。总体来说，就是注重传授知识的数量，忽忽挖掘知识的深度，无视师范生的技能培训和人格培养，彻底淡化了师范教育的特质。

不过，十年左右的教育实践证实，取消师范教育独立设置这种做法并不符合中国国情。当时，恢复师范院校独立设置的运动，在1927年前后的一些教育刊物上已有所反映，1928年南北统一后，国民政府的教育宗旨从"党化教育"向"三民主义教育"转变，国民党开始重新审视国民教育制度。及至1928年5月召开的第一次全国教育会议，重提师范教育的独立设置问题。

在第一次全国教育会议上则发生了一场激烈的论战，在此次会议上提出恢复师范教育独立设置的提案，不仅要求师范学校单独设置，而且对师范教育的一些具体措施都有较详细的建议。这些提案不仅仅是教育家、学者的理论探讨或一家之言，其中，许多省的教育部门也参与了这些提案的制定，比如，最早设置师范院校的江苏、广东等地。最终，要求师范院校恢复独立设置的意见占了上风。同时，在高等师范教育领域，这种争论也十分激烈。乡村师范教育在这一时期的发展说明，在中国当时的经济条件和教育水平下，独立设置的师范教育十分必要。由此可见，在教育界，师范教育独立设置的呼声逐渐高涨。

1929年4月，南京国民政府颁布《中华民国教育宗旨及其实施方针》，提出"于可能范围内，使其独立设置"[1]，据此，中国各省开始重建师范学校，独立的师范教育办学体制逐渐恢复。

直至1932年，"国民党政府教育部公布了《师范教育法》17条，从法制上确定了师范学校的独立地位"[2]。在此基础上，还制定了一系列规章制度，如关于检定规程、审查条例、奖励规定、服务细则以及进修和学术研究暂行办法等，从此以后，独立的师范教育逐渐恢复，并重新步入正轨。而且逐渐形成了一套从幼师到高师的更趋完备的师范教育政策体系，如《师范学校规程》（1933年）、《师范学校课程标准》（1934年）、《师范学院规程》（1942年）等。1932年12月，国民党第

---

[1] 《中华民国教育宗旨及其实施方针》，《广东教育行政周刊》1929年第10期。
[2] 马啸风主编：《中国师范教育史1897—2000》，首都师范大学出版社2003年版，第25页。

第九章 中国百年师范教育制度变迁的历史经验与当代启示

四届第三次全体会议通过了《确定教育目标与改革教育制度案》，明确规定师范学校和师范大学应该脱离中学和大学而单独设立，至此，师范教育彻底恢复独立设置，这种做法一直保留至今。

在当时中国的历史条件下，确实需要一个相对独立的师范教育体系来为教育的发展保驾护航。"在经济、教育不发达的中国，独立的师范教育制度能更快捷地培养适合国家需要的合格师资。一般来讲，独立的师范教育制度稳固之际，为师范教育稳步发展的时期；反之，则为师范教育的萧条期。师范教育是否要独立开放，须视国情而定。"[1] 后来的实践也证明，归并于大学和中学之中的师范教育难以施展，以致当时的教育界和知识界出现了贬损师范教育的舆论。因而，在新学制下，师范教育体系的独立性被忽略，就直接影响了整个师范教育的发展，使师范教育的发展出现短暂的收旗卷伞。

值得一提的是，这次师范教育独立设置，并不是简单的重建，而是吸收了民国初年两个学制的优点，比如，1912年中师的独立设置、师范区制、师范生的待遇和服务等。并且结合社会的需求，中师取消了单级师范，不再招收小学毕业生，建立三年制师范学校和简易师范，开始招收初中毕业生，培养幼稚园、小学、初级职业中学、农村小学教师和义务教育师资等。高师在原培养中等师资的基础上，还承担了培养职业中学教师，培训中、小学在职教师进修的任务。由此可知，一套从幼师到高师的较为完备的师范教育体系已经建立起来了。

1937年，抗日战争全面爆发，各级各类教育开始转入为战争服务，师范教育也在其中。抗日战争全面爆发之前，全国范围内只有一所独立设置的高等师范学校，其他培养师资的教育机构，则是设置在大学内的教育学院或是师范学校，以及一些独立设置的教育学院和师范专修科。但是，这些远不能满足师资培养的需求，因此，师范学院制度应运而生。

1938年7月，教育部授权颁布《师范学院规程》，在国统区设立师范学院，培养中等学校师资，此后又分别在1942年和1946年对该规程进行了修订，明确了高师院校独立设置的建制。当时的师范教育的办学体制属于半独立、半开放体制，既有独立设置的师范学校，也有附设在

---

[1] 马啸风主编：《中国师范教育史1897—2000》，首都师范大学出版社2003年版，第29页。

中学的师范部。师范学院可以单独设置，也可在大学中设置，并分为男女部，还筹设了女子师范学院。而独立设置或是大学设置的师范学院，需由教育部根据各地情形进行分区设立。同时，师范学院需承担教师培训任务，并附设高级中学、初级中学以及小学教员进修班，对具有教学经验的以上三类教员分别进行为期一年的培训。

中华人民共和国成立以来的师范教育办学体制，以独立体制为主，直到90年代中后期都是如此，其间虽有波折，但改动不大。尤其是20世纪50年代初，高等师范院校和中等师范院校独立设置占了主导，师范院校专业设置都是以中小学校的教学计划为原则，即中小学开设什么课程，师范院校即开设相应专业，这样的做法能够迅速培养出毕业即上岗的中小学各科教员。

虽然也有一些综合大学和其他院校的毕业生补充了普通中小学和职业学校的教职，但是，在当时中国计划经济，特别是基础教育、职业院校师资严重不足的大背景之下，在师范院校师资和生源不够理想的情况下，师范院校的独立设置，为穷国办教育提供了源源不断的师资，贡献甚伟。其不良影响则是导致师范院校设置的学科和专业单一，而且师范生的培养目标和培养模式过分整齐划一，影响师范生的培养质量和导致师范生发展后劲不足，也阻碍着师范院校其他功能的开发。改革开放以后，师范教育的独立设置与中国师资需求之间既相互适应同时矛盾又逐渐凸显。无论中央还是地方教育部门都从全局考虑，屡次强调加强师范教育的独立设置。

到了20世纪90年代中后期，师范教育独立封闭办学体制的弊端逐渐暴露出来，主要在于中国基础教育发展对教师需求的转变，从数量转变到质量，对教师学历的要求也从合格到更高的学历，师范院校自身的发展要求师范教育的办学体制从独立封闭走向开放。

师范教育如何从独立到开放，如何协调师范性和学术性之争，教师专业化就是这两组问题的最终答案。"教师专业化作为职业专业化的一种类型，简单地说，就是教师职业不断提升社会地位，争取成为专业的过程"[①]。如果师范教育作为高等教育的一部分被纳入高等教育体系，

---

① 曲铁华、冯茁：《专业化：教师教育的理念与策略》，《教师教育研究》2005年第1期。

那么，教师教育的渠道就得到了大大的拓宽。

除了专门的师范院校可以培养教师外，其他综合大学也可以通过成立教育学院参与教师教育。

>也就是说，一个学生要想成为教师，必须在学习完一门学科或在学习一门学科的同时，接受教师专业的教育。教师专业教育绝不只是传统的三门课程，而是新的三个课程系列：教师专业知识课程系列、教师专业技能课程系列和教师专业实践能力系列。专业知识课程主要强调的是教师专业的理论知识，比如教育哲学、心理学、教育史、课程理论、教学理论等等；专业技能课程系列强调的是教育教学的技能训练、网络技术、多媒体技术、教育与心理咨询与辅导等等；实践能力课程系列主要是备课、上课、辅导、课堂管理、语言与交流技巧等等。教师教育正是实施这些专业教育的活动。①

师范教育的开放性还表现在"师范教育"到"教师教育"这一说法的转变上，"教师教育"更有利于中国的师范教育与国际接轨，与其他国家的对话和交流等。"教师专业化自20世纪80年代以来，已经成为世界各发达国家提高教师水平的主导运动，以教师专业化为核心进行教师教育改革，业已成为世界教师教育发展的趋势与时代潮流。"② 教师专业化要求教师在掌握教育专业知识和技能的同时，也需要掌握所教学科的知识，这意味着教师教育和学科教育要齐头并进。

综上所述，师范教育的独立与开放并存，师范性与学术性并重，通过教师专业化找到了一个平衡点，教师专业化能够使"独立"和"开放"不再是对立的两个极端，而是可以和平共存、互相促进的共同体，"师范性"和"学术性"也不再是师范教育的钟摆，而是可以融合为一体、指向同一方向。这里就要说明师范教育的另一个特质，"它既不限于知识的传授，也不只是一个教学能力的培养问题，还具有'唤醒教

---

① 马晓燕：《教师教育论》，济南出版社2005年版，第4—5页。
② 曲铁华：《专业化语境下我国教师教育的困境与破解路径》，《湖南师范大学教育科学学报》2012年第4期。

育价值'的特殊使命,是孕育整个教育与社会的'母怀'"①。

诚然,社会的变迁和教育的发展都会推进师范教育制度的推陈出新。因此,师范教育的办学体制也需从独立走向开放,但是,师范教育的特质应慎终如始。师范教育的独立设置,其注解不只是政府对师范教育的重视,还代表着师范教育能够根据自身培养人才的特殊性来开展工作,昭彰师范教育的特质。因此,"并非所有坚守的师范院校,都失去了自己的目标和生长点。脱离或坚守是一种态度、一种选择,比不更名、不脱帽更重要的是追求教师教育内髓的态度,形成办好师范的专业自信是办学者内在信念的外在体现"②。

(二) 师范区制的独辟蹊径

民国初年,在范源廉任教育总长时,在师范教育的改革中有一个创举,就是师范区制的创设。在1912年的"中央临时教育会议"上,首次提出实行师范区制的设想,根据中国幅员辽阔、各地方经济文化发展不平衡的情况,把全国划分为六个高等师范区,每区设高等师范学校一所,以各学区的师范学校为该学区小学教育的中心。"按照计划,1912—1918年间,分别在北京、沈阳、武昌、成都、广州、南京设立六所高等师范学校,北京另设女子高师一所。而各地区原有的优级师范或是并入新设立的高等师范院校,或是降格成普通师范学院。各师范校长对该区教育责任綦重,宜令于整顿校务以外,随时视察各该地区教育状况,以为改良计划之实施。"③

1913年,袁世凯的《大总统特定教育纲要》仍将全国划分为六个师范区。1915年,汤化龙任教育总长,仍沿袭范源廉师范区制的做法。对于高等师范教育区的构想,充分考虑了师范教育发展的平衡性。遗憾的是,这项制度并未被严格执行。1922年新学制颁布后,师范区制被架空,伴随着"高师改大",各地的高等师范学校纷纷并入大学,原有的六所高师院校,只有北京的改为国立北京师范大学,其余尽皆并入普

---

① 马啸风主编:《中国师范教育史1897—2000》,首都师范大学出版社2003年版,第29页。
② 张云晶、刘毅玮、赵夫辰:《师范院校更名与正名博弈论》,《河北师范大学学报》(教育科学版)2018年第3期。
③ 宋嗣廉、韩力学主编:《中国师范教育通览》(上册),东北师范大学出版社1998年版,第38—39页。

通大学，全国仅有北京师范大学和北京女子师范大学两所独立的高等师范学校，这样的设置导致合格中学师资数量减少。

师范区制的影响力很深远，1935年，颁布《修正师范学院规程》，其中，要求师范学院应与所划区内的教育机关保持密切合作，研究并辅导该区的中等教育，根据该区中等教育的师资需求，有计划地招生培养。1940年，教育部《师范学院辅导中等教育办法》规定，重申师范教育分区，重新赋予高等师范具有帮助中初等教育的职责，但这并不是师范区制的恢复。

1948年，修正《师范学院规程》再次重申了1935年的规定，要求师范学院在其学区内切实辅导中等教育。在中华人民共和国成立后，师范学校设置地区分布不均成为师范教育的当务之急。因此，在全国初等教育和师范教育会议调整师范学校的布局时，要求"每一大行政区至少建立健全师范学院一所"[①]，主要任务是培养高级中学学校师资。师范区制一直延续下来，在改革开放后，虽然一些师范学校改称综合性大学，但是总体来说，基本维持着六大分区的格局。

师范区制的创立虽然影响了地方高师的发展，但是，从当时情况来看，有利于改变中国师范教育发展的地区不平衡现状，为谋求中小学师资的均衡发展做出了贡献，尤其是促进了西南等内地不发达地区的教育发展。实行师范区制使高等师范学校和中等师范学校的骨干作用在其学区内得以充分发挥，使师范教育的实施落到实处。"由于教育制度一方面是一定的教育思想和观念的具体化和操作化，另一方面又是教育实践的抽象规定""以教育实践作为教育制度评价的内在尺度，其真实意义在于揭示特定教育制度在培养人的数量和质量方面的实际功效"[②]。

(三) 公费师范教育的不定与一定

"要说明具体制度的演化，既要从个体的具体行为动机或具体目标函数出发，又要从个体所置身于其中的特定制度条件出发，从不同个体之间的特定的相互关系出发，采用方法论个人主义和制度主义或集体主

---

① 何东昌主编：《中华人民共和国重要教育文献 1949—1975》，海南出版社1998年版，第128页。

② 于述胜：《中国教育制度通史》（第7卷），山东教育出版社2000年版，导言第2页。

义相结合的分析方法。"① 要做到制度主义和个人主义相结合，就要厘清个体与整体、个人与社会的关系。"不能采用极端的方法论制度主义，丝毫不考虑个体的行为动机。"②

在中国师范教育制度发展的历史中，公费师范教育早已有之，关于师范学校的公立，师范生享受的公费待遇，以及对师范生的任教年限，在清朝末年制定的规章制度中有着详细规定。如1904年颁行的《奏定初级师范学堂章程》规定初级师范学堂的经费由各地方筹款备用，师范生无须缴纳任何费用，而且初级师范学堂可以招收自费生。其中"省城初级师范学堂毕业生，应有从事本省各州县小学堂教员之义务，州县初级师范学堂毕业生应有从事本州县各小学堂教员之义务"③。本科生服务年限为六年，简易科学生服务年限为三年，如果公费师范生毕业后没有尽到教育服务的义务，追缴其在学期间的学费。

《奏定优级师范学堂章程》规定的公费主要有以下两种情况：公共科和分类科的师范生在学期间，官费支给；加习科师范生由分类科毕业生选取，官费支给。优级师范学堂中分类科的毕业生，需在本省或其他各省任教，服务年限为六年，其中，"初级师范学堂毕业生，在义务年限内，由本省督抚派往外省，或派往本省他州县，均仍以克尽教职之义务论"。"毕业后如有不肯尽教职之义务，或因事撤销教员凭照者，当勒缴在学时所给学费。"④

1907年，晚清政府在财政非常紧张时，将大量的经费用于师范教育，其目的就在于使师范生专心学业，保证师范教育的质量。1907年颁布的《学部奏定女子师范学堂章程折》也有类似的规定。随后，政府公布了《师范毕业奖励义务章程》，对师范毕业生的义务做了更详细的规定。民国初年的师范生公费政策与清末相近，并且成为唯一享有公费待遇的教育，师范生除了不缴纳学费以外，还可以享受学校提供的膳宿。

1922年"新学制"的颁布，导致中国渐入佳境的师范教育制度遭

---

① 张旭昆：《制度演化分析导论》，浙江大学出版社2007年版，第33页。
② 张旭昆：《制度演化分析导论》，浙江大学出版社2007年版，第34页。
③ 舒新城编：《中国近代教育史资料》（中册），人民教育出版社1981年版，第680页。
④ 舒新城编：《中国近代教育史资料》（中册），人民教育出版社1981年版，第680页。

遇滑铁卢,"高师改大""师中合并""壬戌学制"没有关于师范教育的规章制度,师范教育收费很快就导致出现报考人数减少、生源质量下降等问题。直到1932年,国民党三中全会通过《关于教育之决议案》,对师范教育的独立设置和公费师范生均有重要决定。该决议案规定,师范院校一概不收取学费,师范院校的膳宿制服应由政府供给,师范生毕业后应该由教育部、省教育厅或市教育局指派服务地点,服务期满应发给证书,而后可以自主应聘或是继续求学,如果有拒绝服务或是服务不合格的师范生,取消其资格,追缴其学费。

随后的《师范学院规程》(1938年)、《教育部设置师范学院初级部办法》(1941年)、《全国师范学校学生公费待遇实施办法》(1944年)、修正的《师范学校规程》(1947年)等,都是按照战时具体情况,对公费师范生政策的具体执行,进行了调整,总之,即使是在战时,公费师范生政策也没有中断。

中华人民共和国成立后,师范教育的学费则主要经历了公费、自费与公费双轨、收费和公费等几种变化。从1949年至1985年高等教育收费实行双轨制,无论其他类型教育的学费如何改革,师范生始终享受公费教育。1986年后,师范生的助学金改为奖学金和贷款制,奖学金发放有固定标准和比例,且不足以支撑师范生在校期间的费用,即师范生自己需承担一定比例的教育费用。值得一提的是,1997年之前,高师师范生的学费一直是公费,此后,高校扩招,大多数师范院校开始收取部分学费,1998年,第三次全国教育会议公布综合性大学可参与教师培训工作,师范专业与非师范专业面临收费的同等待遇。随后,地方师范院校学费逐渐升高,高师开始全面收费。

直到2007年5月,国务院办公厅转发教育部等部门印发的《关于教育部直属师范大学师范生免费教育实施办法(试行)》,规定六所部属师范大学师范生免费,在校期间免学费、住宿费,补助生活费。同时要求公费师范生需回生源地的中小学任教10年以上,如违约,要退还在校期间的教育费用并缴纳违约金。随后,一些地方师范院校也开始招收免费师范生。

2018年7月,国务院办公厅转发教育部等部门印发的《教育部直属师范大学师范生公费教育实施办法》,从2007年的"免费生"到

2018年的"公费生",虽然一字之差,"却意味着'公共性'的提升,试图揭掉'免费—贫困'的标签,更加突出国家需要和公共责任,更加强调教师职业的公共属性,体现了国家从经济援助向精神尊重的价值转变,进一步向全社会展现教师职业的光辉形象。"[①]

纵观中国师范教育制度百年变迁,我们不难得出结论,只要是条件允许,各时期的办学者都是尽量做到师范教育公费。"师范教育实行公立,有利于提高师范教育的地位,保证师范教育的质量,也使师范教育的发展有充足的经费来源。"[②] 师范教育公费不仅可以吸引优秀生源,而且可以使学生在校期间有较稳定的生活保障,促使其安心学习。而毕业生任教年限的规定,可使教师队伍相对稳定,有利于教育事业的发展。

三 守本与开新:师范教育课程须突出师范特质

(一) 品德修养是核心

师范教育肩负着培养未来教师的使命,在师范生的培养方面,既要注重学科专业理论和专业技能的教育,又要重视师范生的师德养成,因为师范生的品德修养,直接关系到未来教师队伍的素质和受教育者的道德品质,乃至对整个社会道德水准的提高,都有着十分重要的意义。师范教育从开办之日起便十分重视师范生的品德修养。如1903年《奏定初级师范学堂章程》颁行,对学生入校条件的规定之一,就是需"品行端谨"[③],课程也注重修身和读经讲经,"所讲修身之要义,一在坚其墩尚伦常之心,一在鼓其奋发有为之气,尤当示以一身与家族朋类国家世界之关系(以上与中学堂同)。教为师范者,须并讲教修身之次序法则,尤须勉以实践躬行,使养成为师范之品望"[④]。可见,修身和读经讲经课不仅是公共必修科目,而且比重最高,师德恰恰是教师的特色和标志。尽管这里讲的"品德修养"的内容,非今日

[①] 吴东照等:《师范生公费教育的政策创新与实践检视》,《中国教育学刊》2019年第11期。

[②] 王泽普主编:《中国师范教育改革与发展研究》,广西师范大学出版社2001年版,第18—19页。

[③] 舒新城编:《中国近代教育史资料》(中册),人民教育出版社1981年版,第665页。

[④] 舒新城编:《中国近代教育史资料》(中册),人民教育出版社1981年版,第668页。

所能完全汲用,而且要求学生实践躬行,这样的要求带有一些政治倾向和伦理意识,客观而言,对教师的良好职业道德的养成却是大有裨益的。

民国时期也始终保持着对师范生品德修养的重视,1912 年颁布并于 1916 年修正的《师范学校规程》,对师范生培养的要旨,有"陶冶性情,锻炼意志""故宜使学生富于美感,勇于德行""独立博爱""使学生尊品格而重自治,爱人道而尚大公""世界观与人生观,为精神教育之本,故宜使学生究心哲理而具高尚之志趣。"[1] 师范生的"修身要旨"则为"在养成道德上之思想情操,勉以躬行实践,具为师表之品格"[2] "修身首宜采取嘉言懿行","教育要旨"强调"修养教育家之精神"[3]。可见,民国时期的师范教育也继承了注重师范生品德修养的优良传统。

中华人民共和国成立后,党和政府加强了对教师思想政治的培养,提升其爱国守法、爱岗敬业、关爱学生、教书育人、为人师表和终身学习的责任感和使命感,被作为师范教育事业发展的重中之重而备受关注。1952 年《师范学校暂行规程(草案)》总则中,明确"师范学校的任务,是根据新民主主义教育方针,以理论与实际一致的方法,培养具有马克思列宁主义和马克思列宁主义与中国实际相结合的毛泽东思想的初步基础,中等文化水平和教育专业的知识、技能,全心全意为人民教育事业服务的初等教育和幼儿教育的师资"[4]。

1980 年,全国师范教育工作会议文件《重视师范教育 办好师范院校》提到,建设合格教师队伍中"合格"的标准为"第一,要有比较渊博的知识;第二,要懂得教育科学;第三,要有高尚的道德品质"[5]。

---

[1] 李友芝、李春年、柳传欣等编:《中国近现代师范教育史资料》(第 2 册),北京师范学院内部交流资料,1983 年,第 224 页。
[2] 李友芝、李春年、柳传欣等编:《中国近现代师范教育史资料》(第 2 册),北京师范学院内部交流资料,1983 年,第 225 页。
[3] 李友芝、李春年、柳传欣等编:《中国近现代师范教育史资料》(第 2 册),北京师范学院内部交流资料,1983 年,第 226 页。
[4] 中华人民共和国教育部办公厅:《教育文献法令汇编 1949—1952 年》,中华人民共和国教育部办公厅,1958 年,第 147 页。
[5] 李友芝、李春年、柳传欣等编:《中国近现代师范教育史资料》(第 4 册),北京师范学院内部交流资料,1983 年,第 1346 页。

2017年10月18日，习近平总书记在党的十九大报告中指出，要加强师德师风建设，培养高素质教师队伍，又一次把师德建设提高到党和国家建设的战略高度上来。虽然彼时的"品德修养"与此时的师德并非一个概念，今天我们提到的"师魂师德教育就是指对学生进行热爱教育事业、立志为祖国教育事业服务和教师职业道德教育"①。但是，对师范生品德修养的重视，进而扩展到对教师的职业道德以及对教育工作的热爱和对教育事业的追求，应该是师范生培养的核心。

(二) 专业培养是特色

对师范专业培养的重视，是中国师范教育的又一特质，也是师范生专业性的直接体现，其内容主要包括师范专业知识和师范专业技能，这些正是师范生与非师范生的不同之处。"师范院校应重视师范生专业技能的培养，良好的专业技能训练是师范生成为优秀教师的必要条件。"②

中国的师范教育一直都很重视师范生专业培训，如1904年《奏定初级师范学堂章程》规定，教育专业课要"先讲教育史，当讲明中国外国教育之源流，及中国教育家之绪论，外国著名纯正教育家之传记，使识其取义立法之要略"。"次讲教育原理，当讲明心理学之大要，及中国现代教育之宗旨，及德育智育之要义，并讲辨学（日本名论理学）及教授法之大要。""次讲教育法令及学校管理法""次则实事授业，当使该师范学生于附属小学堂练习教育幼童之法则。"③ 而且，在一般文化知识的学科学习中，都包含对该门学科进行讲解的次序法则，在练习教法的时候，应该以实用为主，务必使师范生学会教学技能。随后颁布的《奏定优级师范学堂章程》（1904年）和《奏定女子师范学堂章程》（1907年）也都有相似的规定。

1961年，《中华人民共和国教育部直属高等学校暂行工作条例（草

---

① 宋嗣廉、韩力学主编：《中国师范教育通览》（中卷），东北师范大学出版社1998年版，第334页。
② 刘丽平、王强：《师范生专业技能训练的提升策略——以X师范大学为例》，《教师教育研究》2019年第3期。
③ 李友芝、李春年、柳传欣等编：《中国近现代师范教育史资料》（第1册），北京师范学院内部交流资料，1983年，第20页。

案)》要求"切实加强基础理论和基本知识课程的教学""切实加强基本技能训练""专业课程的教学应该使学生掌握必要的专业知识和技能,同时尽可能了解本专业范围内最新的科学成就和发展趋向。"[1] 这种做法在此后师范教育制度变迁的过程中都是一以贯之的。直到改革开放以后,高师改革的一个重要方面就是专业改革。

1988年,国家教委师范司发布《普通高等师范学校本科专业目录(征求意见稿)》,批评了当时一些高师院校过分追求"小而全"的专业设置,结果导致出现专业门类不匹配、专业布局不合理的状况,并对此进行了改进。在高师院校原有专业名称后均加上"教育",如数学教育、音乐教育等,从而对师范院校的培养目标进行了限定,即在掌握了某一门学科的专业知识之外,尤其要重视作为教师素质的培养和教师专业能力的训练,并在各个专业的课程中重申教育学、心理学和教材教法的重要性。虽然这个目录的制定,是与中国多年以来高师专业设置与中学课程对口相适应的,能够在短期内解决人才短缺的问题,但是,却导致高师专业的路径更窄了,对师范生的长远发展不利。

此后,《高等师范学校学生的教师职业技能训练基本要求(试行稿)》(1992年)、《高等师范学校学生的教师职业技能训练大纲(试行)》(1994年)、《高等师范学校学生的教师技能训练基本要求》(1994年)等一系列专门针对师范生专业训练的文件的颁布,则为师范院校对师范生进行系统的专业培训指明了方向。随后,1998年教育部颁布《普通高等学校本科专业目录》,对高校专业进行合并和缩减,师范专业后面不再附缀"教育",而只在"专业简介"中用括号标注"师范类",这一调整拉近了师范专业和非师范专业之间的距离,拓宽了高师院校各专业的内涵。不过,在中国的师范教育从原来的"老三级"(中师、专科、本科)向"新三级"(专科、本科、研究生)过渡的过程中,原来在师范生专业技能培养上绽放异彩的中师渐渐淡出了历史舞台,一些高师院校则盲目地追赶普通高校,而忽略了师范生专业技能的培养,实为遗憾。

---

[1] 何东昌主编:《中华人民共和国重要教育文献1949—1975》,海南出版社1998年版,第1061页。

重视师范专业培养其实是中国师范教育从创立至今，一直保持的优良传统，毕竟，良好的专业培养不仅能够使学生具备优良素质，而且在教师专业化的背景下，专业培养也是推进教育工作有效进行的必要途径。

(三) 教育实习是重点

"教育实习主要是对学生进行综合的教育专业训练，锻炼和提高他们从事教育、教学工作的能力。实习内容包括教学实习和班主任实习。"[1]纵观中国百年师范教育制度变迁史，"对教育实习的持续关注，是百年师范教育课程体系建设的又一重要特点"[2]。师范教育必须贯通理论与实践。

> 夫师范教育之重教学技能之训练，决非以传授数种成法为已足，必悉将此教学基础置之于科学的理性之上，使学者或由原理的探讨而悟得方法及技术上的应用，或由实际所得的经验而追及于其所依据的原理。务期理论实际，相互贯通，有左右逢源之效，而无格格不入之虞。故师范学校于教学原理学程外，而必辅以有系统的观察，参与及试教者，盖为此也。[3]

中国师范教育的先驱们对此已有极深的认识，并做出了可贵的尝试，但时至今日，这一精神却日趋萎缩，不可不以史为鉴。

清末，师范学堂尤为重视培养师范生的教学能力，教育实习环节至关重要。1897年，南洋公学设外院学堂为师范生实习之用，而且，这时的实习不仅要师范生进行教学技能的训练，而且要对小学教材进行编纂。1902年，张之洞创办湖北师范学堂，附设东路小学堂一所，为师范生提供实地练习，在此授课。1904年，"癸卯学制"颁布，"强调师范教育要走理论与实践相结合的道路。教育学归根结底是一门实践性很

---

[1] 宋嗣廉、韩力学主编：《中国师范教育通览》（中卷），东北师范大学出版社1998年版，第254页。

[2] 霍东娇：《中国百年师范教育制度变迁研究》，博士学位论文，东北师范大学，2018年，第112页。

[3] 罗廷光：《师范教育新论》，南京书店1933年版，第134—135页。

第九章 中国百年师范教育制度变迁的历史经验与当代启示

强的学科，而不是书斋式的、思辨性的学问。它要求师范生能'化理论为方法'，不停留于纸上谈兵"①。

对于这一问题，"癸卯学制"规定"初级师范学堂当设附属小学堂"②，《奏定初级师范学堂章程》在初级师范教育总要中，提出"一切教育事宜，必应适合小学堂教员应用之教法分际"③，并将师范类专业课程的最后一项安排为"实事授业"，规定师范生在"附属小学堂实事授业，则以次使师范学生教授幼童；而师范各科教员及附属小学堂之堂长与教员，务须会同督率师范生监视其授业，品评其当否，且时自教授之以示模范"④。这是教育实习首次正式出现在中国师范教育课程文件中，通过在附属小学堂的实习，师范生锻炼了教学技能，而且理论与实践相结合，将课堂所学运用于实践，师范教育的效果良好。

此外，"癸卯学制"提出优级师范学堂要附设中、小学堂和教育博物馆，教员讲习所应附设普通学堂，作为师范生练习教法的场所。民国初年，《师范学校规程》把"实事授业"更名为"实习"，安排在第四学年，12个学时。并沿袭了清末师范学校附设学堂的设置，要求"师范学校，应设附属高等小学校即国民学校。女子师范学校，并应设附属蒙养园"⑤。"高等师范学校，应设附属中学校及小学校。"⑥ 在此基础上要求"教授时常宜注意于教授法，务使学生于受业之际，悟施教之方"⑦，并提出教育要旨是"在授以教育上之普通知识，尤当详于高等小学及国民学校教育之旨趣方法，习其技能，并修养教育家之精神"⑧。

---

① 马啸风主编：《中国师范教育史1897—2000》，首都师范大学出版社2003年版，第13页。
② 舒新城编：《中国近代教育史资料》（中册），人民教育出版社1981年版，第681页。
③ 李友芝、李春年、柳传欣等编：《中国近现代师范教育史资料》（第1册），北京师范学院内部交流资料，1983年，第16页。
④ 李友芝、李春年、柳传欣等编：《中国近现代师范教育史资料》（第1册），北京师范学院内部交流资料，1983年，第20页。
⑤ 李友芝、李春年、柳传欣等编：《中国近现代师范教育史资料》（第2册），北京师范学院内部交流资料，1983年，第236页。
⑥ 李友芝、李春年、柳传欣等编：《中国近现代师范教育史资料》（第2册），北京师范学院内部交流资料，1983年，第192页。
⑦ 李友芝、李春年、柳传欣等编：《中国近现代师范教育史资料》（第2册），北京师范学院内部交流资料，1983年，第224页。
⑧ 李友芝、李春年、柳传欣等编：《中国近现代师范教育史资料》（第2册），北京师范学院内部交流资料，1983年，第226页。

更加强调理论与实践相结合，对教育实习提出更高的要求，即在教育实践中涵养师范生的师德修养。

1922年，"新学制"颁布，取消了独立的师范教育体系，而且，新学制对师范教育的淡化从课程调整上可见一斑。概括而言，就是新学制在师范教育课程设置上，强调增加课程弹性，注重课时量，结果导致忽视了课程深度，偏移了师范教育的核心，即师范生的品德修养和师范生专业训练，教育实习更是被束之高阁。

直到1932年《师范学校法》和1933年《师范学校规程》颁布，重新规定师范学校须设立附属小学，"师范学校，得设附属小学，其附设幼稚师范者，并得设幼稚园"[①]。并将教育实习作为师范生毕业的条件之一，"实习完竣，成绩及格，由学校给予毕业证书"[②]。同时对教育实习进行了较为详细的规定，师范生在实习期间，"应由其所实习之学科教员，教育学科教员及附属小学教员到场指导"，并扩大了实习场所，除了在附设的小学和幼稚园实习以外，还可以"在附近小学及其他相当学校实习"，而且增添了教育实习的内容，既"师范学校应随时利用余暇，领导学生参观邻近小学，最后一学期并应为参观旅行"[③]。还规定教育参观旅行的时间为两周，所需费用由学校承担。

此后，为了加强教育实习，民国政府又先后颁布了《师范学校（科）学生实习办法》（1941年）、《师范学院学生实习及服务办法》（1943年）、《师范学院学生教学实习办法》（1944年）等文件，这几个文件综合起来就构成了师范生教育实习可实施的细则，并在各省确立师范生教育实习制度，规定"实习包括参观、见习、教学实习及行政实习等项"[④]，并对师范生教育实习的具体安排如时间、内容、场所、指导和考核等都有相关规定。

---

① 李友芝、李春年、柳传欣等编：《中国近现代师范教育史资料》（第2册），北京师范学院内部交流资料，1983年，第325页。

② 李友芝、李春年、柳传欣等编：《中国近现代师范教育史资料》（第2册），北京师范学院内部交流资料，1983年，第326页。

③ 李友芝、李春年、柳传欣等编：《中国近现代师范教育史资料》（第2册），北京师范学院内部交流资料，1983年，第331页。

④ 李友芝、李春年、柳传欣等编：《中国近现代师范教育史资料》（第2册），北京师范学院内部交流资料，1983年，第441页。

第九章　中国百年师范教育制度变迁的历史经验与当代启示

中华人民共和国成立之后，在师范教育课程体系之中，教育实习越来越受重视。1950年的《北京师范大学暂行规程》关于教学原则第一条即指出，"本校以理论与实际一致为教学原则"，并进一步强调："本科各系实习参观等为教学的组成部分，约占总时数的百分之十五。"[①] "教学计划与教学大纲的制定，务须切合实际；并须将理论与实践结合在统一的教学过程中，以便使实习的每个阶段服从于理论课程有关部分的学习。"[②] 该规程除了一再强调理论与实践相结合之外，还充分考量了教育实习的学时数和实习阶段的渐进。

1952年，《关于高等师范学校的规定（草案）》指出："参观与实习为师范学院、师范专科学校各系科教学计划中重要的组成部分，分平时参观、见习与定期集中参观、实习。""为了便利学生观摩实习，师范学院应附设中学，并得附设师范学校，小学及幼儿园；师范专科学校应附设初级中学，并得附设小学及幼儿园。"[③] 《师范学校暂行规程（草案）》指出，参观实习贯穿第二、第三学年，总学时达到100学时。[④] 并强调说明："教学计划内所列参观实习时期，系指日常的教育参观实习时间；应与教育学各科教学法密切配合进行。最末学期四周的参观实习系业务课教学总结性的参观实习，可集中一次或分为两次使用。"[⑤]

可以看出，中华人民共和国成立后，特别是1952年以后，中国尤其注重对苏联师范教育经验的吸收，各级师范学校都参考苏联的课堂教学设计进行了教法改革。师范教育课程设置除课堂讲授以外，还加入了课堂讨论、实习、毕业论文（设计）等教学环节。1961年，教育部《直属高等学校暂行工作条例》"将教育实习的地位从'可以成为'提

[①] 中华人民共和国教育部办公厅编：《教育文献法令汇编 1949—1952年》，中华人民共和国教育部办公厅，1958年，第135页。
[②] 中华人民共和国教育部办公厅编：《教育文献法令汇编 1949—1952年》，中华人民共和国教育部办公厅，1958年，第135页。
[③] 中华人民共和国教育部办公厅编：《教育文献法令汇编 1949—1952年》，中华人民共和国教育部办公厅，1958年，第146页。
[④] 中华人民共和国教育部办公厅编：《教育文献法令汇编 1949—1952年》，中华人民共和国教育部办公厅，1958年，第149页。
[⑤] 中华人民共和国教育部办公厅编：《教育文献法令汇编 1949—1952年》，中华人民共和国教育部办公厅，1958年，第150页。

升到'最关键的'高度"①。80年代以来，教育实习的改革始终紧随着师范教育制度变迁的节奏，中国第四次师范教育工作会议在重新确立师范教育秩序中明确提出，"教育实习和教育见习也应着手恢复""把附属学校办成教育实验和实习的场所"②。而且，教育部还分别制定了中师和幼师教学计划，1986年《国家教委关于调整中等师范学校教学计划的通知》要求："教育实习要注意提高实习质量，逐步建立稳定的实习基地和实习点，完善实习制度。"③

1989年，国家教委颁发了《三年制中等师范学校教学方案（试行）》，强调"根据中等师范教育对未来小学教师进行职前教育的需要，科学地安排文化课、教育专业课、艺体课和教育实践，贯彻理论联系实际的原则，加强实践环节，注重培养能力和训练技能"④。在具体实施时，要求"教育实践包括参观小学、教育调查、教育见习和教育实习""教育实践的安排尽可能与教育专业课、文化课的教学进度和各种社会实践活动结合，并贯穿于三年教学活动的始终。"⑤ 由此可见，中师的改革目标始终在于适应时代变化对小学教师提出的新要求，十分注意对教师职业技能的培养，注重教师基本功的训练，突出师范性。在此基础上，80年代以来，教育部门还组织编制了中师和幼师教学大纲及相应教材。

随后，一系列文件的出台充分说明教育实习在师范生培养中越来越受重视，地位越来越重要。1990年，教委印发《关于当前师范专科学校工作的几点意见》，强调"教育实习是高等师范教育工作的一个重要组成部分，是一门必修的综合性实践性课程……各师范专科学校在教育

---

① 霍东娇：《中国百年师范教育制度变迁研究》，博士学位论文，东北师范大学，2018年，第113页。
② 李友芝、李春年、柳传欣等编：《中国近现代师范教育史资料》（第4册），北京师范学院内部交流资料，1983年，第1374页。
③ 何东昌主编：《中华人民共和国重要教育文献1976—1990》，海南出版社1998年版，第2488页。
④ 何东昌主编：《中华人民共和国重要教育文献1976—1990》，海南出版社1998年版，第2868页。
⑤ 何东昌主编：《中华人民共和国重要教育文献1976—1990》，海南出版社1998年版，第2869页。

第九章 中国百年师范教育制度变迁的历史经验与当代启示

实践中要注意积累经验,在教育实习的组织领导、教学管理、实习内容、成绩评定等方面制定一些具体规定"[1]。对师范专科学校提出深化改革的要求,并提出要在总结各地经验的基础之上,制定具有操作性的《高等师范学校教育实习规程》。

1993年,中共中央、国务院印发《中国教育改革与发展纲要》,强调要"进一步转变教育思想,改革教学内容和教学方法……加强实践环节的教学和训练"[2]。尤其是对高等教育提出了加强实践环节的要求。1995年,国家教委先后颁发《三年制中等幼儿师范学校教学方案(试行)》和《大学专科程度小学教师培养课程方案(试行)》。1998年,教育部又重新修订颁布了《三年制中等师范学校课程计划(试行)》,均对包括教育实习在内的教育实践进行了课时上的要求,保证了教育实习的实施。

进入21世纪后,师范生教育实习成为"中小学教师培养不可或缺的重要环节"[3],并在相关文件中对师范生的教育实习制度进行了较为详尽的规定。随后,各师范院校对师范生的教育实习进行了不断探索,创新各种模式,推进师范生教育实习的展开,其中尤以东北师范大学的U-G-S模式最为有效,实现了高校、政府以及中小学校之间充分的良性互动,实现了资源优势互补和充分利用,保证了师范生教育实习的有效性。2016年,《教育部关于加强师范生教育实践的意见》颁布,要求"在师范生培养方案中设置足量的教育实践课程,以教育见习、实习和研习为主要模块,构建包括师德体验、教学实践、班级管理实践、教研实践等全方位的教育实践内容体系,切实落实师范生教育实践累计不少于1个学期制度"[4]。

综上所述,在中国师范教育制度的百年变迁中,教育实习始终是师

---

[1] 苏林、张贵新主编:《中国师范教育十五年》,东北师范大学出版社1996年版,第55—56页。

[2] 《中国教育改革和发展纲要》,http://www.moe.gov.cn/jyb_sjzl/moe_177/tnull_2484.html。

[3] 《教育部关于大力推进师范生实习支教工作的意见》,http://www.moe.gov.cn/srcsite/A10/s7011/200707/t20070705_145953.html。

[4] 《教育部关于加强师范生教育实践的意见》,http://www.moe.gov.cn//srcsite/A10/s7011/201604/t20160407_237042.html。

范教育课程的一个重要内容，随着师范教育课程的改革而逐步完善，并时刻提醒着改革者师范教育的改革方向。教育实习的良好实施，不仅保证了师范生的培养质量，缩短教师职业生涯的适应期，而且对未来师范教育的改革也有着不可估量的作用。

四 应然与实然：教师资格制度应与时俱进

"一个完善的教师职业资格制度一般包含入职学历要求，教师资格考试，教师试用以及教师资格证书的管理、鉴定和发放等内容的规定。"[1] 一个国家的教师资格标准，是一个国家教师素质的重要参考，中国师范教育制度自诞生以来，教师资格制度也经历了从无到有、从不规范到逐渐规范的发展过程。其发展的特点是在不同的社会背景下，根据自身与社会的发展潮流，构建出适宜的教师资格标准。因此，从中国百年师范教育制度变迁历程中教师资格制度的发展轨迹中，我们可以得出这样的结论，随着社会的发展，教师资格制度的构成不断发生着变化，教师资格标准的内容也是需要及时做出调整的。

（一）清末民国时期的建构和完善

在中国师范教育制度确立之初，教师资格制度尚未建立，其方向感很模糊，最初教师的来源也具有较大的随意性，在职称和评聘的标准方面也是比较粗糙和简单的。"癸卯学制"对各级各类学堂教员的资格均有要求，以优级师范学堂为例，优级师范学堂的正教员"以将来大学堂分科毕业考列优等及中等，及游学外洋高等师范考列优等中等，及得有大学堂毕业文凭，暨大学堂选科毕业考列优等者充选。暂时除延访有各科学程度相当之华员充选外，余均择聘外国教师充选"[2]。优级师范学堂的副教员"以将来大学选科毕业考列中等，及游学外洋得有大学选科毕业文凭者充选。暂时延访有各科学程度相当之华员充选"[3]。虽然对教员已有了基本的学历和资格要求，而在没有合格学历的情况下，需要延访具有各科学程度相当的教员，或者聘

---

[1] 杨跃：《教师教育学》，北京师范大学出版社2016年版，第239页。
[2] 舒新城编：《中国近代教育史资料》（上册），人民教育出版社1981年版，第342页。
[3] 舒新城编：《中国近代教育史资料》（上册），人民教育出版社1981年版，第342页。

第九章 中国百年师范教育制度变迁的历史经验与当代启示

请外国教师,这种做法虽然有助于师范教育的迅速发展,但却很难保证教员素质。

以 1907 年初级师范学堂的教员构成为例,师范毕业者为 416 人,他科毕业者、未毕业未入学堂者和外国教员为 709 人。① 后者的数量远高于前者,在这种情况下,一旦出现素质低且不懂教学的人来承担教学工作,势必影响到师范教育的质量。如"安徽省城师范传习所在办学过程中就出现了教学设备缺乏,教员滥竽充数的现象"②。

1912 年,中华民国成立后,面对质量和数量俱缺的局势,先后颁布了《师范教育令》(1912 年 9 月)、《师范学校规程》(1912 年 12 月)、《师范学校课程标准》(1913 年 3 月)等一系列有关师范教育的法令法规,对教师资格制度,尤其是教师任职资格和教师资格检定等相关的方面,都有更为系统和详细的规定。面对当时教师队伍在质量上参差不齐,在数量上又大量紧缺的情况,如何选聘德行良好、知识丰富又具备教学经验的教师,成为民国时期师范教育需要解决的首要问题,如何对当时教师队伍进行监督和考核,也是国民时期师范教育需要解决的关键问题。总而言之,教师资格制度的最终确立和不断完善,成为民国时期教育发展的必然结果。

自 20 世纪 20 年代起,中国教师资格制度在鉴定和聘任方面,逐渐走向规范化和制度化。值得一提的是,在近代中国教师资格制度不断规范的过程中,政府的导向作用不断增强。由于政府不断出台相关的规程、条例,教师资格制度从初具形态逐渐发展成具备约束力和规范性的制度体系。特别是从清末到民国这样的动荡时局中,教师资格标准做到专业知识和教学能力并重,教师资格制度从无序到有序,从消极到积极的制度化形成过程,虽然动荡不定的教育气候对于政策、法规的联系性、效力发挥等有一定的影响,但重视教师任职资格的检定与管理的政策理念是极具意义的。究其发展的根源,不外乎内部发展的需求与外部力量的推动,即教育发展的必然选择与政府力量的不断推动。

---

① 陈学恂主编:《中国近代教育史教学参考资料》(下册),人民教育出版社 1987 年版,第 306—307 页。

② 曾煜编著:《中国教师教育史》,商务印书馆 2016 年版,第 50 页。

(二) 中华人民共和国成立后的标准化建设

中华人民共和国成立以来，中国教师资格制度的标准化建设大致经历了两个阶段：一是教师资格制度的准备阶段；二是教师资格制度的全面实施阶段。

1. 教师资格制度的准备阶段

中华人民共和国成立后，教师资格制度的有关条例相继出台，首先明确了教师资格的概念：教师资格制度是"国家对教师实行的特定的职业许可制度。通常规定教师资格基本条件，资格认定、丧失和撤销的原则以及认定教师资格程序"[①]。在此基础上，为了确保教师资格制度的规范化，无论是在检定标准还是内容、方法等方面，相关条例都对此进行了完善和规范，为教师资格制度的规范化和标准化提供了最根本的政策支持和实施保障。

1986年4月，《中华人民共和国义务教育法》发布，规定"国家建立教师资格考核制度，对合格教师颁发资格证书"[②]，为教师资格制度提供了法律依据，中华人民共和国成立后的教师资格制度也初步确立。1993年，全国人大制定并颁布《中华人民共和国教师法》，教师法共43条，包括总则、权利和义务、资格和任用、考核、待遇、奖励、法律责任、附则等九章，规定"具备本法规定的学历或者经国家教师资格考试合格，有教育教学能力，经认定合格的，可以取得教师资格"[③]。教师法的颁布实施，标志着中国教师资格制度走上了法制化道路。

1995年，《中华人民共和国教育法》颁布，同年12月，国务院颁布《教师资格条例》，紧随其后，国家教委颁布《教师资格认定的过渡办法》。教育法规定"国家实行教师资格、职务、聘任制度，通过考核、奖励、培养和培训，提高教师素质，加强教师队伍建设"[④]，通过国家法律形式，确定中国实行教师资格制度。

[①] 顾明远主编：《教育大辞典》（增订合编本），上海教育出版社1998年版，第709页。
[②] 《中国教育年鉴》编辑部编：《中国教育年鉴1985—1986》，湖南教育出版社1988年版，第1011页。
[③] 《中国教育年鉴》编辑部编：《中国教育年鉴1994》，人民教育出版社1995年版，第836页。
[④] 《中国教育年鉴》编辑部编：《中国教育年鉴1996》，人民教育出版社1997年版，第91页。

《教师资格条例》据此要求"在各级各类学校和其他教育机构中专门从事教育教学工作,应当依法取得教师资格"[①]"取得教师资格的公民,可以在本级及其以下等级的各类学校和其他教育机构担任教师"[②]。《教师资格认定的过渡办法》明确提出,"教师资格证书是具有教师资格的法定凭证。教师资格证书由国家教育委员会统一印制"[③]。这是教师资格证书在中国教育法律法规中的首次出现,"1996年至1997年,国家教委对1993年底前的在职教师进行过渡认定,共有1026万人获得教师资格"[④]。

2. 教师资格制度的全面实施阶段

2000年,教育部颁布《〈教师资格条例〉实施办法》,教师资格制度进入全面实施阶段。2001年,教育部印发了《关于首次认定教师资格工作若干问题的意见》,对教师资格制度的法律依据、性质、范围、申请、认定程序、认定的学历条件等原则性的问题,做出了具体指导和要求。是年8月,教育部下发《教师资格证书管理规定》,对有关教师资格证书的相关问题都做了较为详细的规定,这是中国第一个专门的教师资格证书规定,其意义较大,完善了中国的教师资格制度,也是中国教师专业化的必要步骤。

2010年,提出"国标、省考、县聘、校用"的教师准入制度,2011年,中国推行师范教育课程改革,提出师范教育课程体系新标准,对教师资格的认证意义重大。2013年,《中小学教师资格考试暂行办法》出台,部分地区试行教师资格证考试试点,逐步改为全国统考,即通过笔试和面试合格者由教育部考试中心发给教师资格考试合格证明,以此作为申请教师资格的必需条件。在这以前,师范专业学生毕业后可直接获取教师资格证,此后,则需要参加国家组织的统一教师资格考试,成绩合格才能申请教师资格,师范生毕业时自动获取教师资格证的时代一去不返。2015年,

---

[①] 国务院法制办公室编:《中华人民共和国教育法典 注释法典》(新4版),中国法制出版社2018年版,第517页。

[②] 国务院法制办公室编:《中华人民共和国教育法典 注释法典》(新4版),中国法制出版社2018年版,第518页。

[③] 全国人大常委会法制工作委员会研究室编审:《中华人民共和国法律法规及司法解释分类汇编 行政法卷》(第6卷),中国民主法制出版社1999年版,第3869页。

[④] 曾煜编著:《中国教师教育史》,商务印书馆2016年版,第431页。

新增13个省（区、市）为教师资格考试试点省份，考试范围逐步扩大。可以看出，从2000年至今一系列文件的颁布，中国教师资格制度不断规范和提升，这对中国教师整体素质的提高至关重要。

目前，着重于考试改革和定期注册的教师资格制度改革正在稳步进行中，通过提高教师的准入标准，提高教师的专业素养，加强教师资格的权威性和专业性，提升中国教师队伍的综合素质，以此推动教育改革发展。接下来，逐步完善教师资格申请标准，保证教师专业化，是中国教师资格制度建设的目标。

五 分离与归并：教师培养、培训从分离到统一

（一）培养、培训分离

1. 清末及民国时期

中国师范教育机构初设之际，主要职能在于培养新式学校所需的师资，对教师职后培训的关注较少。以"癸卯学制"为例，师资培养机构有初级师范学堂、优级师范学堂、实业教员讲习所等。其中，初级师范学堂属于中等师范教育性质，承担着培养小学教师的任务，主要培养高等小学堂和初等小学堂教员；优级师范学堂属于高等师范教育性质，承担着培养中学教师的任务，主要培养初级师范学堂和普通中学堂教员和管理员；实业教员讲习所承担着培养职业学校教师的任务，主要培养各种实业学堂和实业补习普通学堂、艺徒学堂的教员。

在这种纵有阶段、横有类别的师资培养系统基础上，"癸卯学制"中师资培训的工作，主要由师范传习所和小学师范讲习科承担，其中，师范传习所是应急而设的速成师范，是在"各州县于初级师范学堂尚未齐设之时，宜急设师范传习所……其学生凡向在乡村市镇以传授蒙馆为生业、而品行端谨、文理平通、年在三十以上五十以下者，无论生童，均可招集入学传习，限定十个月为期。毕业后给以准充付教员之凭照，即令在各乡村市镇开设小学……俟各省城及各州县初级师范学堂毕业有人，传习所可渐次裁撤"①。小学师范讲习科"以教由传习所毕业，已出为小学堂教员，复愿入初级师范学堂学习，以求补足其学力者，及

---

① 舒新城编：《中国近代教育史资料》（中册），人民教育出版社1981年版，第665—666页。

向充蒙馆塾师，而并未学过普通科，亦未至讲习所听受过教法者"①。

对于在师范传习所这种速成师范毕业的教员，后续给以培训安排，明显体现出教师培养、培训相分离的特点。这可以看作中国最早出现的对在职教师培养、培训制度做出详细安排，最终得以实施的学制。

民国时期，虽然教师教育体系建设较为完全，但是教师的职后培训是比较薄弱的。自1912年始，中华民国教育部陆续颁布的《师范教育令》《师范学校规程》等一系列关于师范教育的法令条例，明确了各级各类师范学校的培养目标，其中"师范学校以造就小学校教员为目的""女子师范学校，以造就小学校教员及蒙养园保姆为目的""高等师范学校以造就中学校、师范学校教员为目的""女子高等师范学校以造就女子中学校、女子师范学校教员为目的"②。

在此基础上，"小学教员讲习科，为既得小学校教员许可状更求讲习者设之。遇特别情形，亦可为欲任初等小学教员者设讲习科"③。对于第二种讲习科，则分为副教员讲习科和正教员讲习科，副教员讲习科的入学资格是在高等小学校毕业或是具有同等学力者，讲习期要求一年以上，正教员讲习科的入学资格是有初等小学校副教员许可证或是同等学力者，讲习期为两年以上。除此之外，在全国范围内会在年假和暑假时间召开讲习会，对教师进行培训。各地方教育会的教师培训形式，主要有小学研究会和小学教员讲习会等，会安排定期或不定期的教师培训。

此外，教会学校举办的暑假学校和教师协会，也通过委托培训和教师会议等方式进行教师培训。值得一提的是，中华民国成立后，虽然国体变更，教育性质、目的、制度等发生了变化，但是教师培训制度不仅延续下来，而且得到了发展，出现了许多新形式，增加了新内容，扩大了培训对象范围等。

民国时期的教师培训真正受到重视是在40年代。抗日战争全面爆

---

① 李友芝、李春年、柳传欣等编：《中国近现代师范教育史资料》（第4册），北京师范学院内部交流资料，1983年，第14—15页。

② 璩鑫圭、唐良炎编：《中国近代教育史资料汇编 学制演变》，上海教育出版社2007年版，第670页。

③ 璩鑫圭、唐良炎编：《中国近代教育史资料汇编 学制演变》，上海教育出版社2007年版，第698页。

发后，中国教育受到冲击，教师队伍损失极大，为了挽救教育，保证师资，中华民国教育部先后颁布了一系列教师进修法规。在师范学院设立进修班、函授学院等中小学教师的正规培训机构，并且在培训管理、培训时间、培训课程等方面，都做出了具体规定，形成了师范学校辅导地方、师范学院辅导中等教育的制度。这些举措针对时局，结合地方需要，并有一些符合教师教育的发展规律。因此，教师的职后培训不仅规范，而且有定型化的发展趋势，并逐渐被纳入正规的师范教育体系中。

总结清末到民国时期教师培训的特点，不难看出，中国教师的职前培养和职后培训始终处于分离状态，但是从二者的发展历程及其相互关系中，可以发现，只有当师范教育职前培养发展到了一定阶段，即教师的数量已经达到一定程度的时候，教师的职后培训才会受到重视。由此可见，在教师的职后培训中，自修其实至关重要，而且，学校自行开设的研究会也必不可少。

2. 中华人民共和国成立后

中华人民共和国成立后，中国教师的职后培训一直深受重视，并逐步建立起各级各类教师培训机构，形成了以教师进修学校和教育学院为主要渠道的较为完备的教师培训体系，并且在不同时期呈现出不同特点。但是，教师职前培养和职后培训在体制上始终处于分离状态，属于两个系统，并且很少有内容及方法上的衔接。如1980年颁布的《进一步加强中小学在职教师培训工作的意见》明确"教育学院、教师进修院校是培训中小学在职教师的重要基地""各级进修院校应有明确分工""各级师范院校是培训、提高中小学在职教师的实力较强的另一重要基地""函授是师范院校当前培训中小学在职教师的主要形式"[①]。虽然教育学院、教师进修院校和师范院校是教师培训的重要机构，但是，它们之间相互分离，并未有交集，而且，这一时期的教师在职培训，仍是以提高学历为主，以期教师能够胜任教学工作。

直到1990年，中国中小学教师学历的补偿培训基本完成，教师培

---

① 《中国教育年鉴》编辑部编：《中国教育年鉴 1949—1981》，中国大百科全书出版社1984年版，第761页。

训的重点开始往继续教育方向转移，是年10月，国家教委召开全国中小学教师继续教育工作座谈会，此次座谈会指出：“现阶段中小学教师继续教育是指对已达到国家规定学历的教师进行以提高政治思想素质和教育教学能力为主要目标的培训。"[1] 由此可以看出，中国中小学教师职后培训开始向岗位培训转变，这也符合当时中国教师教育发展的现状，不过，"此时的教师职前和职后教育机构仍然是分离的"[2]。

(二)"职前职后一体化"

随着中国的教师教育的迅速发展，教师职前培养和职后培训逐渐走向一体化，尤其是新世纪以来，教师教育体系开放化，一些综合性大学开始参与教师教育，师范院校也在走向综合化，教师专业化引起了人们的强烈关注。伴随着终身教育思想的深入人心，教师的职前教育和职后教育一体化的必要性也逐渐被人们所接受。

1996年，在全国师范教育工作会议上首次提出职前职后一体化的办学体系，朱开轩在会议总结讲话中提出，要"逐步改变单纯由教师进修院校培训师资和职前职后分离办学的局面，进一步完善省、市（地）、县、乡四级培训网络"[3]。同年，《关于师范教育改革和发展的若干意见》发布，提出要"健全和完善以独立设置的各级各类师范院校为主，非师范类院校共同参与，培养和培训相沟通的师范教育体系"[4]。

1999年，《面向21世纪教育振兴行动计划》提出实施"跨世纪园丁工程"，要求加强师德建设，现有中小学校长和专任教师需要接受全员培训和继续教育，并要求"2010年前后，具备条件的地区力争使小学和初中专任教师的学历分别提升到专科和本科层次，经济发达地区高中专任教师和校长中获硕士学位者应达到一定比例"[5]，而且提出"实

---

[1] 《中国教育年鉴》编辑部编：《中国教育年鉴1991》，人民教育出版社1992年版，第287页。
[2] 马啸风主编：《中国师范教育史1897—2000》，首都师范大学出版社2003年版，第232页。
[3] 国家教育委员会师范教育司编：《全国师范教育工作会议文件汇编1—5次》，东北师范大学出版社1997年版，第188页。
[4] 教育部师范教育司编：《师范教育工作资料汇编1996—2000》，东北师范大学出版社2001年版，第57页。
[5] 张力编：《面向二十一世纪教育振兴行动计划指导全书》（上），开明出版社1999年版，第55页。

力较强的高校要在新师资培养及教师培训中作出贡献"。非师范高校参与教师培养培训，而且教师培训的层次逐渐提升，职前培养和职后培训逐渐贯通，随后，一些发达地区开始进行教师职前职后一体化的实验。

2001年，《国务院关于基础教育改革与发展的决定》规定，"完善以现有师范院校为主体、其他高等学校共同参与、培养培训相衔接的开放的教师教育体系"①，它标志着中国教师职前培养和职后培训一体化，即打破培养培训各自封闭、相互独立的倾向，使原本分离的两类机构组合起来，实现优势互补、资源共享，包括课程方面的衔接，方式方法等方面的有机结合，使教师教育的各个阶段各有侧重又有内在联系，最终实现教师的终身教育。

值得一提的是，虽然教师职前职后一体化，符合教师专业化发展的要求，对此已达成共识，但是，由于缺乏运行机制和有效平台的支撑，实际上，职前职后一体化在实践中并未落地，教师的职前培养依然是由师范院校实施，职后培训是由各教育行政部门完成，二者并未有效衔接起来。因此，积极推动教师职前职后一体化建设，是中国当前教师教育改革发展的目标之一。

第二节　百年师范教育制度变迁的当代启示

陶行知在《中国师范教育建设论》中指出："中国今日教育最急切的问题是旧师范教育之如何改造，新师范教育之如何建设。"②"教师教育制度创新，使教师教育内部的各种标准、各种机制和外部的政策或条件能够实现法制化、制度化，这是教师教育事业发展的根本保障。"③

一　优化教师教育管理，重视教师教育制度顶层设计

"顶层设计"概念源于自然科学领域，是指针对某个具体项目采用

---

① 《中国教育年鉴》编辑部编：《中国教育年鉴2002》，人民教育出版社2002年版，第65页。
② 陶行知：《陶行知全集》（第1卷），四川教育出版社1991年版，第96—97页。
③ 《关于我国教师教育发展战略及改革举措的建议——全国教师教育专家委员会成立大会暨第一次全体会议纪要》，《教师教育研究》2004年第3期。

系统论方法，从高端向低端展开设计、构思、规划的一种理念。师范教育制度的顶层设计，是指"从国家教育治理体系构建的战略高度对教师教育发展当中带有根本性、全局性、稳定性和长期性的重要制度进行设计安排"[①]。"顶层设计"理念注入教师教育制度的规划中，注重依据教师教育发展的需要和规律，联系教师教育的宗旨和使命，对教师教育从高层开始进行总体构想和设计形成的一种制度范式，这种制度的创新在于对教育资源的重新整合，教育管理理念和思想的创新，教育管理模式的重新构想，以及教育功能的重新定位。

（一）"现代治理"，确保教师教育资源的制度安排

教师教育制度的顶层设计，首先要注重"现代治理"，即"以国家治理体系为依托，借助制度、机制、政策、技术等因素，促使国家多元治理的能力保持协调进步、务实高效的一种趋向与动态过程"[②]。

从教育制度角度来看，"法制性教育制度，并不仅仅局限于国家或政府以法律、法令或法规的形式确立的，由国家或相关政府部门建立的学校和其他教育体系，也包括国家仅在法律、法令、法规上予以支持，并不直接介入其建设的学校和其他教育形式。基于这一点，一个国家或政府的教育制度，其实际的构成方式，就需要根据教育组织系统的存在特性予以划分，而不能只简单地将其归结为官学、私学之类。"[③]

从机构设置上讲，立足现实，在对现有教育资源和制约因素的充分调查与深入了解基础上，进行目标的制定和制度安排，在分析现有教师教育管理资源时，应考虑资源的维度和层次性。如自上而下设置部级、省级教师教育管理职能部门，这些职能部门不仅限于管理师范院校，只要是从事与教师教育工作相关的机构，都应由其进行管理。以此建立一套相对独立的管理系统，充分发挥教师教育资源中主要资源的功能，也使那些有潜力的次要资源得到充分利用。

从治理理念上讲，"现代治理""至少包括两层含义：一是能力结构，即明确治理能力到底应该包括哪些能力体系？二是能力状态，即明

---

① 周洪宇：《我国教师教育制度顶层设计之思考》，《湖州师范学院学报》2016年第12期。
② 周洪宇：《我国教师教育制度顶层设计之思考》，《湖州师范学院学报》2016年第12期。
③ 俞启定、施克灿：《中国教育制度通史》（第1卷），山东教育出版社2000年版，总序第2页。

确能力发展趋向，这些能力应该往什么方向发展，应该达到什么样的状态，发挥怎么样的治理效果"①。顶层设计并非顶层管理，过分依赖顶层设计会导致政府隐性权力的扩大。"现代治理"对于目前中国教师教育制度顶层设计而言，就是指政府简政放权，各级师范教育管理部门之间互动合作、集体行动的多元能力体系构建、提升的过程，是旨在实现"善治"的基本能力保障。

（二）"效率至上"，促进教师教育体系的制度优化

自改革开放以来，经济领域中的"效率至上"，同时引领着教育领域的变革，讲究效率也成为教师教育制度设计的前提，对于根除重复、浪费、低效等教育顽疾收效良好。然而，根据以往经验，一项新的教师教育政策的出台，就其政策意图和思想来说，制度本身没有问题，但是，从实施效果来看，却出现了一些令政策设计者意想不到的问题，如绩效工资制，由于教师劳动具有高度复杂性，教师劳动成效很难在短期内进行单一量化。因此，绩效考核和各种评优评先虽然在奖惩优劣方面有一定的作用，却也造成了将教师群体分割的局面。

目前，中国的教师管理方式属于在行政管理上高度集权，包括人事、职称、师资、经费、研究、专业发展等。这种管理方式重权力权威，轻参与协作，重制度管理，轻人文关怀，重无私奉献，轻合理回报。教师成为管理对象、管理部件，被"物化"，其主体性及个体精神生命被忽视，教师生态恶化。

若将教师教育制度最优化加入制度顶层设计的考量中，中国一向"自上而下"的政府主导方式，就应结合"自下而上"的建构方式，多方参与、对话协作，做到决策民主化、执行法治化、协调统筹化、手段信息化等。政府在行使强有力的履职能力的同时，权力下放，鼓励地方、师范院校探索尝试，在治理过程中，调动地方教师教育部门的积极性，发挥教师的主动性和能动性，做到决策的民主化、科学化。

（三）"顶基结合"，探究教师教育改革的制度创新

很显然，党中央、国务院及教育部理所应当承担中国教师教育改革

---

① 周洪宇：《我国教师教育制度顶层设计之思考》，《湖州师范学院学报》2016年第12期。

目标确定、战略构想和路径选择的顶层设计、总体规划的责任。但是，历史表明在师范教育制度变迁过程中，有些错误决策就是由顶层设计失误造成的，不仅浪费教育资源，也导致教育不公平。"一个国家政体起着根本性的至关重要的作用，它仍然决定着我们经济结构和经济发展。从短期看，集权政府可以取得高的经济增长率。从长期看，法制、保证合同执行的制度规则才是真正保证长期经济发展的至关重要的因素。"①因此，理性认识教师教育制度顶层设计，就要做到"顶基结合"，即"顶层设计与基层改革相结合"②。鼓励地方基层群众解放思想积极探索，秉持多元包容的理念，推动师范教育制度顶层设计与基层创新的有机结合。

值得一提的是，在"顶基结合"过程中，"中层"③肩负着上传下达、沟通信息、传递理念和分担责任的重要角色。所以，"顶基结合"还需有"中层担纲"，"'中层突破型'的政策创新模式，不仅有利于地方政府根据区域发展不平衡的特点贯彻因地制宜、实事求是的原则，防止简单化、一刀切的政策弊端，又能够支持和保护千百万人民群众的首创精神，并将之转化为政策，在更大范围内实践、推进"④，进而驱动教师教育改革的创新。

二 探索教师教育培养模式，建设灵活开放的教师教育体系

（一）注重师德建设，增强师德教育实效性

从历史梳理可以看出，中国教师选聘政策自出台以来，师德品行就是选聘的条件之一，并出现在各种条例、规章之中。纵观教师教育制度的百年发展历程，师德考核在不同时期都保持着相对一致性。从

---

① 道·诺斯：《制度变迁理论纲要》，《改革》1995年第3期。
② 周洪宇：《我国教师教育制度顶层设计之思考》，《湖州师范学院学报》2016年第12期。
③ 这里所指的"中层"，并非泛指所有组织、机构管理层的"中层"，而是就整个国家范畴而言的概念。具体地说，是指省市两级政府领导及其教育主管部门领导，以及相应的大学管理层，他们可以被视为"联系基层组织与中央政府（权力中枢）的中层组织及其领导者"（龚放：《"顶层设计"、"基层创新"与"中层担纲"——试论高等教育现代化的责任担当》，《中国高教研究》2013年第12期）。
④ 龚放、范利群：《高等教育改革"中层突破"的成功尝试——1996年江苏高等教育率先扩大招生的政策分析》，《江苏高教》2013年第4期。

内容上说，师德考核是一个渐进的变化过程，在不同历史背景下，师德具有不同的内涵，其构成和发展程度是当时教师教育发展水平的一个体现。

结合中国社会政治、经济发展现状，师德被赋予了新的时代内涵，2018年1月，《中共中央 国务院关于全面深化新时代教师队伍建设改革的意见》发布，强调"突出师德"是教师队伍建设的基本原则之一，并提出要弘扬高尚师德，实施师德师风建设工程。

同年3月，教育部等五部门联合印发的《教师教育振兴行动计划（2018—2022年）》提出要"以提升教师教育质量为核心，以加强教师教育体系建设为支撑，以教师教育供给侧结构性改革为动力，推进教师教育创新、协调、绿色、开放、共享发展，从源头上加强教师队伍建设，着力培养造就党和人民满意的师德高尚、业务精湛、结构合理、充满活力的教师队伍"[1]。明确提出落实师德教育新要求，增强师德教育实效性的目标，并出台了一些具体措施，如"在师范生和在职教师中广泛开展中华优秀传统文化教育，注重通过中华优秀传统文化涵养师德，通过经典诵读、开设专门课程、组织专题培训等形式，汲取文化精髓，传承中华师道"[2]等，进而提出要健全师德建设的长效机制，使师德建设常态化和长效化。这两个教师教育纲领性文件，对师德建设的突出强调不言而喻，而如何增强师德教育的实效性则成为接下来师德建设的关键环节。

（二）坚持政策导向，改善师范生生源质量

教育质量影响国家发展的动力，教师队伍的质量影响着一个国家的教育质量，教师队伍的质量由教师教育的质量决定，据此推论，教师教育的质量对于一个国家的兴盛至关重要。师范生招生是教师教育的第一个环节，师范生生源的质量是教师教育是否高质的前提。传统的招生"大多忽视招生宣传，习惯于跑计划，要指标，至于如何吸引优秀考生，提高生源质量，改善生源结构，往往思考较少，

---

[1] 教育部等：《教师教育振兴行动计划（2018—2022年）》，http://www.moe.gov.cn/srcsite/A10/s7034/201803/t20180323_331063.html。

[2] 教育部等：《教师教育振兴行动计划（2018—2022年）》，http://www.moe.gov.cn/srcsite/A10/s7034/201803/t20180323_331063.html。

用力较轻"①。可见,中国师范生生源亟须改善,只有提高教师待遇,保障教师权益,通过多种方式和手段,才能吸引优秀人才进入教师队伍中来。

《教师教育振兴行动计划(2018—2022年)》提出"师范生生源质量改善行动",并提出了一些具体措施。以"免费师范生"为例,该计划把"免费师范生"改为"公费师范生",将履约任教服务期从7年调整为6年。随后,2018年7月,《教育部直属师范大学师范生公费教育实施办法》出台,针对政策实施中的一些问题加以改进并完善了一些政策内容。此外,提高教师地位、改善教师的生存环境也是吸引优质生源的重要措施。

(三) 强调师范主体,推进教师教育学科建设

"当社会产生了对新教育制度的普遍要求时,它就不再仅是囿于少数精英范围内的'奢侈品',而成为社会大众的日常'必需品',就会呼之欲出。一旦客观条件具备,它就会变为现实。"② 随着中国教师教育制度的日渐成熟,教师教育理论研究和学术交流也逐渐广泛且深入,为教师教育学科的创设提供了基础性条件,如今,推进教师教育学科建设成为新的时代使命。教师教育学科建设只有从学科目录、学科学院、学位制度、教授席位、科学研究、学术组织和学术出版等方面加以落实,才能健全教师教育专业体系。

(四) 依照终身教育,提升教师培养培训质量

改进教师教育培养模式,还需要处理好职前培养与职后培训的良好衔接,前文提到过,教师职前职后培养培训一体化符合教师专业化的要求,这已成为共识,是中国当前教师教育改革发展的目标之一。教师职前职后培养培训一体化,需要从机构的一体化着手,"一体化首先要促进机构的整合和一体化。要通过多种途径促进教师培训机构与师范院校整合"③。"在运行机制上实现职前培养与职后培训的一体化,要统一设计和规划教师教育的目标和内容。"④ 这仍然需要教师教育坚持为基础

---

① 梅新林主编:《聚焦中国教师教育》,中国社会科学出版社2008年版,第180页。
② 李江源:《论教育制度变迁》,《河北师范大学学报》(教育科学版) 2010年第11期。
③ 管培俊:《关于教师教育改革发展的十个观点》,《教师教育研究》2004年第4期。
④ 曲铁华:《专业化语境下我国教师教育的困境与破解路径》,《湖南师范大学教育科学学报》2012年第4期。

教育服务的宗旨，并且打破地域界限和体制阻隔，通过高校特别是师范院校的引领，利用和整合现有资源。

三　优化教师资源配置，完善教师教育质量保障体系

（一）提升培养规格层次，推动教师教育专业化

当前，中国社会主要矛盾是人民日益增长的美好生活需要和不平衡不充分的发展之间的矛盾，从教育角度而言，与此相应的是，人民对公平而有质量的教育的需要。伴随着社会经济等各领域的转型发展，高等教育的大众化和精英化，推动着教师教育的变革和转型，但是"这种变革和转型明显暴露出无法满足基础教育改革的需要的窘境，实质是教师质量、教学有效性得不到保障"①。

中国的教师教育改革，必须充分考虑中国教育的地区差别、城乡差别等，有效整合相关资源，改善教师资源供给。从教师个体角度而言，"教师的专业发展乃是教师健全人格、教师实践性智慧的成长过程，这是一种寻求教师的'人格化'、'个性化'和'文化化'的过程"②。《教师教育振兴行动计划（2018—2022年）》和《中共中央 国务院关于全面深化新时代教师队伍建设改革的意见》提出了全面提高师范生的综合素养与能力水平、高水平教师教育基地建设行动、教师教育师资队伍优化行动等措施来提升中国教师的培养规格层次，无论是对教师教育整体发展，还是对教师个体发展来说都是一剂良药。

（二）规范教师资格制度，实现师范教育标准化

一个严格的教师教育质量保障体系应该"包括教师培养、培训、资格认证、聘任、管理包括评价以及与此紧密联系的教师教育机构的认证与评估、教师教育课程评估等方面"③。不过，"现代教师教育制度的基础是教师资格证书制度，这种制度从根本上提出了教师专业的质量要求"④。因

---

① 朱旭东：《教师教育标准体系的建立：未来教师教育的方向》，《教育研究》2010年第6期。
② 曲铁华、冯茁：《专业化：教师教育的理念与策略》，《教师教育研究》2005年第1期。
③ 荀渊：《1949年以来我国教师教育的制度变迁》，《教师教育研究》2013年第5期。
④ 朱旭东：《我国现代教师教育制度构建》，《北京师范大学学报》（社会科学版）2007年第4期。

此，教师教育质量保障体系的构建需要一整套严格的标准体系。《中共中央 国务院关于全面深化新时代教师队伍建设改革的意见》和《教师教育振兴行动计划（2018—2022年）》提出了教师教育质量保障体系构建行动以及推进教师教育的制度创新和法制化建设等措施。推进教师教育的制度创新和法制化建设，修订教师法和《教师资格条例》、制定《教师教育条例》，建立和完善教师准入制度、教师资格再认定制度、教师终身教育制度、教师教育机构资质认证制度、课程标准、质量评估制度，以及教师教育经费投入保障制度，特别要加强对教师培训市场的监管。

四 利用互联网和人工智能，带动教师教育信息化

互联网带给教师教育的影响不仅是技术层面的，而且要在技术推动教育的形态多样化的情况下，变革教师教育的理念和思想，使现代教师教育思想和理念与现代教育技术获得深度融合。"在现代教育领域，互联网信息技术的角色不仅仅是服务和改进教学，而是倒逼教育理念和教育思想与时俱进，促使教学结构的变革。"[1]

（一）建设信息化教学平台，推动教师教育教学方式改革

在互联网时代，学校、社区、教师、家长、学生之间，都可以通过大数据实现联结。《教师教育振兴行动计划（2018—2022年）》明确指出，充分利用云计算、大数据、虚拟现实、人工智能等新技术，推进教师教育信息化教学服务平台建设和应用，推动以自主、合作、探究为主要特征的教学方式变革。建设信息化教学平台，意味着教学方式改革。

首先是自主。自主既指不过分依赖网络资源，也指培养学生学习的自主性。充分利用网络教学资源，提高课前导学的效率，为学生营造良好的体验环境，通过线上的互动、留言、分享等辅助教学，鼓励学生积极思考，调动学生对学习的主动性，开发其探索精神、提出问题的能力等，并实现高效教学。教师应注重通过网络平台，分享有效资源，促进学生的个性化发展，线上教学更方便教师对学生的一对一解惑，使教学

---

[1] 周洪宇、易凌云：《大数据时代教师教育的变革》，《教育研究与实验》2017年第1期。

更有针对性，做到因材施教。通过网络技术了解学生自我认知，调动学生的自主学习意识，帮助其形成学习习惯，引导学生自主选择知识探索方式，整理问题、积累经验、串联新旧知识，帮助学生突破自我，提升知识学习能力和实践水平。

其次是合作。通过线上和线下的联合教学，促进师生合作、生生合作，教师不仅要关注学生的学习，对学生在线上的反馈也应足够重视。结合线上线下的表现，更好地了解学生的认知和学习心理变化，借此更好地为教学定位，调整线下的教学模式。线上、线下如能相辅相成，师生沟通顺畅，打破时间和空间的限制，师生双方通过线上线下配合完成知识的学习、复习和巩固，对学生而言，能够保持积极乐观的学习心态，促进个体全面发展。教师则可以通过网络教学平台，借助网络教学资源，吸引学生的学习兴趣，通过平台设置环节，增加学生理论联系实际的经验，实现教学效果的最优化。生生合作是指在网络教学平台上，教师应搭建自由互动的空间，组建学习小组等学习合作共同体，以讨论、演讲、辩论、互评等形式，通过合作、竞争，提高合作的趣味性。

最后是探究。一是教师对网络教学资源的探究，二是培养学生学习的探究意识。教师可以通过网络学习空间，为学生提供更广阔的思维空间，合理利用信息技术活跃课堂气氛，使枯燥的课堂变生动，扩大学生的自主探索空间，培养其探究意识。例如可用微课突破重难点，通过精心制作的视频，合理利用课余时间，通过各类学习软件帮助学生复习，巩固知识学习，完善知识探索。学生思维处于高速运转的状态，必然能够在了解自身特点的基础上积极探索、学习，从更深层次理解知识，内化知识。

（二）开展在线课程建设计划，带动教师教育精品课程共享

"与其他专业教育一样，教师教育的各项改革最终也要以课程改革为落脚点，而课程设置是体现教师专业化的中心环节。"[①]《教师教育振兴行动计划（2018—2022年）》启动实施教师教育在线开放课程建设计划，遴选认定200门教师教育国家精品在线开放课程，推动在线开放课程广泛应用共享。网络上的教学资源何其多，容易造成学习耗时长、效

[①] 刘捷：《专业化：挑战21世纪的教师》，教育科学出版社2002年版，第311页。

率低的结果。国家级教师教育精品课程，代表着国家教师教育课程的最高水平，已为学习者进行了筛选和过滤，对教师的学习无疑是优质、高效的。

网络平台成为课堂的延伸，教学内容可直接影响教学效果，单一内容容易使学生失去学习兴趣。教师教育课程还应注重实践性，实现学科专业实践和教育课程的整合，优化师范生的培养。信息化时代的学生通过网络可获取任意知识，师生之间在知识方面的差距逐渐缩小，尤其是教师应转变观念，在课堂上承担引导、辅助之责。教师应通过各种数据推送平台，如微信、学习社区、百度云盘等，给学生推送自己筛选过的课程资源，供学生使用。教师也应主动利用网络资源，以多元化的思维丰富自身课程内容，筛选、整合网络上的图片、音视频素材，构建生动课堂。

（三）提升教师信息技术应用能力，引领教育教学的现代信息技术应用

2014年，教育部印发《中小学教师信息技术应用能力标准（试行）》，旨在"全面提升中小学教师信息技术应用能力，促进信息技术与教育教学深度融合"[①]。《教师教育振兴行动计划（2018—2022年）》提出实施新一周期中小学教师信息技术应用能力提升工程，引领带动中小学教师、校长将现代信息技术有效运用于教育教学和学校管理。研究制定师范生信息技术应用能力标准，提高师范生信息素养和信息化教学能力。依托全国教师管理信息系统，加强在职教师培训信息化管理，建设教师专业发展"学分银行"。

在信息化时代，教师应积极转变传统观念，及时调整教学思维和方式。更新教学观念，不仅要掌握专业知识方面的最新研究成果，还应提高自身素质，强化专业技能，掌握最新信息技术，并将其运用于课堂之中。这种转变应是常规性的，使课堂适应新变化，也能够提高教师自身的竞争力。如微课、慕课、"VR虚拟沉浸式"等辅助教学，借助教学平台的数据，了解教学情况，掌握学生的学习情况，调整教学策略，指导学生通过评价反馈改进学习状态等。

---

① 教育部：《中小学教师信息技术应用能力标准（试行）》，http：//www.moe.gov.cn/srcsite/A10/s6991/201405/t20140528_170123.html?from=timeline&isappinstalled=0。

下 卷
中国百年师范教育思想的变迁

第十章　师范教育思想的发端

清末以降，中国经历"数千年未有之大变局"，面对"数千年未有之强敌"，西方列强用坚船利炮打开了中国紧锁的大门。战争用一种最残酷的方式展现出了中西方之间的差距，打碎了清王朝"天朝上国"的美梦，推动了近代中国新陈代谢的进程。随着坚船利炮而来的是西方先进的资本主义经济、文化、教育等，这对于封建落后的中国来说无疑是"新货上市"。国之将倾，唤起了一批开明之士开眼看世界，试图学习西方先进之器物、制度等，以此拯救清王朝于水深火热之中。中国近代师范教育就在这样的背景之下萌生于清末时期。

一批先进的知识分子在探寻救国之法的过程中，认识到了人才对于国家发展的重要性，而师范教育又是人才培养的根基。因此，众多爱国人士在新式教育未立、师资短缺的基础上，不畏困难、勇于实践，形成了中国最早的师范教育思想体系。其中盛宣怀、张謇和梁启超的师范教育思想颇具代表性。

首开中国近代师范教育先河的盛宣怀，在进行实业救国的过程中深感人才培养的重要性，先后创办了北洋大学堂和南洋公学，并在实践过程中始终将师范视为"先务之务"，形成了坚持"中体西用"为办学宗旨和"锐意求新"的教学与管理的师范教育思想。首开民办师范教育先河的张謇，本着"师范为教育之母"的理念，在创办通州师范等学校的过程中，形成了由以"学为人师"为师范培养目标、坚持"精益求精"的招生选拔和师资任用制度、突破传统的教学方法所构成的师范教育思想体系。

作为中国近代师范教育先驱的梁启超，立足于国家需求，在其教育救国的思想之上形成了由"群学之基"的师范育民说、兼顾中西的师范教育学制体系、遵循"讲学之道"的教学方法和内外兼修的师资标准等构成的师范教育思想。这些教育家作为一批思想和行动的先驱，勇为人先，开辟了中国师范教育思想体系发展的道路，从此中国的师范教育建设开启了漫漫征程。

第一节 盛宣怀的师范教育思想

盛宣怀（1844—1916），字杏荪，又字幼勖、荇生、杏生，号次沂，又号补楼，别署愚斋，晚年自号止叟。他是洋务派的主要代表人物之一，主张实业救国，被誉为"中国实业之父"。

1870年，盛宣怀开始协助李鸿章办洋务，从此开启盛宣怀实业救国之路。曾创办电报局，担任督办轮船招商局总督，发展内河轮船航运业，总管华盛纺织总局。在不断的努力经营下，基本掌握了洋务企业涉及的轮、电、煤铁矿物、纺织的大部分产业，这些企业成为民族资本主义经济发展的重要经济命脉。

1896年以后，盛宣怀的重心逐渐由商界转移至官界，接办汉阳铁厂、大冶铁矿，被授予太常寺少卿官位，享有专折奏事特权。后办银行、兴南洋公学，取得中央级官衔。在教育思想上，他主张"中体西用"，与维新派分庭抗礼，力求在不触及封建专制制度的前提下，学习西方兵政、工政等实学内容。受经世致用思想的影响，注重新式人才的培养，他将人才与实学相表里，并以此作为富强和维护民族权利的重要途径，并注重兴学养才，创办了北洋大学堂和南洋公学，严格制定学校的规章制度，成为各省仿办的"范本"。此后，还在各地创办数所实业速成学堂，为近代社会培养了大批经世致用的新型人才。

盛宣怀注重文稿信札的留存，从政之余，收集大量图书文物，为后世留下宝贵、丰富的资料，其主要作品收录于《愚斋存稿》《盛宣怀未刊信稿》《常州先哲遗书》《经世文续集》和《林胡曾三公奏议》中。

一 兴办师范教育的动因
（一）重视人才培养的"教育自强论"
19世纪70年代初至90年代的中后期，盛宣怀几乎垄断国内工、纺、商等各类关系国家经济命脉的大型企业，成为当之无愧的商业巨头。而当时面对中国外有帝国主义军事、政治的侵略，内有尖锐的民族矛盾的严峻形势，盛宣怀深刻地认识到，要想摆脱困境、救亡图存，人才至关重要。必须冲破夷夏轻利的传统观念束缚，引进西方先进的生产方式和文化思想，培养新式人才，走上实业救国、自强求富的民族复兴之路。洋务运动时期掀起了西学热潮，各地实业学堂也如火如荼地开展起来，随着洋务企业对新式人才数量和质量的要求日益提高，创办新式学堂也逐渐成为代替科举、培养人才的主流模式，这为创办师范教育提供了现实基础。

早在盛宣怀经营湖北煤铁开采时，就已发现开矿最大的难题是缺乏手艺精湛的技师。当时，新式人才极度缺乏，"洋师"难得，中国自己培养的矿师更是稀少。盛宣怀虽然是旧式教育的知识分子，但并非顽固不化。他眼界开阔，愿意接触外来事物，坚持学习新的科学技术知识，对于地学、格致一类的实用性课程极为赞赏，认为只有掌握这类专门的知识，才能不被外人所蒙蔽。正是这种勤勉认真、不断更新思想观念的求学态度，奠定了盛宣怀人才观和治学观的基础。

在意识到人才对于各类近代工业企业所起到的重要作用后，盛宣怀提出了自强求富的三大要点：练兵、理财、育才。他认为，泰西诸国强盛的秘诀在于振兴实业，以农商工艺等所获利益培养水陆精兵，保卫国家，并善于理财，不断扩充商业利润用以练兵、强兵。与此同时，还要将部分资金投入学校，以供培养人才所需。

他认为，要想抵御外强，就必须操练军队，获得精兵强将保卫国家；要想增强国家经济实力，就要与洋人争夺商业利权；要想维护民族的经济主权，就要振兴民族工农商业，积累财富，提升国家的竞争实力。而落到实处，最关键的是要造就精通各行各业的人才，才能启动实施整个自强救国的大计，"自强之道，以作育人为本"，而"求才之道，尤宜以设立学堂为先"[1]。

可见，人才是实现"办大事"的宏伟目标的"先务"。而兴建新式

---

[1] 朱有瓛主编：《中国近代学制史料》（第一辑 下册），华东师范大学出版社1986年版，第490页。

学堂就成为不可延缓的首要任务，应尽取欧洲之新法，在各省遍设学堂，推广学校，教授工农商等各类实用知识。培养人才并非一蹴而就，"树人如树树，惟恐迟暮"①。学堂迟设就会延误人才的培养，因而广设学堂成为洋务事业中刻不容缓的头等大事。人才重在"陶熔"，需要不间断地培养，才能不断为各洋务企业培养人才，保持活力。而源源不断的人才仅靠为数不多的洋教习，是很难满足要求的。因此，盛宣怀认识到创办师范教育的紧迫性和重要性。

盛宣怀将教育作为富国强兵的根本，将创办新式学堂作为新式人才培养基地和实业兴旺的动力源泉。他从甲午中日战败的惨痛教训中总结经验，认为日本自明治维新以来，参照西方各国，兴建各类学堂。无论是保卫国家的陆军、海军，还是制造枪炮、修建铁路的实业型人才都出自各学堂。他痛感中国选拔人才只依靠诗文帖括，对于测算、格致诸学毫不关心。日本能够仿照西法，韬光养晦，广设学堂，培养陆军、海军、外交商务、开矿铁路等各类匠徒人才，所以迅速崛起，有强盛的国力。而反观中国的科举选才导致文人整日醉心于八股帖括，无求实用之学，学非所用，不能匡扶济世。因此，"夫人才盛衰之机，全视在上之取舍"②。

他呼吁政府应转变人才培养观念，改变人才培养模式，以实用为主，否则即便兴建新式学堂，"诸生选自童幼，未有一命之秩，既不能变更科举，即学业有成，亦难骤膺显擢，予以要任"③。他要求必须在科举之外独辟新径，赋予新式人才与科举人才同等重要的地位，改变学究士子沉迷八股帖括的迂腐观念，鼓励人们学习有用之学，造福社会。

（二）师范为"先务之先务"

盛宣怀批判旧式教育不重视师资培养而造成的弊端："中国民间子弟读书，往往至十四五岁，文理犹不能通顺，皆由教不得法，故学亦无效。此等子弟虽入中学，仍须从事小学功夫，久费年力，岁不我与，欲

---

① 夏东元编著：《盛宣怀年谱长编》（上册），上海交通大学出版社2004年版，第60页。
② 朱有瓛主编：《中国近代学制史料》（第一辑 下册），华东师范大学出版社1986年版，第512页。
③ 汤志钧、陈祖恩、汤仁泽编：《中国近代教育史资料汇编 戊戌时期教育》，上海教育出版社2007年版，第267页。

求深造，常苦老大。"① 旧式私塾书院的教习多从科举取士而得，对于八股帖括能够韬略俱精，夸夸其谈，一旦放到实际生产实践中，这些知识就显得空疏无用。因此，"教不得法"，即便是"久费年力"也是收效甚微，无益于经世致用，振兴实业。盛宣怀在创办天津中西学堂时，苦于无师，教习之人多只善于经史大义，对实业技术全然不知，即便有一二者可通晓西文，也不具备教师应有的才学。这与当时梁启超提到的中西教习的弊端如出一辙，即中教习多出身科举，粗通经史大义但所学无用，洋教习虽深谙西学，但经过翻译口述成中文后多半失真。因此，借才异地也不是长久之计。

面对合格师资缺乏所带来的一系列问题，盛宣怀提出："惟师道立则善人多，故西国学堂，必探原于师范。"倘若"不导其源，则流不可得而清也；不正其基，则构不可得而固也"②。师范教育作为"先务之先务"，是新式学堂创办的基础，没有师范教育，推广学校的计划就会成为无源之水，无从兴起。因此，创办师范学堂成为盛宣怀振兴实业、造就人才计划的首要任务。

既然师范教育作为新学的源头，盛宣怀即刻将创办师范学堂的念头付诸实践，但师范学堂国内前所未有，实属创举，只能在仿照泰西学制的基础上，结合本国实际情况，不断摸索实践，总结经验。想在师范教育萌芽之处开垦荒地，创办师范教育绝非易事，但"既病求艾，相需已殷，急起直追，惟虞弗及"③。既然发现问题的症结所在，就要马上找到解决问题的对策。盛宣怀善于聚拢仁人志士，无关中外国籍，虚心纳言，集思广益，在丰富其教育智慧的同时，也初步构建了师范教育的框架。如果说梁启超是首位系统阐述师范教育思想理论的教育家，那么，盛宣怀则做到了中西并蓄，博采众长，真正将师范教育理论思想付诸实践，并初步构想了师范教育与基础教育、中等教育、高等教育相辅而行的完整学制，成为清末倡导师范教育的领军人物之一。

---

① 欧七斤：《盛宣怀与中国近代教育》，上海交通大学出版社2016年版，第190—191页。
② 国家档案馆明清档案馆编：《戊戌变法档案史料》，中华书局1958年版。转引自陈学恂主编《中国近代教育文选》，人民教育出版社1983年版，第76页。
③ 舒新城编：《中国近代教育史资料》（上册），人民教育出版社1981年版，第151页。

二 "中体西用"的办学宗旨

盛宣怀是封建社会官僚和新兴资本主义工商业的经营者二者的结合体,其思想总是新旧杂糅,不相统一,导致他的政治思想和人才培养观总是与他的资本主义经济主张相矛盾。因此,他在创办新式学堂、培养洋务人才的同时,在办学思想上依旧延续着"中体西用"主张,一切文化教育的实施,都坚定不移地贯彻这一指导思想。

在《请设学堂片》的奏折中,盛宣怀曾指出,同文馆培养的学员之所以学艺不精,最重要的是因为不通孔孟教义,也就无法深刻领会中外政法的真实用意。他把人才不敷的问题归结于不能将孔孟义理作为教育的根本,显然,这样的推论受制于封建教育思想的桎梏,但同时也体现出盛宣怀始终将"中体西用"作为他教育活动中不可背离的基本原则。在他看来,通晓西文者和精通经史大义的中学者,都不能算作真正的人才,只有"导其源""正其基",继承中国儒学传统的义理精髓,再辅以西洋文化作为补充,才能真正达到培训治学之才的目的。对于创办学堂将过多的精力用于外语学习、忽视中学的现象,他认为,这是极其危险的,不将中国古典圣教作为学术根底,就无法有精深的造诣,其必将是舍本逐末的做法。他强调,必须扎实打牢中学的学术根柢,端正中学本原,夯实国学基础,才能进一步在西学的过程中不迷失方向,究其旨要。

1897年,南洋公学成立师范学堂。"中体西用"的宗旨一直贯穿于师范学堂的教育宗旨、课程设置、教学安排、师资选聘及学生应遵守的礼仪规范等各个方面。盛宣怀试图以中西本原如出一辙作为其中西学并进的理论依据,他认为:"中外古今教学宗旨,本无异同。"[1] 中国文化博大精深,历史悠远,而西人主张学以致用,与上古三代的施教之法不谋而合。因此,在师范院招考时,要求报考学生具有深厚的中文根柢。在学生学习期间,更是注重灌输儒家伦理道德思想。在课程设置上,以中学经书作为本体,选择实用的通典、政书作为辅助,不求高谈阔论,只为修身之用;西学在掌握语言文字的同时,还要汲取西国政治律法的

---

[1] 国家档案馆明清档案馆编:《戊戌变法档案史料》,中华书局1958年版。转引自陈学恂主编《中国近代教育文选》,人民教育出版社1983年版,第76页。

精髓，务必深究要旨，领悟其中的内涵。

此外，在聘请教师方面，盛宣怀也格外注重教员的国学素养，如创办南洋公学之初，聘请"学术湛深，不求闻达"①的三品衔分省补用知府何嗣焜作为南洋公学的总理。何嗣焜严格遵守"中体西用"的治学和用人原则，对师范学堂的中文、经史等课程格外重视。又聘请当时上海著名的教育家张焕纶作为公学的总教习，协助学堂中文经学的学习。何、张二人在保证公学以中学为主的同时，也注重中西学的融会贯通，盛宣怀的师范教育理论受二者的影响颇多。此外，南洋公学在教员配备上也同样兼顾中西，华、洋教习数量大抵相当，在师资配备上中西学均衡。可见，盛宣怀注意在保证师范生中学根柢的同时，传授西学的政法律例，以期培养中西学兼备的政治人才。

三 "锐意求新"的师范教育教学与管理

盛宣怀的师范教育思想集中体现于南洋公学师范院的办学实践中，广泛吸收中西人士的办学思想，融合中西方文化思想内涵，着重体现师范教育的育人特色，力求将师范教育作为专门教育来办，精益求精，对师范教育的办学体系形成了较为明确清晰的认识，对后来师范学堂章程的制定具有一定的借鉴意义。

（一）培养目标与教学内容

盛宣怀创办南洋公学的首要目的就是激发文人志士的爱国之心和实业救国的思想，即"激发忠爱，开通智慧，振兴实业为主义"②。要做到这一点，首先要剔除旧式文人沉迷空疏无用之学，整日只会高谈阔论，无益于时事的不良习气和腐朽思想。他说："中土士人，未出山时，淡淡漠漠，以干仕进；及其仕也，又泄泄沓沓，以保功名，天下事皆坏于此辈。"③ 因此，进入师范院的学生必须先端正学习态度，不以做官求功名为目的，而是专研实学，扎实肯干，以学习实在学问为求学

---

① 舒新城编：《中国近代教育史资料》（上册），人民教育出版社1981年版，第151页。
② 盛宣怀：《陈明南洋公学士习端正片》，载《盛尚书愚斋存稿初刊一百卷》（卷九），思补楼藏版，第9页。
③ 王尔敏、吴伦霓：《清季外交因应函电资料》，香港中文大学出版社1993年版，第511页。转引自欧七斤《盛宣怀与中国近代教育》，上海交通大学出版社2016年版，第180页。

目的。为正本清源，盛宣怀要求师范院的学生具有厚重的中国经史功底，在此基础上，学堂授以泰西各国及日本的政治学说作为辅助，务求"学以致用为本"①。鼓励师范生在具备良好国学素养的同时，努力接受新鲜事物，掌握西方先进的科学技术知识。主张教师要与时俱进，按照社会的需求来设置课程教材，安排教学内容。

在一定意义上可以说，对于盛宣怀而言，"西方科学技术仅仅是抗外侮、挽危亡、救国家、维道德的一条途径、一种方法、一个工具而已"②。他更是将其作为传统知识体系自我更新的有效手段，借以实现传统文化与现代科学技术的互补相融。因此，人才培养的目标必须革除旧教育观念中的浮华无实，取而代之以实用为目标的培养观念。同时，仿照日本师范学校附属小学的办法，为师范生提供实习演练基地，杜绝空谈理论，从实践中更好地掌握专业知识，具备解决实际问题的能力。

此外，师范学堂遵循学贵专精的原则，主张学生专攻一门，对所学的知识要刻苦钻研，精益求精，不能浅尝辄止，"一人之精力聪明，只有此数，全学不如专学，方能精进而免泛骛"③。鉴于师范学堂学生多系举贡生监，学堂课时安排较为紧凑，各季度和年终都有大型考试，学业繁忙。

值得注意的是，盛宣怀受其实业思想的影响，一直将师范教育视为专门教育来办。在拟办南洋公学之时，盛宣怀以人才收效皆在十年之久，"需才孔亟"为由，提出设办"达成馆"，即快速培养合格官员的速成班，作为政治人才缺乏的临时之策。该达成馆本意是先学习法政学，培养外交人才，待时局稳定后改为专门学堂。达成馆学员主要学习英法语言文字及公法政治各科，卒业后可充当公使随员或在政府机构中任事，后因各种原因而未果。师范学堂的设置与达成馆的培养目标大致相同，主要是培养师范生良好的政治素养、经世致用的实学知识和动手操作的实践能力，师范教育兼具政治性和师范性两大培养目标。

关于师范学堂的课程内容，因学者都具有较深的国学根底，所以学

---

① 舒新城编：《中国近代教育史资料》（上册），人民教育出版社1981年版，第151页。
② 陈先元：《先师风范名校风采——盛宣怀与上海交通大学》，载陈先元、田磊编著《盛宣怀与上海交通大学》，山西教育出版社1996年版，第16页。
③ 夏东元编著：《盛宣怀年谱长编》，上海交通大学出版社2004年版，第492页。

堂不开设国学课，只是组织学生根据个人兴趣爱好选择经史子集自行研究，有疑难问题与总教互相切磋。"总教不啻主讲，礼所谓执经问难者，得毋类是。"① 平日国学课只作札记，定期测试学生的国学功底。语言类课程开设英文、法文和日文，既可用于日后商务外交之用，又可储备留学人才。数学课程以笔算为主，但对数学课程的要求不高，一般只学到代数为止。格致学主要讲授理化知识，所用讲义由物理教员陆之平和化学教员黄国英编译。为了使学生更好地掌握理论知识，教员也会酌量情形，开设实验课程，供学生观摩。

此外，还包括科学教育即动植物矿生理地理诸学，在教课的同时，配备标本仪器和地图地球仪等设备。这些课程与传统私塾书院讲授的四书五经和经史子集相比，不仅应对外交需要添设了西国语言文字，以备翻译西学书籍及外交之用，还增加了自然科学、人文科学及实业技艺等专门知识，在开阔视野的同时，更具有先进的时代意义。师范院作为实施专门教育的基地，还主要培养学校管理和政法人才，因此师范班学生肄习"师范教育管理学校之法"②。鉴于法兰西国政学堂教授出使、治政、理财、理藩四门功课，盛宣怀仿照泰西各国的法政学堂，专攻内政、外交和理财三事。

由此可见，南洋公学师范院的课程专注经世致用的实学，更教授政法、外交等课程，培养师范生的政治素养，拓宽学术视野，从根源上解决实业人才和政法人才缺乏的困顿，符合道艺兼修的人才培养模式。

(二) 分层设学与组织管理

盛宣怀以北洋大学办学成效不理想为例，总结洋务教育失败的原因在于学堂创办完全模仿西国学堂，没有原创性和遵循一定的章法，导致各科的学习都只是浅尝辄止，不能深入透彻地掌握学科的原理。

他认为，学堂应依照学生的学业程度逐渐循序而升，加深难度。因此，他提出南洋公学仿照西方的学制，按照课程难易顺序，要求学生逐年递升。学堂以师范和小学为"先务"。南洋公学开办之初，先开设师

---

① 朱有瓛主编：《中国近代学制史料》（第一辑 下册），华东师范大学出版社1986年版，第526页。
② 朱有瓛主编：《中国近代学制史料》（第一辑 下册），华东师范大学出版社1986年版，第522页。

范学堂，聘请华洋教习，学额初定40名，学制为三年。又仿照日本师范学堂附设小学，选拔聪颖幼童，供师范生实习演练。之后，陆续开设了中院和上院，外院、中院、上院各分四班，每班30人，学制为四年。学生由外院逐级升入中院至上院，中、上院教习出于师范院，且师范院以一年成效为准，从中挑选优秀学员充列教师队伍。

南洋公学借鉴了西方学制的年级制和班级授课制，形成外院、中院、上院上下衔接，循序渐进的学校教育体系，而师范院并非独立设置，而是与三院并行，保持相对独立的地位，并边学边用，为各院提供师资，以保证源源不断地培养人才。

关于学堂的管理制度，学堂以节省开支为原则，一概拒绝庞杂的开支，同时，要求提高管理人员的办事效率，保证教学任务顺利实施。学堂管理人员职位设置仿照西方学校。督办，相当于校董会主席，因当时国家层面上未设置新式教育的行政机构，学堂隶属于各实业部门或主办者本人，故引用督办的名称。盛宣怀充当"各学堂创办的规划者、校务主管者、经费保障者和官商协调者"[1]，负责整个学堂的指导、主管工作，包括厘定办学宗旨、制定学堂章程、筹措经费、人事选聘及对外与官商交涉等，全堂各项事务均由盛宣怀统筹负责，指派各项任务。总理，相当于校长职位，协助督办负责管理学校事务。总教习，相当于教务处长，负责学堂的教学工作。提调，相当于教务长助理。总理和总教习的人选关乎整个学堂教学质量及办事成效，盛宣怀要求这两个职位必须选拔贤人担任。

除管理层及教学人员外，学堂还另设文秘、会计、图书管理员、校医等，分工细致明确，任务尽量落实于每个职位，避免人员冗杂，节省开支。此外，学堂对教员和学生的管理也是极为严格，常向教员及学生谆谆告诫申明章程，即偶有"教习稍染习气，学生稍轶范围者，立即辞退开除，从不瞻徇迁就"[2]。可以看出，南洋公学的人员管理已初具近代学校管理模式的雏形，教职员工任务指派明确，各司其职，有效提高了学堂的办事效率。

---

[1] 欧七斤：《盛宣怀与中国近代教育》，上海交通大学出版社2016年版，第96页。
[2] 盛宣怀：《陈明南洋公学士习端正片》，载《盛尚书愚斋存稿初刊一百卷》（卷九），思补楼藏版，第9页。

（三）入学选拔与教学考核制度

南洋公学一直秉承"高起点"的原则，师范院招生的录取条件更是较一般学堂严格。公学内设立师范院，先选高才生30人，延德望素著、学有本原、通知中外时事者教督之。① 1897年，师范院首次招生考试时，报名人数有数千名，仅录取30人，可谓百里挑一。报考的学生必须凭借真才实学才能获得录取的资格。所有考生，不论贫富贵贱、达官显贵，一律公平竞争获得入学资格。

曾任南洋公学洋总教习的福开森回忆道："严格的招生制度不仅是我们的规则，而且是我们的实践，除非考生能够同其他投考者竞赛而通过入学考试，否则尽管是由有权势的人物推荐的对象，一个也不录取。没有经过预考，那些由高级官员推荐的或出身于有权势家庭的无能的学生，都被排除在本校学生队伍之外。"② 录取学生要求有扎实的中文功底，考试的题目也较有难度。南洋公学校友、后任交通大学校长和台湾新竹交通大学校长的凌鸿勋回忆自己在广州时期报考南洋公学时的场景：

> 题目大约总是由上海学堂寄来的。英文题目里有一段是翻译，内容是关于英国史蒂汶生氏发明铁路机车的叙述，由中文翻作英文。现在的中学生也许都听过这段故事，但是七十多年前在广州的中学生对于这个故事真是闻所未闻。何况拿中文来译成英文，在那时也是很不容易的事。我只是糊里糊涂地翻了几句。至于算学及理化，内地中学全是用中文本教授，而出的题目却全是用英文。题目尚有点看得懂，但用英文写答案却难了……③

从这段描述中可以看出，南洋公学师范院的入学考试题目较新较难，既贴合实际生活，又不乏学术性，同时，要求试卷用英文作答，说明不仅要求考生有深厚的国学功底，英文水平也有一定的要求。因此，

---

① 《南洋公学纲领》，《实学报》1897年第5期。
② 福开森：《南洋公学早期历史》，载《交通大学校史》撰写组编《交通大学校史资料选编1896—1927)》（第一卷），西安交通大学出版社1986年版，第11页。
③ 凌鸿勋：《交通大学十年忆旧》，《传记文学》1962年第3期。

传统士子不经过系统的学习和专门辅导，很难达到师范院的入学要求。南洋公学以高标准的入学考试，严格把关师范院生源的质量。即便通过层层选拔、严格筛选出的师范生，也要经过一至两个月的试学期，考验合格后发给"白据"，才能成为师范班的正式生员。

师范院的学生同样是按照学习程度深浅来安排等级的，循序渐进地学习。其划分的标准分为五层，每一层都有各自的培养目标。要求学生先有远大的志向和可造就的天赋，继而在学习过程中不断地提升。在拥有渊博学识的同时，又能保持不骄不躁的初心，成为为人师表的榜样。第一层学生天资聪慧，质朴敦厚，无不良嗜好且有远大的志向；第二层学生勤勉好学，恭顺严谨，学友间相互切磋，有团队合作意识；第三层学生经过两年的学习后能够养成心思缜密的特性，分析问题条理清晰，遇事灵活应变；第四层学生主要注重性格的养成，即不骄不躁，敬爱师长，友爱同学；第五层，也就是最高层级的学生，不仅要学识广博，也要性情温和，心虚气静，遇事沉着，此为培养师范人才的最高境界。达到相应等级，分别获得"白据""绿据""黄据""紫据"和"红据"的凭证。

与师范生等级标准相配套的是严格的教学考核制度。南洋公学一直坚持严以治学的办学思想，盛宣怀领导的教学团队严格把关师范生的质量，制定了严格的考核管理制度。倘若学生不努力学习，不思长进，就会被激烈的竞争淘汰。"当时南洋公学学生的功课之多、功课之深，在国内屈指可数。"[1] 因此，学生大都学习刻苦，丝毫不敢松懈。曾有南洋公学的校友回忆当时的教学情况："不但校规严、老师严，而且学科多、功课重，老师教书极严，大家静听不敢多问，如老师认为无故多问，即作不敬师长论，轻而斥责，重则记过。"[2]

盛宣怀及其教育幕僚共同为南洋公学制定了严格的学校章程，对学生的礼仪规范、作息时间、功过奖惩都有详细的规定。从课堂学习到课外活动、从文明礼仪规范到规律生活作息、从请假游息到功过奖惩，每一项规定都不是束之高阁，而是要求必须严格遵守，否则轻则斥责、记

---

[1] 陈先元、田磊编著：《盛宣怀与上海交通大学》，山西教育出版社1996年版，第24页。
[2] 陈先元、田磊编著：《盛宣怀与上海交通大学》，山西教育出版社1996年版，第25页。

过，重则开除，绝不姑息迁就过错。正是由于学堂严格的要求，学生勤勉认真，南洋公学形成了求实奋进、精益求精的校风。梁仁公曾谈道："吾校风有三不可及。一曰：吾同学皆知自尊其人格而同时且知力尊他人之人格。二曰：吾同学皆知勤愤学问而同时且极敬重他人之勤愤学问者。三曰：吾同学毫无奢侈恶习而同时且知敬重他人俭朴。"①

关于师范院的考核制度，要求每三个月举行一次小规模测试，由总理和总教习共同负责面试；每年举行大型考试一次，由督办招商电报两局的成员，同江海道官员共同组成监考团队，亲自测试学生的能力水平。且师范院的学生多是举贡生监，为了让他们专心学习新学，学校取消了岁科考试，不必应对科举考试的八股帖括，保证师范生能够有充足的时间和精力致力于实用的学问。

（四）培养模式和能力训练

师范院与最初的达成馆的目的相同，意在培养律法政学的政治僚属，卒业学生可出国深造，亦可由政务处、礼部咨送各所需之地。公学创办师范院最初的动机，是学堂师资严重缺乏，且聘请洋教习不仅教学效果大打折扣，经费也是极为糜费，师范院更像是过渡性的教育机构，其任务就是培养合格的师资和政法人才。从1898年以后，师范院的招生逐渐减少，师范生或是充当外院、中院、上院的教习，或是选派出国深造。1900年9月，学校将师范院分为教授班和专修班，教授班仍然学习教育和学校管理之法，以备日后充当教习和学校的管理人员，专修班则以研究学问为主，不再兼职教课。正如福开森所陈述的："师范班之设，不过欲造就中学（旧称中院）师资，原为暂时计划，故未几即行停办。"② 从这点可以看出，师范院与达成馆的办学观念相同，都是为求速收成效，快速造就通才。因此，更为注重生源质量、学问精湛，以备日后分配到各学堂或为在政府任职做准备。

师范院非常注重师范生实践能力的培养，一改旧式教育只说不做、

---

① 邹恩润：《对于吾校二十周纪念之感想》，《交通部上海工业专门学校学生杂志》1917年第1期。

② 福开森：《在南洋大学三十周年校庆纪念大会上的演讲》，载《南阳大学卅周纪念征文集》，商务印书馆1926年版，第10—11页。转引自郭锋《福开森在华五十六年——参与兴办中国近代高等教育的视角》，上海交通大学出版社2019年版，第612页。

空谈心性的纸上学问之风，要求师范生边学边教。在学习理论知识的同时，将所学理论应用于实践。南洋公学外院挑选聪慧幼童分为四个班级，"比及一年，师范诸生且学且诲，颇得知行并进之益"①。师范生边学边讲，思考与实践相结合，并将实践作为检验知识的手段，同时，也缓解了新式学堂办学初期师资缺乏的问题。为师范生提供实习演练基地，与盛宣怀的实业思想是分不开的。早在他兴办矿务企业时，就派员跟随洋矿师实地勘探，在实际操作环境中掌握技术。作为专门教育开办的师范教育，自然也运用了理论与实践相结合的学习方式，这也成为中国近代师范教育的重要培养模式。

此外，翻译外文书籍也作为师范生能力培养的重要环节。盛宣怀认为，"译书尤为兴学之基"。且国家此时正处于"新政"改革时期，财务军政都需参酌中西政务纲要进行改革，准备各类政法军事书籍的详细资料是非常有必要的。既然要培养精通西学的人才，就急需西学的书籍译本，师范院作为政治人才的培养基地，自然应承担翻译西学政法类书籍的任务。盛宣怀设立译书院，大量购买日本及西国新出的政法书籍，要求师范院精通翻译的学生摘取重点，择要翻译，通过笔述的方式，尽可能还原西国政法概要。译书院组织师范生翻译了《科学教育讲义》《几何》《代数设问》《格致读本》等几十种西学书籍，不仅提高了师范生的外语水平和翻译能力，使所学的知识巩固加强，又能在翻译的过程中获得新知，开阔学术视野。

此外，盛宣怀还要求师范院学生编制适合小学用书的教科书，以供外院学生使用。如师范生朱树人、陈懋治、沈庆鸿、杜嗣程等编写了地理教科书、蒙学、笔算等各类教科书，后来在全国范围内使用。② 这些教科书也是中国近代自编中小学教科书的肇端，成为教学课本和教案资源开发的典范。组织师范生翻译西学书籍和编制中小学教科书，是南洋公学师范院的特色，开阔视野与实践能力训练并举，对于提高师范教育的职业化、专业化发展大有助益。同时，有利于提高社会对于师范教育重要性的认识，继承尊师重道的传统，努力形成教师专门化发展的社会新风尚。

---

① 舒新城编：《中国近代教育史资料》（上册），人民教育出版社1981年版，第152页。
② 陈先元、田磊编著：《盛宣怀与上海交通大学》，山西教育出版社1996年版，第120页。

四 师范教育思想的历史价值

盛宣怀作为推动洋务教育发展的重要人物，讲求经世致用，树立学用结合的人才观，大胆在办学实践中创新，努力突破传统教育价值观的束缚。在继承洋务教育已有成就的同时，不断参照中西各国的教育制度，革新和完善中国的教育体系，首开中国近代师范教育先河，形成了自己独树一帜的师范教育思想，具有较高的研究价值和借鉴意义。

（一）高度重视师范教育的兴学作用

盛宣怀与其他教育思想家最大的不同之处，在于他是从实业兴国的角度触发培养新式人才的需要和动机的。在早期兴办洋务实业中，盛宣怀已经深刻感受到培育新才是国家自强求富的重要途径之一，也从中明晰了兴办师范教育的紧迫性和重要性。当时，社会面临着旧学之士无法承担兴国重任和新式学堂无法按计划顺利推行的进退两难之境，盛宣怀借助于实业的资金便利，创办师范学堂储备人才。可以看出，在国势衰危、各类学校缺乏国家资金支持的情况下，利用实业支撑师范教育持续稳定发展的思想，也成为盛宣怀办学特点之一。他将师范教育视作一切新式教育的根基，也作为造就人才计划的首要任务。

在南洋公学实际办学过程中，他高薪聘请优秀的中西教习团队，力求保障师范教育的高质量、高水准，足以体现盛宣怀对师范教育的高度重视。盛宣怀将师范教育作为培养人才乃至促进国力提升的重要手段，同时，用实业所创的财富保证其师范教育的理论构想得到充分有效地发挥，这种依靠师范教育兴学的思想，在今天看来仍具有深远的意义。

（二）初创近代资本主义性质的师范教育体系

虽然盛宣怀的师范教育思想，仍延续"中体西用"的传统思维，但在新旧杂糅、融合中西的文化思想影响下，南洋公学的师范教育办学体系也有了进一步的突破。以近代西方的师范教育办学体制为蓝本，着重体现了师范教育鲜明的育人特色。在培养目标上，务求实用为本，努力接受西方的新鲜事物，革除传统科举养士的思想，寻求科举之外的西学途径培植人才，并以师范教育作为一切学校教育发展的根基。在教学内容上，更注重中西合璧，增添实用性的科学技术专门知识。在对师范生进行能力培养上,增加学生出国深造的机会,学习西方先进的科学知识和专门技术,以翻译西学书籍作为师范生能力训练的重要部分。

可以看出,盛宣怀认为师范教育的最终目的是发展实业,借此培养更多各类工商业人才,从而增强中国资本主义工商业与外侵势力的竞争能力。以西学激发师范人才培养的积极性,与传统的科举仕途思想形成强烈的反差,这种思想与当时中国社会的资本主义发展趋势是一致的。

(三) 注重能力选拔,加强科学管理

盛宣怀虽意识到传统封建教育的空疏无用,但也无力彻底动摇封建势力的根基,只得借用西方教育的运行模式,对传统教育进行修修补补。南洋公学的师范院无论是在生源选拔的入学考核上,还是在学校的行政管理上,都遵循"严以治校"的原则。生源选拔优中选优,严格把关师范生的质量,教学考核要求颇高,严格遵循等级制度的标准。教职工的日常管理也是指派任务明确,各司其职,杜绝职责亏空现象。他要求从教职员工到学生都必须严格遵守学校的规章制度,整个学校的校风都突显出一个"严"字。

盛宣怀之所以确立"严以治校"的办学思想,一方面是因为引进、采纳了近代西方资本主义性质的学校管理体系,另一方面也是因为锐意求治,希冀通过西式化的管理体制和人才选拔模式,来培养精英人才,以起到图强自立、抵御外侮的复兴目的。尽管这种西式化的管理还处在初步的摸索阶段,且并未动摇封建教育的根基,但他一丝不苟的严谨办学精神,体现出其忧国忧民的良苦用心。

盛宣怀开办的南洋公学师范院不仅是一次突破性的尝试,而且在革新和实践中不断丰富师范教育的理论体系,注重师范生实践能力的培养,造就了一批博学智识、德才兼备的优秀人才。南洋公学作为中国近代师范教育的摇篮,尽管不能尽善尽美,但实为近代学校教育的一大创新,其经世致用的课程内容、先进的教学组织形式和教学管理、严格的选考制度和突出实践能力的培养模式,都成为加速科举瓦解的催化剂,为之后新学制的制定提供了参考的范本。这一独辟蹊径的创举为中国近代教育带来了新的活力。

可以说,盛宣怀创办的师范学校将他的兴学育才思想,发挥得淋漓尽致，并形成了独树一帜的师范教育体系，对推动中国近代师范教育发展起到了重要的奠基作用。

第二节　张謇的师范教育思想

张謇（1853—1927），字季直，号啬庵，生于江苏通州海门长乐镇，是近代著名的实业家、政治家、教育家。1894年，张謇高中状元，被授予翰林院修纂。但面对民族危机空前紧迫，加上朝廷两党矛盾日益激化，张謇目睹了官场险恶，又加上心系救国图强，遂弃官返乡，开始兴办实业和教育。

1901年，张謇开始着手开办以南通为中心的一批文化教育事业，1902年，创办通州师范学校，实为近代民办师范学校的肇端。随后，依照学制体系开办初等、高等小学、中学、通州女子师范学校，横向上辅以农业、纺织、商务、医学、蚕桑等实业学校，同时，重视慈善与教育事业的结合，开办伶工学社、盲哑学校、残废院、养老院等一系列慈善机构。

1905年，张謇在通州首创南通博物苑，增长民众智识，丰富文娱生活。以实业和教育共同促进南通地方自治的发展，树立新风。与此同时，在身体力行的教育实践中，张謇形成了独具特色的办学思想，以"艰苦自立，忠实不欺"作为人生座右铭，教学方法上重视严格、服从，力求塑造学生的高尚品德。1905年，张謇被推举为江苏学务总会会长。

张謇教育方面的代表作主要有《张季子九录》《张謇日记》《张謇函稿》《啬翁自订年谱》等。

一　创办师范教育的动因
（一）"师范为教育之母"

甲午中日战争后，国家凋敝，人民饥寒交迫，在民族存亡的危急时刻，张謇清醒地认识到人民是国家的根基，仅依靠统治阶级的努力是不够的，每位国民都肩负着振兴国家的重任。中国积贫积弱，国势衰微，关键在于治国人才的缺乏，人才是国兴民旺的动力源泉。人才与实业互为表里，没有人才，兴办实业这一救国理念就仿佛无源之水，无从兴起。而人才的培养离不开教育。因此，普及教育、开启国民智识是挽救中国落后局面的重要途径。

张謇借古代实例来说明学校对于国家运势的重要作用，感叹自汉朝以来，学校就已积弊丛生，随着国势的衰败而日渐衰落。"周之将亡，而政教之衰也，学校不修，子衿刺作，及秦荡周制，举孔孟所守五帝三王之道，沦胥坠地。汉世经生借师说为利禄，学校之质存已几微。"①后世科举迭兴，导致士子大夫为之趋之若鹜，不再按照塾、庠、序、学各级学校的顺序按部就班地学习，"仕求速化"的社会现象，导致了今天"上无礼，下无学，贼民兴，丧无日矣"②的局面。因此，要挽救颓局，必须废科举、兴学校、育人才，才能从根本上解决国家积贫积弱的困境。

面对外国列强坚船利炮的步步紧逼和肆意践踏，很多政客主张学习国外的军事制造以强国势，但张謇认为，兴学储才才是挽救中国命运的根本之法。1895年，他为张之洞起草的《代鄂督条陈立国自强疏》，谈到当下国人将外洋各国富强的焦点投放在兵力强盛上，殊不知国力的竞争关键在于兴学养才，这也是古今中外共同遵循的道理。既然教育与国家的命运紧密相连，那么，兴学育才自然是国家兴盛、民族振兴的根基，普及教育就成为各项事业的重中之重。

为此，他发出了举国上下"必无人不学，而后有可用之人；必无学不专，而后有可用之学"③的美好愿望，希望各地学校林立，社会无人不学，这样人们才能真正领悟自己所承担的对社会的责任、国家的责任，那么，人才就会源源不断，国家富强指日可待。而普及国民教育离不开教师的指导，故一切学堂皆始于师范学堂。他批判当时洋务教育专注于高等学堂和实业学堂的设办，却对办学根本的师范教育冷眼旁观，

---

① 璩鑫圭、童富勇、张守智编：《中国近代教育史资料汇编：实业教育 师范教育》，上海教育出版社2007年版，第770页。
② 璩鑫圭、童富勇、张守智编：《中国近代教育史资料汇编：实业教育 师范教育》，上海教育出版社2007年版，第770页。
③ 璩鑫圭、童富勇编：《中国近代教育史资料汇编：教育思想》，上海教育出版社2007年版，第527页。

这样培养出的人才虽然可以应对急需，但从长远利益来看，只有开启民智、提高国民素质的基础教育，才是国富民强的根基。忽视基础教育反而急功近利地创办高等学堂，是舍本逐末的做法，只有从基础抓起，循序渐进，才能真正获得成效。人才的培养自然离不开教师的引导，因此，教育普及的重任就落在了师范教育之上。

（二）推进普及教育的实施

在张謇看来，现如今国家面临的最大困难在于举国上下知识未通，风气未开，很多愚昧的民众甚至不知何为学校，地方官府也只把兴办学校作为例行公事，甚至将学校与福音教堂混为一谈，这既是中国积贫积弱的原因，也是民众缺乏民族使命感和社会责任感的原因。要实现国富民强的宏伟之志，仅靠少数人的努力是做不到的，必须以全民的力量，作为国家振兴的坚强后盾。而没有教师的监督指导就无法实现全民教育的普及实施。不立师范学校，所有的管理、教授诸法皆为空谈，对民众实施有效的教化，也只能是纸上谈兵。张謇直接将师范教育提升到教育普及、国家富强的战略高度，认为师范教育应处于教育中的核心地位，师范教育成功与否关系到教育能否顺利实施，国家兴旺、民族富强的社会愿望能否实现。

张謇不仅阐述了师范教育的重要作用，还初步设想了师范教育与小学教育并行的学制体系，依照次序循序渐进地创办学校。他建议，不仅要效仿各国创办各类学堂，还要深知其创办学堂背后的用意。创办的顺序依次为：先于各府厅州县设立小学堂，同时选择文理根底深厚、身家清白的青年集中设立一师范学堂，为各小学堂储备师资。因师范学堂在办学初期生源选拔严格，加之师资缺乏，故缩短培养期限，以三个月为限，学成后派往各小学堂充任教员。随着小学堂数量的增加和规模的扩大，再渐次设立中学堂及高等学堂，最终以京师大学堂作为全国最高学府，至此，设立了较为完整的学制体系。

由此可见，张謇是结合普通教育而设立的师范教育，二者同时设立，相辅相成，可依据学校对教师需求的数量，进行定额，按需培养。小学堂的设立为师范生提供实习演练的基地，通过实习演练提高教学能力水平，师范学校的设立又为小学堂提供师资，在一定程度上缓解了新型师资缺乏的现状。师范学堂的设立是渐次进行的，先以短期培训的方式满足初设小学堂的师资需求，待到办学步入正轨后，逐渐扩充寻常师范学堂的规模和增加师范生数量，而后渐次设立高等师范学堂、专门高等学堂，最终以京师大学堂为最高学府。

另外，学校的设立依据学生身心发展的特点和接受知识的程度，逐级递升增加知识的难度，从初等教育逐渐发展到高等教育，形成上下衔接、由低到高的人才培养体系，又与师范教育并行构成完整的学制体系。可以说，这一设想已初具完整学制体系的规模，具有前瞻性和时代意义。

二 "学为人师"的师范教育培养目标

张謇认为，此时的中国要想处于与各国间竞争的有利地位，就必须有长远利益的眼光，以教育为立国根本。教育的目的是"救我国时局之危"。因此，他的师范教育培养目标，是根据严峻的国际竞争形势和时代对人才的需求而提出的，具有资本主义的教育性质。想要改变中国积贫积弱的现状，就要提高国民的文化素质，而要提高国民的文化素质，就要有时代的眼光，培养符合社会发展需求的人才。师范学校者，"范者法也，模也，学为人师，而不可不法不模"①。对于师范人才的培养，张謇提出更高的要求。他提出，将国家思想、实业知识和武备精神作为教育的三大培养目标，力求德、智、体的全面发展，而作为教师更要以身作则，具备良好的师德素养、广博精深的知识储备和掌握科学性的教学方法，才能胜任培养人才的艰巨任务。

（一）为人师表，首重师德

张謇将道德视为立学兴才的根本，没有德行、不重道义的人，即便满腹经纶也不会被人尊重，道德是个人立足社会所应具备的最基本的素质。受人尊敬的人，就必须明通公理、公德，按照章程礼法行事，谦虚恭顺，志向远大，而这几点也是人格形成十分关键的要素。师范学校更应以师德培养为重，严定校章和管理法规，敦促师范生要以身作则，才能为人师。人格的形成并非一朝一夕，而是从自尊自重做起的，点滴积

---

① 璩鑫圭、童富勇、张守智编：《中国近代教育史资料汇编：实业教育 师范教育》，上海教育出版社2007年版，第774页。

累,做到"毋以为小积则大,毋以为微积则显"①。

首先,张謇认为,师德培养中最重要的一点是要有责任心。他通过实地观察各省教育现状后,发现最大的弊端是教育精神的缺乏,归结为两点:"其中于心理者曰私心;而其中于生理者曰惰力。"②这两点弊病若不除去,就无法发挥教育救亡图强的社会作用,无法体现教育的精神本质。张謇对此开出两剂药方,拯救私心就要提倡国家主义,拯救懒惰应提倡军国民教育,即"尚公"和"尚武"的教育宗旨。

这两大教育宗旨归根结底谈的是人要有责任心。面对当下国势衰微、民智未开的现状,更要通过普及教育的途径获得人才,而身为人师先要具备强烈的爱国心和社会责任感,才能正确地引导学生,帮助其形成"国家"意识,将个人的前途与国家的命运紧密结合起来,即"先知觉后知,先觉觉后觉之责任,人人肩上各自担起,肯理会肯担任"③。只有将社会责任落实到每个人身上,国家才能强盛,社会才能安定。

其次,张謇认为,戒奢从俭、简朴务实是儒家传承下来的美德。孔子认为,美德是"温良恭俭让"。孟子认为,君子身上的美好品质是"恭俭",反之,奢侈浪费会使人失去信用。他时常告诫师范学校的学生"俭为美德"。勤俭可以培养人高尚的情操,促进实业的发展,推广教育的实施。养成简朴务实的美德,就会使人无所贪恋,不受官场名利压制,保持高尚的气节。对于教育本身而言,当下财力支绌,办教育举步维艰,倘若"教员务求厚俸,供给务求丰旨"④,则会导致学校经费开支日益窘迫,普及教育无从谈起。他劝勉师范诸生要将教育作为自己应履行的义务,毋求高官厚禄,对待本职工作要兢兢业业,一切的基础要从勤俭务实做起。

此外,他还告诫师范生,要诚实笃信,"修身之道,固多端也,即

---

① 璩鑫圭、童富勇、张守智编:《中国近代教育史资料汇编:实业教育 师范教育》,上海教育出版社2007年版,第775页。
② 沈行恬编注:《张謇教育文论选注》,南京师范大学出版社2016年版,第196页。
③ 璩鑫圭、童富勇、张守智编:《中国近代教育史资料汇编:实业教育 师范教育》,上海教育出版社2007年版,第773页。
④ 张謇:《张殿撰通州师范学校开学演说》,《南洋官报》1907年第74期。

就不说谎不骗人做去亦可矣"。①身为教师,不能随波逐流,被社会不良习气所侵染,要践行道德准则,待人宽厚仁爱,保持诚实守信的高尚气节。学校里学习的修身课程,仅是从理论上阐述如何学为人师,而真正将理论运用于社会实践才是修身立德的最终目标。

从这点上看,教师比学生更要严于律己,学生犯错可以得到师长、父兄的教导,尚有改正的机会,而人们对师长犯错的容忍度,就要小得多,稍有过失就会遭到众人的斥责诘问。教师的一言一行都必须谨慎规范,并由众人评判监督,可见,培养教师高尚的品德修养,是至关重要的。张謇清楚地认识到,师德师风是教书育人的关键,向师范生提出的这些道德要求并非只是空谈口号,而是要求必须身体力行、躬亲实践。这些教师应具备的基本道德素养要求,在今天看来仍令人受益匪浅,对于师范人才的培养仍具有积极的意义。

(二) 博通中西,储备丰富

对教师而言,具备丰富的学识,掌握相关学科系统的知识体系,是灵活运用教育原则和方法的前提。张謇十分赞同《学记》中谈到的"记问之学,不足以为人师,必也其听语乎"②。教师不能满足于现有的知识储备,必须不断学习,精益求精,不断丰富自己的知识素养,才能真正做到"传道""解惑",成为一名合格的教师。

为此,张謇十分重视师范生广泛涉猎各种各样的知识,开阔视野,为日后提高教学能力打下坚实的基础。师范学校的课程不仅注重师范类课程的学习,普通课程同样不能松懈,课程设置参照日本的课程计划,与中国旧式学堂的课程体系大相径庭。寻常师范本科生学级分为预科和本科,预科以通识类课程为主,包括伦理、国文、历史、地理、算术、日文、体操等课程。本科阶段较预科课程内容加深,不仅添加西洋史、法政、伦理、英文等新式课程,还将教育类课程加入课程体系中,并遵循循序渐进的原则,逐步加深对于教育理论的学习,主要包括教育史、教育原理和教授管理之法。首先,了解中外教育沿革及各国著名教育家传记思想;其次,教授教育原则和伦理大要,使学生理解教育宗旨,掌

---

① 张謇:《张季子九录:教育录》(卷四),中华书局1931年版,第2页。
② 曲铁华主编:《新编中国教育史》,东北师范大学出版社2011年版,第212页。

握教学方法；最后，掌握学校编制设备管理之法，并通过在附属小学的实践演练，巩固所学知识。

课程体系具有一定的创新性和现代性，适应时代需求和世界教育形势，增添许多西学元素，如外语、法政、西洋史等课程，内容丰富，涉猎广泛，目的是将西学巧妙地与中国的课程体系相融合，以起到博通中西、兼顾古今的作用。不过，即便需要迎合西学的潮流，在师范学校的普通课程中，张謇仍更加注重修身和国学两科。修身一科，抓住青年学生可塑性强的本质，"一垢一腻之微，且不愿其留于身而必去之，而不道德之行，不名誉之徽号，乃听其群集于吾身而不思去之，可谓爱身乎？爱好者，自孩提以来即有之特性"①。他认为，治人先修己，要善于发觉人与生俱来的天性，而洁身自好并非源于外部世界，而是出于对自身爱好特性的体认。国文一科，更是通晓各学科的基础，他提倡"适用国文"而非"美术国文"，即国文要通顺实用，切事切理，不能浮华无实，不重内涵。

此外，在本科学习的基础上，张謇还为通州师范学校设立了第五年的随意科，学生自愿选修政治、经济学、农艺、化学和英文中的一门，并聘请中外专家为学生解答疑难，进行深入的研究探讨。

除了为师范生开设丰富有内涵的专业课程外，张謇还鼓励学生自行研究，刻苦勤学。他认为，学习必须有远大的志向，勤奋刻苦，虚心求教，这也是一个人成才的关键。学习的过程是内心感悟的深层次体验，必须激发学生内心的求知欲和主动性，自觉、自动地学习，刻苦钻研，才能在不断积累的过程中获得高深的造诣，并灵活熟练地掌握应用知识的技巧。他把刻苦学习的过程比作登高跋涉，"以行远登高为志，则志于千里。而行十里百里，即得十里百里，志登千丈，而登十丈百丈，即得十丈百丈"②。学习并非一蹴而就，而是积少成多、逐渐积累的过程，只有富有主动学习的精神和能力，才能真正领悟学习的真谛。

为扩展学生的知识面，张謇要求学生根据自己的兴趣爱好和知识结构，广泛阅读群书，即便"此书与彼书详略有不同，同一论题，此说

---

① 朱有瓛主编：《中国近代学制史料》（第二辑 下册），华东师范大学出版社1989年版，第320页。
② 张謇：《张季子九录·教育录》（卷五），中华书局1931年版，第20页。

与彼说见解有差异等"[①]。要懂得举一反三,相互参证,灵活运用,养成做读书札记的习惯,并随时提出问题,与师友共同切磋,通过独立思考获得独到的见解。通过阅读,提升自己的知识水平,在已有专业知识的基础上,拓宽知识容量,不断构建新的知识结构。用当代知识建构的观点来看,这些主张仍具有重要的借鉴意义。

(三) 分层设学,因材施教

清末民初时期,师范教育仍处于刚刚起步阶段,且因旧式科举人才所学不能适于时代发展的社会需要,而正处于转型期。张謇认为,此时人才培养的关键是要变更科举,使天下人才皆出于学校之一途。对于旧式人才的转型培养,就要依据年龄阶段、水平层次的差异,设定不同的培养目标进行。其中,年在二十六至四十者正适于入师范学堂学习教授理法,以备州府官厅选拔,成为学堂教习。这一年龄段的青壮年是学习师范或备选做官的最佳时期,应充分利用其已有的才学,辅以教授育人之法,使之尽快适应社会对新式教师人才的需求。其他年长者虽已不适合学为人师,但也尽可能以实策论替代原来的主策论,改变其根深蒂固的旧学思想,以求吐故纳新,为时代所用。

张謇将师范教育人才的培养与旧式人才的转型结合在一起,他认为,二十六岁至四十岁是人生转折的中坚时期,虽不及年少阶段更容易接受新鲜事物,能够顺利从科举转而入学堂学习,但凭借其已有的文学素养根底,入师范学堂,不仅能补充师资力量的不足,又能弥补自身才学的欠缺,充分利用旧式人才的"优势",帮助其渐入佳境,成为符合时代发展需要的人才。

对于已经进入师范学堂学习的学生,张謇也根据学生自身的实际情况,如年龄、能力、学习意愿等要求,将师范学堂分为三个层次,分别为本科班、速成班和讲习班。其中,年长或家境贫寒者可进入讲习科肄习,修业年限为一年;想进行更深入学习者可入速成班肄习,学制为二年;而年少、家境富有且学有余力者可进入本科班深造学习,学制为四年。随着学业年限的延长,师范生所学习的教授管理之法,自然更加丰富精深。虽然本科班相较而言,学习成果最为突出,但在师范教育办学

[①] 张謇:《张季子九录:教育录》(卷五),中华书局1931年版,第19页。

之初，设立讲习班和速成班也是十分有必要的，其不仅为年长家贫者提供了就业学习的机会，也快速补充了各乡镇寻常小学教习的空缺，尽可能加快新式小学教育的发展。而随着本科生逐渐学成后，又可渐次减少讲习班和速成班的数量，使师范教育渐趋正规化发展，并逐步提高办学层次，设立高等小学，加快普及教育的实施。

张謇因材施教的师范教育思想充分考虑到本国国情。一方面，面对如何改变旧学之士根深蒂固的科举思想、使其迅速适应社会需要这一棘手问题，选择了年龄适合且有资质的青壮年学习师范教育，扩充师资队伍。另一方面，又根据师范生能力和意愿的不同，为学生设置了自由选择学习的机会，阶梯式的办学层次，适应不同层次的需要，在一定程度上吸引了社会上的有识青年加入教师队伍。

三 "精益求精"的招生选拔和师资任用制度

教师的选拔和任用也是张謇师范教育思想中的重要组成部分。教师质量直接关系着教育普及实施的顺利与否，关系着教育培养人才的质量。因此，在处理旧式人才的转型应用和聘请中外教师为我所用的问题上，张謇提出了自己独特的见解。

（一）弃旧容新，层层选拔

中国旧式的官学、书院和私塾聘请的教师，主要源于科举考试出身的士大夫。1905年新政颁布，清政府正式废除科举，兴办新学，结束了两千多年的封建教育，实现教育的近代转型。然而，新学的开展并非一帆风顺，尽管一再强调各地推广教育，广设学堂，但师资紧缺却成为办学之路上最棘手的问题。针对这一现实情况，张謇提出，充分利用科举人才补充紧缺的师资，实现教育转型。各府州县选拔文理兼通、身家清白的青年学习师范，备学堂选拔教习之用。并由地方视学官同师范学校教师共同检验师范班学员的学业教法水平，择选优秀师范生作为第二年兴办的小学堂教员。为了吸引更多旧式文人前往师范学堂报名，规定第一年师范生不纳膳金，并依据教学水平给予不同金额的奖励。从第二年起，学生才开始缴纳膳金。

同时，张謇指出了酌变科举的重要意义："今变五百年之科举，而使天下人材，毕出于学堂之一途。"① 学堂相较于科举而言，所学内容更具广泛性和实用性。科举即废，那么，旧式的科举人才就应适时转型，符合社会发展的需求。张謇提出了具体转型的对策：二十五岁以下诸生必须接受正规新式学堂的教育，系统学习文化知识和实业技术，而三十岁至四十岁诸生已具备一定的文化知识，可别立专门学堂学习史地哲学以及财政、农商一类的实业课程，丰富智识，开拓视野。令适龄青年入新式学堂接受新式教育，年长者可阅读专科书籍，也可考取师范学校，肄习教授管理之法。

张謇倡导的这一做法巧妙地化解了科举封建教育遗留下来的仕宦子弟出路迷茫的困境，并致力于推行基础教育，为新式学堂储备师资，既解决了科举人才冗杂的历史问题，又建设了一批新型师资，体现了他审时度势，能够充分利用人才优势、取长补短的高度智慧。

通州师范学校对于师范生的选拔也是极为严格的，主要招收通州、泰兴、如皋、静海和海门的生徒为主，也招收少量的外省生徒。学额定为180人，规定"若五属中不足额，即以外府外省人借补，并外府外省人亦不足额，宁阙不滥"②。要求选择的生徒"性情敦淑、品行端正、学力通敏、身体健全"③。符合以上四项要求者为"上格"，"学力身体稍次者为中格"④。入学年龄初定为18岁至30岁。通过以上初选条件者，须先考入预备科，先试"素学"，主要包括"国文（经义论说书法）、地理（中国及各国地理之大要）、历史（中国及各国历史之大要）、算术（笔算加减乘除比例百分算，珠算加减乘除）、教育（中外教育沿革及宗旨）、日文（译一书之一节）、英文（译一书之一节）"⑤。

---

① 璩鑫圭、童富勇编：《中国近代教育史资料汇编：教育思想》，上海教育出版社2007年版，第529页。
② 朱有瓛主编：《中国近代学制史料》（第二辑 下册），华东师范大学出版社1989年版，第289页。
③ 朱有瓛主编：《中国近代学制史料》（第二辑 下册），华东师范大学出版社1989年版，第289页。
④ 朱有瓛主编：《中国近代学制史料》（第二辑 下册），华东师范大学出版社1989年版，第289页。
⑤ 朱有瓛主编：《中国近代学制史料》（第二辑 下册），华东师范大学出版社1989年版，第289页。

关于试期及试题，本省由各地方官出示，外府外省则登报出示，考生将作答完的试卷封寄学校。录取合格者还须在入学之日进行集试一次，合格者为试验生，进入师范预科班学习，试验期为三个月，审定合格者方可入学。由此可见，通州师范学校的师范生要经过层层选拔才能入学，可谓是百里挑一、优中选优。

除了依据考生的能力选拔合格的师范生外，张謇认为，将教师综合考核成绩与教师等级和待遇挂钩也是很有必要的，以此"必鼓舞习师范者，使有乐从教育之途也"①。在科举尚未废除的情况下，张謇主张，仿照西方国家给予教师学位的做法，给予教师官位赏赐，更能体现国家对教师职业的重视，吸引人才进入教师队伍。具体要求为：

> 凡大学高等中等学师范本科生毕业，准作贡生举人进士。给凭后试教各高等中等及小学四年，比较成绩（以教成学生分数多少为最优与次优之分），进士教高等学，最优者除国子监丞，次优者除博士；举人教中学，最优者除博士，次优者除学正；贡生教小学，最优者除学正，次优者除助教；其廪增准作贡生教小学者，最优除府教授，次优除州学正；监附准作贡生教小学，最优者除县教谕，次优除县训导。②

每一级别的教师按照能力水平分配不同的教学任务，且终身从事教育事业者，可享有和科举进士人才同等的待遇，赋予名誉上的鼓励。同时，对各级学堂教员的薪酬也有初步拟定，"寻常小学校约每月二十或三十圆，高等小学校约每月三十或四十圆，中等学校约每月四十或五十圆，其专科教师约每月七十或八十至一百圆"③。结合旧式科举官制，仿照西方国家学制体系，提出依照教师教学能力水平划定教学任务，并支付相应的薪酬，这一思想已初具按劳分配薪酬的公平性。同时，以官位和绩效制薪酬待遇作为优厚条件，鼓舞教师乐于从事这项职业，提高教师的社会地位，对近代师资队伍建设提出了颇有价值的建议，具有一定的启发性。

---

① 璩鑫圭、童富勇编：《中国近代教育史资料汇编：教育思想》，上海教育出版社2007年版，第533页。
② 舒新城编：《中国近代教育史资料》（下册），人民教育出版社1981年版，第974—975页。
③ 舒新城编：《中国近代教育史资料》（下册），人民教育出版社1981年版，第975页。

(二) 择善而从，为我所用

张謇认为，应学习泰西各国，普兴学校，"前导后继，推求益精。但能择善而从，皆足资我师法"[①]。要学习国外办学理念的精髓，革新教育观念，不断推陈出新，精益求精。中国教育事业自战国时期教育名著《学记》问世后，中途衰落，社会上出现耻学于师的不良风气。因此，为扫除这一社会不良风气，"教授管理不得不借才异域"[②]。然而，各国语言文字各异，即便想来中国赚取丰厚收入且掌握一技之长的外国教习，也避免不了文化语言的障碍，教师不能教其所长，学生亦不能学有所获，导致教学效果总是大打折扣。故必须选聘精通中文的外籍教师。中国初兴师范教育，借才异域，吸收国外先进的教育理论和教学方法，完善中国的师范教育体系，造就新型师资队伍固然是良策，但外籍教师不通中文，就会对西学的传播造成很大阻碍。因此，选聘外籍教师，精通中文是首要条件。

对于外籍教员的薪酬应酌情参定，不应使中外教员薪酬相差过于悬殊。虽因形势所趋，各新式学堂不得不延聘外人，且外籍教员所授知识皆为中国社会发展所急需，但若中外教员薪酬相差过于悬殊，厚此薄彼，就会造成中西学失去平衡，不利于中国文化传统的继承和延续。他说："中学为立身始基，从学者往往扬西抑中，未免弃本逐末。"[③] 因此，张謇建议学堂的中国教习薪酬至少要达到外籍教习的一半，才能充分调动教师的教学热情，相互之间形成竞争而提高教学质量。重视中学，提高中学教员的地位，尽量协调和平衡教师队伍，使中西各教员均能尽职尽责，更有利于师范教育的发展。

从1903年至1907年，张謇为通州师范学校聘请多名日籍教员，如1911年，就聘请了木村忠治郎教授理科及教授法，又聘请西谷虎二、宫本几次和照井喜三分别教授西洋历史、英文、测量工学和农学。[④] 在

---

① 朱有瓛主编：《中国近代学制史料》（第二辑 上册），华东师范大学出版社1987年版，第9页。
② 张謇：《张季子九录·教育录》（卷五），中华书局1931年版，第10页。
③ 李明勋、尤世玮主编，《张謇全集》编委会编：《张謇全集（5）：章程规约告启说略帐略》，上海辞书出版社2012年版，第5页。
④ 朱有瓛主编：《中国近代学制史料》（第二辑 下册），华东师范大学出版社1989年版，第309页。

1914年至1918年的第一次世界大战期间，中德为敌对方，但张謇秉持无学术偏见的原则，顶着外界压力，为通州师范学校高薪聘请了十余位德籍教授来校讲学。① 可以看出，张謇在选聘外籍教员的标准和要求上有自己独到的见解，既要弥补师资缺乏的现状，促进国外先进教育理论的传播，同时，又不能盲目崇拜西学而轻视本民族文化，努力平衡中西学文化的关系，取之所长，为我所用，体现出他在重视师范教育国际化交流的同时，不随波逐流的坚定立场。

四 突破传统的教学方法革新

（一）严格服从，因势利导

张謇认为，今日国家积贫积弱的根本原因在于私心和惰力，这二者也是国民教育实施的最大障碍，而从根本上祛除私心和惰力，就要提倡国家主义和军国民教育，即实行"尚公"和"尚武"两大教育宗旨。有了教育宗旨就要有合适的教育方法，若方法不得当也会影响教育宗旨的实行效果。学生的塑造性很强，人的后天教育和所处的环境会对其成长过程产生重大的影响。因此，必须对学生严格管理，使其遵守规章制度，服从秩序。他引用了《学记》中"师严道尊"的重要论点："凡学之道，严师为难，师严然后道尊，道尊然后知人学。"身为教师，最难之处在于严格执教，只有严格的教师才会备受尊重，人民才能意识到教育的重要作用，才能实现"化民成俗"的教育理想。他列举欧美各国在教授管理方面尤重训练和服从，重视秩序和严格管理已成为社会教育界的共识。

然而，在政体改革的新阶段，很多人误以为自由等同于放任，忽视了公德秩序这一重要前提。断章取义地理解欧美各国"共和"的含义会使得教育效果适得其反。"凡教之道，以严为轨；凡学之道，以静为轨。"② 自由理念是建立在严格管理基础上的。因此，张謇为通州师范学校制定了严格的学校章程，大到学校规章制度，小到学生的生活管理、劳动生活等事务都有严格的规定。并教导师范生严于律己，在实际

---

① 吴洪成、王雪迪：《张謇师范教育思想探析》，《扬州大学学报》（高教研究版）2017年第1期。

② 张兰馨：《张謇教育思想研究》，辽宁教育出版社1995年版，第292页。

教学中也要严格管理,不能让学生放任自流。虽然张謇严格服从的教学方法稍显偏执,但严格的纪律有利于学校有章可循,整个教育组织协调统一,而且适度的严格管理有利于养成学生遵守纪律的良好习惯。

张謇虽然注重教师对学生的严格管理,但也提倡教学方法的灵活多变。他说:"人不同世,世不同地,地不同事,事又各有其不同。"[①] 学生的资质秉性、志趣性格都是不同的。因此,知识水平、理解问题的能力也千差万别,从事教育事业的人必须掌握教育的规律,学会举一反三,灵活多变,根据不同学生的发展需要因势利导,在教学过程中不断调整教学程序,对学生实施具有针对性的教学,依据学生的个性选择合适的方法。倘若整齐划一或方法不适合,必然不能收到良好的教学效果。遵循学生自身的发展规律和兴趣爱好,在不违背整体教学目标的情况下,对教学计划做出弹性的调整,有利于学生潜能最大程度地发挥。

(二) 与时俱进,引入新法

张謇不仅致力于教学方法的探索和深入研究,还注重引进国外先进的教学方法,提高师范生的教学水平。20世纪初,张謇曾在通州师范学校引进了单级教授法和赫尔巴特五段教学法。

鉴于当时教育经费紧缺,张謇尤为提倡单级教授法,即将全校的儿童编制于同一学级,由一或两位教员同时进行分班授课。张謇在日本考察教育时期,曾对日本的单级小学的教学过程进行了细致的描述:将每班学生依其程度划分为甲、乙、丙、丁四个小组,如甲乙二组学习算术时,丙丁二组可以学习历史,不同学科参错并授,一名教师同时完成数科的教学,提高办学效率。

这一教学方式可以令一教习在同一课堂同时教授不同年级不同学科的学生,在经费和师资同时紧缺的情况下,充分发挥单级教授法的优势,不失为一良策。但由此产生的问题是合授一班,"甲班授课,乙丙班默坐。小学每日授课六小时,而学生受课者,每班只得两小时"[②]。造成的结果是"恐九年之后,不但识字者难达二十分之一,且将减于

---

① 沈行恬编注:《张謇教育文论选注》,南京师范大学出版社2016年版,第291页。
② 陈学恂主编:《中国近代教育史教学参考资料》(上册),人民教育出版社1986年版,第667页。

现在矣"①。倘若不能利用好单级教授法,结果反而会适得其反。针对这一问题,张謇更加重视师范生学习教授管理之法,组织专门的教法讲习班,教授师范生掌握大型课堂组织的教学方法和技能技巧,灵活运用教育机智,学习如何随时应对课堂上各种突发状况,培养教师良好的综合素质和综合教育手段的能力。

张謇曾派毕业于南通师范学校的周维城去日本考察教育之法,以便回国推行。其中,赫尔巴特的五段教学法就是引进国外的教学法之一。整个过程大致为:先以直观教具和讲解的方式使学生对新知识形成初步的表象,当新知识进入大脑激发原有观念,再建立新旧知识的联系,新旧知识融合的最初阶段还需要进行整合,这时需要学生进行深度的审思,使知识系统化,形成新的知识体系。张謇不仅将这一教学法在通州师范学校进行试验,还注意与本国的实际相结合。

俞子夷回忆道:"五段教学法仅仅在讲义或口头谈话中推行,小学课本里很少出现。当然,通州师范实习小学里,五段法是常用的,这种小学,能有几个!"② 可见,张謇当时在通州师范附小推广的五段教学法极富有前瞻性和开创性。新教学法的引入和推广,不但有利于革新传统注入式的教授法,还在此基础上进行创新,加入了问答法、练习法等多种方式,大大提升了师范生的教学能力。

(三) 切合实际,重视应用

教育实习是师范教育的关键环节,也是提高教师教学能力的重要保证。通州师范学校自始至终都将教育实习放在重要的位置上,通过附设小学校,供师范生实习演练,使其在掌握教学理论知识的同时,积累教学经验,掌握真正的教学技能,提升实际的教学能力。

张謇在创办通州师范学堂时,就提出"寻常师范学中,亦必立一小学校,为师范生实践教授之地。是小学与师范其体用相受相成"③。要

---

① 陈学恂主编:《中国近代教育史教学参考资料》(上册),人民教育出版社1986年版,第667页。

② 俞子夷:《现代我国小学教学法演变一斑——一个回忆简录(一)(二)》,《华东师范大学学报》(教育科学版)1987年第4期。

③ 朱有瓛主编:《中国近代学制史料》(第二辑 下册),华东师范大学出版社1989年版,第285页。

求学生在最后一个学期到附设小学实习,并在实习之前准备实习方案,实习结束后评论实习情况。师范学堂及小学堂教员不仅要评判师范生教学能力,还要躬身实践,在必要时为其示范,通过实地演练传授教学策略。实习生通过不断总结经验,并通过亲身的感悟和教师的指导,积累丰富的教学经验。张謇将这一实习的过程比作战场:"附属小学之实习,战事之经历也;方案者,作战之计划也;评论者,使识其胜负原因之果何在也。"倘若"计划不备,练习不闻,战之后茫然于胜负之所以者"①,说明师范生还不具备教书育人的素质和能力。

另外,各府厅州县的师范学校作为新式学堂的动力源泉,其本身也有制定普通教育标准、研究新理法的职责。"示模范于府厅州县,思有以改良之发达之者,则皆师范学校之本务也。"② 师范学校附设的小学,兼具"示范、研究、练习"三个功能,为其他的普通小学树立典范;师范学校不断在实践中研究新的教学方法,通过在附小的实践演练,将其升华为系统的理论体系;供师范生实习,作为提升其教学能力的演习基地。张謇的教育实习理论充分体现了师范教育的特色,在办学过程中将理论与实践游刃有余地转化并升华,极具前瞻性。

张謇首开民办师范教育的先河,形成了比较完整的师范教育思想体系。他将师范教育置于关乎国富民强的战略高度,要求教师具备良好的师德素养、丰富的专业知识储备,掌握实际操作应用的技能技巧。他在教师的选拔和聘任上也是一丝不苟,任人唯贤。同时,张謇注重教育观念的革新,走在时代的前沿,引进国外先进的教学方法,并身体力行,推广实验。尽管在半殖民地半封建社会,教育的探索之路异常艰难,阻碍重重,但张謇仍极富远见卓识,大胆吸收资本主义新式教育的合理成分,不断探索和尝试。这一做法符合中国教育近代化发展的需求,在探索过程中总结的师范教育理论观点,在今天看来仍具有很重要的借鉴价值。

---

① 《通州女师范校第一次本科实习教授评案序——清宣统三年辛亥》,载张謇《张季子九录(三):教育录》(卷三),上海书店出版社1990年版,第10—11页。
② 朱有瓛主编:《中国近代学制史料》(第2辑下册),华东师范大学出版社1989年版,第321页。

五　筚路蓝缕的师范教育实践开拓

张謇充分意识到"学必有师"的重要性，便积极上书官府劝谏兴办师范学堂。1901年，曾上书新宁督部，请求地方政府创办师范学堂，但结果仅是设立算术测绘一类的专科师范，根本不能满足普通教育对教师的需求。虽然得不到政府的积极支持，但张謇认为，自己身为臣民，应为国家和百姓分忧，承担起乡民自治的义务和表率。遂决定亲自创办师范学堂，以此为推广和普及教育的基础。1902年，他开始筹备创办通州师范学校，学校定位为培养小学堂教员，同年，两江总督部刘坤一批准学校建设，"辅官立之不及，冀推行之渐广也"，认为该校建设"用意深远，立法精详"①。

1903年4月27日，通州师范学校正式建成，这也是中国近代第一所民办师范学校，校址以南门外的千佛寺修改营造。该校虽为民办私立性质，但需转饬地方官立案，由官方体察学校章程课级，且学生卒业后所得文凭应与官办学校一致。师范学校拟定开办后八个月，设立小学堂供师范生实验练习之用。招收品行端良、文理素优的有志青年入学堂肄业。学校经费来源于大生纱厂红利盈润2万元，并以大生纱厂的一股资金作为常年经费，并得友人帮助共同筹集。且"愿助本学校经费银五百圆以上者（田亩书籍照此估计），子弟一人在学不纳膳费，并准有考察本学校之权"②。以子弟享有入学优惠和监督权来吸引外部资金的引入，尽量通过多种渠道为学校筹措充裕的运转资金。

张謇注重先进教育理念的引入，及时更新教学方法，并不断进行突破尝试。依据学生的不同需求，通州师范学校学制包括讲习、简易和本科三类。讲习科为年长贫困者准备，各班次均按照学生的年龄、能力和个人学习意愿进行设置，讲习科和速成科的学制分别为一年和两年，年长而家贫的学生可以选择就学此类班级，如想继续学习深造和家境富有的青壮年，可选择进入四年学制的本科班学习。

---

① 朱有瓛主编：《中国近代学制史料》（第二辑 下册），华东师范大学出版社1989年版，第286页。

② 璩鑫圭、童富勇、张守智编：《中国近代教育史资料汇编：实业教育 师范教育》，上海教育出版社2007年版，第744页。

此外，本科生卒业后可自愿加习随意科，政治经济学、农艺化学、英文任选一科研习。讲习科与速成科师范生毕业均充当寻常小学教习，而本科生毕业充当高等小学教员。师范学校课程兼备学术性和师范性，主要学习教授管理法、修身、历史、地理、算术、文法、理化、测绘、体操诸科。同时附设小学，供师范生实验练习。

关于学校的人员管理方面，张謇出于经费和分工考虑，相较于官办学校，人员任用更为精简。除总理和教习外，学校仅设立专门管理学校经费收支和图书仪器的管理部门，但分工明确，办事效率较高，为高质量的教学提供保障。此外，为丰富学生的学识，开拓视野，张謇主张聘请中外名师来校讲学。著名的国学大师王国维，学者梁启超、章太炎，日籍教师高俊吉泽等人，均担任过通州师范学校的教员，高质量的师资队伍，也使师范生们受益匪浅，收获颇多。自 1903 年通州师范学校开办至 1911 年，学校共培养师范生 440 人[1]，这些合格的教师被分配到全国各地，充实新式学堂的教师队伍，为推动中国近代教育事业的发展作出了卓越的贡献。

随着近代新式教育的不断发展，风气渐开，人们逐渐意识到发展女子教育对于社会发展的重要作用。传统古代女子教育的内容单一，且受封建思想的羁绊，而无法获得良好发展，近代女子教育内容丰富，形式也更为正规，要想实施强国富民之策，广设女学具有不可估量的重要意义。走在时代思想前沿的张謇，同样意识到兴办女子师范学校对于普及教育发挥着不可替代的作用。1905 年，张謇以"女子教育之不可无师，与国民教育之尤须有母"[2] 为创办动机，设通州女子师范一所。除与男子师范学堂课程相仿外，还讲授保育幼儿之法及家事、裁缝、女红等适合家庭教育的课程，注重儿童心理法及养护教授原理的学习。

通州女子师范的开办具有前瞻性和进步意义，早于清政府颁布《女子师范学堂章程》两年，张謇率先开展女子师范教育，设置符合女学特点的课程及教授法，突出女子师范教育的特色，是移风易俗、解放女

---

[1] 《本校历年毕业生统计表》，《南通师范校友会杂志》1912 年第 2 期。
[2] 《通州女师范校第一次本科实习教授评案序——清宣统三年辛亥》，载张謇《张季子九录（三）：教育录》（卷三），上海书店出版社 1990 年版，第 10 页。

性的先见之举,对完善中国近代学制体系具有一定的促进意义。

此外,当时国内盲哑学堂仅有外国传教士创办的二三所,国人还未广泛涉足此项教育,张謇鉴于"盲哑累累,教育无人"[①] 的社会现实,极富远见卓识地创办了盲哑师范传习所。他意识到盲哑教师与普通教师的不同之处,盲哑教师不仅要有丰富的学识,更要有慈爱心和耐心,盲哑教师要担负起更大的责任。在国内盲哑教育初兴时期,张謇就已意识到创办盲哑师范学校的重要性,可见,他既具备教育家高瞻远瞩的学术远见,又极富创新意识和勇气。正是张謇坚持不懈的努力和对师范教育事业的热情,他创办的各级各类师范学校为全国新式学校输送了大批德才兼备的优秀教师,有力地推动了近代新教育的发展。

六 师范教育思想的历史价值

张謇首开民办师范教育的先河,形成了丰富而完整的师范教育思想体系,并躬亲实践,创办了多种类型的师范学校,积累了丰富的办学经验。他将师范教育置于关乎国富民强的战略高度,注重教育观念的革新,走在时代的前沿,引进国外先进的师范教育教学方法,为近代民办师范教育的发展作出了重要的贡献。

(一) 确立师范教育优先发展的战略地位

张謇所处的时代,政局动荡,民生疲弱,社会面临新旧转型的大变革。教育的普及和新式人才的培养是挽救民族危亡的一条重要路径。而兴办师范教育作为普及教育实施的根基,已经势在必行。事实上,师范教育耗资巨大,不仅需要地产设立校址,还需要高薪聘请国外师资,以及先进教法的引进和新教学设备的完善,都需要国家和地方政府建设和扶持。然而,国势衰微,政府无暇顾及师范教育的发展,在客观上也为张謇开创民办师范教育提供了契机。

自1902年张謇开办了第一所民办性质的通州师范学校伊始,又相继筹资创办了通州女子师范学校、盲哑师范学校,形成了独具特色的民办师范教育体系。他深知师范人才决定国家普及教育的顺利实施,关乎启迪民智、提高国民素质的时代重任,身体力行地创办师范学校,也为

---

① 马斌主编:《张謇实业与教育思想概论》,苏州大学出版社2006年版,第135页。

我们展现了这位时代先驱是如何用实际行动来彰显人才决定国家发展的伟大力量的。同时,丰富了近代师范教育的办学形式和办学类型,兼顾寻常师范、女子师范、盲哑师范等多种类型的师范教育,为近代师范教育体系的完善提供了宝贵的借鉴经验。

(二)重视课程教学,提高师范教育质量

张謇深知,教师身负着提高国民素质的重要使命。因此,在对于教师的培养上,他一丝不苟,对师范生严格要求,坚持从思想和行动上积极引导学生。

首先,要求教师具备良好的师德素养,有强烈的社会责任感,将个人前途与国家命运紧密结合起来。同时,培养师范生勤劳节俭、不为世俗趋炎附势的高尚美德,而这种美德并非一朝一夕形成的,重在实际教学过程中的点滴积累。张謇以具有高尚品质的人物事迹,润物细无声般地滋润着学生的心田,使其能感同身受且受益匪浅。其次,教师必须有丰富的专业知识储备和实际操作应用的技能技巧。教学内容博通中西,具有时代的前沿性和创新性,能够根据师范生实际情况因材施教,避免整齐划一的单调教学,在学制上也进行弹性化的设置。最后,张謇注重教学方法和教育理念的革新,根据本国实情引进国外先进的教学方法,通过引入和推广不断变革传统教学法。

总之,张謇运用多种方式努力提升师范教育的质量,从各个方面促进师范教育的稳步发展。

(三)严选师资队伍,促进师范教育发展

张謇认为,教师对于培养新式人才而言起着中流砥柱的作用。因此,从最初选拔师资队伍的生源就一再强调师范生要优中选优。不仅严格要求生徒的品格素养,又要具备才思敏捷、文理兼通的学术根底。同时,发挥学生各自的优势,并以按劳分配的奖励制度,激励学生乐于从事教师职业。

另外,张謇也善于借才异域,延聘优秀外籍教员来提高师范学校的整体办学水平,同时,又不忘继承发扬中国优秀的传统文化,努力平衡中西学在师范教育中的发展。这体现了他既注重师范教育的国际交流和先进教法的革新,又能继承中国传统文化的优秀成分,不断通过教育理念的革新,促进师范教育的长远稳定发展。

事实上，不论是选拔学力通敏的生徒加入师资队伍，还是聘请外籍教员学习西方的先进教法，这些举措无不体现出张謇从创办师范教育开始就有目的、有计划地组建一批高质量的师资队伍的目标。这一目标一直贯穿于他的师范教育思想中，且以国外的办学经验，作为师范学校人才选拔的有益参考，从理论和实践两个层面为中国近代师范教育的发展贡献了智慧和经验。

张謇作为中国近代民办师范教育的先驱，探索形成了完整而丰富的师范教育思想体系，为近代师范教育的发展提供了思想资源和实践参考。尽管在半殖民地半封建社会中，教育的探索之路异常艰难，阻碍重重，但张謇极富远见卓识，大胆吸收资本主义新式教育的合理成分，这一做法符合中国教育近代化的发展需求，这些师范教育理论观点在今天看来仍具有重要的借鉴价值。

第三节　梁启超的师范教育思想

梁启超（1873—1929），字卓如，号任公，又号饮冰室主人。1895年4月中旬，《马关条约》的签订，促使梁启超等人联名公车上书，主张拒和、迁都、变法等主张，梁启超成为近代知识分子参政议政、发表言论的主要推动者。他曾任上海《时务报》的主笔，大力宣传变法图存的重要性和紧迫性，主张"育才兴学"。

1898年，梁启超起草《京师大学堂章程》，不久后，发生了"戊戌政变"，逃往日本。在日本期间，与横滨商界共同创立《清议报》，宣传维新变法思想。1899年，与曾卓轩、郑席儒等人在东京创办大同学校，建立文化阵地，继续传播西方资产阶级的思想。1902年，创办《新民丛报》，提倡凝聚公民的道德价值观，培养新民，广开智慧。之后，加入保皇会，与革命派的矛盾尖锐，主张"尊崇皇室，扩张民权"[1]。

民国成立后，梁启超任法律副大臣，积极反对复辟帝制，并努力重新恢复《临时约法》的法律效力。五四运动时期，梁启超的工作重心从政治转向教育，主要从事学术研究和讲学授课。1920年，联合同人

---

[1] 陈书良编：《梁启超文集》（4），北京燕山出版社2009年版，第648页。

创办共学社,并邀请杜威、罗素等人到讲学社做演讲,促进中外学术交流。1923年,创办松坡图书馆,成为当时国内规模较大的私立图书馆。在教学方面,曾任中国公学的首席讲习、南开大学讲师和清华大学导师,足见其学问渊博,造诣精深。1921年秋至1923年初,曾应邀做巡回讲学,内容涉及政治、经济、文化、教育、哲学等各个方面,内容丰富,广博精深。

其代表著作主要收录于《饮冰室合集》中,此外,其他著作有《清代学术概论》《中国近代三百年学术史》《中国历史研究法》等。

一 倡导师范教育的动因

(一) 废科举而兴学校之本原

近代以降,西方资本主义的坚船利炮打破了统治者的天朝美梦,资本主义的政治、经济、文化如潮水般涌入。面对处于弱势地位的社会时局,梁启超认为,只有通过变法实施"改弦更张之道",才能彻底拯救危机。倘若面临"瓦墁毁坏,榱栋崩折"的困境,却仍"酣嬉鼾卧,漠然无所闻见"[①],便是十分危险的。在洋务时期,部分先进的知识分子认识到变法的重要性,兴学校、育人才、创行新政,然科举未改,所学八股帖括、古学经文,并无益于经世致用,"教而不用,则其教之意何取也?"[②] 人才皆为功名利禄束缚,醉心于八股帖括而不能自拔。这种"补苴罅漏,弥缝蚁穴"[③] 的做法,并不能真正改变人才匮乏、国势衰败的现状。

因此,"兴学校、养人才以强中国,惟变科举为第一义"[④]。教育改革的上策是为合并科举而兴办学校,课程学业仿照泰西之理法设置,彻底廓清千年取士的积弊之法,使天下之士改变过去对科举趋之若鹜的盲目跟从,转而寻求实学、通理明法,兼修技艺,以求治理天下之道。既然兴学校为育人才之本,师资的缺乏就成为当前最为棘手的问题。由此,探本求源,彻底变更科举而兴学育才的根本方法,在于新型师资的

---

① 梁启超:《饮冰室合集》(1),中华书局1989年版,第2页。
② 舒新城编:《中国近代教育史资料》(下册),人民教育出版社1981年版,第923页。
③ 梁启超:《饮冰室合集》(1),中华书局1989年版,第8页。
④ 舒新城编:《中国近代教育史资料》(下册),人民教育出版社1981年版,第923页。

培养，而科举造士的传统方法仅限于四书五经，学而无用，没有合格的教师，自然无法培养优秀的人才，循环恶果造成了人才匮乏。因此，兴办师范学堂成为变法兴学的急务。

（二）师资建设积弊丛生

古时提倡尊师重道，认为从师学习为民生之一事，国家设立学校并雇佣教师培养人才。汉魏以后，学校废除，教师也散于各地，各倡其学，良莠不齐，导致社会风气每况愈下、学术败坏，人才培养也日益萧条。尤其是清代以来，府厅州县的学官整日无所事事，手握重权的书院山长，培养的所谓"车载斗量"的学究，虽数量众多，但大都是"六艺未卒业，四史未上口，五州之勿知，八星之勿辨者"之人。[①] 教师总体水平低下，导致富裕人家在聘请教习时多周详审慎，精挑细选。然而，这种整日醉心于八股帖括，而对六艺四书等一窍不通的教师，根本无法培养出合格的人才。这些学非所用的学究不能领悟"传道、授业、解惑"的真谛，尽以帖括育人，灌输学习的最终目的是考取科举功名而为官的错误价值观，而弟子虽从师学艺，却不能真正获得经世致用之学。

因此，教师必出自师范学堂，系统学习教授之法。此外，梁启超认为，旧式的封建教授法也需要革新，呆读死记、不求甚解根本不能使学生学有所获，且教师多认为严厉的体罚是实施教学的最有效手段，然而，学生遭受棍棒体罚之苦，自然无法激起学习的乐趣。

在举办洋务伊始，各新式学堂主要聘请西人为教习，然而延聘西人，经费甚糜，造成很大的经济压力。梁启超认为，聘请西人教习主要有以下弊端：（1）西人不通中文，辗转翻译口述后，其意多半失真，与本义不符；（2）西人教法异于中土，倘若用中文理解数十种语言的含义，极为困难；（3）外国人精通西学，但对中国文化知之甚少，学生从师西人，势必轻视中国文化传统，舍本逐末；（4）外国教习来自世界各地，其习惯语言各不相同，影响军事教育的整齐划一和规范性；（5）西人教习的薪酬往往高出中国教习数倍，很难做到师资管理的公平公正。

[①] 梁启超：《饮冰室合集》（1），中华书局1989年版，第35页。

从聘请外国教习所存在的种种弊端中，可以看出，不建立自己的师资队伍，将会成为发展新式教育的主要障碍。梁启超建议，京师以及各省府州县应仿照西制，培养教习，以期逐渐扩充合格教师的数量，以兴办师范学堂作为革故鼎新、增长民众智识的第一要义。

二 "群学之基"的师范育民之说

梁启超作为资产阶级维新派的代表深刻认识到培养"新民"是国势转危为安的当务之急。他认为，国民之文明程度低者，纵使贤主明君统治也难逃国破人亡的命运；国民之文明程度高者，即使遇暴君污吏也能通过民治维持社会稳定。由此可见，国民文化素质的高低直接影响国家安定富强与否。对于"新民"的定义无外乎包含两点：一是"淬厉其所本有而新之"，二是"采补其所本无而新之"[1]。既要在保持国民特质的基础上，使国民精神有新的突破，又要博考各国民族的自立之道补充政治、学术、技艺上的不足。教育的变革对于培育新民、扭转国运发挥着不可估量的重要作用。而广设学堂、培养人才又离不开师范教育的奠基作用，充足合格的师资力量，才是国民无不受教的关键所在。

因此，梁启超基于其政治改革的变法思想，非常重视师范教育的重要作用，并把师范教育作为"群学之基"，强调"师范学堂不立，教习非人也"[2]。倘若不设师范学堂，那么，兴学育才的教育改革就仿佛无源之水，无法实施，也会严重阻碍变法维新的政治改革。

中国要想成为独立强大的国家，就必须从整体上提高国民的素质，增长民众的智识。此时，国家陷入阽危之境，遭受外敌欺压，内政腐败混乱，多由国家不重视民众教育的普及而导致的。可见，梁启超已经深刻意识到教育对于国家转危为安的重要作用，归根结底，在于学校所发挥的教书育人的功效。通过学校教育，使一国之人无一不学，才能充分挖掘国民的潜力，选拔经世致用的通用之才。

然而，考虑到本国国民的性质，仅效仿西国办学模式，聘请洋教员既不合乎中国的国情，也不能培养有创新思维和进取思想的新国民。他

---

[1] 童秉国选编：《梁启超作品精选》，长江文艺出版社2005年版，第325页。
[2] 梁启超：《饮冰室合集》（1），中华书局1989年版，第19页。

批判当时学校里的教师多为庸才,对四书六艺等一知半解,无法胜任培育新民的重任。因此,欲求人才之多寡,师范教育起到关键作用,"师道不立,而欲学术之能善,是犹种稂莠而求稻苗,未有能获者也"①。参照泰西各国的教育可以发现,想要培养有独立思想和具有创新精神的新国民,就要从根本上解决师资良莠不齐的缺点,兴办符合本国国情的师范教育,以本国的教师取代语言不通、教法不同的外籍教习。

梁启超在给政府治理国家的建议中提到,政府要慎察国家所处的形势,了解国民的智识能力,并将二者作为施政的根本。要想发挥学校教育的效用,就要兼顾一般国民的教育和高等人才的教育。而前者侧重于教师的数量,后者侧重于教师的质量,达到教师数量和质量的双重要求,就要做到"国民教育以培养师范为先"②。创办新式小学与师范学堂必须同步进行,地方自治事业也要将培养单级教授之师资作为第一要务。

此外,梁启超十分注重师范教育的发展方向。在进入民国时期,在讨论北京高等师范是否应升格为大学的争论中,梁氏始终坚持师范教育办学的独立思想,要求将其升为师范大学。他认为,师范教育是培养国家栋梁之才的根基,绝非单纯的职业培训所能相提并论,而要将师范学校改为专业类学科归并入大学,实为削弱师范教育效力,不利于国家兴办的各类教育事业和人才的培养。作为教育家,本身也必先厘定教育宗旨,在教授国民文化智识和生存本领的同时,努力教导其扮演好生活中的各种角色,成为有思想、有道德之国民的表率。由此可见,梁启超将兴办师范教育作为培养新民的根本,始终坚持师范教育独立办学的思想,且主张教师应作为国民之行为的表率,以培养独立自主的新民作为教育宗旨。

三 兼顾中西的师范教育学制体系

1897年,南洋公学师范馆的设立,开启了中国师范教育的先河,但此时师范教育并未独立设置,而是附设于学堂之内。早在师范馆未设

---

① 梁启超:《饮冰室合集》(1),中华书局1989年版,第35页。
② 梁启超:《梁启超全集》(5),北京出版社1999年版,第2575页。

立之时，1896年，梁启超在《论师范》一文中，就勾勒出师范教育的大致轮廓，即各省府州县小学堂与师范学堂并设，师范学堂的生徒既可以补充紧缺的小学师资，又可将小学堂作为实习基地，巩固所学的理论知识，提高教育教学能力。此外，对于学堂教员的选择也有严格的要求。过去学堂聘用的教习，"半属无赖之工匠，不学之教士"[①]。而中国教员尚学业不精，不能胜任新式学堂的教学任务。真正适合于学堂的教师寥寥无几。为此，他在初拟《京师学堂章程》时，非常注重教员的选拔。

首先，精选总教习。总教习必须学识渊博、志向远大，又具备管理才能，此类人才必由政府亲自遴选以体现对其才能的重视程度。可见，他非常重视对于总教习的选择。优秀的总教习可以建立学校良好的学术风气，带领全校师生勤学上进，切磋交流。其次，分教习由总教习选择合格人选，以助其教授之力，收得教育成效。至于西国教习，不能节制其教授西学及语言文字，但必须中西兼顾，不能对中学"偏枯"。

京师大学堂设立后，各省也相继创办师范学堂，但这些师范学堂各自独立，并未形成完整的体系。梁启超并不满足现有师范学堂的建设，他认为，师范教育作为教育体系的根基，在保持其专业性和独立性的同时，理应统摄全局，效仿泰西各国的师范学校教育制度，参酌厘定，设立独立且符合中国国情的师范教育体系。

1898年，曾有人游赴日本并上奏了日本的师范学校大致情况，寻常师范和高等师范各司其职，分别以培养小学教员和中学教员为己任，其课程设置、学制体系、实习制度都具有较高的参考价值。

基于此，1902年，梁启超在《教育政策私议》一文中对国内的师范教育按照寻常师范学校、高等师范学校和师范大学三个等级进行划分。高等师范学校学制四年，文化程度与各大学相同，师范大学具有研究性质，相当于大学院，对师范生的学习年限不做硬性的规定，以自由研究为主。各级师范学堂层级递进、分工明确，同时要求学制整齐，上下相互衔接，按照程度等级循序渐进地安排教学内容。在课程设置上，梁启超建议仿照日本师范学堂设置，主要包括修身、教育、国语、汉

---

① 梁启超：《饮冰室合集》（1），中华书局1989年版，第61页。

文、史志、地理、数学、物理、化学、博物、习字以及符合资本主义经济发展的实业类课程,如农业、商业、工艺等。同时,为适应西学形式的需要,外语也应作为师范专业必修课程之一。

从整体上看,学制的内容仿日痕迹较重,构想略显粗糙,但其关于师范教育的学级设立、课程设置等内容具有先进的时代意义,其理论论述对后来《钦定学堂章程》《奏定学堂章程》等学制的颁布产生了重要的影响,对师范教育从最初的理论构想到付诸实践,并成为教育领域的重要组成部分也产生了积极的影响。

四 教师应遵循的"讲学之道"

梁启超不仅提出较完整的师范教育学制的构想,还阐述了教师在教学过程中应遵循的教学原则。师范学堂的学生,除了要做到立志、养心、治身、读书、穷理、学文、乐群经世、传教等基本要求外,作为教育者,还应遵循一定的教学原则。梁启超汲取前人教育思想的精华,以自己独到的见解,提出教师应遵循的教学原则。

(一)教亦多术,因势利导

梁启超继承了孟子"教亦多术"的教学思想,认为教学应根据学生各自的天赋秉性,根据实际情况因势利导,制订具有针对性的教学计划,鼓励学生个性的充分发展和主体意识的培养。为此,梁启超批判近代学校教育者将学校当作军队,整齐划一,致使"千万人若一机之动也",导致资质稍逊者浅尝而无所收获,优异者因精力充沛而课程内容一定,导致其成绩时好时坏。这种"水平线式"的教育完全是按照国家主义的教育宗旨培养人才,抹杀了个人的独特性,陷于机械而失去自动力。

对此,他提出学校应开办自由讲座,选择学术精湛的教员组成讲师团体,教师讲授自己擅长的学科,并建立各科之间的有机联系。学生可根据自身情况,选择专修和自由听授。自由讲座的开设使师生成为"共学之友",相互切磋,共同探讨学问。教师可以体察学生"性之所近",根据其不同水平和接受程度因势利导,鼓励学生自发研究,避免教育的"机械化""凡庸化"。

(二)循序渐进,化难为简

古典文学中多次谈到学习要遵循循序渐进的原则。孟子曾提出教育要"盈科而后进"的论述;《学记》中提到的"预、时、孙、摩"教学原则中的"孙",即是循序渐进的原则,意在根据学生的年龄长幼和知识储备能力来安排教学内容。梁启超对于此条教学原则十分重视。在《论幼学》中他谈到古代的教学者,在教书时的次序为先教学生识字,识字之初可以充分利用周围的实物,帮助学生加深理解,在此基础上解释词语的含义,然后,运用所学的词语,组成通顺的句子,最后再通过深入思考利用所学的知识,写成有思想的文章,每一个步骤都环环相扣,才能收到预期效果。

初学内容多以简单俗语为主,民间俚语虽字义浅显,但所蕴含的哲理丰富,易接近事物的本质,由浅入难,适用于初学者学习。根据学生接受知识的能力范围,逐渐加深课程内容。而当下的教育所用的帖括、词章远超儿童的接受范围,教育者不考虑学生的实际情况,强制其学习这些晦涩难懂的词句,反而会适得其反。学生不理解而呆读强记,终无所获。教师应做的是根据儿童的身心发展特征,教授与其年龄相适合的学问,由浅入深,由粗而精。教师要有耐心,循循善诱,帮助学生解决学习上的障碍,使其不致因晦涩难解而呆读死记,而是遵循学习的规律,逐渐加深学习的难度,盈科而进。

(三) 启发诱导,学问结合

《学记》中要求教师要"善喻",即教师对于学生要善于诱导而不是牵拉,劝勉、激励学生而不是强制,让学生觉得学习是件快乐的事情。通过启发,开启学生的智慧,指点其自行研究学问的端倪,学会独立思考,主动接受外来知识并有自己独到的见解。梁启超同样认为,教师对于学生的启发诱导是必要的,同时,"学"是向内输入,而"问"是由内到外。幼儿启蒙之书应以问答为主,可将所学的内容,编成朗朗上口的问答儿歌,由浅入深,帮助儿童记忆,会收到事半功倍的效果。为儿童编选问答设问的书籍,只言结论,不列引证,可以简明扼要地展现所讲内容的体例文法。这时,教师可根据学生资质优劣从不同方面启发诱导,为学生创设问题情境,开启智慧,使学生养成主动解决问题的意识,切实感受从疑惑到解惑的学习过程,不必专门记诵就可以理解所学知识的内容,并留下深刻的印象。

此外,幼儿教育注重将所学知识编成通俗易懂的韵语歌诀,以此激发学生的学习兴趣，寓教于乐，增添学习的趣味。教师善于唤醒并保护学生对知识的兴趣，可以收到更好的学习效果，此为教育者应具备的"讲学之道"。

(四) 博习广闻，学行结合

梁启超认为，学习首先以"博习"为主，要广泛涉猎，博览群书，粗略了解各种知识的概略，才能在此基础上做到精通。教育者在教育幼儿时，可仿照扬氏《方言》"尽取天下之事物，悉行编定，以助学者翻检之用"①。而在众多所学知识中，官制和地理最为繁博，学习时可大致粗通文法，知晓大意，在学习的过程中开阔视野，广泛涉猎。

与此同时，梁启超也认识到会选书、学"真知识"的重要性。学者致力于所学，虽可勤勉认真，博习广闻，但群书泛滥，浩如烟海，在有限的时间内不能穷尽所有的书籍，"故非有以导之不可"②。教育者为儿童提供的所选所学内容，必以实用为主，同时，也要符合儿童接受知识的能力，如叶翰《读书要略》以问答为主，条理清晰，适合学童"鼓箧之始"。梁启超批评旧式教育终日所学非所用，所用非所学，平日里摹仿古文经学，对于矿学、医学等实践操作性较强的课程也只停留在读熟记忆上，食而不化，围绕八股帖括，醉心科举和功名利禄。这样的教育培养的学生"学而不能应用于世"③，无论如何勤奋最终只能获得"纸的学问"，而不能活学活用。

梁启超认为，近代欧洲受实用主义思想的影响，一切以实学为主，务求切合实际、能够学有所获的学问，致力于将所学书本知识与实践结合。在校期间，教师就应指导学生按照"实用"的原则，选择书籍，并通过"习行"的方式，检验所学的知识，躬亲实践。读有用有价值的书，并将学问与实践相结合，才能掌握真才实学。

五　内外兼修的师德素养

梁启超认为，只有建立高素质水平的师资队伍，才能培养符合现代

---

① 梁启超：《饮冰室合集》（1），中华书局1989年版，第55页。
② 梁启超：《饮冰室合集》（1），中华书局1989年版，第55页。
③ 舒新城编：《中国近代教育史资料》（下册），人民教育出版社1981年版，第947页。

特征的"新民",伸张民权,开启民智,唤醒国民保卫国家的意识,这些都离不开教师的引导和启发。因此,教师是"育新民"的中坚力量。没有教师的合理指导,整日沉迷于空谈心性的八股帖括,无法成为国家的栋梁之才。因此,国家先要培养适合国家需要的师范人才,以此成为培养人才、兴办新式学堂的动力。教师的品格素质对于学生品行的影响是深刻而重要的,教育者只有具备热爱本职工作的奉献精神,前仆后继,才能实现国富民强的伟大理想。因此,梁启超注重师德素养的培养,对于教师的素质,他提出了一些具体要求。

(一) 树立终身以教育为职志的崇高理想

梁启超认为,教师是崇高伟大的职业,关系人才的培养和国家的兴衰存亡。在学生立志成为教师时,就应培养其爱岗敬业、热爱本职工作的崇高理想,并将教育事业视为责无旁贷的责任。他认为,对于教师而言,没有什么比自己的本职工作更重要的事情,不可被利益、权力所玷污,同时,保持敏锐的头脑和卓越的思考能力,是教师应该具备的基本能力。教育者应尽心于本职工作,他批判当时社会教育经费时常被克扣挪用,导致教师薪酬低而身兼数职,即使不兼职的教师也无心教学,散漫无纪律。过去私塾教师的生活清苦,但专注于教育事业,全身心地投入,学生自会感同身受,从中获益,而今天的教师精神懈怠,学生自然也会心不在焉,学习成效低。这种不忠实的劳作自然会产生无穷弊害。他说:"教育之事业何等重要,专心致志尚恐不能尽善,今乃存一无可如何之心,试问何能进步?"[①]

因此,他鼓励教师要将自己的教育事业等同于生命般重要,全身心地投入,责无旁贷。有志于成为教师者及教师必当认定方针,不为名利等身外之物牵绊,终生献身于教育这项伟大的事业,将其视为"至乐之境"。

同时,梁启超认为,教师对自己职业的认同感还体现在对不同岗位的热爱上。有些人认为,中小学教师薪酬低,社会地位不高,而大学教员不仅薪酬高,也更受人尊敬。为此,梁启超纠正了这一错误思想,他说:"中小学教员不算寒酸,大学教员不算阔,第一流的小学教员远胜于滥竽的大学教员。总之,无论做何事,必须真做得好,在这一界内必

[①] 舒新城编:《中国近代教育史资料》(下册),人民教育出版社1981年版,第950页。

做到第一流。"① 无论哪一个岗位的教师，只要勤勤恳恳、兢兢业业，都能在教育这块田地上干出自己的一番伟大事业，成为一流教师，实现伟大抱负。为此，他鼓励师范大学的毕业生，把毕业当作事业的起点，仍保持母校的精神，扎实肯干，即"人人永保持在校之精神，于去校以后，则母校之生命荣誉，得分寄递衍焉以长留天地间"②。

（二）兼备勤学深造与诲人不倦的优秀品质

梁启超认为，教育家的事业包括两件：一件是不断学习，一件是诲人。而"学是自利，诲人是利他"③。这两件事情缺一不可，自利与利他都体现了教育者的职业性质。教育家每日将所学知识传授给学生，传授的过程，也是自己不断学习、获得新经验的过程，只要肯用心学习教人，总会有新的收获。他认为，教育家本身就是以学问作为本钱，在不断的学习中，得到更多收获，而这种日复一日的努力，就是一种绝妙的生活体验。人人都有求学获得新知的欲望，这是人的本能，而对于教育家而言，这种欲望更应体现得淋漓尽致，不断吸收知识的养分，并在诲人的过程中体会自己独享的快乐，是教师职业幸福之所在。

教育者做学问不仅要养成做学问的能力，还要养成做学问的良好习惯。只有真正做到"智、仁、勇"三"达德"的状态，才算是做学问的完满状态。教育包含知育、情育和意育。知育要做到不惑，教育者要具有敏锐的判断力，在教学过程中不断积累教学经验，形成专门知识，并从总体上磨炼脑筋，使思维变得细密踏实，头脑变得清明，才能真正做到"不惑"；情育是指"不忧"，要保持教育者高尚的情操，就要做到不忧得失，不忧成败。教师这项伟大的职业不能被功名利禄等劣等欲望所牵制，教育者每日学习，获得新知，是为了让学生有更大的收获而不是以赚钱盈利为目的；意育是指"不惧"，教育者要有坚定的意志，一身浩然正气，面对困难无所畏惧，不畏困难压制，保持内心精神上的自由。同样，教师具备的这些优秀品质也会成为学生的模范，以自身的人格魅力培养学生良好的道德素养。

---

① 梁启超：《梁启超论教育》，商务印书馆2017年版，第310页。
② 梁启超：《梁启超全集》（7），北京出版社1999年版，第4287页。
③ 梁启超：《梁启超论教育》，商务印书馆2017年版，第220页。

同时，梁启超认为，趣味是做一切事情的原动力，教师不仅忠于自己的职业，而且要热爱自己的职业，把教书育人当作人生的乐趣。他认为，凡是职业都有自己的乐趣，原因是从职业的层累曲折中，亲身体验事物变化进展的状态；在奋斗中获得胜利果实的欣喜；与他人在竞争中品尝进步的快乐；专思一事，而忘却无限的烦恼。作为教育者，这种人生趣味能帮助他们体验其中的快乐。他把教育比作"田地"，而教育者的教学工作，就是在这片乐园上辛勤耕耘，让学生在知识的雨露中发芽、开花，教师也能从他们的成长中体验快乐。教育者的这种快乐源泉在于给予，给予学生知识，给予他们学问和做人的道理，这种快乐就隐藏于职业本身上，通过帮助别人而自己获得更多精神上的满足。

（三）加强自身修养，担负教育前途之重任

教育为立国之本，而教师又是教育的根基、人才培养的动力，教师的言行学识直接影响着培养人才的优劣。"有人说，学校里常常闹风潮赶教习，学生们真是难缠。我说，教习要闹到被学生赶，当然只有教习的错处，没有学生的错处，总是教习先行失了信用，或是品行可议，或是对学生不亲切，或是学问交代不下，不然断没有被赶之理。"[①] 梁启超认为，教师要端正自己的一言一行，以自己的品行修养和人格魅力打动学生，成为学生的榜样。同时，要建立民主平等的师生关系，教师要为人谦逊和蔼，治学严谨，才能得到学生更多的尊重，在精神层面上获得更大的快乐。

梁启超批判当时的学校教育严重与社会脱节，他把学业教授比作市场交易："学校若百货之廛，教师佣于廛，以司售货者也，学生则挟资适市而有所求者也。"[②] 教育未脱离科举的余习，教师相当于售货员，每日兜售考据词章，学生"志在做官"，整日苦读经书，高谈阔论，学到的都是"纸的学问"，与社会的实际需要相差甚远。面对这一不良的学术风气，"教育界中人，通力合作，以矫正之。如一时不能去净，则逐渐图之"[③]。

---

① 夷夏编：《梁启超讲演集》，河北人民出版社2004年版，第129页。
② 梁启超：《梁启超论教育》，商务印书馆2017年版，第169—170页。
③ 夷夏编：《梁启超讲演集》，河北人民出版社2004年版，第9页。

想要改变科举的弊端，仅依靠教育界自身自然是很难办到的，但这种要求教师肩负教育重任，将学校教育与社会紧密结合的思想，是值得肯定的。只有学校的教育真正适合于社会的需要，培养的人才才能在社会的各个岗位上发光发热，为社会的发展贡献力量。这种学以致用的思想，在今天看来也具有重要的借鉴价值。

六 师范教育思想的历史价值

梁启超的师范教育思想，重点将"育新民"的教育革新理念，与师范教育的培养目标相结合，不仅参照日本师范教育学制勾勒出符合中国教育现状的师范教育体系，还明确了师范教育的培养任务和发展方向，成为师范教育近代化发展的重要奠基人和建设者。

（一）远见卓识——率先确立师范教育的重要作用

近代中国时局动荡，内忧外患，知识分子忧国忧民，纷纷出谋划策，力求挽救民族危亡，振兴国家。洋务时期兴办新式学堂，在师资缺乏的情况下，只能聘请外国教员。尽管洋务派后期已经认识到培养教师、造就"可再生教师资源"更有利于中国教育的发展，但仍不愿触及制度上的改革，只在原有旧教育制度的基础上修修补补。梁启超率先提出建立师范教育的重要性和紧迫性，将其视为"群学之基"。不谈师范教育，兴学育才无从谈起。这在科举盛行、士子皆重视考据八股的时代，无疑是教育界的一股清流。同时，梁启超师范教育思想的提出，与其"新民说"是一致的，与过去的精英式教育相比，大量培养新型师资对于促进教育普及、提高国民整体文化素质具有重要意义，且具有鲜明的时代特征和进步意义，体现了教育自身发展的新需要。

（二）开启中国近代师范教育发展历程

清末仍延科举旧制，官宦世家子弟读书甚少，贫寒子弟读书求知，仅限科举所考的考据帖括，完全无法满足社会的需要。书院教习均是科举出身，灌输给学生的也只是空疏无用的纸上学问和"学为做官"的功利主义思想。梁启超站在忧国忧民的角度，呼唤师范教育的重要性，并仿照日本师范学制构想了符合中国国情的师范教育制度，开启了中国近代师范教育的发展历程。在微观上，他更是细致阐述了师范教育的课程、教学原则、教师德行素养、教师选拔考核等内容。这些思想的提出具有较强的进步意义和时代超前性。其师范教育制度的构想对后继的《钦定学堂章程》和《奏定学堂章程》的制定，都产生了重要的影响。

（三）温故知新——首创师范教育理论体系

梁启超的师范教育思想可以说是借鉴中西文化的产物。相较于洋务派"中学为体，西学为用"的传统思想，梁启超认为，中西文化同样有可取之处，并将西学中的西技、西艺扩展到西政的学习上。师范教育上下衔接、互相联系的学制体系和课程内容，师范学堂附设小学，建立教育实习基地等都是仿照日本师范学制构想而成。有关师范教育的教学原则、教师品行素养的具体内容，则是借鉴历代优秀的教育思想成果，结合师范教育特质而提出的。其目的是培养国家社会发展需要的新型知识人才，并从中国传统文化和西方民主理想中寻找救国的良方。

由此可见，梁启超的师范教育思想是经过深思熟虑并结合当时社会的实际情况而提出的，与其变法图强的政治改革目的相一致，为后继师范教育理论体系的建设奠定了深厚的理论基础。

第十一章　师范教育思想的推进

中华民国建立后，民主共和观念深入人心，师范教育在其基础上逐渐发展壮大起来。而在思想领域，时局的动荡、政府控制的张弛以及西方思想的交融汇合等，都成为这一时期师范教育理论逐渐成熟的养料来源。在新文化运动的影响下，以民主和科学精神为指引，以培养近代化国家公民的合格师资为目标的近代师范教育思想体系，得以顺利推进。

这一时期，众多教育家针对师范学校的地位与作用、学生管理、教学内容与方法、教师观与学生观，以及师范教育的体制建设等问题，进行了更为深入的本土化的探讨。同时，学者们开始将更多的精力用于师范学校民主治校的推行与建设之中。曾任北京高师学校校长的陈宝泉，就以"教育为国家命脉，师范为教育胚胎"的论述，强调师范学校独立设置的必要性，形成了具有前沿意义的高等师范教育思想。曾担任教育总长的范源廉对于其忠实追随的梁启超的师范教育思想，进行了细致的补充与完善，并将其作为改革北京师范大学的指导思想，形成了兼具前瞻性与变革性的师范教育理论体系。

著名民主主义教育家经亨颐持续关注师范生的人格陶冶与全面发展，把握师范教育的根本问题，以独特的"人格教育"和"纯正教育"主张，为师范教育注入了新的理论支持。国家主义倡导者余家菊对于师范教育的关注领域更为广泛，从地理区域上更是覆盖了广大的乡村地区，其师范教育思想体系在渐趋完备的同时，也极具浪漫的家国情怀。"捧着一颗心来，不带半根草去"的著名教育家陶行知用毕生的精力，致力于乡村师范教育的发展与建设，推动中国传统教育走出狭小的书斋，进而走向广阔的城镇乡村，形成了充满人民性与社会性的师范教育思想体系。作为大学校长的郭秉文在执掌东南大学期间，进行了多种极具创新性的改革与试验，尤其是率先在中国综合大学举办师范教育，成为20世纪20年代以来高等师范教育发展的主导模式。

从总体上讲，这一时期的教育家们开始对师范教育以往发展进行反思，并思考今后如何朝着本土化的方向改进。众多教育家的尝试与努力为近代中国师范教育思想打下一个渐趋稳固的基础，并形成了涵盖不同层次和门类的师范教育思想体系，此为师范教育思想的推进阶段。

第一节 陈宝泉的师范教育思想

陈宝泉（1874—1937），字筱庄，直隶天津人。1902年，在担任天津新式学堂民立第一小学堂教员期间，协助学堂创办人——严修开办了天津师范讲习所，由此开启了陈宝泉的教育生涯。

1903年，陈宝泉至日本专攻速成师范科。学成归来后，先历任天津各区小学和直隶学校司，后因学部拟创，陈宝泉与严修共同任职学部，拟定学部创设计划，开始主持图书局和编纂教科书工作。民国成立后，应教育部总长蔡元培的邀请，陈宝泉出席了"全国临时教育会议"，参与民国初年教育改革和"壬子癸丑学制"的制定工作。他先后历任北京高等师范学校校长、教育部普通教育司司长、教育部次长以及河北省教育厅厅长等职。

值得一提的是，陈宝泉曾为引入西方先进的教育思想与教育理念，主持编辑省级教育行政机关刊物《直隶教育杂志》以及《国民镜》《家庭谈话》等教科类图书，有"华北名流、教育专家"的美誉。

一 教育胚胎——师范教育地位和作用
（一）教育为国家命脉

陈宝泉信仰"教育为救国惟一方法"[①]。他在分析美洲土著人长期以来受制于外来白色人种的历史基础上，提出判断一个国家是文明还是

[①] 《对于菲律滨华侨教育意见书》，《教育杂志》1917年第4期。

野蛮的根本标准，在于是否拥有健全的教育制度。在当今时势下，若想保全国家，延续种族，最重要的就是通过教育将接受教育作为国民的资格标准。陈宝泉认为，教育的最大功用就是保全种族文化，而且仅有少数人接受良好的教育是远远不够的，只有让全体国民都获得受教育的权利，中华民族才能免于亡国灭种的危险。

"教育救国"是19世纪末20世纪初爱国知识分子的普遍信仰，以陈宝泉为代表的教育家，怀揣救国热情和急迫心情，以呼吁"教育救国"为己任，大量翻译国外教育著作、宣扬国外教育思想，创办新式学校。这些举措对新教育思想的传播、近代教育制度的建立和完善，起到了开风气的作用。但教育的作用毕竟有限，一些思想敏锐的知识分子开始对教育的实践成果展开深入思索。陈宝泉认为："无论如何，人生必须有一种最高生命的希望，以冲破现在之环境，则所谓纯洁之信仰也。有此纯洁之信仰，以之兴武备而武备修，以之行宪政而宪政举，以之兴教育而教育有确实之效益。予从事教育数十年，始第知重教育而已，近则主张有信仰的教育。"[1] 健全的人格是解决社会痼疾的良方，健全的人格需要有信仰的教育才能打造，这是陈宝泉对教育救国思想的反省与扩充。

除此以外，他还认识到人民的力量，将人民作为教育事业发展的主体，"我们中国的教育事业，非由人民发动不可，只靠政府把教育办好是万作不到的"[2]。

(二) 师范为教育胚胎

晚清新政后，新式学校如雨后春笋般兴起，对师资的需求上升到前所未有的高度，培养教师、发展师范教育成为应时之需。陈宝泉在严修的支持与资助之下，行至日本宏文书院，攻读师范教育。陈宝泉回忆在日本求学的经历，认为"虽求学期限无多，而受益甚广"[3]，这一时期也成为陈宝泉师范教育思想的萌芽期。民国初始，陈宝泉应教育部蔡元培和范源廉的邀请，担任北京高等师范学校校长一职，在长达九年的校

---

[1] 陈宝泉：《教育与信仰》，《生命》1925年第4期。
[2] 陈宝泉：《美国教育见闻及我们今后应注意之点》，转引自蔡振生、刘立德编《陈宝泉教育论著选》，人民教育出版社1996年版，第109页。
[3] 璩鑫圭、童富勇编：《中国近代教育史资料汇编：教育思想》，上海教育出版社1997年版，第747页。

长工作期间，他将自己的师范教育理念付诸实践，并不断建构和完善自己的师范教育思想。这一时期是他师范教育思想的成熟时期。

陈宝泉在强调师范教育重要性的基础上，展开了对师范教育独立设置的构想。他认为，强化师范教育，需要独立设置师范学校，不断完善师范教育系统。据此设想，陈宝泉把师范教育系统分为三个等级，分别是师范大学、甲种师范、乙种师范。甲种师范毕业后担任高等小学教员，乙种师范毕业后担任国民学校教员，甲乙两种师范学制均是三年。师范大学分三个年级，分别是预科、本科、研究科。本科学生按学科分组，学制三年，毕业后担任甲、乙两种师范教育教员；研究科以教育学术研究为任，学制两年，毕业后除担任甲、乙两种师范教育教员外，还可担任其他行政职务。

在学校布局安排上，陈宝泉主张，师范大学以分区设置为主，也可以省立，甲种师范和乙种师范则分别分道设置、分县设置。陈宝泉这一系统设置描绘了对师范教育发展的宏伟蓝图，表达了对师范教育发展的美好愿景，直至今日影响依旧深远。

为了扩大北京高等师范学校的教育规模，陈宝泉想方设法争取资金，推动学校建设。作为校长，他从财政部争取到资金6万圆，从袁世凯处得到个人赞助1万圆。所得资金全部用于扩大学校、培养更多优秀师资上，同时重新厘定课程，在清末英语、理化两部的基础上，增加国文、史地、数理、博物四部，这一系列举措扩充了学生数量，实现150人至近千人的飞跃，"卒蔚成此全国最大高等师范之基础"[①]。"夫教育为国家命脉，师范为教育胚胎。故师范之责任直接以发达教育，即间接以巩翼国家"[②]。将师范教育视为具有关乎国家存亡的攸关性，成为陈宝泉致力师范教育的思想根源。

二 全面发展——师范教育培养目标

（一）"有人格的教育者"

陈宝泉认为，高等师范教育应该将为中小学培养优秀的师资作为最

---

① 王桐龄：《北京高等师范学校过去十二年间之回顾》，《北京师大周刊》1923年第203期。
② 陈学恂主编：《中国近代教育史教学参考资料》（中册），人民教育出版社1987年版，第356页。

直接的办学目的。基于师范教育在国家发展建设中的重要地位，陈宝泉认为，师范教育应培养有人格的教育者，特别是培养师范生的责任意识，寄予师范生"持其贞固不渝之目的，奋其强毅不挠之精神，以教育事业为第二生命，以师范名誉为无上财产"①的厚望。作为将要从事教育行业的师范生，应对自身肩负的重担具有清醒的认知，应抱有为教育事业奉献的热忱，同时，享有作为一名教师的光荣。

（二）具体措施

为把学生培养成为高素质的综合性人才，创造有人格的教育者，陈宝泉重视学生德、智、体等各方面的协调发展。健康的体魄、较高的智力水平、坚定的道德信念、为人民谋福祉的情怀是师范生"学为人师，行为世范"的保证。

1. 德育

陈宝泉受"日本以道德教育为立国根本"②的思想影响，非常重视师范生道德观念的培养。陈宝泉认为，"道德是人生的根本，若没有道德，无论身体如何强壮，智能如何富足，终算不了一个完全人"③，师范教育尤要重视道德教育。他反对把教育作为未来寻找职业的手段，而主张"有信仰的教育"，再三强调信仰的力量，"无论如何，人生必须有一种最高生命的希望，以冲破现在之环境，则所谓纯洁之信仰也。有此纯洁之信仰，以之兴武备而武备修，以之行宪政而宪政举，以之兴教育而教育有确实之效益"④。1918年9月，教育部批准施行了陈宝泉提出的设立道德教育研究部的请求。

为了办好北京高等师范学校，一方面，陈宝泉深入分析了清末师范教育失败的原因，认为清末岁糜师范教育经费不足，且缺乏对师范生成己成人责任心的塑造，最终导致收效甚微。因此，他强调师范生应该加强责任心，应该充分认识到自己肩负的育才重任，明了"师范"二字的真正含义。另一方面，陈宝泉要求学生要有真正的爱国心，不仅从言语上更要从精神上爱国，什么是精神爱国呢？陈宝泉解释道：

---

① 蔡振生、刘立德编：《陈宝泉教育论著选》，人民教育出版社1996年版，第39页。
② 陈宝泉：《退思斋诗文存》，天津古籍出版社2016年版，第41页。
③ 蔡振生、刘立德编：《陈宝泉教育论著选》，人民教育出版社1996年版，第10页。
④ 陈宝泉：《教育与信仰》，《生命》1925年第4期。

> 不墨守唯我独尊的谬见，对于中外学问事功，其爱憎取舍，论其实不论其名，于我国有害的，就是从羲皇传来的成法，不惮一旦变更，于我国有益的，无论其从外国传来，就是从外国以外的某国传来，亦必竭力效法，此种主义，是以爱国为根本，取世界各国的良法美意，作为爱国的材料。①

不自卑、不自大、抛弃狭隘的偏见和局限，以放眼世界的眼光，广阔的胸襟，对待国外先进的思想成果和实践经验，并吸收进来为我所用，促使本国教育质量实现有效提高，这可谓精神的爱国。

2. 智育

陈宝泉认为，尽管全球范围内的竞争纷繁多样、形势复杂，但归根结底还是知识的竞争，"如今的世界，就可算是智能的竞争。国民的智能高一度，国家亦随着高一度。无智能的国民，遇着有智能的国民，是没有不败的。……人民的智能高了，国家的文明亦就一日高似一日了"②。鉴于此等认识，陈宝泉指出，对于国家而言，如若谋求富强，必须发展教育，国民均有相当的知识技能，进而实现独立谋生、国家富强的目的，"一国之中……国家若求富强，必须人人能独自谋生。若要人人能独立谋生，必须令人人有普通的知识技能"③。

师范教育是培养符合时代要求的、智能的国民之关键。陈宝泉依照教育部章程调整北高师课程设置，由两部改为六部，并结合各地中等学校的需要，开设了教育、手工图画、国文、体育、音乐、职工等多种课程。④ 在陈宝泉制定的师范教育内容体系中，既包括了国文、史地等社会科学类科目，也包括各种自然学科，还包括学习西学不可或缺的外语，内容丰富而全面，拓展了未来师资的知识面。

---

① 蔡振生、刘立德编：《陈宝泉教育论著选》，人民教育出版社1996年版，第18页。
② 蔡振生、刘立德编：《陈宝泉教育论著选》，人民教育出版社1996年版，第8—9页。
③ 蔡振生、刘立德编：《陈宝泉教育论著选》，人民教育出版社1996年版，第8页。
④ 陈宝泉：《美国教育见闻及我们今后应注意之点》，蔡振生、刘立德编：《陈宝泉教育论著选》，人民教育出版社1996年版，第101页。

3. 体育

民初的"军国民教育"思想对陈宝泉影响很大,其时,不少外国人认为,天生身体孱弱是中华民族的普遍特性。陈宝泉进行了反驳,认为国人只是缺乏锻炼罢了,他在实践中十分重视体育教育,要求学生保持健康体魄。陈宝泉重视体育教育的精神根源,则在于他坚信体格的健康是精神健康的基础,"健康之精神,宿于健康之身体,诚为不刊之论"①。不仅在课程设置上重视体育,而且在招生阶段也把学生身体素质情况,作为一项重要的录取凭证,"凡学生入校,必经过体格上之检查,体格弱者不录。其在校者亦俱按年检查,逐度制表,以资比较"②。

北高师因为陈宝泉对体育工作的重视,率先在全国开设体育专修科,为中国体育事业的发展奠定了一定的基础,取得了非常显著的效果,特别是在1921年菲律宾远东运动会上,北高师的优秀表现令全国高等学校瞩目。

最后需要说明的是,陈宝泉并没有孤立和割裂智育、德育、体育等方面的教育,而是强调三者的补充、协调和共同发展。陈宝泉以"创造有人格的教育者"为最终目的,各项教育围绕此目的服务,重视各育的协调发展,"既变化其气质,复陶冶其性情,总期身心调和,以造成完全之人格而已"③。

三 广聘名师——师范教育的教师观

(一) 延聘知名学者

大学教师是一所大学生存和发展的命脉,而教师聘任则是教师管理的一项核心内容。为了增强办学实力,为中国教育事业培养更多优质师资,陈宝泉在掌校期间,十分重视师资队伍建设,聘请了当时国内的一批著名学者来北高师任教,北高师的学者数量之多,在全国高校中可谓名列前茅。

---

① 《对于菲律滨华侨教育意见书》,《教育杂志》1917年第4期。
② 《北京高等师范学校十周年纪念录》,转引自李景文、马小泉主编《民国教育史料丛刊》第1033册《师范教育》,大象出版社2015年版,第32页。
③ 璩鑫圭、童富勇、张守智编:《中国近代教育史资料汇编:实业教育 师范教育》,上海教育出版社1994年版,第993页。

除了延聘名师外，陈宝泉还注重从留学生群体中选拔优秀人才。在考察美国教育期间，陈宝泉主动邀请留美学生参加座谈会，向优秀的留学生递出橄榄枝。同时，他凭借北高师和北京大学比邻而居的先天优势，邀请北大教授在北京高师兼职，同北京大学共享优质教师资源和学术资源。其时，如马幼渔、沈士远等教授均在北高师兼有职务。除了大量吸收文科人才外，陈宝泉也没有忽视理科学科的建设，保证北京高师的文理科交相辉映，共同发展。

（二）鼓励在职教师进修

将优秀教师聘任至学校任教之后，陈宝泉认为，还应优待在职教师，这才是能够留住人才最重要的手段。资助北高师专任教师游学则是其中一项重要措施。这一方面为教师提高自身学术水平提供了契机，另一方面也是为学校未来发展投资。陈宝泉认为，在职进修的优点和长处颇多，他给出五点理由，首先，"经验与学问相调和，可以免偏重之弊"；其次，"教育者有所希冀，则热心从事之人日增"；再次，"资遣职教员游学，教学相长，较之遣派学生，事半功倍"。然后，"游学、游历之人日多，则内外知识可以互相交换"；最后，"促进师范教育之进行，则国民教育根本自固"[①]。

1915年8月，陈宝泉在全国师范学校校长会议上提出的"资遣师范学校职教员游学游历办法"的议案，被教育部采用。事实上，陈宝泉不仅提倡师范学校教职员工出外游学，他本人在担任北高师校长期间，也曾多次赴国内外考察，在国内考察了江苏、浙江、广东、香港的教育。在国外考察了日本、菲律宾以及欧美等国的教育。尤其是在访美期间，邀著名学者孟禄来华讲学，这成为民国时期中美文化教育交流的一大盛事。

四 严格要求——学生管理观

（一）制定详细规条

陈宝泉制定了北京高师的校训"诚勤勇爱"，认为师范生应力求做到以至诚的毅力研究学术、以勤劳的态度锻炼体魄、以勇敢的精神战胜困

---

① 中国第二历史档案馆编：《中华民国史档案资料汇编》第3辑《教育》，江苏古籍出版社1991年版，第710页。

难、以仁爱的心性教育学生。此外，陈宝泉还要求学生能够时刻"以成己成物为励学及服务之方针"[①]"你们将来出去做老师，要晓得做老师是不容易的，一举一动都要为人师表"[②]。通过学校时期的严格要求，让这些未来的教师在走上工作岗位时，也能时刻形成示范作用。

为贯彻校训精神，在训育管理方法上，陈宝泉通过制定极为详细而严格的规条，采取"约束"方式来进行学生管理。首先，陈宝泉对学生课业成绩要求严格。欲达到及格标准，必须课堂讲义知识的消化和课外参考书目的阅读同时达标。据北高师的校友回忆，当时很多学生愿意在北高师就读，但又害怕北高师的考试。其次，陈宝泉对学生的管训也较为严格。学校各个场所包括教室、斋舍、操场、浴室等管理规则非常明确，加上详细的"考查学生行为办法"等规章，对学生的管理要求事无巨细，使学生有章可循。[③]

（二）重视社会实践

陈宝泉重视学校与社会的关系，强调学生走出校园，多参与社会活动，他认为，学校教育和社会是一种良性的互动关系，学校教育可以改良社会发展之不足，学生也能通过社会活动的参与，促进学校的更好发展，"盖教育事业是替社会作一种预备……必须采用那一般人的意见，供那一方面需要以研究之结果，再从学校方面实施教育，一定可以同社会是相应的"[④]。陈宝泉反对孤立片面而又保守自封地为学校而设学校的教育，强调把社会考虑进教育的范畴，学校建设的目的当为社会服务，教育的目的是挽救国家颓废态势，"夫学校用以改良社会者，是学校为社会设，非学校为学校设也。社会不良，故设学校，毕业生得以解决其生活问题，因而社会而国家俱得以解决其生活问题，故学校应与社会生关系"[⑤]。

---

① 沈云龙编：《近代中国史料丛刊》，台湾文海出版社1970年版，第100页。
② 北京师范大学校史资料室：《五四运动与北京高师》，北京师范大学出版社1984年版，第185页。
③ 北京师范大学校史编写组编：《北京师范大学校史（1902—1982）》，北京师范大学出版社1984年版，第30页。
④ 沈云龙编：《近代中国史料丛刊》，台湾文海出版社1970年版，第90页。
⑤ 蔡振生、刘立德编：《陈宝泉教育论著选》，人民教育出版社1996年版，第48页。

陈宝泉除要求学生参加社会实践之外，尤重社会调查工作，对社会调查的方式方法以及作用目的给予清晰说明："给各班学生调查表格式纸二份。一为关于学校之调查表，一为关于社会之调查表。俾学生各就其居住地或经行地之学校社会现状分别调查填注表内，既以练习学生做事之能力，并以供本校实际之研考。"①

在陈宝泉的安排和组织下，北高师的学生学校活动和社会活动丰富多彩。由学生自办的平民教育社得到陈宝泉的肯定："学生自办之平民学校（有成人班与童年班）……率皆为时愈长，形式与内容愈见进步。"② 并将其学生与其他学校学生做对比，称赞道："凡此皆历历可举之事实，以视一般学校之学生自动的事业每欠缺继续性者，不无可以自豪之处，此中所含孕之组织能力，即称之为北高生活之灵魂，亦无不可。"③

北高师学生创办的平民教育社以及平民学校，成为五四时期社会教育的重要场所，其发行的《平民教育》杂志，对平民教育的普及和启智起到了至关重要的作用。

五　师范教育思想评析

（一）为中国师范教育的创立奠定了思想基础

陈宝泉是教育救国论的支持者和拥趸，因此其建立师范教育的初衷在于使中国免受西方列强的欺侮和剥削。在他看来，合格乃至优秀的师资队伍是挽救国家危亡的重要媒介，通过发展师范教育，创办师范教育学校、培养优秀师资，才能达到培养全体国民的目的，陈宝泉在阐述师范教育的重要意义时，无论是从中国近代教育发展的客观需要着眼，还是从人才培养、国家富强的角度，在当时的中国社会均具有前瞻性。对教育救国的呼吁，以及普及民众对教育救国的认识，是陈宝泉开创师范教育的思想基础。

在近代史上，陈宝泉是较早倡导师范教育的思想家，他的师范教育

---

① 沈云龙编：《近代中国史料丛刊》，台湾文海出版社1970年版，第110页。
② 常导之：《为行将成立之"北京师范大学"进一言》，《教育杂志》1922年第12期。
③ 常导之：《为行将成立之"北京师范大学"进一言》，《教育杂志》1922年第12期。

思想可谓发人深省，也正是由于陈宝泉的倡导和呼吁，以及他本人不遗余力从事的教育实践，使政府和教育界认识到教师的重要性，为师范教育在近代社会的发展奠定了广泛的思想基础。

(二) 促进了中国近代师范教育的建立

作为中国近代教育家，陈宝泉对师范教育的贡献不可谓不大，在理论上，他丰富了师范教育的教育思想理论，制定了系统的师范教育思想体系；在实践上，他身体力行，鼓励和支持学生办教育，直接促进了师范教育的建立；还有培养爱国精神，注重德育、智育、体育的协调发展，培养师资、服务社会等理念的提出，对后世产生了重大影响，为后世师范教育的繁荣发展打下了良好的基础。

总而言之，陈宝泉作为中国师范教育的拓荒者和引路人，综观其整个职业生涯，身份从小学教员、期刊编辑到大学教授，职位从小学教务长、大学校长、直隶学校司、清廷学部到民国教育部，他都是一位勇于站在时代前沿为挽救国家存亡而奋不顾身的教育家，他用半生经历致力于中国教育事业，对近代中国教育改革和师范教育发展功不可没。

第二节　范源廉的师范教育思想

范源廉（1876—1927），字静生，湖南湘阴人，中国近现代著名教育家。1898年，他就读于长沙时务学堂，是梁启超的忠实追随者。戊戌政变失败后东渡日本，入东京高等师范学校学习。1906年，学成归国后正式在学部任职。1909年6月，清政府设立留美学务处，范源廉作为负责人之一，提出创立清华学堂的方案，并极力促成清华学堂早日创办。

民国成立之后，范源廉担任了民国第一任教育部次长和第二任教育部总长，总管全国教育事业。1916年，他再次出任教育部总长，上任之初，即邀请蔡元培归国担任北京大学校长，并以实际行动支持了北京大学改革和新文化运动的发展。1924年1月，范源廉应邀出任北京师范大学校长，为了集中精力办好这所高等师范学校，他果断拒绝了北洋政府已经下达的教育总长的任命。掌校期间，他主持修订了北京师范大学组织大纲和各种规程，通过延聘名师、严格学校管理等措施，为北京师范大学的发展作出了重要的贡献。但由于北洋政府时期军阀混战，教育经费困难，范源廉最终任职不足一年即忍痛辞职，这成为近代高等师范教育史上的一个重大损失。

一 重视师范教育，明确教师责任

（一）师范教育关乎国家存亡

民国初始，中国社会新旧交替，错综杂糅、民生凋敝，民众穷苦不堪而不得自救。范源廉认为，这一切的根源都是中国教育的落后。"教育为神圣之事业，乃国家生命之所存。"[①] 教育好坏直接影响着国家的强弱，教师对教育质量的高低起着至关重要的作用。范源廉认为："我国兴学之始，有最大之缺失焉，即未能致主力以储备师资也。"[②] 兴学固然重要，但兴学的前提是应具备较高素质的师资队伍，以及储备雄厚的师资力量，教育成败的关键，不仅是新式学校的普及，而且跟师资优劣有必然关系，师资能否保障成为制约中国兴学的最大因素。范源廉认为，对师资不重视的直接后果便是"误有为之青年，阻国家之进步"，危及国家存亡。因此，他呼吁加强师范教育的整顿，正本清源、补偏救弊。

（二）合格教师的基本条件

关于合格的教师，范源廉提出以下三个基本条件。

1. 自尊

近代以来，很多留学归国的学生都愿意投身于政界或者商界，只有较少数主动投身于教育领域。主要原因有两方面：一是教师"事劳而酬薄"的现实；二是教师职业在社会上没有显赫的地位。教师的经济地位、社会地位都不高，易为流俗所轻视。范源廉也认识到这一点，但他认为，身为人师，就应该自觉抵制财贿荣名的诱惑，将自己的生命奉献给教育事业。自我尊重，以身作则，不为名利所扰，为学生做好榜样。

[①] 《教育部训令二：训学校管理员及教员》，《教育杂志》1912年第7期。
[②] 范源廉：《说新教育之弊》，《中华教育界》1914年第17期。

2. 好学

传道授业解惑是教师自古以来的职责所在,而传道授业解惑的前提是教师自身的知识储备,以及自身知识结构的更新,范源廉在1916年改组大学时,即提出在高等教师中每年选取若干人,由教育部出资送出国外学习最新教育;1925年,在讨论庚子赔款用项时,范源廉为教师提供继续钻研学术的场地和机会,建议将部分资金用于建立科学教员暑假研究会,避免教师闭门造车、思想固化,这开创了中国近代以来教师职后培养的先例,促成了学术休假制度在近代高等教育领域的实行。

3. 尽职

"十年树木,百年树人",教师教育的成果呈现,并非一日之功,其效果需要很长时间才能显现。这更加需要教师的坚守执着和奉献精神,范源廉鼓励教师要"专一心志,笃守其职,灌溉既勤,被泽自广"①,只要"斯其不灭之精神与无穷之希望,自有发荣垂实于后代青年之一日也"②。另外,除了教师对教育有坚定的信念之外,范源廉还强调教师身体力行和言传身教,在职业生涯中,教师只要尽职尽责,自然能够为社会培养出优秀人才,这也是教师尽职的一种表现形式。

二 改革行政制度,推行民主治校

(一)建立董事会,权力中心转移

范源廉就职之前,最大的举措就是推动了北京师范大学董事会的建立。北洋军阀统治时期,教育部发放的教育经费难以维持北师大的正常运转。因而,范源廉在上任之前,就与教育界重要人物和北师大部分教授商议维持北师大的方法,最后一致认为:"众意佥谓应组织董事会,筹议学校内部一切计划,催请政府发放经费,至不得已时并得自行筹款。"③ 范源廉组建董事会的目的,一方面是希望缓解北京师范大学经费紧缺的状况;另一方面,也是希望通过此等举措摆脱北洋政府对教育的控制,实现教育独立的目的。

---

① 范源廉:《教师之大任》,《中华教育界》1914年第14期。
② 范源廉:《教师之大任》,《中华教育界》1914年第14期。
③ 《北京师范大学迎范近讯》,《申报》1923年12月6日。

但是，董事会势必与北师大当时的权力中心机构——评议会产生龃龉，如何处理两大董事会与评议会二者之间的关系，成为工作开展首先需要解决的问题。评议会是彼时北京各所高校设置的权力中心，北京大学评议会作为最先创办的机构，是教授治校的场地，"凡是学校的大事，都得经过评议会……表面看来，校长只有'无为而治'……但是，北大在连续几年风波动荡里面，能够不被吞没，全靠了他，后来北京师大等校也仿行了"①。

北师大评议会于1922年11月创立，在很长一段时间里，校务一直为评议会主持。②虽在动荡年代有效地维持了北师大的正常运转，但也束缚了校长权力，阻碍了范源廉在北师大实施的系列改革。但可喜的是，北师大评议会主席和师生对范源廉关于学校改革的思想持肯定和欢迎态度，评议会主席陈裕光在北师大的演讲中，率先提出对范源廉的欢迎举措："我们对于范先生，今日人人都愿捧他上台，后来万不要再拆他的台；就是我们所做的事，莫让他在台上有一分不舒服，驯至有不得不下台之苦。最好待新校长到任，一切责任事权都交付他，归他一手做事，不为之掣肘……这就是欢迎的真精神与真态度；这就是彻底的欢迎。"③提出把评议会的权力交给校长，由校长负责。不仅评议会是如此态度，师大广大学生群体同样有此意愿，支持并希望范源廉筹备的董事会，能够解决学校经费问题进而促进学校健康稳定的发展，提出"兼以经费无着，无处筹募；非集若干关心学校之名流通力合作，未易克竟全功。是董事会之成立，直接影响范校长就任，间接即影响学校前途之发展"④。

校内各种群体对范源廉的支持，铺平了董事会建立的道路。师大董事会于1924年1月3日成立，以梁启超为董事长，范源廉为校长。⑤北师大董事会大大改造了北师大内部权力结构，实际上成为北

---

① 马叙伦：《我在六十岁以前》，生活·读书·新知三联书店1983年版，第66页。
② 汪懋祖：《本校沿革大要》，《北京师大周刊》1926年第283期。
③ 《陈裕光先生开学日演说词》，《北京师大周刊》1923年第205期。
④ 《本校学生自治会为组织董事会事上师大筹备委员会函》，《北京师大周刊》1923年第209期。
⑤ 《本校董事会成立之经过》，《北京师大周刊》1924年第214期。

师大的最高权力机关。1月10日,范源廉在北师大举行了开学典礼。在此次典礼上,范源廉表示:"无论政局如何纷扰,只要我们个人精神不乱;无论经济如何困难,只要我们大家志气不馁;那么,前途便有无穷的希望。"① 希望大家鼓足勇气,坚持理想信念,为师大的前途共同努力。

(二) 借鉴国外制度,推行校长轮流制

校长任用制,曾经是范源廉较为关注的问题,他在对东西方公立大学进行考察和比较时,发现"欧美日本国各异其制。盖制度原无绝对美恶,要以适于时势所宜为归"②。范源廉根据中国实际并结合东西方长处,提出一套校长任用制的办法,即大学里各系的系主任轮流做校长,任期一年,以学校系的数量为周期,周而复始,如若有规模远超其他系者,可酌情考虑系主任任两年校长,大学董事会在此过程中充当补充和辅助作用。

范源廉认为,此种办法有颇多优点:首先,系主任的三重身份(系主任、校长、校长候补者)致使其考虑和谋划全校事务,不局限于一系之领域,而以全校的发展为出发点,并且"各系主任,既与校长之职责关联密切,全校精神,自尔倍加团结"③,有助于解决内部矛盾,实现良性发展;其次,系主任是否执掌校长一职,均关注校内重要事务,对校内重要事务的意见和想法也会在同一时间解决,进而在继任时便不会随意变更前任校长的既定决策,从而能够有效地保证政策的稳定性和连续性;最后,系主任的学者身份以及校长轮流制的举措,能够实现大学内"研学之精神与时俱进,不至日久生倦"④。鉴于对校长轮流制优点的认识,范源廉认为,如果采用这种方式治校,"则继任校长之人,不待外求,久悬不决之难题,可以立解。且非徒为因应之策,实足为师大立根本改建之基,谋长治久安之道也"⑤。

---

① 《范校长就职典礼志盛》,《教育丛刊》1923年第8期。
② 范源廉:《范校长建议师大"教授治校"意见书》,《北京师大周刊》1925年第268期。
③ 范源廉:《范校长建议师大"教授治校"意见书》,《北京师大周刊》1925年第268期。
④ 范源廉:《范校长建议师大"教授治校"意见书》,《北京师大周刊》1925年第268期。
⑤ 范源廉:《范校长建议师大"教授治校"意见书》,《北京师大周刊》1925年第268期。

三　严格学生管理，培育完备人才

（一）制定教养学生要旨

1. 内容

范源廉对教养学生提出六点要求：一是健康身体是健康精神的前提，鼓励学生勤于锻炼，"宜使学生谨于摄生，勤于体育"；二是强调对学生德性的熏陶和培养，激发学生意志，"使学生富于美感，勇于德行"；三是国民教育必须注重爱国思想和法律观念的教育，使学生明了国民的义务和责任，"宜使学生明建国之本原，践国民之职分"；四是要求学生品格高尚，爱己助人，"宜使学生尊品格而重自治，爱人道而尚大公"；五是主张切合实际的国民教育，"故宜使学生明现今之大势，察社会之情状，实事求是，能谋独立生活"；六是学生要有正确的世界观与人生观，这是对学生精神教育的本原，"故宜使学生究心哲理，而具高尚之趣志"①。

2. 方法

范源廉重视"训练"对陶冶德性的作用，在"训练"上分为教科书内和教科书外两种：在教科书内的训练上，将其贯穿在各科教学之中。如修身科注重启发学生的思考和反省能力；国文科通过学生在作文中表达的思想，教师得以窥测并进行诱导或纠正；外国文科主张学生以客观态度，"领解他国文化之精神也"②，诸科皆与陶冶德性相连。走出教科书，在教科书外的训练上，学校文化包括校训、校歌、校园仪式、勤务等举凡目之所及，皆可因势利导，以启发并陶冶学生的德性。

在教授方法上，范源廉规定："务必近于切实浅薄，使学生易于领会了解；为学之道，不宜偏于机械性质，务使学生养成活泼自动之能力。"③强调学生的主体作用，要求教师充分调动和发挥学生的主观能动性，反对既往重文字、记忆以及背诵的教授方法，倡导学生自主能力的养成。

---

① 张钦：《范源濂教育思想述论》，《船山学刊》1995 年第 2 期。
② 范源廉：《论教育当注重训练》，《中华教育界》1915 年第 1 期。
③ 范源廉：《范源廉集》，湖南教育出版社 2010 年版，第 49 页。

范源廉以"陶冶德性"为其教育根本目的，容易出现忽视应"以教学为重"的弊端，但其在内容和方法上的设想和实验颇具借鉴意义。

(二) 严格学生日常事务

范源廉认为，对学生的学习、生活以及兼职等方面，应采取严格的管理措施，否则学生容易放任自流。鉴于此，他提出以下几项管理措施。

1. 统一寄宿

范源廉要求北师大学生统一寄宿校内（研究生不做要求），严查夜不归校者。范源廉认为，住校能够锻炼师范生的适应能力和独自处世的能力，摆脱对父母的依赖，而且在日常交往中，能够构建起良好的人际关系，利于学生为人处世能力的培养。在他看来，学生在外寄宿是导致学风堕坏的原因之一。在校寄宿则能够节省上下学的路途时间，学生能够有更多时间学习专业知识，提高学业成绩。而且他主张，北师大晚上实行学生自习制，由舍监巡视。严格把控学生业余玩乐时间，提高师范生学习时间的利用率，旨在为中小学教育事业培养出更多的优秀教师。

2. 课堂点到

授课之时，教师必须严查学生缺席情况，实行点到制度。无论是何原因，若学生一学期缺席三分之一课程，必须责令休学。当时各个大学均有严格限制学生缺席的要求，但实际践行的学校却很少，范源廉对此严加整顿。

范源廉认为，专业扎实是师范生职业生涯的基础。如果学生连专业课程的学习都不能准时出席，那么，何谈有扎实的专业基础呢？而且其时不少高校学风懒散，学生常常逃课，在社会上产生了不良影响，损害了学校声誉。范源廉希望通过课堂点到的方式，加强对学生的管理，塑造良好的学风，提高学校声誉。

3. 严格考试

考试是考校学生平时学习情况的有效方式，能够对学生的发展做出可靠的评价。因此，无论哪门功课，范源廉都要求学生一律不准免试，要求学生在考试中检验自身所学。此外，范源廉也不允许教师预先划定考试范围，他认为，这种方式功利性太强，无形中缩小了考试范围，不利于师范生知识积累。而且范源廉主张，一学期应有多次临时考试，这样可以对学生平日成绩做出考察，及时了解学生对所学课程知识的掌握情况。

4. 限制兼职

范源廉严格限制学生兼职。本科生一律禁止兼职，研究科学生如有特别情况，允许在学校规定范围内，每周在外兼任一定时间。范源廉认为，学生在外兼职导致在校师范生难以兼顾学业，这已经成为高等教育领域内一种不良风气，必须加以限制。范源廉认为，在校期间，师范生应当向老师学习各种专业知识，提升自己的能力，他反对学生放弃珍贵的学习时间去追逐蝇头小利的做法。

5. 定期周会

在范源廉的倡导下，北师大每周三在操场举行周会，全体学生以及校长、各系系主任都必须到会。为考察周会出席与否，范源廉要求事先应制作出席证，"闭会时或师生自由谈话，或聆校长训话"①。周会是校长和教师向学生集体传达思想观念的重要方式，学生在这个过程中能够了解和吸收重要的教育信息和先进的教育理念。

四 引进名师讲学，营造师生情谊

（一）延聘知名教授

一个学校的好坏，师资不容小觑，范源廉对名师的引进不遗余力，如梁容若所说，"他每天办公很勤，请教授很努力，把些挂名不管事的兼任系主任都换了更负责的人。他所请的兼任讲座如梁任公、蒋方震、黄郛等都能按时上课，比一些二级名教授还比较负责任"②，因此，学校教学质量得以提升。另外，由于名师的入驻，学生的学术热情也空前高昂，如姜松年曾回忆黄郛在师大的受欢迎程度："因膺师由欧美考察回国不久，对于欧美各国最近政治情形，至为明瞭，讲得切实动听。每次上课，教室必告满座。且有每座挤两人者，后来者均立倚在窗台而听。他班同学，常抛去自己所选的课程而来此听讲。"③凡此种种，充分说明范源廉通过延聘知名教授的做法，激发了学生的学习热情，激发了学生的学习动力，使教师整体素质得以抬升，提高了学校的整体水平。

---

① 范源廉：《北京师范大学最近之施设》，《申报》1924年4月12日。
② 梁容若：《记范静生先生》，《传记文学》1962年第6期。
③ 姜松年：《追忆膺师》，转引自金问泗等《黄膺白先生故旧感忆录》，文星书店1962年版，第128页。

（二）营造师生情谊

1925 年，范源廉在清华大学演讲时谈到师生情谊，所谓师生情谊，"即师师、师生，及生生间相互之情感；换言之，即全校教职员与学生间之情谊是也"[①]。范源廉认为，在这几种情谊中，重要的是师生之情与同学之情，究其原因，首先，夯实国家健康发展的根基，最好从师生情谊入手，教师和学生不仅仅是教学和学习的关系，二者均承载着改造社会、为国家兴盛、社会进步而奋斗的历史使命，"人生一世，不过数十寒暑而已。相聚一堂，共究学问，良非易事；聚而同做救国工作，更非泛泛"[②]。

其次，良好的同学情谊是助益的前提，协同团结为国家社会办事需要同学深厚情谊，范源廉主张，学生在校期间要注意同学之间情谊的培养，他解释说："至于同学彼此相待：我觉得大家在学校时，就要互相爱重，力谋团结；到了毕业以后，这才能得同学的助益，享同学的快乐。若在校时名为同学，实则彼此相视漠然，毫无情谊；到毕业后，大家四散，再讲联络，想要一德同心，替国家社会来办事，我看是很难有希望的了。"[③]

五 师范教育思想评析

范源廉的师范教育思想具有前瞻性和改革性，他在北京师范大学的一系列改革措施，对于我们发展师范教育、培养优秀教师，具有重要的借鉴价值。

（一）推动了中国高等师范教育的发展

范源廉是"教育救国"思想的倡导者，他认为，教师能够为近代以来中国社会的发展起到无法替代的重要作用，因而他高度重视高等师范教育对于社会变革的作用，用实际行动来推动高等师范教育发展。

师范教育是培养师资队伍的重要途径，可以说，"高等师范教育是教育的工作母机"。而北京师范大学作为师范院校的排头兵，更应为教育事业培养优秀的师资。范源廉通过扩大学校规模、加大经费投入、加强教师队伍建设等举措，提高了师范教育在教育中的地位，在当时，不

---

① 范源廉：《师友间的情谊》，《清华周刊》1925 年第 11 期。
② 范源廉：《师友间的情谊》，《清华周刊》1925 年第 11 期。
③ 范源廉：《师友之关系》，《教育丛刊》1924 年第 2 期。

但引导了北京师范大学的发展方向，也探索出了师范教育的革新之路。

(二) 提升了师范生人才培养质量

范源廉认为，教师应当做到自尊、好学和尽职，应该具有笃定为教育服务的精神信念、丰富广博的文化知识、深谙教授管理之法并且具备教师专业能力。只有高质量的教师，才会带来高质量的教育，在师范教师培养上，范源廉认为，要坚守"师道""师德""师表"等培养标准。尽管范源廉在北师大任校长并未满一年，但他为北师大学校的初期发展奠定了良好的基础，开创了较多范式性的制度，尤其是董事会和校长轮流制，在当时的高校中具有开创性的意义。对于北师大而言，更需要大书特书的是，范源廉卸任校长一职后，仍担任校董事会董事，且在之后，他在中华教育文化基金董事会工作期间，仍给予北师大以资金支持。①

北师大和范源廉之间彼此成就，北师大为范源廉的师范教育思想提供了实践土壤，范源廉的一系列举措促进了北师大的健康发展。因此，对于范源廉不满一年即卸任北师大校长一事，学界深感惋惜，以梁启超为代表，他在北师大开学仪式上曾言："本校上年改开大学，不知费几许踌躇，方产出一董事会，董事会成立之后，又不知经多少挫折，推定范静生先生为校长。在我们当时举定范先生时，满拟他永远干去，将本校基弄好，以成一完善之师范大学。讵知他半途辞职，所以大为失望。"② 可以说，范源廉的离职对于北师大以及当时的师范教育而言，都是一个历史的遗憾。

第三节 经亨颐的师范教育思想

经亨颐（1877—1938），字子渊，号石禅，晚号颐渊，浙江上虞人，中国近代著名教育家。早年受维新思潮的影响，他立下报国志向，后赴日求学，就读于东京高等师范专科学校，主修教育和数理。在留学期间曾一度应召回国，参与筹建浙江最早的官办师范学堂——浙江两级师范学堂，并担任教务长一职。

辛亥革命爆发后，经亨颐代理主持浙江两级师范学堂校务，后正式

---

① 《教育文化基金会赠师大四讲座》，《晨报》1926 年 7 月 1 日。
② 《师大昨日举行开学式》，《晨报》1925 年 9 月 26 日。

任校长。以后，两级师范学堂更名为浙江省立第一师范学校，经亨颐仍掌此校，并兼任浙江省教育会会长。五四运动期间，经亨颐顺应时代潮流，在校内锐意改革，"一师"由此成为"五四运动"时期当地的新文化运动中心。这引起当局政府的强烈不满，下令撤销经亨颐的一切职务，酿成轰动一时的"一师风潮"，震惊国内。

1921年，经亨颐在家乡创办私立春晖中学，秉承"一师"的办学方针，主张"反对旧势力、建立新学风"，遍邀名师讲学，使该校声名远扬，获得"北南开、南春晖"的美誉。

经亨颐是中国近代师范教育第一代杰出的探索者和实践者，对中国师范教育的发展产生了深远的影响。

一 以人格教育为核心的师范教育理念

（一）人格教育思想的提出

经亨颐在1915年《师范学校之特质》一文中，首次提出人格教育思想，他从师范生的角度思考师范生将来所要承担的社会责任，对师范教育提出了人格训练的要求，即"衡以师范生之品性，教育者之人格，须精进以求"[①]。

对于人格教育的方法，他提出四条办法：首先，"以'诚'字为全国师范学校校训之中心"，"诚"乃立身之本，把"诚"融入教育师范学生骨髓之中；其次，"考查学生成绩宜注意操行"，经亨颐认为，成绩不仅仅指学业成绩，因而对学生成绩的考查应当把操行考虑进去；再次，人格教育不仅是针对师范生而言，对校长同样重要，"校长为全校之表率"，务必慎重遴选，以重人格；最后，经亨颐认为，判断师范学校教师是否具有人格，应根据其是否专职于教学，"教员宜专任"，若对学校无专任之精神，"欲言人格难矣"[②]。

同年，在全国师范学校校长会议上，经亨颐等人提出，人格教育与生活教育均为师范教育最当注意的中心问题，此举得到与会者的支持，经亨

[①] 《浙江第一师范学校校友会志》1915年第7期，转引自张彬编《经亨颐教育论著选》，人民教育出版社1993年版，第39页。

[②] 《教育周报》1915年第7期，转引自张彬编《经亨颐教育论著选》，人民教育出版社1993年版，第41页。

颐认为："人格存在于社会生活中，生活包含于国民人格之内。此人格、生活之不可陷于狭义，亦人格教育、生活教育之所以不可偏倚也。"①

经亨颐在1917年发表的《最近教育思潮》中提出："人格者，一方面为自立的、个人的，他方面为协同的、社会的；相互实现，渐渐发展者也。"② 他驳斥了"为人格而有社会"以及"为社会而有人格"的狭隘理解，标志着其人格教育思想的形成。

（二）人格教育的内容

什么是人格呢？经亨颐指出："人格者，良心之模型，道德之容器也。……人格实现之如何，而良心与道德亦如影随行而俱改。"③ 他认为，人格是维持社会之要件，是人与社会间互动并结合的产物，包含着中国的传统美德和西方先进的文明思想。经亨颐解释说："我国之人格，意在保持固有之特色，同时吸收他国之长所。"④ 并且进一步解释道："余决非极端固守国粹之说，吸收他国之长，所以补我国之不逮，处今日竞争时代，关系国家进步发达，诚不容缓。"⑤

经亨颐所阐述的人格，更多的是大多数人的人格，那么，学校教育的作用，就是通过教师培养出具有中国国民特性的人格。经亨颐还强调教师"与其为冷的科学的法则施行者，无宁为以有血有泪、自己之人格移之于儿童、形造儿童之人格之艺术家"⑥。用教师的人格，带动和影响儿童的人格，发挥行为示范的效力。

（三）人格教育的实施

关于人格教育如何实施，经亨颐在强调尊重学生个性的基础上，提出以下具体办法。

首先，强调对学生的感化与启发。经亨颐认为："教师不但以科学

---

① 《教育周报》1915年第7期，转引自张彬编《经亨颐教育论著选》，人民教育出版社1993年版，第40页。
② 《在浙江省教育会夏期讲演会上的讲稿》，转引自张彬编《经亨颐教育论著选》，人民教育出版社1993年版，第99页。
③ 《在浙江省教育会夏期讲演会上的讲稿》，转引自张彬编《经亨颐教育论著选》，人民教育出版社1993年版，第98页。
④ 经亨颐：《我国之人格》，《教育周报》1918年第192期。
⑤ 经亨颐：《我国之人格》，《教育周报》1918年第192期。
⑥ 经亨颐：《我国之人格》，《教育周报》1918年第192期。

的所定之法则机械地作用儿童,当以教师人格之力,其自由活动为最足重。……自己之人格与儿童之人格至微至妙之间,即教育效力之所在也。"[1] 人格的感化,才是教师应该采用的正确方法,教师愿意为教育事业和学生成长奉献力量,是教师应该具有的更高追求,也是教师人格的更高要求。

其次,经亨颐认为,教育工作不仅仅在于教授课程,更应重视训练的作用。在训练方法上,经亨颐主张采用感情、综合、直观、自动等教授方式,对人的精神生活施加影响。其核心就是要以学生为中心,实施自律训练。

1. 学生自治

经亨颐在校内推行学生自治,学生在此过程中,人格受到尊重,人格教育的作用也得到了彰显,自治能力得到了极大的训练。

2. 因材施教,试行学分制

经亨颐提出,要使学生个性得到释放,应当设立必修课和选修课相结合的自由选课制度。

3. 重视校园文化和课外活动

经亨颐根据对学生在生活和学习中要力求勤奋,在说话做事上要慎言慎思,对待国家和教育事业上,要怀有赤诚之心,在与人交往上,要严己恕人等的要求,为"一师"定下"勤、慎、诚、恕"的校训。为让校训精神得到贯彻,经亨颐通过各种方式加以宣传。经亨颐创设优良校园文化,支持学生成立社团、创办刊物等对学生的人格发展起到了潜移默化的作用。

4. 重视社会实践

经亨颐对学生参与五四运动、抵制日货等爱国运动给予大力支持。他倡议成立学艺会,对社会开放,"籍图学校与社会之联络者也",对校友会组织仿效社会组织建设社会小模型的做法,经亨颐也大加赞许,认为这样有助于"交社会交际之预备,他日出而任事应有把握"[2]。

---

[1] 经亨颐:《我国之人格》,《教育周报》1918 年第 192 期。
[2] 《浙江第一师范学校校友会志》1913 年第 7 期,转引自张彬编《经亨颐教育论著选》,人民教育出版社 1993 年版,第 12 页。

二 "纯正教育"的师范教育地位

受早期留学日本时期教育思潮的影响，经亨颐形成并践行了纯正教育的思想，并由此开始维护师范教育的独立性，这也是其坚持浙江省立第一师范学校民主治校和学校自治的理论基础。

（一）教育独立于宗教

经亨颐指出，之所谓"纯正"，在于其能"中立"。经亨颐认为："宗教中立，为纯正教育之一义。"[①] 即教育应当独立于宗教。经亨颐针对当时袁世凯政府尊孔复古的思想逆流展开猛烈攻击。他指出，袁世凯试图混淆敬仰和信仰，这使得孔子之教失去了"纯正教育"的价值。尊孔是一种敬仰而非信仰，若"以孔为教，全不知孔子之教育，并不知教育之所以贵纯正也"[②]。如果教育不独立于宗教，那么，宗教之教与教育之教又有什么区别呢？

（二）教育独立于政治

经亨颐在1914年5月的浙江省教育会第三次年会上提出："教育事业，为哲人统治之事业。"[③] 他认为，精神上的教育只能由教育者来完成，政府只能实现形式上的教育而已，面对军阀对教育的专制与破坏，他强调一方面坚决抵制，另一方面"以哲人统治精神，积极以自谋进行"[④]。在浙江省立第一师范学校和浙江省教育会任职期间，经亨颐积极倡导教育独立和自主办学。

经亨颐所倡导的"纯正教育"，在民国时期政局动荡、兴替频繁的情况下，是最大限度地维持教育局面的精神支柱。经亨颐明确指出："不论国体变更不变，教育决不变更，非不愿变更也，不必变更也，纯正教育原如是。"[⑤] 并把纯正教育比之清水，可以溶解政局动荡流弊，通过此比喻，解

---

① 《浙江第一师范学校校友会志》1915年第7期，转引自张彬编《经亨颐教育论著选》，人民教育出版社1993年版，第42页。
② 《浙江第一师范学校校友会志》1915年第7期，转引自张彬编《经亨颐教育论著选》，人民教育出版社1993年版，第42页。
③ 经亨颐：《本会会长春季大会开会词》，《教育周报》1914年第42期。
④ 经亨颐：《本会会长春季大会开会词》，《教育周报》1914年第42期。
⑤ 《浙江第一师范学校校友会志》1916年第8期，转引自张彬编《经亨颐教育论著选》，人民教育出版社1993年版，第57页。

释了提倡重视学生各项发展、强调人格教育的原因,"共和之流弊譬之糖,君主之流弊譬之盐,纯正教育譬之清水,多量之清水能融化糖与盐。至于无味教育之力,能融化共和君主之流弊而归一致。所谓人性即清水,余故曰教育对于国体为消极的防其流弊,对于人性为积极的图其发展。"①

经亨颐所坚持的"纯正教育",是一种纯粹中立的、不受外界力量干扰的事业,办教育应从教育自身的规律出发,坚持其相对独立性,不可强制干预、阻挠或破坏其发展节奏。经亨颐的这种"纯正教育"的理念,是对传统儒家教育思想精华的总结与发展、开拓,也是其坚持十年如一日地举办师范教育、坚持教育独立地位的精神导向。

三 "教育者"的师范教育培养观

在经亨颐之前,师范学校的培养目标多是培养中小学教员,较少提出培养教育家的目标。经亨颐认为,师范教育的培养目标层次,应首先为教师,最终目标为教育家。他主张,作为师范生,从踏入师范学校大门之时,就应该有树立做教育者的目标,教育家不是仅接受几年的师范教育培训就能培养出来,还必须经过岗位的反复实践和历练才有可能。因此,每送一届毕业生,经亨颐即会告诫诸生"今日毕业式,校长只可证明诸生为小学教员,不敢证明诸生为教育家,留以待诸生之自己证明"②。在培养目标向教育家迈进之外,经亨颐还强调师范生与普通学校学生有别,需具备特别素质,概括为以下三种精神。

(一)"甘为基石"的奉献精神

经亨颐把国家喻为大厦,强调社会各个机能与教育的关系,以及教育在国家建设中所起的作用:

> 以大厦喻国家,以人才喻栋梁,柱石常闻之,然构成大厦最要之关节,则为此凸彼凹相接合之斗。榫若无斗榫,虽栋梁之才不足用也。且既有栋梁之凸,榫若无柱头之凹,榫虽栋梁之材亦不足用

---

① 《浙江第一师范学校校友会志》1916年第8期,转引自张彬编《经亨颐教育论著选》,人民教育出版社1993年版,第58页。
② 《浙江第一师范学校校友会志》1916年第10期,转引自张彬编《经亨颐教育论著选》,人民教育出版社1993年版,第61页。

也。今中国栋梁之才不患不多，所缺者凹榫之柱石耳，倘柱头亦是凸榫，大厦其何以构成耶？政治家也，元勋伟人也，皆为凸榫之栋梁。教育，立于社会基础上之事业，教育者相当于柱石之材，彼凸我凹，与世无争，始无不合，否则即失其柱石之资格。①

与世无争、默默奉献，不计较个人得失，为国家培养栋梁之材，这是经亨颐的教育理想，也是他对师范学生及教育者的整体定位和要求。

（二）"为社会作马牛"的服务精神

经亨颐认为："为儿孙作马牛，天性也，为社会作马牛，天职也。"② 教育者对社会的贡献与父母对儿孙的奉献是一致的，教育者天然肩负着为国家振兴和民族富强的一种强烈的责任感和服务意识。经亨颐指出，教育者与社会之间是一种互助的关系，教育为社会服务，社会为教育发展谋福祉："余之所谓为社会作马牛者，亦有依赖社会之希望，今后余认定教育当依赖社会，故愿为社会作马牛。"③ 经亨颐在强调教育者服务精神的同时，也特别强调教育者对自身的准确认识，强调教育者即使具备高尚品性也不可自命不凡、自负孤傲、脱离社会，教育者应超脱，"与世无争"，但决非与世不融。

（三）吃苦耐劳的"屈就"精神

经亨颐认为，"屈就"是指不计较成就事业的物质因素，"以极限之条件、经济之方法，希其成功之意"④。中国自近代以来，外辱内患、贫穷落后，国民教育亟须普及。在此种社会背景下，教育者若奢望办学校"必须洋房、必须完全设备、必须若干经费"⑤ 的想法是不现实的。

---

① 《浙江第一师范学校校友会志》1916 年第 10 期，转引自张彬编《经亨颐教育论著选》，人民教育出版社 1993 年版，第 73 页。
② 《浙江第一师范学校校友会志》1918 年第 14、15 期合刊，转引自张彬编《经亨颐教育论著选》，人民教育出版社 1993 年版，第 159 页。
③ 《浙江第一师范学校校友会志》1918 年第 14、15 期合刊，转引自张彬编《经亨颐教育论著选》，人民教育出版社 1993 年版，第 159 页。
④ 《浙江第一师范学校校友会志》1915 年第 6 期，转引自张彬编《经亨颐教育论著选》，人民教育出版社 1993 年版，第 27 页。
⑤ 《浙江第一师范学校校友会志》1915 年第 6 期，转引自张彬编《经亨颐教育论著选》，人民教育出版社 1993 年版，第 27 页。

而且，在民国成立之后，袁世凯窃取了革命果实，中国陷入军阀混战的泥淖中，教育者对于教育经费被克扣的情况已经"习以为常"。经亨颐指出，条件艰苦愈发需要教育者具备超乎常人的"屈就"精神，若教育者之心因其摧残而自我崩溃，那才是真正的可悲。①

这三种精神既是经亨颐对学生的要求，又是他自己的写照。在担任浙江省教育会会长期间，经亨颐为教育事业鞠躬尽瘁，他认识到，要切实贯彻国家教育方针，只依靠政府是行不通的。作为一个全省性的教育团体，应设法自谋生存和发展，克服种种困难，他相信社会上不乏热心教育之人，"教育事业，当依赖社会"，向社会寻求帮助，浙江省教育会的很多难题都是通过经亨颐与社会人士共同解决的。

四 "与时俱进"的师范教育办学方针

中国近代教育在经过晚清时期对西方的模仿之后，在民国不断进行调适，开始朝着教育本土化的方向前进，经亨颐在这一时期也对其师范教育思想进行了反思和调整，尤其是在五四风潮之后，经亨颐改革师范教育的热情空前高涨。1919年10月，在第五届全国教育会联合会上，他将《改革师范教育的意见》作为议案提交大会审议，呼吁师范教育改革。其改革思想包括以下几个方面。

（一）建立独立的师范学制系统

经亨颐认为，现有师范教育体制阻碍了教育事业发展，教育改革迫在眉睫，"现行师范教育制度，受中学之牵制，其教课与程度，皆与中学比较而定，非由理想而定"②。经亨颐建议师范学校的五年学制可缩为四年，以提高师范教育培养速率，适应新教育发展的需要。他根据国民受教育程度的现有状况，认为"以四年毕业之师范生，出而任小学教员，决无不合"③。

针对以上事实，经亨颐提出了独立师范学制系统的构想：师范学校根据学业程度分为讲习所、师范学校、高等师范学校三期。根据培养目

---

① 经亨颐：《本会会长春季大会开会词》，《教育周报》1914年第42期。
② 《教育周报》1915年第94期，转引自张彬编《经亨颐教育论著选》，人民教育出版社1993年版，第28页。
③ 《教育周报》1915年第94期，转引自张彬编《经亨颐教育论著选》，人民教育出版社1993年版，第29页。

标的区别,设置不同的修业年限,其中讲习所以国民学校教师为培养目标,学制三年;师范学校以高等小学教员为培养目标,学制三年;高等师范学校以中学教员为培养目标,学制不等,其中预科二年、专修科三年,另开设研究科。此外,国立大学设教育科。讲习所的学生修满、服务几年后经过考试可以升入师范学校,以此类推。

经亨颐认为,学业无止境,独立师范学制系统三个阶段之间的层级关系既有此层含义。他还主张,师范学校学生不用毕业的名义,究其原因,他解释道:"一则师范两个字是很尊重的,哪里好讲毕得业来;二则毕业两个字是止境的表号,譬如第一期师范修业期满,不过第一期名义的期满,不是师范名义的完毕。"[①]

(二) 设置"师范性"特点的课程

经亨颐认为,"师范性"特点是由师范学校的培养目标决定的,师范学校在课程设置中,向以国文、数学、教育三门为重,对于这三科,经亨颐认为,教育学科有待加强,国文则需要着重改进。在具体方法上,教育学科应依据师范学制系统各个阶段循序渐进并有侧重,"第一期师范,注重方法,第二期师范,注重理论,第三期师范,注重各科教授法,大学的教育科,那是教育精神唯一的机关,要创造思想,介绍新说,负完全责任,叫做'无尽藏'就是了。"[②] 关于国文教学,他认为,发展师范教育是为了实现教育的普及,而"不是单单制造几个学生"[③],为了实现教育的迅速普及,经亨颐主张用白话文代替文言文,经亨颐解释道:"我们师范学校,无非为普及教育,不是'国故'专攻……我认为提倡白话以后,才可以讲教育,本校要讲教育,所以决定要改革国文教授。"[④]

(三) 实行灵活的学科制

经亨颐鉴于学年制"轻视青年的光阴,束缚学生的能力;尊重办事

[①] 经亨颐:《改革师范教育的意见》,《教育潮》1919年第4期。
[②] 经亨颐:《改革师范教育的意见》,《教育潮》1919年第4期。
[③] 《浙江省立第一师范学校校友会十日刊》1919年第6号,转引自张彬编《经亨颐教育论著选》,人民教育出版社1993年版,第228页。
[④] 《浙江省立第一师范学校校友会十日刊》1919年第6号,转引自张彬编《经亨颐教育论著选》,人民教育出版社1993年版,第228页。

的程序，演成划一的流弊"① 等弊端，主张以注重学生个性发展的学科制代之。

1919年下半年，经亨颐在浙江第一师范实施了学年制，试行学科制的办法，拟将学科分为选修和必修两种，学生除完成必读科目外，可根据自己的兴趣爱好，选择其他科目学习。经亨颐的学科制改革实践，在全国师范教育界处于领先地位。"自南京高师采用选科制，浙江一师采用学科制以后，各省师范学校及高等师范学校相继变更课程"②，其他师范院校见此陆续仿效，学科制蔚然成风。

五 师范教育思想评析

（一）批判了封建教育

经亨颐是中国师范教育的开拓者和奠基人，他对人格教育以及人格意义的强调，启发了一代学人，师范教育改变了传统以束缚个性、摧残人格、强调整齐划一为主的封建教育和学制系统。在教育理念上，强调尊重学生个体，要求教育上的民主和自由，成为否定和改革封建旧教育的引领者。他的人格教育思想冲破了封建教育的藩篱，开启了近代以来师范教育发展的历史进程。

（二）培育了优秀师范人才

经亨颐先进的教育理念为动荡不安的中国社会培养了一批人才，为中国教育的发展和社会进步提供了强有力的人才保障和智力支撑。经亨颐对师范生的人格陶冶和全面发展的强调，抓住了师范教育的根本问题。他提出的建立师范学制系统的设想，虽然难以付诸实施，但内中所含的师范生不断进取、乐于奉献的精神鼓舞和影响了一代又一代的教育者。尤其五四运动以后，他在浙江第一师范所的锐意改革，在全国范围内产生了不小的影响，也因此使浙江第一师范在国内享有盛誉。

尽管经亨颐的教育实践活动主要集中在他的家乡浙江一省，但是，他的教育思想却影响了整个国家和国民。他提出的"人格教育""纯正

---

① 《浙江省立第一师范学校校友会十日刊》1919年第6号，转引自张彬编《经亨颐教育论著选》，人民教育出版社1993年版，第228页。

② 舒新城：《中国近代师范教育小史》，《中华教育界》1926年第11期。

教育"等理论观念和教育设想,被其他教育者所接受并加以沿用,经亨颐成为师范教育史上不可忘却的重要一员。

第四节 余家菊的师范教育思想

余家菊(1898—1976),字景陶,湖北黄陂人,中国近代著名的教育家、思想家与国家主义教育倡导者。他积极参与社会活动,关心教育,在中国近代最早呼吁、讨论并践行了乡村教育。除此之外,他关心教育的方方面面,对于国家主义教育、师范教育、儿童教育等都有所涉猎并阐发了观点,部分理论较为系统,具有较为鲜明的个人特色。

余家菊出生于书香门第世家,1904年进入家塾学习,11岁入道明高等小学,14岁进入文化书院。1918年,余家菊从中华大学毕业后,到附中担任中学部学监一职,并在汉口民新小学兼任教师,教授英文夜课。次年,义无反顾地参加由王光祈发起的少年中国学会,成为学会重要的一员,在《少年中国学会会员终身职业调查表》中,将"广义的教育"视为终身欲从事之事业,表明其对于教育深厚的热忱。

1920年,余家菊顺利考入北京高等师范教育学院,研习教育,师从杜威、陈宝泉、蔡元培、胡适、邓萃英等,并相继发表一系列文章,《我对于师范学校的希望》(1920)、《论中学附设师范科》(1921)、《论师范学制书》(1921)等均发表在《教育丛刊》期刊之上。此外,在《少年中国》上也发表文章,诸如《教师和学生间的交际问题》(1920)等。次年,余家菊参加出国留学的选拔,通过考试取得留学资格。1922年,他与一众学子共同远赴英国伦敦大学,开始了短暂的求学之旅,师从著名学者斯皮尔曼。

1924年,从英国伦敦大学毕业的余家菊归国,他积极参与各式各样的教育活动。他先后在武昌高师、东南大学、北京大学、北平师大、河南大学等知名大学任教,教授教育学等相关课程,在教学过程中,先后发表了《师范生实习问题》《师范教育行政》《师范学校之组织》等关于师范教育的文章,将理论与实践有机结合起来。1926年9月,中华书局出版了《师范教育》,这本书的出版标志着余家菊师范教育思想的基本成熟,体系化和制度化的思想体系已然构建形成,之后该书成为师范学校的教材被使用，沿用至中华人民共和国成立，其影响之深可见一斑。1928年，余家菊出任《东三省民报》编辑，次年任冯庸大学教授，并教授课程。1930年，在天津及北平的健行中学、中国大学、北京大学等学校授课。1932年，任上海《申江日报》编辑并为中华书局编书，开始了编辑、出版等相关工作。1936年，被任命为湖北省政府公报室（后改名为编译室）主任。

一 师范教育思想的形成

（一）社会背景与教育状况

余家菊生于清末，此时中华民族正处于列强侵略逐步加深和封建帝制摇摇欲坠的时期。1906年，清政府颁布五项教育宗旨，即"忠君、尊孔、尚公、尚武、尚实"，体现了清政府所提倡的"中学为体，西学为用"的教育主张。民国成立后，各国重新瓜分在华势力范围，社会环境极为混乱。复杂的社会背景、变幻莫测的时局对教育事业的发展造成了严重的影响，教育事业随着社会环境的变化而变化，受其钳制。同时，由于清政府深陷战争，常年军事支出巨大，致使教育经费时常面临减发与停发的窘境。与此同时，新文化运动风起云涌、蓬勃而兴，知识分子高举民主、科学的大旗振臂高呼，不仅深刻地影响着当时的社会思想潮流，而且对教育事业的发展产生了深远的影响。

（二）师范教育思想的理论渊源

余家菊7岁开始求学，在家塾就学六载，熟读中国传统文化的"四书五经"等。13岁在道明高等小学堂学习时，每逢孔子诞辰便在堂长的带领下，整冠束带、进行跪拜，这也就奠定了余家菊毕生肯定、尊崇儒学的基础。

14岁，余家菊到武昌文华书院求学，刘凤章先生对阳明之学的生动而全面的阐释，以及对"致良知与知行合一"的高度推崇，对他启发颇深，影响颇大。由此，他在教育中不仅提倡习得理论知识，亦强调实践，使得理论与实践两者有机结合，通过实践认识到自己存在的问题和不足，以此进行改正和完善，向着更高、更远的目标前进。

除此之外，余家菊虽然没有直接师从杜威，但却潜移默化地受到杜威思想的影响。诸如实用主义教育思想中的经典观点："教育即生活"

和"学校即社会",在教学论上主张"从做中学",以及课程论上以儿童为出发点考虑课程教材,都给了余家菊极大程度上的启示和思考。余家菊曾说:"杜威师之思想体系,史皮尔曼师之分析态度,益我最多。"①

二 师范教育体系的主要内容
(一) 师范教育乃普及教育之本
1. 普通师范教育是国民教育之本

余家菊认为,师范教育是一切教育之本、教育之源。他十分注重教育所产生的作用及价值,提出"教育为国家盛衰之本,社会隆替之基"②,教育与国家的兴衰与更迭有着密不可分的关系;而师范教育为"国民教育之母",在培养人才、普及教育方面有着根基性的作用。因此,教育如果是好教育,那么于国于民都是益事,但如果是不好的教育,那么则是弊病众多了。他对之做了颇为形象的描述,学艺不精的医生所害死的人,只是一人或十人,庸碌无为的政府,毒害社会的时间只是一年或者十年,而不良的教育所带来的影响深远,往往能持续影响数十年甚至数百年,就像"国且由是而亡,种且由是而灭也。故师范教育尤不可不慎,以其为教育之根本也"③。

首先,师范教育对于国家的人才培养有着房屋地基般的作用,师范教育的对象是师范生,也就与国家教育、百姓绵延有着更为紧密和直接的联系了。余家菊指出:"师范生为文化之承转人。已有的文化,无师范生则无人转递于后代;新兴的文化,无师范生亦无由传达于少年国民。故师范生者,实文化之所赖以不坠者,亦文化之所由而得以日有进境者也。"④

总结而言,师范生在中国文化的传承中有着纽带的作用,是传承传统文化并将其传授给学生的必不可少的中转站。文化何以重要?可以从横向与纵向两个角度来说:从横向上说,文化渗透在民众生活的方方面

---

① 余家菊编著:《教育与人生》,正中书局1942年版,"前言"第1页。
② 余家菊:《师范教育》,中华书局1926年版,第2页。
③ 余家菊编:《乡村教育通论》,中华书局1934年版,第114页。
④ 余家菊:《师范教育》,中华书局1926年版,第101页。

面，有深有浅、范围广阔。因此，百姓离不开文化知识，也需要文化知识，文化是具有普及性的。从纵向上说，几千年的文化深刻地影响着中国人的思想与行事，优秀的文化应该具备传承性以保证代代相传。师范教育培养一批批的师范生，师范生通过师范教育成为教师，教师作为教育的主导者，将文化进行传播——师范教育的重要性便不言而喻了。师范生肩负着传递文化的责任，也就在无形中对于师范生有了要求。余家菊提出，师范生应该有博大的胸怀以喜爱、接纳传统文化，有宽广的视野以辨别与欣赏传统文化，在完成了解与鉴别文化之后，再运用较为自如的语言和文字进行表达与传播，这才算是一个合格的师范生，发挥了其在文化传承中所具有的承上启下作用的一个完整的过程。

其次，师范教育对于学生性格、品格的塑造有着重要的作用。教师是一个学生成长过程中，除却父母之外与其接触最多的人，正如古语所云："染于苍则苍，染于黄则黄。"[①] 教师的所作所为、一举一动、一言一行都会对学生产生潜移默化、不可磨灭的影响。余家菊指出，"国民精神之鼓铸，须赖师范教育之具此精神"[②]，正式言明了师范教育对于培养国民精神风貌的作用。此外，师范教育的作用绝不仅仅是针对个体的教师、对于个体的学生而言的，师范教育的可贵之处就在于其可以通过一名教师影响一批学生，再由这一批学生去影响大批的民众。由此代代之精神与理想相传，才能铸就中国良好的国民精神与信仰。所以，余家菊说"国家之欲培养国民之新理想与新信仰也，常先养成有此新理想或信仰之教师队，更播散此教师于全国各校，而使其以此理想更传播于全国少年也"[③]，即是此理。

最后，师范教育还可以净化教育行政界空疏与腐败的空气。如同陶行知在《师范生应有之观念》中所说"今世界上有四种教育家：一、政客教育家……二、空想教育家……三、经验教育家……四、科学教育家"[④] 一样，带有浓厚官僚气息、将教育与政治混为一谈的政客，是阻碍教育发展与教育质量提升的重要因素。在这一形势下，当时的教育行

---

① 墨子：《墨子》，蒋重母、邓海霞译注，岳麓书社2014年版，第12页。
② 余家菊：《师范教育》，中华书局1926年版，第102页。
③ 余家菊：《师范教育》，中华书局1926年版，第102页。
④ 陶行知：《陶行知全集》（第一卷），四川教育出版社1991年版，第260—261页。

政界以及师范大学校长提出不应当设立教育系及开设教育科，教育行政长官颁行通令解散师范大学、清除教育科，上述种种举措在余家菊看来都属于"倒行逆施"之举，亟须废止。就此他提出，想要还教育行政界一片净土，推动教育的发展，就需得通过师范教育培养懂教育、讲科学的教育行政人员，通过培养"学者型"官员，养成其严谨进行教育研究与指导的态度，还教育行政界一片净土。只有这样，才能对教育起到积极的导向作用。

2. 乡村师范教育是中国乡村教育发展之锁钥

余家菊的师范教育思想不仅包括普通师范教育，还涵盖了乡村师范教育。中国自古以来以农业大国著称，农业人口占据了相当大的比重。因此，相比较而言，乡村教育比城市教育显得更为迫切和必要。20世纪20年代的中国乡村社会情景不容乐观，愁云惨淡，经济衰落，小农经济渐趋解体，教育进程发展缓慢。

1920年，余家菊在《乡村教育的危机》一文中，全面而深切地表达了其对于当下乡村教育止步不前的同情和无奈之感，说道："乡村的教育已经破了产。"[1] 相关数据显示，20世纪30年代，全国省县市公私立的各种乡村师范学校仅有36所，即使加上县立私立的乡村师范学校，也仅有百所左右[2]，根据数量推算的话，远远不能满足乡村教育对于师范学校的迫切需求。不仅数量远不达标，当时的许多青年缺乏扎根乡村发展教育事业的意向与决心，加之薪资低廉、前景黯淡、环境单一，即使是已在乡村进行教育工作的人员也难以长期坚持，更不用说已有人员大部分皆为15年前的师范生、15年前的新学家、"篱巴馆"式的学究、半路出家的道士派先生以及穷愁潦倒的新学生。[3]

因此，发展乡村师范教育刻不容缓，民国时期的中国乡村亟须改革乡村师范教育以在乡村逐渐普及教育，提升乡村人民的知识水平，改善农村的总体发展与远景。

(二)"培养优秀师范生"的师范教育目的

教育目的是培养人的总目标，在教育的全过程中有着旗帜一样的引

---

[1] 余家菊:《乡村教育的危机》,《中华教育界》1920年第1期。
[2] 黄敬思:《四年来中国之乡村教育》,《教育杂志》1931年第7期。
[3] 余家菊:《乡村教育的危机》,《中华教育界》1920年第1期。

领作用和指导作用。教育目的是所有教育活动和教育工作的出发点与归宿点，不仅影响着政策法案的制定，而且对教育活动的实践产生了一定的影响。余家菊十分重视并积极倡行师范教育，提出师范教育的目标是"培养优秀师范生"。

1. 培养良好的教育人才

余家菊将"培养良好的教育人才""养成善良的师范生"作为师范教育的目的。他指出，师范教育的目的既不是培养学者式的人物（教育学者除外），也不是培养作家式的人物，而是培养有着完满的人格、丰厚的学识，以及扎实的专业技能的师范生，即未来的教师。

首先，教师要具有健康的人格，这一目标相当于合抱之粗树木的根基。余家菊提出："为教师者，必须具健全的人格；而师范教育亦必须以人格教育为其核心。"[①] 作为教师，最终是为了培养出有益于社会的"健康"公民，这个健康不仅指的是身体素质的强健，而且是心态、精神与人格的健全。或许有时教师丝毫未在意的一个表现，就影响了学生的习惯与性格，最终产生难以挽回与磨灭的影响。因此，教师首先就要具有健康的人格和高尚的精神，以作为良好的精神"培养皿"来培植学生的性格与品格，让学生在无形中也就是在日常的生活和学习中，即受到正向的熏陶，最终为其将来的职业发展奠定热爱教育、尊重学生、共同成长的态度与情感基础。

其次，余家菊认为，丰富的知识是教师不可或缺的，这如同树木的枝丫。在教师的教学活动中，占绝大比例的就是知识的讲授与传播。因此，教师对于知识的掌握直接影响甚至决定了教学的质量。教师首先要对专业领域内的文化有着扎实的掌握，具有丰富的知识，可以保证教师在日常教学中"感染学生于无形"，学生一边可以习得相关理论知识，一边还可以增进对教师的尊重和认可之感。专业知识尤为重要，但是相关领域的理论知识，例如教育学、心理学、教育心理学等，也是非常重要的，否则，教师的知识便如同孤树难以真正成林，苍白且乏味。

教学永远是教与学的双向过程，两者缺一不可，教师的教是其必不可少的组成部分，如若教师对相关的教育理论知识有了深入的理解，并在此

[①] 余家菊：《师范教育》，中华书局1926年版，第105页。

基础上进行不断的积累与更新，那么，就能更好地进行教育活动的指导，也直接有利于双向过程的另一边，也就是学生的学的热情与质量。

只有知识的讲解与传输在教育中是远远不够的，余家菊关注到了当时师范教育培养出来的学生所存在的问题，指出实践技能对于合格的师范生是非常重要的。他认为，当时师范教育培养出来的那些学者式的人物多钻研于某一领域的书本，积累了丰富的学识，成为"专精"式的"领域通"，而缺少教育相关学科的知识积累。那些经过教育之后变成著作家式人物的师范生，在学生生涯中进行的多是书本知识的输入，擅长的多是笔头的输出，对于实际的操练则不熟悉，更谈不上擅长了。总的来说，当时在师范学校中存在一个通病，即课程中教育学相关学科以及教育实践的比例过少，这种对教育学科的忽视就导致了师范生中缺少既有知识又有技能、既有想法又能落实的教育人才。

此外，教师还需具备多方面的专业素养，如灵敏的洞察力、细致入微的体察力、宽广包容的胸怀等。教师的工作对象，是随时都在生长变化的人。因此，唯有教师具备多样的专业素养，才能游刃有余地应对教育教学过程中出现的事件，从而保证并提高教学效果。总而言之，兼顾知识与技能、掌握理论与实践能力的人才，能够真正在教育中带给学生真才实学，发展学生爱人的能力与对教育的热忱，成为学生自发想要学习的模范。

2. 改进乡村教育以挽救乡村危机

第一，余家菊认为，教育是立国之本，乡村教育是比都市教育更为重要的问题。研究乡村教育的目的，必须以充分认识和掌握一般教育目的为基础前提，同时，讨论乡村教育的目的，必须确立适当的根据，并明确乡村教育的四个目的。

首先，乡村教育目的必须包含在一般教育目的之内，乡村教育必须以实现普通教育目的为基础内容。也就是说，乡村教育的内容等必须建立在普通教育的精神、内涵以及目标上，只有符合普通教育要求的乡村教育，才是真正可以持续发展的教育。乡村教育可以有其特殊性，但必须符合教育总体时局的现实状况与总体需求。

其次，乡村教育目的必须乡村化，这是发展乡村教育的根本方向和本质内容。乡村教育绝不同于城市教育，乡村教育所要培养的人才，以及所要达到的效果，必须紧紧与乡村的发展情况相结合。

再次，乡村教育的目的，是纠正乡人存在的一些问题，通过潜移默化的影响培养他们良好的生活习惯及品格特质。

最后，乡村教育要因地制宜、因时制宜，建设关怀乡村、立足于整个乡村，并以此为出发点的大教育。①

乡村师范教育与普通师范教育大有不同，其呈现的独特性和特殊性尤为显著。对于乡村教师来说，他们是有知识、有文化的代表。因此，乡村教师首先要有丰富的常识知识，在面对乡人的问题时，能给出及时准确的回答，能较好地解惑答疑。对学生而言，在某一教授知识的领域，如若教师对知识了然于胸，印刻于心底，教师的学者身份会令人信服。在专门范围之外，如若教师不准学生发表任何疑虑、提出任何问题，这一做法会有失教育家之态度。概而言之，乡村师范教育的目标愈发清晰，跃然纸上，培养具备"百科全书般的常识"的教师成为发展诉求。

第二，培养富有勤劳行为、富于创造精神的教师成为乡村教育的又一重要目标。乡村人民以劳动为生，勤劳、艰苦是其特有的优良品质，自古以来家风淳厚的家庭都将勤勉置于家训、家书的首位，以此激励子女不可因家境殷实而好吃懒做，而是要以勤为本，时时遵循，勉励自身。教师作为知识分子的代表，其文化身份受到乡村人民的认可和尊重，更应以勤为本，以勤修身，发挥好典范的积极作用，为年轻一代的价值观、人生观、世界观以及勤劳观念的养成贡献力量。

唯有如此，教师才能真正融入乡村的生活之中，获得乡村人民的尊敬、受到乡村人民的爱戴。教师的事业"不仅在办理学校，亦且在办理世界"②。更何况是乡村教育事业，乡村教育事业才刚刚起步，正处于探索和实验之中，如果教师好逸恶劳，不求上进，不能艰苦奋斗，克服困难，那么，一切改良都将流于形式。

第三，培养具有谦和的态度，拥有真挚情感和具备与人为善精神的

---

① 曲铁华：《余家菊的乡村教育思想探析》，《东北师大学报》（哲学社会科学版）2013年第6期。

② 余家菊编：《乡村教育通论》，中华书局1934年版，第121页。

乡村教师成为乡村教育的又一重要目标。乡土社会本身就带有朴实、纯良等优良属性，人们之间的交往相对真诚、淳朴，并不夹杂太多的私心、谋划。作为深处乡村的乡村教师，在与乡民交往过程中当以真诚为先，真诚处世，这样才能换得真诚相待。陶行知曾指出，作为一名乡村教师，应当有"农夫的身手，科学的头脑，改造社会的精神"[①]。余家菊对其进行了深化和拓展，他认为，乡村教师应拿起锹锄翻土，放下锹锄做研究，扛起社会的担子，站在农人前面走。只有不娇气、不计较，既能做科学研究，又能深入乡村生活的人，才能与乡民、同事建立起和谐融洽的关系，彼此之间互帮互助，携手同行，为乡村教育的发展贡献自己的微薄之力。

（三）师范学校的行政管理体系

1. 独立设置师范学校

1922年新学制正式颁布，在这一学制颁布后不久，教育界就师范教育独立设置与否开展了一场激烈的、旷日持久的争论。许多省份全盘照搬美国关于师范教育的相关做法，提倡将师范学校和中学合并，使师范成为中学的一科。对此，余家菊提出不同的看法，他指出，时人只看到部分美国师范学校依附于大学，但却忽略了美国仍存在一定数量的独立的师范学校。因此，不根据国情、未进行实际的考察就匆忙并大肆提倡中国应取消师范学校的独立设置，这是偏狭的，非明智之举。

首先，余家菊论述了独立设置师范学校的必要性：第一，师范教育是一种特殊的职业教育，这是由其特质所决定的。师范教育不仅要教给师范生相关知识和技能，而且应让师范生学会如何将知识、技能教给学生，即"授之以鱼，不如授之以渔"。余家菊对当时学者提倡将教育科并入大学文科的一个系等的相关论述，颇为气愤，认为这是违背师范教育的特殊性的，"是盖绝对不知教育为何物者之所为"[②]"至于文科性质，则相去万八千里也"[③]。

[①] 陶行知：《谢允担任自然科学指导——给吕镜楼先生的信》，载《知行书信》，亚东图书馆1929年版，第166页。

[②] 余家菊：《师范教育》，中华书局1926年版，第8页。

[③] 余家菊：《师范教育》，中华书局1926年版，第8页。

其次，独立设置师范学校更有利于师范生的训练。余家菊认为，优秀的师范学校应该具有浓厚的教育氛围，师范生在这一环境中接受熏染，不断增强对教育的热情，坚定其从事教育的决心。他主张，师范生"必参与各学校之集会竞技，且须常有参观旅行，社会调查等事"①，还主张，"且须身为各学校之领袖"②，希冀通过上述这些活动，师范生获得多方面、多层次的发展和提高，最终提升自己的综合素质。

再次，余家菊以美国为例子，从教育政策与教育经费两方面进行了全面的论述。他指出："美国教育向重地方自由，渐趋省权干涉，再进而祈诸联邦政府，且从师范教育下手，诚能得其本已。"③ 他认为，一个国家无论如何自由，师范教育都应置于首位，应将师范教育纳入国家政策之中，为其提供坚实的政策保障，与此同时，充足教育经费的补助亦是必不可少。"而未可由他校代办者也"④，这是师范教育与其他教育的明显不同之处，因此，师范教育必须独立。

最后，从社会进化层面而言，师范学校也必须独立设置。放眼西方于宗教改革后，师资训练学校如雨后春笋般勃然兴起。在社会持续发展和文明的不断进步的大潮流下，教育事业愈发复杂，愈发多样。因此，教育成为一门专门的学问来解决课程设置问题、学制问题等需要专门解决的问题。他指出："师范学校与他种学校，势须由合而分，以适应社会分工，进化自然之理。"⑤ 推而言之，中国当下的师范教育也应该遵循这种规律。此外，他还主张，在同一区域内，须有实力相当的多所学校，相互竞争、沟通交流，才会有前进的动力，方能推动学校的共同进步。

论证完师范学校独立的必要性，余家菊讲述了师范学校独立后所能带来的或直接或间接的益处。首先，师范学校独立可以获得更好的硬件设施，这有利于师范生的培养。余家菊表示，如果这方面需要更多的经费以支持，这也是无可厚非的。因为师范学校与一般学校的差别，绝不

---

① 余家菊：《师范教育》，中华书局1926年版，第117页。
② 余家菊：《师范教育》，中华书局1926年版，第117页。
③ 余家菊：《师范教育》，中华书局1926年版，第118页。
④ 余家菊：《师范教育》，中华书局1926年版，第118—119页。
⑤ 余家菊：《师范教育》，中华书局1926年版，第119页。

是在于多开设了几门教育学、教授法等教育课程，而在于它乃是一项有长久且深远影响的事业；师范教育独立，还可以使学校形成更好的教育氛围，师范生由此能够在相对纯粹的环境中更加专注于教育事业，树立更大的志向；独立师范学校中的教师由于肩负着更大的责任、热情以及具备更为丰富的教育知识和技能，这样的群体所致力于师范教育最终达到的教育效果，是一般普通学校不能与之媲美的。

2. 建立完善的师范学校行政管理体系

清末时期，中国的师范教育体系肇建，民国时期已然比较成熟，形成了较为完整的教育行政管理体系。那一时期，所有的师范学校都由教育部掌主持之权，此种情况下就存在着这样的隐患：教育行政长官的个人能力与专业素质在很大程度上影响着教育事业的发展。并且，如果教育行政长官频繁进行更替，那么，教育政策也随之更替，教育事业的有序、平稳发展便无从谈起。面对这种情况，余家菊提出，在中央和省可以分别设立各级教育参事会，由现任教职员担任参事会会员；中央教育参议会负责征询各省区教育参事会的意见审核，制定并出台师范教育方针政策文件，而各个省区教育参议会则负责审议、实施等相关工作。

此外，余家菊指出，师范学校内部应设立校务处，其原因有三点：首先，校长作为全校事务的领导应该具备丰富的经验、充沛的热情、杰出的领导能力；其次，定期举办全校校务会议以决定学校政策及重要事项。通过召开校务会议，不仅可以集思广益，征集来自教职工的各种意见，而且可以避免校长一人独揽大权的现象出现；再次，在每个年级设立学科会议和学科主任，以方便教师之间的交流和互动，从而更好地制订课程计划；最后，在各个年级应设立学级会议和学级主任，方便召集全级学生及教员来召开级务会议，以切实贯彻落实教育方针。

(四) 师范生的培养体系："圆周教法式"的课程体系

1. 课内学习

首先，余家菊提出，从一年级到四年级都应按照由简至难、由粗至细的顺序来安排教育学课程。具体而言，在一年级可将杜威的《我们如何思维》（余家菊称为《我们怎样想》）作为学习的书籍。

《我们如何思维》探讨的是人们思维的过程，以及训练的相关内容，运用了大量贴近日常生活的案例来进行阐释，思维的训练不仅是一名师范生所必须具备的，也是与心理学、社会学、伦理学等领域息息相关的。在一年级打基础时，进行这类教育学知识的学习，可以让学生养成学习、研究、从事教育学的兴趣，不至乏味；同时，通过接触各个领域相关概念，也便于学生在二年级至四年级时，进行更为细致的教育社会学、教育文化学、教育经济学、教育政治学等学科的学习。

其次，在师范教育课程的设置中，应注重日常知识与经验的学习。余家菊指出，当时在学校存在的一个普遍现象，即许多教师不能应对学生所提出的日常问题，无法从容地对这些疑问与探求进行讲解，由此就完全谈不上在学生心中建立威信。如若连教师都在学生心中失了信仰，那么，何谈学生对于教育的信服与向往，何以使学生将就读师范学校、从事教育作为其人生的规划？因此，师范学校的课程应该多注重对于日常生活经验的讲解和传授，少一些纯粹高深知识的灌输与记忆。对于学生在从事教育时可能碰到的问题，要有所预设和总结，以便教师尤其是年轻教师在初踏上讲台时，面对学生的发问和质疑，能够有所准备、从容应对，不仅使学生在心中建立起对教师的肯定与信服，而且有助于教师自身自信心的培养与知识的积累和添加。

最后，如若要达到师范教育的目的，开设什么种类的课程，每门课程的学时该如何分配，这些都是亟待明晰的问题。20世纪20年代，全国教育会联合会曾组织委员会拟制了师范学校课程标准草案，但余家菊认为，这个草案有其显著优点，但存在五大缺陷：课程拟定所依据的原则并未透明化地公开过，由于未曾向公众讲明，因此民众对于课程拟定的规则不甚了解；缺乏对所有科目在每个年级如何分配的讲解，忽略了学科之间知识的衔接问题，仅说明了某一个课程占学分的多少，以及是否是必修学科；对开设的部分课程的目的以及所能达到的效果缺乏科学的验证，因此，其最终发展在当下还无法定夺；存在课程交叉重复及脱离的问题；忽略课程基本理论的学习，一改往日重视理论学习而忽视实践技能培养的倾向，将理论学习进行了过于强力的压缩，并不利于学生打基础的过程。针对存在的这些棘手问题，余家菊根据自身的知识储备，以相关教育理论为支撑，试拟制了一份六年师范生课程表，以作参考。

表 11 - 1　　　　　　　　　　六年师范生课程

	课程		学时
第一、二年（诊查期，68学时，每周上课50分钟）	修身及公民（为人处世，经济要义，教师道德）		4
	教育常识（教育事业的性质，相关学术问题）		6
	心理入门（与教育求学日常相关的心理学知识）		3
	国语及国文		10
	英语		10
	数学（算学，代数算法，代数，几何）		10
	科学		6
	乐歌		2
	图画		2
	手工		2
	习字		1
	体育及军操		6
	历史地理（可合并教授或轮换）		6
第三、四年（基本期，34学时）	人本修养（16学时）	公民及修身	2
		科学概念	2
		体育	6
		英语	6
	专业修养（16学时）	教育学	5
		教育史	5
		教育心理	6
	担任教科科目（分组制，任选一组，34学时）	图文（8），史地（10），科学（10），数学（6）	34
		图文（8），科学（10），数学（10），图画（6）	34
		图文（8），科学（10），图画（8），手工（8）	34
		图文（8），科学（10），史地（8），音乐（8）	34

续表

		课程	学时
第五、六年（精进期）	担任教科科目分组制（前三组中可各选一科，再在四组中自由选修6学时，共15学时）	语文组（国语及国文，中国文学，英语）	
		社会科学组（历史，地理，政治学，经济学，社会学，家政）	
		自然科学组（算学，代数，几何，三角，物理学，化学）	
		艺术组（图画，手工，音乐，缝纫，烹饪）	
	教育智能科目	导学法	6
		小学行政（包括图书馆管理法）	2
		教育行政（包括职业教育，乡村教育）	6
		儿童卫生与体育（包括急救技术）	2
		教育的游戏（童子军）	3
		实习	

资料来源：余家菊《师范教育》，中华书局1926年版，第184—190页。

余家菊指出，在每一个学段内，教学侧重点都应有所不同。如在第一、二年内，应尤为注重"人本修养的教育"，即注重提升师范生的人格修养。因为如若想成为一名合格的教师，前提就是要成为一个健全的人，之后，再接受专业的教育，以提升专业素养，并习得教育家之精神，以此检验其是否适合从事教育职业。在第三、四年内，侧重点有了发展变化，任教科目所占比重大幅度增长，身为一名教师需要有所任教科目扎实的功底作为后盾；国文和科学是通修科，这是因为这两门学科存在于一切学术之中。在最后一个阶段也就是五、六年级，注重的则是师范生的教育智能修养，换言之，即是指通过让师范生在学习中经常性地对某一问题进行研究与探讨，从而加深理论的学习，培养发现问题、分析问题的能力。此外，还十分重视高年级阶段的教育实习，希望通过具体的教育实践来增强学生应对问题、解决问题的能力。

2. 课外实践

余家菊认为，实习是"举师范教育之理论与计划措之于实际的活动,使学生躬亲其事以求得预期的成效者也"①,是师范教育的"焦点""重心"。他认为,实习与平常所说的"试教"有所不同,它包括了试教、见习和参观。试教是指把师范生派往学校担任"课程导学",即辅导功课;见习是指"受责任者之委托与指导而助同处理或独立措办校务上训练上之诸般事项也"②,是最为直接的参与进学校的校务;参观则是"所以观察优良教师之教育法与优良学校之办事法以为实习时之楷模者也"③,这三者共同构成了完整的实习活动。

余家菊所说的教育实习,并非指每年简单化地到附属中学区区几课时的授课,而是指打破师范学生与附属学校界限的深度的实习——他主张师范生与附属学校的学生要有尽可能多的接触,最好能够共同起居与饮食。授课当然是必需的,通过授课锻炼的是基本的教师技能,以及最直接的与教育事业的接触;在生活上与学生的亲密接触(比如起居、饮食),则可以一方面让学生对前来实习的师范生产生亲切感,不至于再发生对年轻的实习教师一味质疑、捣乱的情况;另一方面,让师范生尽可能全方面地了解学生,包括学生的知识基础、日常生活中的习惯以及成长中的情感、心理状态,从而更好地调整教学计划,还可以全方面地了解在教学中应遵循的因材施教原则。

余家菊不仅提出师范生在生活上与学生多接触,还建议师范生应与附属学校的教师一同进行附属学校教育事务的处理。师范生能够真正参与学校的运作与管理,接触学校教育的活动内核,对理论的学习和实践经验的积累都是有裨益的。在实践上,师范生通过观察校务中出现的以及需要处理的问题,可以习得书本上所没有的知识,便于为以后的职业打下基础;在理论上,师范生可以积累经验,从而进行思索与总结,在学理上有所钻研和研究。

(五)师范学校的社会与教育功能

1. 教育舆论(情)的主导功能

社会舆论指的是在成组织或者不成组织的大量的人群中所形成的对

---

① 余家菊:《师范教育》,中华书局1926年版,第205页。
② 余家菊:《师范教育》,中华书局1926年版,第206页。
③ 余家菊:《师范教育》,中华书局1926年版,第206页。

于某一社会现象、事件的态度、观点以及判断。教育舆情则是指在一定的社会空间内，民众对于某一教育事件所产生的社会政治态度。教育舆情往往在无形中深刻地影响着事件的发展以及走向。因此，掌握教育舆情的主导权是至关重要的。

余家菊针对当时存在的教育言论权掌握在商贾手中的现象，提出这乃是师范学校没有尽到自己对教育舆论主导权责任的体现。师范学校培养出来的教师，是国家未来的教育人才，故而其本身就应该享有教育舆论的掌握权，并通过对舆论的正当主导与宣传，提高师范教育在民众中的普及度、认可度以及促进其长足发展。

（1）舆论的创生

按照舆论产生、发展的全过程，余家菊首先探讨师范学校如何制造舆论。民国时期，一方面，师范教育已逐渐得到重视，相关政策制度也在不断地推断、敲定之中，但教育方针政策的践行与落实往往悄然进行着，具体的指导政策是什么、落实的效果怎么样，没有民众能够知晓。另一方面，民众又常叹息于国家教育的迟缓与落后，岂不矛盾？因此，余家菊提出，师范学校应负起在研究教育相关政策方针之后将其归纳、整合成教育舆论的责任，以此使得全国上至政府官员、下至平头百姓皆可有所了解，也知晓国家在推动教育发展、培养教育人才方面的努力。

（2）舆论的修正与整合

师范学校不仅应学会制造舆论，针对那些不健全、有失偏颇的正在被宣扬的教育理念与方针也应该有所修正。在梳理之后，师范学校还应该对五四以后重新发轫的教育新理念进行撷取与整理，对古今相近的观点进行整合，对中西相异的观点进行区分，由此形成的舆论才不是"零篇断简""一知半解"的。

（3）舆论的传播

在舆论制造、修正与整理之后，几乎形成了八分好的教育舆情，但得不到大力的传播与宣传，就好似挂在树上的饱满的果实，谁也不知真正的滋味如何。因此，余家菊最后讨论了舆论的传播问题，提出健全的舆论还需得宣传出去，才能收获良效。他以被确认为普及教育的一种最好工具的注音字母为例，指出国内的知识分子很少能够知道这个名词，与其身份和知识积累实在不符。究其原因，就是未进行良好的传播。师范学校较为庞大的、专业的师范生群体,即可以承担此任,将与此有相通妙趣和价值的教育理念方针、政策法案乘以十倍数量地传播给民众,长此以往,即使是一般国民也可以对于教育事业有所了解。

2. 教育顾问功能

余家菊表明,师范教育掌握教育舆论的主导权,是希望通过舆情来把握社会对教育发展的认知与判断,但教育的发展从来都需要关照社会的需求,即作为教育对象的人的想法,教育是培养人的科学。就此,余家菊提出,师范学校应具备适应社会需要的功能,即教育顾问。

(1) 教育者的顾问

师范学校所培养的首先就是未来的教师,教师作为最直接从事教育的人,不论是从教初期还是整个职业生涯,都难免遭遇教学上的困惑与阻碍。余家菊认识到了教育者的需求,认为这些问题如若得不到及时的、较为完善的解决,则在短期内会影响教师的职业自信与兴趣,从长期来看会对其教学质量、教育效果产生不利影响。因此,余家菊将师范学校对教育者的从教问题进行指导与解答的任务作为首要责任。

(2) 研究教育的顾问

余家菊指出,许多民众对于教育有好奇、有探求,但困于社会境况及资源有限,只能远远观望,无从下手。更有甚者,由于不甚了解。因此,片面谈论教育,这对教育的发展极不负责任。一方面,书籍数量过少,许多人无从得以借阅或者观看来学习知识;另一方面,有了一定知识基础的人,缺少科学教育方法的指导,在面对实际的教学时,易手忙脚乱、状况连发。因此,余家菊主张,师范学校设立相关顾问部,对于这些热心研究教育、渴望从事教育的社会人士进行排忧解难、教授答疑的任务。

(3) 教育行政的顾问

教育行政乃是国家和地方各级教育行政机关对各级各类教育事业的管理。余家菊非常看重师范学校在教育行政方面所发挥的作用,即师范学校在各级教育行政机关想要建立学校、发展教育时,应给予理论的指导以及资料的搜集和供给。他指出,大到教育部,小到劝学所,在教育行政上都会遇到林林总总的困难,例如,发展师范教育无论是在中学附设师范科施以专门训练，还是直接建立普通的师范学校，这时如果缺乏相关的指导，就容易犯冒进的错误，一边浪费经费，一边还不适合当地的基础条件。所以，师范学校应发挥其有大批教育人才而便于收集、考究资料的便利，及时地给予各级行政机关以建设教育机构、发展教育事业的建议与指导。

3. 学生指导功能

余家菊不仅关注到了师范学校与社会的密切联系，还关注到了师范学校对于学生的升学衔接，以及职业规划可以发挥的功能。

（1）升学指导

在当时的学生群体中存在着盲目升学、胡乱择校的现象，究其原因，乃是学生缺乏有效、科学的升学指导造成的。部分学生对于不同学校的层次、情况不甚了解，对于专业划分更是毫无所知，所以慌乱选定，进入学校才发现不适合自己，不仅徒增烦恼，而且从国家角度而言更是牺牲了不少人才。有的学生幸得指导，但也仅是从亲戚朋友那里得个一知半解，几乎没有科学性可言，难以获得符合个人性格、志趣的学校进行学习和深造。故余家菊主张，师范学校定要承担起这份职责，给青年提供切实的、科学的升学指导，做好学生中等教育与高等教育阶段的衔接，也为国家保有人才尽一份力。

（2）职业指导

除却升学指导外，余家菊还提出，师范学校应备有职业指导的功能，也就是教给学生以科学的方法选取职业、规划人生。师范学校的基本职责就是培养能够教好一代代学生的师范生。师范生自己面临着从师范学校毕业后的就业问题，在他们进入教师这一行列后，更面临着教导自己的学生在未来面对职业选择时，如何从容应对、选择得当的难题。因此，从源头上讲，师范学校的职业教育功用乃是确保国民能够干一行爱一行，使其各司其职，这是师范学校义不容辞的责任。

三　师范教育思想的影响及现实意义

余家菊的师范教育思想不仅从地理区域上覆盖了乡村师范教育，而且在横向上兼顾了师范教育的重要性、师范教育的目的以及师范教育的内容，还论及了师范学校的社会与教育功能等，堪称体系化与较为完备化了。并且,余家菊在论述师范教育思想时,其站位都是国计民生,其出发点皆是为了教育能长效发展。因此,教育思想背后的家国情怀更显珍贵。其师范教育思想不仅在某种程度上打开了当时的教育局面,而且对于当代师范教育的发展都有长远的影响及现实意义。

(一) 师范教育思想的影响

1. 坚持师范教育独立设置,保证师范教育的独立地位

20 世纪 20 年代初期,由于民众对于师范教育的重视程度不足,以及认识的偏差,主张师范教育独立设置的人少之又少,反而是坚持师范学校合并的人占据多数。在这种情况下,余家菊仍大声疾呼师范教育应独立设置,强调师范教育是教育事业的基础,与其他职业教育有着本质上的不同,是事关国家人才培养、教育质量的重要内容,并从师范教育的性质、师范生的专业训练、教育经费以及社会进化四个角度,论述了师范教育必须独立的必要性。1931 年之后,舆论逐渐转向了支持师范教育独立设置,可以说,以余家菊为代表的坚定主张师范教育独立的教育家们,在其中起到了不容忽视的作用。

在舆论的影响下,1932 年 12 月和 1933 年 3 月,南京国民政府分别颁布了《师范学校法》和《师范学校规程》,决定将师范教育作为学校系统的组成部分单独设置,师范教育终于获得了独立设置与发展的地位。其后,教育部又于 1938 年颁布了《师范学院规程》,确立了师范学院实行独立设置和附设于大学之内的双轨并行体制,更加切合中国教育发展的实际需求,也更加灵活,同时在法律意义上更加确保了师范教育的独立地位。

2. 提倡师范生公费制度,推动更多青年从事教育

余家菊倡导师范生公费制度,主张带给师范生更多良好的待遇,以提升生活水平、对口职业发展,为国家和社会作出贡献。这一思路与构想其实与中国 2007 年以来实行的在六所部属师范大学设"免费师范生"(现调整为"公费师范生")的政策,是不谋而合的。2007 年,国务院出台在教育部直属师范大学实行师范生免费教育的政策,六所部属师范大学共招收免费师范生 10933 人,其后,于 2013 年与 2015 年,分别将江西师范大学与福建师范大学纳入免费师范生培养高校行列。免费师范生在四年的学制中可以享受免缴学费与住宿费的政策,并按月领取

600元生活补助；在后期协议规定的服务期内，可以在学校之间进行流动；经考核合格的师范生，学校可以录取其为教育硕士研究生进行进修。

这一重大举措的出台不仅直接提升了家庭经济困难的师范生的生活水平以及福利待遇，而且有助于在社会上形成尊师重教的浓厚氛围，让教育成为全社会最受尊重的事业，教师成为青年人渴望从事的职业，最终有利于促进更多的优秀青年从事教育工作，培养大批优秀的教师。

3. 倡导实行"双导师制"，提升学生实习质量

余家菊提倡在实习过程中实行"双导师制"，即把实习生分为若干组，每一个组都有一个校内导师和一个校外导师，由两位导师及时跟进，就学生在实践中遇到的问题给予有效指导，从而引导他们解决问题。"双导师制"的倡议，不仅是注重实习过程中导师的作用，使得学生能够摆脱之前缺乏经验、盲目参与实践的境况，而且提倡校内、校外两位导师同时对学生进行指导，使得学生能够在具体的实践过程中，随时总结经验、提升技能。

4. 主张提高教师行业标准，推动教师专业发展

余家菊提出了师范教育的培养目标，是具备完满人格、扎实知识基础以及实践能力的师范生，其实就是对于教师行业提出了一定的准入门槛。在中国，从事教师职业必须取得教师资格证：师范类大学毕业生须在学期末考试中通过学校开设的教育学和教育心理学课程考试，并且要在全省统一组织的普通话考试中成绩达到二级乙等（中文专业为二级甲等）以上，方可在毕业时领取教师资格证。对于非师范类和其他社会人员，则需要在社会上参加认证考试等一系列测试，如参加教育学、心理学等公共教育理论知识的考试及说课、试讲等教育技能的测试，待顺利考核通过，提交申请材料后方可获得教师资格证。这些促进教师行业标准提升的措施，无形中对从业者的个人素质、专业技能以及知识积累做出了要求，也为其在以后职业生涯中教育教学质量的提升提供了保障。

(二) 师范教育思想的现实意义

1. 下放办学的自主权，办出个体特色

就目前来看，中国各级各类的师范学校都由国家管理，抑或是由中

央的教育部,抑或是由各省的教育厅管理。由国家掌控的优势在于,方便在中央精神下进行统一管理,加强各师范学校的统一性和协调性。但同时应该看到,中国的这种师范教育管理体制在一定程度上削弱了各师范学校作为个体的办学自主权。在有限的发展空间内,学校首先执行以及顺从中央或省教育厅的指示与精神。各级各类师范学校更倾向于继承并延续原有的发展路径,在一定程度上阻碍了勇于创新、不断突破框框精神的发挥。如若想要冲决传统教育体制的桎梏,剔除传统体制的糟粕,师范学校需要获得更大的办学自主权,为学校开辟出一条适合自身发展的特色之路,争取在大精神、大方针的指引下真正地百花齐开。

2. 加强附属学校建设,严抓教育实习

余家菊认为,无论是附属学校,还是实验学校,在某种程度上都应有其特定意义。如果专门为师范生实习而设,则应称之为"实习学校",如果不是用于实习而是用于研究,则应命名为"实验学校","不受实习亦不为实验(亦可谓于相当程度上既受实习亦为实验)但作种种有效措施以备学生之观摩者,是为示范学校"[1]。故而,在设立之初,学校就应明确其办学目的及其性质,而不是随意套用"实验学校""示范学校"的招牌。

至今为止,某师范大学的附属中学、附属实验学校等名称,已不足为奇,屡见不鲜,许多知名师范大学在各地纷纷设立了附属学校,涵盖附属幼儿园到小学到初中直至高中,形成了一个衔接有序、体系完整的教育系统。如果是"根正苗红"的、对学校自诞生起就有良好传承的体系则应加以支持、大力发展。但部分所谓的附属学校只是打着师范大学的旗号,与其所挂靠的师范大学之间既无教学理念及思想的承袭,也无教学方法的衔接,并无实质上的联系,属于私立性质。这些附属学校,假借其名增强对社会及家长的吸引力,实际上依旧在自行组建自己的教学和管理团队。不仅容易让家长产生"云里雾里"之感,而且耽误贻害了学生的学业。

实际上,附属学校作为定点的实习基地,无论对学校自身、大学还是对学生来说,都大有益处。实习生从年龄和新知识、新观点角度来

---

[1] 余家菊:《师范教育》,中华书局 1926 年版,第 165 页。

说，相当于通过实践给学校注入新鲜血液，通过实习这一实践活动，实习生可以将自己所学的理论应用到实际问题的解决上，促使理论与实践有机结合，促进学校的多元、全面发展。对实习生而言，统一的实习基地的确定，可以杜绝或减少少数师范生逃避实习或找不到对口的实习单位现象出现的频率；有了相对固定的实习基地，实习生就必须按照学校的要求和规定，认真完成实习任务，提高实习质量，最终收获教育技能。因此，师范学校要充分发挥其附属学校的作用和功能，与大学一起优化师范生的培养，培养高质量的师范生。

3. 注重农村师资培养，促进教育公平

中国农村人口约占45%，这其中又有相当数量的人是文盲或者半文盲，他们的文化匮乏，知识薄弱，不仅影响自我的发展，也影响其孩子的教育。在中国农村人才流失、经济发展薄弱的背景下，师资力量本就缺乏，再加之农村位置大多偏远、条件较为艰苦，大多数毕业生根本不愿意到农村工作，更没有长期驻扎农村进行教育贡献的意愿。长此以往，城乡之间的贫富差距逐渐扩大，优质教育资源的不均衡现象逐渐凸显。

因此，农村教育的发展、农村师资的培养一直是一个热度不减的重要话题。余家菊意识到乡村师范教育在发展乡村教育、改变乡村态势方面的重要作用，主张大力发展乡村师范教育，培养能够全面发展同时又适应乡村教育状况的教师。当下，国家鼓励有志青年到农村发展教育，推动定向培养农村教师工作的落实，完善农村教师的职前职后培养体系，持续提高农村教师待遇，希望通过这些措施来大力培养农村师资、优化国家师资配置，从而充实农村的师资力量，提高师资质量，实现教育公平。

4. 注重教师终身发展，提高教师地位

20世纪60年代后期，现代终身教育思潮崛起，1975年，国际教育会议在《致各国教育部的建议》中提倡："需要一个全面的政策确保把师范教育重组为一个连续协调的过程，师范教育起自职前培养，并要贯穿教师的整个职业生涯。在这样一个体系中，职前和在职教育应该连成一体，以符合终身学习的概念，满足回归教育的需要。"[①]

如今，教师地位逐渐提高，其招聘竞争也随之升温，教师的终身考

---

① 顾明远主编：《中外教育思想概览》（下），广东教育出版社2009年版，第462页。

核与终身发展，成为大家共同关注的命题。余家菊提出，要完善教师的检定制度，像学生必须在毕业前取得"许可状"、在入职后进行相关考核，顺利通过后方能成为正式教师，充分体现出其对于教师专业化发展的要求之严。教师的考核不应止步于拿到教师资格证或者是转为正式教师，而是贯穿于教师这一职业的始终。

当代，教师的专业特性有所扩充，不仅要求掌握基本的学科内容，亦要具备必要的教师技能，还必须拥有一种"扩展专业的特性"，也就是由过程的"教学相长"变成"教、学、研三位一体"——通过对自我的不断了解、研究，对同行业教师的观察、学习以及通过自身具体的教学实践，从而能够在理论上不断更新、在实践上不断提炼，从而实现专业上的自我发展与长期来看的终身进步。

在当前社会快速发展、人们对教育的需求及标准越来越高的背景下，一名合格的教师应当将职业与生活相融合，将职业变成一种快乐、奋进生活的方式，实现"教、学、研"三者的有机合一，从而创造性地在自己作为"教师"的这个幸福世界里不断游览，将这份自我提升传递给学生，并体验专业生涯给自己带来的幸福和快乐。

章开沅认为，余家菊的教育成就和教育思想，"是一个很丰富的矿藏，而且这个矿藏的开掘，对今后的教育改革和发展，都具有很大的积极借鉴意义"[1]。余家菊对师范教育怀着热忱，提出了许多自己的独到见解，如提出了诸多带有可行性的教育建议和意见，丰富并完善了当时的师范教育政策内容体系。尤应一提的是，他的许多观点对当今及此后中国教师教育的发展也大有裨益，诸如扩大学校的办学自主权、严格师范生的培养、规范教师检定制度、细化课程设置等，为师范教育提供了启示和借鉴。

余家菊说道："置身师范学校的人，试闭目凝思，操纵全国教育命脉的是谁？决定未来世（界）的祸福的又是谁？能不奋然而起，好好的将自身洗刷一番，以求具备充实的力量，而发挥出来以为导世的明

---

[1] 章开沅：《回归历史真相开拓研究新域（代序）》，载章开沅、余子侠主编《余家菊与近代中国》，华中师范大学出版社2007年版，第2页。

灯。师范学校之天职在是！师范学校的价值在是！希望大家共努一把力！"① 极力言明师范教育的重要性。又说"不要批判，且去了解"②，对于他的师范教育思想，尚需进行更深入地了解和探索，才能做出更公正、更为客观的评价。

第五节 陶行知的师范教育思想

陶行知（1891—1946），中国现代教育家，安徽歙县人。幼年资质聪颖。15岁，入崇一学堂开始接受西方文化的教育。1908年春，前往杭州投考广济医学堂。1911年，成为金陵大学的首届学生，翌年，辛亥革命爆发后，曾募集爱国捐助、组织爱国讲演会运动会，宣扬民族、民主革命思想。1914年秋初赴美留学，先入伊利诺伊大学攻读市政学，1915年，获得政治学硕士。后转入哥伦比亚大学研究教育，随杜威、克伯屈以及孟禄等学者学习，亦与胡适为同学。1917年，获该校都市学务总监资格文凭。同年8月，陶行知回国从事教育工作。在任南京高师代理教务主任（教务长）时，极力主张把陈旧的"教授法"改为"教学法"。同年11月，他在"中华职业教育社"刊物《教育与职业》上发表《生利主义之职业教育》一文，表达了他重视职业教育的思想。

1919年，陶行知正式就任南京高师教务主任，倡导以创新之精神进行教育试验。1921年，组织实际教育调查社，聘请美国教育家孟禄来华进行4个月的教育调查。1923年，辞去东南大学的职务，专任中华教育改进社主任干事，开始从事平民教育运动。1926年，陶行知提出"师范教育下乡"的口号。要求师范生在毕业前要去"作改造乡村之实习"，而实习场所就是"眼面前的乡村，师范所在地的乡村"。1927年3月，创办晓庄乡村师范学校，提出著名的"生活教育理论"。1932年，在上海郊区创办山海工学团，招收工人、农民及其子女，一

---

① 余家菊：《我对于师范学校的希望》，《教育丛刊》1920年第3期。
② 周洪宇：《歧路又歧空有感青史凭谁定是非—在"余家菊与近代中国学术研讨会"上的致词》，载章开沅、余子侠主编《余家菊与近代中国》，华中师范大学出版社2007年版，第9页。

面做工，一面读书，实行"工以养生、学以明生，团以保生"的教育。

1936年初，陶行知发起组织国难教育社，倡导大众教育运动。1939年7月，育才学校正式开学。1941年，陶行知参与并发起成立中国民主政团同盟。1945年8月抗战胜利，陶行知又倡导民主教育。9月，在国共和谈期间，他接受周恩来建议，在重庆创办社会大学（1946年6月），为民主革命培养人才。1946年1月25日，重庆社会大学正式开学，他担任校长。同年7月25日晨，陶行知病逝于上海友人家，享年55岁。

陶行知是中国伟大的人民教育家、思想家。"捧着一颗心来，不带半根草去"可谓是陶行知一生的真实写照。他曾说："我从前曾经为师范教育努力，现在正是为师范教育努力，以后仍是继续为师范教育努力。"[①] 陶行知提出了具有时代意义、意蕴丰富的师范教育思想，为中国的高等师范教育树立了鲜明的旗帜，为中国师范学校树立了光辉的典范。

一 师范教育思想的形成

（一）社会背景和教育状况

陶行知生于清朝末年，彼时中国内忧外患，摇摇欲坠的清王朝更加萧条。当时清政府试图通过兴办学校推动变法，优秀教师数量不足，亟须扩充，开眼看世界的有识之士，开始逐渐意识到师范教育在整个教育系统中占据的重要地位。但是，当时的师范教育制度是脱离国情的。颁布的学制完全模仿日本，导致学校教育与当时中国社会严重脱轨，师范教育的改革依旧停留在表面。

1922年颁布了"新学制"，虽然由移植日本学制转向学习美国学制，却仍然脱离实际。其对师范教育的发展也并无明确的指引。在数量上，当时的教育部规定，师范学校人数最多不超过400人，而在欧美国家，学生数量竟达千人以上。由于中国人口众多，师资数量短缺，师范学校供给不足的现象愈发突出，陶行知创造性地提出了"小先生制"。他进一步提出，师范生要钻研教材，一方面要学"学"，另一方面要学"教"，必须"教学做合一"。

[①] 陶行知：《师范教育之彻底改革——答石民佣等的信》，载《知行书信》，亚东图书馆1929年版，第181页。

(二) 师范教育思想形成的理论渊源

陶行知六岁时被父亲送去私塾读书。幼年的陶行知跟随父亲以及先生方庶贤、吴尔宽等人读书习字，对儒家经典有着较为深厚的积淀。对孔孟的熟读，让他重视师范生的德行修养与求知态度，主张师范生要时时自省，要乐于学习，更要在实践中发现真知；学习阳明心学令他对知与行的关系进行了深入的思考和探究，在此基础上，他鼓励在师范上应将学思结合，注重知行合一，要不惧艰难困苦，勇于创新。

1910 年，陶行知考入南京汇文书院文学系，四年后以优异的成绩毕业，赴美留学。他先在伊利诺伊大学获得政治学硕士学位，后转入哥伦比亚大学师范学院。在哥伦比亚大学的求学生涯中，在杜威、克伯屈、孟禄等进步主义教育学的代表人物的教学下，陶行知受益颇多，师从杜威，深受其进步主义教育思想影响，这对他之后师范教育思想的形成产生了很大的推动作用。

在师范教育方面，20 世纪 20 年代，杜威应邀访华，在全国各地进行演讲，发现中国是以农立国的社会，为此提倡师范生立足于乡村。"我们自己要有一种牺牲的精神，从容不迫，从乡村教育做起。结合全国，不但在城市着力，且及于乡村，这就是师范生的唯一精神。"[1] 杜威所提及的精神，是为了教育事业勇于做出奉献，要深入乡村社会之中，不惧条件艰苦，吃苦耐劳，勇于创新，为国家发展服务。杜威的论述对陶行知乡村师范教育思想的形成与完善，以及后来创办晓庄学校、开展乡村师范教育实践产生了极大的作用。

总的说来，陶行知师范教育思想不仅深受中国传统儒家思想的熏染，而且受到了西方进步主义教育思想的影响，中西文化对他影响颇深。陶行知根据当时国家经济、文化、政治等社会情况，提出自己的教育观点。在其思想方面，譬如"生活即教育""社会即学校""教学做合一"等，在实践方面譬如推行"艺友制""小先生制"等，都有其创新之处，在教育界引起较大的反响，影响颇深。

---

[1] 《杜博士讲教育者之天职——辑新闻报》，《尚贤堂纪事》1920 年第 7 期。

二 师范教育思想的主要内容
(一) 师范教育作用论
1. 师范教育可以兴邦，也可以促国之亡

陶行知对师范教育的态度从一而终，在《师范教育之彻底改革——答石民佣等的信》中，他就提出："我对于师范教育的态度。我从前曾经为师范教育努力，现在正是为师范教育努力，以后仍是继续为师范教育努力。"① "师范教育可以兴邦，也可以促国之亡。"②

师范教育如何兴邦，在《介绍一件大事——给大学生的一封信》中，陶行知以小学教员为例，全面细致地论述师范教育的重要性。"小学教员教得好，则这一二十、一二百家的小孩子可以成家立业。否则，变成败家子，永远没有希望了。所以小而言之，一个小学生之好坏关系全村之兴衰。国家设立小学是要造就国民以谋全民幸福。因此，全民族的民运都操在小学教员手里。"③他在《师范教育新趋势》中进而提出："师范学校负培养改造国民的大责任，国家前途的盛衰，都在他的手掌之中。"④

师范教育如何促国之亡，陶行知从教的内容的"移植性"上指出培养目标的"僵化性"。当时的教员的培养没有考虑到教师的各科专长，实行的是混合式师资培养，这样的培养使"高师"和"中师"的人才培养计划没有差别，从而影响培养的教师质量。而且他生动形象地提出，师范学校教出的书呆子，继续以成倍的速率培养"小书呆子"。这样的小书呆子便使中华民国没什么指望了。"好些师范学校只是在那儿教洋八股，制造书呆子。这些大书呆子分布到小学里去，又以几何的加速率制造小书呆子。倘使再刮一阵义务教育的大风，可以把书呆子的

---

① 陶行知：《师范教育之彻底改革——答石民佣等的信》，载《知行书信》，亚东图书馆1929年版，第181页。
② 陶行知：《师范教育之彻底改革——答石民佣等的信》，载《知行书信》，亚东图书馆1929年版，第181页。
③ 陶行知：《介绍一件大事——给大学生的一封信》，载《知行书信》，亚东图书馆1929年版，第243页。
④ 陶行知：《陶行知文集》（上），江苏教育出版社2008年版，第72页。

种子布满全国，叫全国的国民都变成书呆子！中华民国简直可以变成中华书呆国。"①

陶行知高瞻远瞩。1926年，为了顺应社会发展趋势，满足师范教育发展的需求，陶行知专门提到了"新师范教育"，提出"中国今日教育最急切的问题，是旧师范教师之如何改造，新师范教育之如何建设。国家所托命之师范教育，是决不容我们轻松放过的。"②

2. 旧师范教育的缺失

陶行知对师范教育当时存在的弊端深感痛心。他认为，师范教育制度模日仿美，让师范教育失去了应有之义，成为一纸空谈。他在《中国师范教育建设论》中痛陈："我们所以有这种隔阂，是因为我们的师范教育或是从主观的头脑里空想出来的，或是间接从外国运输进来的，不是从自己的亲切经验里长上来的。这种师范教育倘不根本改造，直接可以造成不死不活的教师，间接可以造成不死不活的国民。"③

在教师观念上，从事教育者缺乏对教育从一而终的精神。把教育视为"临时落脚点"者的初衷，多是"男则因赋闲无事，遂暂为之；女则因尚未适人，而暂为之。事既得，家既成，则远翔而不顾。视办教育如用雨伞，雨则取以遮盖，晴则置之高阁；视居学校如寓客栈，今日寓此，明日便去"④。这样的教育观念导致师范教育的地位未被人们正确认识，从而也就没有激发出教育者所应该具有的办学的激情乃至恒心，教育的效果也就可见一斑了。

在师范生就业上，也存在着"真人才"的问题。陶行知在《师范教育之彻底改革》中就提出，师范学校的培养目标应是专才，即师范学校为事造人，造一人必得一人之用。但是，在现实的情况下，却借助于教育行政之力才能为师范生取得出路。这样的现状就要求师范生的培养，必须是培养"真人才"。就此问题，陶行知郑重指出：倘使师范学校里造的是真人才，他的出路断非区区一句话所能塞得住；倘若不然，

---

① 陶行知：《师范教育之彻底改革——答石民佣等的信》，载《知行书信》，亚东图书馆1929年版，第181—182页。
② 陶行知：《中国师范教育建设论》，《新教育评论》1926年第1期。
③ 陶行知：《中国师范教育建设论》，《新教育评论》1926年第1期。
④ 顾明远、边守正主编：《陶行知选集》（第1卷），教育科学出版社2011年版，第477页。

就是有天才的本领也开不通出路，何况现在一般的教育行政了。①师范教育的唯一出路便是真人才的培养，如果培养不出真人才，再多的行政支持也改变不了现状。

3. 大师范教育观

在对师范教育认识的基础上，陶行知提出了"广义的师范教育"的主张。在《新学制与师范教育》一文中，陶行知对广义师范教育的概念给出了明确的界定。这个概念正是基于对旧师范教育缺失的反省与检讨，以及在生活思想理论指导下提出的。师范教育唯有从广阔层面出发，才能使教育具有生活意义，才能使师范教育真正满足生活教育的需求。

广义的师范教育即"虽所培养的人以教员为大多数，但目的方法并不以培养教员为限"②。强调培养对象的扩大化与多元化，就是强调师范教育一方面要满足学制上的需要，即培养育人人才；另一方面，也有教师本身乃至师范教育自身发展的需要。总体而言，就是师范教育"够用不够用"与"合用不合用"的问题，即"质与量"的问题。

在"够用不够用"方面，主要是指数量。陶行知提出，师范学校培养人才的数量要根据当时的人口数量而定。因为人口会随着几何级数增加，所以教员也应当增加。这种要求在当时是创设性的观点，因而在当时的环境下也是不易满足的。在"合用不合用"方面，则是指师范教育就是要将已经合用的变成更为合用的，即"质"的问题。

对此，还规定了相应的改善措施，首先是平衡乡村教育与城市教育。通过当时城乡教育比较，可以发出师范学校都设在城市中，怎样使乡村儿童受同等教育的问题。其次是研究小学教材。他批评"现在的师范学校，大都是中学校的变形，不过稍加些教育学、教授法罢了"。因此，他要求师范生"一方面要学'学'，一方面要学'教'"；在培养目标上，强调要培养具有专长的人才，以适应社会上的需要；在学生数量上，则是提出大师范学校的概念，要不断扩充师范学校。在课程

---

① 陶行知：《师范教育之彻底改革——答石民佣等的信》，载《知行书信》，亚东图书馆1929年版，第181页。

② 陶行知：《新学制与师范教育》，《新教育》1922年第3期。

上，则是提出要添加新功课，因为"社会的新需要没一定，增加的新功课也当随之而异"；在师范和附属小学的关系上，提出"附属小学是'教育学的实验室'"。最后就是师范学校承担继续培养的责任。"学生固不可从此不学，教员也不当从此不教"；在专门人才的培养上，提出"一学校的好坏，和校长最有关系。一地方的好坏，和学务委员最有关系"①。如此才能有助于教师素质的提高。

总而言之，大师范教育观就是基于生活教育理论提出的对象多元化、内容多样化，乃至教师素质提升化的思想。其中"够用不够用"与"合用不合用"问题，即师范教育培养的"质"与"量"问题，把广义的师范教育提升到了更广阔的层面，而不只是扩大教育对象范围而已。

（二）师范教育建设论

新师范教育如何建设，首先是师范教育的应有之义是什么，陶行知指出："惟独为全国儿童和民族前途打算的师范教育才能受我们的爱戴。"② 他进而提出师范教育彻底改革要从四方面着手：一是愿师范学校从今以后再不制造书呆子；二是愿师范生从今以后再不受书呆子的训练；三是愿社会从今以后再不把活泼的儿女受书呆子的同化；四是愿凡是已经成了书呆子的，从今以后要把自己放在生活的炉里重新锻炼出一个新生命来。

1. 四级制师范教育

陶行知批评新学制中的三级制师范体制所存在的种种问题。首先是不符合学制的需要，当时各种类型师资的修业年限规定僵化，师范教育层次比较高。其次是当时开设的师范讲习所目标含糊不清，忽视师范补习教育的地位。最后是从培养目标来看，初等小学和高等小学教员之养成目的未做区分，导致培养对象缺乏针对性。于是，陶行知提出四级制师范教育，重视四级制师范教育制度的设置。他主张设立职业教员养成科、师范讲习所、师范补习学校、幼稚师范学校等其他师资养成机构。

---

① 璩鑫圭、童富勇、张守智编：《中国近代教育史资料汇编：实业教育 师范教育》，上海教育出版社2007年版，第893—894页。

② 陶行知：《师范教育之彻底改革——答石民佣等的信》，载《知行书信》，亚东图书馆1929年版，第182页。

在修业年限上规定师范六年毕业，前三年为普通科，后三年为师范科。师范学校必须办六年完全科，或者是专招初中毕业生，授以三年师范科，中学校亦得兼办师范科。在具体学校上，强调高等师范仍得独立，修业年限为四年，入学资格与大学同，毕业后得入大学研究院。大学则是得设师范科。师范补习所要与普及教育相互促进，同时满足各地方需要。职业教员养成科则是和推行职业教育相互成就。

四年制师范教育是典型的多元培育观点，重视正式学制与非正式学制，以及普通师资和职业、特殊师资的并重养成。这与他广义的师范教育观点相契合。当时的合并和师范独立设校之争论，以及新学制颁布后的中师合并，更使师范学校法公布后，采取师范独立设置之做法。

2. 改造社会的办学宗旨

晓庄师范的出现标志着陶行知的生活教育理论正式踏上了向实践转化的道路。因此，陶行知的师范教育思想是以生活教育理论为指导思想的。在办学宗旨上陶行知主张"社会即学校"，强调活的学校是没有围墙的。要打破学校与社会之间的隔阂，使社会与学校自然流通，产生互相影响的效用，即所谓"使社会含有学校的意味，也使学校含有社会的意味"[①]。

虽然晓庄学校是以培养乡村师资为目标，但陶行知更多的是使晓庄学校成为改造乡村社会的中心。通过教育的社会改造，进而达到"政富教合一"的理想社会。如师范生"会朋友去"，与小区人民接近；强调"生活区""普及教育区"等观点与附近村庄建立良好关系；也通过设置民众学校、中心茶园等事业，俾便师范学校与社会更有联系，显示其重视师资培育的社会功能。这种致力于社会改造的办学宗旨，指出教育必须与社会发生关联。同时，随着社会的变迁，不断更新改造社会的活动内容。

3. 中心小学的办学模式

陶行知指出："师范学校的使命，是要运用中心学校之精神及方法去培养师资。"[②]清末时期开办师范存在诸多弊端，诸如将"师范学校

---

① 陶行知：《创造的教育》，《教育建设》1933年第5期。
② 陶行知：《中国师范教育建设论》，《新教育评论》1926年第1期。

与附属学校隔阂"①的弊病。为了解决这一弊病，陶行知指出，中心学校是中心幼儿园、中心小学、中心中学的总称，不是传统意义上大众认为的师范学校的附属学校。

因此，培养师范生首要的前提是设立相关的中心学校。作为师范生实习的基地，无论设立哪种中心学校，均可以设立与之相适应的师范学校。比如，"有幼稚园为中心学校，就可以办幼稚师范；有小学为中心学校，就可以办初级师范；有中学或师范为中心学校，就可以办高等师范，或师范大学；有各种职业学校做中心学校，就可以办各种职业师范"②。

针对如何设置中心学校的棘手问题，陶行知根据实际情况和实践经验提出两种解决方案。一是改造旧学校，对于热心教育事业，专注科研的旧学校可以进行改造；二是创设新的中心学校，一旦建成中心学校之后，就可以在它附近开办师范班或者师范学校，以发挥中心学校的实习基地的作用。同时，他指出师范生招收可分为两类：一类是招收新生从头开始训练，另一类则是招收学校毕业的，并且想要成为教师的毕业生或者在职教师。

正如陶行知所主张的："一个师范可以有几个中心学校；一个中心学校也可以做几等师范学校的公共中心。"③ 陶行知提出，实行轮岗制度，师范生要轮流到中心学校里任教，在轮岗之中不仅可以提升知识和技能，还能提高适应社会的能力，最终达到"师范毕业生得了中心学校的有效办法和因地制宜的本领，就能到别的环境里去办一个学校"④的目的。

4. 师范学校办学原则

陶行知在《中国师范教育建设历程》中鲜明地指出办师范教育的三个步骤。最后一个步骤便是师范学校的办理。对于师范学校的办理，陶行知认为，应从师范学校以及师范教师的层面对举办师范学校提出要求。首先是对师范学校的要求。在选址上要求"因地制宜"，即师范学校所在地周围五里之学校，应归师范生做教学之用。同时亦要选择中心村庄，给师范生提供练习村治的场所。在方法上强调运用"中心学校

---

① 陶行知：《中国师范教育建设论》，《新教育评论》1926年第1期。
② 陶行知：《中国师范教育建设论》，《新教育评论》1926年第1期。
③ 陶行知：《中国师范教育建设论》，《新教育评论》1926年第1期。
④ 陶行知：《中国师范教育建设论》，《新教育评论》1926年第1期。

之精神及方法"去培养师资,因为师范学校的各门课程均有专业之目的。因此,应与中心学校联系,如教育学、心理学等课程当与实地教学相联系,以做到教学做合一。

在理念上,陶行知把试验的精神作为师范教育进步的动力,提倡试验的心理学。他指出,凡是师范学校及研究教育的机关都应当注重试验的附属学校;地方上也应根据当地实际情形,择取数个学校,将其当作试验的中心点。不过在试验的时候,第一需要充足的人员,第二要提前制订缜密的计划。无论哪种类型的学校,一旦满足上述两个条件,就必须排除万难,克服一切阻碍,使它顺利开展自由试验。如不得其人,又无缜密的计划,那仍是轻于尝试,而不是真正的试验了。[1]

首先,对于教师来说,在理念上,强调师范生将整个的心献给乡村儿童和人民。捧着一颗真心办教育,活的师范生必须有良好的生活力,要有办学的热情与毅力,献身于乡村儿童与人民。其次是对师范学校教师的要求。在教学上,强调要着重教材教法研究。同时,鼓励学生发挥因地制宜的本领,弘扬办学的精神。

5. 师范教育的补充培养

陶行知对于"艺友制"给予很高赞誉,认为它将教育与学习有机结合,较好地诠释了教学做合一。陶行知认为,教师也可以称为手艺人,在各行各业艺人的启发下,他对传统的徒弟制进行丰富和拓展,形成了"艺友制":"凡用朋友之道教人学做教师,便是艺友制师范教育。"

在当时的社会形势下,师范教育"将学理与实习分为二事",导致培养出来的人员与普通中学别无二致,并无差别;而且"大多数受过师范训练的人,至今办不出一个可以令人佩服的学校"[2]。在这种情况下,陶行知尤为提倡和推崇"艺友制",但他也反复声明,"艺友制"不可代替当下的师范教育,只不过发挥用来补师范教育之不足的作用。

哪些地方可以推行"艺友制"呢?陶行知认为,小至幼稚园大到研究所都可推行,只要教师具有某种特长,擅长某种技艺,都可以招收

---

[1] 陶行知:《试验主义与新教育》,《新教育》1919年第1期。
[2] 陶行知:《艺友制师范教育答客问——关于南京六校招生艺友之解释》,载《中国教育改造》,商务印书馆2014年版,第123页。

艺友，即只要学个个有把握，便个个可收艺友，个个可做训练教师的中心。为此，在晓庄学校招收艺友中给出明确的规定：其一，凡艺友必须是教育界服务人员或在大学教育科本科二年级以上的学生；其二，凡艺友至少须有一艺之特长；其三，艺友入学须通过入学考试；其四，艺友期限按其需要而定，最短不少于半年；其五，艺友修习，视其兴趣与需要而定，但必须经过指导员的允许。由此，晓庄学校的艺友是另一类的师范生，不仅有一定的知识基础与一艺之长，还需经过严格的入学考试，方能跟随有一技之长的指导员学习。

"艺友制"同时提倡亲密师生关系，学生和老师可以做朋友，老师以朋友之道来教学生。对这个观点，陶行知曾在《大学教育的二大要素》中明确强调，"先生与学生应当养成密切的关系"[①]。

（三）师范教育"教学做"

在广义师范教育的原则上，陶行知强调要遵循以下三点原则。第一，"教育界要什么人才，就该培养什么人才"。第二，"教育界各种人才需要什么，就该教他什么；要多少时候教得了，就该教他多少时候"；"内地有许多师范学校，对毕业生毫不关心。这是最不好的现象……学校对毕业生有继续培养的责任"[②]。第三，谁在那里教就教谁，也就是师范教育的教学内容、教学方法乃至教师进修研究等方面所遵循的原则。

1. 生活的师范课程

（1）养成新教员的课程

在对于师范教育的改进上，提出课程上首先应重视教材的研究，即小学教材研究及实地教学。陶行知特别注重研究小学教材，认为师范生需用怎样的小学教材，就需怎样去学，一方面要"学"，一方面要"教"。这就要求师范学校担任专科的教员，必须注意各科的教材教法之研究，并且规定实地教学中的时间。其次，强调师范分科研究制。师范学校的目标是培养适合社会发展的人才。因此，陶行知将分组选修制与无限制选修制进行折中，提出分科研究制。增加新的教授法、管理法等类的实际学问去配合社会。最后，就是规划三组教育课程，以适应不同来源的学生需要。

---

① 陶行知：《大学教育的二大要素》，《南开周刊》1923年第55期。
② 陶行知：《陶行知全集》（第一卷），四川教育出版社1991年版，第376—377页。

543

在女子师范大学的课程以及各科教学法上，也指出对教育专业课程的关注。重视各科教法、实习、参观等。在规划南京高师教育专修科课程上更为具体明确，分为普通学程和专门学程二大类，并设教育学、心理学二系。以教育学系课程观之，开设了教育原理、教育行政、教育史、教学法四门学科。

（2）养成乡村师资课程内容

在乡村师范教育的课程设置上，陶行知以生活为主要场域，将课程与生活紧密结合，可分为五大类：中心小学生活教学做；中心小学行政教学做；师范学校第一院院务教学做；征服天然环境教学做；改造社会环境教学做。① 而且师范学校课程设置与中心小学密切相关，如中心学校需要传授文化知识，师范学校就应设置"中心学校教学做"，包括算术、自然、园艺、体育等10门课程。同时，中心学校需要培训行政总务人员，师范学校就应开设"中心学校行政教学做""分任院务教学做"。所以，中心学校不仅是师范生实习的基地，同时，又是控制师范学校课程及活动的指挥棒。

此外，陶行知也强调，师范教育的教学内容应随时势变化而变化，与社会发展步调一致，不断增加新内容、新课程以满足社会需要。陶行知在《新教育》中提出新课程要从社会和个性两方面来讲。从社会这面来讲，要问这课程是否合乎世界潮流，是否合乎共和精神。从个性的一面来讲，谁的事教谁，小孩子的事教小孩子，农人的事教农人，方才能够适合。总要从社会全体着想，有否其他有用的东西未列在课程里？或是有用不着的东西还列在课程里呢？照这样去取舍才行。②

陶行知在《新学制与师范教育》一文中，主张师范教育的课程因受教育者的不同，而开设他们各自需要的课程。在课程计划制订之前，应从"功效"着眼，开展调查分析和研究。譬如，对于教育行政人员而言，管理法、教育法令等是必开勿疑的。其他课程应根据不同的教育对象设置最有用处的课程。③

---

① 陶行知：《陶行知全集》（第一卷），四川教育出版社1991年版，第89页。
② 陶行知：《新教育——陶行知在浙江第一师校毕业生讲习会讲演》，《教育潮》1919年第4期。
③ 陶行知：《新学制与师范教育》，《新教育》1922年第3期。

2. 理论与实践熔于一炉

"教学做合一"的教学方法,最初就应用在师资培养方面,在师资培养上占据核心地位。"培养小学教师要在小学里做,小学里学,小学里教。"① 他提出"教学做合一的中心学校就是要把理论与实习合为一炉而冶之。"②

在当时的师范学校中,师范生的课程由两部分组成:一是三年半的校内培训,二是需要参加半年的校外实习。陶行知认为,教与学两者相分离、割裂是不正确的,效果是不明显的。因此,他建议要将理论与实际结合起来,在主持晓庄学校日常工作时,除了开设五项围绕教学做展开的课程以外,还要求师范生轮流去中心学校任教,将教学与理论有机结合起来,最终实现教学做合一。

陶行知还十分注重师范生实习的地位。他曾批评当时师范学校的实习办法说:"现今师范教育之传统观念是先理论而后实习,把一件事分作两截,好比早上烧饭晚上请客。"③ 为了加强实习环节,陶行知做过大胆的设想,提出师范生毕业时,如果成绩合格,便发给修业证书;然后到教育界服务半年,经考查的确能按生活教育原理办学的,才发给毕业证书。他的这一设想的旨趣所在是加强实习环节,提高实习在师范生培养过程中的地位。

在课程的考核上,陶行知打破了传统意义上的考核,认为师范教育的考核评价不仅包括职前师范生学习,而且包括师范生毕业后成为在职教师的进修与学习。因为"学生固不可从此不学,教员也不当从此不教"④,可以说,学校对于毕业生仍存在继续培养的责任和义务。在师范生入学就应进行相关考试,不仅要涉及智力测验、常识测验和作文,还应注重实践能力,诸如进行农事或土木工操作、一日和三分钟演说等

---

① 陶行知:《晓庄三岁敬告同志书》,载《陶行知全集》(第二卷),四川教育出版社1991年版,第558页。

② 陶行知:《晓庄三岁敬告同志书》,载《陶行知全集》(第二卷),四川教育出版社1991年版,第558页。

③ 陶行知:《晓庄三岁敬告同志书》,载《陶行知全集》(第二卷),四川教育出版社1991年版,第558页。

④ 璩鑫圭、童富勇、张守智编:《中国近代教育史资料汇编:实业教育 师范教育》,上海教育出版社2007年版,第893—894页。

考试。日常生活的教育和实践都可纳入考核范围之中。陶行知不是十分注重考试成绩，而是较为注重综合素质的培养，他提倡将各种数据进行统计而开展相关评价，可见，他十分重视"集团的成绩"的考核。

3. 教师自动进修

陶行知关于教师进修的主张可谓起到了振聋发聩的作用。在《筹设各级各种师资机关计划》中所研订的《中小学教职员进修办法》规定：在机构上，主要是以学校为中心。有暑期学校、育才学校等学校式进修研究机构，以及生活教育社会大学等社会式进修研究机构。学习的主要内容是社会科学、自然科学乃至乡村教育等各个方面，同时，也学习教育理论与技术等。在方式上，教师进修应采取多样方式，如长期参观、讲习会以及发行刊物等被动进修方式，以及专题研究的集体探讨、旅行修学、组织教师流通图书馆等主动式进修研究。陶行知尤其关切育才学校教师进修研究工作，除校方规划许多进修研究活动外，鼓励自动进修，这颇值得称颂。

总之，陶行知积极从事教师自动进修研究，而且内容多偏于社会学科。此外，陶行知早期也较重师范补习教育，强调提升教师学历以及教师研究活动，更是受到了教育界的肯定。

（四）师范教师素养论

1. 师范教育培养目标

（1）具有创造精神和开辟精神的第一流教育家

陶行知提出培养"第一流教育家"的培养目标。首先，批判当时存在的三种教育家[1]，他批评那些只是单纯沉迷教授知识，不问世事的教书匠，指出这些人"似乎除了教以外，便没有别的本领，除书之外，便没有别的事教"[2]。陶行知认为，师范生毕业后可以有多种选择，不仅可以担任中小学教员，还可以从事学务管理员及博物馆图书馆事务员等相关工作，师范生尤其缺少一种敢为人先的豪气和创造精神。

敢探未发明的新理，即是创造精神；敢入未开化的边疆，即是

---

[1] 陶行知:《第一流的教育家》，载《中国教育改造》，商务印书馆2014年版，第20页。
[2] 陶行知:《教学合一》，《世界教育新思潮》1919年第1期。

开辟精神。创造时，目光要深；开辟时，目光要远。总起来说，创造、开辟都要有胆量。在教育界，有胆量创造的人，即是创造的教育家；有胆量开辟的人，即是开辟的教育家，都是第一流的人物。大丈夫不能舍身试验室，亦当埋骨边疆尘，岂宜随便过去！①

(2)"全能型"的乡村教师

除了确定"第一流教育家"这一师范教育目标以外，在制定各级各类师范学校的培养目标时，陶行知还主张，各级各类学校应具有自身特色，不必完全一致，在学校等级、市乡情形、学科性质等方面，可以有所注重和适当倾斜。譬如，乡村师范学校：中国自古以农业立国，农民数量占据中国人口总数的半壁江山，由此推之，乡村师范教育在整个师范教育中具有不可替代的地位。据此，陶行知明确指出，乡村师范学校培养的乡村教师，必须具备康健的体魄②、农夫的身手、科学的头脑、改造社会的精神③以及艺术的兴趣④。

"康健的体魄"是首要目标。强调教师的责任，是要培养健康的儿童，从而造成健康的民族，矫正旧师范教育书呆子的缺失。其次是农夫的身手，也就是乡村教师须先有农夫的身手。晓庄学生从入学考试起就必须做农事，以期养成勤劳吃苦的精神。乡村教师要"拜农人作先生"，能做"农人的工作"，了解农民的困难和问题，帮助他们，并利用闲暇做园艺等工作，如此，在乡间才有办学之乐，而减少办学之苦，有助乡村教育之推展。再次是科学的头脑，他表示："没有自然科学训练的，不配做现代的教师。"⑤也就是教师必须用科学观念来引导儿童学习，才是现代优良教师。最后就是艺术的兴趣以及改造社会的精神要符合美的人生观的需求。总之，从乡村师资培养目标而言，强调康健的体魄、农夫的身手、科学的头脑、艺术

---

① 陶行知：《第一流的教育家》，载《中国教育改造》，商务印书馆2014年版，第21页。
② 陶行知：《教学合一》，《世界教育新思潮》1919年第1期。
③ 陶行知：《谢允担任自然科学指导——给吕镜楼先生的信》，载《知行书信》，亚东图书馆1929年版，第166页。
④ 陶行知：《改革乡村教育案》，载中华民国大学院编纂《全国教育会议报告》（丙编），商务印书馆1928年版，第50页。
⑤ 陶行知：《中华民族之出路与中国教育之出路》，《中华教育界》1931年第3期。

的兴趣以及改造社会的精神,主张培养"全能型"的教师。

2. 师范教育教师涵养

(1) "四个要项"教员培养

"为何不入他校而入师范学校?……方为负大才能抱大兴味而入师范学校者言之"①,陶行知指出:"以鄙人主张,凡大学、中学、小学等教员,国家须有同等之酬劳,社会须有同等之待遇。然常人心理,多不明小学之紧要,师范生亦有不明此理者。"② 同时,教育为儿童需要和社会需要之事业。"学校非寺院岩穴也,教员非孤僧隐士也。夫既为社会而设,若与社会不相往来,何以知社会之需要?中国前此之弊,即在于此,亦我师范生所宜注意者也。"③

陶先生对师范教育的培养目标提出相对清晰、完整的要求。1925年,他在《女师大与女大问题之讨论》一文中,对女子师范学生提出要求,她们应该具备四个"要项":

> 一、信仰国家教育事业为主要生活。二、愿为中学教员者,对于中学生之能力需要应有彻底之了解;那愿为师范教员者,于中学生外,还须了解小学生之能力与需要。三、对于将来担任之功课,须有充分之准备,这准备包含中小学所需之教材,教法之研究,实习和参观。四、各人一举,一动,一言,一行都要修养到不愧为人师的地步。④

这一论述不仅表明陶行知对师范生的要求,亦是对师范培养目标的生动诠释。

(2) "五种信条"乡村教师

陶行知在《新教育》中提到:新教员不重在教,而重在引导学生怎样去学。对于教育,第一,要有信仰心。认定教育是大有可为的事,而且不是一时的,是永久有益于世的。教育是大事业,有大快乐。那无论做小学教员,做中学教员,或做大学教员,都是一样的。第二,

---

① 方明主编:《陶行知全集》(第1卷),四川教育出版社2005年版,第222页。
② 方明主编:《陶行知全集》(第1卷),四川教育出版社2005年版,第221页。
③ 方明主编:《陶行知全集》(第1卷),四川教育出版社2005年版,第221页。
④ 陶行知:《女师大与女大问题之讨论》,《新教育评论》1925年第2期。

要有责任心。切不可当教育事业是临时的去处,必须是长久永恒的事业。第三,做新教员的要有共和精神。和学生共甘苦,参与到学生里面去,指导他们。第四,要有开辟精神。勇于到乡下地方,到偏远地区,要使中国无地无学生。第五,要有试验的精神。教育中详细的情形,必定要自己去试验。屡试屡验,分析综合,才能得出结论。不可不由自己试验得出真理,方不至于落人之后哩。①

同时,陶行知认为,不同学科、不同年级的教师之间,应该多交流,相互切磋,唯有如此,教师之间情意方能增进,教育质量才能提升。在《新教育评论》中,陶行知劝说人们努力给自己一个切磋的机会。

> 我们最注重师生接近,最注重以人教人。教职员和学生愿意共生活,同甘苦。要学生做的事,教职员躬亲共做;要学生学的智识,教职员躬亲共学;要学生守的规则,教职员躬亲共守。我们深信这种共学、共事、共修养的方法,是真正的教育。师生有了共甘苦的生活,就能渐渐的发生相亲相爱的关系。②

好的教师"他必定是一方面指导学生,一方面研究学问"③。"所以,在学校里提倡学问的根本方法就是要多找好学的教员,鼓励好学的学生,使不好学的教员、学生逐渐受自然的熏染或归于淘汰。"④ 由此可见,好学的教师与好学的学生是相互感染、教学相长的。

(3) 师范生涵养

"师范教育是什么?教学生变成先生。先生是什么?自己会变而又会教人变的是先生。师范生不是别的,是一个学变先生的学生。"⑤ 陶行知几十年前就提出了搞教育要使受教者变,施教者也变,师范教育要

---

① 陶行知:《新教育——陶行知在浙江第一师校毕业生讲习会讲演》,《教育潮》1919年第4期。
② 陶行知:《中国教育改造》,商务印书馆2017年版,第34页。
③ 陶行知:《教学合一》,《世界教育新思潮》1919年第1期。
④ 陶行知:《如何引导学生努力求学——给正之先生的信》,载《知行书信》,亚东图书馆1929年版,第185页。
⑤ 陶行知:《师范生的第一变——变个孙悟空》,《师范生》1931年第1期。

使师范生蜕变,他提出师范生要三变:变个孙悟空,变个小孩子,变个准教师。

师范生"因地制宜"。陶行知指出,师范生不可能是全面发展、无所不能的人,应不断探寻师范生的特长,为其特长提供展示的机会,对具体事情要做具体分析,根据事情对师范生能力提出要求。

开展师范教育,培养师范生的目的有两种:一是培育足够数量的教员;二是师范生毕业后,可以开办学校,招收学生,启迪并造就更多的社会所需要人才。师范生将来出去办学的环境与中心学校的环境不可能完全一致,要想使师范生对于新环境有所贡献,必得要同时给他们一种因地制宜的本领。① 这就需要师范生具有较强的随机应变的能力,较强的实践能力,师范生不应是困于书房只会读书做文章的书呆子,而是要学会变通,举一反三,充分运用教育知识和能力,具备某种意义上运筹帷幄的能力。

陶行知的师范生应有之能力,不是要求师范生是全能型人才,他认为,师范生应该有自己的特长,有自己特别擅长的一面,他格外重视师范生基本的生活自理能力和人际交往能力,特别反对师范生成为死读书的书呆子,特别强调师范生应有良好的知识迁移能力和变通能力。

陶行知在《师范教育之新趋势》中指出:师范生应该有研究能力,尤其是研究教材的能力。师范生既要学"学",成为具有一定知识的人,拥有一定知识储备以教给学生的知识;也要学"教",成为一个有丰富教育科学理论知识的人。只有教师认真选择教材,驾驭教材,不断扩充教材,教育的实效才能提高。

陶行知要求未来教师(师范生)须具有与传统师范生之保守与不求变之有所不同的变化精神。师范生的第一变:第一件,他有目的,有远虑,有理想;第二件,他抱着目的去访师。如果他是师范生,他所要访的是教一家人、一国人、一世界人,个个做主人的老师;第三件,他抱着目的求学。凡是不合这个目的的东西,他一概不学。②

在《师范生的第二变——变个小孩子》中,陶行知提出,要变个小孩子,他写道:

---

① 陶行知:《中国师范教育建设论》,《新教育评论》1926 年第 1 期。
② 陶行知:《师范生的第一变——变个孙悟空》,《师范生》1931 年第 1 期。

未来的先生们！忘了您们的年纪变个十足的小孩子，加入在小孩子的队伍里去吧！……师生立刻成为朋友；学校立刻成为乐园。您立刻觉得是和小孩子一般儿大，一块儿玩，一处儿做工，谁也不觉得您是先生，您便成了真正的先生。您立刻会发现小孩子的能力大得很：他能做许多您所不能做的事，也能做许多您以为他不能做的事。等到您重新生为一个小孩子，您会发现别的小孩子是和从前所想的小孩子不同了。我们必得会变小孩子才配做小孩子的先生。①

三 师范教育思想的影响及现代价值

(一) 转变教师教育观念，注重教师本体需要

正确的教师教育观念是提高教师整体素质的前提和出发点。陶行知在《中国师范教育建设论》一文中指出："教的法子要根据学的法子；学的法子要根据做的法子。"那么，"教师"的做便主要是教学，"教师"的学便是学习怎样去教学。因此，对"教师"的教即师范教育，便应涉及"教师"教学的多个方面，诸如专业知识教学技能和教师职业道德等。其中，教师的专业精神最为重要。

首先，陶行知在《我们的信条》中，就提出教师专业精神，如"教师应当以身作则""必须学而不厌，才能诲人不倦"等，这些都是教师专业规范的具体表现。同时，陶行知重视师范生人格教育，强调用"爱"的力量去熏陶学生，一生即抱持"捧着一颗心来，不带半根草去"的情怀。可说是"人师"的最佳典范，足为现代教师之楷模。

然而，现在有些教育人员视教育工作为一种职业而非专业，完全忽视"专业精神"与"专业道德"。把教师行业乃至教育事业当作谋生的一个职业，而不是一个培育真人的专业。这样的观点就导致教师的整体育人素质难以提高。陶行知早就关注到教师专业自主的问题。近年来，关于教师专业化发展的讨论越来越多，它们更为关注教师的本体需要。其中包含两个观点：一个是教室内教师教学专业自主，另一个则是教室

---

① 陶行知：《师范生的第二变——变个小孩子》，《师范生》1931 年第 2 期。

外，即教师参与学校教育决策层级及教师组织层级之团体性教师专业自主。这样的专业自主能真正给予教师求真的自由，并发挥试验的精神。

其次，陶行知提出"常新"的要求，换言之，师范学校还应担任学生毕业后继续教育的工作。陶行知主张，当师范生毕业的成绩达到合格后，暂时不发给文凭，待到其从事工作年限满半年后对其进行考察。能按生活教育原理办学的，方可颁发毕业证书。陶行知认为，对师范生进行继续教育是为了给学校教师的思想观念与教学方法源源不断地输入新鲜的血液，不断满足教师本体的发展需要。

(二) 规范师范学校管理，开拓民主科学机制

陶行知的生活教育理论指导着师范教学的实践，形成了乡村的师范管理特色。首先是创办了晓庄师范学校。晓庄师范学校特别注重管理的科学与民主性。如在学校的机构设置上力求简单，全校只设五个部，即生活部、行政部、小学指导部、幼稚园指导部以及社会改造部。为了避免烦琐，他主张学生自治，这些部的办事人员都是学生。学生既读书又参与学校管理，教师也是兼教学与行政任务于一身。

在教学中，陶行知则是建立起以生活教育为中心的新教育体制，采取编制，推行生活历的运用，指导师生有计划地生活。"寅会制度"的实行，更是要求师生轮流主持，规范师生工作学习乃至生活的秩序。把课程也设置为"五种"教学做：中心小学生活教学做；中心小学行政教学做；征服自然环境教学做；分任教务教学做以及改造社会教学做。除此之外，还有更具生活特色的招待教学做；烹饪洒扫教学做；组织师生开荒、建校、养猪等教学做。

在陶行知的师范管理中始终强调"唯事的、科学的、效率的、教育的"，这种民主科学的管理机制为我们现在的学校管理提供了宝贵的典范。首先，就是师范学校机构的设置应该精简。如今的师范院校，为了迎合教育市场化的趋势，往往开设一些综合大学的相关部门来参与人才乃至就业的竞争。但是，对发挥示范特色的部门的设置与加强，却没有提上日程。如陶行知的小学指导部以及幼稚师范部，都是针对专门的培养对象提供的专门的教学以及就业指导，在今天看来，这种有针对性的部门仍是欠缺的，行政机构冗杂现象屡见不鲜。

其次，就是师范学校的常规管理。推行的生活历有利于师生交流和有计划地生活。现行的师范学校在教师和学生的联系上，往往是出了课堂便无联系。这对于师生的共同发展是有阻碍的。教学相长应体现于学习、生活等各个方面。

最后，就是课程上的教学做。现行的师范院校往往缺乏关于生活理念的培育。师范生往往把实习当作唯一的实践，实习的确是重要的实践，但更为重要的应是生活全方位的实践。正如陶行知所指出的，"千教万教，教人求真。千学万学，学做真人"①，唯有师范生为人师表，师范教育才能发挥出最大的效果。

(三) 深化教育课程改革，服务基础教育发展

师范教育是为基础服务的，是为基础教育提供师资的。这样的导向就明确要求师范学校的课程设置，须满足基础教育师资发展的需要。即要进一步提高教师的专业知识，发展教师的教学技能。

传统师范学校的课程设置尤为注重学科知识，特别强调各个核心专业学科知识的重要性，这一观念和实践却忽视社会发展要求和学生发展需要。针对这一问题，陶行知就鲜明地提出了改造社会教学做的课程，把师范与社会联系起来，坚持以改造社会为办学宗旨。同时，在开设的课程中，也存在各类课程比例严重失调的问题。通识教育课程、专业教育课程和教育学科课程这三类课程比例就严重失调，在现行高师课程设置中，教育学科课程往往只占总学时的10%。而且必修课门数过多，课时比例过大。选修课也不是完全"自愿"选择，往往通识教育方面所占比例极大，学生真正感兴趣的活动课选修课少，也就难以真正发挥出必修与选修的互补作用。最后，分科课程比例大，综合课程比例小，难以培养学生的综合能力和创新精神，进而不利于学生个性发展。

因此，教师教育课程改革就是要满足基础教育课程改革的实际需要。首先，要结合基础教育的需要，及时合理规定高师课程的育人目标和质量规格，不同层次的师范教育培养不同的师资；其次，应体现课程结构体系的均衡性，一方面是通识课程和专业课程的比例，如有研究者提出的"一般文化课程占20%，学科专业课程占40%，教育学科课程

---

① 顾明远、边守正主编：《陶行知选集》（第1卷），教育科学出版社2011年版，第87页。

占20%，教育技能课程占10%，教育实践课程占10%"①的课程设置模式，就很值得借鉴；另一方面就是综合课程的开设，的确有利于拓宽知识面，促进综合能力与创新能力的培养；再次，就是加强课程的针对性和适用性，要针对基础教育改革和实施的现实需要；最后，还应优化课程评价制度，将课程评价与课程育人目标紧密衔接起来，以达到提高课程评价的创新性和实用性的效果。

（四）面向农村教育建设，加强农村教师培养

陶行知在中华教育改进社发表的《改造全国乡村教育宣言书》中，就开创性地提出要"筹募一百万元基金，征集百万位同志（教师），提倡一百万所学校，改造一百万个乡村"②。还在各篇文章中提出了乡村教育的目标、内容方法等。因此，培养乡村教师就是要养成好的乡村教师，去办好的乡村学校，进而推进乡村教育的开展，实现乡村建设。

陶行知的乡村师范教育思想在今天仍发挥着重要的启迪作用。虽然乡村师范的使命已完成，但是，乡村师范教育思想如今已深深融入教师教育中。首先是体现教育平等的观念，要关注农村、农民以及农民的孩子等弱势群体，注重提高他们的教育层次。其次是关注乡村文化的建设，将师范教育同社会、生活以及农民紧密地结合起来，通过乡村师范学校的建立，促进乡村文化的建设和发展。

然而，现在的农村由于发展水平的差距，导致难以满足教师的经济生活和精神文化生活。因此，针对这一实际，首先，师范教育必须加强对学生敬业精神的教育，重视通过对农村实际的调查研究、参观访问、社会实践等多种途径，让他们深刻体会农村当下的情景，对农村发展方向和趋势有一个大体的掌握，对"燎原计划""丰收计划""星火计划"等有着一定程度的了解，以及清楚它们之间的相互关系。不断学习适应农村生活，树立起热爱农村、建设农村的意识。其次，就是重视对学生进行适应农村教育的能力培养，在知识结构上应重点加强对他们进行乡土文化、农村实用应用技术教学的训练。

---

① 黄威：《教师教育专业化与教师教育课程改革》，《课程·教材·教法》2002年第1期。
② 陶行知：《中国教育改造》，商务印书馆2017年版，第80页。

总之，农村师范教育仍是国家培育教师所趋向的重点。必须着眼于农村现代化建设的需要，主动面向农村、面向农村教育，既体现出师范性，更突出地方性，只有这样，农村师范教育的改革才有出路，才能发挥其应有的积极作用。

（五）加强理论与实践结合，应用生活教育理念

教育理论与实际的分离，是师范教育上存在很久的问题。陶行知提出的"教学做合一"，就是要打破过去"先理论后实际"之弊病，以契合师范教育理论与实际之间的关系，符合教学的现实需要。

"教学做合一"的一个具体体现，就是关于中心学校的设置，在陶行知看来，中心学校是建设师范教育的第二个步骤，也是师范学校的主体。中心小学就是连接师范生与社会的一个纽带，它的设置首先是以儿童和社会需要的实际为依据，因此，它不同于之前的一般学校。其次，也是师范教育师范生的实习中心，是师范生课程的重要组成部分。最后，中心学校也是改造社会的中心，学校课程的设置都是经过价值判断后选择的结果。如重视时事、园艺、卫生、自然研究等科目，以及所主张的学生自治等各项活动，都是让儿童能力自由地发展，使师生关系融洽。

近年来，随着中国经济的发展以及市场经济体制的建立，教育与科技、经济的结合日益受到重视，科教兴国的战略始终是发展教育的基点。因此，师范教育如何在培养目标与课程设置以及教学方式上探索出一条与地方经济发展联手并能促进地方经济建设的新途径，便是新时代的"教学做合一"内涵的体现。它要求师范生能够成为真正的知识代表，不断向社会传播科学，并用科学的内容以及方法，指导发展地方经济；也就意味着地方的师范教育，只有面向地方经济，根据地方经济文化改革和发展的需要办学，才能造就出真正为地方经济服务的师范生，而只有造就出这样的师范毕业生，才使地方的基础教育、职业教育的改革和发展有了可能。

陶行知的一生充满着对教育的爱。他不仅做过南京高等师范学校教务主任、中华教育改进社的总干事，而且亲自创办了晓庄学校、生活教育社、山海工学团、育才学校和社会大学等。作为20世纪最伟大的本土教育家，陶行知的思想充满人民性、社会性、民族性，他让传统的中国教育走出狭小的书斋，走向了更广阔的城镇、乡村和落后地区。

在陶行知丰富的教育思想宝库中,他的师范教育思想占有极其重要的地位。虽然时代在变化,但陶行知的师范教育思想历久弥新。在现在乡村教师支持计划的落实过程中,践行陶行知的师范教育思想,有了更肥沃的土壤,终将结出累累硕果,遍布神州大地。

第六节　郭秉文的师范教育思想

郭秉文(1880—1969),字鸿声,江苏江浦人。1896 年,毕业于上海的基督教教会学校清心书院,成为中国最早一批接受新式教育洗礼的学生。1908 年,赴美留学,先在吴斯特学院(College of Wooster)攻读理科,获学士学位,后转投哥伦比亚大学师范学院教育学专业,于 1912 年,获硕士学位。1914 年,又获哥伦比亚大学师范学院哲学博士学位,成为该校第一个获博士学位的中国留学生。1915 年归国后,历任南京高等师范学校教务主任、代理校长、校长之职。南京高等师范学校与北京高等师范学校并称"南北高",堪称师范教育的翘楚。

1920 年 12 月,经北洋政府国务会议通过,国立东南大学成立,南京高等师范学校与东南大学共设一处,郭秉文出任两校校长。1923 年 4 月,南京高等师范学校正式并入东南大学。该校将"通才"与"专才"的培养有机地结合在一起,成为当时全国众多国立大学中唯一一所同时设立师范专业与教育科的综合性大学,一时名声大噪,获得了国内外教育界的极大关注。由于郭秉文在东南大学锐意改革,不断开拓创新,该校声誉鹊起,成为中国又一扬名国际的学术重镇,郭秉文也被誉为"东南大学之父",为中国师范教育的发展提供了新的典范。

一　"寓师范于大学"的师范教育体制观
(一) 重视师范教育

师资不足成为制约近代中国教育发展十分重要的因素之一。"难以找到数量充足、能力合格的教师,是中国推进现代教育的最大障碍。"[1]

---

[1] 郭秉文:《中国教育制度沿革史》,商务印书馆 2014 年版,第 157 页。

郭秉文认为，发展教育所需的校舍、仪器等物资设备容易获得，但培养一批合格的师资却很难。

清末以来，学校教师主要有五种来源：一是教会学校的毕业生，但数量不足，供少于求；二是声誉卓著的学士，但他们多是获得一些残缺不全的表面信息的"业余教育家"；三是外国教师，但多集中在高等程度的学校，在中小学教师中外国教师比例低，而且外国教师薪酬太高；四是留学归国的学生，但留学生数量少，而且学成归国后多投身于报酬丰厚的政界或实业界，从事教育者甚少；五是师范学校和师范养成所培养的学生，这也是教师的最大来源。在这五种教师来源中，或来源于旧，或依赖于外。事实上，只有师范毕业生才是师资队伍最稳定的来源。也正因为认识到这一点，郭秉文认为，若要实现中国的教育普及，必须特别重视师范教育。

(二) 寓师范于大学

郭秉文作为哥伦比亚大学师范院毕业的博士，其教育思想深受美国"通才教育"理念的影响，认为高素质的教师人才需要众多学科知识的培养与熏陶。而综合大学中学科的设置种类比较丰富齐全。这样一来，学科与学科之间知识的相互补充，对师生知识面的拓展是非常有利的。在能够为学生提供更广阔的学习发展空间的同时，平衡"通才"和"专才"，使"通才"不会知识空疏，"专才"的知识面也不至狭隘。他强调，单一性的师范学校很难保证师资的力量，只有综合性的大学，才能培养出知识全面、水平高超的师资力量。因此，他认为，师范学院应办在大学之内，"寓师范于大学"是培养高质量师资队伍的最好方式——通过建立综合性大学，培养出真正合格的师资队伍。

回国之后，郭秉文立足于师范教育，不断加强教育学科建设，以母校哥伦比亚大学的模式塑造南京高等师范学校，将南京高等师范学校改造成为综合性大学，实行通才教育。借助综合大学的广泛性教育，打破学科间的限制，开拓学生的眼界和知识面，丰富学生的智慧，进而培养出专业基础扎实、学科知识广博并且富有科学研究精神和研究能力的师范性人才。

进一步说，就是要通过雄厚的师资和良好的学风，造就出色的人才，到社会上贡献力量，吸引优秀的学生到学校中接受培育，使得学生可以获得全面的杰出的发展，成为"平正通达"的祖国的建设性人才，这种人才"都能为社会所重视，不曾发生就业问题，而且多能成功立业，彬彬称盛"①。"郭秉文致力于高等教育，就是要以美国哥伦比亚大学为模式，寓师范于大学，建立一所多学科的、综合性的大学。……到 1920 年……使南高的科系设置逐渐突破了民初单一师范教育的界限，寓师范教育、基础教育、实科教育于一体，具备了综合大学的雏形。"②据统计，南京高等师范学校从 1915 年到 1921 年"先后七年间，共招二部七科新生三十一班，合计八百余人"③。从 1917 年夏开始毕业，直到 1926 年 6 月"最后一次毕业，共计七百五十九人"④。为基础教育输送了大量优秀师资，极大地促进了中小学教育的发展。

二 人才兴校的教师观

一所高等师范院校出类拔萃的办学业绩，是建立在卓越的师资队伍基础上的。真正做到"寓师范于大学"，培养出高质量的师范毕业生，要求大学必须具备优良的师资力量。郭秉文早年留学美国时，就被美国高校强大的师资力量所震撼。当时，哥伦比亚大学云集了一大批著名学者，这些学者不仅科研能力突出，而且创造出优秀的教学成绩，使得哥伦比亚大学声名远播。因此，郭秉文认为，"大学教育当然以师资为第一。"⑤。

（一）广延国内名师

郭秉文在掌管南京高等师范学校期间，广觅贤才，邀请大家至南京师范学校任教。郭秉文礼贤下士，聘请名师有自己的主见，他以自己"平和"的人格魅力，广引贤才，每学科都有多位学术水平出色的专家学者。如刘伯明、杨杏佛等文科专家；任鸿隽、竺可桢等理科人才；张士一、楼光来等英文学者；茅以升、涂羽卿等工科天才；陶行知、陈鹤

---

① 郭秉文：《略论四个平衡的办学方针》，转引自冒荣、王运来主编《南京大学办学理念与治校方略》，南京大学出版社 2002 年版，第 21—22 页。
② 石猛：《郭秉文与中国高等教育近代化》，《高教探索》2010 年第 1 期。
③ 陈训慈：《南高小史——国立南京高等师范二十周年纪念》，《国风》1935 年第 2 期。
④ 陈训慈：《南高小史——国立南京高等师范二十周年纪念》，《国风》1935 年第 2 期。
⑤ 耿有权编：《郭秉文教育文集》，东南大学出版社 2018 年版，第 179 页。

琴等教育泰斗；顾实、吴梅等国文精英；商科也有李道南、潘序伦等商界大亨。在当时的南京高等师范学校和东南大学的教职员中，既有思想相对保守的吴宓、胡先骕等，也有比较激进的杨杏佛、杨贤江等。

值得一提的是，当时的南京高等师范学校和东南大学，既是以发展科学为宗旨的中国科学社的"大本营"，又是"学衡派"的根据地。其中，胡先骕既是"学衡派"的代表，同时又是中国科学社的成员。这正是郭秉文主持的东南大学坚持的学术自由、兼容并包精神的高度体现，时人这样评论道："公治校方针，对于延揽人才，确能兼容并包，无政党及学派之分"[①]。教育界人士都以能够被东南大学聘用为荣，大有"孔雀东南飞"之象。胡适也坦言道："要不是蔡孑民先生有约在先，我是免不了也要来南高的，我的两度同窗挚友任鸿隽不是已被郭先生请来南高了吗！"[②] 这些优秀大家的到来，极大地丰富了东南大学的师资力量。

（二）招募留学生

郭秉文特别重视从留学生中物色潜在的师资力量。他常常利用出国考察的机会，顺便去中国留学生比较集中的地方，通过听课、观察、面谈等方式深入调查，并且亲自走访中国留学生中的佼佼者，千方百计地游说具备真才实学的人，到南京高等师范学校和东南大学任教。据统计，1918年，在南京高等师范学校94名教职员中，有63人毕业或者肄业于国外专门大学，其中24人留学于美国，3人留学日本，1人留学英国，还有三位美籍教员。[③]

他在师资招揽方面的一项"杰作"，就是借助自己担任中国留美学生联合会会长的优势地位和在教育界的影响力，促成由数百名中国留美学生组成的中国科学社，迁来南京高等师范学校，并使之成为南京高等师范学校和东南大学教师来源的重要渠道。这些留学生不仅凭借其精湛的专业学术水平，积极参与到南京高等师范学校和东南大学的教学、管

---

① 吴俊升编著：《教育与文化论文选集》，台湾商务印书馆股份有限公司1972年版，第200—201页。
② 朱一雄编：《东南大学校史研究》，东南大学出版社1989年版，第54页。
③ 朱有瓛主编：《中国近代学制史料》（第三辑 下册），华东师范大学出版社1992年版，第653—660页。

理和科研中，成为南京高等师范学校、东南大学师资的主要来源，而且扮演了美国大学模式的传播者和建设者。

(三) 邀请国外大家

一所大学的发展应置身于世界高等教育发展的格局之中，师生都应具备国际学术视野，向国际一流大学看齐。因此，郭秉文不仅延聘国内著名学者来校任教、讲学，还亲自到国外邀请那些世界知名的大师来校讲学，希望以此开拓南京高等师范大学和东南大学师生的学术视野，使其兼备文理知识，既能学习国内文化，同时也能了解世界学术态势。

1921年，美国哥伦比亚大学师范学院院长孟禄，应郭秉文之邀来东南大学讲学。在交流考察后，孟禄对东南大学做出了极高的评价，认为东南大学是中国最有希望的大学，将来可与英国最顶尖的牛津大学和剑桥大学一较高低。除孟禄之外，郭秉文还大力邀请了美国教育家杜威、克伯屈、罗格等，印度诗人泰戈尔，德国新活力论的创立者杜里舒，英国大师罗素等享誉国际的大师来东南大学指导。

郭秉文遍邀国外大家的做法，一方面提升了东南大学的国际声誉，另一方面，更重要的是这些著名学者把世界各国的学术思想，带进东南大学校园，调和了文理，沟通了中西，开阔了师生的眼界，活跃了学术气氛，一时间东南大学可谓名流荟萃，享誉中外。

(四) 重视在职进修

除了聘任优秀的教师之外，郭秉文还非常重视对在职教师的进修培养。他支持鼓励教师走出国门，放眼世界，认为教师教学既要立足于国内的客观实际情况，又要借鉴国外先进的教育理念和教学方法。因此，郭秉文在掌校期间，不断为在职教师提供到国外学习进修的机会。

1922年，他派遣教育科的王克仁、邰爽秋和化学系的张江树等10人赴美留学，这些人回国后大多成为知名的专家学者。据统计，当时的东南大学共有教师220余人，其中留学出身的教师有140多人，占总数的64%。[①] 并且，东南大学理、工、农等学科的教师基本上都具有国外留学经历。他本人也积极奔走于世界各地考察各国高等教育情况：1915

---

① 王德滋主编：《南京大学百年史》，南京大学出版社2002年版，第104页。

年春，赴欧美各国；同年6月，赴日本考察；1917年，到日本和菲律宾考察；1919年，到英、意、德、法、日和瑞士等国考察。每次考察回校，郭秉文都要与师生交流学习情况。此后，郭秉文在20世纪20年代的国际科教舞台上一直十分活跃，东南大学在他的领导下也发展成为中国与世界交流的重要舞台。

三 "三育并举"的学生观
（一）培养目标

在学生的培养上，由于受美国实用主义的影响，以及对美国大学人才培养宗旨的深切感受，郭秉文深刻地认识到，大学的宗旨应该是教授学生高深的学术，从而达到培养硕学闳材、满足国家需要的目的。这也体现了他的人才培养观——大学要培养具有渊博学识，并有志于服务国家社会的人才。

南京高等师范学校以"诚"为校训，提出"中庸言诚，包智、仁、勇三达德。希腊人恒言健全之心寓健全之身，盖体育为德智二育基本"[1]。首先，"诚"作为郭秉文三育思想的根本。"诚"育德、智、体，以"诚"为训，即"以诚植身，以诚修业，以诚健体，以诚处世，以诚待人"。郭秉文主张，把学生培养成为德、智、体全面发展的"平正通达的建国人才"，他坚持"三育并举"的育人方针，主张通过训育、智育、体育三者并举而使学生的才能、体魄、精神、道德和学术各方面都得以"相当的发达"，要有以国事、天下为己任的胸怀和眼界，使学生成为有气节的国士。

在德育方面，郭秉文认为，德育要以养成学生作为国民对国家负责的完善人格为标准和旨归。而完善人格的要素主要包括道德、学术和才识三个方面。南京高师的德育采取训练与管理兼重的原则。郭秉文对学生提倡"自动主义"，旨在提高学生的自觉、自立、自学和自治的能力；在智育方面，南京高等师范学校以养成思想及应用能力为智力的标准。

郭秉文认为："明智识之本原，然后乃能取之不尽。"为实现这一

---

[1] 《南京高等师范学校概况》，《新教育》1919年第1期。

智育标准，主要采取下列两个途径："（一）养成思想能力，则注重兴疑与试验……（二）养成应用能力，各注重理想与实际之联络，必使所学者皆有所用，所用者皆本所学"①；体育则以养成强壮之体魄与充实之精神为标准。郭秉文认为，体育是德、智两育的根本。故他对于全校则重体育之普及，对于个人则注重全面之发育，务使人人各部分均得到平均之锻炼，人人能得到健康之幸福。至于体育的方法，一是重视养护，二是注意锻炼，三是及时医治。

（二）具体措施

1. 根据社会需要设科

郭秉文吸收了杜威的实用主义教育观，主张以社会需要为依据设置招生科目和课程，"以适应时代社会的变迁以及工业的需要，使学校的课程更利于学生将来谋生"②。

依据社会变更的需要，郭秉文在南京高等师范学校先后设立多个专修科，从1918年《代理校长郭秉文关于本校概况报告书》中可以看出他设立各科的初衷。南京高等师范学校开办之初，为改良国文和理化的教法，分别设国文和理化两部，同时开设国文专修科；"鉴于社会体育不振，任体育教师者又多不明体育之原理"，于1916年春季，设立体育专修科；"鉴于人民生产力薄弱，而一般毕业学生又多乏职业之智识技能"，他提倡职业教育；为满足中等职业学校和中等学校英语教师的需求，分设公益专修科、农工商专修科、英文专修科；鉴于教育"专门人才尤为缺乏""设教育专修科"③。

总之，通过设置这些专修科，不仅使南京高等师范学校培养的人才真正为社会所需，同时，也使南京高等师范学校"突破了民初单一师范教育的界限，寓师范教育、基础教育、实科教育于一体，具备了综合大学的雏形"④，有利于培养"通识知识与专业知识相平衡"的综合型教师。

---

① 陈学恂主编：《中国近代教育史教学参考资料》（中册），人民教育出版社1987年版，第360页。
② 郭秉文：《中国教育制度沿革史》，商务印书馆2014年版，第168页。
③ 《南京高等师范学校概况》，《新教育》1919年第1期。
④ 石猛：《郭秉文与中国高等教育近代化》，《高教探索》2010年第1期。

2. 开展教学改革

为培养理想的教师，在"三育并举"的培养目标基础上，除了依据社会需要设置科目以外，郭秉文还致力于南京高等师范学校的教学改革。

第一，改"教授法"为"教学法"。清末，受日本教育的影响，留日知识分子将德国教育理论引进国内，"教授法"成为当时国外主要教学方法。而受杜威"儿童中心主义"思想影响的郭秉文，则认为教育应以学生为中心，提出"教授法"应改为"教学法"。在郭秉文的支持下，时任南京高等师范学校教师的陶行知，认为提倡教学法应秉持以下观念："第一，先生的责任不在教，而在教学，而在教学生学……第二，教的法子必须根据于学的法子……第三，先生不但要拿他教的法子和学生学的法子联络，并须和自己的学问联络起来。做先生的，应该一面教，一面学，并不是贩卖些知识来，就可以终身卖不尽的。"[1] 然而，陶行知这一建议在校务会议上遭到其他人的反对，在郭秉文的支持下才得以实行。虽然"教授法"与"教学法"只有一字之差，但却反映出教育者是以教师为中心还是以学生为中心。

第二，变"学年制"为"选科制"。民国初期，高等学校实行学年制，学生在读期间，必须修满全部规定课程才能毕业。郭秉文认为，这种制度过于死板，限制了学生的自主性，忽视了学生自身的兴趣，不利于综合型教师的培养。在郭秉文的支持下，1919年，南京高等师范学校通过《改良课程案》，规定自1920年9月起，南京高等师范学校开始实行选科制，即学分制。学生除学习本专业的必修课程以外，可依据自身兴趣选修其他科的课程；学生成绩以学分计算，修满一定学分即可毕业。这种做法给了学生学习的自由，激发了学生学习兴趣。"先生之于教学，重在引起兴趣……每系人数，以重志趣，多少自无限制。"[2]

当时的南京高等师范学校学者云集，开设了许多新颖的课程，学生

---

[1] 陶行知：《教学合一》，《世界教育新思潮》1919年第1期。
[2] 东南大学高等教育研究所编：《郭秉文与东南大学》，东南大学出版社2011年版，第165页。

自由选择，获益匪浅，既提高了学生的综合素质，也实现了郭秉文培养"双料学士、硕士、博士"的愿望。

3. 实行男女同校

1919 年，南京高等师范学校开始招收女生，开启了男女平等受教育的新风气。郭秉文男女同校的思想源于其母校吴斯特学院。吴斯特学院自建校起就主张男女合校教育，其首任校长威尔士称："作为男女，我们都是人，有同样的起源，这同时意味着我们最初的和本质上的平等。"[①] 虽然当时这一主张备受争议，但该校还是坚持了下来，成了该校的办学特色。正是在这样的环境中，郭秉文逐渐萌发了男女平等的教育意识。当时中国的女子学校数量少，招生条件严苛，如女子师范学校"对报考的女生，要求必须身家清白，品行端淑，身体健全，并有切实公正绅民和家族的保证"[②]，女子教育发展缓慢。

为改变这一状况，实现男女受教育权利真正的平等，郭秉文开创在南京高等师范学校招收女生，实开男女同校的先河。在 1919 年 12 月 17 日的校务会议上，教务主任陶行知提出了《规定女子旁听办法案》，得到了郭秉文、刘伯明、陆志韦等人的支持。尽管社会阻力很大，但南京高等师范学校经过多方协调，并与北京大学联合，共同解除"女禁"，于 1920 年暑假开始招收女生。这一举措打破了男女不同校的陋习，保障了女子受教育的权利，推进了教育民主化的进程，也促进了中国女子教育的进一步发展。

四 以民主为中心的治校原则

郭秉文接任南京高等师范学校校长之后，借鉴美国大学管理模式，贯彻了以民主为中心的治校原则，即倡导学者治校、学术自由、学生自治。这样民主自治的治校风格促进了学校管理体制的民主化和制度化，不仅使南京高等师范学校和东南大学师生的科研热情得到了极大的鼓舞，也使得

---

① 冒荣：《至平至善 鸿声东南——东南大学校长郭秉文》，山东教育出版社 2004 年版，第 13 页。

② 毛礼锐、沈灌群主编：《中国教育通史》（第五卷），山东教育出版社 1988 年版，第 99 页。

师生的创造能力得到解放,为学校的建设和发展提供了源源不断的动力。

(一) 学者治校

郭秉文主持制定的《东南大学组织大纲》规定:按政议分开的原则,建立"责任制"与"合议制"相结合的体制,即设立评议会、教授会和行政委员会,分别负责议事、教学和行政事宜,各会均由校长兼任主席。[①] 郭秉文在1918年任代理校长后,南京高等师范学校校务实行责任制与评议制。即一方面确立校长总理一切校务之责,另一方面,又规定凡学校大政方针必须交由校务委员会决议的制度规范,全校或者部科计划、科部增减、经济预算、课程编制、招生与毕业事项是校务会议的议事范围。校务会议相当于学校的立法机构,经由校长批准的决议交由学校行政部门付诸实施。成立各种常设或者临时的专门委员会,将学校的各种事务交由教职员自行办理。

除此之外,为了提高学校的社会声誉,并广泛筹措学校的建设经费,他还坚持设立了董事会,并邀请社会名流、学界泰斗、商界巨贾出任董事,此后,陆续设立"办事校董""经济校董"等职务,各个职务职责分工明确,共同为学校发展助力。

在南京高等师范学校时期的领导体制上,郭秉文开始采用教授会、评议会、行政会三会制模式,重视教授治校的作用。随着学校规模日渐扩大,学校事务繁多,尤其是随着大学与社会的联系日渐密切,郭秉文在领导体制上日益看重董事会治理模式,逐渐加强董事会在学校管理上的权力。1923年11月,郭秉文参照美国大学的做法,对东南大学校董事会做了大胆的改革,他不仅对校董事会的章程做了修改,还将学校各个事务的最终决策权划归到校董事会,扩大了校董事会的职权。在全国范围的国立大学中,郭秉文关于校董事会的这一做法可谓凤毛麟角,其饱含的进步性和前瞻性不言而喻。

(二) 学术自由

郭秉文认为,大学是教育和学术的神圣殿堂,各种学说、主义、问题只要是从学术的角度均可以在大学里讨论、研究、讲授,因而他推崇办学独立,认为大学教育应当独立于党派,不应与任何党派发生纠葛,

---

[①] 《东南大学组织大纲之议定》,《教育杂志》1921年第3期。

从而实现大学自治。正如吴俊升所说:"公治校方针,对于延揽人才,确能兼容并包,无政党及学派之分。其时国民党学者在校任教者有陈去病、顾实诸教授;讲学者则有研究家之梁启超、张君劢,社会主义者江亢虎诸先生;学生中有国民党员、青年党员,亦有共产党员。但在校内只许作纯粹学理研究,不许作实际政治活动。"①

郭秉文倡导大学是培养人才、振兴科学之地,应当追求学术自由之目的,具备容纳百家之胸怀。在南京高等师范学校和东南大学校内,能够兼容持有各种主张的师生,包括三民主义、人文主义、自由主义、改良主义、国粹主义、国家主义、共产主义、无政府主义等各种思潮,汇聚一堂,成为自由精神的堡垒。

(三)学生自治

受美国大学注重学生自我教育与自我管理的影响,郭秉文重视学生独立人格和自治素养的培养,倡导学生自治的自动主义。自动主义对于在校生而言,是指生活上的自立、自理,学习上的自学和自力研究,各种文化、体育、学术等活动的自行组织和办理。学校评议会中专门设立了学生自治委员会,取代北洋政府时期以来一直设立的学监处,聘请深受学生敬仰的陶行知和刘伯明作为主任委员指导学生自治会的工作,推动自动主义的实行。

郭秉文坚持学生自治的主旨,支持设立了多个学生自治委员会,又进一步在学生自治委员会下设立了评议会、执行部和仲裁院三个部门。这三个部门主要负责学生的生活、学习、娱乐、艺术等各种各样的校园活动。在这些民主管理方式下,校园内师生关系融洽,校园生活氛围和谐有序,充满了生气。此外,郭秉文还倡导并帮助学生创办各种刊物,鼓励支持学生开办各种演讲会、讨论会、研究会等学术性活动,使得学生的各种能力素质得到充分的发挥与锻炼。

五 师范教育思想评析

郭秉文是中国近现代高等教育事业的主要开拓者之一,是中国高等

---

① 吴俊升编著:《教育与文化论文选集》,台湾商务印书馆股份有限公司1972年版,第200—201页。

师范教育改革的先驱,为中国高等师范教育的多元发展做出了杰出的贡献。

(一) 开创了中国综合大学举办师范教育的先河

自郭秉文之后,"寓师范于大学"的教育体制观得到推行,师范教育在综合性大学发展起来,开始多样化、灵活化和开放化。20 年代后期,一些国立大学和私立大学相继开始参与师范教育,培养中学师资。例如,国立中央大学、东北大学、四川大学、南开大学、浙江大学等均设置教育学院,开始实施开放式师资培养模式。20 世纪 30 年代,国内知名大学建立师范学院,提高了中国高师的质量和水平。

综合性师范教育在中国近现代高师教育中起着特殊的作用。正是在此后,师范教育体系日趋完善。中国师范教育开始进入大学化时期,师范教育成为综合性大学中的一部分。只有提高了师范教育的综合性和学术性,师范教育才有可能朝着更高层次发展,师范教育才能真正融入整体的高等教育体系中。郭秉文的创举确立了师范教育在高等教育体系中的地位,丰富了中国高等教育结构,构建了完整的师范教育体系。[①]

(二) 奠定了中国师范教育体制转型的基础

中国近现代师范教育的发展始终伴随着师范性与学术性的冲突。事实上,这种冲突对师范教育的改革与发展产生了很大的影响。解决这个冲突的关键,在于寻求这两种理念的契合点。而这个契合点应该是中国师范教育机构转型的目标所在,即提高学术性,又不忽视师范性,使两者更好地结合。

1920 年以来,美国教育理念对中国教育的影响日益加深。特别是随着杜威、孟禄等教育家相继来华讲学之后,美国大学模式深刻地影响着中国教育改革的进程,开始由清末民初模仿日本转向学习美国。南高师受到美国大学教育学院模式的影响,强调社会需要、适应性,注重能力训练。"如果说,在南高师出现以前,中国高等师范教育仅一种模式的话,那么从南高师开始,两种模式同时开始对中国高等教育发生着深刻的影响。由此,在 1922 年后的高师升格运动中,北高师坚持要办成

---

① 曲铁华、龚旭凌:《郭秉文师范教育思想探析》,《教师发展研究》2020 年第 3 期。

师范大学,南高师'全体一致赞同'改成普通大学,就不是偶然的了。"[1]

在这场轰轰烈烈的师范教育地位争夺战中,以郭秉文为代表的教育学者们无疑发挥着关键性作用。郭秉文主张的"寓师范于大学"的观念,借鉴了美国哥伦比亚大学师范教育的办学模式,将师范教育与综合性大学结合起来,从而将师范教育真正纳入高等教育的主流之中,取得了与综合性大学的医学、法学、工程学等同样的专业教育地位,由追求数量发展到追求质量的阶段,将高等师范教育的师范性与学术性从分离走向融合发展。打破了清末民初以来中国师范教育的封闭式体制,为中国师范教育的成功转型奠定了基础。[2]

(三) 推动了中国高等师范教育的科学研究

由于郭秉文的创举,大学教育学系或者教育学院开始承担教育科学的引进、传播与创新的责任,这为中国教育科学的科学化、专门化做出了贡献。综合性大学不仅通过各种形式,如开设师资培训班、师资专修科、第二部等,参与中学师资培养,而且开展教育科学的研究,引进各种新教育学说,试验各种新教学方法,辩论各种不同的教育观点,编撰各种新式教材,全面提升了中国高等师范教育的质量和水平。在南高师和东南大学,教育科学研究日益活跃,教育理论如实验、心理、统计逐渐本土化,这一时期是有目共睹的。当时,教育思想十分活跃,教育科学派别林立,不同的教育观点激荡,冲洗了当时的封建残余影响。

郭秉文成功改造了南京高等师范学校,为高等师范教育制度的中国化进行了不懈的探索。在他的带领之下,南京高等师范学校发展迅速,在短短几年里就已经成为足以和北京高等师范学校相提并论的师范院校。正如著名物理学家严济慈所言:"其所成就,亦已丰宏,我国学术界直接或间接受其影响者,至深且巨。"[3]

郭秉文提出的"寓师范于大学"的思想及实践将师范教育与普通大学教育相结合,开创了中国师范教育新的办学模式,并成为20世纪

---

[1] 霍益萍:《中国近代高等师范教育发展史略(1902—1949)》,《教师教育研究》1989年第1期。
[2] 曲铁华、龚旭凌:《郭秉文师范教育思想探析》,《教师发展研究》2020年第3期。
[3] 严济慈:《南高东大物理系之贡献》,《国风》1935年第2期。

20年代以来高等师范教育发展的主导模式。在南高师的引领下，当时的六大高等师范学校，除了北京高等师范学校改为国立北京高等师范学校外，其余四大高等师范学校（武昌高等师范学校、成都高等师范学校、沈阳高等师范学校、广东高等师范学校）都先后改制或合并为国立武昌大学、四川大学、东北大学、中山大学，变为综合性大学。受这一思想的影响，当时的许多综合性大学，"如北大、河南大学、湖南大学、上海大同大学等校都增设了教育系科"[①]。郭秉文的治校方略丰富了中国师范教育和高等教育的办学模式，促进了高等师范教育的发展。

---

① 毛礼锐、沈灌群主编：《中国教育通史》（第五卷），山东教育出版社1988年版，第112页。

第十二章　师范教育思想的发展

20世纪二三十年代对于师范教育发展是一个多事之秋。在这一时期，国内外环境十分复杂，政局动荡、社会经济发展迟缓，加之日本帝国主义发动侵华战争，让中国再度陷入兵燹之中。师范教育发展刚有向好之势，便再次被战争拉入泥潭之中。扶大厦之将倾，匡国家于危亡，"教育救国"成为一批有识之士的共识。为了适应国家之发展、战争之需要，诸多教育家将目光聚集到师范教育之上。在复杂动荡的环境之下进行了多样的教育实践活动，形成了丰富多彩的师范教育思想，推动了中国师范教育思想体系步入了新的发展阶段。

为应对抗日战争之倾颓，救国家于水火之中，众多教育家贯彻教育救国的理念，扎根于中华大地之上，不断丰富和发展师范教育之思想，陈嘉庚、黄质夫、雷沛鸿和金海观便是这一时期的重要代表人物。被誉为"华侨旗帜、民族光辉"的陈嘉庚，坚持师范为"兴学首要"的观点，在捐资办学过程中尤重师范教育，形成了系统科学的师范教育思想。乡村师范教育事业的开拓者和奠基人之一的黄质夫，在主持和创办界首乡师、栖霞乡师等多所乡村师范学校的基础上，形成以教育救国为最终目的、以"教师—导师—领袖"为目标、以工学合一为方法、以全面教育为内容的乡村师范教育思想体系。

放弃美国优越条件、毅然回国的雷沛鸿，扎根于广西这片沃土之上，重视师范教育优先发展，从整体上进行变革，学习贯彻于教育全过程等师范教育思想。乡村教育运动的三大干将之一的金海观，本着培养"适合农村社会的良好师资"的宗旨，倡导以"工学制"为中心的师范教育改革试验，将乡村师范教育思想推到了一个新境界。这些教育家的教育实践和师范教育思想，极大地丰富了中国师范教育思想体系，推动中国师范教育思想发展步入了新的阶段。

第一节　陈嘉庚的师范教育思想

陈嘉庚（1874—1961），出生于福建省泉州府安县集美社（今厦门市集美区），是中国著名的爱国华侨领袖和蜚声内外的大实业家，也是一位毕生热忱于教育事业的大教育家，毛泽东高度赞赏其为"华侨旗帜、民族光辉"。

清朝自鸦片战争以来，就在西方列强的铁蹄下饱受苦难。国难当头，陈嘉庚团结南洋爱国华侨为启发民智、拯救国难出钱出力，一生致力于民主爱国活动事业。辛亥革命爆发以后，陈嘉庚在家乡和侨居地先后创办了幼稚园、小学、中学、中等职业学校和大学。在各级各类的学校中，他特别重视师范教育。陈嘉庚1918年3月创办集美师范学校。除了这所学校，陈嘉庚还先后在1921年2月创办了女子师范，1921年4月在厦门大学附设高等师范，1927年9月创办了幼稚师范，1930年9月创办了乡村师范科，1931年9月创办了试验乡村师范等学校。始终把创办师范学校放在发展教育事业的首要位置，并在实践过程中形成了系统的师范教育思想。

一　"兴学首要"的师范教育地位观

（一）教育为立国之本

中国自古以来就有尊师重教的文化传统。陈嘉庚生于中国农村，成长在中华文化传统气息浓厚的新加坡华侨社会，深受中华民族文化传统的历史熏染。他身处中国社会内忧外患的时代背景下，整个社会经济凋敝，教育窳败，民众愚昧。作为中国华侨，他看到的是祖国的积贫积弱，感受到的是不被周围人所尊敬的现实。因此，他早年就立下了"教育为立国之本，兴学乃国民天职"的教育信念。在列强环视、祖国羸弱的现实条件下，陈嘉庚希望通过振兴实业，进而兴办教育，报效祖国。

振兴工商的主要目的在报国，但报国的关键在提倡教育。陈嘉庚认为，兴办教育比创办实业更有价值。所以也就不难理解，当他企业经营失利，经济陷于困境时，即使有人劝告他减少对厦大和集美学校的投资，他也想方设法要保障两校运转的资金。

(二) 师范为兴学首要

陈嘉庚在创办教育的过程中认识到优秀师资对发展教育事业具有重要意义。20世纪初，陈嘉庚在师资条件极度匮乏下，创办了集美小学，在同安县只有四名包括简易科在内的师范毕业生，而且在有一人从商的条件下，只能聘请两人到创办的小学中进行教学。"以先之旧学先生日减，乡村私塾大半停歇，新学师校则腐败如此，吾闽教育前程奚堪设想。余常到诸乡村，见十余岁儿童成群游戏，多有裸体者，几将回复上古野蛮状态，触目心惊，弗能自己。默念待力能办到，当先办师范学校……"①不仅仅是偏远地区和地方县城，由于落后的教师培养机制，全省都无法为各地区提供足够的师资来支撑教学，于是，陈嘉庚不得不从外地托人聘请老师，但是又不能得到令他满意的结果。就是在这种情况下，陈嘉庚认识到发展师范教育的重要性和急迫性。

为了给各个地区培养师范人才，同时解决他创办小学的难题，陈嘉庚决定创办师范专业。陈嘉庚首先在集美办师范学校，后逐渐办理了普通师范学校、简易师范学校、女子师范学校、幼儿师范学校以及乡村师范学校等不同学校。

陈嘉庚开办集美学校一段时间后，发现中学师资匮乏程度比小学还要严重，"开学一年有半，教员屡更，成绩未见，复觉中学师资更难。敝处如此，他县可知，岂非进行教育之大阻碍。私心默察，非速筹办大学高师实无救济之良法"②。于是陈嘉庚便紧急创办厦门大学以解决这个问题，"闽省千余万人，公私立大学未有一所，不但专门人才短少，而中学教师亦无处可造就"③。寥寥数语说出了他想要创建高等师范的原因和急切的心情：

专制之积弊未除，共和之建设未备，国民之教育未遍，地方之

---

① 陈嘉庚：《陈嘉庚自述》，文明国编，安徽文艺出版社2013年版，第8页。
② 林斯丰主编：《集美学校百年校史（1913—2013）》，厦门大学出版社2013年版，第41页。
③ 陈嘉庚：《南侨回忆录》，新加坡南洋印刷社1946年版，第12—13页。

实业未兴。此四者欲望其各臻完善，非有高等教育专门学识，不足以躐等而达。吾闽僻处海隅，地瘠民贫，莘莘学子，难造高深者，良以远方留学，则费重维艰，省内兴办，而政府难期。长此以往，吾民岂有自由幸福之日耶？且门户洞开，强邻环伺，存亡绝续，迫于眉睫，吾人若复袖手旁观，放弃责任，后患奚堪设想！鄙人久客南洋，志怀祖国，希图报效，已非一日，不揣冒昧拟倡办大学，并附设高等师范于厦门。①

陈嘉庚在其所创建的厦门大学里，一开始就设立了商学部以及师范部，通过商学部培养职业学校所需的教师和社会所急需的经营管理类人才，而中学部则为培养中学教师。在厦门大学的开学典礼仪式上，陈嘉庚阐述了设立大学的急切性和重要性。陈嘉庚说："中国今日之积弱，良由教育之不振，欲教育之振兴，非普及教育不可。"②

二 全面发展的师范生培养目标

为了培养一流人才，厦门大学和集美学校逐渐在师范生培养上探索制定了一套行之有效的制度。

（一）有教无类的招生原则

陈嘉庚仿效孔子，主张招生时做到"有教无类"。

1. 无性别限制

在学校招收学生的时候，和当时许多学校主要招收男生不同，陈嘉庚认为，教育应该做到有教无类，女子应该同男子一样，享有教育平等权，女生也应该像男生一样上学，接受学校教育，获得科学文化知识和谋生技能。

1917年2月，陈嘉庚在村子里创办了一所招收女子的学校，并且还给每个来上学的女学生每月提供一部分津贴，以此来吸引家长送孩子入学接受教育。不少女生因为陈嘉庚的教育资助而获得走入新式学校的机会。他的举措强烈冲击了几千年来男女不平等的封建思想，使得不少

---

① 黄炎培：《内外时报：陈嘉庚毁家兴学记》，《东方杂志》1919年第12期。
② 《厦门大学开学志盛》，《教育杂志》1921年第5期。

妇女从封建家庭中走出来,获得职业发展,并且极大地促进了师范教育的发展。

2. 无地域限制

有教无类的另一个意思不只是男女平等,也是地域平等,这也体现了"大学生不分省界的特点"。厦门大学不只在福建本地招生,也在福州、上海和新加坡等不同地区招收学生。陈嘉庚认为,大学招收的学生应该来自全国各省,招收学生应当面向全国学生,给予各地区平等接受教育的权利,这也为大批优秀学生得到更好的教育提供了机会。在师范生毕业之后,无论是回到家乡任教还是在福建本省工作,都能够为教育事业的发展助力,他的这些举措促进了优秀人才的流动。

3. 无家庭出身限制

陈嘉庚在考察了当时省立师范学校之后明确指出,在读师范生大多是官僚富人豪绅之子弟,而他们"既无执教鞭之志愿,又非考选合格,程度难免参差,学业勤惰更所不计,只求毕业文凭到手,谁肯充任月薪二三十元之教师"①。他认为,一个师范学生如果"教职非其所愿",缺乏献身教育事业的专业思想和敬业精神,绝不可能成为一个合格的教师。

陈嘉庚深刻认识到教师劳动的艰辛,一个优秀的中小学教师必须有吃苦耐劳的精神和牢固的专业思想。只有那些真正热爱教育工作的青年报考师范院校,他们在进校后才会用功学习,师范教育质量的提高,才有可靠的前提条件。之后,陈嘉庚大力招收贫寒子弟接受师范教育,也在物质生活上尽可能提供良好的条件。学校规定师范生的各费全免,被席、蚊帐都由学校供给,每年冬春两季还发给学生统一的制服。

需要指出的是,陈嘉庚对于贫困学生的资助并不是毫无原则的。在办学过程中,陈嘉庚了解到一些学生品行不端、习惯恶劣、违背校规且屡戒不悛,认为对这些学生提供助学金是一种浪费。为使助学金用得其所,陈嘉庚添设助学金发放办法补充条款,每月对学生品行进行评定,对品行等级为丙的学生,只发放助学金的一半,而品行等级为丁的学

---

① 陈嘉庚:《陈嘉庚自述》,文明国编,安徽文艺出版社2013年版,第8页。

生,则停止发放助学金,只有在下次评定等级提高的时候,才可以恢复原来的奖学金待遇。

陈嘉庚设立的招生策略在特定的历史条件下,吸引了一些家贫而立志求学的学生,保证了师范生生源,师范生毕业之后大多投身于中国的中小学教育事业,这也实现了陈嘉庚最初兴办师范教育的初衷。

(二) 五育并举的人才培养方式

教育的主要目标就是培育出对国家有益的人才,而其主要任务则是教学生成为一个怎样的人,应该学习哪些专业知识、锻炼思维方法等,为了培养出有志于服务中小学教育事业的教师,服务于国家建设发展的大局,陈嘉庚提出了"五育并举"的培育原则,即德、智、体、群、美全面发展。

1. 德育

陈嘉庚认为个人的品质十分重要。他希望学校教育不仅能够使学生读书识字,而且能够帮助学生成为一个诚实守信、简朴奋斗、可以安居乐业、具有良好品质的优秀国民,"养成德性,裨益社会"[1]。他认为,学校教育应该把道德教育放在突出的位置,因为道德不仅仅是立身之本,同时也是立国之本。因此,在办学的过程中,他格外重视对学生品德的养成教育,在五育全面发展的基础上,将德育排在首位,主张以德育带动其他四育发展。

陈嘉庚以"诚毅"二字作为集美学校的校训,认为这是道德修养的重要标准。"诚"是对祖国、民族、家乡的忠诚和热爱,同时,包含着待人以诚、诚信处世之意;"毅"是指在大是大非问题上毫不含糊、立场坚定、爱憎分明,同时,包含勇于开拓、坚忍不拔、百折不挠的意思。这正如集美校歌所赞颂的那样:"春风吹和煦,桃李尽成行。树人需百年,美哉教泽长。"[2] 教育教学活动是和煦的春风,教师劳动的结果是"桃李尽成行",培养人是一项相当复杂、富有创造性的活动,周期很长,教师的生命融合在学生的不断成长中。因此,师范学生要有一种精神、一种境界,能够贯彻校训中"诚毅"的精神,诚以为国,毅以处世。

---

[1] 曾讲来主编:《陈嘉庚研究文选》(1),厦门大学出版社2007年版,第100页。
[2] 周日升主编:《集美学校八十年校史》,鹭江出版社1993年版,第6页。

2. 智育

智育使人求真寻理，获得知识，增长智慧。近代以来，智育作为各级学校教育的重点，被置于学校教育的突出位置。陈嘉庚将自己的一生都奉献给了祖国和人民，也正是他的爱国精神促使他创办了一系列学校，同时他要求通过学校智育系统培养的学生，可以为国家和社会的发展奉献自己的力量。他提出要想在社会上获得成功，就必须进行扎实的专业基础训练，培育出来的师范生如果没有专业知识，也难以适应社会需要。

智育是指学生可以在学习的基础上自主进行思考，培养学生进行科学的思考，而不仅仅注重对书本知识的死记硬背。陈嘉庚认为，智育除了应当培养学生学好知识的自主学习能力，还需要告诉学生要积极主动学习书本之外的一切有益知识，进而提升学生的素质，以适应以后的生存环境。他将学生智育作为学校教育的中心工作，主张将课堂教学、书本学习和日常生活三者有机结合起来，不仅要学生学到知识，也要培养学生解决生活和学习中所遇到的实际问题的能力，以便更好、更快地适应将来的生存环境。

3. 体育

陈嘉庚认为，身体健康对人而言十分重要，他所编写的《住屋与卫生》等书籍，专门研究如何养成健康体魄。陈嘉庚认为，青年学生，如果体质羸弱、精神萎靡，那么，即使满腹经纶，也难以承担起建设国家的重任，"应有健全之身体与精神，方可为社会服务，荷国家于肩"[①]。

为了让学生可以更好地进行体育锻炼以强身健体，陈嘉庚在厦大和集美修建了福建省内最好的运动场所，与全国其他高校的运动场地相比，也是数一数二的。为了大力开展体育运动，让学生养成平时锻炼的良好习惯，他规定学校定期召开运动会，而且"绝不可简"。在他的倡导下，学校运动氛围浓厚，还培养出不少体育人才。

4. 群育

"群育"是培养"人我相与"的能力。从个人发展来看，如果缺乏这

[①] 王增炳、陈毅明、林鹤龄主编：《陈嘉庚教育文集》，福建教育出版社1989年版，第519页。

种能力,那么,个体将不擅与人相处,易孤僻;从社会发展来看,缺乏这种能力将导致社会的公德心和组织力减弱,进而阻碍国家崛起和民族复兴。群育应该作为学校教育的重要内容,主要在团队活动训练中得到培养。

陈嘉庚重视课外活动,认为在课外活动中能够实现群育的目的,而且是配合学校德智体美全面发展的重要组成部分。除此之外,他认为,课外活动可以避免学生浪费宝贵的时间,或者从事不利于学生全面发展的不良活动。陈嘉庚提出,通过发挥学校场地里设备的优势,合理地利用各种运动场所来组织学生举办形式丰富多样的讲演和各种比赛及活动,不仅可以充实学生的日常生活、减少学生的思乡之情,也能提高运动队伍的专业技术水平。除此之外,他还创造了新颖生动的劳动形式,让学生通过生产劳动可以很好地帮助学生增强体魄,发展体育。

5. 美育

陈嘉庚认为,只有真善美像自然界健康生长的花草树木一样和谐自由发展,才可以获得健全完整的人生。美育可以让人学会如何创造和欣赏艺术,如何让人欣赏社会、自然和人生的不同的美,解放人的天性,为平凡的生活增添趣味,不仅是一种情感教育,也是陶冶情操的制胜法宝。

美育可以开拓人的眼界,解放人内心的情感以获得精神上的自由,从而使人摆脱各种有形和无形的限制,让人获得生命的力量和人生的尊严以及价值。他认为,正是由于很多人看不到人和事的美,因此才导致他们在现实生活中遇到各种各样限制的时候,就会失去人生的价值和意义,感到堕落和颓废。美育要从小开始,主要是培养学生对艺术的兴趣和欣赏,是一种美感教育,可以通过课外的雕塑和艺术欣赏等活动进行美感教育,让其成为学生日常生活中的重要内容。美育更重要的是培养一颗善于观察发现的心,在善于发现美的眼睛里,任何事情都包含着乐趣和生机,让人在丰富多彩的现实生活中,能够获得支持生命和拓展生命的动力。

三 系统科学的师范教育内容观

(一) 面向社会实际

陈嘉庚设立的学校,走出了一条吸取西方教育优点,同时又立足于中国实际情况的现代化道路，这是一条既没有照搬西方的那一套教育理念，又和中国传统教育有区别的现代化道路。陈嘉庚认为，中国处于列强肘腋之下，师范教育来不及"待富而后行"，只能奋起力追，否则，难逃"天演之淘汰"命运。他主张，师范教育要面向学校大门外的广大民众，面向社会的实际需求，使学校教育同校外教育紧密结合，才能促进国家富强、民族先进。

1937年6月，在陈嘉庚的授意下，厦门大学陈村牧拟定了《改进计划大纲十条》。其中关于师范学校有如下内容：恢复师范学校（俟与省政府接洽后决定）。（A）培训南洋师资。（B）辅导闽南初等教育。（甲）组织初等教育研究会；（乙）视导各地校友工作；（丙）利用暑假举行初等教育讨论会。（C）在假期的时候开展推广农村教育的活动。（D）对南洋和闽南地区的风土教材进行研究。① 从这里可以看到，集美师范学校重视面向社会（研究风土教材、推广农村教育），面向教育实际（组织教研会、开展讨论、视导校友工作）来制定教育内容。

在抗日战争全面爆发之后，陈嘉庚认为，学校课程应适合战时需求，服务于全民族抗战的时代使命，于各科都补充了有关抗战的内容，如国文科的补充教材有六个方面的内容：在诗歌方面，有罗家伦、冯玉祥、马君武、郭沫若等的抗战诗歌；在戏曲方面，有田汉的《保卫卢沟桥》等；在书信方面，有《河北省特种保安队八月三十日反正通电》《国民党抗战宣言》《巴金给川山均先生的信》等；在传记方面，有历代反抗外来侵略的民族英雄小传；在演说方面，有冯玉祥的《我们应如何抗敌救国》、宋庆龄的《国共统一运动感言》。英文科、历史科、地理科、化学科、物理科等其他各科都有相应的补充内容。这些补充内容鲜明地突出了集美学校对社会政治、民族存亡等现实问题的关心和警觉。

（二）面向基础教育

陈嘉庚组织设立了多种类型、层次多样的培养教师的学校体系。在设立师范学校课程体系上，十分注意体现出科学性和全面性。要想使学校教育出来的学生具有强大的适应能力和广阔的视野，就必须重视教育

---

① 周日升主编：《集美学校八十年校史》，鹭江出版社1993年版，第78页。

的本质，即教育理论的学习，同时，还要重视课程的完整性和广博性。因此，陈嘉庚在办学过程中，坚持面向基础教育，以科学性和全面性为目标不断改革师范教育的内容。

1921年，师范部设置了文理两科。1933年，又增设了艺术专修科，设立了音乐、体育和舞蹈系以满足社会以及教育的需求，培养和发展学生的艺术天分，进而促进民族文化的发展。同时，也极具创新性和科学性地设置了具体的课程以及毕业要达到的标准。比如，集美幼稚师范主要学习的科目就有社会、艺术、教育、国语、自然、体育、实习课和选修课。其中选修课主要有数学、英语、理化以及工艺等科；艺术课主要有图画、音乐和手工；实习课指的是幼稚园、校务、家事等课程内容。除此之外，学生还需要在早上练习半个小时的琴以及做20分钟的早操。

陈嘉庚认为，只有严格学生管理，才能培养出优质师资。他严格把关学生毕业事宜，将集美幼稚师范学校的毕业生要达到的毕业标准，划分为十种不同的类型。第一类有15个项目，主要考查学生的语言和文字表达能力；第二类主要是考查学生有关政治经济等方面的内容；第三类主要包括20项，考查的主要内容是教育学和心理学等方面的知识；第四类有21项，考查学生在幼稚园管理方面的知识；第五类有14项，是以考查学生在统计、会计和数学方面的知识为主的课程；第六类有14项，是以考查学生在自然科学方面的知识为主的课程；第七类有10项，是以考查学生在农业耕作方面的知识为主的课程；第八类有26项，主要是考查学生在手工、音乐和美术方面的知识；第九类有16项，是以考查学生在生理卫生方面的知识为主的课程；第十类有10项，是以考查学生在文娱表演和体育方面的知识为主的课程。

为保证课程的落实，使学生能够在毕业时达到毕业标准。集美幼稚师范学校的学制也在不停地发展和变化，在1927年创办集美幼稚师范学校的时候，只招收一班本科和一班预科，学习年限是两年。到了1930年，又将预科取消，学生的学习年限从两年改为三年，到了1932年又将学制延长为四年。1929年9月开始创办的高中师范科的学制为三年，学校设立了文、理和艺术三个系。其中开设的课程有伦理学、生物学、音乐哲学、人生实验、音乐、普通化学、中国近百年史、教育实习、体育和军事训练等多达21门课程。发展师范教育事业除了应面向社会、联系社会实际外，还应该面向基础教育、联系教学实际。

集美师范教育十分重视教师职业的基本训练。如1932年，集美幼稚师范改为四年制后，在预科班设置的儿童基本训练课程对教师的习惯和态度的形成，以及语言、科学、社会、音乐、美工、健康等科目十分重视。除此之外，还设立了普通教育学和儿童心理等科目。师范教育的一个永恒改革方向，就是要面向教学实际、面向社会。

四 "第一要切"的教师观

陈嘉庚在办学之初就深刻认识到，要想促进学校的发展，就必须有优秀教师的支持与帮助。他在办学过程中，通过筹集资金、建筑校舍、充实设备等措施，为学校创办了良好的教学环境。在这个过程中，陈嘉庚感觉到最艰难的还是遴聘优秀教师。他认为，要把校长的选择作为师资队伍选择的一部分，而且是组建师资队伍的关键任务，将其统一称为师资的"第一要切"。

（一）任用德才兼备的校长

校长是一所学校发展的引领者和关键人物。陈嘉庚设立的各种类型的学校都具有一大特色，就是非常看重校长的选择和聘用。

陈嘉庚在选择和聘请校长方面，有多种不同的办法。比如，从自己志同道合的人、留学生以及在本校就读的优秀人才里，选择和聘请校长，或者请著名的教育家蔡元培等人推荐合适的人担任校长。并且对于校长的选择，陈嘉庚也有自己的标准，比如陈嘉庚在考察了于1920年4月认识的北大经济系毕业生叶渊的道德为人和才干以后，就决定请他作为集美学校的校长，虽然叶渊认为自己才疏学浅，恐怕难以胜任校长的职位，但是，陈嘉庚却说："论资格，未有如先生之高，论学位，则有中无西或有西无中，要求如先生之两备，未曾一见……亦未有如先生之完满。"[1] 可以看出，陈嘉庚是真正的不拘一格，想要真正有学问、有能力的人来担当校长的职位。

---

[1] 王增炳、陈毅明、林鹤龄主编：《陈嘉庚教育文集》，福建教育出版社1989年版，第308页。

（二）选聘教师不可待价而沽

在选好校长之后，陈嘉庚就集中力量组建教师队伍。

陈嘉庚认为，在选择和聘请优秀教师的时候，不能等到学校开学了才去选聘，而是要早做准备，否则很容易就错过了优秀教师的聘用。于是，他就提出了"不可待价而沽"的理论。例如，陈嘉庚就曾经资助两个闽籍的水产学校学生去日本留学，其归国后可以担任教师，为自己创办的学校做贡献。这就是"不可待价而沽"的真实案例。

另外，对于确有才华的人的聘用，陈嘉庚一直都不吝惜金钱。比如北大经济系毕业生叶渊颇具才华，以及英国内科硕士和外科博士林文庆在东南亚华侨界中都享有很高的声誉。陈嘉庚为了聘请这两位校长，可谓是三顾茅庐，并承诺给予优渥待遇。

除此之外，在学校工作和服务到了规定的年限之后，教师能够享受多种福利待遇，集美和厦大的教师薪资也比同时期同类的学校要高。在这样优渥的物质条件以及浓厚的尊师重教的氛围下，国内很多知名专家学者纷纷前往集美和厦大两校任教。据统计，到集美学校的著名教师有钱穆、杨晦、龙沐勋、王鲁彦、吴文祺、伍献文、王伯祥、许钦文、盛叙功、吴康等。1926年前后，林语堂、沈兼士、顾颉刚、孙伏园、陈万里、容肇祖、鲁迅等一大批社会名流到厦大执教，与厦大原有教师一起成就了厦大的辉煌。

（三）诚邀国外学者讲学

陈嘉庚认为，师范教育不能闭门造车，而要与世界教育发展紧密相连。办师范教育，人云亦云，随波逐流，固然不行，但不关注国内外教改趋势，关起门来，使自己与外界隔绝同样不行。因此，他常常邀请国外知名学者来校讲学，向本校教师和学生传递最新的教育理念与学术成果。

1921年4月，美国著名教育家杜威博士来中国演讲，恰逢厦门大学在集美举办开学典礼，于是，陈嘉庚就邀请杜威博士及其夫人为两校的师生讲解现代教育之趋势和中国女学概况。杜威作为现代西方教育史上最著名的代表人物，他的教育理论和实践对当时和后来的各国教育产生了深远的影响，在他生活的那个时代的教育理论家中，几乎没有人能同他并驾齐驱。在陈嘉庚的诚挚邀请下，杜威向集美学校宣讲了实用主义的教育理论，为集美学校后来创办乡村师范奠定了思想基础。从某种意义上说，邀请国外学者讲学的做法，反映出陈嘉庚对世界师范教育改革动态的高度关注。

五　师范教育思想评析

（一）感召了捐资兴学之风

近代以来，中国饱受西方列强欺凌的时代背景，造就了许多勤劳智慧、奋发图强的实业家，陈嘉庚就是其中的杰出代表。陈嘉庚作为爱国华侨领袖与实业家，为了挽救民族危亡，萌发了为家乡兴办师范教育的念头。自1918年创办集美师范学校以来，陈嘉庚就再也没有停下兴学的脚步。哪怕后来在企业经营困难，难以保证教育经费时，他仍旧以毁家纾难的勇气，支撑着学校的发展。

陈嘉庚为祖国人民的教育事业发展作出了巨大的贡献，他这种为人民服务的高尚情操感动了很多人，吸引了很多海内外的爱国人士，为祖国教育事业发展做出自己的贡献，在当时引发了大规模的捐资兴学之风。他们热情高涨地倾囊捐助，如雨后春笋般涌现的捐资行动，为中国教育的发展贡献了巨大的力量。

（二）培育了大批优秀师资

陈嘉庚在1918年建成集美师范学校之后，不断根据社会发展的实际情况，以及自身的客观条件，发展其教育理念，创办了多层次、多类型的师范学校，培养了许多教师和其他类型的社会人才，促进了教育在当时社会的普及以及社会的变革。

当我们用现代人的观念和眼光回头来评价当时陈嘉庚的教育思想和相关实践的时候，可能会觉得没有那么令人惊奇，甚至有些显得并不适合当时的社会环境，但是其观点的历史和现实价值并不会因为时代的发展而失去其本来的意义。他认为，教育的发展是社会发展的重中之重，在学生的培养过程中，也重视激发学生为教育事业做贡献的热情。并且积极借鉴吸收国外的优秀教育理论和思想，开展不同类型的教育改革活动，在课程的设计上非常注重促进人的全面发展。陈嘉庚的这种面向教育和社会实际的教育理念，对我们国家当前的教师教育改革有着积极的影响。陈嘉庚师范教育理想的光辉集中体现在其"春风吹和煦，桃李尽成行""英才乐育，蔚为国光"等百年来被无数学子传唱的校歌歌词中。

第二节 黄质夫的师范教育思想

黄质夫（1896—1963），名同义，字质夫，生于江苏省仪征县，祖籍湖南省邵阳市，是中国乡村教育先驱之一。黄质夫的祖父和父亲均以耕种为业，读书较少，但他们十分重视对黄质夫的教育，希望他能接受文化知识教育。因此，黄质夫很早就进入私塾接受教育。他17岁进入江苏省第五师范学校接受学习，1919年考入国立南京高等师范学校（即国立东南大学），受陶行知先生师范教育思想的影响，后成为陶行知的追随者之一。

黄质夫自国立南京高等师范学校毕业后，于1924年受邀创办了江苏省立第五师范界首乡村分校；1927年，黄质夫又受邰爽秋之邀，前往栖霞的省立南京中学，任栖霞乡村师范科主任；四年后，受聘前往浙江湘湖师范学校任校长；1932年，再度受已经独立的栖霞乡村师范学校聘请，主持学校工作；1937年，栖霞乡村师范学校受抗日战争之累而停办；1939年，黄质夫创办了国立贵州师范学校，再次主持师范学校工作。

黄质夫先后创办、参与及主持了当时的多所乡村师范学校①，并积极投身于乡村师范教育的实践，在积累了丰富的乡村教育实践经验的基础之上，形成了一套乡村师范教育理论体系。在任职期间，他除了主持学校常规工作外，还亲自制订教学计划、教材，并且出版了相关教育论著《中国乡村的现状和乡村师范生的责任》等，完善和发展了乡村师范教育思想，是中国乡村师范教育事业的开拓者和奠基人之一。

一 师范教育思想的理论渊源

由于黄质夫在就读于国立南京高等师范学校期间，陶行知也任教于此，因此，常有学者认为，黄质夫师范教育思想深受陶行知的影响，是发源于二者的师生关系。实际上，黄质夫在南京高师读书期间学习的专业是农科，而陶行知在此期间则任教于教育科，并不存在直接的师生关

---

① 王文岭、黄飞主编：《黄质夫乡村教育文集》，东南大学出版社2017年版，"序言一"第2页。

系。虽然陶行知与黄质夫并没有师生关系,但是,毕竟黄质夫曾就读于江苏省第五师范学校,并且又对师范教育"情有独钟",我们仍然可以推测出,南京高师教育科包括陶行知在内,还是极有可能对黄质夫的师范教育思想有所影响的。并且,1920年,即黄质夫初入南京高师这一年,杜威在此进行了讲学活动,两年后,孟禄也前来召开教育问题讨论会并进行讲学活动,这两次西方学者的讲学活动,在当时引起了文教领域的大发展大讨论,自然也吸引了黄质夫的关注,并对其产生影响。

1924年,黄质夫从南京高等师范学校毕业。此后,他便很快响应陶行知的号召,投身于师范教育的建设中,并着眼于乡村的师范教育建设。在主持师范学校日常工作时,黄质夫深受陶行知师范教育理论的影响,实施了一系列的改革举措。其中,在栖霞乡师任职时,栖霞成为以孙传芳为首的军阀进攻南京的桥头堡,栖霞乡师沦为战场,学校设备遭毁,无法照常进行教学工作。因此,在战争刚有熄火之象时,黄质夫就立刻恢复学校日常管理,依托陶行知"生活即教育"和"教学做合一"的生活教育理论,重新拟订教学计划、改进教学方法,使得栖霞乡师迅速恢复战前状态。不仅如此,陶行知还曾前往栖霞乡师与黄质夫进行交流和探讨。

总之,黄质夫的师范教育思想深刻而坚定地建立在包括陶行知在内的前辈学者理论基础之上,并进行了创造性地丰富与发展,形成了独具特色且系统科学的师范教育理论,对中国师范教育尤其是乡村师范教育的发展产生了极大的影响。

二 师范教育思想的主要内容

黄质夫一生致力于乡村教育及乡村师范教育的探索,并先后创办或主持了界首乡师、栖霞乡师、湘湖乡师以及贵州师范学校,在漫长的乡村师范教育实践中积累了许多经验,最终建立起了较为完善的乡村师范教育理论体系,主要包含"教育救国"的目的论、"教师—导师—领袖"的目标论、"工学合一"的教学论、"全面教育"的课程观,以及"一流人才"的教师观。

(一)准情酌理的师范教育目的观

1. 主张"教育救国",达成师范教育历史使命

中国自步入近代社会以来,国内环境十分复杂,内忧外患、政局动

荡、社会经济发展滞缓，不少有识之士都致力于挽救国家危亡，重振国民经济，黄质夫也是如此。在他看来，中国农村人口占总人口绝大部分，且农村经济日益衰落，中国当前面临的根本问题在于乡村发展的落后以及民众文化水平的低下，要想重振国民经济，首先要将目光投向乡村，只有先保证乡村发展起来，国家才能得到较大发展。

因而，黄质夫十分重视乡村的发展，而乡村发展的问题在很大程度上又要依靠乡村教育的有效开展，即"乡村教育是救国唯一的政策"，而"乡村师范是乡村文化的中心"①"乡村师范负有改进农民生活之责"②。因此，在黄质夫看来，改造并发展乡村教育的目的就是改造农村，而这也是实现挽救国家危亡、重振国民经济最有效也是最根本的途径。改造乡村教育首先要抓的是乡村教育的质量，而提升乡村教育质量的关键，在于乡村师范教育。通过乡村师范教育来提高乡村师资队伍的整体水平，这样才能保证乡村教育的整体质量，进而达到改良乡村、教育救国的目的。

总之，黄质夫将乡村教育与国家命运相联系，将改造社会、重振国民经济之重负与乡村师范教育的发展相联系。一方面，他为解决国家忧患成功地找到了关键的出口以及途径，另一方面，他的"教育救国"思想也确立了乡村师范教育以及乡村教育的重要地位，为乡村师范教育以及乡村教育的变革与完善作出了重要的贡献。

2. 创设"教师—导师—领袖"的师范教育培养目标

在分析过去的中国教育时，黄质夫认为，当时整体的社会教育的发展是畸形的，形式是摹仿的，思想精神是因袭的，立场是与时代精神违背的，在这样的教育背景之下的人们往往难以独善其身，大多"目空一切，鄙视劳动，肩不能担……变为一个无业的高等游民，甚或横行千里"③，对过去教育发展的失败结果万分失望的黄质夫，认识到了对教育进行变革以及提高农民知识水平，减少文盲的迫切性。基于他的"教育救国"思想，他将目光投向乡村师范教育，希望能通过发展乡村

---

① 王文岭、黄飞主编：《黄质夫乡村教育文集》，东南大学出版社2017年版，第122页。
② 王文岭、黄飞主编：《黄质夫乡村教育文集》，东南大学出版社2017年版，第126页。
③ 王文岭、黄飞主编：《黄质夫乡村教育文集》，东南大学出版社2017年版，第3页。

师范教育培养优良师资，依靠新型教师来起到教化农民、救穷化愚的目的。

因此，黄质夫将新型教师培养的希望寄托于乡村师范教育，以此作为切入口，先后参与、创办及主持了多所乡村师范学校，培养新型优秀教师，不断用实践来探索乡村教育，进而发展乡村教育事业。早在他主持栖霞乡村师范学校工作时，就针对乡村师资提出了较为系统全面的培养目标，认为乡村师范学校培养出来的人才，首先是合格的乡村教师，其次是能够传授给农民知识、改善农民生活的导师，同时，还应当是能够带领农民发展乡村经济事业的领袖。

由此，黄质夫"教师—导师—领袖"三位一体的乡村师范教育培养目标体系便得以建立，使得乡村教师成为发展乡村事业的关键力量，以此来实现完善乡村教育、提高农民知识水平、发展乡村经济，最终实现救亡图存的目的。黄质夫"教师—导师—领袖"的乡村师范教育培养目标论，切实准确地瞄准了当时的教育困境，既旨在解决乡村教育问题，也发挥了师范教育对社会发展的重要作用，他的师范教育思想不只是局限于教育体系，而是跳脱这一狭小范围，置于整个社会发展的背景之下，可以说有着重要的进步意义。

（二）学用相长的师范生培养体系

1. "全面教育"的师范教育课程观

在《服务乡教八年之自省》中，黄质夫指出，当前社会中失业人口多，职业学校的学生缺乏生产技能，农工子弟鄙夷劳动，究其原因则是由于学校课程设置不够完善，"或偏于用脑而忽视劳作；或偏于理论而忽视实行；或侧重记忆，无补于职业；或崇尚新奇，不切于生活"[①]。因此，针对当下教育存在的困境，黄质夫在《我们的主张与实施》中规划了包含教导（智育）、训育（德育）、体育等在内的全面教育思想体系。

在教导方面，黄质夫主张要"教应所需，用出所学"，着力增加职业课程，适当缩减"浅尝"，即那些空泛、实际效用不大的课程，使学校课程真正符合社会实际需要；在训育方面，黄质夫提出要在学校中设

---

① 王文岭、黄飞主编：《黄质夫乡村教育文集》，东南大学出版社2017年版，第231页。

置音乐、演讲、辩论等课程来发展学生才能，陶冶学生情操；在体育方面，他强调要建立起切实、普遍、深造的体育课程，并且主张以劳作来代替运动，寓健康于生产，从而实现"教师—导师—领袖"三位一体的培养目标。同时，他还首创了"千分制"的评定方法，完善学生课程的评价机制。

另外，黄质夫还指出，对课程变革仍然要以乡村师范教育宗旨为根据，审查当前教育存在问题的原因，参考国内外教育家研究成果，结合国内实际情况，对现行课程加以变革完善，实现教育效果的有效推行。因而，他也提出了课程的偏重是动态可变化的，比如，黄质夫在《非常时期教育设施的一种探视》一文中，根据栖霞乡师的实践探索提出，乡村师范教育要为非常时期的社会需要服务。而这具体到学生培养层面，就要求不仅培养学生的生产技能、精神世界、体魄等方面，还要培养学生的社会活动能力以及非常时期所需要的特殊技能。

可见，黄质夫在师范教育课程的规划与建议上，始终是在现实国情的前提下加以考量，建立起了完整且动态的课程体系，既符合现实需要又具有较强的弹性，为乡村师范教育的完善作出了重要的贡献。

2. "工学合一"的师范教育教学观

教学方法直接影响着教育效果的实现。因此，对教学方法的探索与变革，始终是教育界的重要议题。然而，在当时的客观教育背景下，人们一心引进外国教育教学经验，却忽视了本国实际，从而导致学校中教学方法不符合实情，内容拘泥于书本教材，有"纸上空谈"的倾向，教育脱离客观实际，教学过程也只注重单一的知识讲授和思维的训练，而忽视了将理论应用于实践的过程。黄质夫一方面并不完全认同中国传统的教学方法，另一方面也不赞同照搬西方教育方式而不加变通的"拿来主义"。

黄质夫的乡村教育思想深受陶行知的影响，且他们均是当时乡村教育运动的开拓者与引领者。因此，在教学上，黄质夫与陶行知都倡导"教学做合一"的方法论，也就是教的内容要符合学的内容，即学生需要的知识，学的内容要符合做的内容，即学生在实践中需要的知识，教、学、做的内容相统一。并且，作为乡村教育先驱的黄质夫，由于其本身就具有农业知识基础，十分了解农业劳动教育或者说实践教育的重要性。

在任校长期间，黄质夫十分迫切地将劳动教育融会于日常的乡村教育之中，即采取"工学合一"的教学形式。黄质夫在《服务乡教八年之自省》中指出："乡村师范者，固已久倡双手万能之说……况今后之乡村教育，益将趋重于生产技能之训练……尤应先成为一优良之农工。"[1] 也就是说，乡村教育在今后的发展中会更加重视对生产劳动技能的培养与训练。那么，在未来乡村教育中作为教育者的老师——当前的师范生，除了要具备教育教学能力之外，还应当具备生产劳动技能，首先要成为一个优秀的农工，然后，才是一位合格的教师。

因此，黄质夫在乡村师范学校的教育实践中始终坚持探索如何做到"工读相结合"，即如何将农工应具备的生产劳动知识更好地融入师范教育教学的过程中。在长期的乡村教育实践中，黄质夫探索出要以"工作"替代"实习"，并给学生以报酬，即"工学合一"，主张要对师范学校的学生进行生产劳动技能的训练，这源自于陶行知"教学做合一"的实践观，并将其与自身"工读相结合"的主张相结合，进行延伸总结而得。这其中黄质夫把在乡师学校中将要实行的"工"分成了两类：一种是培养学生习得农事工艺技能的"工作"；另一种是增强学生体质，锻炼学生意志，养成学生刻苦耐劳品质的"劳作"，二者共同构成"工读合一"中的"工"。黄质夫不仅提出了这一教学思想，而且将其付诸实际行动。

再看黄质夫参与、创办以及主持的几所乡村师范学校，基本上每所学校都设立了专属的工场、农场等，条件充实的学校还配有林场。这些配置很好地发挥了教学实践基地的作用，成为生产劳动训练的专门场所。并且，在师范学校师生的合力经营下，产学转能，增加了学校的收入。

除此之外，师范学校的师生共同承担起校园内设施修建的工作，包括打扫卫生、负责伙食、美化园林，等等。这不仅在生产劳动中让学生得到很好的训练，同时也有效缓冲了师范学校办学经费不足的压力。进而，有了"工学合一"教学思想的引领，黄质夫带领师范学校为乡村建设培养了一批不仅有科学文化知识，而且兼备农工的生产劳动技能，

---

[1] 王文岭、黄飞主编：《黄质夫乡村教育文集》，东南大学出版社2017年版，第228页。

以及具有开拓创新精神的新型人才,同时也实现了他自己曾经憧憬的"教育乡村化,乡村教育化"的乡村教育理想。①

(三)"择一流人才"的师资选拔标准

1. 肯定教师价值

黄质夫认为,乡村教育的质量在很大程度上会受到教师教育教学水平的影响,同时也认识到在乡村事业中教师所发挥的重要作用。振兴乡村教育的关键在于对教师的系统培养,只有提升了乡村教师的整体水平,才能切实提高乡村教育的质量。因此,黄质夫认为,"教育者须由第一流的人才来充当"②,并总结出"四个一流"的著名论断:第一,委派一流的管理者来任校长,保证学校管理的科学系统化。第二,聘任一流的人才来任教,保证高质量的学校教育教学。第三,再由一流的校长和一流的教师组成的学校来办一流的乡村教育,推进乡村教育的高质量发展。第四,通过一流的乡村教育,培养出一流的人才,为国家富强贡献力量。最终,通过"四个一流"培养出以民族复兴为己任的本土新型人才,达到"教育救国"的根本目的。

2. 规范教师素质

正是对教师在教育过程中重要价值的肯定,使得黄质夫尤其重视学校的师资队伍建设。中国近代学校教育选择师资偏重知识储备,对教师的选拔与评价全看他的文化水平是否充足,而对其品德修养则缺少重视。并且,当时的乡村学校环境设施非常简陋,多数地处偏僻地区,交通十分不便,使得教师们事务性工作繁忙、收入甚微,很难留住资质好的教师。而黄质夫没有因此而降低选拔乡村师范学校教师的标准,他充分认识到乡村师范学校的独有特点,注重培养具有献身于乡村事业精神的教师,成为学生学习的指导者,进而承担起社会发展带头人的重任。

因此,黄质夫坚持以"才能胜任,德能感人"为原则,主张一流的乡村教师应具备多种优秀的品质,如"有许身乡教宏愿,改造乡村决心;厉行俭朴,重视劳作,为学生……见利思义、见危授命,示学生

---

① 杨秀明、安永新等选编:《黄质夫教育文选》,贵州教育出版社2001年版,第187页。
② 中国人民政治协商会议仪征县委员会、文史资料研究委员会编:《仪征文史资料》(第三辑),仪征县文史档案馆,1986年,第51页。

以楷模；爱学生如子弟，视学校如家庭，认乡教为终身事业"①。也就是说，教师要坚定地服务、改造、发展乡村；要艰苦朴素、重视劳动；要遵守纪律，以身作则；要终身学习、提高修养；要认真施教、耐心教学；要真心待人、坚定从教热情，等等。可以说，黄质夫从教师的德行、学识、教学能力、职业操守等方面提出了全面的要求，足以体现出他对师资队伍建设的重视。

乡村师范学校工作繁重，环境条件艰苦，并未能充分笼络到资质优秀的一流人才，但黄质夫在主持乡村师范学校期间，在校长与教师任用问题上始终坚持实行聘任制，从未降低过入职要求与标准，以此来保证乡村师范学校引进一流人才。因此，当时的乡村师范学校虽然远离城市，但在黄质夫坚持原则与人格感召之下，很多教育界名师慕名而来，如汪静之、敖克成、任中敏等术业有专攻并蜚声教育界的一流人才。这样一来，乡村师范学校的教育教学工作有了质量的保证，带来了知名度，一流的名师培养出一流的人才，使得乡村教育得到了长足的发展。

（四）蜕故孳新的师范学校行政管理体系

黄质夫自国立南京高等师范学校毕业后，便投身于乡村师范学校的创办与主持工作，先后在多所乡村师范学校任师范科主任、校长等职务，开展行政管理工作，并且在乡村师范教育行政管理方面进行了积极探索，积累了丰富的实践经验。在师范学校的管理与主持过程中，黄质夫对师范教育管理也探索出了一条因地制宜、切实有效的路径。

1. 仿照园林设计，创设优美环境

黄质夫曾就读于江苏省立第五师范，深受校长任诚的喜爱，1924年，黄质夫受任诚邀请，参与筹建省立第五师范分校。建校一事开展后，界首人士曹伯镛、谢鸣九等人赴省教育厅与其商谈，承诺为学校捐地，界首乡村师范学校因而成立，并于1924年起正式招生。界首乡师位于界首的南部，"西倚运堤，北邻市尘，东望界小，南接农场"②。学校参照园林布局，校内设有鱼池、藕塘、桑树园、水稻田等，布局仿照

---

① 杨秀明、安永新等选编：《黄质夫教育文选》，贵州教育出版社2001年版，第61—62页。
② 江苏省政协文史资料委员会、仪征市政协文史资料委员会编：《乡村教育先驱黄质夫》，江苏文史资料编辑部，1995年，第30页。

园林艺术设计，校园内庭院错落有致，又有花草相伴，精致合理，十分利于教学活动的进行，被赞为"读书胜地"。界首乡师的师生无不辛勤劳动，艰苦创业，布园林于学校中，堪称读书胜境，俨然"乡村文化中心"，是黄质夫乡村教育思想的有效实践。

2. 严格教师选聘，提升教学质量

在学校管理方面，黄质夫对教师的选聘是十分严格的，他要求聘任的教师应当具有较高的师德素质、学识水平以及丰富的教育教学能力与经验。并且，校长和教师既负责学校的教育教学工作，也负责学校的各项日常行政事务，分工细致科学，人人尽心尽力。在学生培养上，界首乡师旨在培养身体强健、意志坚强、勤朴热心、崇尚科学的未来教师，期望毕业后的学生既能担任乡村教师，也能担任农场场长，投身于乡村事业当中。

江苏省立界首乡村师范学校训练目标是：

（1）要有强健的身体。

（2）要有勤朴的习惯。

（3）要有处理个人生活上一切事务的能力。

（4）要有好乐的兴趣。

（5）要有丰富的感情，恪守纪律的精神。

（6）要有农夫的身手。

（7）要有科学的头脑。

……

（15）要有坚强的意志。

（16）要有应付环境的能力。

在黄质夫的主持带领下，界首乡师以其乡村师范教育思想为基础，在办学期间，创设了许多办学新模式，也培养了众多优秀师资人才。不仅如此，适逢时局动荡，界首乡师师生多次兴起揭露当典自盗、罢课斗争等学生运动，且多位爱国青年弃笔从戎，奔赴抗日前线，一时间名扬全县及苏北各地，培植了爱国革命力量。可以说，界首乡师的办学对教育、政治、经济各方面都发挥了重要的作用。

在任职栖霞乡师期间，在导师选用上，黄质夫也是以人才为核心，选拔具有教育教学能力、许身改造乡村的决心以及健全体魄的优秀师资来进行教学工作，以优秀师资培养新一批未来的优秀师资，从而发展乡村教育、改造社会。

在主持贵州师范学校时，黄校长聘请了许多蜚声于教坛的名师：任中敏、胡宏模、鲍勤士等①，培养出了一批具有农村本色，能文能武，艰苦朴素，扎扎实实地服务于农村的师资人才，为贵州乡村教育，特别是少数民族教育的发展开创了一个新的局面。

3. 创新办学模式，规范学生管理

黄质夫在学校办学实践探索中始终将教学放在重要地位，在乡师课程设置方面做出规定，在三年的学习中学生要学习的科目门类达到30多种，如在科学基础知识方面要学习数理化、文史地、音体美等。在教育基础理论知识方面要学习心理学、教学法、行政概论等。除此之外，要求学生具备生理、医药、生物等学科的基础知识。根据乡村师范学校地理环境的特点，还加入了农业类课程，如园林、土壤、肥料以及森林、养蜂等。等学业完成时要考察综合能力，设立合格标准，有专门的乐器弹奏考核环节，如在二胡、风琴等素质拓展课程中选修一门，经考核达到合格才准许毕业。在乡师的行政管理工作方面，黄质夫在贵州师范学校制订了细致全面的学校章程计划，制定了学校组织大纲、学生奖惩措施、生活公约、生产劳动训练实施办法、教育辅导实施计划等各项学校管理章程。

在学校行政组织的管理上，黄质夫分设了工读指导部、生活指导部、研究实验部、总务部以及推广部，细化学校管理职责，完善行政组织建设。在学生培养上，黄质夫提出了"厘定最低标准"的教育实习制度，即以往师范生的实习更偏重于对教育教学能力的锻炼与考察，但对于主持校政、处理日常事务的能力没有加以重视。因此，黄质夫提出在师范生实习制度中，要厘定学生应当具备的知识与技能的具体标准，要求学生逐项实习，务必确保每一项技能都准确掌握后，才予以实习通过。严格明确的实习制度使得师范生的培养标准得以提高，更利于培养出"第一流"的未来师资。

---

① 江苏省政协文史资料委员会、仪征市政协文史资料委员会编：《乡村教育先驱黄质夫》，江苏文史资料编辑部，1995年，第35页。

在推广实验方面，黄质夫主张，尝试在学校附近划分出各个村落，组成一个新村，创立新村实验区，先发展实验区教育，再逐渐向周边乡村推广开来，发展乡村教育事业。黄质夫在栖霞乡师的办学思想充满着时代色彩，他提出的各项学校改革思路都是以社会现状以及学校实情为前提，既有先进性同时又有实际性。

1937年卢沟桥事变，抗日战争全面爆发，当时的栖霞乡村师范学校，在黄质夫独特的学校管理方式下依然坚持办学，直至被动荡波及，被迫于11月才解散。在栖霞乡村师范学校办学期间，恪守以师范教育来改造乡村的使命，承担了传递文化、传播新闻、劝诫赌博、疾病医疗、公共娱乐、破除迷信、调解争讼、指导村政、改进农事、职业介绍等20多项社会服务工作，也达到了改造、发展乡村事业的根本目的。这使得栖霞乡师成为当地教育、文化娱乐中心，在江苏省师范教育史上留下了浓墨重彩的一笔。

黄质夫受聘担任国立贵州师范学校校长期间，从学校初设时设备不足、校舍破烂不堪，又适逢抗日战争的社会背景而艰难办学到后期取得了诸多成就，为乡村师范教育、民族教育的发展做出了巨大的贡献。

三　师范教育思想的启示

黄质夫在面临民族危机之时，考虑到以乡村教育改革作为切入，制定了一系列"教育救国"的实际方案。他将乡村师范教育的地位提升至抗战救国的站位上，表现出极大的爱国之心与民族危机感。而在教育实践探索中，他始终坚持将乡村发展、乡民改造与乡村教育紧密结合，反映出他为救国救民选择的独特路径。因此，黄质夫成为中国乡村教育的先驱。

（一）肯定师范教育价值，着眼乡村师资培养

黄质夫提出了"教育为实现国家理想之工具，师资为教育之基本，师资不良，则教育无从发展"[1]，找到了社会困境的根本症结和解决途径，并始终致力于中国乡村师范教育事业的理论与实践探索。他见证了中国乡村师范教育从无到有再到良好发展的全过程，数十年如一日地坚

---

[1] 王文岭、黄飞主编：《黄质夫乡村教育文集》，东南大学出版社2017年版，第124页。

守在乡村师范教育的实践之中，通过创办乡村师范学校来践行、验证、完善乡村师范教育理论，再以教育理论服务于教育实践，为实践提供理论依据。

在创办、管理乡村师范学校过程中，黄质夫主张要选拔第一流的人才来担任教师，视教师为发展教育的关键和重要动力，重视教师的地位与作用，同时，又对教师提出了明确的标准和要求。他的教师观不仅停留在思想上，同时也付诸实践。在黄质夫主持乡村学校期间，始终坚持校长和教师均实行聘任制，以高标准严要求来延揽一流人才从教，吸引了众多蜚声教育界的名师前往乡村学校任教，提高了乡村学校教学质量，培养了大量人才。

（二）契合时下特殊国情，培育乡村领袖教师

黄质夫将他的师范教育思想与时下国情紧密结合，将救国与教育紧密结合。因此，他强调师范教育要培养能为国家所用之人，能为社会改造贡献力量的人，而不只是教书匠。因而他提出了"教师—导师—领袖"三位一体的人才培养目标。在国难危亡的时刻，师范教育培养出来的教师不应只是传授知识的教书匠，还应当是能够指导村民生活、劳作、学习的导师，同时，还是能够领导村民发展乡村各项事业的领袖。

黄质夫的人才观既是他"教育救国"目的论的体现，同时也是充分考虑了时下国情，在乡村教育理论与实践的探索中，不断摸索出的一条全新的人才培养之路。并且，他提出了将生产劳动训练寓于师范教育之中的"全面教育"课程观，缩减"浅尝科目"，重视实用科目的学习，避免高谈阔论，使课程能够更加契合于乡村师范教育目的和培养目标。

在教学观上，他提出了"工学合一"的教学观，继承并创新了陶行知的"教学做合一"的教学思想，将"工学合一"的思想运用于教育教学和学校的组织建设中，使得一大批具有科学的头脑、农夫的身手和创造的精神的人才脱颖而出，为救国复兴培养了大批人才。只有在师范教育实施过程中完善课程设置，革新教学观念，才能更好地实现"教师—导师—领袖"的新师资的培养。

总之，黄质夫的乡村教育思想建立在其多年的乡村教育探索实践经验基础之上，并不断改造与创新，逐渐摸索出一系列卓有成效而又符合中国乡土社会实际的乡村教育优化路径。黄质夫不愧为中国现代教育史上一位伟大爱国的乡村教育改革理论家和实干家,综观他的乡村教育思想和实践活动,"功高不屈,劳而无怨,生前享受无多,死后捐躯为人"[①]便是对黄质夫最契合的评价。

第三节　雷沛鸿的师范教育思想

雷沛鸿(1888—1967),字宾南,于丁亥年除夕出生在广西省南宁府宣化县东门乡津头村,是中国现代教育史上著名的教育思想家和革新家。

雷沛鸿四岁时便从其兄雷沛浩启蒙,五岁进入私塾,十二岁进入大馆,师从莫炳奎。1902年,深受康梁维新思想影响的雷沛鸿参加岁考,并在策论中以其"天下有道则庶民必议"议题中了秀才。1904年,雷沛鸿又赴广州学习,先后入两广简易师范文科、两广高等学堂预科以及两广高等实业学堂学习。在广州求学期间,雷沛鸿结识了许多有识之士,并受三民主义启发,决心加入同盟会,为国民革命贡献力量。

辛亥革命后,因不满于北洋军阀的政治理念,雷沛鸿决定出国求学,并在1913年通过考核前往英国留学。由于第一次世界大战爆发,国内外局势动荡,不少留学生因留学经费停发而纷纷回国,雷沛鸿此时经吴稚晖先生引荐,于1914年前往美国,先后就读于米诗根大学、欧柏林大学,以政治为主科,教育为副科,勤奋求学,博览群书。1919年,雷沛鸿又入哈佛大学研究院,两年后获哈佛大学硕士学位。

1921年,雷沛鸿放弃美国的安定生活,毅然回国,报效祖国。回国后,雷沛鸿先后任广西马君武省长公署教育科长、广东全省教育委员会委员、广西省教育厅厅长。在任期间,他对当地教育制度提出许多改革意见。1927年9月,出国考察欧洲教育。他先后考察了丹麦、瑞典、英国、法国、意大利等国教育,深受启发。1928年8月回国,并发表文章介绍其考察欧洲教育所感,再次回到家乡,投入家乡的教育事业中。返桂的雷沛鸿再次受邀任政府要职,并先后主持广西普及国民基础

---

① 王文岭、黄飞主编:《黄质夫乡村教育文集》,东南大学出版社2017年版,第293页。

教育研究院、广西教育研究所、西江大学等的工作，对广西国民基础教育、师范教育以及民族教育做出了重大的贡献。

一 师范教育思想的理论渊源

雷沛鸿少时聪颖早慧，身负众望，又值救亡图存的时代潮流，成长迅速，而他的救国倾向从参与政治运动逐渐转向投身于教育的变革与拓新中来。雷沛鸿的师范教育思想受其政治观影响极大。在政治观念上，雷沛鸿始终高举爱国与民主两大旗帜，体现在他的师范教育思想上，便是始终坚持倚靠教育复兴国家实力以及分级分类、地方自治的教育观。

另外，雷沛鸿的师范教育思想也是在继承前人理论思想基础之上建立起来的，早期经史之学的积淀，青年时期留学欧美的研习与吸收，革命斗争时期的体悟与思考，使得雷沛鸿具备了荟萃古今、兼容中西的思想基础，使他能够纵览各国情形审度中国问题，在师范教育的理论与实践等方面均有卓越贡献。

二 师范教育思想的主要内容

自1921年起至1967年止，雷沛鸿致力于教育事业长达四十几年时间。他起初求学继而从政后又任教，在漫长的教育实践与探索中，雷沛鸿始终重视师范教育对国民教育的重要作用，并建立起了独具特色的师范教育理论体系。

（一）师范教育为国民教育之母

1. 明确师范教育价值，确保师范教育先行

国家兴衰取决于人才盈缺，人才的培养依靠教育的实行，教育的实行又依赖于师资水平。因此，教师的水平对培养人才，复兴国家实力都起着至关重要的作用。雷沛鸿在论述师范教育时指出，"师范教育为国民基础教育成败的关键"[1]"师范教育本为国民教育之母"[2]。

然而，反观当时国内师范教育，一方面，许多师范学校的学生在毕业后都不想到教育一线从事教育教学工作；另一方面，师范学校培养的

---

[1] 韦善美、马清和主编：《雷沛鸿文集》（上册），广西教育出版社1989年版，第198页。
[2] 韦善美、马清和主编：《雷沛鸿文集》（上册），广西教育出版社1989年版，第85页。

教师只学习如何教化学生的教育教学理论，既缺乏教育实践能力，又不能深入群众中带动群众提高文化水平。因此，当时的师范教育无论是从师资培养的数量还是质量来说，都很难满足国民基础教育普及的需要，就更别提改造社会的目标了。这时，雷沛鸿逐渐认识到，想要全面普及国民基础教育，满足师资队伍的数量与质量是首要条件。想要发展国民基础教育，就要先完善师资队伍。因此，雷沛鸿将师范教育当作一切教育的前提与基础，非常重视师范教育。

在走访考察了当时国内的师范学校并了解了办学环境后，雷沛鸿不仅切中要害地指出存在的问题，而且将其在欧美留学中对欧美师范教育的所见所得与国内实际情况相联系，提出了一系列师范教育的改革途径。

首先，要明确师范教育对国民教育、社会发展、国家兴衰的关键作用，将师范教育作为一切教育的前提基础，确保师范教育先行；其次，要在普及国民基础教育之前，先革新师范教育体制，将师范教育摆在优先发展位置，只有师资水平切实提高，国民基础教育才能更好地推行与普及；再次，雷沛鸿主张要推动师范教育"亲民化"，即师范教育培养的教师，不仅能教化学生，而且应该能够深入普通民众中去，带动民众一同学习，接受教化，提高文化水平；最后，雷沛鸿提出，师范教育的革新，要依托于国民基础研究院，将研究院的理论成果应用于师范教育变革中去，作为师范教育变革的理论依据，结合实际，依托实验，实现师范教育的革新与完善。

2. 推进师范教育立法，保障师范教育实行

师范教育要服务于国民基础教育，要服务于社会，师范教育的重要性也决定了对师范教育进行变革与完善的必要性。雷沛鸿在掌管广西教育行政权期间，先后推出了多项师范教育改革方案，并且提出了师范教育立法的主张，借以希望通过法律来保障师范教育的实施与办学。

1934年，在由雷沛鸿拟定出台的《广西普及国民教育六年计划大纲》中，就对师范教育的地位、作用以及推行的必要性做出了明确的要求，为师范生培养与教师培训提供了具体的政策要求以及法律依据。这一方面明确了未来一段时间内师范教育的发展方向与具体要求，另一方面又确定了师范教育的重要地位，这种将师范教育上升为政府行为的

方式，的确是雷沛鸿师范教育思想的一大创举。

也正是由于雷沛鸿在任期间对师范教育的管理体制、教育方针、培养任务、课程设置等都做出了明确规定和要求，以此来不断促进师范教育的立法，因此，广西国民基础教育运动才得以全面展开，为广西中等教育事业发展以及广西师范教育的切实发展提供了法律保障。雷沛鸿将师范教育的地位以立法形式加以明确，并借助政治力量来推进师范教育的实施，从教育行政机构的角度推行师范教育，提高了师范教育的地位。

（二）周全兼顾的师范教育体制

1. 治标与治本相结合的师资管理体制

考虑到普及国民基础教育的迫切性，雷沛鸿提出了建立"标本兼治"的师资管理体制的主张。首先，"治标"则是指要在最短时间内筛选任用已毕业的师范生，作为现任教师，但由于以往的师范教育存在种种弊端，影响师资队伍的质量。因而，要对其进行短期的培训。"治本"则是要究其根本，对尚未毕业的师范生加以培养，革新师范教育体系，完善师范教育制度，培养出符合社会需要的新一批合格师资队伍。

实际上，"标本兼治"的师资管理体制中的"治标"，就是对现有教师队伍进行选拔与管理，在最短的时间内，调整师资队伍，普及国民基础教育；而"治本"则是革新师范培养制度，通过对尚未毕业的师范生的培养进行完善和改进，使得新一轮师资培养方式方法能够培养出符合当下要求的师资队伍。雷沛鸿成功地在最短的时间内实现了教师队伍的优化与调整，既保证了师资队伍不断档，又保证了师资队伍的质量；既实现了师范教育制度的革新，又不荒废旧师范教育下的培养成果，"治标又治本"。

2. 长训与短训相结合的师资培养体制

教师是一个不断进步、"教学相长"的职业。因此，提高教师队伍水平不能仅仅停留在对师范生的培养上，还应当对在职教师进行培训。并且，在雷沛鸿看来，培养师资也不能只依靠师范学校这一单一的培养模式来实行，还应当建立起多种形式并存的师资培养模式。从体系化建设层面来看师范教育培养模式，并进行垂直纵向延伸，主要包括师范生的培养既是对未来教师培养的一个方面,也包括对已经在职任教的教师进行培训的另一个方面。对师范生的培养自然需要比较长时间的过程,由各类各级师范学校实行;而对在职教师的培训,则由于其已经从事教育职业,进行长时间培训的意义不大且难以实现,因而需要由各类机构进行短时间的集中培训——或是由政府来组织,或是由师范学校来组织,或是由相关培训机构来组织,时间短则可以几天,长则几个月,弹性较大,灵活性较强,更便于实施。

(三) 分级分类的师范学校管理体系

教育是国家发展的基石,而教师又是教育活动的关键。因此,教师必须经过必要的师范教育,才有能力和资格从事教师这一行业。"闻道有先后,术业有专攻",雷沛鸿不仅否定由未接受师范教育的人来担任教师,还主张要对"预备教师"进行专门化的培养,实行分级分类的管理体系。

1. 师范学校体系的分级管理

所谓的分级管理则是说不同级别的教师由对应级别的师范学校来负责培养,即建立起包含幼稚师范学校、简易师范学校、基础师范学校、师范专科学校在内的师范学校分级管理体系。要求幼稚园阶段的教师,主要由幼稚师范学校负责培养,小学低年级的教师,则由简易师范学校负责培养,而小学高年级的教师,则由基础师范学校负责培养,中等教育阶段的教师,应由专门的师范专科学校来培养。当然,这种分级管理的师范学校体系,在培养师资过程中会更具有针对性,培养出来的教师也更易于适应接下来的工作,使得师范生培养更加专业和对口。

但是,我们也要认识到,这样的分级管理体系在一定程度上会加大办学难度,耗费资金、人力、物力,如果不能良好地推行易导致师范学校冗杂问题的出现。并且,在师范学校实施分级管理之后,也就意味着学生一旦进入对应的师范学校接受师范教育后,就基本上确定了未来的发展方向,很难实现"越级"从教,会出现"一入定终身"的情况,而学生身心发展是趋于变化的,在正式接受师范教育之前就对学生定性,也缺乏一定的科学性。因此,对于雷沛鸿师范学校体系的分级管理思想,我们还应当仔细分析,辨别其利弊。

2. 师范学校体系的分类管理

雷沛鸿认为，师资不仅要分级培养，还要分类培养。分类培养，顾名思义，应根据教育类别的不同，有针对性地培养合格的师资。如针对基础教育层面的教师，由基础师范学校来负责培养。根据职业教育的要求，由专门的职业师范学校来负责培养合格的师资。而关于成人教育，就由专门的成人师范学校来负责培养符合要求的师资。

这一分类培养的思想其实与分级管理思想的初衷是相同的，都是为了能够实现师范教育的专门化，但是，既分类又分级的培养形式在实践过程中，是十分复杂且易造成资源浪费的。

在雷沛鸿分级分类的管理体系提出并执行之后的几年里，广西师范学校的规模，经统计，"计有省立师范四所，附设基础教育师资训练班之中学15所，县立基础教育师资训练班二所，艺术师资训练班及慈幼院附设幼稚师范班各一所，合共23所。各种师范班共42班，其中高中师范班5班，国中后期师范班1班，幼稚师范班及艺术师资训练班各2班，基础教育师资训练班32班，学生2177人"[①]。由此可以得知，雷沛鸿的师范教育思想在实践中得到了很好的实现与发展，培养出了大批优秀的师资力量。但雷沛鸿的这一分级分类的师范生培养体系，毕竟只是在其管辖范围内实行，几年中确能看到成效，要在全国范围内实行是不切实际的。这种分级又分类的师范学校管理体系，在实际操作中不可避免地会出现资源浪费、机构冗杂甚至混乱的问题，值得我们深思和斟酌。

（四）注重实效的师范生培养模式

1. 革新教育内容，发挥课程实用价值

课程的设置向来是教育改革中的"旋涡"，它决定着教学内容，构建了受教育者在接受教育之后应当获得的知识体系，这无疑使得课程的设置对人才的培养起着至关重要的作用。当时，师范教育的教学内容存在很大弊病——师范学校中讲授内容大多是通论和原理，由于其过于抽象，因此学生学习的困难很大，兴趣不高，并且这些师范生在毕业之后，往往难以适应教学实践需要，只会空谈教学原理。雷沛鸿十分不赞

[①] 韦善美、马清和主编：《雷沛鸿文集》（上册），广西教育出版社1989年版，第176页。

同这种只学习书本理论知识,而不重视实践能力培养的课程体系,提出要对当前师范教育的课程设置进行变革和重建。

雷沛鸿主张:"所授课程尤应以将来学生毕业后所需要所运用者为根据。"① 即"所学皆为所用",师范学校的课程要紧紧围绕实用这一核心来构建,既要教给学生教育教学的原理,也要教给学生在教学实际中真正能够用到的、与生活实际相联系的实用知识。在这样的主张下,雷沛鸿对广西各类师范学校课程进行改革,比如,广西成人教育师资训练的课程内容,不仅有传统的教育教学知识,还包含成人教学法、抗战歌曲、精神讲话、民众如何抗战等,紧贴生活和教学实践,且具有明显的时代特色。这样的课程内容设置再配以灵活的教学方法,在师范教育过程中取得了良好的教学效果,深受师范生的欢迎。雷沛鸿将师范教育课程与生活紧密联系起来,不仅增加了教学内容的实用性,也吸引了学生学习的兴趣,使得师范教育能够更好地实行下去。

2. 重视教育实习,创办附属实验学校

教育实习制度始终是师范教育建设中的核心议题,师范生在毕业后总是要走上教师岗位的,而教师不仅要有深厚的文化知识储备,还应当有较强的教育教学能力,即将自己的文化知识传递给学生的能力。在实际的教学过程中,充满着灵活性和不确定因素。因此,教师的这种业务能力的培养,只依靠理论知识的学习是远远不够的,还需要进行教学实践才能够积累经验,培养能力,这就决定了教育实习的重要性和必要性。

雷沛鸿指出,教育实习制度的完善与否,是师范教育成败的关键因素,如果师范学校忽视了对师范生的实习,那么,师范教育的价值将大打折扣。雷沛鸿在考察当时国内师范教育概况时,发现许多师范学校存在着忽视师范生的教育实习,而且大部分师范学校只把实习当作"试教",即师范生入职前的试讲过程,且实习时间十分短,根本达不到对学生教学实践能力的培养。

因此,雷沛鸿首先从观念上进行反正,反对"试教"的教育实习观,明确指出,实习包含观摩参观、参加教授、实地教授等几个部分,

---

① 韦善美、马清和主编:《雷沛鸿文集》(上册),广西教育出版社1989年版,第416页。

缺一不可。同时，教育实习应该贯穿于师范生师范教育的全过程，即不能只把教育实习安排在毕业前的几周里，而是要自学生入师范学校之后，就划定课时，带领学生参观学校并且进行实地讲授，从而以长时间的教育实习来培养学生的教学实际能力，积累教学经验。

其次，雷沛鸿在考察瑞典教育后，深受瑞典"凡师范学院，高级或初级均设有实习小学，所以使将来的教师人人有实地练习的机会"① 的启发，提出每个师范学校都应当配备一所附属实验学校。附属实验学校一方面可以为师范生提供教学实践基地，实现学以致用，学用结合；另一方面，又可以从中及时考察教师队伍存在的问题，反馈于师范学校，从而进一步改进师范学校的办学。同时，师范学校中研究出的理论成果，也可以应用到附属实验学校中去，带动附属学校办学趋于完善。

最后，在师范生的教育实习中，势必要为师范生配备指导教师，而指导教师对于学生教育实践能力的培养起着关键作用。而雷沛鸿针对师范生实习期间指导教师的配备问题，也提出具体的要求与规定："今后师范学校，既趋重于知识和技能交相为用，应令各师范学校招聘确有教授经验者，充任附小主任暨各科教师职务，以便兼任实习指导。"② 也就是说，师范学校要聘任真正深谙教育教学知识，并且具有教育教学实际技能的教师，来担任师范生教育实习的指导教师。实习指导教师同时还应当是附小的主任，并且担任附属学校的教师职务，这样才更便于对师范生教育实习加以指导。

雷沛鸿对于教育实习的重视及其组成部分有着深厚的把握和理解，他所提出的实习贯穿于师范教育全过程、为师范学校配附属实验学校，以及对师范生实习指导教师的聘任，都体现了他对教育实习的重视，对师范教育的重视。

三 师范教育思想的历史价值

雷沛鸿毕生献身于教育事业的探索与变革之中，取得了许多成就，极大地丰富了中国师范教育的理论体系，其影响十分深远。他的师范教

---

① 韦善美、马清和主编：《雷沛鸿文集》（上册），广西教育出版社1989年版，第374页。
② 韦善美、马清和主编：《雷沛鸿文集》（上册），广西教育出版社1989年版，第417页。

育改革紧紧围绕着社会生活而展开，扎根于广西这片文化的沃土之上，培养了大批优秀师资队伍，为国民基础教育的普及奠定了深厚的基础。雷沛鸿在广西实行的师范教育改革与实践，已然成为中国近现代教育史上的一项伟大而成功的案例，其影响深远。

雷沛鸿确立了师范教育的先行地位，重视发挥师范教育为国民教育之母的作用；他强调教育的相关性，主张教育改革要注重整体性变革；他注重以科学研究来辅助教育改革的推行，建立了广西第一所教育研究院；他重视教育实习，提出教育实习要贯穿于师范教育的全过程，等等，他的师范教育思想与实践对今天的教师教育仍具有重要的启发意义。

当然，受时代背景的限制，在雷沛鸿的师范教育思想中，也存在着改革局限在广西本土，而未能推广至其他各省等的缺陷。但作为中国现代教育史上贡献巨大的教育改革家，无论是其师范教育思想中的重大创新，还是其中的局限，都值得我们深入探讨与思考。

（一）重视教育的整体性，建立师范教育共同体

雷沛鸿认为，教育是一个完整的体系。因此，教育的改革也应当是完整的整体。一方面，雷沛鸿结合当时中国的国情，尤其是广西本土的社会现状，建立了国民教育体系，该体系包含了学前教育、中等教育和高等教育，而师范教育作为国民教育体系的前提，职业教育是国民教育体系的补充。因此，雷沛鸿的教育改革也是一个全方面的改革，包含了对基础教育、高等教育、师范教育等各类教育的改革，绝不忽视任何一类教育，且始终将师范教育摆在教育改革的关键位置，实行教育先行，对师范教育进行了一系列的改革举措，从而带动其他各类教育的变革与发展，为广西国民基础教育的普及与发展储备了充足的师资。

另一方面，雷沛鸿还认为，教育是具有相关性的，要注重各要素之间的关联，并善于利用关联来合力发展教育事业。比如，雷沛鸿仿照"大学区制"，在广西省内分出七个"师范区"，每个区设师范学校一所，统一规范各个"师范区"内师范教育的实行，这样一来，更有利于在最短的时间内实现对师范教育的统一管理与及时变革。

雷沛鸿关于教育的相关性与整体性的思想，对我们目前教师教育的改革仍具有指导意义。首先，我们应当肯定教育体系的逻辑性和完整

性，建立起完整的教育体系，并以教师教育为首要关键，为其他各类教育提供前提基础，不可忽视任何教育类别。其次，我们也可参考雷沛鸿的"师范区"制，在全国划分若干区域，并以六所部属师范大学牵头，作为本区域内的教师教育范例，带动本区域内师范学校的发展。由此，实现打破原有的校际隔膜，建立起统一的教师教育共同体，加强理论研究沟通，成果共享，一同实现国家教师教育的宏观发展。

（二）扩展教师培养体系，实现教师教育一体化

教师是一个动态发展的职业，知识是不断变化发展的，教学的方法也是在不断更新的。因此，雷沛鸿指出，对教师的培养不能只停留在师范生的培养上，而忽视了对在职教师的培训。他主张，对师范生要经历长时间的培养过程，由各类各级师范学校实行；而对在职教师则需要由各类机构进行短时间的集中培训——或是由政府来组织，或是由师范学校来组织，抑或是由相关培训机构来组织，时间短则几天，长则几个月，弹性较大，灵活性较强，也更便于实施。这一思想实际上已经有了我们现在广泛提出的教师教育一体化思想的影子，可见雷沛鸿师范教育思想的先进性与长远性。

自"教师教育"取代"师范教育"的提法后，中国的教师教育体系开始出现横向和纵向延伸。在横向上，我们应当发挥各类教育机构的作用，将其一同纳入教师教育体系当中；在纵向上，教师教育包含对师范生的职前培养、教师的入职培训以及在职教师的职后培训，并不断加快教师教育一体化的进程。当前知识的迭代更新速度越来越快，教育领域的变革也不断加深，教师教育若停滞不前，不及时吸取新事物，就会影响宏观教育改革的深化，影响教育实施的效果。因此，我们应当继续完善教师教育体系，丰富教师教育发展内涵，建立起终身化、一体化的教师教育体系，为国民教育发展提供坚实基础。

（三）延长教育实习期限，办好附属实验学校

一个合格的教师应当同时具备良好的职业道德素养、深厚的知识文化素养，以及较高的业务能力水平。其中，职业道德素养要通过日常的师范教育潜移默化地培养，知识文化素养要通过师范教育理论课程来培养，业务能力水平则需要通过教育实习来锻炼学生的能力。一位教师能否有效进行知识的传递，在很大程度上要依靠其教学能力来实现。

因此，雷沛鸿十分关注师范教育中教育实习制度的健全与完善。他认为，教育实习不仅包含所谓的"试教"，还包括对学校教学的考察与观摩。而当时的师范学校的教育实习普遍是敷衍的、表面的，仅仅是在学生毕业前利用几个月的时间，号召学生进入课堂"试教"，这种教育实习制度在雷沛鸿看来，根本难以达到锻炼学生教育教学能力的培养与锻炼的目的。雷沛鸿认为，不能只把教育实习安排在毕业前的几周里，而应该贯穿于师范生师范教育的全过程，自学生入师范学校之后，就要划定课时，带领学生参观学校并且进行实地讲授，从而以长时间的教育实习培养学生的实际教学能力，积累教学经验。一方面，为了便于日常教育实习的开展，雷沛鸿主张每所师范学校都配一所附属实验学校，为师范生提供教学实践基地，实现学以致用，学用结合。另一方面，又将师范学校中研究得出的教学理论成果及时应用到附属实验学校中去，推动附属学校办学水平的提升。

在了解了雷沛鸿关于教育实习的思想后，再来反观现在师范学校中对师范生教育实习的要求，不难发现，当前部分师范学校在教育实习的开展中，仍然存在雷沛鸿当时提到的问题——教育实习敷衍了事、期限短、要求低。师范生最终总是要走上讲台，开展教育活动的，教学实践能力对师范生来说十分重要。因此，为了更好地实现对师范生的教学实践能力的培养，我们应当重视对师范生教育实习的要求，将实习合格标准提高，适当延长教育实习过程。并且，从师范生入学开始，在日常学习中开展定期到中小学校观摩学习活动，将教育实习贯穿师范教育始终，以此来进一步提高师范生培养水平，为国民教育发展提供优良师资储备。

（四）发挥教育的科学性，建立学术研究平台

雷沛鸿在任广西教育厅厅长期间，提议要深化教育的科学研究，搭建教育学术研究和实验的平台。在他的提议下，广西普及国民基础教育研究院作为广西第一个正式的教育研究机构得以成立，并由雷沛鸿兼任研究院院长。该研究院自成立起便对当地的教育现状进行调查研究，开展教材编写工作以及师资培养工作。另外，雷沛鸿还主张在研究院的附近划定若干实验区，将实验区内的学校作为实验基地，有利于教育教学实验的推进与教育革新的实现。通过研究与实验为教育的变革提供理论依据与革新规划，收效颇丰。

雷沛鸿对教育科学性的重视，以及研究平台的建构，不仅适用于当时的教育变革，而且对现在的教师教育变革仍有借鉴意义。为进一步促进教师教育的发展，我们也应当进行充分的学术研究，为变革提供理论依据，尤其是要依托高校，搭建教师教育学术研究平台，提供智库建设，为新一轮的教师教育乃至宏观教育改革提供指导。当然，由于历史背景的局限，雷沛鸿对师范教育的探索确也存在其不足。他在广西任职后，提出了许多教育改革观念，并推出了多项改革条令，但均是以广西省的师范教育为着眼点，地区色彩浓厚。

总之，雷沛鸿所处的时代是救亡图存、抗战救国的时代，原本可以在美国享受更为安定生活的他毅然决定归国，希望通过变革教育来挽救国家危亡，改造社会。他是在中国现代教育史上十分重要并产生深远影响的教育改革家，在20世纪三四十年代广西特定的社会条件以及他在教育行政机构的任职，使得他在区域教育的变革中做出了其他教育家难以达到的高度与贡献，深受民众好评。

雷沛鸿在广西任职期间，对广西省内的各级各类教育体系均加以革新完善，在长时间的实践摸索与考察国外教育的过程中逐渐建立起了关于师范教育、国民基础教育、民族教育的教育思想体系，对广西教育产生了深远的影响。雷沛鸿师范教育思想对当今中国的教师教育基础理论阐释与研究依然可以带来诸多历史借鉴，而他对于教师教育现实问题的研究仍然可以带来可转换的观察视角，具有重要的现实意义。因此，基于教师教育对国民教育的重要性，我们应当不断吸取雷沛鸿师范教育思想的精髓，从而推进现今中国教师教育改革的有序进行。

第四节　金海观的师范教育思想

金海观（1897—1971），字晓晚，出身于浙江省诸暨县紫东乡，在完成中学学业以后就回到故乡觉民小学承担教学任务，于1918年通过南京高等师范学校的入学考试并进入该校学习，在1921年毕业以后就先后进入南京高师附小、开封河南省立第一师范、徐州江苏省立第七师范等几所学校担任教师，还担任过成都大学教授、南京中山大学附属第四实验学校校长。

1932年初，金海观担任了浙江省湘湖师范学校的校长，在该师范学校中推行"做学教"三位一体的工学制，将陶行知的生活教育理论运用于办学实践中。中华人民共和国成立后，金海观继续担任湘湖师范学校校长，并于1952年加入中国民主促进会。1957年初，任浙江省民进（筹）秘书长。金海观曾担任中国教育工会全国委员会委员，中国民主促进会中央候补委员，浙江省人大代表、省政协常委。1971年6月，金海观因病在杭州去世，享年七十四。

金海观是著名的乡村师范教育家，专注办学，促进了中国乡村教育的发展，他在湘湖师范学校当校长的时间长达25年，亲身践行其老师陶行知提出的生活教育理论，并且将南京晓庄师范学校积累的先进办学经验进行吸收并加以改进，促进了湘湖师范学校的快速发展，使之变成享誉国内的乡村师范名校，培养了一批乡村教育人才，在当时产生了较大的影响，金海观的教育思想及其实践极大地促进了中国乡村师范教育事业的发展。

一 "直面乡村"的师范教育办学方向

金海观作为陶行知乡村教育运动的三大干将之一，其师范教育思想及实践深受陶行知的影响。陶行知首创了专门为乡村培养师资的乡村师范学校——晓庄师范，他在《中华教育改进社设立试验乡村师范学校第一院简章草案》中指出，乡村师范学校第一院要把培养人才作为重要的办学目标，不仅要培养乡村教育的师资队伍，也要相应地培养乡村服务人才。"农夫的身手、科学的头脑、改进社会的精神"[①] 是该师范学校重要的人才培养目标。金海观受到乡村教育运动的影响，师范学校的办学宗旨与人才培养，多是以陶行知晓庄师范作为模板，同时，金海观还看到了乡村教育运动的重要价值。他认为，乡村教育运动"有伟大的责任在他的肩上，他要教顽石点头，他要教锄头跳舞，他要教天女散花于沙漠之中，他要教龙虎降伏于肘腋之下，'天降大任于斯人'，民

---

① 陶行知：《中华教育改进社设立试验乡村师范学校第一院简章草案》，《新教育评论》1926年第3期。

族的重荣,祖国的复兴,要全靠着他了"①。

因此,金海观对当时中国的现实情况与农村的发展状况有着非常清晰的认知,提出要坚持发展乡村师范教育的办学方向,"基教实施的区域,必然着重在乡村,因为吾国五分之四以上的人口,散居于广大的乡村之中,乡村实为立国建国之基"②;"基教实施的对象,必然要注意儿童和失学民众,尤其是农民队伍,因为中国农民占总人口百分之八十以上,而且多数是失学的"③。而在动荡不安、百姓流离失所的民国时期,大部分普通百姓连基本生活需求都无法满足,更别说在学校里面学习和接受教育了;尤其是贫苦的农村,情况可以说是更加恶劣。为了改变这种现状,金海观想要通过实施乡村教育来启发民智、增强民力、提高民众自治能力,期望通过这种途径来实现民族的复兴。

(一) 师范教育训练机关必须设在农村

金海观认为,基础教育的实施虽然不限于农村,但应以农村为重点。所以,基础教育的师资训练机关,也就必须以农村为主。他认为,只有把促进乡村发展作为师范教育的目标,比如师范学校的教材教法和学校设施等均以乡村为对象,才能培养出具有"亲民""习勤""尚俭"的师资队伍。"俭"等品德可以"助成乡村建设""培养青年开辟创造的精神"④。金海观在1942年刊于《湘湖通讯》上的《对于师范学校的种种看法》一文中提出,师范学校不是一种职业学校,亦不能以文化传递人员之培养为限,而应该是"国家文化战士之培养机关"⑤。师范学校与培养战斗人员的军官学校是一样的,培养的战斗员都需要安内攘外,不过一文一武,"途径略殊"而已。

金海观提出,学校不能建立在封建式的旧式城堡里,而应实行开放的"郊野之游",他写道:"实行简单朴素生活,养成刚毅雄健士风,锻炼精进坚强体格,造成百折不回意志,培育爱好自然兴趣,以及农夫

---

① 金海观:《释义》,《湘湖生活》1932年第1期。
② 金海观:《推行基本教育之师资训练问题》,《中华教育界》1947年第8期。
③ 金海观:《推行基本教育之师资训练问题》,《中华教育界》1947年第8期。
④ 浙江省湘湖师范学校编:《金海观教育文选》,浙江教育出版社1990年版,第202—203页。
⑤ 浙江省湘湖师范学校编:《金海观教育文选》,浙江教育出版社1990年版,第189页。

身手、科学头脑等标号，依我看来，学校不下乡很不容易彻底做到。"①金海观甚至在1934年发表过以"中等以上学校一律下乡的提议"为题的文章，虽然他在十几年后所撰的另一篇文章中纠正了"一律下乡"的极端主张，但可以看出，他对师范教育训练机关必须设在农村的明显的肯定态度。

（二）师范教育招生对象必须以农村青年为主体

金海观指出，乡村师范教育的目的，即为乡村教育培养可以建设乡村以及能够改造乡村社会的人才。所以，应该主要招收农村的青年，吸引更多的农村青年进入乡村师范学校学习。

金海观从四个方面进一步说明了以农村青年为招生主体的重要意义：第一，有利于实现师范教育服务乡村的目的，农村青年对乡村生活与教育的了解，比城市青年熟悉，而且其本身就来自农村，具有同理心，对乡村的各项教育服务更容易产生共鸣。

第二，对于贫困的乡村家庭的学生，通过减免学费可以有效减轻农民家庭的经济负担，提高农村学生入学率，可以极大地保障他们的受教育权利。

第三，有助于发挥人才培养的效果。他认为，乡村师范学校毕业的学生，走出校门后还是要为乡村建设服务，"故如刻苦耐劳，重视操作，研究农村问题，爱好农村生活，养成农夫的身手等训练，必须始终关注，不令稍有忽略。是类训练施之于来自农村的子弟，以其对此种生活是很熟习的，可以衷心接受，毫无隔阂"②。这正是生活在城市的青年所欠缺的，也更容易获得成效。

第四，可以有效解决生源不足的问题。在他看来，"农家子弟，其父母所希望于其子女之将来者，标准比较低，小学教师待遇虽不甚高，他们倒未必完全看不起"③，与之相比，城市生活的青年选择进入师范学校的则少得多。因此，他认为，师范学校以农村青年为主要的招生对象，对师范学校招生不易、留生困难等问题，有一定程度的缓解。

---

① 浙江省湘湖师范学校编：《金海观教育文选》，浙江教育出版社1990年版，第104页。
② 浙江省湘湖师范学校编：《金海观教育文选》，浙江教育出版社1990年版，第205页。
③ 浙江省湘湖师范学校编：《金海观教育文选》，浙江教育出版社1990年版，第205页。

二 师范生的培养观

金海观依据陶行知提出的师范学校把小学作为中心,从"做上学""做上教"的主张,认为基本教育的课程和教材工具是基教师资的中心。因此,在师范生的日常学习中,高深的数理教材不是师范生的学习重点,应该把基本的教育课程、教材和施教工具作为师范生的学习中心。而平常师资基础训练则应该和基本教育机关的日常生活保持一致,比如,"处理校务,管理儿童,使用财物,接近民众等等,都要于就学时期予以经常练习的机会"①。他认为,将来在实际的乡村教学的时候,实际的教育能力才是重点。因此,师范教育应该以工作实际作为出发点,培养他们对教师行业的兴趣,获得基本的知识技能训练和建设乡村的技能。

(一) 专业思想教育

金海观认为,对师范生对乡村教育事业的热爱和忠诚的专业思想教育,应该作为学校思想品德教育的核心内容,师范教育和普通学校最大的不同之处,"即在训练学生对于小学教育发生一种信心"②。为了进一步发展师范生的专业精神,他提出:"布置教育环境,增置教育书刊,改善实习办法"③,使得师范学校的学生充分认识到教育事业的性质,对以后所从事的事业有深入的了解,激发他们为乡村建设服务的兴趣和信心。

除此之外,金海观还认为,对师范生的人本修养教育和文化知识教育一样重要,还应该培养学生的民主观念。师范学校的教师和学生、工作人员以及社会普通民众应该相互尊重,做到地位平等,"诸凡实习、考试及毕业等事之进行,均须注意到此一目的之贯彻"④。这些看起来非常细微平淡的主张,被金海观认真贯彻执行,加上他和全校教师热爱、献身乡村教育事业的榜样教育,湘湖师范学生的专业思想一直是较好的。

---

① 浙江省湘湖师范学校编:《金海观教育文选》,浙江教育出版社1990年版,第207页。
② 周汉、张天乐:《陶行知乡村教育思想在湘湖师范的实践》,《杭州文史资料》(第16辑),政协杭州市委员会文史资料委员会,1992年,第57页。
③ 浙江省湘湖师范学校编:《金海观教育文选》,浙江教育出版社1990年版,第192页。
④ 浙江省湘湖师范学校编:《金海观教育文选》,浙江教育出版社1990年版,第209—210页。

（二）工学制

金海观认为，工学主义是极有价值并富有时代性的。因此，为了达到"把劳动、自然和社会三方面打成一片"这一目标，他在湘湖师范学校试验工学制的可行性时，就将生产劳动教育和社会化、革命化、科学化教育的主张贯彻到实际中来。他认为，工学制的主要目的是：按照生活教育的方式来培养乡村社会所需的教师队伍，用生产教育的方式锻炼师范生相应的农村社会生产能力，通过劳动教育的方式，帮助学生养成爱劳动的好习惯，运用科学教育促进乡村农业技术的发展、提高科学化水平，用社会化教育的方式培养学生改造乡村社会的能力，通过工学结合的教育，帮助学生完成学业。① 在以上提及的教育形式中，金海观特别看重生产劳动教育和科学教育。

1. 生产劳动教育

在生产劳动教育方面，金海观和陶行知办学的共同点，都不只是单单解决教育问题，而是将教育和实际生产劳动问题结合起来。因此，金海观特别强调劳动教育价值："师范生农工作业之学习，非徒求技能之熟练，尤贵有教育之意义。"② 因而，师范生在生产劳动的学习中，也要抱着研究的专业态度，便于将学习的成果实施于小学教学中，从而推广于农村。这样就达到了金海观"一面生产，一面教育"的目的，使师范生在毕业时，有改进农村生产的兴趣与能力，促进社会生产力的进步。并且他说，学校"重视农艺，乃欲借此养成学生生产劳动及从事生产习惯"③，一方面可以让学生牢记乡村生活的艰苦，另一方面还可以帮助学生利用闲暇时间增加生活收入。

2. 科学教育

对师范生的教育，金海观十分注重科学教育。他把眼光放长远，告诫广大师范学生在毕业以后要坚持向普通民众传播科学知识，他还说："教育必须科学化，科学必须普及到乡村里去，然后于全民理解力的提高，笼统含混的态度的矫正，可以收些功效。"④ 金海观对科学教育的

---

① 浙江省湘湖师范学校编：《金海观教育文选》，浙江教育出版社1990年版，第59页。
② 金海观：《湘湖师范的两种试验工作》，《社友通讯》1935年第6期。
③ 彭时代：《中国师范教育100年》，中国工人出版社1999年版，第116页。
④ 浙江省湘湖师范学校编：《金海观教育文选》，浙江教育出版社1990年版，第113页。

提倡是适应时代背景的,他认为,要想减少敌人对我们的伤害,就必须开启民智,打破多数民众愚昧的思想。并且师范学校的毕业生可以把自己掌握的科学知识,贡献到抗战胜利以后的工业化建设当中去,他提出:"抗战结束,中国必须工业化,各级学校必须提高自然科学教育的水准。师范学生自不可不对自然科学有较深的修养,以符合此一趋势。"①

(三) 教导方法

1. 全面发展和因材施教相结合的原则

金海观提出:"全面发展与因材施教是一个过程的两个方面,是相辅相成的。"②首先,他认为,要看重学生德智体美及生产技术的全面发展,从一般中找出特殊的人才;其次,在因材施教教育方法的前提下,"有十分特长的让他发挥十分,有五分特长的让他发挥五分,总之尽可能使每个学生的各种才能都能恰如其分地充分发挥"③。这样从学生的全面发展中看出个性,又在全面发展中形成个性和发展个性,不能完全按照施教者的主观想法,进行一刀切教学,要正视学生不同个体的差异,采取不同的教学方法,使学生达到发展的最佳水平,是金海观全面发展与因材施教相结合原则的思想内涵。

因此,在湘湖师范读书的学生就可以在课余时间培养自己的爱好,比如音乐、绘画等,还可以参加音乐、舞蹈等分组活动课程。在这种环境下,学生得到了充分发挥其特长的机会,避免了传统班级授课制下某些优质人才的流失,无论是对个人还是社会都是有益的。

2. 情感陶冶

金海观认为,"今日之学校教育,过分重视知识之灌输,而忽于情感之培养"④,而情感却是行动的内源,理智与意志都需要以健康的情感为基础。所以,他在教导方法中重视对师范生的情感陶冶。他在主持湘湖师范工作时,非常明确地提出,"本校以同情、了解、鼓励、容忍

---

① 金海观:《本校两年来设施方针》,《湘师简讯》1944 年第 1—3 期。
② 浙江省湘湖师范学校编:《金海观教育文选》,浙江教育出版社 1990 年版,第 268 页。
③ 浙江省湘湖师范学校编:《金海观教育文选》,浙江教育出版社 1990 年版,第 269 页。
④ 浙江省湘湖师范学校编:《金海观教育文选》,浙江教育出版社 1990 年版,第 176 页。

及善意相处为师生间及校友间相处之基本方法"①，具体措施有：训导人员要与学生站在平等的地位；改进学校的环境，让学生在舒适的环境里学习；避免仅仅通过口号进行品格的养成，要在社会实践活动中陶冶品格；培养亦师亦友的师生关系，比如，把对学生的训话改变成与学生的对话，将学校的校规演变为师生遵守的公约等。而且金海观十分看重对学生进行高尚情操的培养，通过音乐美术等课程培养其高尚的情操，通过参加民间的各种灾情的救助与慰问培养学生的同情心和服务精神。

（四）注重对师范学校毕业生的服务指导

师范生培养的最后一步，也是很关键的一个环节，就是毕业生的服务指导问题，这也是陶行知当年竭力提倡要做却没有更多地从事的一项措施，而金海观也深切地感到，师范毕业生由于环境因素的限制以及处理各种杂务，因此很难做到及时更新教育理念和能力。因此，他提出，应该把辅助毕业生进一步学习的内容，也加入师资的训练中去，"做师资训练工作者，必须注意如何指导毕业生之进修"②。

在他的领导下，1930年湘湖师范学校成立了毕业生考核委员会，为毕业生的指导和考核相关问题制定了详细的章程办法。1942年，应教育部的要求和规定，毕业生考核委员会更名为师范生服务指导委员会。通过实地视导、通信联络、解答问题、指导进修、假期讲习等方式来协助师资队伍建设事业的发展，帮助学生学习新知识以及进行品格的教育。

此外，金海观通过演讲向学生表述如何保持忠信的美德。1933年，他在《对于本校毕业生及校外服务学生的感谢和劝告》中，从认清责任、注意健康和服务道德三个方面对毕业生进行了相应的劝诫。尤其是对服务道德的一些问题进行了详细的论述，他指出，"我们服务同学在校时，不愿见导师们的不重服务道德，那么，自己服务时，也要以此为戒"③，而且从"努力工作、爱护校物、遵守聘约、按时工作"等几个方面，解释了服务道德的具体含义，从而促进师范学校毕业生保持

---

① 浙江省湘湖师范学校编：《金海观教育文选》，浙江教育出版社1990年版，第219页。
② 浙江省湘湖师范学校编：《金海观教育文选》，浙江教育出版社1990年版，第212页。
③ 金海观：《对于本校毕业生及校外服务学生的感谢和劝告》，《湘湖生活》1933年第3—4期。

"忠""信"的服务美德，踏实地为乡村建设服务。

三 师范学校的师资

金海观认为，要想办好师范教育，其首要因素不是学校的经费和设备有多少、是否充足，而在于是不是有质量好的师资队伍。故而，他认为，为师范学校聘用和选择教师是十分重要的事情，因此他提出了五个条件作为选拔教师的标准。

（一）良好教师的五个条件

在金海观看来，一个良好的教师应经常反省是否全面发展，具备解决生活、教书、教人、做事和改造社会五个条件，为振兴中华作出贡献。解决生活是指教师在生活中简朴、简单而不是追求物质上的享受，将精力放到工作中去；教书是指教师要对教学方法进行深入研究，还要对教材教法和儿童心理问题进行相应的研究，注意教学方法，将理论运用于实际；教人是指教师要成为学生的榜样，做到"教"与"训"的统一；做事是指教师不只在学校中对学生进行传道授业，教师同时也是学校的主人，应该为校务的解决等贡献自己的一分力；教师应承担起领导民众、唤起民众的责任，推开校门，走入社会，为民众服务。金海观对良好教师的五个要求，既是对陶行知教育思想的反映，也符合今天对人民教师的期望，尤其是提倡"教书育人"和批判论钱做事。

（二）重视小学服务经验

金海观指出，师范学校的教师，"不但须有充实的学识，还要有教育知识、教学技能和对于青年教育、儿童教育或成人教育的兴趣"[1]。学校在进行教师选聘的时候，应该重视小学服务经验，尤其是教育学科的老师，如果只是唯学历论则无法创办具有独特特点的师范学校。他认为"服务小学多年的优良教师，出而指导师范生教育实习，兼任教学法及小学行政等学科，每有优良成绩"[2]，小学工作经验正是师范学校毕业生所缺乏的。所以，金海观认为，承担小学教学任务的教师，一定要有相应的教学工作经验，这样才能建立有创造性、有特色的学校。

---

[1] 浙江省湘湖师范学校编：《金海观教育文选》，浙江教育出版社1990年版，第124页。
[2] 浙江省湘湖师范学校编：《金海观教育文选》，浙江教育出版社1990年版，第124页。

（三）重视教师对教育科学的研究和实际教学经验的总结

金海观认为，教师对教育科学的研究和日常总结的教育经验，是宝贵的教育资源，教师应该抓紧这方面的工作，养成坚持研究的习惯和精神。他认为，抓紧这方面的工作，在教师质量提高后，学校教育发展的总体质量，也随之提高，教师自己就会"方有向上之动力，对于业务可发生兴趣而富有信心"①，并且"易领导青年为其表率"②。所以，他建立起教育钻研的风气，通过增加教师的课外实践活动、增加图书馆的经费和书费，简化行政流程等方法，培养教师的钻研习惯。另外，他还认为，老师应该在平常生活中多接触学生，和学生一起学习和研究，避免和学生的生活割裂，这样能对学生的教育起到潜移默化的作用。"决不可……打上课钟则挟皮包进教室，打下课钟则挟皮包出教室……不愿多与学生接谈"③，老师和学生多沟通交流，与学生讨论学业问题，共同学习，对学生的日常生活提供相应的建议，起到榜样的作用。

四 师范教育思想的启示

（一）注重教育理论与实际的结合

金海观的师范教育思想都是在他的师范教育实践中产生并形成的。因此，真正做到了理论指导实践，实践又反作用于理论，顺应了时代的要求。反观当今，中国近些年来注重学生的专业基础知识的学习，通过中外交流等手段开阔了学生的视野，使学生能更好地适应社会。但是，在培养师范生解决教学过程中实际问题的能力依然不强，教育理论和实际的教学无法很好地融合在一起，导致其离开学校后胜任实际工作存在一定困难。

金海观认为，教育理论和教育实际不能适应的原因有四：第一，理论有永久性，实际则含时间性；第二，理论有普遍性，实际则含地方性；第三，理论是一般性的，实际实施则因人而异；第四，产生理论的事实，也分多量与少量。④ 如果能考虑到以上四者，理论与实际的脱

---

① 浙江省湘湖师范学校编：《金海观教育文选》，浙江教育出版社1990年版，第128页。
② 浙江省湘湖师范学校编：《金海观教育文选》，浙江教育出版社1990年版，第128页。
③ 金海观：《推行基本教育之师资训练问题》，《中华教育界》1947年第8期。
④ 浙江省湘湖师范学校编：《金海观教育文选》，浙江教育出版社1990年版，第184—186页。

节，便可以避免了。因此，我们要借鉴金海观的思想，从时间、空间、人物和数量出发，将理论与实际相结合，坚持实事求是，一切从实际出发的原则，不断实现理论的创新发展，促进师范教育的历史性飞跃。

（二）重视师范生的服务指导

金海观对师范生的服务指导是十分重视的，在他的领导下，湘湖师范从1932年起每学期都要派教员分为三条线路分别到学生的服务地点进行考察和指导任务，而且无论多远他自己也会不辞辛劳地进行实地考察。中国现在已经加大了对师范生的就业指导，在各个高校设置了就业指导与职业规划课程，还设立了大学生就业指导中心等专门机构，帮助学生提高自身的行业竞争力，掌握最新的就业信息，了解最新的国家就业政策，树立良好的职业道德与信念。

但就业指导与金海观思想中的服务指导不同，就业指导侧重于就业方面，而服务指导则侧重于毕业生就业后的继续教育，包括新知识的灌输、品德的砥砺、福利事业的协助进行，等等，其中，对毕业生福利事业的协助是很有特色的。金海观认为："例如进行生产工作，办理合作事业，计划改善待遇等等，均当由师范生服务指导委员会于可能范围内帮助毕业生来解决。"[1] 由此可看出，金海观对师范生的服务指导是全方位的，这对中国当下的毕业生就业服务有一定的借鉴意义。

（三）面向农村，大力发展师范教育事业

农村教育一直是中国教育事业发展的短板，自中华人民共和国成立以来，中国共产党领导下的农村教育已经取得了巨大的成就，但在世界范围的现代化进程中，农村教育大都面临着被边缘化的历史境遇。而金海观认为，师范学校的办学不能只拘泥于专业知识的学习，也要和农村的生产生活结合起来，从农村的实际情况出发，培养学生建设乡村的能力。虽然他的思想已经不能适应现下的社会背景，但在几十年后的今天，师范教育与农村仍然有着密不可分的联系。

从民国时期乡村师范教育的兴起到现在的免费师范生与"特岗教师"，教育是挽救农村社会危机的重要途径，中国作为一个农业大国，只有不断推进农村教育的发展，才能提高农村劳动者的思想和科学文化

---

[1] 浙江省湘湖师范学校编：《金海观教育文选》，浙江教育出版社1990年版，第214页。

水平,才能从根本上实现农民的共同富裕和农村现代化的目标。因此,当前要推动农村和农村教育现代化,就需要不断提升农村教师福利待遇水平,并且要加强农村教师队伍建设力度。

总之,金海观在长期的教学实践与办学过程中,以"工学制"为中心、"适合农村社会的良好师资"为宗旨进行师范教育改革的实验,继承和创造性地运用了陶行知的乡村师范教育思想,把当时的教育推到了一个新的境界。金海观和湘湖师范追求乡村生活的民主化、科学化,追求由乡村的自救实现民族的复兴,这种师范教育思想对当下中国教师教育的发展具有深刻的启迪作用。

第十三章　师范教育思想的革新

20世纪初期，西方新教育理念的引进和植入，特别是五四以来，美国进步主义教育家杜威的实用主义教育思想在中国的传播和推广，为国内师范教育思想的发展提供了新的资源，造就了本土师范教育思想的大变革。然而，突如其来的战争给中华民族带来了沉重打击。伴随着中国各个阶层抗日御侮情绪的高涨，爱国教育思想的时代旋律越来越强劲。在纷繁复杂的各种时代力量交织的背景下，国民政府以及中国共产党都对师范教育提出了新的要求，师范教育思想得以不断改革与创新。

廖世承坚持师范学校的独立建制，创新性地提出了师范教育的六大使命，对师范教育的制度与目标、师范教育的课程与教学等方面进行了思考与实践，以理想师资标准为中心，在高等师范院校的实践中形成了系统的师范教育思想。郑晓沧深受实用主义教育思想的影响，积极立足于中国实情，创造性地提出了"教师实用教育观"，主张以"士君"为培养目标，注重师范生学问基础及科学研究能力的培养，形成了独具特色的师范教育理论。陈鹤琴极为重视中国化师范教育体系的建立，强调中国的师范教育要力求本土化发展、中国化发展，与中国社会相适应。他以"活教育"理论为思想基础，以培养中国人自己的优秀师资为目标，系统论述了师范教育的培养目标、课程体系、教学方法、教育实习等内容，形成了极具民族性、实践性与艺术性的师范教育思想。

作为一个无产阶级教育家，徐特立结合马克思主义观点，论述了师范教育的地位与作用、目标与任务、教学原则与方法等，他提出的"经师与人师合一""课程标准一元化与教材多元化相统一"等师范教育原则，对当今中国教师教育现代化的发展仍然具有重要意义，其师范教育思想充满了科学性、现实性、前瞻性与创新性。成仿吾毕生致力于无产阶级教育事业，他将师范教育的地位提高至国家人才培养的战略高度，主张师范教育办学应与时俱进，创新性地论述了师范教育课程论、教学论、师资队伍建设等问题，首创高等师范大学共同政治课教研室，开创师范大学办函授教育之先河，在长期的教育理论探索与实践经验积累中，形成了富有中国特色的师范教育思想，为中华人民共和国的师范教育发展作出了重要的贡献。

第一节　廖世承的师范教育思想

廖世承（1892—1970），字茂如，上海市嘉定县人，作为中国近现代著名的教育心理学家、教育家，对现代教育影响深远。廖世承是中国现代最早获得哲学博士学位的留学生，他回国后投身教育事业，在汲取传统文化精华的同时，注意吸纳西方文化的精髓，一直坚持实证的精神，注重调查和实验。他一生致力于教育研究与教育实践，其思想极大地丰富了中国教育心理学、中学教育以及高等师范教育的理论与实践，创办了中国一流水平的学校，在中外教育界享有盛誉并被载入史册。

1908年，廖世承进入南洋公学学习。四年后，廖世承进入北京清华学校高等科（理科）学习。到1915年，又考取公费留学生赴美留学，于布朗大学二年级学习教育学和心理学。在第四学年时，因成绩优异获得"金匙"奖章。1918年9月，廖世承希望继续深造，并申请攻读博士学位，被著名教授科尔文（S. S. Colvin）录取。1919年，廖世承毅然回国，于南京高等师范学校任教育科教授，为学生讲解心理学、中等教育等重要科目，同年，担任南京高等师范学校附属中学主任。任职八年，每年出版一册教育专著。

1920年，廖世承参与创办了中国第一个心理实验室，同陈鹤琴共同开创心理测验的实验研究先河，并编制了一系列用于中小学的测验材料。1922年，在颁行新学制时，廖世承是其中的积极倡导者、最早的实验者和坚决的执行者。1927年，他出任光华大学副校长、教育系主任和附中主任。在此期间，他主持了著名的六三三制实验。1929年，廖世承针砭时弊，提出了农村教育的紧迫性。1937年，廖世承于极为艰苦的情况下，创建国立师范学院，开师范独立办学的先河。国立师范学院在战争时期培养了大量的人才，后成为社会各界的精英人士。

自 1940 年始，廖世承开始提倡社会教育，以发挥师范教育的社会教化功能，在国立师院成立了"社会教育推行委员会"。后来，他离开国立师范，回到上海，又继任光华大学副校长及其附中校长。1949 年后，再升为光华大学校长。1951 年后，廖世承一直兼任华东师范大学副校长及上海第一师范学院院长（1956 年）两职。1958 年，被周恩来总理委任为上海师范学院院长，他担任此职务直至逝世。

廖世承的一生著作颇丰。1921 年，廖世承与陈鹤琴共同编著了中国最早与智力测验相关的专著——《智力测验法》。之后又出版了《教育心理学》与《中等教育》，这两本著作是中国最早的高等师范教育教科书，1925 年，廖世承又与陈鹤琴合编《测验概要》，该书所提到的"智力测验法"，被国内外公认为"廖氏之团体测验"，助推了教育测验及心理测验的进步。在任东大附中校长期间，先后发表了《施行新学制后东大附中》（1924 年）、《东大附中道尔顿制实验报告》（1925 年）。

在看到中国农村教育缺失的现状后，他于 1929 年发表了《中国职业教育问题》。后于 1932 年又发表了《教育测验与统计》。此外，他还撰写了近百篇教育方面的文章，散见于各种报刊上。

一　师范教育思想的形成

（一）社会背景和教育状况

廖世承生活的时代，正是国家主权沦丧、民族危亡之秋。青少年时代的廖世承关心国事，喜欢读书。他此后的教育经历与当时的社会背景是密不可分的。由于目睹帝国主义侵略中国的罪恶行径，痛恨清政府和国民党政权的腐败无能，他立下"教育救国"、寻求民族自立的志愿。1908 年，廖世承于高小毕业，后进入邮传部高等实业学堂（即南洋公学）中院学习。在清王朝被推翻、辛亥革命取得胜利以后，中学由五年改为四年，于是廖世承提前毕业。1912 年，廖世承在激烈的竞争中被北京清华学校录取。在就读于清华时，他还与同学共同创办刊物——《课余谈》。之后赴美留学，学习先进的教育学和心理学。回国后深受五四浪潮的影响。新旧文化的激烈冲突促进了他教育改革思想的发展。

(二) 廖世承师范教育思想形成的理论渊源

廖世承天资聪颖。他的父亲廖寿图是前清举人，民国初年受聘于上海圣约翰大学任国文教员。他博览群书，喜欢把历史史实和趣事讲给子女们听。这些历史故事对廖世承在感情上的陶冶和学识上的长进影响很大。6岁开始，廖世承进伯父家的私塾读书，他记忆力很强，几乎过目不忘。八九岁就将《四书》《五经》读了一半，同时开始读《礼记》。13岁进舅父家设立的中城丙等学堂读书，第一次开笔作文，虽只作67个字，却得到了老师的好评。

15岁廖世承于小学毕业，进入邮传部高等实业学堂（即南洋公学）中院（中学部）学习。这一时期，他读书的倾向发生了明显的变化，黄宗羲的《明儒学案》等著作对他影响最大。特别是黄宗羲的"为天下之大害者，君而已矣"之谈使他获益匪浅。此时，廖世承还对《民立报》等一系列激进革命派的报纸产生了浓厚兴趣。这些书籍报刊启蒙了他的政治思想，开阔了他的社会视野。

赴美留学的经历也给他带来了重要的影响。首先，杜威的美国芝加哥实验学校教育实践和实用主义思想对他影响颇大。从廖世承回国后在国内倡导并实施的一系列教育实验、中等教育及师范教育中，都能看到实用主义的影子。除此之外，西方科学中注重实证研究的特征，也在他的主张中有所体现。廖世承深感科学测验的重要性，为了学习教育测量与统计的一系列相关课程，他远赴哥伦比亚大学，在暑假班中学习与进行教育实验。

廖世承真正做到了学贯中西、融会中外。幼年传统文化的熏陶与扎实的学理修养，为廖世承一生的教育事业奠定了坚实的基础。此外，西方先进的文化与科学实证的态度，也对廖世承的教育实践活动产生了很大的影响。

二 师范教育思想的主要内容

(一) 师范教育的六项使命

独立师范学院最初是在培养中学师资与配合抗战建国的国策共同要求下建立的。廖世承将师范教育作为教育中最重要的部分，并将师范教育视为"教育之基"。他于《师范教育与抗战救国》一书中阐述了教育与战争的关系。在此基础上，他进一步提出"教育方面最重要的，当然是师范教育。没有良好的师资，各级教育都不会上轨道"①。并且，对于师范教育的培养目标与内容，他有着明确的看法，他认为："我们是师范学院，性质与其他大学不同，不但要研究高深学问，并且还要获得专业的训练。我们的任务，绝不是简单地造就'经师'，同时更注重如何训练'人师'。"②基于此种认识，廖世承确立了师范学院的地位和使命。

1. 树立共同普遍的教育信念

教育有着"化民成俗"的重要功能，而担负着培养师资重任的师范教育，其作用则更不容忽视。因此，廖世承说："转移风气的责任，在学校，在教师。"③因而，师范教育的使命便指向了培养教师的教育信念——"师范学院的第一使命，在树立共同的普遍的教育信念。"④

为什么树立普遍的教育信念如此重要？廖世承首先对"教育万能论""教育无价值论""教育清高论"都给予了批判。对于教育万能论，他反驳说，人是受社会各种因素影响的。所以，"学校中的耳提面命，敌不过社会上的濡染诱惑"⑤。对于教育无价值论，廖世承则认为，"人事关系"更为关键。"调整人事是最复杂的工作，这需要正当的人生观、丰富的常识、敏捷的判断、灵活的手腕、坚强的毅力、仁爱的态度和大无畏的精神。"⑥以上这些内容便是最适宜的教育。最后，就是对于"教育清高"的论断，他认为，所有职业都无"清高与低下之分，人人能尽其职所当为，即人人对社会国家有贡献，劳工亦能神圣，教育者何尝无自损人格的行为"⑦。

廖世承由此认为，教育应该与政治、经济、社会甚至是军事等一系列事业紧密结合，怎样结合？这就对教师提出了要求，教师要形成正确

---

① 廖世承：《师范教育与抗战建国》，《国师季刊》1939年第1期。
② 廖世承：《师范学院的新精神》，《国立师范学院旬刊》1940年第7期。
③ 廖世承：《师范教育与抗战建国》，《国师季刊》1939年第1期。
④ 彭时代：《中国师范教育100年》，中国工人出版社1999年版，第152页。
⑤ 廖世承：《师范学院的使命》，《教与学》1941年第5、6期。
⑥ 廖世承：《师范学院的使命》，《教与学》1941年第5、6期。
⑦ 廖世承：《师范学院的使命》，《教与学》1941年第5、6期。

的人生观和政治素质，从而引导儿童和青年有正确的人生观，使全国的教育者趋向一致，明确自身的地位与肩负的责任，齐心协力，以身作则，造就普遍的风气。

2. 培养同情与纯爱

廖世承强调，师范要培养同情与纯爱，同时，他也最先提出教师专业化的概念。廖世承认为："教师是非常专门的职业，不单是要知识好，方法好，而且要有专业道德——有责任心，忍耐心，仁爱心，真诚，坦白，乐观，谦虚，公正诸美德。"①

他极为强调教师的人格修养，并且引用孔子和朱熹的话强调自己的观点。如教师要"与人为善"，使学生潜移默化地产生敬师之意，从而共筑良好的师生关系。廖世承提出，教师若具有良好的"与人为善"修养，便能"循循善诱，诲人不倦，如严父，如慈母，如光风霁月，望之俨然，即之也温，学生敬师之意，亦油然而生"②。在廖世承看来，同情和纯爱是教师发展的源泉，教师的工作应强调精神的愉悦。师生之间要情感交融，要用学生的成长去刺激教师的生长。只有这样，才能增强教师的职业认同感与幸福感，从而构建融入教育之爱的师生关系。

3. 注重专科训练

廖世承强调师范教育的训练使命，他指出，教育能够使人的行动有规律、情感有节制、思想有系统。因此，廖世承认为，师范学院要注重专科训练。如果教师缺乏专科训练，就不会形成系统的教学内容体系，在内容上只能灌输给学生零星的知识，也就不能启发学生形成系统的概念，以致师生学习到一些像生吞活剥或割裂破碎般的知识。

在《师范学院的使命》一文中，廖世承主要从三个具体方面对师范学院的专科训练进行论述。首先，他认为，师范学院的首要目标就是培养专科教员。因此，应该重视专科教员的专科训练，重在陶冶儿童和青年价值的知识。其次，在进行专科训练的同时，必须伴随着共同的训练科目。教师必须能够具备各种科目的常识，并能够融会贯通各科知识，从而使教育效能明显提高。最后，师范学院的专科训练，不仅要完

---

① 廖世承：《师范学院的使命》，《教与学》1941年第5、6期。
② 廖世承：《师范学院的使命》，《教与学》1941年第5、6期。

成培养专科教员的使命,而且要完成学术研究与传承的使命。两者相辅相成,不可偏废。

4. 重视专业训练

廖世承把师范专业训练放在重要地位,"以教师重任委诸从未受过专业训练者之手,不是以儿童青年为牺牲品吗?"① 提出如果教师未经专业训练,儿童青年就会沦为牺牲品,高度强调专业训练极为重要。廖世承还于《师范学院的使命》一文中,论述了为何要重视专业训练。师范学院除了要教授共同训练科目及专科训练科目外,还要教授具体的专业训练科目、教学实习以及教材教法研究等。专业训练不仅使学生明确教育的内容、中等学校的使命以及儿童和青年的心性等一系列知识,还可以促使学生明了学科性质、选材以及教学法。如此一来,教师在"施教的时候,便不致茫然无所措手了"②。所以,廖世承认为,师范学院应重视专业训练,教师一方面应该有好知识、好方法,另一方面,还应该有优良的专业道德,应具备责任心、忍耐心、仁爱心、真诚、坦白、乐观、谦虚和公正等美德。

总而言之,虽然师范生不一定个个都能胜任教师职位,但总的来说,经过师范教育洗礼的人,普遍比未受过师范教育的人具有更好的专业精神以及更高的教育效能。因此,师范院校必须具备训练的使命。

5. 倡导实验

廖世承的思想体现出鲜明的实验精神。他认为,新的制度与方法都应该经过实验的检验。在实验有效以后,再通过各省向全国推广,不可盲目从众。因为教育是针对人实施的,教育改变的是人性。

首先,他指出在对学生进行教育时,我们应该对多个问题进行实验,并且将实验的目的阐述出来。实验的目的就是要对儿童、青年的个性进行考察,并运用科学的方法诊断有问题的儿童,由此挖掘出问题的原因,制定治疗方案进行行为改善;实验的目的还可以是对教育效能进行测量,有了有效的测量方法及测量工具,教育浪费便随之减少,还可以鼓励学生进步,并对教师的教学效果进行有效衡量,从而使教育效率

---

① 汤才伯主编:《廖世承教育论著选》,人民教育出版社1992年版,第492页。
② 廖世承:《师范学院的使命》,《教与学》1941年第5、6期。

提高；实验的目的可以是改进教学方法、变革制度，从而更好地培养人才。廖世承认为："局部的问题，可由各校自行尝试；重要的问题，须由政府主持，指定学校试验。"①

其次，廖世承提出实验的中心工作"必须由师范学校来担负"②。他还论述了以下三点原因：第一，师范学院是当之无愧的教育学术研究的中心。因此，师范学院的师生能够迅速吸收前沿的学术成果，并运用于实践。第二，师范学院与中小学一直有着紧密联系，师范生不仅可以在专业课堂上学习关于儿童、青年个性的理论知识，还能够通过在中小学实习来进行实地观察，以此发挥实验主体的作用。第三，师范学院学生在掌握实验的方法、了解实验的重要性后，在进行社会服务时可以随时随地发现问题、组织实验，如果遇上难题，还可以报告给母校，组织专家研讨，充分发挥教育的"反哺"作用，进而促进教育理论与实践的有效结合。这样，师范学院在教育界的地位自然能够得到提高。

6. 完成辅导工作

廖世承认为："师院不独应为实验的中心，且应为教育指导的中心。"③也就是提出了师范学院应该承担辅导工作的责任。并且同之前的大学教育进行比较，指出学术贵在普遍的观念。"学术贵在普遍"的思想，强调了师范教育的社会辐射作用，进而演化成为师范学校所负有的社会教育的使命。

学术的发展与民众的文化水平密切相关。在特殊的时代背景下，中国师范学院对于社会教育所负的使命尤甚。对师范学院如何实现这一目标，廖世承提出了以下三种方法：

其一，"师范学院应与区内教育行政机关密切联系，并为该区中等教育之大本营"④。他认为，院校是培养中学师资，为中学服务的。因此，师范院校在课程上应当设置中学教育课程，并做相应的研究实验工作。还要充分运用自身师资力量、学术成果、实践经验等，积极投入社会教育工作，以期提高民智、普及文化并培养社会的中坚力量。其二，

---

① 汤才伯主编：《廖世承教育论著选》，人民教育出版社1992年版，第493页。
② 廖世承：《师范学院的使命》，《教与学》1941年第5、6期。
③ 廖世承：《师范学院的使命》，《教与学》1941年第5、6期。
④ 廖世承：《师范学院的使命》，《教与学》1941年第5、6期。

"师范学院除着重学科训练外,必须注意专业训练。最有效之专业训练,在实地练习"①。师范生应该根据自己的专业,深入相应部门进行实地训练。这样不仅可以获得实际经验,还完成了服务社会的使命。比如学教育的学生,应该实践教学方法,练习行政组织;学习生物的学生,应该深入农田,改良农种,消灭害虫。实践的效果远胜于纸上谈兵。其三,师范学院应辅导大学中其他学院学生及一般民众,了解教育问题,了解教育的价值。②

因此,师范学院应该采取多种直观的方式,去引导民众了解师范,如"师院可利用讲演,出版,展览,指导等方法使一般知识分子及民众对于教育工作,有更清晰的观念,对于学校行政,学校卫生,课程编制,图书馆,体育场等,有更清楚的认识"③。密切师院与社会的联系,发挥师范学院的教化作用。

在实践上,廖世承积极构建了社会教育推进委员会,并开设了一系列民众教育馆、民众学习所等机构救济失学儿童、贫困民众。同时组织在职小学教师进行培训,力图服务乡村教育。他认为:"关了门办学,不能称为'学校',只能称为'修道院'。我们要的是学校,不是修道院。我们要把全国'修道院'的门打开了,变成民众的学校。这一副重担子,又非师范学校来挑不可。"④ 而且,当时国立师范教授的演讲,也大都是联系实际的,或者是针对实际问题的,国立师范鼓励学生成立各种研究学会或者社团,进行演讲训练,锻炼做教师应有的语言表达能力;课余开展实验,动手进行小发明制作;走出校门,考察社会,服务社会。⑤

(二) 师范学校的独立建制

1. 坚持党的领导

廖世承坚持在中国共产党的领导下,按照国家和人民的要求办学

---

① 廖世承:《师范学院的使命》,《教与学》1941年第5、6期。
② 廖世承:《师范学院的使命》,《教与学》1941年第5、6期。
③ 汤才伯主编:《廖世承教育论著选》,人民教育出版社1992年版,第494页。
④ 廖世承:《师范教育与抗战建国》,《国师季刊》1939年第1期。
⑤ 吴勇前主编:《辉煌苦难11年——中国第一所独立师范学院史》,湖南师范大学出版社2017年版,第56页。

校。因为教育工作是国家建设的基础工作,师范教育是基础工作的基础,师范教育的任务,就是有计划地培养一批又一批的全心全意为人民服务的教师。因此,师范学校要以培养新时代的人民教师为己任。

廖世承同时指出,在教育工作中应紧紧靠拢党组织,无条件地接受党的一切领导。在纪念中国共产党诞辰36周年时,他发表了《没有共产党,就没有新中国》一文。廖世承在任院长期间,一直和学校党组织保持紧密的联系,他说:"如果一个党员同志以正确的态度对待你,不是处处提防你,对于知识分子的一套东西不是一笔抹杀,而是能够尊重对方的意见,隔阂就不容易发生。"① 在教育实践中,廖世承认为,只要为了人民的利益、不计个人得失,不断进行自我改造,同党的关系就能处理好,位置就能摆正。

由于廖世承在教育工作中有明确的目标和坚定的信念,因此在其任院长期间,能够紧紧依靠党、摆正党政关系。在办好师院的工作中,忘我工作,同时,他的言传身教也为我们师范教育的教学和管理提供了宝贵的经验。②

2. 坚持师范院校独立设置

廖世承明确提出,师范院校要独立设置,因此,他从实际出发,客观地分析其情况,提出将师范院校附设于大学弊大于利的观点。他首先阐述师范院校附设的利,在于"经费较省,其利一也;师资易求,其利二也"③。由于附设于大学,师范院校的学生可以在同性质的其他学系选修专门科目,这样师资更易得,学校也节省开支。但除此之外,师范院校附设于大学仍然存在诸多弊端。

为了论述师范院校附设于大学的一系列弊端,廖世承从学生、教师、校长、不同学校的具体要求等角度出发进行阐述。首先,"年限不同,待遇各异,师范学院学生与大学其他学院学生,互相歧视"④。这

---

① 项伯龙主编:《中共上海市教育卫生体育系统党史文集》(第一辑),同济大学出版社1994年版,第131页。
② 郭明杰编:《世界教育艺术大观·百年教育人物传记》(第十一辑),远方出版社2008年版,第45页。
③ 汤才伯主编:《廖世承教育论著选》,人民教育出版社1992年版,第490页。
④ 廖世承:《抗战十年来中国的师范教育》,《中华教育界》(复刊)1947年第1期。

种歧视就导致师范学院与其他院系学生从目标到教学都会产生隔阂与矛盾。其次,"师院与文理学院之设系虽同,而主旨不一,例如大学有西洋文学系,师院则有英语系,英语系不应以西洋文学为研究对象,应以英语的基本训练为首要。今欲两系教授,互相兼任,自难望其'舍己之田而耘人之田'"①。教师的教学因专业性质的差异,而难以发挥应有之作用。再次,"大学校长,对于师范,类多不感兴趣,欲其以身作则,积极倡导,难望有成"②。普通大学校长的理念使师范院系处于被动位置。最后,"师范训练重严格,不若大学教育之较为自由,方针既异,设施为难"③。

由此可以看出,廖世承坚决坚持师范院校独立设置的主张。但在1922年新学制颁布后,高师或转为或并入普通大学,这样的决定忽视了教育的特殊性,导致师范教育不再有具体选拔师范生的标准,也模糊了师范教育的培养目标。所以,师范教育经历了严重的滑坡,一直到抗战爆发,"师荒"现象都极为严重。

(三) 师范院校的培养目标

廖世承从亲身进行的一系列教育实践中,提炼出经受时间考验的有益经验,从五个方面论述了师范教育的培养目标。

第一,树立坚强的信念。廖世承认为,意志的训练十分重要,意志的锻炼,有时候比体格的锻炼更加重要。锻炼意志首先必须克服"怕",他认为,对于青年来说,"'怕',是人生的大敌……你们要打破怕的难关,一切有办法。不怕并不是胆大妄为,怕和谨慎小心有别,所以古人说:'胆愈大而心愈细'。胆大心细的人,就是意志坚强的人,就能树立中心信念。信念坚强,而后能发扬固有的文化,保持独立精神。这是做教师的人首应注意的一件事"④。

第二,砥砺高尚的人格。廖世承认为:"现代的国民,有了体力,有智慧,还嫌不够,必须要有健全的人格。"⑤ 他十分强调人格的训练,

---

① 廖世承:《抗战十年来中国的师范教育》,《中华教育界》(复刊) 1947年第1期。
② 廖世承:《抗战十年来中国的师范教育》,《中华教育界》(复刊) 1947年第1期。
③ 廖世承:《抗战十年来中国的师范教育》,《中华教育界》(复刊) 1947年第1期。
④ 廖世承:《师范教育与抗战建国》,《国师季刊》1939年第1期。
⑤ 汤才伯:《廖世承教育思想论稿》,人民教育出版社1997年版,第131页。

教师的人格训练应从树立以国家、民族利益为重的高风亮节；树立正确、崇高的理想，即中心信仰——为大多数人谋利益；"养成良好的劳动观念和工作作风；走向社会，学习民众的优良品质几方面加强训练。教师能崇尚气节，砥砺廉隅，学生自能感化于无形。学生受了感化，便能转移社会的风气，这是做教师的人应特别注意的一件事"①。教师对于学生最重要的影响便是以身作则，身教胜于言教。

第三，修习实用的知能。廖世承认为，师范生关于实践应用能力的训练尤为重要。"过去学校里边造就出来的书呆子实在太多了！以后再不改弦易辙，养成明事理，识大体，从实际上做工作的人，一切事业都无从建设起，这是我们对于师范教育所要求的又一件事。"② 因此，师范生要能灵活把握教师工作，除了应该熟练运用专门学科知识与教育方法外，还应该养成实际工作的能力。能力训练包括两个方面：一要修习实用知能，改变只知用脑不知用手的习气，养成明大理、识大体、从实际做工夫的能力。二要修习生活能力，了解应该如何生产、消费、解决衣食住行、进行休闲娱乐、应对生活环境等，从而各人都会拥有合理生活，并成为健全的国民。

第四，培养良好的才艺。廖世承主张："不论我们所好的性质如何，只要能调剂身心，陶冶性情，增加人生意义和乐趣者，都可说是良好的才艺。我们不要把这个问题看轻了。"③ 同时，"要知道个人的事业愈大，工作愈繁剧，愈需要一种抒写胸臆，陶然自得的才艺，来培养我们的新机，助长我们的生命力。转移风气的责任，又非师范教育来担当不可"④。

廖世承在课程上，也主张参加"课外活动"，他指出，在西方有些国家，比如会骑马、划船、打靶、急救、消防等课外的技能知识，不仅可以锻炼身心，还会提供防卫知识，锻炼毅力、勇气、应变能力、合作精神等，培养良好的团结友爱、互帮互助等品质，在危难时起到重要作用。因此，国立师范的学生有歌咏队、话剧团、评剧团，成立了"白

---

① 廖世承：《师范教育与抗战建国》，《国师季刊》1939年第1期。
② 廖世承：《师范教育与抗战建国》，《国师季刊》1939年第1期。
③ 廖世承：《师范教育与抗战建国》，《国师季刊》1939年第1期。
④ 廖世承：《师范教育与抗战建国》，《国师季刊》1939年第1期。

云诗社",在重要节日举行师生同乐会,师生自编自演节目,其乐融融。他在《关于中小学的课外作业问题》一文中,系统提出课外作业组织的七项原则。①

第五,激发亲民的精神。他指出:"教育界人士应该深深地忏悔,以前学校的门关得太紧了,以致对于民力的伟大,民生的疾苦,没有深切的了解。我们要的是学校,不是修道院,我们要把全国修道院的门打开了,变成民众的学校。这一副重担子,又非师范学校来挑不可。"②由此,师范教育必须激发师生的亲民精神,体现出教育的民族性、社会性。在当时特殊的社会情况下,学生的课余活动也与抗战紧密联系,比如,教师带领学生奔走呼号,将极大的热忱奉献于募捐善款、宣传兵役、慰劳伤兵、慰问军人家属、协助社会教育、改良公共卫生、整洁市容市貌等活动中。

(四) 师范学校的教学论

1. 做好"三基"教学

廖世承认为,学校工作的中心是教学,所以应该重视教学与训练"三基"即基础理论、基础知识以及基本技能,重视对学生独立思考与工作能力的培养。教学的效果,除了与教师教学的质量有关外,学生的自学习惯和独立思考的精神,影响也较大。

如何培养学生独立思考的能力?廖世承认为,拓宽学生的知识面非常重要。首先,唯有加强基础知识的全面性,才能开拓学生的视野,从而培养学生的独立思考能力。其次,在师范课程设置上也强调必修、选修的相互结合。廖世承提出,"研究教育者须有广博的文化科学与自然科学知识为其基础"③。如果研究教育的人有着广博的文化基础知识,即熟识国文、外国语、哲学、历史、生物等学科,他们会对教育问题有着更深刻的认识。反之,如果仅仅是局限于某科目的学习,往往视野狭窄,对待教育问题更易犯形式主义的错误。

---

① 廖世承:《师范教育与抗战建国》,《国师季刊》1939 年第 1 期。
② 廖世承:《师范教育与抗战建国》,《国师季刊》1939 年第 1 期。
③ 廖世承:《修正〈师范学院教育系必修选修科目草案表〉意见》,《国师季刊》1939 年第 2 期。

2. 课程设置突出师范性

在师范课程的设置上，首先，要重视专业训练。每个学生都应该修分科教材教法研究课程，以学习教材选择、教科书批判、课程标准研究、课程组织等内容。除了专业训练课程之外也重视教学实习，实习分为在校与离校两个阶段。在校期间，学生于实习老师的指导下，到附中、附小、附近的中学、师范学校等实习1—2个月。在四年修业期满，离校后任实习教师一年。考核成绩合格，再颁发毕业证书。

其次，课程设置突出教育系的特殊性。如在国立师范学院的所有系科中，为了保证教育系毕业的学生能够有用武之地，要让教育系的学生辅修第二科目。在辅修的过程中增强学生对于学科的兴趣、使学生获得更多有实用价值的知识，从而避免知识的空疏，为学生以后的教学实践与研究，以及在就业上增加更多的选择奠定深厚的基础。

3. 严格的教学管理

廖世承十分重视日常教学管理，比如对教师的讲义做出规定，"教师的讲义须由院长核定，再缮写印刷"[1]。

在日常的教学中要注意动笔、讨论、实习、实验等活动，发挥师生的主观能动性。在国立师范尤其要注重编配教材，学院规定以文言教材为主，分别选取论说、序跋、书牍、赠序、传状、碑志、杂记、篇铭、颂赞、哀祭十类文章作为教材。在内容上，所选文章都是具有代表性的作品，为同类文章的典范。而且与生活关系密切，较大范围地涵盖了当时语文应用的范围，并且贯穿了修身、齐家、治国、平天下的传统美德，表现了教学的旨趣。

在具体的教学科目讲解中，比如，在国立师范中教授的基础科目——国文，为了使其教学质量有保证，对之做出详细规定，"范式文由教授讲解，诏以法式；自习文令诸生阅读，责其圈点"，同时"规定两学期作文一次，其不作文之一星期，责令诸生当堂阅文，加圈点，由教师巡视指导"[2]。因此，廖世承主张的教学管理是极为重视纪律的，并且应该从各方面严格遵照规章制度要求来养成纪律，不得迁就。

---

[1] 廖世承：《本院概况》，《国立师范学院旬刊》1943年第103期。
[2] 汪德耀：《教务概况》，《国师季刊》1939年第1期。

对于考试,廖世承也格外严格。"如果学生有舞弊行为,一经发觉,即予除名,不稍宽待。"① 从教学的内容到实施再到考察,廖世承主张的是严格的程序。

廖世承始终保持到教学第一线听课的习惯,在教学中汲取师生对教学内容、模式的建议。在每学期的开学典礼上,他总是激励学生:"今天做优秀的师范生,明天当合格的人民教师。"② 并将办好上海师范学院的方法总结为:讲究目标,讲究质量,讲究特色,讲究效果。

(五) 师范学校的理想教员

教师工作的影响非常深远,教师的职业崇高而伟大,廖世承强调:"一个学校最后的成功,就靠着教师。无论宗旨怎样明定,课程怎样有统系,训育怎样研究有素,校风怎样良善,要是教师不得人,成功还没有把握。"③ 他始终坚持把教师放在中心地位,他说:"教员为学校之命脉。"④

教师既然这样重要,那么,培养教师的师资更为重要。他在《抗战十年来中国的师范教育》中指出:"彻底言之,师院苟无适当之师资,一切均成具文。"⑤ 教师对学生品德的培养起着潜移默化的重要作用。"有身心健全之教师,而后有身心健全之儿童。"⑥ 廖世承通过办学实践,提出了理想教师的标准,以及教师必须具备的素养。

1. 思想教育是首位

廖世承认为,师范学院之理想教授,须学识宏通,而且富有教学经验,具有教育热情。然而,此种理想难以达到,但对现有教师可量才使用,即学术渊博的教师教授高年级;有相当学识、教育经验丰富并对中等学校各科熟悉的教师,任实习导师;能进行教学、负责的教师教授工具学科或低年级。由此,"学生工具教育得有基础,而专门学问亦有师

---

① 廖世承:《本院概况》,《国立师范学院旬刊》1943 年第 103 期。
② 吴祥兴:《师道永恒:上海师范大学名师列传》(一),上海人民出版社 2009 年版,第 14 页。
③ 廖世承:《我国中等学校教师的概况》,《教育杂志》1925 年第 7 期。
④ 谢长法主编:《中国中学教育史》,山西教育出版社 2009 年版,第 169 页。
⑤ 廖世承:《抗战十年来中国的师范教育》,《中华教育界》(复刊)1947 年第 1 期。
⑥ 廖世承:《抗战十年来中国的师范教育》,《中华教育界》(复刊)1947 年第 1 期。

承，再加以优良之实习指导，出而为人师，自不致有覆𫗧之虞矣。"①

廖世承刚到上海师院任职时，由于学校刚刚新建，各方面的条件均很差，但他认为，要办好一所高等师范学校条件差些不要紧，物质条件是可以逐渐创造的，办好一所学校，除了物质条件外，还必须有以下几条：首先，作为教职工必须坚定自己的服务态度，必须明确为谁服务。其次，教师必须有正确的政治观点，无论哪一位教师业务水平怎样高，如果政治观点不正确，讲课时就会发生许多问题，有时还会将错误的观点灌输给学生，所以作为一个好的老师，一定要有正确的政治观点，真正起到教书育人、为人师表的作用。最后，办好一所学校不能只靠少数领导人，必须依靠广大群众的力量，依靠全体师生员工的努力。②

2. 提出理想教师的标准

关于理想教师的标准，廖世承在《实施非常时期教育应有的注意点》一文中，提出理想教师有五项标准：第一，有专门的知识，肯继续研究。专门的知识主要有两个方面：首先是教师教授的学科专业知识。教师应该熟练掌握所教专业，以及学科基本结构和各部分的内在联系，洞悉学科发展动向与最新研究成果。其次是教师应学习教育学、心理学知识。

第二，对于职务有清晰的认识，并有浓厚的兴趣。教师的职责不仅在教书，还有对整个青年的教育；不应过分追求物质报酬，而应追求精神层面的快乐。在教育过程中，学生有自己的主观能动性。教师要对学生认真负责，要热爱教育事业，如此，教师才能真正投身于责任重大、见效慢、待遇低、内涵复杂的教育工作。

第三，对于民族的复兴具有坚定的信念。教师的努力是教育效率提高的基础条件。当时的中学教育处于学风堕落的时期，一些教员为洁身自好，便想另谋出路。廖世承批评了这些错误观念，他质问道："临难苟免，是教育家的精神吗？"③ 在他看来，教育家应该秉持即使在恶劣的环境下，青年也有可能被感化的信念。他提出，教师就应该坚信这样

---

① 廖世承：《抗战十年来中国的师范教育》，《中华教育界》（复刊）1947年第1期。
② 郭明杰编：《世界教育艺术大观·百年教育人物传记》（第十一辑），远方出版社2008年版，第44页。
③ 廖世承：《今后中学教育的问题》，《教育杂志》1925年第6期。

的宗旨：教育能够改变民心，能够团结民众，最终实现民族复兴。

第四，对于同事须和衷共济，对于校长须一心爱戴。"校长一个人的力量，究属有限，方案的执行，还须靠托全体教师。"① 教师的劳动成果是由集体决定的，教师群体内也应该相互尊重。而校长作为学校的管理者，也应该激发教师的教育热情。校长与教师应秉持相同的信念，拥有共同的目标，这也从专业素质与学识水平方面规范了教师。

第五，教师应有良好的道德素养。廖世承在《教育改造中的一个重要问题》中就指出："高师的训练，不单应注重专门学科与教育方法，更须特别注重教师品性上的应有的修养。"② 教师不只应具备良好的知识与方法，还应具备道德、真诚、坦白、乐观、谦虚、公正、责任心、忍耐心、仁爱心这一系列美德。教师言传身教，从许多方面对学生的品性产生着深远的影响。"教职员自身能埋首工作，不慕荣利，献身社会，青年无形间就受到不少的感化。"③ 如此，教师才能使学生"自感于无形"。否则，无论怎样想在学生中争取威信与爱戴，也是绝不会达目的的。④

3. 坚持任人唯贤的用人观

廖世承把教员看成是命脉，因而他始终秉持着"任人唯贤"的观念去聘任教师。他在办国立师院时，就千方百计聘请良师任教，并于1939年的院务行政计划中提到："师院师资，最为重要，不特须学有专修，且须人格足为师表，教法足资模仿；故本院聘请系主任及教授，兢兢业业，不敢掉以轻心。"⑤ 由此可见其重教理念，在这样的理念指引下，国立师范学院的师资力量也逐渐扩大。即使在"师荒"时期，学院的教师数量也足够充裕，并且能充分满足教学要求，这也是国立师院建设的重要成就。

廖世承对于急需的教师不惜重金聘请，但更多的时候是用诚意打

---

① 廖世承：《实施非常时期教育应有的注意点》，《光华附中半月刊》1936年第6、7期。
② 廖世承：《教育改造中一个重要问题》，《中华教育界》1934年第7期。
③ 廖世承：《青年的烦闷与出路》，《光华附中半月刊》1932年第4期。
④ 吴勇前主编：《辉煌苦难11年——中国第一所独立师范学院史》，湖南师范大学出版社2017年版，第53页。
⑤ 廖世承：《二十八年度院务行政计划》，《国师季刊》1940年第6期。

动，在国立师范任职期间，他常常随身携带校园的照片。如 1941 年 3 月，廖世承到重庆聘请教师，后对国立师范的学生描述道："到重庆后，友人均以在此时期请人到蓝田，为不可能之事……我在重庆开始十天，到处碰壁……然我仍抱定'知其不可而为之'的态度，继续进行……这次请来八位先生，都是血汗与交情换来的。"① 同时，作为国立师范学院中的重要系科，教育系的教师队伍也日渐庞大，有如廖世承、张文昌、罗季林、阮雁鸣、孟宪成等著名教师。1938 年到 1946 年，学校的正副教授共有 135 名，而其中教育系的正副教授就占了全学院正副教授总数的 14.8%。②

在聘用这些教师来校教学后，廖世承还在使用、安排教师方面非常谨慎。比如，他将师院的教师分为三种：学术渊博并耽心研究的；有相当专门学问、熟练掌握教学方法并熟悉中等学校各科情形的，以及能进行教学并勤快负责的。这三种教师分别应该安排到高年级教授、实习导师以及低年级或工具学科教师的岗位上。专任教师各司其职，这样更能够根据师院的宗旨与办学目标，集中精力进行教育教学活动，对提高教学质量也有极大的帮助。

廖世承一直坚持任人唯贤，人尽其才，这样的人才观也吸引了许多愿意投身于教育的有识之士，国立师范因这些优秀人才的到来而展现出名流荟萃、宿儒咸集的局面，从而国立师范的教学与研究保持着较高水平。钱基博和钱锺书这对父子也执教于此，《围城》更是成书于此。

4. 教师训导责任

廖世承提出，教师的使命不仅是教书，还有全面发展学生的身心，使之成为适应社会需要的人。所以，国立师院的教师不仅承担了教书的责任，同时还会训导学生。

国立师范学院实行"导师制"，每学年按系将每年级的学生分成 10 人左右的小组，一组安排一位导师，导师根据学生的个性，分别指导学生的学业、思想、行为以及身心健康，内容广泛，包括"衣、食、住、

---

① 吴勇前主编：《辉煌苦难 11 年——中国第一所独立师范学院史》，湖南师范大学出版社 2017 年版，第 41 页。
② 孔春辉：《廖世承在国立师范学院的办学思想及其实践研究》，硕士学位论文，湖南师范大学，2006 年。

行、攻读、劳作、休闲、操练、集会,以及对于国家,对于社会等应有尽有之各项活动"①。

国立师范对于学生的训导是具有特色的,把师生共同生活作为唯一原则。如特别规定对学生"应注重积极的指导,而不好为消极的干涉;应注重人格的感化,而不仅为事务的管理;应力求真理的了解,而不徒尚形式的法治;应领导其习于自治,而不流于被动;尤以全体师生能于各方面一致施行共同生活,为训导上惟一之原则"②。国立师范的这种训导方式密切了师生关系。不论是晨操还是运动会,不论是爬山还是郊游,师生时时处处共同活动,体现出师生互亲互爱的融洽氛围。导师以身作则,言传身教,为国立师范的优秀学风及校风塑造,奠定了坚实的基础。

(六)师范生培养担负着建国之责任

师范院校的培养目标是中等学校的师资。廖世承认为,中等学校教师"必须具备高尚纯洁之人格,严正真诚之态度,丰富有用之学术,继续研究之精神,尤非有坚强的民族意识,热烈的牺牲精神,刚健笃实的体魄,刻苦耐劳的习惯,不足以为人师,不足以担负教育建国之责任"③。

1. 专业思想教育

廖世承在教育工作中非常重视师范生的专业思想教育。他要求学生"树立正确的学习态度,努力培养自己独立思考和独立工作的能力"④。

他曾撰写文章向应届高中毕业生介绍报考师范院校的意义,而且,在每届新生入学的开学典礼上,他都要教育学生读好书,将来报效祖国的教育事业。对于当时许多人认为当教师地位低、待遇差,考入师院的学生还认为走错了路、摸错了门,廖世承用自己亲身经历指出:"我的许多亲友都竭力反对我学教育与心理,劝我改行,他们的劝阻没有发生

---

① 任诚:《训导概况》,《国师季刊》1939年第1期。
② 任诚:《训导概况》,《国师季刊》1939年第1期。
③ 湖南师范大学校史编写组编写:《湖南师范大学五十年》,湖南教育出版社1988年版,第18页。
④ 杜守华:《呕心沥血五十载 一代风范存人间——纪念著名教育家廖世承先生100周年诞辰》,《上海师范大学学报》(哲学社会科学版)1992年第3期。

影响。我认为培养青少年的工作是人生最有兴趣、最有价值的一项工作。"① 同时，他指出，时代在变革，"在新社会，在党的领导下，我对教育的信念更坚强了，体会到教育是改造好社会，建设新社会的有力工具，教育的好坏关系到整个社会主义建设事业，教育工作给我带来了快乐、给了我生命和活力。青年有热情、乐观、勇敢的特点，同青年学生经常接触，能使自己永葆青春。"②

因此，廖世承极为强调学生应"认真学习政治理论课，关心国内外大事，对任何问题，能站在人民的立场，用马列主义的观点和方法，进行分析研究，明辨是非，分清敌我"③。他把教师的作用与整个社会主义建设事业联系起来，从而激励学生学好专业课。热爱教育事业，当好未来的教师。

2. 师范生"三育"渐重

廖世承积极主张"三育并进"，但顺序是体育第一、德育第二、智育第三，他主张，强国必先强身。在他看来，体育是德育与智育的基础，因为"健全的精神，寓于健全的身体之中，有身心健全之教师，而后有身心健全之儿童。青年应先有健全的身体，而后有活泼的精神，而后能持久地探讨高深学问。坚忍、服从、忠勇、牺牲、决断、合作、互助等美德，均可从体育中培养出来"④。基于此，国立师范要求全体学生必须参加晨操，而且制定了严格的晨操请假、点名、评分制度。国立师范组织晨操数年如一日，廖院长经常亲自领导晨操，教职员踊跃参加。⑤ 而且国立师范把专业体育训练与群众性体育相结合。所以，也十分注重体育场地与设备建设。

在德育方面，使命意识的培养和人格的塑造，是国立师范德育的重点。在民族危亡的时代，廖世承要求学生树立"击蒙御寇"和"革新

---

① 中国民主同盟上海市委员会编：《沪盟先贤》，群言出版社2016年版，第29—30页。
② 郭明杰编：《世界教育艺术大观·百年教育人物传记》（第十一辑），远方出版社2008年版，第42页。
③ 杜守华：《呕心沥血五十载 一代风范存人间——纪念著名教育家廖世承先生100周年诞辰》，《上海师范大学学报》（哲学社会科学版）1992年第3期。
④ 汤才伯：《廖世承教育思想论稿》，人民教育出版社1997年版，第134页。
⑤ 吴勇前主编：《辉煌苦难11年——中国第一所独立师范学院史》，湖南师范大学出版社2017年版，第44页。

教育"的意识。革新教育就是改造旧教育，师范学院要树立起为民族、为国家、为社会服务的信念。国立师范德育的途径也是多元化的，如采取新生训练、集会讲演、训导以及课余活动等，以此陶冶学生的情操与完善人格。他在《本院成立四周年纪念感言》中提到，"师范制度，本属草创，成功与否，悉视毕业生之能否满足社会需要而定"①，师范生的培养，应就社会需要而定。

因此，为了达到培养伟大人格的目标，廖世承着重指出，人生应该以服务为目的。他强调："吾人做事，在求对社会贡献，并不专在物质的报酬。"②廖世承于1943年的"师生话别会"中提到"朴素""谦让""人和""聪明正直"和"不计成败利钝"等多种优秀的品质与德行。教育的本真目标在于使人成人，注重学生人格的健全发展。他认为："只要具有伟大的人格，置生死于度外，那么万事都可成功的。"③

在智育上，国立师范期望做到平衡师范生的职业要求与大学教育程度，所以在教学中囊括了基本科目、专门科目与专业科目三类科目。

在体育、德育与智育齐头并进方针的指导下，国立师范在培养师资方面取得了显著的成就。在进行十周年院庆时，学院总结其成果："在校学生，大都勤于读书，乐于运动，服务精神，尤极充沛。十年来，毕业生凡848人，分布遍全国，以供职中等学校者为多，教育行政及社会机关者次之。毕业学生以勤苦耐劳，热心服务，忠毅诚恳，朴实无华为特色。"④

三　师范教育思想的影响及现代价值

（一）师范教育思想的影响

国立师范学院是中国第一所独立设置的师范学院，廖世承"奔走率职，用承厥志"，对于国立师院的各项事业无不躬亲。弦歌不辍蓝田，几经风雨。廖世承的师范教育思想大多形成于此，凝结于该校的办学实践中，对中国师范教育的发展产生了深远的影响。

---

① 廖世承：《本院成立四周年感言》，《国立师范学院旬刊》1942年第79期。
② 吴光宇：《廖院长训词》，《国立师范学院旬刊》1942年第73期合刊。
③ 文杜英：《廖院长在云南起义纪念大会训词》，《国立师范学院旬刊》1942年第56期。
④ 《国立师范学院简史》，国立师范学院十周年院庆筹备会，1948年。

1. 坚持党的领导，加强师生的思想教育

廖世承在抗战胜利后的办学中始终遵循国家的教育方针及政策，坚持党的领导。廖世承在任院长期间，一直和学校党组织保持亲密联系。他认为，如果党员能够尊重办教育者的意见，那么，隔阂就不会产生。

同时，廖世承在教育工作中非常重视师生的思想教育。他刚到上海师院任职时，就提出教师必须有正确的政治观点，只有这样才能真正起到为人师表的作用，否则就可能会将错误的观点灌输给学生。并且，他要求学生应该"认真学习政治理论课，关心国内外大事，对任何问题，能站在人民的立场，用马列主义的观点和方法，进行分析研究，明辨是非，分清敌我"[1]。廖世承把教师的作用与整个社会主义建设事业联系起来，从而激励学生学好专业课。热爱教育事业，当好未来的教师。

2. 探索教育救国，培养学生的爱国人格

廖世承的师范教育思想表现出浓厚的教育救国色彩，他高度赞成应对学生的国民精神进行培养，提高其自治能力，促进生产知能的发展，以此成就健全国民的教育宗旨。他认为，教育要把发扬民族精神和培养国民精神放在第一要义。

首先，廖世承向青年学生灌输爱国思想，激发青年的爱国热情。其次，教育青少年要脚踏实地，从小事做起。廖世承十分注意从小事上引导学生，他鼓励青年要有勇敢的精神。最后就是抵制日货，提倡国货。"诸位少买一块钱的外国货，就替中华民族多留存一块钱。"[2]

另外，他指出，当时的青年花费在德育、体育上的时间不足百分之十。所以，即使青年拥有高深的学问，身体也十分羸弱而难望其为国效力。所以，廖世承主张大力提倡全民族的健身运动，强调体格的基础作用。在道德上则是强调舍生取义，养成爱国、爱民族的道德。他指出，有些中国人"只晓得在家里争权夺利，出小风头。果真要出风头，得出大风头，做榜样给外国人看，使他们知道大多数中国人有光明磊落的态度，急公好义的精神"[3]。

---

[1] 杜守华：《呕心沥血五十载 一代风范存人间——纪念著名教育家廖世承先生100周年诞辰》，《上海师范大学学报》（哲学社会科学版）1992年第3期。
[2] 汤才伯主编：《廖世承教育论著选》，人民教育出版社1992年版，第288页。
[3] 汤才伯：《廖世承教育思想论稿》，人民教育出版社1997年版，第28页。

3. 坚持科学态度，提倡教育的试验主义

廖世承求学期间所学的教育心理学特别注重科学实验，同时，在布朗大学系统接受了科学的实验方法的训练。回国后，廖世承更是积极投身于教育科学实验，不管是"六三三"学制改革试验，还是道尔顿制实验等，他都投入了大量的心血与精力。

他指出："现时的教育理论及设施，均建立在科学的基础上，所以科学的实验，当尽力提倡。"① 但当时的中国正处于吸纳各种民主以及科学的时期。每逢各种新学说以及新主张出现，往往都风靡一时，各个学校竞相模仿。但是，这些主张往往没有本国的实验结果为依据，长此以往，就导致出现大量的怀疑以及反对者。只是主观引进与移植，并没有真正解决教育的问题，也无法收到良好成效。因此，他提出了教育的试验主义，即只有通过科学的方法来试验我们的计划，才知道计划是否合适，理想是否正确。

在教学上，廖世承更是坚持实验。首先是从事教育的主体需要具备实验的精神，因为其面对的是不同的教育对象。在教学的过程中，更是需要抱着实验的精神，做出精密估计与分析。

4. 坚信教育永恒，主张办学的进取精神

廖世承认为，教育事业是永久的，教育问题也永久存在。所以，要在永久的教育事业中，解决永久的教育问题，就要做好永久的打算。这就需要办学者以及教师要有持之以恒的进取精神。他提出，治教育者应该具备熟悉教育原理、确具实验精神以及有恒心的从业资格。他也是这么严格要求自己的，他熟悉各种教育原理，具有科学严谨的实验态度。

廖世承在任院长时，悉心研究中国的师范教育，并撰写了《师范学院的新精神》《师范教育与抗战建国》《师范学院的使命》《抗战十年来中国的师范教育》等多篇文章，认真系统地考察了中国师范教育出现与发展的历史。在学院期间，抗日战争的烽火，并没有摧毁他办学的信心以及决心。即使在"师荒"时期，学院的教师也一直保持较为充裕的状态。在教师的聘请方面，他除了重金聘请之外，更多的是用诚意打动，他常常随身携带校园的照片，以便随时向人介绍，招揽人才。

---

① 汤才伯：《廖世承教育思想论稿》，人民教育出版社1997年版，第157页。

5. 激发亲民意识，发扬教育的社会教化作用

廖世承在 1929 年的《教育与职业》上发文指出，农村教育依然不太发达，因此师范教育要面向乡村，培养的师资要具有乡村的精神，为乡村服务。后在 1938 年发表的《师范教育与抗战建国》中，又强调应该注意激发亲民的精神。他指出，知识阶级与民众的生活隔得太远。教育必须发挥应有之作用，要了解民力的伟大以及民生的痛苦。只有这样，学校才能变成民众的学校。

从 1940 年开始，廖世承主张发挥师范教育的社会教化功能。国立师院成立了"社会教育推行委员会"，以蓝田镇为中心开展教育活动，由此逐渐向周围 20 里以外的乡镇辐射推广。还另设有免费开放的民众图书馆，学生的课余活动，也多是在教师的带领下积极参与协助社会教育、改良公共卫生、整洁市容与院容、进行校址迁移等。

(二) 师范教育思想的现代价值

廖世承的师范教育思想源于其教育救国的意识，具有鲜明的特征。在办学指导思想上，强调师范教育要立足于本土国情的六项使命及重要的基础地位；在办学原则上，强调师范院校要独立设置；在培养目标上，重视对师范生民族意识、人格、科学精神的培养。时至今日，对师范生的培养，仍然具有重要的现代价值。

1. 立足本土国情，形成特色办学理念

廖世承生活在中西交融的大时代背景下，在师范教育的办学上，既能正确认识到中国优秀的教育传统，同时，又指出它的局限性；既积极引进西方教育理论，又推崇实验与本土融合。从理性的角度出发吸取、接纳西方教师培养的理论与体制，进而建立起中国特色的师范教育。

师范教育的培养理念要紧跟时代的发展方向。虽然每个时代培养师范生的理念都有相似之处，但不得不承认，不同的时代侧重点不同。如在廖世承办学的那个年代，师范生培养更多的是与抗战相关，即抗敌救国的爱国主义教育。面对中西文化的冲突，新兴的西方理论，他创造性地提出走教育实验与科研的道路。

而现代的教师教育更应该体现时代的要求，设立的教师教育培养目标、内容与方法更应该切合时代。1993 年，《中国教育改革和发展纲

要》就指出:"中小学要由'应试教育'转向全面提高国民素质的轨道……"①它要求教师更新教育观念,具备发展性的知识结构。只有学会做人、学会求知、学会劳动、学会生活、学会健体等的教师,才能适应素质教育的需要,才能培养出高素质的社会主义接班人。

在目标上,培养的教师首先要具有现代教育思想和观念,要时刻关注最新的教育动态与事件。其次就是全面发展,即在专业知识上要基础扎实、在教学中要有良好的从教能力,要富有创新力以及良好的科研能力。在内容上,教师教育不仅应该培养塑造学生的专业知识、教学实践知识与从业道德,新时代的新要求更关注培养师范生的个性,并发挥个性教学的优势与长处。此外,还要充分体现教师教育的社会服务功能。在方法上,要重视培养师范生独立的学习能力、获取知识的能力,以及应用多媒体技术的能力等方面,树立终身学习的理念和继续发展的意识。

2. 凸显独立设置,突出师范的独特定位

关于师范教育的争论,一次是"存与废"的问题,另一次就是"单独设置还是附设的问题"。在新学制颁布后,教育界许多人士极力主张恢复师范学校的独立设置,廖世承就是代表人物之一。廖世承从实际出发,提出师院附设于大学利少弊多的观点,这在当时有振聋发聩的作用。他认为,师范院校附设于大学,利唯有经费与师资两方面,但是,弊端却很突出。

首先是在理念上,当时的社会是比较看不上师范生的,而且,从来源上看,也的确是贫困家庭的学生才会选择师范。这种观念长此以往就会影响校内团结,影响学生发展。其次是在课程内容上,由于培养目标迥异,在教学主旨上也是不同的。非师范生的培养要求在学识上博古通今,并能够进行发明创造,而师范生的培养要求具有优良的教学方法,以身作则,为人师表。接着就是领导者的素质。当时的大学校长对于师范,多是不感兴趣的。因此,也就难以依靠他们来科学、民主地管理师范院系。最后就是师范生的严格训练。因为师范生承担着培养国家未来

---

① 《中国教育改革和发展纲要》,载中共中央文献研究室编《十四大以来重要文献选编》(上),中央文献出版社2011年版,第56页。

建设人才的重任，所以应该严格训练和要求师范生的学业与人格。

为了践行自己的师范教育理念，1938年，廖世承在湖南蓝田创办了中国第一所国立师范学院，开启了高师独立的先河。正因为师范教育的独特性，廖世承提出教师专业的概念，即教师不但要知识好、方法好，而且要有专业道德。

时至今日，中国高师的主要办学形式仍是独立设置。但是，由于合格师资的标准的模糊，以及师范生就业去向不完全是各级教育部门等问题，师范院校难以避免地呈现出综合化的倾向，如专业设置求新、求全，而忽略教师教育的特殊性与相对稳定性。因此，未来教师教育的培养模式，仍是以独立设置为主，追求教育的独立性，同时要体现出师范特征，凸显师范特性的人才培养目标。

3. 高举爱国主义，履行学生的社会职能

爱国主义，不能回避一个中心问题，即个人与社会的关系问题。廖世承始终坚持以民族为本位，鼓励师范生在岗位上敬业乐业。如他在湖南蓝田办国立师范学院时，身体力行，创办民众学校五所。同时，在抗战时期带领湖南国立师院的师生积极开展各种社会服务活动，开办民众图书馆一系列机构等。廖世承始终坚持从当地生产及文化发展水平等实际情况出发，积极推动当地并辐射带动周边地区的文化、卫生、生产等事业发展，同时力图提高民众教育水平，取得了显著的效果。在此过程中，廖世承一直坚持把师范生当作主体，通过衡量学生的具体工作情况，给予成绩优异的学生以奖励。这就将浓厚的爱国情怀纳入师范院校自身的社会服务职能之中。

现如今，师范生更是建设中国特色社会主义教育事业的中坚力量，更应该牢记民族历史使命，通过实际行动，发挥爱国主义精神，投身到社会主义教育事业的建设中去。党的十六大以来提出的建设社会主义新农村的宏伟计划，把社会均衡协调发展、农村经济、社会进步当作新世纪中国经济社会发展的重要战略，这就要求乃至鼓励对农村不了解，不愿留任的师范生，深入了解民间和乡村，深入了解民众生活，从而为民众服务。因此，在探索地方或者说是乡村师范院校师范生的社会职能时，都要以廖世承为榜样，学习和运用他关于师范院校师范生社教工作，应与当地农村、民众紧密结合的思想和经验。

4. 重视科研训练,加强教师学术深造

廖世承对师范生的科研训练有着自己独特、前瞻性的论述。他从教与学的关系入手,指出如果教师没有进行科研训练,只是对零星的知识进行灌输,就不能对学生有所启发,更不能形成系统的概念。所以,师范学院应重视科研训练。

如何重视科研训练?廖世承指出,师范学院虽注重专科训练,但仍不应忽视共同训练科目。因此,师范院校师范生须注重对各科基本常识的掌握,而且须保持各科密切联络,即教育与学术相辅相成。在国立师院他倡导教育实验,用科学方法考查受教者气质与个性;侧重测验和统计检验教育效能。这不仅在当时让世人耳目一新,也为当今师范院校提高学术水平提供了宝贵而具体的实施经验。直至今天,中国的教师教育发展仍需遵循这一指导思想。

对于现代社会来说,新型教师的一个重要特征与重要保证,是具有充分的科研意识与科研能力,甚至这也是使教师工作富有活力及创造精神的必然要求。因此,正如廖世承所指出的,师范生唯有适应时代的要求和挑战,把教学训练与科学研究紧密结合起来,并且,在科研的过程中不断完善自我,提高教育科研的素养,才能使自己在走上工作岗位后,早日成为研究型的教师。

5. 教师科学训导,发扬民主自由校风

国立师范的训导工作在当时看来是极具特色的,廖世承把师生共同生活作为重要原则。首先强调教学与训导要相互渗透,做到教中有管,管中有教。他指出,教师首先要观察,对于青年学生的较复杂个性要留心观察,从而了解他们的缺点。对于缺点,更多的是着眼于辅助、指导,做到扬长避短。其次,对师范生的教育主要以人格感化为主,并持之以恒。

廖世承这种刚柔并济、民主管理的训导方式充满着教育智慧。这种管理最大限度地满足人的各种合理需要,使管理不是仅靠命令、强制措施来进行调整,而是通过师生、生生精神交流和对话,关注学生整个人生世界的意义,从而保证培养目标得以实现。做到教中有管,管中有教,使师范生真正从内心接受管理,从而达到训导的目的。廖世承在国立师范的办学经验,对于推进中国师范院校的教育管理科学民主化进

程，具有很强的指导性价值。教师教育要在优秀传统、现代思想和教育实践的融合中成长。

回顾廖世承的一生，他生逢乱世，举目遍地狼烟。少年时期传统文化的熏陶，养成了他高尚的人格修养，以及忘我的奉献精神。留学美国，西方的实验精神，更给予他投身于教育事业的勇气与科学方法，心理测验和统计所要求的客观性、科学性、严谨性的原则，始终体现在他的教育理念中。他的思想，中西交融，立足于国情，他始终怀抱着教育救国的理想。

"身正为范自始终，鞠躬尽瘁身后已"，廖世承的师范教育思想扎根于乱世，成熟于中华人民共和国成立后，他的师范教育信念为莘莘学子埋下献身教育的种子。他对师范教育的使命、建立原则、教育管理，以及教师的理想标准，乃至师范生人格的培养等方面，都做出了具体论述，今日观之，仍感振聋发聩。

第二节　郑晓沧的师范教育思想

郑晓沧（1892—1979），又名郑宗海，是中国近代著名的教育家、教育史专家、诗人、翻译家。他从事教育六十载，把毕生献给了祖国的教育事业，桃李满天下。在郑晓沧生活的内忧外患的时代，他创造性地提出"教师实用教育观"这一教师培养思想。郑晓沧拥有渊博的学识，严谨的治学态度，在教育学界、教育史界都做了大量的研究工作，特别在浙江地方教育史与中外古代教育史领域作出了巨大的贡献。

郑晓沧出身于浙江省海宁县盐官镇的一个传统书香家庭。1902年，他入读新式学堂海宁达材小学，逐渐展现出对国文、历史和英文的特殊天赋。1905年，年仅13岁的郑晓沧考中秀才。1906年，郑晓沧进入浙江高等学堂接受预科和正科的教育。1912年6月顺利毕业。"清华发榜，知被录取，即整装乘轮北上"[1]，进入清华园学习。1914—1918年，他分别于美国威斯康星大学及哥伦比亚大学师范学院进修，在杜威的教

---

[1] 郑晓沧：《清末民初本人所受学校教育的回忆》，载王承绪、赵端瑛编《郑晓沧教育论著选》，人民教育出版社1993年版，第295页。

导下,他成功取得了教育学学士学位与博士学位。美国的这一段求学经历是宝贵的,对郑晓沧的教育思想也有着重大的影响,他的儿童中心观、教师实用观就是形成于此。

在1918年以后的十年时间内,郑晓沧历任南京高等师范(后东南大学)教育学教授、浙江省立女子中学校长、中央大学教育学院院长等职位。郑晓沧特别重视教材的建设,在学校期间,编纂和翻译了大量的教学教材,促进了国内教育学科的发展,这也为之后教育学的学科普及作出了重要的贡献。

1928年6月,郑晓沧赶赴浙江大学,并于次年8月在浙江大学文理学院创建了教育系,他十分重视教育系教师队伍的构建。在浙江大学,郑晓沧有着长达23年的任职时间,此间,"先后担任浙大教育系主任、龙泉分校主任、师范学院院长、教务长、研究院院长以及代理校长等职务"[1],20多年间,郑晓沧发表了许多教育类文章,教育生涯的黄金期也永远留在了浙江大学。

在抗日战争的艰难背景下,郑晓沧努力使学校弦歌不辍。1938年8月,郑晓沧担任浙江大学师范学院院长。1940年初,郑晓沧任龙泉分校主任,在五年的龙泉岁月里,郑晓沧为人师表,关切学生。中华人民共和国成立后,郑晓沧仍坚守在教育的一线岗位上,浙江省大学院系于1953年调整后,郑晓沧又任杭州大学教育系主任,杭州大学的筹办与建立,也倾注了郑晓沧的实践经验与心血。[2]

1962年至1964年,郑晓沧任浙江师范学院院长一职,其师范教育思想形成于此时期。他强调要强化办学特色,重视基础学习,强调学生要进行科学研究,重视科研成果。而后,在十年浩劫期间,"郑晓沧遭受到诬陷迫害,被抄家,关牛棚"[3]。但他并没有失去信念,而是越挫越勇。1978年春,86岁高龄的郑晓沧再次北上,到北京出席第五届全

---

[1] 《郑晓沧先生诞辰百年纪念集》编委会编:《春风化雨—郑晓沧先生诞辰百年纪念集》,杭州大学出版社1992年版,第63页。

[2] 《郑晓沧先生诞辰百年纪念集》编委会编:《春风化雨—郑晓沧先生诞辰百年纪念集》,杭州大学出版社1992年版,第113页。

[3] 《郑晓沧先生诞辰百年纪念集》编委会编:《春风化雨—郑晓沧先生诞辰百年纪念集》,杭州大学出版社1992年版,第65页。

国政协会议，共商国家大事，为中国的教育事业献出了毕生精力。1979年，郑晓沧在杭州逝世，终年八十八。

一 师范教育思想的形成

(一) 社会背景与教育状况

郑晓沧出生于列强掀起瓜分中国狂潮之秋，甲午战争中国战败，清政府被迫与日本签订了不平等条约——《马关条约》，与此同时，帝国主义国家还利用经济、宗教等手段对中国进行大肆侵略，掀起瓜分中国的狂潮。此时的中华民族工业发展停滞，自然经济进一步遭到破坏，亡国灭种危机频发。救亡图存的呼号遍布全国，爱国救亡运动风起云涌，受此影响，郑晓沧从小就心怀报国大志。在学习的空闲时间"我们几个幼童，忽然异想天开，搞了一个组织——爱国党。约有六七个人，名字写在一本簿子上。"[1]

也就是在这时，近代著名教育家、翻译家严复大师怀着"教育救国"的殷切期盼，提出了著名的"三育救国论"："一曰鼓民力，二曰开民智，三曰新民德"。他的思想极大地鼓舞了郑晓沧，促使他坚定地选择攻读教育学，以期通过教育与知识唤醒在水深火热中的中华民族，肩负起民族存亡之重任，挽救中华民族之危亡，改变中华民族之命运。

(二) 师范教育思想的理论渊源

郑晓沧师范教育思想的来源，一方面是中国传统的伦理文化的熏陶，"师者，所以传道授业解惑者也"。另一方面，则是深受杜威实用教育思想的影响，主张"儿童中心论"以及"教育即生活"等。

郑晓沧是在传统书香家庭中成长起来的，其祖父郑祖绳，习商、好儒，喜读儿童教育书籍，颇爱诗词。其父郑功懋是清光绪年间举人。1897年，6岁的郑晓沧入家塾学习。他学习十分刻苦用功，博览群书，很小就阅读了《唐诗三百首》《大学》《中庸》《读史论略》《启蒙鉴略》《论语》《三国演义》等书籍，这样的学习经历使郑晓沧认识到教

---

[1] 郑晓沧：《清末民初本人所受学校教育的回忆》，载王承绪、赵端瑛编《郑晓沧教育论著选》，人民教育出版社1993年版，第283页。

育不仅是习得知识和文化，而且是一种对天人和谐、人际和谐的追求，也对他后来理解教育目标等活动产生了深刻的影响。

1902年，10岁的郑晓沧进入新式学堂海宁达材小学学习，在这里，他第一次接触到国文、英文、算术、历史、体操、格致等应用性强的课程，在学习的过程中，他对国文、历史以及英文展现出浓厚的兴趣与特殊的天赋。四年以后，郑晓沧小学毕业，后进入浙江高等学堂开启了预科及正科学习之路，在这里，他既重视国文，又精通韩柳，同时，还苦练英文，学习了西方的历史文化。这段宝贵的学习经历，也为郑晓沧此后在文学领域与翻译领域的高深造诣、做出突出贡献，奠定了深厚的基础。

1912年6月，郑晓沧从高等正科学堂顺利毕业，进入清华园学习并选择文科。由于在校表现出类拔萃，从清华学校毕业后直接赴美留学，接受西方文化教育。在美国师从著名教育家、哲学家杜威。在美国的求学经历，对郑晓沧师范教育思想的影响是很大的。他始终致力于将西方先进的实用主义科学教育思想进行移植，使其能够在中国实际的教育环境中得以运用。

二　师范教育思想的主要内容

（一）民族本位的师范教育目的论

郑晓沧把教育放在至关重要的地位，他主张普及教育，认为"人民根本权利之最重要而最可宝贵者，莫如教育。一地方他日之荣枯，亦在其对于教育事业能否为真切不倦之措施，此又可断言者也。"[①] 并且举例德国，它能够在战败后意识到"兹后当以艺术文化战胜天下"[②]，以此提出只有教育能够作为社会安定、国家强盛的关键因素。由此可见，郑晓沧把教育的作用与目的放在国家层面加以重视。

1. 教育应有之国家主义

郑晓沧强调建立"中国式教育"，他在《教育上应有之国家主义》

[①] 郑晓沧：《制宪与教育》，载王承绪、赵端瑛编《郑晓沧教育论著选》，人民教育出版社1993年版，第14页。

[②] 郑晓沧：《制宪与教育》，载王承绪、赵端瑛编《郑晓沧教育论著选》，人民教育出版社1993年版，第16页。

中，从目标角度提出教育目标方向上的疑问，并且主张国家的教育设施应根据国情，反对模日仿美。借鉴他国教育，应该在有所比较的基础之上博采众长，选择适应本国需要的，进而"既当使其成为中国式的教育，亦当使其成为世界内之中国式的教育"①。这些观点都展现了郑晓沧所倡导的教育具有中西结合，以民族为本的特点。

此外，郑晓沧还认为，教育具有发扬本民族文化特质的重要性，他指出，这是"吾国对于世界之贡献与其责任之所在也"②。因此，在课程内容上，强调民族心理的培养，他坚决反对学校中的学习材料充斥西洋文化，而不知孔孟，从而逐渐失去民族独立之气概。他指出："今则中学校中，自修时间大部耗于英文，小学生之阅读材料充斥西洋材料，三年级生有能西洋之跳舞而未知孔孟为何人者，社会心理，现已渐失民性独立之气概。"③ 发扬民族文化，可增强社会凝聚力，提高民族战斗力，从而达到振兴中华民族大业的目标。从中得以窥见，郑晓沧所倡导的教育体现了民族特性，并具备了国家之主义。

2. 教育实用观

郑晓沧的教育实用观深受杜威教育学说的影响。在他看来，教育使人生获益匪浅。因此，教育是有实际效用的事业，故教育必须以实用为旨归，当无疑义。那么，何为实用的教育？郑晓沧从广义的角度进行解释："凡能引起学生之兴趣而助其想象之发展或其他能力之增加者，亦得谓之实用。"④ 也就是教育是为了社会实际的需要，或者是为了学习者个人所感觉的需要。

首先是如何处理了使教育符合社会需要还是个人需要？郑晓沧在国家层面上，提出建设"中国式教育"。在内容上，中国教师素来缺乏欣赏自然的意识，因而教师要学会尝试了解并欣赏自然。这有助于修养教

---

① 郑晓沧：《教育上应有之国家主义》，载王承绪、赵端瑛编《郑晓沧教育论著选》，人民教育出版社1993年版，第26页。
② 郑晓沧：《教育上应有之国家主义》，载王承绪、赵端瑛编《郑晓沧教育论著选》，人民教育出版社1993年版，第23页。
③ 郑晓沧：《教育上应有之国家主义》，载王承绪、赵端瑛编《郑晓沧教育论著选》，人民教育出版社1993年版，第23页。
④ 郑晓沧：《教育改造声中对于教育本质之探讨》，载王承绪、赵端瑛编《郑晓沧教育论著选》，人民教育出版社1993年版，第213页。

师的人格。教师还应该引导学生走进大自然,在自然、社会生活中学会思考。在教师的定位上,要做出合乎规律的评价。虽然他主张"经师兼人师",但是,学识深厚的经师已不易得,人师更是难寻,要合乎实际地评价教师。

其次,在教育目的上,强调教育要培养各方特长,以此养成适应生活的能力。"教育儿童以为其将来之生活计,则必使其具有宰制自己之能力。即必教育之使其于一己之各种才能,可以随时充满应用。"① 所以,教育必须适应个人甚至社会的发展,适应生活之需要,充分体现时代性和社会性。

郑晓沧在《教育改造声中对于教育本质之探讨》中也提出"探本之论"。他认为:"今后教育建设着重之点,宜转行注目于根本观念,以及其内容与方法之改进。"② 郑晓沧进而分析当时中国教育存在的问题是"离却人生"。如他将大学的培养目标与从事的职业进行比较,认为大学教育尽在养成专门学者,然而,在职业的选择上,却有大学不少毕业生从事于中学之教学,这也就导致毕业生之不切实用。郑晓沧提出,这种"离却人生"未引起主观的需要,必须纠正,否则,就是对青年光阴的浪费。因此,郑晓沧提出:"教育为实际事业……故教育必以实用为归。"③ 教师应该通过教育来养成学生求学、求知的正确态度,培养兴趣与习惯。因此,教师培养的重点应在于教师教学的训练,这样才能懂得怎样教学生,进而促进学生个体的成长和民族的发展。

3. 集体主义的精神教育

郑晓沧对于教育目的的确立,是从将个体看作群体社会的一分子这个角度出发的。"自呱呱坠地之时,已与群体生活有密切之关系"④。他

---

① 郑晓沧:《杜威氏之教育主义》,载王承绪、赵端瑛编:《郑晓沧教育论著选》,人民教育出版社1993年版,第1页。
② 郑晓沧:《教育改造声中对于教育本质之探讨》,载王承绪、赵端瑛编《郑晓沧教育论著选》,人民教育出版社1993年版,第212页。
③ 郑晓沧:《教育改造声中对于教育本质之探讨》,载王承绪、赵端瑛编《郑晓沧教育论著选》,人民教育出版社1993年版,第212页。
④ 郑晓沧:《杜威氏之教育主义》,载王承绪、赵端瑛编《郑晓沧教育论著选》,人民教育出版社1993年版,第1页。

认为，个人与社会有着密切的联系，即从"社会之于人，几如空气之不可分离"①的角度出发，并与中国实际情况相结合，提出国民团体精神一定要培养的重要观点。

郑晓沧强调："我国民族，被人讥为一盘散沙，亦自无可讳言。然我国固非全无合作者，只是合作程度不深，合作范围不广，以这样的民族，在抵当组织严密的国家，力量的相去，自不可以道里计了。"②但是，郑晓沧提出的不是狭隘的小团体意识，而是服从大团体的利益。同时，他认为，学生的团体精神也应该积极培养，1932年，他指出，"积极养成合作的性习"应该是儿童教育的两个重要目标之一。

1947年5月，郑晓沧在为浙江大学学生所作的演讲——《假若我得重做一番大学生》中提到："大学集各方之人，各种思想之人，济济一堂，朝夕相处，实为难能可贵。团体生活（Cooperate Life）为学习的条件，是极饶兴趣的。"③因此，"团体的利害高于一切，对团体对国家有利的事情，我们就应该去做，否则就加以反对，我一向抱着这种精神，希望同学们也能够认清这一点"④。

在对于人格的塑造上，郑晓沧十分注重集体主义精神的培养。第一，在环境上，"学校教育之胜于他种教育之处，使在聚年龄相似之人于一地，可以资种种合作的练习，不利用以发展此点，不免辜负了学校的设置了"⑤。第二，应该时常进行合作练习，对于儿童来说，对知识兴趣愈浓厚，知识的积累越丰富，合作的习惯也愈发养成。对社会来说，形成社会意义上的"合体性的智慧"。这种智慧要求"努力发展公心雅量同情力及'合体性智慧'其他一切的助力，以培植社会的向心

---

① 郑晓沧：《发挥群力》，载王承绪、赵端瑛编《郑晓沧教育论著选》，人民教育出版社1993年版，第245页。
② 郑晓沧：《儿童教育的两个重要目标》，载王承绪、赵端瑛编《郑晓沧教育论著选》，人民教育出版社1993年版，第197页。
③ 郑晓沧：《假若我得重做一番大学生》，载王承绪、赵端瑛编《郑晓沧教育论著选》，人民教育出版社1993年版，第273页。
④ 郑晓沧：《假若我得重做一番大学生》，载王承绪、赵端瑛编《郑晓沧教育论著选》，人民教育出版社1993年版，第273页。
⑤ 郑晓沧：《儿童教育的两个重要目标》，载王承绪、赵端瑛编《郑晓沧教育论著选》，人民教育出版社1993年版，第198页。

力；排除私心猜忌冷酷及其他一切的障碍，以减少社会的离心力"①。这样，社会便凝聚起来，便为救国教育与生产教育探得本原了。这种强调集体主义的思想当然也是我们学校当今德育的主旋律。

（二）人格与学问修养兼而有之的培养目标论

1936年，郑晓沧在《大学教育的两种理想》的演讲中指出，有两种理想："一为君子，一为学者"，"君子"重视品行的修养，"学者"重视学问的学习，然大学教育应该培养既具有高尚品行又具有高深学问的人才。他自己更是身体力行，自始至终把理想贯穿在教育实践之中，真正做到为人师表。郑晓沧提出，教育目标上全人格培养要德智体并重。

在《教育改造声中对于教育本质之探讨》中，郑晓沧提出："教育如注意全人格之培养，则关于动作之练习，意志之训练及情感的陶冶，均不可不注意，而不当偏重于唯智主义。"② 然而，西方国家的大学教育，偏重于学术教育，学生在进入大学后，只知道钻研学问，而很少涉及人格的养成与训练。而中国向来重视人本主义，因而中国"士人"的含义，除了学识外，必然也包含着人格的修养。因此，郑晓沧创造性地提出"士君"的含义，即具有君子之风的绩学之士。

为什么要培养士君？论语有云：君子的同情、操守、雅量，固已足为人伦之表率。因此，大学生应以"君子"为标准。同时，郑晓沧讲到，大学学生如果仅仅勉强读完所学课程，也实为不当。因此，大学毕业生应对于所学的专科具有深刻研究的兴趣，否则就和"士林"无异。

如何培养士君？郑晓沧认为，首先，在教育内容上，要处理好"专与博"的关系。他用图形的面积做生动举例："惟人之精神有限，以同面积之平方形为例，宽广两者之间，自相牵制。此处长一分，则彼处短一分，故博约两事，当于一可能范围之内，使其得最美好之配合。"③

---

① 郑晓沧：《今日教育的根干事业》，载王承绪、赵端瑛编《郑晓沧教育论著选》，人民教育出版社1993年版，第194页。
② 郑晓沧：《教育改造声中对于教育本质之探讨》，载王承绪、赵端瑛编《郑晓沧教育论著选》，人民教育出版社1993年版，第216页。
③ 郑晓沧：《大学教育的两种理想》，载王承绪、赵端瑛编《郑晓沧教育论著选》，人民教育出版社1993年版，第225页。

因此，人格锻炼与学术养成在士君的培养上也缺一不可。学者"对于学术，固应尽其本务，不惮深究，而对于人性，亦不使其或失。例如使学问至为深绩，然不能深入浅出，则不能远行，亦为社会与个人重大之损失。……综上两种理论，一为君子，一为学者。我国本有'士君'"①。

郑晓沧主张要培养"士君"这样的目标，有许多可贵之处：首先是不对西方文化盲从，这是与中国实际情况相结合提出的创造性的培养目标。其次是符合教育规律，对于大学生，人格与学问的培养缺一不可，这也是培养人应遵循的基本原则。最后是不仅如斯说，而且如斯行。在战火纷飞的年代，浙大附设分校，郑晓沧任分校主任一职。他在偏僻的"芳野"山村中，在简陋的校舍里工作，他聘请了许多知名教授，通过五年多的实践，为国家培养了许多优秀的建设人才。

(三) 高度强化学问基础的课程论

1. 强化学问基础

1938年，郑晓沧做浙江大学师范学院院务报告，强调说："高度强化学问基础，实为中学健全师资之必要条件，必也好学不厌，然后可以诲人不倦，源泉滚滚，方可用之无尽也。"②

在内容上，这种基础教育就是以文理科为主，因文理科是其他各学科的基础。"故大学初设立时，宁取单科制度，若取单科制，则自以文理科为先务，文理科因各科之根干也。"③ 强调文理科是基础，只有文理兼通，才有利于学生在各有专精的基础上获得广博的知识。而且，要在文理科成立且初有成效后，再谋增设他科。或根据地方需要自行增设他科，从而夯实基础教育在大学中的重要位置。

在教育效果上，他强调什么时候强化基础教育，什么时候培养的人才就过硬，因为学问是没有止境的。因此，学校教育的作用，不过是培植自学的习惯。"学校教育，应有以培养求学的兴趣，教以学习的方

---

① 何增光：《浙江高等师范教育史》，杭州出版社2008年版，第33页。
② 郑晓沧：《浙江大学师范学院院务报告》，载王承绪、赵端瑛编《郑晓沧教育论著选》，人民教育出版社1993年版，第234页。
③ 郑晓沧：《杭州大学筹办方针》，载王承绪、赵端瑛编《郑晓沧教育论著选》，人民教育出版社1993年版，第95页。

653

法，思维的习惯等。"① 而且，这种兴趣与方法是可以充分利用成人教育之种种机缘自修的，学校教育就是要阻止毕业后学习的停止。

在实践上，郑晓沧则是在师范教学中聘请很多著名教授担任一年级基础课的教学工作，这些具备丰富教学经验的教授有利于给学生重要的启蒙与诱导，有利于形成他们正确的思维方式，以及养成良好的习惯。

2. 完全健康教育

郑晓沧的完全健康教育，既包含身体健康，更强调精神的健康。他在《吾国学校精神卫生之几个问题》一文中提出："健康为教育重要目的之一。特健康不但有身体的一方面，且亦有精神的一方面。"② 他在《假若我得重做一番大学生》中，对精神健康进行概念界定。他提到："所谓精神健康就是心理卫生。"③ 人应该心平气和，不可意气用事。同时，郑晓沧还针对青年自杀的事情进行分析，认为一般青年的确容易精神过敏。而且，研究学术的人更甚，常常不能当机立断，总是徘徊瞻顾。因此，面对这些客观现实，他倡导："故为学校计，为学生个人计，为人民精神健康计，此精神卫生之一问题，实有急应注意之必要。"④

如何促进完全健康？郑晓沧强调，教师首先要有健康的体魄。因为"教师之仪容，举止，与声音亦不能无影响于学生之精神"⑤。那么，如何保持健康，主要从三个方面加以阐述：一是教师要有自我保护身体的意识，学习健康的知识。二是强调教师要注意心理健康。三是上升到神精层面，即教师要树立献身教育的信念。其次，强调教师要发挥精神状态的感染性，他指出，"欲使学生心神安泰而愉快，则教员必先从本身

---

① 郑晓沧：《杭州大学筹办方针》，载王承绪、赵端瑛编《郑晓沧教育论著选》，人民教育出版社 1993 年版，第 147 页。

② 郑晓沧：《吾国学校精神卫生之几个问题》，载王承绪、赵端瑛编《郑晓沧教育论著选》，人民教育出版社 1993 年版，第 27 页。

③ 郑晓沧：《假若我得重做一番大学生》，载王承绪、赵端瑛编《郑晓沧教育论著选》，人民教育出版社 1993 年版，第 271 页。

④ 郑晓沧：《吾国学校精神卫生之几个问题》，载王承绪、赵端瑛编《郑晓沧教育论著选》，人民教育出版社 1993 年版，第 31 页。

⑤ 郑晓沧：《吾国学校精神卫生之几个问题》，载王承绪、赵端瑛编《郑晓沧教育论著选》，人民教育出版社 1993 年版，第 27 页。

做起"①。如果教师劳累于教学以及管理之事，那么，教师心神便不易宁静，从而影响学生情绪。在这里，郑晓沧把教师的精神状态，不仅仅看作教师个人的心理问题，更是将其作为重要的精神健康教育因素来认识。最后，在教学方法上，强调要注重精神因素作用的发挥。教师要采用启发诱导，强调直观式教学方法。因为教师选择的方法，就是必须能使学生保持兴趣，使每一个学生都有所成就。

（四）万千脚踏实地、诲人不倦的教育者

教师问题在郑晓沧的师范教育思想中占据了极为重要的位置。在《教育改造中之心理的元素》中他提出："计划固要，而推进计划实行计划之人——尤其是站在教育火线上之教师——则为尤要。换言之，我们不但需要少数之教育学者，尤需要万千脚踏实地诲人不倦之教育者。"②

1. 教师应有之定位

《广师说》指出："今之所谓'教师'，则且兼'师，保，传'等之含义，于其所领导涵育之未成年人，实兼负教养之责任，而其所教也不仅为知识之一端，更不在零星知识之灌输而已。"③ 因此，郑晓沧提出了教师事业及职能的拓展，其范围的广阔与教育事业的精深，远非"教书匠"一词所能简单概括的。他首先提出"师者"的新释义，"师者，所以传道授业解惑者也"。今日之传道之"道"，即"人类生活上所经认为有利益与有价值之技术知识理想等"④，职业中已"出师"者得称"师"。也就是"言其于某种学艺已识途径，而足导引幼年人以受业也。"⑤ 知识在不断更新，因此，郑晓沧认为，教师对学生的培养，

---

① 郑晓沧：《吾国学校精神卫生之几个问题》，载王承绪、赵端瑛编《郑晓沧教育论著选》，人民教育出版社1993年版，第30页。
② 郑晓沧：《教育改造中之心理的元素》，载王承绪、赵端瑛编《郑晓沧教育论著选》，人民教育出版社1993年版，第210页。
③ 郑晓沧：《广师说》，载王承绪、赵端瑛编《郑晓沧教育论著选》，人民教育出版社1993年版，第228页。
④ 郑晓沧：《广师说》，载王承绪、赵端瑛编《郑晓沧教育论著选》，人民教育出版社1993年版，第229页。
⑤ 郑晓沧：《广师说》，载王承绪、赵端瑛编《郑晓沧教育论著选》，人民教育出版社1993年版，第230页。

一定不能拘泥于眼前，应该启迪学生智慧，培养学生适应社会，养成良好的习惯与理想。

如何答疑解惑？郑晓沧认为重在循循善诱，以此得以培养学者独立的解惑能力，富有远见并具有能力的教师，能够使学者在最需要教师的时候逐步减少。郑晓沧指出，解答的不是问题本身，而是学会解决问题的思维。教师的重任不在于解决表面问题，而在于从学生各不相同的特点及实际情况出发，推动学生的全面发展。特别是大学的教育，不应该只是以教师为主，而应该从实际的社会生活出发，培养学生的求知欲望与学习兴趣。"教者如能善导求知的倾向，鼓励而训练之，使其求知的兴味与努力日渐增加，那末他造福于民族，于人类，便是不浅了。"①

进而，郑晓沧论述了传道、授业内涵的辩证关系，提出："教学境况中，一种最大的关系，为教师对于学问的态度，对于人生对于宇宙的看法。待人接物，立身处世，无形之中，均足影响于学者。"② 而且，在择业的时候，也寓有传道之事。因此，他在出任浙江师范学院院长期间，在聘任教师时，对教师的品德十分重视，"教师之品性，所系尤重。故于选聘教师时，见有道德高尚而其学术足以教人者，尤宜亟为罗致"③。

除了高尚的道德外，还需有具有积极向上的正确人生观。郑晓沧强调："教员既劳精疲神于教课及管理之事，其心神常不易宁静，更不易发扬。故聘教员时，固当避去抱消极的人生观者。"④

2. 教师应有之素质

郑晓沧特别重视教师应该具备的良好素质，"教师既有资于文化上之遗产，则除知识而外，其修养之所表见者，也必秉有其诸种最高的价

---

① 郑晓沧：《儿童教育的两个重要目标》，载王承绪、赵端瑛编《郑晓沧教育论著选》，人民教育出版社1993年版，第197页。
② 郑晓沧：《广师说》，载王承绪、赵端瑛编《郑晓沧教育论著选》，人民教育出版社1993年版，第230页。
③ 郑晓沧：《杭州大学筹办方针》，载王承绪、赵端瑛编《郑晓沧教育论著选》，人民教育出版社1993年版，第95页。
④ 郑晓沧：《吾国学校精神卫生之几个问题》，载王承绪、赵端瑛编《郑晓沧教育论著选》，人民教育出版社1993年版，第30页。

值，纵不能至，也不容不以此自勉焉"[①]。如在浙大龙泉分校时，聘任著名学者如孟承宪教授、林天兰教授等。而且，由于外语师资的缺乏，从天主教堂聘请外国神父兼课。在浙大添设独立师范学院后，更是充分利用文理学院的师资优势，聘请教师兼任。

第一，教师不仅要有高深学问，还要有良好的品德，并且要十分重视教师的品行、对于学问的态度以及教师的人生观、世界观等。郑晓沧提出，大学在"选聘教师时，见有道德高尚而其学术足以教人者，尤其亟为罗致"[②]。因此，在聘任教师的过程中，他强调不仅要注意教师是否具有真才实学，还应该特别注意教师是否具有高尚的道德情操，是否具有求知的精神内涵，是否精神健康，具有同情心。而且要采用"增多师生间接触机会之各种制度"[③]，以无形中使学生得到精神素养的熏陶。因此，郑晓沧在浙大率先应用导师制，兼做学问和道德修养。

第二，教师应该拥有循循善诱的教学技能。郑晓沧认为，教师的作用就如启明星，对学生的求学之路起着引导作用，如果学生不小心在路途中落后，教师应该想方设法对其进行扶助，在帮助的过程中鼓励他不畏困难，继续向前。郑晓沧提出，教师应该把握其师范性，在聘任教师时，要注意选拔深谙教育原理及教育法的教师。在聘请师范学院的教授、讲师、助教时，还要注意其自身教学经验与对教育的兴趣。这些原则与郑晓沧所倡导的瑞士教育家裴斯泰洛齐重视实践的教育思想有关，他曾说："吾人固极需要教育的知能，却尤需要教育的热诚。赫尔巴特之学说固可贵，裴斯泰洛齐的精神殆尤可贵。"[④] 他不仅如斯说，也如斯行。即使对待有错失的学生，也从不疾言厉色，重教不重责。

[①] 郑晓沧：《广师说》，载王承绪、赵端瑛编《郑晓沧教育论著选》，人民教育出版社1993年版，第229页。
[②] 郑晓沧：《杭州大学筹办方针》，载王承绪、赵端瑛编《郑晓沧教育论著选》，人民教育出版社1993年版，第95页。
[③] 郑晓沧：《杭州大学筹办方针》，载王承绪、赵端瑛编《郑晓沧教育论著选》，人民教育出版社1993年版，第95页。
[④] 戚谢美：《纪念郑晓沧教授诞辰100周年——教育系举行学术讨论会》，《杭州大学学报》（哲学社会科学版）1992年第4期。

(五) 师范生要重视科学研究

郑晓沧对大学生研究工作十分重视，如他在《假若我得重做一番大学生》中就提到，"谈到研究方面，值得同学们特别注意"①。而且，强调教育家应发挥应有之责任，进行创造，造福全人类。"科学家负研究的责任，如何不使此种研究的结果用于毁灭人类，乃是政治家与教育家应负的责任。"②他还指出，要对教育进行发展，不能仅凭政策的力量，还要着重注意教育科学的指导，没有科学指导的政策是不完善的，即使一时奏效，也没有长远的结果。

郑晓沧认为，师范生也要重视教育研究。首先，他强调师范生要养成科学态度。他指出："师范生除了习练教术以外，还要使他对于教育有些科学的态度。……我常见师范毕业生，只管注重教学方法的琐节，我觉得他们如此便不免枯燥。假使他们在学校时，能从实地做些教育研究，规模虽小，或者也足以养成他们的科学态度。"③

其次，在郑晓沧看来，师范生对于研究教育学科的教学至关重要。一方面，他提出"教授教育学者需研究教学"的观点。如他在《师范学校教育学科之教学》中明确提到："我国教育家，亦谓教育学科之不易教学，凡此皆吾人之责任。若教授教育学者，再不研究教法，则更有何人研究？故教育学科，在师范学科为最重要之问题。"④另一方面，学生对研究的重要性认识不足，对于师范学校的目的不明。如有学生认为，师范院校是免费的中学，不太注重学术研究。

最后，郑晓沧提出应如何进行科学研究。要使学生明确师范教育之目的，掌握师范教育之经验。在教材方面，首先，要使学习的东西与儿童生活与学校的实际经验相结合。其次，对于学生必须布置明确的作业。在上课之前提出问题，让学生去预习，这样不至上课时不知所云，

---

① 郑晓沧：《假若我得重做一番大学生》，载王承绪、赵端瑛编《郑晓沧教育论著选》，人民教育出版社1993年版，第273页。
② 郑晓沧：《假若我得重做一番大学生》，载王承绪、赵端瑛编《郑晓沧教育论著选》，人民教育出版社1993年版，第273页。
③ 郑晓沧：《十年之实验教育》，载王承绪、赵端瑛编《郑晓沧教育论著选》，人民教育出版社1993年版，第12页。
④ 郑晓沧：《师范学校教育学科之教学》，载王承绪、赵端瑛编《郑晓沧教育论著选》，人民教育出版社1993年版，第110页。

而且，课堂必须有组织。教材的内容有实用价值，教材纲目应简单清楚，做到分目简洁，可分必修课与选修课，以实用为原则。总之，合格的教师应储备教育学、心理学等知识，并熟练掌握运用教育科学规律①，这是师范生应具备的科学素养。

三　师范教育思想的影响及现代价值

郑晓沧不仅具有浓厚的儒士之风，还兼具西方的绅士色彩。在其长达60年的教育生涯中，他提出了具有特色的师范教育理论，参与到各种教育实践中，对中国的师范教育事业产生了重要的影响，在今天仍具有重要的价值。

（一）师范教育思想的影响

1. 坚持民族本位，建立"中国式"教育

郑晓沧的师范教育思想更多地形成于那个积贫积弱的年代，他自小接受的是儒家传统文化教育，这为他在诗词领域的造诣奠定了基础。在接受西式教育后，他受美国实用主义教育的影响颇深。郑晓沧始终立足于国情发展教育，坚持教育的民族本位。他提出："一国之教育设施，必当斟酌国情，然后能推行尽利，若妄要模仿，必有方枘圆凿之患。"②他始终坚持要将所学所见的西方实用主义科学教育思想，灵活地运用于中国的教育环境中。

在课程内容上，突出强调学生民族心理的培养，他认为，在学生的学习内容中，应该包含孔孟，从而不失民族独立之气概。必须发扬民族文化，才能增强社会凝聚力，增强民族战斗力，从而实现中华民族大业的伟大振兴。

2. 倡导教育实用，引领教师价值追求

郑晓沧在接受西式教育后，受美国实用主义教育的影响，在教师培养上提出了教师实用观。实用就是指教师要引起学生的兴趣，并且提高学生的各种能力。这种能力就是能够主宰自己，而且可以随时充满应

---

① 何增光：《浙江高等师范教育史》，杭州出版社2008年版，第35页。
② 郑晓沧：《教育上应有之国家主义》，载王承绪、赵端瑛编《郑晓沧教育论著选》，人民教育出版社1993年版，第23页。

用。郑晓沧指出当时中国教育存在的问题是"离却人生"。他将大学的培养目标与从事的职业进行比较,认为大学教育尽在养成专门学者,然而,在职业的选择上,却有不少大学毕业生从事于中学之教学,这也就导致毕业生之不切实用,也就使得当时的许多教师并没有完全做到实用的教育。

因此,他提出,"教育为实际事业……故教育必以实用为归"[①]。教师通过教育活动塑造学生的求知态度、求学兴趣以及习惯等。所以,不仅要训练教师专业的学术能力,而且应该训练其教学态度与方法,这样的教师才能够更好地培养学生。

(二) 师范教育思想的现代价值

1. 学问与修养兼备,培养学生完全人格

郑晓沧主张全人格的培养,认为教育不应该仅偏重于智育的培养,更要重视学生人格的培养。他把德育放在了重要的位置,把培养积极的人格作为重要的目标,并且提出了德育的内容和做法。在内容上,首先,要有高尚的爱国主义情操。其次,是社会的团结协作精神。而且,要坚持理论与实践相结合,提出"生产教育"的概念,同时,把艺术教育也作为陶冶学生高尚情操的重要方式。这种观念对今天师范生的培养仍具有重要的启迪作用。

大学所培养的人才是未来的建设者,承担着为祖国培养新兴人才的使命。可是,即使在今天,中国还是存在层出不穷的道德滑坡现象,许多人为了追求物质利益,弃道德准绳于不顾,践踏社会道德底线。因此,中国当今教育急需国家道德风气的弘扬,从振作民气的角度出发,想要提高全民道德标准,就不得不重视培养学生的健全人格,也就要求培养教师的师范院校把培养健全的人格作为重要的追求目标之一。这不仅迎合了现实社会的发展需求,而且是贯穿教育方针与过程的必然选择。

2. 学识与修养并重,引导学生研究兴趣

教师的素质事关培养的质量,郑晓沧在对教师进行重新定位后,

[①] 郑晓沧:《教育改造声中对于教育本质之探讨》,载王承绪、赵端瑛编《郑晓沧教育论著选》,人民教育出版社1993年版,第212页。

提出教师的素养对于培养教师的重要性。首先，强调教师要具有责任意识，要有奉献教育事业的信心与使命感。其次，强调教师要了解教育规律，坚持"学生中心"，尊重学生发展的阶段性和差异性。他提出："教育而不顾到心理的原则，则用力多而成功少……故从事教育者，不可不明学习之原则与发达之期程。"[①] 由此，在面对学生的种种差异时，教师应该把握因材施教的原则，因势利导，对于不同的教育对象，不能千篇一律，一成不变，应该根据他们的个性调整教育策略。而从纵向来说，对于同一学生的不同发展阶段，也应采取不同的教育手段，教以不同的教育内容。比如，高等教育就应该教授专门的知识，继承以及培养良好的文化道德，为将来服务社会打好基础。

在今天来看，这种教师培养的进步意义在于教师要坚持学生为中心，从学生心理需要出发，提出了教师是"中介"的观点。对于学生，教师教育需从"教材中心"转移到"儿童中心"，教师追求的不仅仅是儿童生活的快乐，更是谋儿童生活的效果。

3. 基础与自修相辅，强调终身学习体系

郑晓沧提出："高度强化学问基础，实为中学健全师资之必要条件，必也好学不厌，然后可以诲人不倦，源泉滚滚，方可用之无尽也。"[②] 在内容上，他提出基础教育在大学教育中居于重要地位。这种基础教育就是以文理科为主，强调文理科是基础，文理兼通，有利于学生在各有专精的基础上获得广博的知识。在教育效果上，他强调什么时候强化基础教育，什么时候培养的人才就过硬。同时，学校教育必须达成一项重要的目的，就是要杜绝毕业即停止学习这种行为的出现。现代所提倡的终身教育，也对学生做出要求，学习应该是一种终身学习，只有在学校里学好基础知识，才能在以后的人生中大为受益。

现如今，随着科学技术的日新月异，文化知识也层出不穷，不管是

---

① 郑晓沧：《教育改造声中对于教育本质之探讨》，载王承绪、赵端瑛编《郑晓沧教育论著选》，人民教育出版社1993年版，第216页。
② 郑晓沧：《浙江大学师范学院院务报告》，载王承绪、赵端瑛编《郑晓沧教育论著选》，人民教育出版社1993年版，第234页。

人们的思维方式还是生活、学习方式，都发生了翻天覆地的变化。正如在2015年召开的国际教育信息化大会上，习近平在其发的贺信里所指出的那样，"人才决定未来，教育成就梦想"，又指出，要"应信息技术的发展，推动教育变革和创新，构建网络化、数字化、个性化、终身化的教育体系，建设'人人皆学、处处能学、时时可学'的学习型社会"①。所以，要明确未来社会将是终身学习的社会。

4. 态度和研究共育，推广科学研究成果

郑晓沧对师范生的研究十分重视，他首先强调师范生要养成科学态度，进而提出如何进行科学研究。在教材方面，首先，要使学习的东西与儿童生活与学校的实际经验相结合。即教材的内容要有实用价值，教材纲目应简单清楚，做到分目简洁，可分必修课与选修课。其次，在教学上，对于学生必须布置明确的作业。上课之前提出问题，让学生去预习，这样不至在上课时不知所云，而且课堂必须有组织。

除此之外，郑晓沧指出，从事师范教育的教师也必须从实际出发，在实践活动中进行研究，这种研究虽然规模不大，但也可以帮助教师完善科学的态度。并且，针对中国的国情他还强调，科学研究须得有合作的精神。他指出："尚有许多的研究不是一人或一校可以办的。那末他人或他校要从我们搜集事实时，我们就应迅速报告，使教育研究容易收效……常有补于我们自己的。"②

总之，在科学研究上，他非常强调科学精神的重要性，并且要求具备合作精神，采用科学的研究方法。此外，他认为，科研成果与社会相结合也十分重要，因为科学研究所产生的强大生命力就来源于此，对今天的教师科学研究也有重大的启迪作用。

2016年，《中国学生发展核心素养》出台，其中明确指出，中国学生发展核心素养综合表现为人文底蕴、科学精神、学会学习、健康生活、责任担当、实践创新六大素养。这六种素养对学生的全面发展也提出了全新的要求，同时，科学精神这一重要素养对教师提出了重要的要

---

① 《习近平致国际教育信息化大会的贺信》，《人民日报》2015年5月2日。
② 郑晓沧：《十年之实验教育》，载王承绪、赵端瑛编《郑晓沧教育论著选》，人民教育出版社1993年版，第13页。

求。只有研究型的教师，才能从事教育改革及创新工作。教师富有了创新精神，创新人才才能得以培育。从事科学研究可以激发教师教学的热情，缓解教师的职业倦怠问题，更有利于教师继续学习、终身学习。

5. 学科与综合协同，强化教师教育特色

在20世纪20年代，师范生普遍认为，教育学、教育史、比较教育、教育心理学等教育学科所具有的学术性太强，与之相对的是，与教育实践脱节的情况频发，尽管学习的知识很多，但学校中的实际问题却没有得到解决。

在这样的情况下，讨论大学教学方法的文章依然少之又少，郑晓沧毅然于1924年撰写两篇文章——《大学某种教法上的两项实试》和《师范学校教育学科之教学》，具体阐述了他对大学中教育学科教学方法的实践与认识的具体想法。他主张，师范生要研究教育学科的教学。他在《师范学校教育学科之教学》中就指出了两个方面，一个是"教育学科，在师范学科为最重要之问题"[1]。另一个就是研究教育学科能纠正师范学校的目的。即师范院校不是免费的中学，不太注重学术研究。这些观点对今天我们的大学教学仍有很大的启示。

教育学科的建设是师范大学打造教师教育特色的一个重要途径，教育学科的建设对教师教育特色的实现产生着重要的影响。但是，在如今师范类教育学科综合化发展的背景下，师范大学面临着各类资源十分有限的情况。因此，为了保证教育学科资源的有效利用，就必须集中有限的教师教育资源，协同发挥作用以提高资源利用效率。同时，需要依托教育学科机构，保证教育学科综合化并成为师范大学特色学科的基础，从而促进教育学特色学科发展，并以此为原动力强化师范大学教师教育的特色发展。

作为著名的诗人，郑晓沧清婉拙朴，诗心垂教；作为著名的教师，郑晓沧投身教育，无私奉献，一心奉教，郑晓沧不仅是一位著名的教育理论家，而且是一位一生献身教育，期望"得天下英才而教育之"的教育实践家。郑晓沧通晓古今、励精图治、勤勤恳恳，倾注了毕生心血于中国教育

---

[1] 郑晓沧：《师范学校教育学科之教学》，载王承绪、赵端瑛编《郑晓沧教育论著选》，人民教育出版社1993年版，第110页。

事业，有人赞他为"一代宗师"。他始终心怀激情之火，把自己的人生定位在高等教育事业上。由此，他"童而游伴、壮而放洋、寿则杖朝、文则华国"的人生充满着传奇色彩。除了在教育领域郑晓沧功勋卓越外，在翻译、诗词、文学等领域，郑晓沧亦有着不朽的地位。

总之，一方面在杏坛创造丰功伟绩，立德树人，另一方面，又拥有一颗善良的心灵，与人为善，郑晓沧不管是在学问方面，还是在德行方面都无可指摘，这样的结合更显示了这位教育家诗心垂教的本色。

第三节　陈鹤琴的师范教育思想

陈鹤琴（1892—1982），浙江省上虞县人，中国现代著名的幼儿教育家，也是杰出的师范教育家，享有"中国幼儿教育之父"的美誉，陈鹤琴的幼儿师范教育理论，为幼儿师范教育在中国的发展作出了巨大的贡献。

陈鹤琴于1914年结束在北京清华学校的学业，毕业后考取公费留学生赴美留学。三年后，他获得美国霍普金斯大学文学学士学位，接着进入哥伦比亚大学师范学院攻读教育学。1918年，取得教育硕士学位，1919年回到中国，被聘为南京高等师范学校教育科教授。1929年，成为中华儿童教育社主席。1934年，他远赴欧洲11国，进行教育领域的考察。

1940年，陈鹤琴创建了江西省立实验幼稚师范学校。抗战胜利以后，他又组织建立了上海市立幼稚师范学校（1947年改名女子师范学校）。中华人民共和国成立之初，他历任中央大学师范学院以及南京师范学院院长。1979年及以后，他被任命为中国教育学会名誉会长、全国幼教研究会名誉理事长、江苏省人大常委会副主任等。三年后，陈鹤琴因病逝世，享年九十。

陈鹤琴为中国的幼儿教育事业奋斗了一生，其丰富的幼儿师范教育理论与教育实践，对于当下的师范教育改革仍有着深刻的现实意义。

一　师范教育思想的形成
（一）社会背景与教育状况

民国初期，幼儿教育尚未受到社会民众的重视，不仅幼儿教育机构数量匮乏，与当时学前儿童的实际需求不符，而且，由于许多幼儿园被外国人所掌控，表现出明显的外国化倾向，"此次所见幼稚园，凡经费充足、设备丰富者，一入其门，耳之所闻，目之所见，多为外国玩具"[①]。"此次所见者皆为外国音乐。"[②] 在战火纷飞、政局动荡的历史时局下，幼儿师范教育力量极其薄弱，现有的幼儿师资水平不合格，缺乏基本的专业知识与教学技能。陈鹤琴批评当时的幼稚教育，"功课太简单，团体动作太多，没有具体的目标，形式太重，设备太简陋"[③]，完全违背了幼儿教育的本质。

此外，传统的师范教育理论忽视了学生在教育中的中心地位，强调以教师、教材和教室为中心，这显然已经不能适应时代的要求。这些社会现实与问题，都加速了陈鹤琴师范教育思想的形成与发展。

(二) 师范教育思想的理论渊源

1. 实用主义教育思想

实用主义教育思想对于陈鹤琴幼儿教育思想的形成来说，起着至关重要的作用。陈鹤琴曾在哥伦比亚大学学习，受杜威的影响，他在教学方法、教育内容、教学原则上所提出的观点，大多与之相一致，但是，陈鹤琴并没有照搬实用主义教育理论，而是根据自身的实践活动经验，结合中国实际的教育发展情况进行再创造。比如，陈鹤琴提出的新的教学方法——"做中教，做中学，做中求进步"，就来源于杜威的"做中学"教育思想，陈鹤琴在原有的基础上进行二次发展，并拓展了内涵与外延，"不但是要在'做'中学，还要在'做'中教；不但要在'做'中教与学，还要不断地在'做'中争取进步"[④]。

2. 德可乐利教学法

德可乐利教学法也是陈鹤琴师范教育理论的来源之一。陈鹤琴在对欧洲 11 国新教育情况进行考察以后，最为推崇比利时的德可乐利教学法，他在《参观德可乐利学校报告》中提到，"这所学校能培养儿童自

---

① 陈秀云、陈一飞编：《陈鹤琴全集》（第二卷），江苏教育出版社 2008 年版，第 86 页。
② 陈秀云、陈一飞编：《陈鹤琴全集》（第二卷），江苏教育出版社 2008 年版，第 87 页。
③ 北京市教育科学研究所编：《陈鹤琴教育文集》（下卷），北京出版社 1985 年版，第 2—4 页。
④ 北京市教育科学研究所编：《陈鹤琴全集》（第四卷），江苏教育出版社 1991 年版，第 366 页。

治的能力和互助的精神","真正的'新教育'在这个学校里可以看得出来"①。受其影响，陈鹤琴在德可乐利三步教学的基础上进行了改进，提出四步教学法：实验观察、阅读思考、创作发表、批评研讨。同时，进一步在德可乐利单元教学法的启发下，创新性地提出了教材内容统一的五指活动。

二 师范教育思想的主要内容

（一）"活教育"理论

陈鹤琴著名的"活教育"理论囊括了师范教育、幼儿教育、家庭教育、小学教育、社会教育等，拥有庞大的体系，可见，师范教育是其理论体系的一个分支。"活教育"兼有三大目标与十七条原则，三大目标分别是：做人，做中国人，做现代中国人；大自然、大社会都是活教材；做中学，做中教，做中求进步。这是陈鹤琴从目的论、课程论和方法论三个角度提出的。陈鹤琴的幼儿师范教育实践活动，就是在他"活教育"思想理论指导下进行的，他明确指出，创办江西省立幼稚师范学校及上海幼稚师范学校都是为了进行"活教育"的实践。由此可见，"活教育"理论是陈鹤琴师范教育思想的重要思想基础。

（二）重视中国化师范教育和幼教的师资培养

1. 建立中国化师范教育的目标

建立中国化的师范教育，是陈鹤琴教育思想的一个重要组成部分。他认为："欧美的师范教育，各国有各国的特点。我国则不然，自己不能创立一个适合我国国情的师范教育，只是一味跟着欧美走。"② 因此，中国化的师范教育首先不能再墨守成规，同时也不能对欧美先进的教育模式进行照搬照抄，必须从实际的实验结果出发，立足于中国社会、教育的实际需要，培养建设中国本土化的优秀师资队伍，办既具有中国化特色，又能对世界教育思想影响深远的师范教育。

---

① 北京市教育科学研究所编：《陈鹤琴教育文集》（下卷），北京出版社1985年版，第301—302页。

② 北京市教育科学研究所编：《陈鹤琴教育文集》（下卷），北京出版社1985年版，第644页。

要如何对当时的师范教育进行改进呢？陈鹤琴认为，"改进"不是托诸空言，更不是空中楼阁，"师范教育一定要实验，只有经过实验，才能获得切实的改进"①。因此，他主张利用教育实验，先设立几所试点国立实验师范学校，从中汲取经验，再逐渐进行大范围推广。实验师范学校承担着重要的任务：首先是要对如何改进现有的师范、国民教育进行研究；其次是要对如何创造未来的师范、国民教育进行实验。为了完成任务，在征聘教师、经费、学校编制、课程等问题上都要综合考量，给国内的教育研究者充分的研究空间以及足够的实验经费，一方面对现有师范教育的学制、课程、教材教法进行完善，另一方面，还要创造性地规划新的师范教育体系。②

2. 幼稚教育是一切教育的基础

1928年5月，陈鹤琴在《注重幼稚教育》中明确指出，"要普及幼稚教育，师资宜早准备""各省师范学校急须设幼稚科和开设幼稚师范学校"③。他还通过组织"幼稚教育研究会""中华儿童教育社"，编写出版了《小学教师》《幼稚教育》《儿童教育》《活教育》等刊物，开展学术研究，进行经验交流，借以提高师资水平。他创办的江西幼师和上海幼师也培养了大量的幼教师资。

针对旧中国幼儿教育长期以来得不到重视的现象，陈鹤琴强调，中国需要大力发展中国化、科学化的幼儿教育，他在1947年所撰的《战后中国的幼稚教育》一文中强调，幼儿期是人生可塑性最强的时期，幼稚教育因此就是群学之基，国家要正式宣布幼稚教育在学制上的合法地位，要教育界以及各界人士共同倡导，使全国的父母意识到幼稚教育的重要性。因此，大量造就幼教师资是时代的迫切要求。陈鹤琴认为，各省都要先设幼稚师范至少一所，负责训练全省的幼教师资。

(三) 师范教育的培养目标

陈鹤琴"活教育"三大纲领中的第一条目的论，清楚地代表了陈

---

① 北京市教育科学研究所编：《陈鹤琴教育文集》（下卷），北京出版社1985年版，第643页。
② 北京市教育科学研究所编：《陈鹤琴教育文集》（下卷），北京出版社1985年版，第643页。
③ 北京师联教育科学研究所编选：《陈鹤琴幼儿教育思想与教育论著选读（1892—1982年)》，中国环境科学出版社2006年版，第20页。

鹤琴对教育终极目的的深刻认识——"做人，做中国人，做现代中国人"，这也应该作为各级各类学校教育的培养目标，师范教育亦然。他针对传统师范教育培养目标的根本缺陷，进一步指出幼儿师范教育应该培养的，不是死读书的学究，也不是呆板的士大夫，而应该培养以教育儿童为目标，服务社会为己任，"手脑并用，文武合一"，擅长多种才艺，造福人类，勇于创新的新型师资队伍。

陈鹤琴提出，新型幼儿教师的塑造，不仅要培养"能讲故事、能编歌谣谜语、能画图、能做手工、能唱歌、能奏一种乐器"[①] 的能力，还要求能"种花种菜、能做点心和烧菜、能做初步的急救工作"[②]。另外，陈鹤琴还非常重视对学生办理幼儿教育能力的塑造。他认为，幼师的学生，将来应该能够将各种形式的幼儿园普及于全国各个角落，以期为中国的幼儿教育事业添砖加瓦。所以，在国立幼专建立时，陈鹤琴提出四点培养目标，其中，办理幼儿师范的能力极为重要——"培养学生有办理幼儿教育各阶段（如托儿所、幼儿园）的能力"[③]。

为了达到培养新型幼儿教师的目标，在幼师教育实践活动的开展中，陈鹤琴稳抓学生办理幼教的能力。因此，在学生进行教育实习时，不仅要对教学方面的知识进行学习和实践，还要对学校的行政、校内事务进行参观与学习。以此学生才能了解整个学校系统。除此之外，陈鹤琴还会亲自带领学生进行实践，办理幼儿教育机构。

（四）师范学校的课程体系

陈鹤琴针对传统教育过分迷信课堂书本知识的缺点，拓展教育范围至生活所能接触到的自然与社会中，他提出，每个人的生活都与社会、自然息息相关，人们从自然中获得生活的物质资料，自然现象与规律，人与人的关系特点，都是教育的好素材，都是取之不尽的教育资源。可以说，书本知识是人类经验的累积，那么，自然与社会就是活生生的教

[①] 北京市教育科学研究所编：《陈鹤琴教育文集》（下卷），北京出版社1985年版，第150页。

[②] 北京市教育科学研究所编：《陈鹤琴教育文集》（下卷），北京出版社1985年版，第150—151页。

[③] 钟昭华：《陈鹤琴教育思想与江西实验幼师——中国学前教育史研究之二》，《南京师大学报（社会科学版）》1981年第2期。

育资料，也就是"大自然、大社会都是活教材"的"活教育"课程论。

1. 课程结构

师范学校不同于中学，课程不能和中学一样，否则，师范生所接受的师范教育，就是学非所用，用非所学。因此，师范学校要有自己的课程体系。首先，陈鹤琴认为，师范学校的课程研究要有两种思路：一是维持原有的学科制，二是混合课程研究；其次，要拓展现有师范教育中教育学科的内涵，充分发挥其职能，并且要将它们与国文、数学、理化等普通学科相区分，使它充分表现出师范课程的特性。同时，要研究如何吸收欧美教育的长处，去其短处，使课程适合中国的国情，使师范课程中国化。

因此，陈鹤琴结合幼儿园、小学的实际情况及需要，基于幼师的基本培养目标，在幼师开设了一系列相关课程，包括《公民》《时事研究》《国语》《自然》《历史》《家事》《体育及游戏》《美术》《音乐》《卫生》《教育概论》《儿童心理》《教育法》《幼稚教育》《农艺》《工艺》《实习》等，建立了系统的幼师培养课程结构。这个课程结构可以说基本上体现了德、智、体、美、劳全面发展的精神。

陈鹤琴还要求各科教师不仅做到按照学科特点、任务发挥教学职能，还要做到了解相关课程情况，做到学科间的联系与渗透，加强整体教学效果，以此充分发挥课程结构的整体功能，改善当时各科课程相互脱节的情况。虽然由于一些不可控的主客观原因，这个课程结构不够完备，也没有完全投入实践，但其基本的理论框架及经验仍具有很大的启示意义。

2. 课程分类

陈鹤琴将江西实验幼师的课程分为精神训练、文化训练和专业训练三大类。精神训练是从理论上让学生懂得怎样做人、做现代中国人，如有"公民""人生心理"等课程。文化训练是提高学生的基础文化水平，有"国语""自然""社会""时事研究""卫生""体育""音乐""美术"等课程。

文化课程注意与幼儿园的教学相结合，如"体育"部分为学生本身的体育，以及学生将来毕业后教儿童的体育。"社会"则是将历史与地理结合，注重现代的历史，注重当前的国际问题，研究乡村社会的生活和本国的状况。"自然"则要求学生充分了解普通的自然现象,并培养学生具有对儿童所接触的自然充分的认识,还应对于自然有研究的兴趣。专业训练有"教育概论""儿童心理""保育法""幼稚教育""实习"等。在"儿童心理"方面,不仅要让学生知道儿童心理发展的过程,各种心理的现象,还要知道儿童心理怎样被应用到教育上去。"保育法"是教学生知道幼儿的养育以及幼儿的衣食。此外,还有"家事""农艺""工艺"等课程。

上述课程都是采取理论与实际相结合的原则进行的,做到了边讲边学边做。除这些课程外,学校还十分重视通过课外活动丰富学生的知识。陈鹤琴教导学生,知识既要从书本上取得,还必须从实际生活中取得。当时幼师学生有着十分活跃、内容丰富的课外活动,比如各种文艺汇演、辩论会、演说、时事报告会等,以此扩展学生视野,获取多方面的知识。

3. "五指活动"课程

1942年,在江西幼师,陈鹤琴受到杜威实用主义教育思想的启发,在此基础上提出"五指活动"的课程思想,他批判旧式教学的知识孤立、片面,教材内容是毫不相关的知识的堆砌,是"填鸭式的教育"。因此,"今天我们根本反对这种死知识的传授,而主张以一个总的教学活动来统一教材内容,这就是我所提出的五指活动的课程理论与教学活动"[①]。陈鹤琴用五指形象地比喻健康、社会、科学、艺术、文学五种活动,一方面说明这五个方面是一个互相联结的整体,另一方面说明这五个方面缺一不可。

上海幼师校刊上刊登的"五指活动"课程如图13-1所示。

1944年春,陈鹤琴把幼师课程全部纳入"五指活动"中,完成了"活教育"课程体系的建构。与课程实施相配套,他还极力提倡活教材,强调要利用各种素材和社会问题进行教学。在他的这种课程观指导下,幼师的教师教得活,学生学得愉快,他们的思维不再囿于死的教科书,而是扩展到更为广阔的大自然、大社会中。

---

① 黄书光:《陈鹤琴与现代中国教育》,上海教育出版社1998年版,第211页。

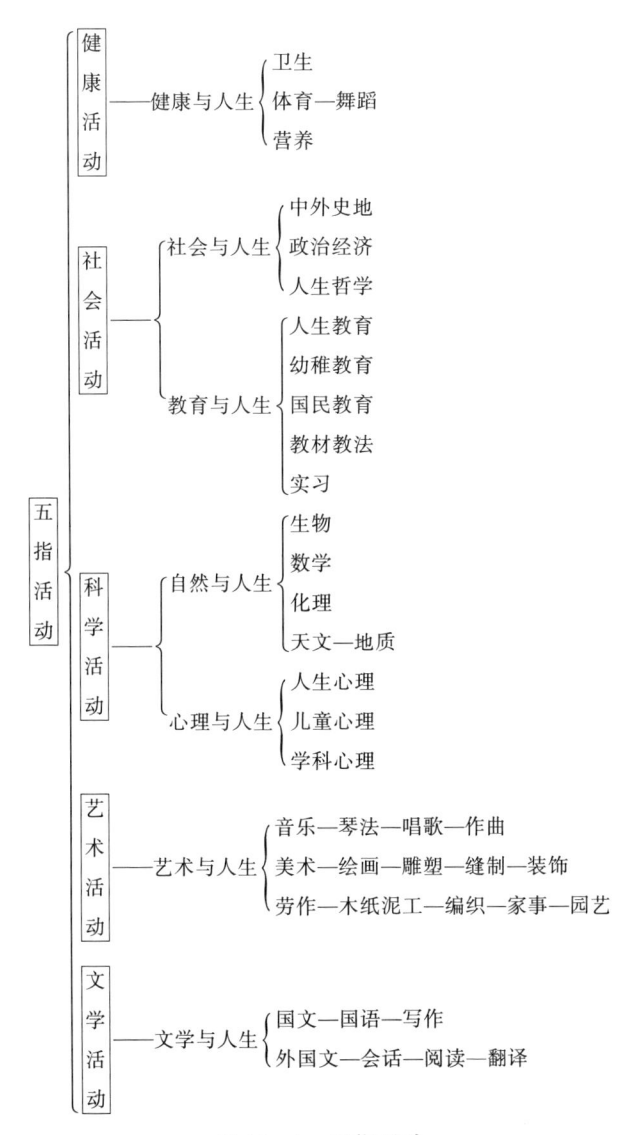

```
                     ┌ 卫生
         ┌ 健康与人生 ┤ 体育—舞蹈
健康活动 ─┤            └ 营养

         ┌ 社会与人生 ┌ 中外史地
         │            │ 政治经济
         │            └ 人生哲学
社会活动 ─┤
         │            ┌ 人生教育
         │            │ 幼稚教育
         └ 教育与人生 ┤ 国民教育
                     │ 教材教法
                     └ 实习

         ┌ 自然与人生 ┌ 生物
         │            │ 数学
         │            │ 化理
科学活动 ─┤            └ 天文—地质
         │
         │            ┌ 人生心理
         └ 心理与人生 ┤ 儿童心理
                     └ 学科心理

                     ┌ 音乐—琴法—唱歌—作曲
艺术活动 ── 艺术与人生 ┤ 美术—绘画—雕塑—缝制—装饰
                     └ 劳作—木纸泥工—编织—家事—园艺

                     ┌ 国文—国语—写作
文学活动 ── 文学与人生 ┤
                     └ 外国文—会话—阅读—翻译
```
（五指活动）

图 13-1　五指活动

资料来源：王伦信：《陈鹤琴教育思想研究》，辽宁教育出版社 1995 年版，第 265 页。

（五）师范教育的教学方法

1. 以"做"为基础的幼儿师范教育教学方式

为了达到新型幼儿教师的培养目标，陈鹤琴多次强调幼儿师范教育要以"做"为基础，这也与他的"活教育"思想理论保持了高度的一致性，也就是"做中学，做中教，做中求进步"。他始终强调"做"的重要性，因为"做了就与事物发生直接的接触，就得着直接的经验，就知道做事的困难，就认识事物的性质"①。

首先，陈鹤琴要学生在学习中"做"，他反复强调实践经验是非常重要的，教学应该与实习充分结合起来，在他看来，师范生应该保持在学习中工作，使平凡的生活与实习的课程相交相融。在这样的思想引领下，陈鹤琴所教导的幼师学生都充分经历了大量的幼教实验，而这样的教育方法不仅提高了学生的教育教学能力，还真正进入社会，做到为百姓服务。

其次，他鼓励学生到生活中去"做"，根据"活教育"的教学原则，幼专"把学生的日常生活，当作教学的出发点"②。因此，在学校，学生既要从事日常生活，又要从事劳动生活，就是说，既要进行自己洗衣、烧饭、做勤务这样的日常生活，还要进行筑路、编草、种花种菜、养猪养鸡、做工艺等活动。正如陈鹤琴所说："开学实际上等于全校师生集体劳动生活的开始。"③ 这样的安排并非一时兴起，也非环境所迫，而是充分发挥"活教育"的思想动力——"要培养生产能力，是要学校农场化、工厂化，学生农人化、工人化"④。幼师的"学生农人化、工人化"的原则从未被打破，在逃去避难的途中，"师生们还参加修路、种菜栽花、打扫卫生等劳动。菜园里栽种了葱头、金菜花、西红柿等引进的洋品种蔬菜，村民们觉得非常新鲜，眼界大开"⑤。

2. 四步教学法

陈鹤琴对教学步骤也有深刻的思想，他认为，教学不应该是教师讲给学生听，也不应该是死板地灌输与注入式的讲演。在江西实验幼师时，他就提出要"分组学习、共同研究"，并采取"观察实验""参考阅读""发表创作""批评研究"，这样的方法叫做四步教学法。一是观察实验，教学不是从空洞的原则和抽象的概念出发，而是要从实际观察

---

① 北京市教育科学研究所编：《陈鹤琴教育文集》（下卷），北京出版社1985年版，第653页。
② 《实验幼稚师范》，1941年，第11页。
③ 王伦信：《陈鹤琴教育思想研究》，辽宁教育出版社1995年版，第260页。
④ 陈秀云、陈一飞编：《陈鹤琴全集》（第二卷），江苏教育出版社2008年版，第11页。
⑤ 柯小卫：《陈鹤琴传》，江苏教育出版社2008年版，第274页。

和做中认识、了解事物，发现问题。二是参考阅读，让学生自己去找参考书，从人类已积累的知识经验的宝库中寻找资料和答案。三是发表创作，学生应该自己创作，从而表达自己所获取的知识技能，经过自己的消化、吸收、思考，大胆地发表自己的意见。四是批评研究，通过大家共同的修订、集体讨论，一起探索，从而总结出事物的基本规律与研究问题的解决办法。

陈鹤琴的四步教学法，是符合人类认知活动规律的，它能充分发挥学生在学习领域中的积极性、主动性，塑造学生研究问题的态度以及创新创造的能力，并引领学生对教育活动进行观察、记录、收集、整理以及分析。

除了一些特殊学科，如体育、音乐外，其他学科基本上是按照这四个步骤进行教学的。这种教学步骤与陈鹤琴主张的活教育的方法——"做中教，做中学，做中求进步"的教学理念尊崇了相同的精神。

(六) 师范生的教育实习

1936年，为了更好地指导并规范师范生的实习工作，陈鹤琴和阴景曙一起合编了《新实习》一书，这本书对实习的学理以及操作步骤等进行了全面而深入的阐述。此书指出，实习是进行专业训练必不可少的一门功课，预备将来做小学教师的师范生，自不得不经过专业化的训练。在师范学校里，实习无疑是专业训练上一种切要的过程，不能受到轻视。

1948年，陈鹤琴又在《从师范生实习谈师范教育上的几个问题》一文中指出，尽管师范学校非常重视实习工作，但师范生的实习不应流于形式，它不是走马观花，不是排戏演戏，也不是例行公事。实习之所以存在是因为学校教学存在一些固有的缺点，让"读书"与"做"成为毫不相关的两件事；还因为在接受师范教育之前，师范生对于教学完全是"门外汉"。现如今，实习也是师范学校必修课程中不可或缺的一部分。

首先，要提高实习质量，师范学校必须做到教学与实习打成一片。陈鹤琴始终强调，师范学校的课程与活动应该是与未来的教育工作息息相关的，"把教学成为学生工作的指导，把学校的活动与学生工作互相配合起来"①。教学的过程不只是教学,而是"教学做合一"的全过程,也就是读书与工作是一个整体。所以,师范生应该在学习中兼顾工作。这对师范学校提出了要求,使其改进了教学方法,使教学变成学生工作的指导,完全使学校的活动与学生工作相结合,互相适应。

其次,陈鹤琴提出师范学校应该配置小学、幼儿园等附属教育设施,以此为师范生提供实践场地,使其可以随时到小学、幼儿园参观、见习和进行教育实践。由此看来,师范生三年的学习全过程,应该都与实习活动相穿插。而且每个师范生都应被安排进师范学校的各附属教育机构中,在机构中担任实习教师或拥有实习教师的职位。师范生在学习了教育理论以后,可以随时随地将之运用于教育实践;而在实践中产生了问题,师范生可以到理论中寻找答案。陈鹤琴的这种构想是"教学做合一"理念的真正实现,做到了理论与现实高度的结合。这样的构想不仅让学生学习到了真知识、活知识,还培养了学生的教育能力。

实践证明,陈鹤琴的这些主张提高了幼师对教育实习的认识,加强了基本功的训练,使他们为未来的工作做好了充足的准备,提高了师资培养水平。

三 师范教育思想的特征及启示

(一) 师范教育思想的特征

1. 民族性

建立中国化的师范教育是陈鹤琴一生的不懈追求,他立意要创办中国化的幼儿师范,培养具有中国特色的新型幼儿教师。在这样的宗旨下,陈鹤琴的师范教育理论显示出充分的民族性。这与当时特殊的历史背景是分不开的,在硝烟弥漫、百废待兴的年代,陈鹤琴提出,幼儿师范教育不仅能够推动中国幼儿教育事业的建立,还有利于中华人民共和国的建设,新国民的培养。所以,他主张幼儿师范教育既要培养符合中华人民共和国需求的新型幼儿教师,还要培养具有新素质的社会新人。在他看来,每个国家的国民都不同,一个国家的人就应该具备这个国家

---

① 唐淑:《童心拓荒——现代儿童教育家陈鹤琴》,南京大学出版社2001年版,第229页。

的特点,"今天我们生在中国,是一个中国人,做一个中国人与做一个别的国家的人不同。"① 这些不同是由我们国家的社会性质所决定的。中国还处于半殖民地半封建社会的境地,就与资本主义国家完全不同。所以,中国人与别国人完全不同,教育培养目标更不相同。

2. 实践性

陈鹤琴在师范教育中一直强调"做"的重要性,即实践的重要性。他提出,学生只沉迷于书本而不进行实践,就只能通过死记硬背得到一些呆板的知识,只有实践活动才能提供活的知识。所以,他经常告诫学生:"理论必须通过实践来检验才能确定其是否正确,在实践中得到新发现,从而提高理论,这样才能不断进步。"②

此外,陈鹤琴本人也一直在亲身践行"做"的精神,"陈鹤琴一生把'实践第一'作为自己的信条"③。在其幼儿师范教育的理念下,江西省立幼稚师范学校、上海市立幼稚师范学校和国立幼儿师范专科学校先后成立,在这些学校中,陈鹤琴进行了课程的实践,将生活、农事、劳动这些以"做"为主的一系列活动融入学校活动,形成自己的特色。

3. 艺术性

陈鹤琴的师范教育思想并非学理性的说教,而是对实践活动经验的真实总结。特别是在表述上,他不用干巴巴的说教,而是生动地阐述具体事实,比较各种事实并进行分析,从而提出自己的观点。而在教育方法上,陈鹤琴善于根据教育基本规律与儿童身心发展的特点,进行巧妙的教育。其很多作品甚至达到了艺术的高度,说服力也很强。

在幼师课程设置上,陈鹤琴除了重视基本的课程,如教育学、心理学等外,还增加与学生生活紧密联系的内容,如将养猪养鸡、种花种菜、洗衣做饭等农业活动和日常活动作为学校课程,甚至还囊括了公民社会活动。老师经常亲自带学生去社会、自然界、幼儿园发现课程。因

---

① 陈鹤琴:《陈鹤琴教育思想读本·活教育》,陈秀云、柯小卫选编,南京师范大学出版社 2012 年版,第 4 页。
② 北京市教育科学研究所编:《怀念老教育家陈鹤琴》,四川教育出版社 1992 年版,第 206 页。
③ 北京市教育科学研究所编:《怀念老教育家陈鹤琴》,四川教育出版社 1992 年版,第 274 页。

此，这种艺术性被深刻地融入他的"活教育"理论之中，是一种走在时代潮流前沿的先进教育思想。

(二) 师范教育思想的启示

1. 立足国情，建立中国特色师范教育

陈鹤琴对于古今中外优秀的教育经验也保持着正确的态度，既反对盲目照抄，也反对完全的西化，他要求以实验的实际结果为依据，对古今中外的教育经验加以批判吸收，汲取其优长，发展我们自己的教育。因此，师范教育要根据本国的具体情况和实际需要，迎合时代的现实需求，顺应世界发展的潮流，在坚持中国民族性、时代性的基础上，走具有中国特色的发展道路。我们应当用理性的态度，对待国外的先进经验，借鉴优秀的经验与教育理念，使之能够在符合学校发展现实的基础上起到"锦上添花"的作用，由此，师范学校能够更好地向前发展。随着时代与社会的变迁，不仅是师范学校，其他大学引进人才的标准也越来越高，并且对于师资的多元化与培养的多元化更加重视，因此，对教师的要求越来越高，程序越来越严格，教师的"专长与博学"受到越来越多的重视。

2. 采取理论与实际相结合的课程原则，从根本上提高师范生素质

陈鹤琴指出，师范学校不同于中学，是具有自己的师范特性的，他强调，知识既要从书本上取得，还必须从实际生活中取得。因此，师范学校的课程不能只拘泥于专业科目，设置应该多样化，专业必修课与多种多样的选修课都应该受到重视，由此，学生的多种需求被满足，更有利于促进学生对于不同科目的培养目标及未来就业的前景做出深刻的理解。

除此之外，多种多样选修课的开设，有助于学生学习兴趣的激发，同时，学生拥有了更多的选择，教师应该秉承启发学生的理念，引导学生从实际出发，结合兴趣爱好进行选课。最重要的是，应注重运用"活教育"对师范生进行教育，使师范生与社会打成一片，和自然紧密结合，创造各种条件让师范生多参观、多活动，丰富他们的感性知识。这样一来，课程将理论与实际相结合，师范生经历了大量的教育实践，提高了自身幼教能力，也为社会服务提供了一定的动力。

陈鹤琴在江西实验幼师进行的教育改革，距今已有大半个世纪了，70多年前，他为了改变幼儿师范教育的落后面貌，不畏艰辛、勇于探

索，结合自己多年的教育经验，形成了极具特色的幼儿师范教育体系。陈鹤琴重视中国化师范教育和幼教的师资培养，将幼儿师范教育的培养目的定为新型幼儿教师，构建了以"大自然、大社会"为内容的课程体系，还构建了从"做"出发的幼师教育教学方式。其幼儿师范教育理论的形成，不仅是社会实际需求的成果，还是对各种教育理论、各种实践活动经验的总结。

由于历史的局限，陈鹤琴进行的幼师教育改革必然会有一些不足，但他给我们留下的更多的是鲜活的思想结晶与宝贵的实践经验，其师范教育思想对于现代中国幼师的改革、创新仍具有丰富的启示意义。

第四节　徐特立的师范教育思想

徐特立（1877—1968），出生于湖南省善化县，是中国现代杰出的无产阶级教育家，有人评价道："他的一生是光荣的一生，革命的一生，伟大的一生。"① 他"19岁开始教书，由从事平民教育，发展到从事无产阶级教育，七十年如一日，兢兢业业，勤勤恳恳，献出了毕生的精力和全部的智慧，作出了卓越的贡献"②。一生从事教育工作，徐特立大部分时间致力于师范教育，"一生都是教书。从蒙馆、初小、高小、中学、师范，一直到高等师范，我都任过教员"③，亲手创办过不少学校，培养了大批师资。"徐特立同志不仅是一位经验丰富的师范教育实践家，而且是一位系统的师范教育理论家。"④

徐特立的主要师范教育历程如下：

1905—1926年：1905年徐特立入长沙城宁乡速成中学读书，毕业后，与同学在梨梨创办梨江高小，附属简易师范班和女子班。1906年，在长沙周南女校任教。1910年，在上海江苏省教育总会单级小学教师

---

① 武衡、谈天民、戴永增主编：《徐特立文存》（第一卷），广东教育出版社1995年版，"编者说明"第1页。
② 吉多智、李国光、戴永增编：《徐特立教育学》，广东人民出版社1990年版，第346页。
③ 中央教育科学研究所编：《徐特立教育文集》，人民教育出版社1986年版，第40页。
④ 吴紫彦、吴重光主编：《徐特立师范教育思想》，广东教育出版社1994年版，"前言"第3页。

训练班学习,随后东渡日本考察教育发展情况。回国之后,仍回周南女校,创办《周南教育》。1912 年,创办长沙师范学校,任校长,招生 400 人。1913 年,任教湖南第一师范学校,兼湖南高等师范教学工作。1919 年到 1924 年,他远赴法国勤工俭学,同时还考察了比利时、德国的教育发展状况。1924 年回国后,创办了长沙女子师范学校和湖南孤儿院,兼任三所师范学校校长。

1927—1949 年:徐特立于 1927 年 5 月加入中国共产党,参加南昌起义。1928 年,到苏联莫斯科中山大学学习。1930 年回国,一直担任教育部门的重要领导人,到中央革命根据地后,在苏区担任教育部部长,创办了列宁小学、列宁师范学校等,花费大量精力创办师范教育,先后创办小学教师培训班、闽南师范和中央列宁师范等。之后参加了长征,随红军长征到达陕北以后,创办文盲师范(后改为鲁迅师范)。1937 年,回到延安后,在徐特立的主持下成立鲁迅师范,1940 年担任延安自然科学院院长。

1949 年以后,被选为中央人民政府委员。1954 年,当选为人大常务委员会委员,继续关注师范教育的发展,多次到湖南一师和长沙师范指导工作。1968 年 11 月 28 日,在北京逝世,享年九十二岁。

一 师范教育的地位与作用

(一)师范教育的地位

徐特立认为,师范教育是"教育之首"[1],他对师范教育重要性的论述有很多,1912 年,徐特立在创办长沙师范的时候,曾作《毕业歌》——"休夸长沙十万口,子弟不教非我有。十八乡镇半开化,少数通人难持久。莫谓乡村阻力多,盘根错节须能手。莫谓乡村馆谷薄,树人收获金如斗。大家努力树桃李,使我古潭追邹鲁"[2]——强调了师范教育的重要性。对于小学教师,徐特立认为,"小学教师在整个文教建设中,他们的历史任务是最基础、最庞大的,也是最艰难的。"[3] 对于幼儿教师,他认为,"幼儿教育是一项重要的工作,是非常细致耐心

---

[1] 吉多智、李国光、戴永增编:《徐特立教育学》,广东人民出版社 1990 年版,第 283 页。
[2] 武衡、谈天民、戴永增主编:《徐特立文存》(第一卷),广东教育出版社 1995 年版,第 4 页。
[3] 湖南省长沙师范学校编:《徐特立文集》,湖南人民出版社 1982 年版,第 550 页。

的工作，也是一项极其光荣的工作。"①

徐特立还进一步指出，教育之所以没有普及，重要的就是因为教员稀缺。"学校之责任，无更大于师范学校者，山地、平原、矿业地、工业地及农业地无不被其影响，且其影响又深入了人民之生活及行为，故师范学校实人民之学校。"②他提出："说办义务教育没有钱的话，是不负责任的话。"③由此，教育要普及，须从小学教育抓起，而办好师范教育，是发展小学教育的前提。

（二）师范教育的作用

"徐特立先生将师范教育作为改造旧生活，挽救民族和创造新国家的一条途径。"④对于师范教育的作用，徐特立的认识经历了从"教育救国"到"为革命办教育"，再到服务于"社会主义建设"的演变，符合他从一个民主主义者到共产主义者的变化过程，也充分说明他的教育思想有着鲜明的时代性，"是建立在马克思主义科学基础上的科学的教育思想"⑤。

1. "教育救国"

1927年以前，徐特立对师范教育乃至教育的认识，主要是"教育救国"。他"二十八岁进宁乡县速成师范，学过四个月……走上了反康梁而相信孙文的道路"⑥。他把自己的教育实践和民主革命结合起来，相信"教育救国论"，认为"培养后一代来救国救民是我唯一的任务"⑦。因此，他尤其注重师范教育和小学教育。1912年，创办长沙师范，并通过《周南教育》，"利用周南女校做我们鼓吹革命的机关"⑧，"三十三岁又到上海江苏省教育总会学过四个月单级教学法"⑨。"三十

---

① 中央教育科学研究所编：《徐特立教育文集》，人民教育出版社1986年版，第307页。
② 吉多智、李国光、戴永增编：《徐特立教育学》，广东人民出版社1990年版，第284页。
③ 武衡、谈天民、戴永增主编：《徐特立文存》（第一卷），广东教育出版社1995年版，第69页。
④ 吴紫彦、吴重光主编：《徐特立师范教育思想》，广东教育出版社1994年版，第16—17页。
⑤ 李之钦：《徐特立教育思想研究》，四川教育出版社1993年版，第73页。
⑥ 中央教育科学研究所编：《徐特立教育文集》，人民教育出版社1986年版，第39页。
⑦ 中央教育科学研究所编：《徐特立教育文集》，人民教育出版社1986年版，第298页。
⑧ 中央教育科学研究所编：《徐特立教育文集》，人民教育出版社1986年版，第41页。
⑨ 中央教育科学研究所编：《徐特立教育文集》，人民教育出版社1986年版，第39页。

四岁,正当辛亥革命在湖南胜利了……结果议会被武力解散了。我希望的民主共和就成为泡影。……我还是回到教育界去,用教育来改革人心罢!"①

随后,徐特立在长沙的几所师范学校先后任教二十余年,培养了大批师资,被誉为"长沙王"。徐特立"四十三岁到法国去留学,是半工半读,一共四年。……感到辛亥革命没有解决中国问题,找不到出路,就埋头研究自然科学和地方自治"②。徐特立同时考察了欧洲其他一些国家的教育,回国后创办长沙女子师范学校等。

2. "为革命办师范教育"

"大革命时农民运动起来,我才知道教育救国是我三十年来的一种幻想。"③ 1927年,徐特立抛弃"教育救国论",投身工人农民运动中,参加湖南的农民运动,在担任教育科长的同时,兼任湖南农村师范农运讲习所的主任。徐特立在《六十自传》中回忆道:"五十一岁到苏联学习,一共两年没有研究教育,只学革命理论……"④ 并反思道"特立在过去是一个彻头彻尾标本式的教育救国论者"⑤,得出了"真正无产阶级者,为着改造污泥的社会,只有入污泥而不染,而不是不入污泥"⑥这样的结论。他后来回忆道:"我的言论的内容和材料,是革命的环境给予我的,同时我的分析方法也是革命的环境给我的。"⑦ 至此,徐特立走上了革命的道路,办师范的宗旨进入更高阶段。

在主持革命根据地教育工作的过程中,徐特立为了解决教师匮乏的问题,亲抓师范学校的建设。1932年3月,徐特立在江西瑞金创办闽瑞师范学校,培训小学教师200多人,学习期限为1年。1932年10月,中央列宁师范学校创办,徐特立任校长,并为学员讲授政治课。招

---

① 中央教育科学研究所编:《徐特立教育文集》,人民教育出版社1986年版,第42页。
② 中央教育科学研究所编:《徐特立教育文集》,人民教育出版社1986年版,第40页。
③ 武衡、谈天民、戴永增主编:《徐特立文存》(第五卷),广东教育出版社1995年版,第344页。
④ 中央教育科学研究所编:《徐特立教育文集》,人民教育出版社1986年版,第40页。
⑤ 中央教育科学研究所编:《徐特立教育文集》,人民教育出版社1986年版,第45页。
⑥ 武衡、谈天民、戴永增主编:《徐特立文存》(第五卷),广东教育出版社1995年版,第345页。
⑦ 中央教育科学研究所编:《徐特立教育文集》,人民教育出版社1986年版,第47页。

收的学员主要是贫苦农民子弟和小学教师，学习期限 3—6 个月。1934年，教育部在徐特立的负责下，拟定《高级师范学校简章》，"用马克思主义唯物辩证法的教育方法，来批评传统的教育理论与实际，培养中小学的教员，以建立苏维埃教育的真实基础。"① 该简章阐明了苏区师范教育的办学目的，明晰了苏区师范教育的性质，为中国师范教育的发展确定了正确方向。

1937 年，鲁迅师范学校在延安成立，时任教育部长的徐特立亲自整顿该校，提升生源质量，提高教学质量。边区师范教育的发展，为边区的文化教育发展提供了坚实基础，"鲁迅师范学校建立后，随着师资培养工作的展开，全边区小学增加到 733 所，学生 15300 人"②。

3. "社会主义建设"的一项工作

中华人民共和国成立后，徐特立曾强调师范教育在国家建设中的重要地位和作用，"教育的作用是按一定的社会形式，培养一定的人格，为一定的社会服务"③。徐特立认为："以亿计的工农群众及其子弟，这是经济建设中的基本力量，离开这些人，就不能有经济建设。因此，在经济建设上，使广大人民群众得到科学和技术的基本教育，这种伟大的任务就落在小学教师身上。"④ 可见，徐特立在师范教育实践过程中，坚持把马克思主义的基本原理与中国师范教育具体实践相结合，使师范教育为党领导下的革命运动和整个无产阶级教育事业服务。

二 师范教育的目标与任务

（一）师范教育的任务

徐特立认为："师范学校之功用，在于养成教师。"⑤ "教师工作不仅是一个光荣重要的岗位，而且是一种崇高而愉快的事业。"⑥ 徐特立

---

① 陈元晖、球鑫圭、邹光威编：《老解放区教育资料（一） 土地革命战争时期土地革命时期》，教育科学出版社 1981 年版，第 239 页。
② 崔运武：《中国师范教育史》，山西教育出版社 2006 年版，第 194 页。
③ 中央教育科学研究所编：《徐特立教育文集》，人民教育出版社 1986 年版，第 199 页。
④ 中央教育科学研究所编：《徐特立教育文集》，人民教育出版社 1986 年版，第 275 页。
⑤ 吉多智、李国光、戴永增编：《徐特立教育学》，广东人民出版社 1990 年版，第 285 页。
⑥ 中央教育科学研究所编：《徐特立教育文集》，人民教育出版社 1986 年版，第 318 页。

重教尊师还体现在对于教师的社会地位和劳动报酬待遇给予关怀和重视方面。中华人民共和国成立初期，徐特立曾提出："国家和地方教育行政方面，有一个问题需要解决，就是要提高教师的社会地位，教师要受到社会的尊重，教师的生活要有保证，使他把做教师看成是终身的事业。"①

徐特立强调重教尊师，将教师的工作置于国家建设的蓝图之中。在陕北边区担任教育部长时期，对此他就已经有所认识，落后的文化不仅坑害成年人和青年人，对儿童的危害尤其严重，"我们的儿童目前是新民主主义革命的参加者，将来是社会主义建设的主人翁。……今日的儿童转眼即青年，稍不注意就难补救了"②。

中华人民共和国成立前夕，徐特立在展望未来中国发展问题时，强调科学技术人员和文化教育工作者的重要性，尤其是对教师的需求量较大，对此，徐特立有很清晰的认识，他指出："新的建设任务，一方面摆在科学技术人员（经济建设和国防建设工作者）的面前；一方面摆在文化教育工作者的面前，特别是教师的面前（因为教师是直接进行教育的，又有广大数量的）。"③ 其中，"教师是在教育工作中占主要地位者"④。

（二）师范教育的目标

对于师范教育的目标，徐特立提出，教师应做到"人师"和"经师"二者合一。"教师是有两种人格的，一种是'经师'……一种是人师，人师就是教行为，就是怎样做人的问题。经师是教学问的……我们的教学是要采取人师和经师二者合一的，每个教科学知识的人，他就是一个模范人物，同时也是一个有学问的人。"⑤ "人师"要求教师具备高尚道德，为人师表；"经师"要求教师具有专业知识，会教学问，徐特立自身就是"人师"和"经师"合一的模范，这也成为师范教育的培养目标。

---

① 中央教育科学研究所编：《徐特立教育文集》，人民教育出版社1986年版，第244页。
② 中央教育科学研究所编：《徐特立教育文集》，人民教育出版社1986年版，第87页。
③ 湖南省长沙师范学校编：《徐特立文集》，湖南人民出版社1980年版，第369页。
④ 中央教育科学研究所编：《徐特立教育文集》，人民教育出版社1986年版，第170页。
⑤ 中央教育科学研究所编：《徐特立教育文集》，人民教育出版社1986年版，第242—243页。

第十三章 师范教育思想的革新

"人师"是对师范生道德品质方面的要求。徐特立在《青少年时代的回忆》中提到一位举人陈云风对他说:"姓张的先生,教我读《朱柏庐治家格言》,他又抄杨椒山遗嘱给我读,在写字、知字义之外还教我以做人和治家的道理。……张先生对于我的感动,几十年来我常于梦中去找他。……此亦人师,与经师有别。"[1] 徐特立认为,"学了师范,已经初步树立了做人民教师的思想感情"[2],在此基础上,以幼儿教师为例,他提出,首先"要有高尚的共产主义的道德修养,热爱自己的专业,专心致志,钻研业务,对培养好幼儿具有高度的责任感"[3]。而且"做教育工作的人,一般总是先进分子,他们继承了民族的文化遗产和经验,他们是受尊敬的人"[4]。徐特立以身作则,提及过往的教师生涯,"因为热爱自己的教书职业,把自己的收入也拿出来办学,没钱时,我就出力。就这样边教边学,水涨船高,我获得了许多知识"[5]。

"经师"是对师范生教育理论和专业知识方面的要求。在江西苏区领导师范教育的过程中,徐特立把教育科学作为重要内容。中华人民共和国成立后,他也曾多次强调教育科学的重要性,撰写过许多教育科学的文章和著作。"一个懂得教育学、心理学、教学法的教师,教起书来总要比较好些。"[6]

对于师范生应掌握的理论,徐特立认为,主要应包括教育学、心理学、教学法、教育行政略论和师范教育科学的研究,以"实际问题为中心"进行讨论,从而使学生既掌握教育原理、规律和教学艺术,又具备实际的教育工作能力,成为通才和专才相结合的教师。其中,"我们研究儿童心理,教育心理和学习心理,不应该单纯的以自然人类为对象。而研究的方法,不只是生理的和物理化学的反映,而是生产关系和社会关系的分析。……我们研究儿童心理和学习心理,应该从社会矛盾

---

[1] 武衡、谈天民、戴永增主编:《徐特立文存》(第五卷),广东教育出版社1995年版,第333—334页。
[2] 中央教育科学研究所编:《徐特立教育文集》,人民教育出版社1986年版,第318页。
[3] 中央教育科学研究所编:《徐特立教育文集》,人民教育出版社1986年版,第307页。
[4] 中央教育科学研究所编:《徐特立教育文集》,人民教育出版社1986年版,第311页。
[5] 中央教育科学研究所编:《徐特立教育文集》,人民教育出版社1986年版,第320页。
[6] 中央教育科学研究所编:《徐特立教育文集》,人民教育出版社1986年版,第318页。

中加以分析。教育的效能与教育的发展的制约,不能单纯地从教育本身来解决,应科学地解决。其解决方法,当与整个社会制度问题配合着"①。并强调"增加小学教员的读物,包括生产、卫生、政治、文学、艺术等等"②。

因此,徐特立鼓励青年人献身师范教育事业。1957年7月29日,徐特立怀着对师范教育的满腔热情,对北京第一师范学校的学生们说:"我希望你们一生都做教师,再也不想别的。"③徐特立指出,教师"对国家人才的培养,文化科学教育事业的发展,以及后一代的成长,起着重大作用"④。徐特立还指出:"需要学习、思想各方面都比较优秀的人来投考师范。"⑤为将来做教师打下良好基础,更能促进中国教育事业的发展。他鼓励年轻人:"革命先辈常常前仆后继地把生命贡献给革命事业,那是多么大的代价!难道我们学师范做人民教师,为祖国培养新的一代,这点小小的贡献都不肯给社会吗!"⑥

三 师范教育的教学原则与方法

(一) 师范教育的教学原则

1. "教和学并进"

徐特立提出"教和学并进"⑦。徐特立的"教和学并进",强调教师在教学过程中的学习。徐特立运用马克思主义辩证法来解释教与学之间的关系:"所谓教与学,就是要把常识转化为初步的科学,即对于第一本质的认识、第一形态和第一运动的认识及不甚精确的数量认识,个别的分析与原始的综合都是必要的。"⑧徐特立曾经劝告年轻人:"你们去工作,地区不同,地位待遇也可能不同;但是最后的结果,要看哪个人刻苦努力,要看谁对人民的贡献大。你们将来都要成为有学问的人,下

---

① 中央教育科学研究所编:《徐特立教育文集》,人民教育出版社1986年版,第201—202页。
② 中央教育科学研究所编:《徐特立教育文集》,人民教育出版社1986年版,第134页。
③ 中央教育科学研究所编:《徐特立教育文集》,人民教育出版社1986年版,第311页。
④ 中央教育科学研究所编:《徐特立教育文集》,人民教育出版社1986年版,第318页。
⑤ 中央教育科学研究所编:《徐特立教育文集》,人民教育出版社1986年版,第318页。
⑥ 中央教育科学研究所编:《徐特立教育文集》,人民教育出版社1986年版,第319页。
⑦ 中央教育科学研究所编:《徐特立教育文集》,人民教育出版社1986年版,第272页。
⑧ 中央教育科学研究所编:《徐特立教育文集》,人民教育出版社1986年版,第207页。

乡以后，要多买书，刻苦学习，天天用心。"①

徐特立自身就是"教和学并进"的典范，他40岁开始学英语，43岁留学法国，51岁去苏联学习。他在《六十自传》中提到自己教蒙馆时的切身经历："我从半教半学，读了许多古书，还读了旧的地理、历史和数学。"② "我教中学，每一小时俸金洋一元，在高等师范每一小时洋三元，有了钱可多买书，学问进步快了。我计划每天买一块钱的书，一年便可以买三百六十块钱的书。因此，我有不少的藏书。"③ 即使是社会活动，也可称为教学内容，在辛亥革命时，他"参加了这次革命活动（反对铁路国有，在湖南我是发起人之一），成了政治活动分子，更丰富了我的生活，丰富了我的教学内容和方法"④。

2. "教学半"

徐特立用"教学半"总结师生关系："教师和学生，一切都是相互的平等的关系，用中国的老话来说，叫做'教学半'（教者学者各负一半责任，就没有资产阶级的所谓教师本位或学生本位之对立），或'教学相长'，在教和学的当中，教师和学生都得到利益，都获得进步。这是新的师生关系的问题。"⑤ 徐特立认为："如果以教来支配学，是官治作风，是封建社会人与人之间关系在教育上的反映。"⑥ "我不赞成在初级师范或是师范讲习所毕业后就去教书。法国是将年限缩短两年，学生毕业两年内，只可以当助教，自己去补习，使得一面学一面教，而收教学相长之益。"⑦

教师对学生"应该严格，不要严厉"⑧。教师要严格，不放松，总要使学生获得进步。他认为："教师应该有知识。但只有知识是不够的，还要有热情。如爱国的热情，爱自己乡土的热情，爱人民的热情，

---

① 中央教育科学研究所编：《徐特立教育文集》，人民教育出版社1986年版，第311页。
② 中央教育科学研究所编：《徐特立教育文集》，人民教育出版社1986年版，第271—272页。
③ 中央教育科学研究所编：《徐特立教育文集》，人民教育出版社1986年版，第294页。
④ 武衡、谈天民、戴永增主编：《徐特立文存》（第五卷），广东教育出版社1995年版，第342页。
⑤ 中央教育科学研究所编：《徐特立教育文集》，人民教育出版社1986年版，第243页。
⑥ 吴紫彦、吴重光主编：《徐特立师范教育思想》，广东教育出版社1994年版，第150页。
⑦ 中央教育科学研究所编：《徐特立教育文集》，人民教育出版社1986年版，第30页。
⑧ 中央教育科学研究所编：《徐特立教育文集》，人民教育出版社1986年版，第243页。

直接就是爱学生的热情。"① 教师应该看见学生就高兴,"看见青少年就高兴"②,他要求教师对学生民主,但他也反对资产阶级"放任自流"的师生关系,教师在尊重学生的同时,也要严格要求学生,把学生教好。

在严格要求学生的基础上,徐特立强调教师必须了解学生,才能做好教学工作:"教师是领导者,不是平等分工之一半,因此教师要了解情况,了解学生个人的情况,学生家庭的情况,学校的情况,地方情况等,来决定计划。"③ 对于学生犯错误后是否进行惩戒,徐特立则认为:"说服的方法不是由教师片面的注入,而是双方的讨论和研究。不是压下学生的坚强意志,而是增加对问题进一步的了解,以正确的知识来克服无知的盲动。学生之不守纪律的原因,或者出于一时感情的冲动,事后常常自己忏悔;或者出于自以为合于真理,合于人情,坚持自己的意见。"④ 只有师生共同商讨惩戒的措施,才可能使学生感受到教师对他的爱护和诚意,使教育顺利进行。

学生对教师应做到:第一,尊重教师,"学生和先生的关系是同志的关系"⑤;第二,学生又要"反对无理的服从及自己的没有了解的盲从"⑥。徐特立认为:"我们新民主主义国家的文化教育与资本主义国家相反,我们是培养高度自觉的人民,而不是培养盲目服从的顺民,所以教育科学化就有绝对的意义。"⑦ 徐特立认为,单纯惩戒会带来学生的两种回应:"其一,就是无理的屈从,即盲目的服从;另一,就是更增加其不满,另找寻报复的机会。前者必使学生渐成奴性,后者必使学生更加横蛮不讲理了。"⑧ 由此可见,徐特立的教育民主思想是非常开阔的,这样才能培养出具有独立健全人格的学生。

---

① 吉多智、李国光、戴永增编:《徐特立教育学》,广东人民出版社1990年版,第154页。
② 吉多智、李国光、戴永增编:《徐特立教育学》,广东人民出版社1990年版,第154页。
③ 中央教育科学研究所编:《徐特立教育文集》,人民教育出版社1986年版,第243页。
④ 中央教育科学研究所编:《徐特立教育文集》,人民教育出版社1986年版,第148页。
⑤ 中央教育科学研究所编:《徐特立教育文集》,人民教育出版社1986年版,第243页。
⑥ 中央教育科学研究所编:《徐特立教育文集》,人民教育出版社1986年版,第148页。
⑦ 武衡、谈天民、戴永增主编:《徐特立文存》(第四卷),广东教育出版社1995年版,第21页。
⑧ 中央教育科学研究所编:《徐特立教育文集》,人民教育出版社1986年版,第148页。

（二）师范教育的教学方法

徐特立十分注重师范生的教育实习，他提出，师范教育的"教育方法常与其他科学方法一样，未到工作岗位前要经过实习"①。他提倡在培养师范生的过程中，要重视教育实习的作用，做到理论和实际相结合，同时还要注意实习不能影响理论知识的学习。

徐特立认为，教育实习是师范教育课程的重要组成部分。"实习就是到实际工作中去工作，它与到社会中去工作不同的就是有教师作指导和实习批评。"② 在江西苏区，师范生学习时间的三分之一安排为实习。他曾总结道："我们的师范学校所以要办附中、附小，就是为了实习批评，没有批评的实习与直接到社会服务是没有差别的，附中、附小就无意义。"③

徐特立认为，教育实习能够培养学生的创造能力。他在长沙办师范的时候，就有"实习批评会"的经验，在湖南一师还担任过实习主任。徐特立总结道："我一生搞教育，办师范学校，不到实习批评不教教育功课。教教育课本在实习中和实习后，学生也变为对书本的批评者，这样就能够养成学生的创造性和独立学习的能力。"④

四 师范教育思想的特点

（一）"师范性"和"学业性"相结合

在长期的教育实践中徐特立意识到，要培养"人师""经师"合一的教师，必须兼顾师范教育的"师范性"和"学业性"。

师范教育强调"师范性"，表现在教学方法上就是重视教育实习。如前所述，他强调："实习批评就可把摸索的时间缩短，把工作效能提高。"⑤ 在此基础上，"如果在教育科学中能解决实际问题，有创造，就是专家了"⑥。徐特立进一步指出："想成为专家，只能钻研一门科学，

---

① 吴紫彦、吴重光主编：《徐特立师范教育思想》，广东教育出版社1994年版，第37页。
② 中央教育科学研究所编：《徐特立教育文集》，人民教育出版社1986年版，第204页。
③ 中央教育科学研究所编：《徐特立教育文集》，人民教育出版社1986年版，第205页。
④ 中央教育科学研究所编：《徐特立教育文集》，人民教育出版社1986年版，第205页。
⑤ 中央教育科学研究所编：《徐特立教育文集》，人民教育出版社1986年版，第204页。
⑥ 中央教育科学研究所编：《徐特立教育文集》，人民教育出版社1986年版，第311页。

我希望你们钻研教育科学。学习不能只学课本,把知识在实践中运用起来,才能丰富它。"① 回归到教育实习上,如果"加紧教育学的研究,更应从教育的经验、技巧中,多多抽取出规律学理"②。

师范教育强调"学业性",就是要在"学生的基础知识上下功夫"③。徐特立曾在周南女师和湖南一师担任教育学科和教学法教员,在湖南一师时,曾编写《教育学》《各科教学法》等课程的讲义。而且,徐特立在编写讲义的时候,"每次所编的讲义,都不是完全根据陈规来的,而是由每班在实习中互相观摩、互相批判、互相研究所得出来的经验和结论。他把这些经验和结论重新编入下一次或下一班讲义之内,所以他编出来的讲义,不是现成的,而是一次又一次地推陈出新,讲起来很有趣味,学生不但不打瞌睡,而且乐于倾听,乐于接受"④。

1910 年,徐特立已有五年中学教学经验。"此时,我看到小学教育办不好,就去研究小学教育,在江苏教育会所办的单级小学教师训练班,学了四个月,研究小学教育……不久,我就从上海到了日本参观学校。……调查了一个月,得到了许多活生生的事实……回国后,我当教员兼任校长。这时,我已任过五年教职,又以在上海和日本的参观所得,加上自己经验,开始办了一个教育周刊"⑤。他结合自身的教学实践经验,借鉴在上海和日本考察所获得的心理学、伦理学等知识,改革教学,取得很大进步。

(二) 采用多种办学形式

"他以历史唯物主义的观点,阐明了教育的产生、发展及其本质属性,构建了以马克思主义哲学为基础、符合中国国情的教育理论与教学方法。"⑥ 办师范教育,徐特立采用了多种形式灵活办学。1912 年,长

---

① 中央教育科学研究所编:《徐特立教育文集》,人民教育出版社 1986 年版,第 311 页。
② 武衡、谈天民、戴永增主编:《徐特立文存》(第二卷),广东教育出版社 1995 年版,第 249 页。
③ 湖南省长沙师范学校编:《怀念徐特立同志》,湖南人民出版社 1979 年版,第 121 页。
④ 湖南省长沙师范学校编:《怀念徐特立同志》,湖南人民出版社 1979 年版,第 79 页。
⑤ 武衡、谈天民、戴永增主编:《徐特立文存》(第五卷),广东教育出版社 1995 年版,第 341—342 页。
⑥ 武衡、谈天民、戴永增主编:《徐特立文存》(第一卷),广东教育出版社 1995 年版,"序"第 4 页。

沙师范的学制就有三种，包括四年制本科班、一年制讲习科和半年制讲习科。对于边区儿童的教育问题，徐特立认为："战争紧张，劳动力缺乏时，附带的非主要的劳动，不能不分一部分给儿童工作。但宜采取半工半读制，有系统的进行二部教授以至三部教授。"①"对保育工作和儿童教育工作，应该进行科学的研究，并分配有经验的、有学识的、有能力的干部去领导这一工作。对保姆和小学教师，应该提高他们的学识能力。"②

在革命根据地办师范教育时，"针对当时中国教育脱离现实的危险，在师资缺乏、劳动者忙于谋生不暇学习的条件下，创造了如下的理论：打破先生关，打破学校关，打破纸笔关，等等。所有这些，都是革命的方法，以哲学来说明，即十足的辩证的方法。"③有小学教员训练班、短期师范学校、初级师范学校和高级师范学校。在学习期限上，有十天、半月、二个月、三个月、半年和一年。有的利用寒暑假办，有的在期中办。多种办学形式适应了当时对教师的需求，对于各时期中国教育事业的发展至关重要。

（三）注重理论联系实际

徐特立是坚定的马克思主义者，理论联系实际是马克思主义学风，也是徐特立学习和创办师范教育的特点，主要表现在改革教育上，徐特立始终坚持实事求是，不自以为是；办师范教育，不仅注重教育实习，而且强调基础知识的学习；编写教材，注重结合乡土；创办学校，采用示范教学的方法来提升教师的业务水平。"实事求是，不自以为是"是徐特立在"为湖南第一师范的题词"中，赠与湖南第一师范的校训。徐特立认为，实事求是的态度，"对一切人和一切事都是需要的"④。事实就是要做到"反映地方的教育现实问题和解决教育中的现实问题。在教育理论方面必然是与实际联系的，而不是不可实行的高论和无内容的空论"⑤。

---

① 中央教育科学研究所编：《徐特立教育文集》，人民教育出版社1986年版，第87页。
② 中央教育科学研究所编：《徐特立教育文集》，人民教育出版社1986年版，第87页。
③ 中央教育科学研究所编：《徐特立教育文集》，人民教育出版社1986年版，第203页。
④ 中央教育科学研究所编：《徐特立教育文集》，人民教育出版社1986年版，第238页。
⑤ 湖南省长沙师范学校编：《徐特立文集》，湖南人民出版社1980年版，第382页。

因此，徐特立号召小学教师，"你们担负着农村教育的责任，你们如果不了解农村的情况，那么，你们的教育就会是空洞的，你们的政治活动和经济活动及其他一切文化方面的活动，都会是盲目的和半盲目的。"① 他认为，小学教师应该"做群众的学生，再做群众的先生，这就是大教育家陶行知先生打破先生关及打破学生关的大原则。"② 他谆谆教导年轻人："你们到农村去，不要争待遇地位，只要为人民做得多，要求得少，就会取得群众的信任，学生的信任。"③

综观徐特立的教育经历，随着社会的变化发展，他在改革教育制度、教学内容、教学方法等方面进行了数次尝试和改革，不断更新自身的知识结构，适应时代发展和社会进步的要求。徐特立认为："我们的教育应该强调创新性和革命性，所谓革命精神，其实就是创造性，要知道世界万物皆由创造产生，要前进就不能坐着等待，要去创造。"④

徐特立曾于33岁在江苏省教育总会学习单级教学法，他回忆了自己4个月的学习经历："我好活动，到处参观学校，参观运动会和展览会，没有很好的念书，但我所得的较实际。"⑤ "能解决实际的书本越多越好。"⑥ 再比如，徐特立曾"赴日本参观小学校，得到日本的《小学校事汇》及其他的教育书，把书本上的东西，针对日本的教育实施，考察了两个月上下。回国后即任教育科学教员，曾一人出了半年教育周刊，以学校为名叫做《周南教育》"⑦。

对于教材编写，徐特立认为，"教学最好是从实地实物的观察入手，这就要把乡土和学校周围的事物补充到一般的教科书里去"⑧，他还强调，"遍地是教材，只要有科学知识的人加以适当的运用"⑨。徐特

---

① 中央教育科学研究所编：《徐特立教育文集》，人民教育出版社1986年版，第164页。
② 中央教育科学研究所编：《徐特立教育文集》，人民教育出版社1986年版，第165页。
③ 中央教育科学研究所编：《徐特立教育文集》，人民教育出版社1986年版，第311页。
④ 中央教育科学研究所编：《徐特立教育文集》，人民教育出版社1986年版，第305页。
⑤ 中央教育科学研究所编：《徐特立教育文集》，人民教育出版社1986年版，第39页。
⑥ 武衡、谈天民、戴永增主编：《徐特立文存》（第五卷），广东教育出版社1995年版，第342页。
⑦ 中央教育科学研究所编：《徐特立教育文集》，人民教育出版社1986年版，第40页。
⑧ 中央教育科学研究所编：《徐特立教育文集》，人民教育出版社1986年版，第209页。
⑨ 中央教育科学研究所编：《徐特立教育文集》，人民教育出版社1986年版，第209页。

立总结道:"我的自学,即根据他们的方法,而参以己见。又从日本得到新的东西和教蒙馆以来的经验,因此讲教育就不是空洞的。"①"他编写了湖南省最早的一套教育学、教学法,作为全省师范学校最早的理论与实际相结合的教材。"②

徐特立创办众多学校,采取示范教学的方法,来提升教师的业务水平。他总结自己创办学校的办法之一就是:"小学不收费用,师范收费减少到一般私立学校之下。改良教法,自己做刻苦的模范。"③1932年3月,徐特立创办瑞金天后宫师范学校,旨在培训在职的小学教师。"该校调训小学教师200余人,学习期限为1年,开设政治、理化、算术、常识、体操、劳作和游戏等课程,教学采用上大课的方式,徐特立主讲主要课程,很受学员欢迎,学员毕业后,分派到各县区创办列宁小学。"④ 随后,1932年9月,徐特立又在瑞金创办了一所列宁小学,作为示范学校,"组织附近乡村的列宁小学教员,分期分批来该校参观学习,进行观摩教学和教学评比等活动,以此提高教师的教学能力"⑤。

总之,徐特立以渊博的学识和丰富的实践经验,对师范教育的地位与作用、目标与任务、教学原则与方法以及课程建设等理论问题,提出了许多独到见解。徐特立的师范教育思想,经过时间的磨炼,变得更加熠熠生辉。

第五节 成仿吾的师范教育思想

成仿吾(1897—1984年),湖南省新化县人,中华人民共和国伟大的无产阶级革命家、教育家、文学家和社会活动家。他是党校教育的拓荒者和高等教育的奠基人之一,一生都在为无产阶级教育事业奋斗,为党和国家教育事业的发展作出了突出的贡献。其在教育领域的代表作有

---

① 中央教育科学研究所编:《徐特立教育文集》,人民教育出版社1986年版,第40页。
② 湖南省长沙师范学校编:《怀念徐特立同志》,湖南人民出版社1979年版,第121页。
③ 中央教育科学研究所编:《徐特立教育文集》,人民教育出版社1986年版,第41页。
④ 崔运武:《中国师范教育史》,山西教育出版社2006年版,第187页。
⑤ 崔运武:《中国师范教育史》,山西教育出版社2006年版,第187页。

《高等教育十年的辉煌成就》《战火中的大学》《成仿吾教育文集》等。

成仿吾生长在一个书香世家，自幼热爱读书，13 岁便东渡日本名古屋留学，1914 年，考入冈山第六高等学校，1917 年，考入东京帝国大学枪炮专业，目的就是走富国强兵的科学救国之路。五四运动爆发后，成仿吾决定"弃戎从文"，踏上革命救国路线。1937 年，成仿吾创建陕北公学并任校长，次年又着手组织创办华北联大以培养抗战人才，并专设师范部来培养专门教师。

1949 年中华人民共和国成立后，成仿吾依照党和国家的教育方针，创办中国人民大学，将其高等教育办学理念与教育主张全面付诸实践。1952—1958 年，成仿吾调离北京，到东北师范大学任校长兼党委书记，正式开展他的师范教育改革，提出了沿用至今的"创造的教育"理念。随后，年逾花甲的成仿吾，调任山东大学校长，继续他的高等教育实践。1984 年 5 月 17 日，杰出的教育家成仿吾病逝。斯人虽去，但其教育成果永存，尤其是他的师范教育思想，至今仍有极其重要的价值，值得深入挖掘和研究。

一 师范教育思想的历史渊源

（一）特殊历史时代的诉求

鸦片战争后，软弱的清政府采取割地赔款的委曲求全政策，成为列强的傀儡，使中国沦为半殖民地半封建社会，人民生活苦不堪言。诸多爱国人士纷纷通过发动起义和变法，努力探索挽救国民之路。成仿吾幼时便听闻诸多变法和起义，其中颇为著名的就是洋务运动和戊戌变法。他认为，制造出先进的设备和武器，就能够打败敌人，于是，成仿吾考入东京帝国大学枪炮专业，目的就是要走富国强兵之救国路。20 世纪 30 年代初，随着日军不断向华北地区逼近，全面抗战已经迫在眉睫。

1935 年末发布了《中共中央关于目前政治形势与党的任务决议》，提出务必尽可能多地培养革命干部人才，这对教师的培养提出了更高的要求，并且深受党中央的重视。随后，党中央便着手创建陕北公学，并任命成仿吾担任校长。抗战全面爆发后，陕北公学为抗战救国事业输入了大批革命人才，直至 1939 年，包括陕北公学在内的本地院校组成华北联合大学。彼时，成仿吾早已由科学救国转为革命救国之路，而教育则是培养革命人才的重要途径,师范教育更是广泛培养革命人才的必经之路。

在华北联大工作期间,成仿吾非常重视师资队伍的培养与建设,因而设立师范部来培养教师,即使在战争时期也坚持给师范生讲课,为各地区输入了一大批紧缺的优质教师,极大地保障了战争特殊时期教育事业的正常进行,并为战后教育发展奠定了一定的基础。可见,随着社会形势的不断变化,成仿吾踏上了教育革命之路,而师范教育正是其中的重要内容。

(二)保家卫国的革命之心

成仿吾生长在一个书香世家,祖父曾中举人、进士,做过知县、知府,后弃官专心研究学问,为湘中著名的学者,给他取名"仿吾"即"仿我"之意。成仿吾的父亲成达陶,嗜书如命,是当地学识渊博的秀才,其母知情达理,这种好学的家风深深地影响和熏陶了成仿吾,他也养成了热爱研究的好习惯。成仿吾的大哥成劭吾,是位革命人士,在长沙步兵学校读书时,因反对清王朝的腐朽统治而被勒令退学,随后便加入同盟会。大哥的革命热情与同为新化县老乡的刘天华等人的爱国壮举,也深深地激发了成仿吾的爱国之情。成仿吾的二哥成昌慧,曾热衷于研究古文学,成仿吾也受到极大影响,为他日后的文学革命打下了坚实的基础。教育救国与文学革命深深地影响着成仿吾,师范教育作为培养人才的母机,也同样受到成仿吾的重视。

成仿吾幼年时便酷爱读书,然而,他3岁丧父,8岁丧母的童年经历是坎坷的,但更加坚定了他求学的信念。成仿吾8岁时,就只身住在离家20余里的祠堂读书,且成绩非常优异。10岁时,他到距家80余里的西门书屋求学,13岁时,又随哥哥东渡到日本名古屋留学。怀揣着富国强兵的理想,成仿吾专修工科,随后又专门修习操炮专业,欲用武器与列强进行斗争,同时,他也认真修习英、法、德、日等外国语。留学期间,成仿吾看到日本人对中国人的蔑视,这更加坚定了他革命斗争的信念。

在五四精神的推动下,成仿吾转而投入文学革命之中。随后,成仿吾开始潜心学习马克思主义,强调在中国共产党的领导下,以马克思主义来教育人们才能救国,为其日后成长为无产阶级教育家奠定了理论基础。教育成为成仿吾进行革命的重要途径，而师范教育正是其进行教育革命的重要内容。

二 师范教育思想的要旨阐释

(一)"师范本位"的教育地位与作用论

百年大计，教育为本，教育之计，教师为本。师范教育在成仿吾的教育思想中占有极其重要的地位，早在华北联大领导教育工作期间，成仿吾深知师范教育在教育体系中的重要地位，他创办了师范部并担任院长一职，其本人亲自参与教学，在抗战的艰难岁月中，只有师范部一直坚持上课，为晋察冀地区培养了一大批优秀的教师。成仿吾曾提出："中华民族是最古老的重视教育的民族之一"①，而教育的发展和延续，必然要依靠师范教育，作为国民教育的基础，师范教育担负着培养一代又一代中华人民共和国未来的人民教师的任务，不仅要教书，而且要育人，培养国家和社会需要的人才。从这点上说，师范教育关乎小学、中学、大学各个阶段，乃至具有更广泛的社会发展意义，因而重视并加强各级师范教育的发展具有极其重要的意义。

师范教育的职能和目的在于培养中学教师，教师的水平又影响着中学的教育质量，对此成仿吾指出，提高师范教育办学质量，不仅是高等教育质量的保障，还关乎中等教育质量的提高，直接影响着人才培养的水平，甚至可以说关乎全国的教育事业乃至国家的前途和命运。可见，成仿吾将师范教育的地位提高至国家人才培养的发展战略高度，对于当时民间存在的"从事什么职业都好过教师"的说法，成仿吾表示坚决反对，认为任何轻视师范教育的思想和观点都是错误的，都应该予以纠正。

同时，成仿吾还在东北师范大学党员大会上向全校师生提出"什么是师范大学的特点"这一师范教育的本质问题。面对在场师生的议论，成仿吾明确提出，师范教育的本质问题"至少包括联系中学实际，研

---

① 成仿吾：《战火中的大学——从陕北公学到人民大学的回顾》，人民教育出版社1982年版，第1页。

究教育科学，一切按教育科学办事"① 三个方面。这就要求师范教育应重视课内理论知识的学习，与课外实践经验积累的结合，重视师范教育的实习，并应一以贯之，即使遇到困难也不能半途而废。

此外，教学是学校工作的中心环节，师范大学更是如此，成仿吾始终将教学视为学校教育的第一要务，他在东北师范大学工作时，"每逢开学头一天，他必亲自下去检查教学准备工作做好了没有，以保证按时开学上课。成仿吾还经常到各系去听课，以检查和了解教师的教学情况"②。成仿吾对师范大学特点的解释，以及师范教育在教育体系之中所占地位的论述，足见他对于师范教育的重视。

(二)"与时俱进"的师范教育办学方针

成仿吾认为，办学方针指引着学校的发展方向，因而确立正确的办学方针对于学校的发展、教育质量的提升的意义重大。在调任东北师范大学校长兼党委书记之前，成仿吾曾先后担任陕北公学、华北联合大学、中国人民大学等高校校长一职。其间，也曾在综合性大学创办教育学院，培养了一大批师范生。丰富的办学经验推动了成仿吾高等教育思想体系的构建，也为师范教育的办学方针提供了重要的导向作用。

针对师范大学的特点和任务，成仿吾在东北师范大学的党员代表大会上明确提出师范大学未来的办学方针：第一，必须结合中国实际，积极努力地学习苏联先进的教育理论和丰富的实践经验，同时，不仅要学习苏联先进的科学成果和教学策略，而且要学习其中的工作态度和工作精神。第二，重视培养新生力量，提升现有教师与行政人员的业务水平。学校的全面优化发展，需要每一位教师、干部、职工等的共同努力，只有每个人都提高，学校才能进步，同时，教师应加强自己的业务能力和英语水平，继而组建研究部来培养研究生。第三，加强系统的政治理论教育和时事政治教育，以及学生的个别教育，即在各系开设政治理论基础课。师范教育培养的是中华人民共和国的人民教师，人民教师必须懂革命，那首先就要学习马列主义，这是办教育的根本之道，同时

---

① 中央教育科学研究所编：《成仿吾教育文选》，教育科学出版社1984年版，第72页。
② 曲铁华：《论成仿吾教育思想的现实意义》，载《纪念〈教育史研究〉创刊二十周年论文集（9）——中华人民共和国教育史研究》，2009年，第105—108页。

也是帮助学生建立正确的人生观和世界观之路。第四，必须明确师范大学的办学特点。师范大学主要为中学培养教师，教师的专业知识和专业技能，直接影响着教学效率和教学效果，继而影响着整个教育系统，因而师范教育的发展任重而道远，需要了解中学的实际教育需求，并根据科学的教育方法，加强学生教育实习与教育科研工作。第五，进一步强化组织领导与思想领导，建立并严格执行相关制度。坚持党和国家的教育方针，坚持马克思主义和毛泽东思想，是成仿吾一贯坚持的办学思想，同时，重视师生的思想政治教育，并积极倡导师生在校刊上展开批评与自我批评[1]，以求得全校师生的共同进步。

成仿吾认为，什么样的教育培养什么样的人，其中，政治思想教育尤为重要，是教育方针的根本指向。他在晚年时说，"我们搞教育的，总期望把每一个青年学生培养成党和国家的栋梁之才，可是精神污染却起反效果……只有把政治思想教育抓好了才可以使青年学生的头脑里始终跃动着为社会主义和共产主义而奋斗的崇高理想"[2]，才能培养出全面发展的中华人民共和国未来的优秀教师，才能培养出全面发展的中华人民共和国未来的青少年，才能促进中华人民共和国教育事业的优化发展。

(三) 个人与国家兼顾的师范教育课程论

在成仿吾的师范教育思想中，改革教育内容与重视学生实习占据着极其重要的地位。他指出，"教材的编译及使用问题，是高等师范学校教学改革与学校建设的重要问题之一"[3]，关乎师范教育的质量水平及未来发展。成仿吾强调，师范大学的课程，不仅要开设教育学与心理学公共教育课，还要增设公共教育史课程，这是由于历史是反思过去、立足当下，以及指导未来发展的重要纽带，对于师范教育乃至整个教育体系的未来发展来说，教育史学科具有不可替代的价值与作用。

教材是开展教育活动的基础，是教师和学生赖以进行教学活动的重要材料，是成仿吾师范教育思想中的首要内容。教材作为教育内容的主

---

[1] 中央教育科学研究所编：《成仿吾教育文选》，教育科学出版社1984年版，第71—73页。
[2] 潘仁山：《清除精神污染 培养栋梁之才——访老革命家成仿吾》，《光明日报》1983年11月4日。
[3] 中央教育科学研究所编：《成仿吾教育文选》，教育科学出版社1984年版，第88页。

要载体,是教学活动的重要媒介,更是"以一定育人目标、学习内容和学习活动方式为基本成分,而分门别类组成的提供给学生认识世界的规范化、程序化、具体化的育人媒体"①。从这一角度来看,教材不仅涵盖学生的学习内容,反映一定的培养目标,还指导着学习的方式。

正是基于教材在教学过程中的重要性,成仿吾认为,教材的甄选和应用对于教育事业的意义重大。到东北师范大学不久后,他便提出改革教育内容,提倡进行适于师范教育发展的教材建设。成仿吾指出:"教学计划及教学大纲是教材编译及使用的主要依据,凡有部颁教学大纲的应据以编写教材。"②他还提出,教材与讲义的编写应以辩证唯物主义思想为指导,汲取苏联教育中的先进科研成果,并结合中国的实际情况,从学生实际水平与中学实际需要出发,同时,要在学生全面发展的教育方针下进行科学、系统和创造性地编译。

在成仿吾的积极带领下,东北师范大学的教材编译工作紧锣密鼓地进行,全校各科教材的编译均取得了极大成绩,翻译了多种苏联教材,还自编多种校内教材、讲义,以及参考资料,教材的使用情况因此发生了显著变化,编译的教材和讲义几乎覆盖了各个学科,并在全校内广泛使用。在此基础上,成仿吾对教材的编译又进一步提出要求:首先,要继续完善各科课程教材,以期使所有学生都有书可读;其次,要加强教材的系统性、科学性与思想性,并尽可能延展教材中科学知识的深度和广度。此外,仍需结合中国的本土情况、中学实际以及师范生的实际知识水平进行教材的编译工作。

(四)理论与实践并轨的师范教育教学论

教育知识与教学技能的掌握,理论与实践的统一,是成仿吾师范教育思想的又一重要内容。成仿吾强调,学生要认真学习基本理论知识,但也反对教条主义,认为不仅要了解其本意,还要领会其精神,并能够将所学用于实际之中,师范教育更是如此。因而明确提出"师范大学一定要加强教育实习,一次不行,要搞两次,时间短了也不行"③。

---

① 廖哲勋、田慧生主编:《课程新论》,教育科学出版社2003年版,第319页。
② 中央教育科学研究所编:《成仿吾教育文选》,教育科学出版社1984年版,第85页。
③ 中央教育科学研究所编:《成仿吾教育文选》,教育科学出版社1984年版,第72页。

师范教育作为一种"培养师资的专业教育,包括职前培养、初任考核试用和在职培训"①,而职前培养就是师范教育的首要步骤,具有奠基性价值。成仿吾认为,师范教育质量的提高与师范教育目标的实现,关键在于教师的教与学生的学:在教师方面,不仅要重视自身知识的积累和教学法的研究,还要关注师范教育的需求和学生的实际情况,充分了解自己的工作,才能改进工作效率和效果;在学生方面,教育实习是每个师范生的必经之路,只有通过反复的实践经验的积累,才能为日后步上实践岗位打下坚实基础,才能够学以致用,将知识传递下去。

成仿吾在创办政治公共课教研室时,要求每组教研室中的每位教师,在课前都要在小组内进行试讲,结束后进行研讨,实习教师更要在试讲前拟定好详细提纲,并在小组内汇报并讨论,足见教育实习在成仿吾师范教育思想中的重要地位。东北师范大学作为培养教师的摇篮,其主要任务就是培养优秀的师范生,向中学输送优质的一线教师,而师资水平的提高,要靠师范教育,师范教育质量的提高,除编译教材和讲义,加强师范教育内容的适切性外,还要重视师范生的教育实习。

成仿吾提出成立实习委员会,专门负责师范生的实习工作,以培养拥有教育理论知识与实际教学技能的中华人民共和国未来的人民教师。他还制定了《东北师范大学教育实习暂行规定》,要求"本科二年级进行教育见习;三年级在初中进行教育实习;四年级在高中进行教育实习。实习期间,要求做到课堂教学实习与班主任工作、课外活动实习有机结合"②,同时,要求实习导师在引领师范生实践的过程中,加强对师范生独立能力的培养,以造就适于国民需要的人民教师。

(五)"又红又专"的新型教师队伍

加强教师队伍建设是成仿吾师范教育思想的核心内容。教育的发展要依靠教师,教师的发展又要依靠师范教育,这就相当于一个联结着的闭环。因而想要提高教育质量,必先提高教师的水平。成仿吾常说,教师是师范教育发展的首要前提和质量保障,而师范教育质量要提高,就

---

① 教育大辞典编纂委员会编:《教育大辞典》(第二卷),上海教育出版社1990年版,第3页。
② 《东北师范大学校史》编委会编:《东北师范大学校史(1946—2006)》,东北师范大学出版社2006年版,第34页。

必须组建一支德才兼备、业务能力突出的优秀的教师队伍。

教师是人类灵魂的工程师,不仅担负着传播人类精神文明和科学文化知识的使命,还要培养未来的人民教师,并启发他们在社会生活中创造新的知识。成仿吾认为,师范教育要发展,首先要凝聚教师的力量,因而加强对新教师的培养,提高老教师的专业素养,努力建设一支高质量的师资队伍,是推进师范教育发展的重要任务。

成仿吾提出了加强师资队伍建设的主张。首先,在分析了英国、美国、苏联与德国的师范教育情况之后,成仿吾提出,"教师培养和提高有两种办法,一是做研究生,二是做助教,全世界都是这两种办法"[①];并且要坚持又红又专的方针,旨在提高教师的素质和思想面貌,要求教师不仅有坚定正确的政治觉悟,还要努力提高自己的专业能力,并将又红又专的思想传递给学生。成仿吾说:"我们是做教育工作的,希望下一代什么样子,自己就应什么样子。真正教师不是教书匠,要向真正人民教师方向努力,不要忘记又红又专的要求。"[②]

其次,成仿吾非常重视新生力量的培养。他强调:"我们既要提高老教员,又要培养新教员,一部分助教要提升为教员,一部分助教组织他们学外语,进行教学研究。经过学习和研究,一两年后他们总是可以教书的。"[③] 面对东北师范大学教师数量严重不足的情况,成仿吾没有听从别人外请教员的建议,而是从毕业生与高年级学生中挑选了200多名进行培养,并制定了专门的培养方案,还选派100余名青年教师外出进修,不仅壮大了教师队伍,还有效提高了教师工作的积极性及教师队伍的整体水平。

此外,成仿吾还非常重视提高教师的外语水平。他认为:"真正研究问题,搞科研,不能靠别人翻译的东西,一定要把外文学好,不要怕困难,不要叫它吓倒。"[④] 教师学好外语,才能翻译和学习国外先进的教育理念与科研成果,而且,成仿吾在东北师范大学连续举办十余期外语培训班,努力为教师学习外语创造条件。同时,成仿吾也强调教师应

---

① 中央教育科学研究所编:《成仿吾教育文选》,教育科学出版社1984年版,第178页。
② 中央教育科学研究所编:《成仿吾教育文选》,教育科学出版社1984年版,第179页。
③ 中央教育科学研究所编:《成仿吾教育文选》,教育科学出版社1984年版,第71—72页。
④ 中央教育科学研究所编:《成仿吾教育文选》,教育科学出版社1984年版,第180页。

注重教学方法的改进。他在山东大学教学法讨论会议上指出，教学工作的根本任务，是培养优秀人才，在教育活动中，教育内容决定后，教学方法的选择就起着关键作用，因而教师必须重视教学方法的改进。成仿吾提出教师在教学中应重视的问题：第一，要充分备课，以发现好的教学方法；第二，讲课要突出重点，也要全面概括；第三，要加强自学意识并提高自学能力；第四，要加强对学生的辅导和答疑；第五，重视学习环境的选择，为学生创造适宜学习的环境，教师还要不断改进教学方法，以提高教学质量。

（六）科学研究型师范生的培养模式

师范教育的主要工作是教学，教学是由教师的教与学生的学共同组成的双边互动的教育活动，因而教育质量的提高还取决于学生的学习和研究。对此，成仿吾在东北学生科学讨论会上明确提出："在我们高等学校中开展科学研究有着重要的意义。高等学校的一个任务就是发展学生的独立工作的熟练技巧，以及在实践中应用所学知识的技能"①，而开展科研活动就是其中的重要内容。

成仿吾十分强调在高校进行科研工作，提倡和鼓励学生开展科学研究活动，将科研视为学生学以致用的重要途径。对于那些狭隘地将师范教育的任务定为培养教师而不是科研人员，继而师范生不必进行科研工作的错误观念，成仿吾予以坚决反对，认为这种误导性观点应被立即纠正。学生的主要任务就是学习，要学习好，就必然得刻苦钻研，不仅要学习书本上的知识，还要搞科学研究，可以成立专门的科研小组，好好地展开科研工作。成仿吾指出，世界上很多科学家都非常年轻，因而只要大家愿意坚持进行科学研究，总有人能成为科学家。"教育工作是科学工作，如不研究，就不能前进。我们在学习期间如果不通过开展科学研究来培养自己的独立工作能力，将来就不能独立解决工作中所遇到的问题。"②

可见，大学生进行科学研究工作尤为必要。成仿吾指出，教育工作中有诸多问题值得探究，譬如，中等教育质量的提高手段、综合技术教

---

① 中央教育科学研究所编：《成仿吾教育文选》，教育科学出版社1984年版，第88页。
② 中央教育科学研究所编：《成仿吾教育文选》，教育科学出版社1984年版，第88页。

育的实施策略等各种学术类问题，高校师范生有责任也有能力研究并回答这些问题。在东北师范大学的学生科学讨论会议上，成仿吾指明了进行科研的方向，他说："我希望同学们要像斯大林教导的那样，敢于向陈旧的科学进行斗争，并为新的科学开拓道路。"[1] 科研活动可以通过多种形式开展，譬如，举办读书报告会、组织书报讨论小组，等等，加强师范生的科研能力，是培养未来的合格人民教师的必经之路。在科研题目的选择上，成仿吾主张，大学生必须树立辩证唯物主义和历史唯物主义观，以马克思列宁主义为指导准则，用知识武装自己。科研工作是教育领域的重要内容，科研成果是教育发展的体现，师范教育更要注重培养学生的科研意识与科研能力，为中华人民共和国培养迫切需要的人民教师。

三　立足于现实的师范教育实践

（一）首创高等师范大学共同政治课教研室

成仿吾十分重视教师在师范教育中的重要作用，他主张将教师组织起来，充分发挥教师的力量，通过提高教师队伍的整体水平，来提高师范教育质量。在谈及东北师范大学未来的办学方针时，成仿吾要求全校教师和行政人员都要提高工作水平，同时，教育工作作为一种思想工作，加强政治思想教育尤为重要。正如成仿吾所说："新中国未来的人民教师，首先要学习马克思列宁主义，要懂得革命，要干革命，要为人民服务。因此，必须解决好人生观和世界观问题。这是一根本性问题，也是我们办教育的一条最基本的经验。所以各系要普遍开设四大政治理论课"[2]。成仿吾指出，东北师范大学的很多专业都没有公共政治理论课，所占比重不足百分之十，这是非常不利于师范生政治思想教育的。

在成仿吾的领导下，东北师范大学于1952年11月成立了中国革命史、马列主义基础、辩证唯物论与历史唯物论四个共同政治课教研室，并由校长、教务长、副教务长及政治系主任分别兼任。成仿吾强调，教研室的任务和职能既包括教学，也包括科学研究。

---

[1]　中央教育科学研究所编：《成仿吾教育文选》，教育科学出版社1984年版，第89页。
[2]　中央教育科学研究所编：《成仿吾教育文选》，教育科学出版社1984年版，第72页。

在教学方面，每年开学前，各个教研室便提前做好准备，将教学计划等交由校长审批。同时，成仿吾结合国外的教育实践和自己在中国人民大学创办教研室的经验，提出在教研室创办试讲制度，由教师根据自己的教学计划编写讲义，于课前在组内试讲并研讨，然后，教师结合组内意见进行修改，以互相学习并提高教学水平。为此，教研室还经常组织教师进行授课示范和专题汇报，共同探讨不同内容的教学方法，极大地提高了教师的教学热情。

在科研方面，成仿吾阐述了教学工作与科研工作的密切联系，指出科学研究是推进教学工作的重要途径。在他的倡导下，全校教师共同进行科研工作，资料显示，"1953年3月至1954年10月，全校有58名教师完成了102个研究课题，这是我校建校以来取得的第一批科学研究成果，极大地调动了教师开展科研的积极性"①。此外，东北师范大学还成立了研究生部，在提高学历培养层次的同时，也促进了优质教师队伍建设，而且一部分研究生毕业留校充实了教师队伍。可见，教研室的创办真正践行了成仿吾主张的建设高水平教师团队的主张，有效提高了教师的思想水平与专业能力，并促进了师范教育质量的提升。

（二）结合时代前沿厘定教学计划与编译教材

教学大纲和教材是教学工作的首要内容，编写教学大纲和编译教材，是进行教育改革并提高教育质量的重要方面。1952年，成仿吾在阐述东北师范大学未来的办学方针时，第一点就强调要积极学习苏联的先进教学经验，包括教育内容、教育实践与教育精神等方面，绝不能关门办学。在1953年2月《关于改进学校工作的意见》的讲话中，他提出明确要求："在教学工作方面，十二月份要订出教学计划，当然将来还要修改……同时，要改进教学方法，要审查各科教材，要在一年至一年半之内，编出一套教材。"② 在编译教材时，要注意结合本国实际情况，但凡有教育部发布的教学大纲，皆作为编写教材的依据。各系领导

---

① 《东北师范大学校史》编委会编：《东北师范大学校史（1946—2006）》，东北师范大学出版社2006年版，第33页。

② 中央教育科学研究所编：《成仿吾教育文选》，教育科学出版社1984年版，第71页。

和教师必须重视编写教学计划与教材对学校发展的重要性，务必严肃对待这项工作。

东北师范大学在 1951 年便开始翻译苏联教材，但直到 1953 年全国高师会议结束后，成仿吾传达会议精神，要求全面进行教育内容改革工作，这一举措才得以有计划地进行，并取得了较大成果。仅 1953—1954 学年，东北师范大学自编教学大纲 123 种，编译讲义 23 种，还有 23 种教学材料，共计 1950 余万字，极大地满足了学生的学习需求，推进了教学改革，也使所有参与人员备受鼓舞。

到 1956 年 3 月，成仿吾在工作总结《关于加强教材编译及使用工作的意见》中，对东北师范大学三年来教学大纲与教材的编译工作予以肯定，据不完全统计，全校自编讲义 133 种，自译苏联教材 69 种，编印辅助教材、参考材料 70 种，36 种实践手册，以及附图 31 种。[1] "其中公开或经教育部批准作为高等师范学校内部交流讲义已出版的有十四种，尚未出版的有六种。校内出版在高等师范学校中间一般交流的有一百二十四种，《世界中世史》、《高等代数》、《中学物理教学法》、《有机化学》等二十六种已被兄弟院校作为教材采用。"[2]

同时，教材的使用也发生了显著改变，以 1956 年第一学期为例，在 158 门本科课程中，有 98 门课程使用本校自编讲义，29 门课程采用苏联教材；在 53 门专科中，有 32 门课程使用自编讲义，12 门课程采用苏联讲义，只有极少数课程没有讲义，足见编译教材工作取得了显著成果。[3] 在成仿吾的带领下，自编教学大纲与自译苏联教材的主张不仅付诸实践，并且高效优质化地运行，有效推动了教学改革并促进了教学质量提高。

(三) 倡导"启发式"教学与创设"函授式"教育

一方面，教育内容一旦确定后，教学方法就成为决定教学工作质量的一个重要因素，因而教学方法的重要性不容忽视。成仿吾认为，教学工作的实质就是带领学生经历从无知到有知识，从不懂到懂的过程，而

---

[1] 中央教育科学研究所编：《成仿吾教育文选》，教育科学出版社 1984 年版，第 83 页。
[2] 中央教育科学研究所编：《成仿吾教育文选》，教育科学出版社 1984 年版，第 83 页。
[3] 中央教育科学研究所编：《成仿吾教育文选》，教育科学出版社 1984 年版，第 88—89 页。

教学方法就是贯穿这一过程的重要方式。"教的方法也是学习方法，通过教学使学生得到知识又学到方法。教学方法应该也是教与学的科学方法。所以教学方法始终是教育工作中的一个重要问题，要做好教学工作，就必须重视教学方法。"① 他要求教师重视研究并改进教学方法，将其作为一项工作任务，交给每个教研室进行交流讨论，旨在提高教学质量。

成仿吾反对传统的"注入式"教学方法，他认为，教师应当使用"启发式"教学方法，重视引导学生学习，以培养学生创造性、主动性的学习和工作习惯，正如他在山东大学教师会议上所说："过去我们是注入式，只是上课，自学少，讨论也少。要教好，使学生生动活泼主动地学习，应该把这些环节都抓起来，不要认为写好讲稿就完成了教学任务的百分之八十到九十，即使讲了课也还没完成任务。过去只讲课，其他环节没有很好地抓，也没很好地进行启发式教学。"② 在成仿吾的积极倡导下，全校教师在教学实践中更加重视启发式教学，旨在培养学生更加活泼和独立自主的学习。

另一方面，创办函授教育形式，增加师范教育途径是成仿吾师范教育实践的一个重要方面。成仿吾指出，东北地区的经济建设，取得了很大的成绩，但相比之下教育方面的工作，仍需着力朝着正规化方向推进。为此，他结合学习苏联和在中国人民大学创办函授教育的经验，决定于1952年正式筹备东北师范大学的函授师范教育，并于次年5月5日开学。

高师函授教育最初只开设中文和数学，招收了东北三省部分市县的998名在职初中教师，随着不断发展，先后改为函授教育科、函授教育处，随后又分设18个函授站。1954年8月，在国家的倡导下，东北师范大学的函授教育经验被作为培养社会主义建设人才的重要途径，开始在全国范围推广。至1955年，东北师范大学的函授教育科目逐渐扩大，函授生增加到2400多名。③ 成仿吾开创师范大学办函授教育之先河，不仅提高了在职教师的专业知识和专业技能，进而推动基础教育质量的

---

① 中央教育科学研究所编：《成仿吾教育文选》，教育科学出版社1984年版，第101—102页。
② 中央教育科学研究所编：《成仿吾教育文选》，教育科学出版社1984年版，第236页。
③ 《东北师范大学校史》编委会编：《东北师范大学校史（1946—2006）》，东北师范大学出版社2006年版，第35页。

提高，也拓宽了教师教育的渠道，为中国多样化办学形式提供了可资借鉴的经验，同时，也对中华人民共和国初期培养新式人才的迫切需求发挥了极为重要的作用。

四 师范教育思想的基本特征

成仿吾的师范教育思想主要形成于中华人民共和国成立初期，一方面要通过师范教育提高整个国家的基础教育质量，另一方面要为中华人民共和国培养社会主义事业的建设人才。因而，加强师资队伍建设，提高教师实践能力尤为重要。其师范教育思想具有鲜明的现代性和实践性特点。

（一）务实的现代性师范教育发展方向

重视师范教育的现代化发展方向，是成仿吾师范教育思想的一个重要特点。教育作为一种培养人的活动，其目的就是为社会或国家培养未来所需的人才，这在中华人民共和国成立初期尤为重要。

师范教育作为人才培养的重要阶段，从某种程度上说，关乎整个国民教育体系的质量。因而教育要面向现代化，社会要面向现代化，国家也要面向现代化发展。成仿吾明确提出，社会主义现代化建设的目标，是实现工业现代化、农业现代化、科技现代化以及国防现代化，而这四个现代化实现的基础，就是教育的现代化、师范教育的现代化。

在成仿吾的师范教育思想中，他始终将现代化作为师范教育的前进方向。在纪念中国共产党成立60周年大会上，成仿吾明确指出教育现代化的重要意义：

> 人才从哪里来？毫无疑问，都需要教育（包括学校教育和社会教育）部门来培养。因此，教育和四个现代化有着密切的关系，是不是可以这样说：没有教育的现代化，也就不可能有其他部门的现代化。现在，不是有人提议建立和研究"人才学"么！我觉得这也是属于教育范畴之内的事。从事教育工作的人，如果不研究如何培养人才，我感觉到是失职。[1]

---

[1] 中央教育科学研究所编：《成仿吾教育文选》，教育科学出版社1984年版，第266页。

他明确提出，高等师范教育应更加重视现代化，他说："高师教育的现代化问题就更为重要。你们东北师大自身如何实现现代化！师范大学的教师队伍如何现代化，这是个根本问题。"[①] 他还指出初等、中等、高等以及师范教育的现代化发展是师范大学的重要课题，也是必须完成的历史任务。

（二）理论联系实践的师范教育理念

实践性是成仿吾师范教育思想的又一突出特点。成仿吾的师范教育思想大多基于其丰富且具体的教育实践而建立，是在不断地贯彻落实党的教育方针和教育政策，以及不断总结和积累自己的教育改革经验的同时逐步形成的。可见，成仿吾师范教育思想的形成历经中国社会急剧变革的特殊时代，并为不同时期国家与社会的需要培养了诸多紧缺的人才。

在师范教育实践方面，成仿吾指出，不仅师范大学的学生一定要加强实习，为未来进入中学教学做好充分准备，而且教师要重视教学方法的使用，教学的过程不仅是知识传递的过程，同样也是教学方法传递的过程。教学方法包含教与学两个方面，因而，师范教育质量的提高，必然要加强学生的实习训练和教师的教学实践。同时，成仿吾也强调师范生不仅要重视专业课的学习与实践，还要积极主动地研究马克思列宁主义基本理论，这对师范生的理论建构和日后的教学实践工作都有着非常重要的积极影响。

此外，成仿吾的师范教育思想并非单独重视教育实践，而忽视甚至摒弃教育理论；相反，他很重视理论基础的掌握，并强调理论与实践的有机结合。成仿吾认为，将理论运用于实践之中解决实际问题，并在实际应用之中检验理论知识的学习，是教师不断进步的主要方式，也是师范教育的重要特色。

（三）以革命意识构建师范教育体系

成仿吾的师范教育思想形成于中国社会最为动荡的时期。彼时，中国的爱国主义知识分子由兴起变法转而更加重视唤醒民众、启蒙民众的

[①] 赵家骥、张捷：《成仿吾在东北师大的建树》，《东北师范大学学报》（哲学社会科学版）1997年第5期。

爱国主义精神。成仿吾也由"科学救国"走上"教育救国"之路,但无论哪种救国之路都具有明显的革命性。

成仿吾把师范教育看作进行教育革命的有力武器。自有国家主义的革命意识之初,他便努力探求救国救民之路:起初,他选择科学救国之路,赴日学习工科,随后专门攻读东京帝国大学的操炮专业,为的正是"师夷长技以制夷",欲以科学技术的发展来与列强抗衡。随着俄国"十月革命"以及五四新文化运动的爆发,成仿吾更加坚定了在中国共产党的带领下,以马克思主义为指导原则,全面进行教育革命的主张。在参加了大革命后,成仿吾的教育革命意识进一步得到发展,他深刻认识到进行革命的重要性,这也使得成仿吾的教育思想有所转变,形成了他伟大的无产阶级教育观。

在当时的知识分子之中大多数人都没有脱离资产阶级的背景,而成仿吾却是真正地作为无产阶级教育家,以马克思主义理论武装教育文化,并走上革命之路。在抗战全面爆发后,成仿吾主持的陕北公学为抗战输送了大批人才,随后,陕北公学并入华北联大,为进一步加强革命人才培养的质量和数量,成仿吾专门设立师范部来培养一线教师。此后,在中国人民大学、东北师范大学以及山东大学的教育实践中,他均把师范教育作为一项重要内容,并且始终站在时代前沿,对师范教育的办学方针、教学形式、教学方法、师资队伍建设等方面,进行一系列的革新,这同样也是成仿吾的革命精神在师范教育领域的体现。

五 师范教育思想的历史贡献

成仿吾深知师范教育对于一个民族乃至一个国家生存和发展的重大意义,因而强调教育先行,尤其强调师范教育是教育发展的前提。他还根据中国实际,结合地方情况,有的放矢地落实其师范教育主张,创办极富特色的高等师范教育,为现代中国师范教育的进一步发展奠定了坚实的基础。

(一) 历史与时代的教育楷模

作为中国无产阶级教育事业的领路人,成仿吾教育思想的形成和发展与中国当代社会历史发展有着极为密切的关系。他深知教育与革命对国家发展的重要纽带作用,将马克思主义理论与教育理论紧密结合,作为教育革命的理论指导和实践依据。可以说,成仿吾教育思想的变化过程体现着中国社会发展的历史进程,其师范教育思想的发展也不例外。

成仿吾在调入东北师范大学之际,正值中华人民共和国成立初期百业待兴之时,高等师范教育以培养中等教育阶段的教师为目的,他的师范教育思想因此更加明确。成仿吾指出,师范教育在国民教育体系中的地位不容忽视,并强调师范教育应培养适应国家需要并能建设国家的人才。同时,成仿吾还要求东北师范大学加强师范生的实习管理,以积累教学经验。此外,他还主张,加强教师培训并提高教师待遇来提高教育质量,等等。

成仿吾的师范教育思想在中国历史的车轮中辗转而成,历经社会动荡,虽然世人普遍认为成仿吾从中国人民大学被"下放"至东北师范大学,但他始终不忘初心,听从党的指挥,努力完成使命,他主张的教育革命与教育救国的主张从未变更。在东北师范大学工作期间,成仿吾始终坚持国家本位的教育体系,他的师范教育思想是理论与实践的产物,为中国现代高等师范教育的发展提供了重要的可供参照的经验。

(二) 行为世范的教育工匠精神

作为高等师范教育理论体系的建构者与实践者,成仿吾通过不断积累师范教育经验和检验师范教育理论,形成了具有中国特色的师范教育思想。

师范教育是国民教育体系的重要组成部分,是培养人才的关键阶段。成仿吾一直很重视师范教育,尤其是在东北师范大学工作期间,进行了大刀阔斧的改革,不仅对东北师范大学的发展作出了极大的贡献,而且,对所有高等院校甚至整个教育体系都产生了极大的影响。

首先,通过建立公共课教研室,组织教师进行教学与科研活动。这一教研组织形式后来在全国高等院校进行推广。其次,重新修订教学计划和教学大纲,包括编译适合中国师范院校及学生使用的教材和讲义等材料,并增加了公共政治课比重、增设公共教育史课程,以及规定师范生实习要求。再次,通过创办研究生班培养与培训青年教师,从而提高师资队伍水平及教学质量,同时,明确了师范教育要重视教学与科研的双重目标,教学与科研互为目的和手段,是提高师范教育质量的重要保障。复次,成仿吾提出师范教育要为国家培养建设者和接班人,明确了师范教育的目标要义,为中华人民共和国的建设培养了诸多又红又专的紧缺人才。最后,通过举办英语比赛来激励教师和学生修习外语,有效激发了师生的学习兴趣,并提高了外语水平,等等。

综而论之,成仿吾的师范教育思想极大地促进了中华人民共和国成立初期中国高等师范教育的健康、快速发展,他在东北师范大学提出的创造性教育理念被沿用至今,足见其师范教育思想的历史贡献与当代价值,值得深入研究与挖掘。

参考文献

一 著作类

北京市教育科学研究所编：《陈鹤琴教育文集》（下卷），北京出版社1985年版。

蔡振生、刘立德编：《陈宝泉教育论著选》，人民教育出版社1996年版。

陈景磐、陈学恂主编：《清代后期教育论著选》（下册），人民教育出版社1997年版。

陈先元、田磊编著：《盛宣怀与上海交通大学》，山西教育出版社1996年版。

陈秀云、陈一飞编：《陈鹤琴全集》（第二卷），江苏教育出版社2008年版。

陈学恂主编：《中国近代教育史教学参考资料》（上册），人民教育出版社1986年版。

陈学恂主编：《中国近代教育史教学参考资料》（上册），人民教育出版社1987年版。

陈学恂主编：《中国近代教育史教学参考资料》（中册），人民教育出版社1987年版。

陈学恂主编：《中国近代教育文选》，人民教育出版社1983年版。

成仿吾：《战火中的大学——从陕北公学到人民大学的回顾》，人民教育出版社1982年版。

崔运武：《中国师范教育史》，山西教育出版社2006年版。

《当代中国》丛书教育卷编辑室编：《当代中国高等师范教育资料选》

（上），华东师范大学出版社1986年版。

东南大学高等教育研究所编：《郭秉文与东南大学》，东南大学出版社2011年版。

范源廉：《范源廉集》，湖南教育出版社2010年版。

耿有权主编：《郭秉文教育思想研究》，东南大学出版社2014年版。

顾明远、刘复兴主编：《从新民主主义教育到社会主义教育（1921—2012）》，教育科学出版社2015年版。

顾明远主编：《中外教育思想概览》，广东教育出版社2009年版。

郭秉文：《中国教育制度沿革史》，福建教育出版社2007年版。

国家教育委员会师范教育司编：《全国师范教育工作会议文件汇编》（1—5次），东北师范大学出版社1997年版。

何东昌主编：《中华人民共和国重要教育文献1949—1975》，海南出版社1998年版。

华东师范大学教科所高教研究室编：《中国高等师范教育改革》，华东师范大学出版社1989年版。

华中师范学院教育科学研究所主编：《陶行知全集》，湖南教育出版社1984年版。

金长泽、张贵新主编：《师范教育史》，海南出版社2002年版。

李友芝、李春年、柳传欣等编：《中国近现代师范教育史资料》（第1—4册），北京师范学院内部交流资料，1983年。

梁启超：《梁启超论教育》，陈漱渝、宋娜选编，福建教育出版社2016年版。

梁启超：《饮冰室合集》（文集1—9），中华书局1989年版。

刘问岫编：《中国师范教育简史》，人民教育出版社1984年版。

刘问岫主编：《当代中国师范教育》，教育科学出版社1993年版。

刘英杰主编：《中国教育大事典1949—1990》，浙江教育出版社1993年版。

马啸风主编：《中国师范教育史1897—2000》，首都师范大学出版社2003年版。

毛礼锐、沈灌群主编：《中国教育通史》（第五卷），山东教育出版社1988年版。

欧七斤：《盛宣怀与中国近代教育》，上海交通大学出版社2016年版。

钱曼倩、金林祥主编：《中国近代学制比较研究》，广东教育出版社1996年版。

曲铁华等：《教师教育研究新视界》，东北师范大学出版社2019年版。

曲铁华等：《近代以来中国教育改革与发展研究》，东北师范大学出版社2019年版。

曲铁华主编：《新编中国教育史》，东北师范大学出版社2011年版。

璩鑫圭、童富勇、张守智编：《中国近代教育史资料汇编：实业教育 师范教育》，上海教育出版社2007年版。

舒新城编：《中国近代教育史资料》（上册、中册、下册），人民教育出版社1981年版。

宋嗣廉、韩力学主编：《中国师范教育通览（上、中、下）》，东北师范大学出版社1998年版。

苏林、张贵新主编：《中国师范教育十五年》，东北师范大学出版社1996年版。

孙培青主编：《中国教育史》，华东师范大学出版社2009年版。

汤才伯主编：《廖世承教育论著选》，人民教育出版社1992年版。

王承绪、赵端瑛编：《郑晓沧教育论著选》，人民教育出版社1993年版。

王维新、陈金林、戴建国：《中国百年师范教育图志》，上海辞书出版社2009年版。

王文岭、黄飞主编：《黄质夫乡村教育文集》，东南大学出版社2017年版。

王泽普主编：《中国师范教育改革与发展研究》，广西师范大学出版社2001年版。

韦善美、马清和主编：《雷沛鸿文集》（上册），广西教育出版社1989年版。

武衡、谈天民、戴永增主编：《徐特立文存》（第二卷），广东教育出版社1995年版。

谢安邦：《师范教育论》，中国建材工业出版社1997年版。

徐明聪主编：《陶行知师范教育思想》，合肥工业大学出版社2009年版。

杨跃：《教师教育学》，北京师范大学出版社2016年版。

于述胜：《中国教育制度通史》（第7卷），山东教育出版社2000年版。

余家菊：《师范教育》，中华书局1926年版。

余家菊编：《乡村教育通论》，中华书局1934年版。

俞启定、施克灿：《中国教育制度通史》（第1卷），山东教育出版社2000年版。

曾煜编著：《中国教师教育史》，商务印书馆2016年版。

张彬编：《经亨颐教育论著选》，人民教育出版社1993年版。

张燕镜主编：《师范教育学》，福建教育出版社2013年版。

浙江省湘湖师范编：《金海观教育文选》，浙江教育出版社1990年版。

中国第二历史档案馆编：《中华民国史档案资料汇编》（第三辑），江苏古籍出版社1991年版。

中国第二历史档案馆编：《中华民国史档案资料汇编》（第五辑）《教育》（一），凤凰出版社2010年版。

《中国教育年鉴》编辑部编：《中国教育年鉴1949—1981》，中国大百科全书出版社1984年版。

中华人民共和国教育部计划财务司编：《中国教育成就统计资料1949—1983》，人民教育出版社1984年版。

中央教育科学研究所编：《成仿吾教育文选》，教育科学出版社1984年版。

中央教育科学研究所编：《中华人民共和国教育大事记（1949—1982）》，教育科学出版社1984年版。

中央教育科学研究所编：《徐特立教育文集》，人民教育出版社1986年版。

朱有瓛主编：《中国近代学制史料》（第一辑 上册），华东师范大学出版社1983年版。

二　译著类

［美］R. 麦克法夸尔、费正清编：《剑桥中华人民共和国史：革命的中国的兴起（1949—1965）》，中国社会科学出版社1990年版。

［美］道格拉斯·C. 诺斯：《制度、制度变迁与经济绩效》，刘守英译，生活·读书·新知三联书店1994年版。

［美］吉尔伯特·罗兹曼主编：《中国的现代化》，国家社会科学基金"比较现代化"课题组译，江苏人民出版社 2003 年版。

［美］克拉克·克尔：《高等教育不能回避历史——21 世纪的问题》，王承绪译，浙江教育出版社 2001 年版。

三　期刊论文类

《必须加强教育学院、教师进修院校的建设》，《人民教育》1982 年第 6 期。

《部颁简易乡村师范学校课程标准》，《福建教育》1935 年第 7—8 期。

常道直：《师范大学之双重的任务》，《师大月刊》1932 年第 1 期。

陈光旨：《坚持师范教育的师范性是国情的需要》，《高等师范教育研究》1991 年第 2 期。

杜守华：《呕心沥血五十载　一代风范存人间——纪念著名教育家廖世承先生 100 周年诞辰》，《上海师范大学学报》（哲学社会科学版）1992 年第 3 期。

范源廉：《建议北京师范大学"教授治校"意见书》，《教育丛刊》1925 年第 6 期。

范源廉：《师范学校规程》，《政府公报》1912 年第 227 期。

范源廉：《师友间的情谊》，《清华周刊》1925 年第 11 期。

傅子玖：《初论陈嘉庚的诚毅精神》，《集美大学学报》（哲学社会科学版）2002 年第 4 期。

龚放、范利群：《高等教育改革"中层突破"的成功尝试——1996 年江苏高等教育率先扩大招生的政策分析》，《江苏高教》2013 年第 4 期。

《关于我国教师教育发展战略及改革举措的建议——全国教师教育专家委员会成立大会暨第一次全体会议纪要》，《教师教育研究》2004 年第 3 期。

胡晋接：《关于整顿全国师范教育之意见书》，《安徽省立第二师范杂志》1915 年第 2 期。

霍益萍：《中国近代高等师范教育发展史略（1902—1949）》，《教师教育研究》1989 年第 1 期。

贾丰臻：《今之师范教育问题》，《教育杂志》1916 年第 1 期。

贾之臻：《今后学制革新之研究》，《教育杂志》1920 年第 6 期。

教育部：《颁布施行之学校系统改革案》，《新教育》1922年第5期。

教育部：《大学组织法》，《行政院公报》1929年第69期。

教育部：《高等师范学校规程》，《中华教育界》1913年第6期。

教育部：《各省市国民教育师资训练办法大纲》，《教育与民众》1940年第1期。

教育部：《国民学校令》，《教育公报》1915年第4期。

教育部：《教育宗旨令》，《教育杂志》1912年第7期。

教育部：《拟暂设高等师范六校为统一教育办法》，《教育杂志》1914年第1期。

教育部：《三年制简易师范学校教学科目及各学期每周各科教学时数表草案》，《广西省政府公报》1946年第2024期。

教育部：《师范学校规程》，《教育杂志》1913年第12期。

金海观：《推行基本教育之师资训练问题》，《中华教育界》1947年第8期。

金海观：《湘湖师范的两种试验工作》，《社友通讯》1935年第6期。

李海萍：《清末民国师范生免费教育政策的历史审视》，《教育研究》2013年第11期。

李蒸：《高级师范教育前途之展望》，《教育通讯》1938年第34期。

李蒸：《实施我国乡村教育的管见》，《北京师大周刊》1924年第238期。

李之钦：《论徐特立认识论的思想》，《徐特立研究》1996年第1期。

梁启超：《论学校四：师范学校》，《时务报》1896年第15期。

梁堂华：《徐特立："活到老，学到老"的楷模》，《党史博采》（纪实版）2013年第9期。

廖世承：《抗战十年来中国的师范教育》，《中华教育界复刊》1947年第1期。

廖世承：《师范学院的使命》，《教与学》1941年第5—6期。

《论师范速成》，《江西官报》1905年第29期。

罗廷光：《国家主义与师范教育问题》，《中华教育界》1925年第1期。

罗廷光：《师范生之训练标准》，《中华教育界》1928年第5期。

孟宪承：《关于高师教学问题》，《华东师范大学学报》（教育科学版）1987年第4期。

《女子高等师范学校规程》，《教育公报》1919年第4期。

戚谢美：《纪念郑晓沧教授诞辰100周年——教育系举行学术讨论会》，《杭州大学学报》（哲学社会科学版）1992年第4期。

《前上海市立幼稚师范学校调查记》，《人民教育》1953年第2期。

曲铁华：《论成仿吾教育思想的现实意义》，《纪念〈教育史研究〉创刊二十周年论文集（9）——中华人民共和国教育史研究》，2009年。

曲铁华：《余家菊的乡村教育思想探析》，《东北师大学报》（哲学社会科学版）2013年第6期。

曲铁华、常艳芳：《中国近现代师范教育发展嬗变及启示》，《纪念〈教育史研究〉创刊二十周年论文集（6）——中国教师教育史、职业教育与成人教育史研究》，2009年。

曲铁华、崔红洁：《我国教师教育政策价值取向变迁的路径与特点——基于1978—2013年政策文本的分析》，《现代大学教育》2014年第3期。

曲铁华、苏刚：《民国时期乡村师范教育制度变迁的内在逻辑与当代启示》，《教育科学》2015年第6期。

曲铁华、王洪晶：《成仿吾师范教育思想：要旨阐释、基本特征与历史贡献》，《河北师范大学学报》（教育科学版）2021年第3期。

《全国高等师范学校第二次联合会议议案》，《教育公报》1921年第3期。

《师范教育令》，《政府公报》1912年第152期。

《师范教育注重实习训令》，《教育杂志》1913年第3期。

《师范学校法》，《教育部公报》1932年第51—52期。

《师范学校规程》，《教育部公报》1933年第15—16期。

《师范学院规程》，《教育部公报》1938年第8期。

《师范学院学生教学实习办法》，《教育部公报》1944年第12期。

石猛：《郭秉文与中国高等教育近代化》，《高教探索》2010年第1期。

陶行知：《中国师范教育建设论》，《新教育评论》1926年第1期。

陶行知：《中华教育改进社设立试验乡村师范学校第一院简章草案》，《新教育评论》1926年第3期。

《特别师范科及简易师范科暂行办法》，《进修》1940年第7期。

屠帆、胡思闻、邹双玲：《从路径依赖到路径突破：中国工业用地政策演化的制度经济学分析》,《科技与经济》2019年第5期。

汪懋祖:《师范教育三大问题》,《新教育》1924年第1—2期。

王国钧:《师范教育之必要论》,《清华》1915年第1期。

王桐龄:《北京高等师范学校过去十二年间之回顾》,《北京师大周刊》1923年第203期。

吴洪成、王雪迪:《张謇师范教育思想探析》,《扬州大学学报》(高教研究版)2017年第1期。

《修正师范学院规程》,《教育部公报》1947年第1期。

《训练中学师资暂行办法》,《中华教育界》1937年第2期。

严复:《论教育与国家之关系》,《东方杂志》1906年第3期。

杨山:《对高师"师范性"与"学术性"争论的几点思考》,《教育评论》1987年第6期。

叶澜:《一个真实的假问题——"师范性"与"学术性"之争的辨析》,《高等师范教育研究》1999年第2期。

叶利军:《徐特立的师德观及其特征》,《福建党史月刊》2011年第2期。

余家菊:《论师范学制书》,《教育丛刊》1921年第5期。

余家菊:《乡村教育的危机》,《中华教育界》1920年第1期。

喻本伐:《中国师范教育免费传统的历史考察》,《湖北大学学报》(哲学社会科学版)2007年第3期。

云六:《现行师范学制的流弊及其改革法》,《教育杂志》1920年第9期。

曾山金:《校风——大学之魂》,《高等教育研究》2005年第11期。

《战后各省市五年师范教育实施方案》,《国民政府教育公报》1946年第2545期。

《战时各级教育实施方案纲要》,《教育通讯周刊》1938年第4期。

张礼永:《新中国70年教育的十大经验》,《河北师范大学学报》(教育科学版)2019年第6期。

张钟元:《中国师范教育的总检讨》,《教育杂志》1935年第7期。

赵家骥、张捷:《成仿吾在东北师大的建树》,《东北师范大学学报》(哲学社会科学版)1997年第5期。

参考文献

《中华民国教育宗旨及其实施方针》,《教育部公报》1929年第5期。

中央日报:《教部改进各级学校师资》,《教育杂志》1936年第8期。

钟昭华:《陈鹤琴教育思想与江西实验幼师》,《南京师大学报》1981年第2期。

周洪宇:《我国教师教育制度顶层设计之思考》,《湖州师范学院学报》2016年第12期。

朱启钤:《高等师范学校课程标准》,《政府公报》1913年第330期。

朱叔源:《改良现行学制之意见》,《中华教育界》1920年第3期。

庄泽宣:《二十年来关于师范教育言论之分析》,《东方杂志》1933年第20期。

[美]道·诺斯:《制度变迁理论纲要》,《改革》1995年第3期。